## 如东县年鉴编纂委员会



## 《如东年鉴（2016）》编纂人员

# 如东年鉴

## 2016

如东县年鉴编纂委员会 编

方志出版社
Publishing House of Local Records

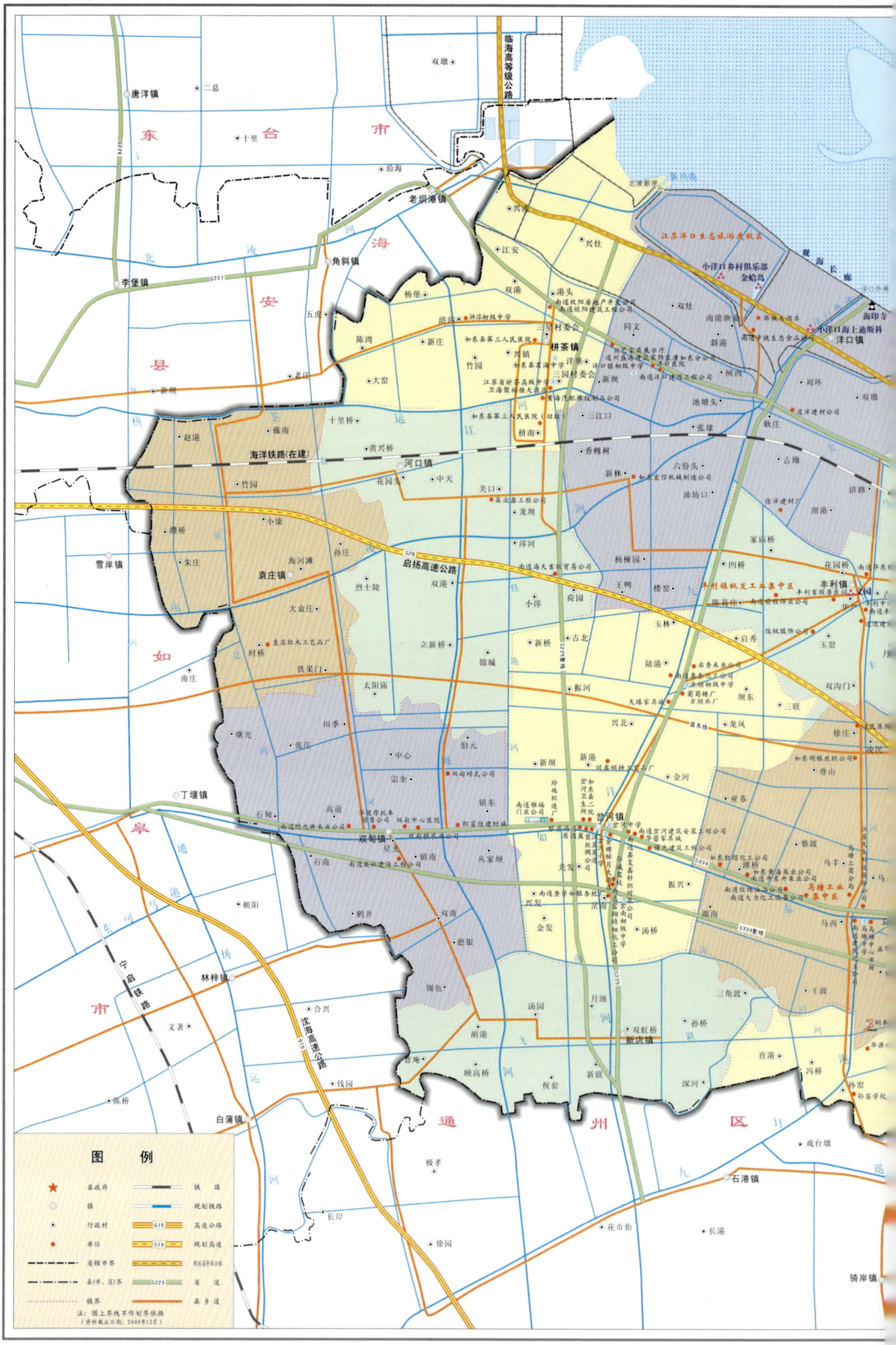


江苏省基础地理信息中心 编制 如东县国土资源局 监制 审图号：苏S（2

注：图中境界不作实地划地依据

江苏省基础地理信息中心 编制　　如东县国土资源局 监制　　审图号：苏S（2

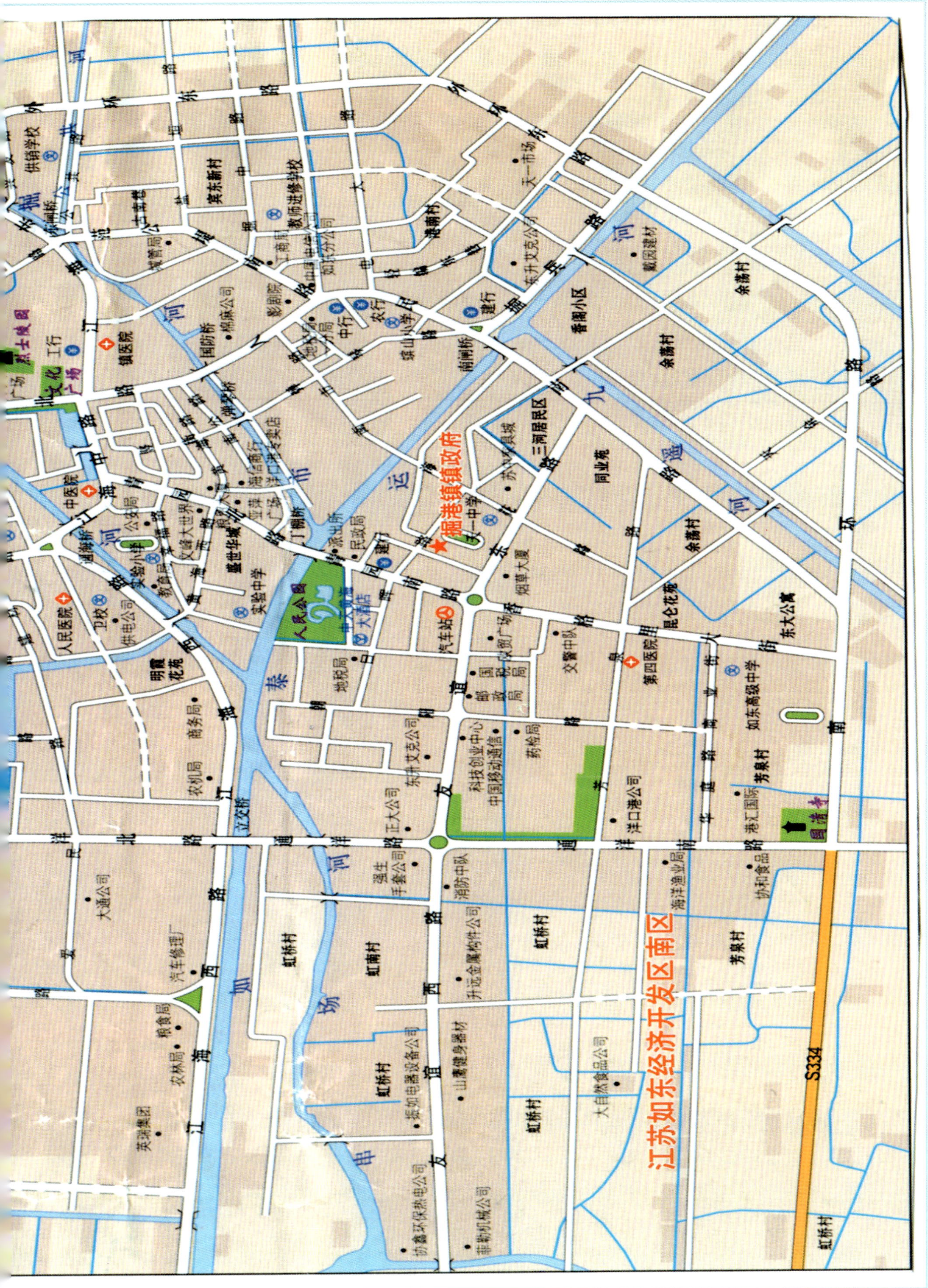


号  注：图中境界不作实地划地依据

如东海关

1 | 2
3

1. 2016年3月22日，如东海关开关，图为南京海关党组书记、关长薛金楼（右二），南通市政府副市长单晓鸣（左二）为如东海关揭牌　　（蔡珊珊 摄）
2. 2016年3月22日，如东海关开关，图为县委书记、县长潘建华（右一）在开关仪式上讲（蔡珊珊 摄）
3. 洋口港阳光岛远眺　　（陈建明 摄）

如东洋口港口岸对外开放
国家验收会议
2015年11月17日

LNG
T-1201
LNG
T-1203

| | |
|---|---|
| 1 | 3 |
| 2 | 4 |

1. 2015年11月17日，洋口港一类口岸开放国家验收会议（洋口港经济开发区提供）
2. 洋口港阳光岛一角（蔡珊珊 摄）
3. 洋口港5000吨级液化品码头是南通沿海首个化工品泊位，主要服务临港重大石化项目及市县重要化工企业（陈建明 摄）
4. 2016年3月21日，洋口港通用散杂货码头起运第一船外贸出口货物，图为通用散杂货码头上正在进行卷钢装船作业（陆和煦 摄）

1 | 2
3

1. 如东经济开发区俯瞰　　（王东海 摄）
2. 2016年4月20日，南通外向型农业综合开发区通威如东“渔光一体”项目基地内，第一批5000多公斤鱼苗成功下塘　　（蔡珊珊 摄）
3. 如东高新技术产业开发区一角　　（王东海 摄）

2015滨海旅游发展论坛
Forum for the Development of Coastal Tourism, 2015
——国民休闲与旅游发展
中国·如东
Rudong, China
2015.08.07

1 | 3
2 | 4

1. 2015年8月7日，2015滨海旅游发展论坛在如东召开
2. 海上风电场
3. 2016年1月4日，刘埠国家一级渔港海堤合龙　（蔡珊珊摄）
4. 2016年3月，洋口港运河连接临港工业区内河港池贯通施工现场　（陈建明摄）

1. 2016年1月15日，如东县中医院医养融合PPP项目正式签约

2. 2016年6月4日，如东高新区生命健康产业园首期项目21家企业代表共同触摸水晶球，入驻园区

3. 2016年5月12日，新建的如东农贸中心市场对外营业　　（钱德明 摄）

1
2 3

1. 2016年5月14日，全县26个产业项目集中开工，总投资37.1亿元。县委书记、县长潘建华在汇鑫商务中心项目开工仪式上致辞 （蔡珊珊摄）

2. 2016年，三一帕尔菲格特种车辆有限公司开门红，继1月初19台吊机、3台整车订单交付孟加拉国客户，1月中下旬又有15台折臂吊装车运往印度 （陈斌摄）

3. 2016年6月4日，县委书记、县长潘建华开启如东高新区生命健康产业园希望之门

1. 2016年2月22日，中天科技海洋装备产业园项目签约现场　（陆和煦 摄）
2. 2015年7月16日，江苏海装风电设备有限公司出口美国的5台2兆瓦风电机组运往太仓港，图为车间一角　（徐燕楠 摄）
3. 2015年9月2日，县长潘建华（右四）在台中化液化品仓储项目厂区检查安全生产工作　（陆和煦 摄）
4. 2016年5月14日，县政府举行全县项目集中签约活动
5. 2016年1月26日，中国首个“双十”海上风电场首批机组并网发电　（蔡珊珊 摄）
6. 2015年11月1日13时56分，中广核如东150兆瓦海上风电场示范项目110千伏海上升压站一次带电成功，标志着亚洲首座海上升压站建设成功，再创中国海上风电发展里程碑　（蔡珊珊 马创业 摄）

1 3

2 4 5 6

如东县人民政府　上海电机学院　合作签约仪式
签约席

国家“千人计划”专家如东行
National "Thousand Talents Program" Experts Travelling in Rudong

| | | |
|---|---|---|
| 1 | 3 | 4 |
| 2 | 5 | |
| | 6 | 7 |

1. 2015年8月22日，如东县与上海电机学院举行合作签约，图为签约仪式现场（陆和煦 摄）
2. 2015年11月7日，2015国家“千人计划”专家如东行活动在沿海经济开发区举行，18位专家学者与如东县企业对接洽谈（蔡珊珊 摄）
3. 2015年11月7日，第九届中国如东沿海经济合作洽谈会暨首届科技人才节在雷迪森大酒店开幕
4. 2015年11月8日，县长潘建华（左）与科研院所负责人为中关村天合科技成果转化培训中心如东分中心揭牌（蔡珊珊 摄）
5. 2015年11月8日，县委书记詹立风（左）为海外高层次人才颁奖（蔡珊珊 摄）
6. 2015年11月8日，县人大常委会常务副主任陈昌龙（左）与科研院所负责人为天津大学如东技术转移中心揭牌（蔡珊珊 摄）
7. 2016年3月20日，江南石墨烯研究院名誉理事长冯冠平（左）、县委书记、县长潘建华（右）为如东高新石墨烯产业研究院成立揭牌（蔡珊珊 摄）

| | |
|---|---|
| 1 | 4 |
| 2 | 5 |
| 3 | 6 |

1. 2015年7月25日，国家海洋局副局长王飞（前左一）一行在滩涂围垦展览馆，详细了解如东海洋生态文明建设（陆和煦 摄）

2. 2015年6月12日，全国政协委员、省政协副主席罗一民（右一）一行在市、县领导陪同下调研如东县城市化建设工作（蔡珊珊 摄）

3. 2015年5月30日，副省级以上老领导在省、市、县领导的陪同下参观洋口港规划展览馆（陆和煦 摄）

4. 2015年12月3日，省委统战部副部长、省民委主任、省宗教事务局局长李国华（左二）调研如东统战工作（陆和煦 摄）

5. 2015年7月9日，县委副书记、县长潘建华（前右三）陪同省农业发展银行行长丁伟（前右二）在洋口港规划展览馆听取洋口港港城一体化发展的情况介绍（陈建明 摄）

6. 2016年3月21日，市委书记陆志鹏（左三）在县委书记、县长潘建华（左四）等陪同下，在洋口港经济开发区调研（陆和煦 摄）

1 | 3
2 | 4

1. 2015年7月11日，市委副书记、市长张国华（前左二）检查优嘉植物保护公司安全生产工作（蔡珊珊 摄）

2. 2016年2月23日，市委副书记、市长韩立明（左四）在县长潘建华（左五）陪同下视察重通风机叶片项目建设现场（蔡珊珊 摄）

3. 2016年2月3日，市人大常委会党组书记、副主任黄利金（后右二）、市政府副市长单晓鸣（后右三）一行在栟茶阳光福利中心与老人们亲切交流（陆和煦 摄）

4. 2016年5月26日，市人大常委会党组副书记、常务副主任陈斌（右三）在港南社区调研（蔡珊珊 摄）

人大代表之家
2016

会议厅
如东县行政中心

中国人民政治协商会议如东县第十四届委员会第五次会议
严肃会风会纪
保证会议效果

1 | 2
3 |

1. 2016年3月2日，县委召开全县领导干部会议，宣布省、市委关于县委主要领导职务调整决定，詹立风(左)与潘建华(右)握手 （陆和煦 摄）

2. 2016年2月18日，如东县第十六届人民代表大会第五次会议召开 （陆和煦 摄）

3. 2016年2月17日，政协如东县第十四届委员会第五次会议召开 （蔡珊珊 摄）

中共如东县委十三届八次全体(扩大)会议
严肃会风会纪
保证会议效果
严肃会风会纪
保证会议效果

| 1 | 3 |
| --- | --- |
| 2 | 4 |

1. 2015年6月25日，县领导为受表彰的党建工作先进单位和个人颁奖　（周雨霁 摄）
2. 2015年7月26日，中共如东县委十三届八次全体（扩大）会议召开　（陆和煦 摄）
3. 2015年11月20日，第三届全国基层党建创新论坛暨基层党建创新最佳和优秀案例颁奖现场，左七为中共如东县委常委、组织部部长任新峰
4. 2016年1月27日上午，县委、县政府召开2015年全县综合表彰暨经济工作会议，图为县领导为获奖单位颁奖　（陆和煦 摄）

| 1 | 4 |
| --- | --- |
| 2 | 5 |
| 3 | |

为纪念抗日战争胜利70周年，7月30日，由县委宣传部、县民政局、县文联主办，县摄影家协会、心爱“家印记”档案馆以及海洲文化公司承办的“为抗日老战士写照摄影展”在如东规划展览馆开展，展期1个月。

1. 92岁的抗日老兵张学高（中）给摄影志愿者讲述他与日本兵拼刺刀的情景

2. 92岁抗日老兵张学高（中）与嘉宾一起启动“共和国不会忘记——心爱“家印记杯”为抗日老战士写照摄影展”启动球

3. 镜头里的铁血与荣光——摄影志愿者寻访县抗日英雄拍摄的老兵照片

4. 如东县摄影家协会的摄影志愿者在布展

5. 双甸摄影小组的摄影志愿者与抗战老兵交流，聆听抗日战斗故事

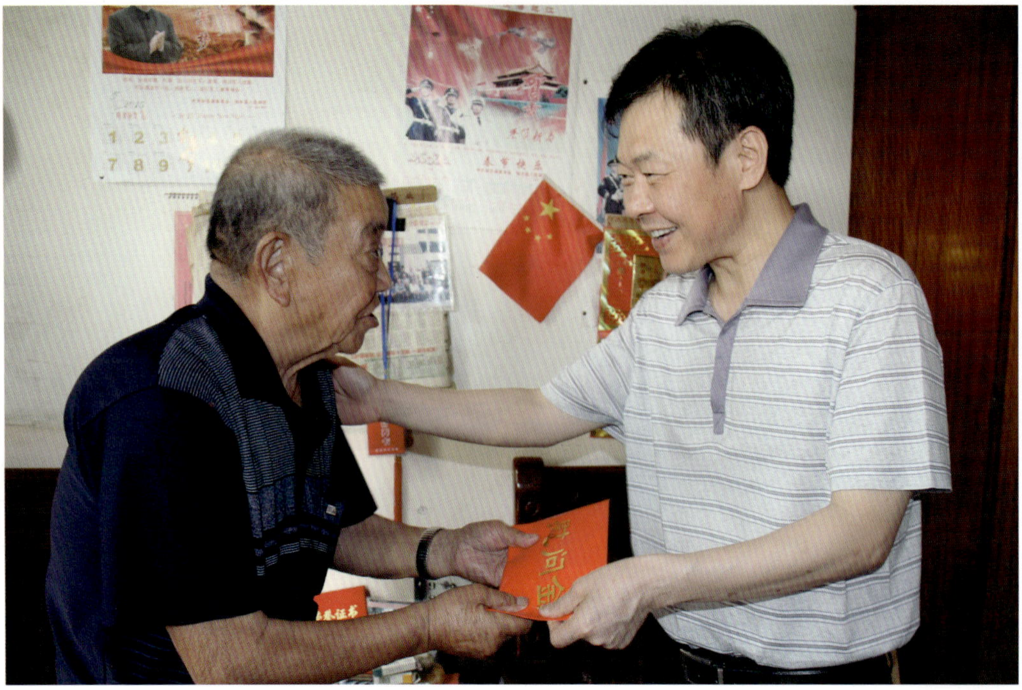

百姓舞台
丰富文化生活
增强法制意识
纪念抗战胜利70周年读书读报演讲演唱会

1.2015年9月1日，县四套班子领导慰问抗战时期及以前参加革命工作的老干部，图为县长潘建华给徐训伦送上慰问金 （蔡珊珊 摄）

2.2015年8月8日，如东县图书馆在一楼大厅举办“铸剑为犁——纪念世界反法西斯战争胜利七十周年”图片展，共展出40块展板200多张历史图片和文字资料 （蔡珊珊 摄）

3.2015年7月31日，4名驻如雷达部队官兵为新四军海防团老战士孙少山及抗战老战士家属授缎带、挂勋章。当天，洋口港经济开发区、县文化广电新闻出版局在长沙空军雷达站举办“鱼水情深谋发展，军民同心共圆梦”纪念抗战胜利70周年军民共建专场文艺演出 （陈建明 摄）

4.2015年8月26日上午，大豫镇大同村留守儿童乐园举行第84次活动，纪念抗战胜利70周年。邀请抗战英雄上台讲述抗战故事，并组织乐队演奏抗日歌曲 （徐燕楠 摄）

5.2015年9月3日，纪念中国人民抗日战争暨世界反法西斯战争胜利70周年阅兵仪式上，两位如东籍将军领队参阅，图左为黄新建少将，右为王秀斌少将

6.2015年9月18日，新四军老战士姜祝三、徐超为南通市中小学生素质教育实践基地苏中四分区反“清乡”斗争史料展揭幕 （陆和煦 摄）

7.县老年大学在文峰大世界广场举办“纪念抗日战争胜利70周年”文艺演出 （刘志刚 摄）

祝如东人民全家幸福安康
祝家人身体健康，宝宝们学习进步！
如东汽车站 祝所有旅客一路平安！
希望自己找到理想工作！
祝旅客们旅途愉快！
南京
如东

1. 2016年1月28日，县委副书记、县长潘建华向老寿星们送上祝福，与欧阳祯老人交流书法艺术　　（蔡珊珊 摄）
2. 回家过年是每个人的心愿　　（陆和煦 金建林 摄）
3. 2016年3月26日上午，如东江海义工走进如东经济开发区颐养福利中心，为敬老院老人及参加活动的义工父母上一堂“健康保健课”　　（蔡珊珊 陈斌 摄）
4. 2015年8月26日，县委宣传部组织“引凤还巢，共建家乡”如东人看如东在外大学生专场第二期活动，全县各镇区146名大学生参加活动　　（周国平 摄）
5. 2016年5月6日，县委宣传部、县文广新局、县总工会联合主办的县第五届职工文化艺术节开幕，历时8个月，其间举办寻找“最美职工”“如东工匠”评选表彰、工会系统文艺调演、职工摄影大赛等活动　　（曹雯雯 摄）
6. 2016年春节前夕，书法爱好者写春联送祝福　　（陈华 摄）

1. 2015年7月1日，让168户特困职工家庭用上安全电　（蔡珊珊 摄）
2. 2015年8月24日，如东县全力以赴防汛抗涝抢险，图为车站人员搬运行李　（蔡珊珊 摄）
3. 2015年，南通外向型农业综合开发区东海工区千亩优质梨喜获丰收。8月20日，东海工区党总支组织党员踏田摘果　（蔡珊珊 管宏图 摄）
4. 2015年10月19日，三元社区志愿者服务队看望93岁高龄的老红军邱荣林　（蔡珊珊 摄）
5. 2016年1月21日，猴年春节到来前，如东供电公司共产党员服务队对栟茶老街，实施低压线路改造工程，图为对老街线路进行检修　（蔡珊珊 摄）
6. 心系家乡的医学专家、被中宣部授予“时代楷模”称号的徐克成回乡考察，欲在如东建立生态农业项目，图为出席央视“时代楷模”颁奖典礼　（曹建明 徐燕楠 摄）

1 | 2 | 3 | 4 | 5 | 6

1. 2015年7月26日，第11届“蠙城之夏”锦绣福邸之夜法惠如东专场文艺演出分别走进岔河镇和马塘镇 （钱海兵 陈平 摄）

2. 2015年8月7日，2015年“全民健身日”“南通体育日”活动启动 （蔡珊珊 摄）

3. 2015年8月8日，随车起重机操作技能大赛在三一帕尔菲格特种车辆有限公司开幕。南通地区70名选手参加比赛 （陆和煦 摄）

4. 2015年8月12日，第11届“蠙城之夏”全民阅读暨爱心专场文艺演出 （蔡珊珊 摄）

5. 2015年8月17日，双甸镇第三届“霜桥之梦”文化艺术节暨第二届全民读书节送戏下乡文艺演出在该镇伯元村公共服务中心广场上开幕 （刘峰 摄）

6. 2015年9月20日，县委书记詹立风（右）从国家体育总局社会体育指导中心副主任王玉龙（左）手中接过“中国风筝之乡”的牌匾 （陆和煦 摄）

7. 2015年12月30日，江苏省工艺美术大赛在如东县规划展览馆举办，省内共300多件作品参展参评，涉及20多个门类和品种，其中有风筝、竹艺、红木雕刻等如东传统项目 （蔡珊珊 摄）

8. 2015年12月31日，县委书记詹立风（中）向县少儿杂技团“中国杂技魔术金菊奖团队”颁发专业技术人才成就奖 （蔡珊珊 摄）

双甸镇第三届“霜桥之梦”文化艺术
第二届全民读书节

如东第十六届国际风
请赛暨
中国风筝之乡

奖给：丁洋、朱程程“中国杂技魔术金菊奖团队”
人民币：50000.00元
如东县扶海人才奖励基金
2015年12月31日

1 | 3 | 5 | 6
2 | 4 | 7
8

生命可贵
健康无价

1 2 3 4 5 6 7

1. 2015年8月29日下午，由小洋口旅游度假区、江苏洋通开发有限公司主办的“翰墨一家情——2015年小洋口中西书画交流展”开幕式暨义卖活动在林克斯温泉酒店举办。图为奥地利知名画家Michael、Nicolas父子两人共同作画（蔡珊珊 摄）

2. 袁庄镇竹园村有了室内游泳馆　（刘蕾 丁甫共 摄）

3. 放飞美丽　（何永华 摄）

4. 2015年6月17日，县级机关工会会员游泳比赛在县城水韵名居天辰养生馆举行　（钱德明 摄）

5. 2015年6月19日，掘港镇幼儿园举办“阳光杯”体育节，孩子们在运动中收获健康，在竞争中学会合作　（徐行 周蓉 摄）

6. 2015年6月20日，栟茶镇第一届龙舟赛文艺展演　（蔡珊珊 摄）

7. 2015年6月20日，栟茶镇举办第一届龙舟赛庆端午　（蔡珊珊 摄）

# 编 辑 说 明

一、《如东年鉴》是由中共如东县委、如东县人民政府主办，县年鉴编纂委员会负责编纂的综合性地方年鉴。编纂《如东年鉴》旨在逐年系统记载全县自然、政治、经济、文化、社会等方面的基本面貌和发展情况，力求为领导决策所用、为一线工作所用、为百姓知情所用、为专家研究所用、为宣传交流所用。

二、《如东年鉴(2016)》设21个类目，按类目、分目、条目3个层次编排，部分分目设副分目，有的副分目设子副分目，条目为主要载体。在上年年鉴基础上，根据全县经济社会发展情况，保持整体框架大稳定小调整，突出如东地方特色。年鉴编纂坚持以中国特色社会主义理论体系为指导，贯彻落实习近平系列重要讲话精神，全面记述2015年度全县基本面貌和各条战线、各行各业的发展情况。

三、《如东年鉴(2016)》记述范围为2016年如东县所辖区域，凡在区域范围内的机关、团体、学校、企事业单位有价值的信息和资料，不论归属，均予收录。收录时限为2015年1月1日—12月31日，个别事物适当追溯或下延，便于读者了解始末。“附录”中“火车时刻表”刊载2016年最新时刻表，便于读者查询。

四、《如东年鉴(2016)》刊用文稿，均由全县各部门、各镇、各企事业单位提供，并经各单位领导审定。撰稿人姓名加括号列条目后面，多个条目系同一作者，只在最后一个条目后署名。统计资料数据由县统计局提供，全县主要经济数据由县统计局核定。面积单位除农业生产方面使用“亩”(1公顷=15亩)外，其余均用公顷、平方公里等公制单位。公用彩图照片未署名的均由县文广传媒中心提供，随文插图由各有关单位提供。

五、为方便读者检索查找，卷首列中、英文目录，卷中设书眉，卷末有主题索引，所载信息可用目录、书眉、索引检索。

六、《如东年鉴(2016)》的编纂出版，得到全县各单位、各部门的大力支持和协助，在此一并表示感谢。由于编者水平有限，粗疏、错漏之处，敬请各界人士批评指正。同时希望广大读者提出改进意见，以便进一步提高年鉴编纂质量。

《如东年鉴》编辑部

地址：如东县掘港镇富春江中路1号县行政中心12层
邮编：226400
电话：0513-84532918
0513-81961539

# 目　录

## ·特　载·



## ·大事要闻·



## ·如东概览·

## ·洋口港开发·



## ·产业发展·

## ·园区经济·

## ·海洋渔业·



## ·绿色能源·

## ·旅游休闲·



## ·城乡建设·

## · 生态环境 ·



## · 公共管理 ·

## · 社会事业 ·

## ·社会保障·



## ·政党政权·

## ·群众团体·

## ·法　　治·

## · 军　　事 ·



## · 镇情概览 ·

## ·人　　物·



## ·附　　录·

# MAIN CONTENTS

# 特载

## Tezai

### 回眸“十二五”

2011—2015年，如东县把“稳增长、调结构、促转型、惠民生”紧密结合起来，按照“打基础、求突破，扩总量、提质量”的总体思路，科学研判形势，主动适应、积极把握新常态，用好多重国家战略叠加的利好效应，突出改革和创新驱动促发展，不断改善生态环境，推进民生事业，全县经济社会事业平稳健康发展，实现“十二五”良好收官。

区域发展跃上新台阶　“十二五”期间，地区生产总值年均增长13.8%，2015年达672.69亿元，人均GDP超过1万美元；2015年一般公共预算收入58.54亿元，为“十一五”期末3倍，年均增幅全市领先。县域经济基本竞争力连续13年跻身全国百强县（市）行列。如东县先后被评为全国生态县、全国平安渔业示范县、全国平安农机示范县、全国粮食生产先进单位、全省发展现代高效农业成效显著县、全省智能农业示范县等，并获绿色江苏特别贡献奖等奖项。

经济运行质态显著提升　工业经济向纵深发展。2015年，全县工业增加值314.83亿元，是“十一五”期末的1.67倍；全部工业应税销售收入912.76亿元，5年年均增长21.7%，总量由2010年南通5县（市）末位攀升至第二位。全县应税销售收入1亿元以上151家企业，共实现应税销售收入607.78亿元，占全县总量66.59%。农业经济向高效发展。2015年，全县实现农业增加值64.97亿元，是“十一五”期末的1.44倍。“十二五”期间，全县新增高效设施农业面积16.5万亩，高效设施渔业面积10.5万亩，高标准农田面积30万亩，绿化造林面积9.3万亩，家庭农场、“全托管”等新型农业经营主体867家，市级以上农渔业龙头企业62家。服务业向集聚发展。“十二五”期间，服务业累计投入582.6亿元，建成港汇国际广场集聚区、天一商贸集聚区、洋口港现代物流园、银河纺织品交易集聚区等。2015年，全县服务业增加值292.9亿元，是“十一五”期末的2.46倍；社会消费品零售总额287.4亿元，比“十一五”期末总量增加138.1亿元。三次产业结构由“十一五”期末12.8∶53.4∶33.8演进为2015年9.7∶46.8∶43.5，服务业增加值占GDP比重提高9.7个百分点。高新技术产业产值占比42.92%，新兴产业产值占比24.35%。“十二五”期间，对外投资企业和对外投资合作项目从无到有，先后有江苏中天科技股份有限公司、江苏世纪燎原针织有限公司等10家企业完成境外投资项目21个，实现中方协议投资额3400多万美元，逐步形成以光缆、纺织服装、化工建材为基础的传统产业境外贸易加工基地。如东共完成对外承包工程和劳务合作营业额4.3亿美元。

沿海开发建设取得突破　“十二五”期间，如东县依托港口、滩涂、岸线等资源优势，实施“港口引领、科技驱动、城乡一体和可持续发展”战略，以改革创新为动力、港口开发为龙头、项目建设为支撑、特色打造为重点，拓展沿海开发开放新空间，较好实现资源优势向发展优势、海洋大县向海洋强县转型。沿海6大载体平台呈现出规模效应逐步扩大、发展能级不断提升、主导产业优势突出的态势，初步形成能源、现代物流、先进装备制造、汽车电子、生命安全防护、新材料、生物医药、现代旅游等具有鲜明区域特色和比较优势的产业体系。沿海经济开发区、高新技术产业开发区、如东经济开发区形成工业应税销售超100亿元的3大特色产业板块。2015年11月，洋口港成为国家一类口岸，正式对外开放。中石油江苏LNG接收站投产后至2015年年底，共有111艘LNG船舶靠港作业，接卸液化天然气约1110万吨。"十二五"期间累计到账外资17.56亿美元。三一重工集团、德国巴斯夫集团等17家世界500强企业投资项目相继落户投产。小洋口旅游度假区成为南通首个省级旅游度假区。

交通格局发生根本改变 "十二五"期间,交通基础设施投资累计115.64亿元,工程投资总量连续5年全市第一,树立如东交通发展史上新的里程碑。5年中,海洋铁路、临海高等级公路(328国道如东段)、通洋高速一期相继建成通车,交通条件实现历史性跨越。"139现代化交通运输体系"格局基本实现,即县城10分钟上高速公路、县域内部相邻主要节点间30分钟互通互达、县城90分钟到达上海或苏中、苏南主要城市。高速、国道、铁路等均在"十二五"期间实现"零"突破。"十二五"期间,如东公共客运能力不断提升,县内市际、县际客运班线公司化率90%以上,居全省领先水平,县内客运全部实现公车公营;开行城市公交线路7条、校园专线4条,城市公交基本实现全覆盖;实施农路农桥"提档升级"工程,共投入10.56亿元,农村公路由"村村通"向"组组通"延伸。

绿色能源发展多轮驱动 "十二五"期间,如东县新增能源发电项目超20个,完成总投资约185亿元。至2015年,全县新能源发电项目中,风电发电项目累计并网装机容量1350兆瓦,约占全省1/3,累计上网电量110亿千瓦时;光伏发电项目累计并网装机容量达110兆瓦;垃圾发电装机容量总规模30.5兆瓦;生物质发电装机容量25兆瓦。以风电为主的新能源及装备配套产业应税销售收入年均增长75%。全县新能源装机容量突破1500兆瓦,形成风力发电、生物质发电、太阳能光伏发电、垃圾发电等多轮驱动新能源产业格局。新能源发电量占全县全社会用电量比例从"十一五"期末38%提升至62%,居全省前列。如东建成亚洲最大海上风电基地、全省最大新能源发电基地。

城乡环境面貌日新月异 "十二五"期间,如东县共开发楼盘90个,建成面积594万平方米,销售200多万平方米。县城阳光家园等3个保障性安居工程交付使用,如东获评"江苏省住房保障体系建设示范县";县城区安置房建设项目完成5个,建成安置房75万平方米,拆迁安置棚户区5个,累计安置4800户,完成14个老旧小区改造。5年中,实验小学、原第一职中搬出老城区,人民路、友谊路、通海路等市区主干道拓宽改造,新建解放路,实施朝阳路北延等工程。县城实施道路改扩建工程40个,通车里程45公里。农村公路总里程4581公里,农村等级河道总长40441公里,森林覆盖率22.49%。道路、河道、绿化、垃圾处理"四位一体"长效管理形成常态。

公共服务体系不断完善 "十二五"期间,如东县共实施政府投资1000万元以上社会事业项目47个,计划总投资56.8亿元。至2015年年底,开工项目36个,竣工项目20个,完成投资25亿元。其中,26个项目获得国家专项扶持资金6600万元,15个项目获得省专项扶持资金2.1亿元。教育教学资源在城乡之间、校际之间均衡差异系数缩小,基本实现教育均衡,基础教育全省领先。乡镇公立卫生院实现全覆盖,"十五分钟健康服务圈"基本形成。参保人员县内就医实行"一卡通",实现与省、市多家医院联网结报。文化事业蓬勃发展,县城、镇、村(居)三级公共文化设施更加完善。建成全省一流、设施齐全的五星级人力资源市场,劳动就业服务站遍及村(居),外出农民工动态管理信息网络建立,城乡一体的就业失业登记制度不断完善。加大对高校毕业生、失业人员、被征地农民等就业困难人员的就业援助,全县100%的社区建成充分就业社区。

民生幸福指数实现新提升 "十二五"期末,城乡居民人均可支配收入分别为34338元和15827元,年均分别递增10.86%和11.65%,基本实现居民收入增长与经济发展同步,城乡居民收入差距进一步缩小,居民人均储蓄存款突破5万元,私人汽车保有量突破11万辆,失业率控制在2.39%以内,建档立卡贫困人员100%实现脱贫。"十二五"期间,如东开始实施社会保险全覆盖政策,构建覆盖城乡的职工"五大保险"、住房公积金、城乡居民养老保险、新型农村合作医疗,新农合参合率始终保持在99%以上,政策范围内住院费用补偿比76.8%。2015年,企业退休人员月平均养老金1966.2元,较"十一五"期末增长60%。城乡居民养老保险参保覆盖率99.9%;基础养老金逐年提高,发放率100%。法治如东建设不断深化,公众安全感持续位居全省前列,社会大局保持和谐稳定。

(如 鉴)

## 如东启动"六城联创"

6月5日,如东县委、县政府召开"六城联创"动员大会,全面启动"全国文明城市、国家卫生城市、国家生态文明示范县、江苏省园林城市、江苏省历史文化名城和江苏省优秀管理城市(一星级)"创建工作。"六城联创"目标为:全国文明城市,力争2017年年底获得全国文明城市提名城市称号,2020年通过全国文明城市验收;国家卫生城市,力争2016年通过国家卫生县城验收及国家卫生城市技术验收;国家生态文明示范县,力争2020年达到考核验收要求;江苏省园林城市,力争2017年创建成功;江苏省历史文化名城,力争2020年申报指标有重大突破;江苏省优秀管理城市,力争2016年、确保2017年创建成功。

8月15日,县"六城联创"指挥部成立并召开第一次例会。8月28日,面向全国有奖征集如东"六城联创"公益广告语。10月10日,召开全县省级文明城市年度测评迎查动员大会。会议提出全力迎接省级文明城市年度测评，为2017年创成全国文明城市提名城市，实现“六城联创”目标打下坚实基础。县委书记、县人大常委会主任詹立风到会讲话，县委副书记、县长潘建华做动员部署。10月中旬至12月底，县“六城联创”指挥部办公室联合全县各镇（区、街道）、县级机关各部门单位，动员全县各方力量开展文明城市创建系列活动。

职能部门、镇区以创建为己任。县住建局牵头，对县城区市政道路、公共绿地及公园广场、已征收地块及建筑工地进行专项整治，修整维护市政道路7条，完成绿化面积5万多平方米，栽植乔灌木4500株，栽植地被小苗3万多平方米，累计维修路灯800余盏，累维修电缆20余处，更换电缆800余米。县城管局牵头，在有停车增设需要的13个小区划定车位约1400个。购买并向39个住宅小区发放分类垃圾桶2718个，实现小区垃圾分类全覆盖。集中力量改造整治老旧小区4个，翻建小区道路735平方米，疏通、翻建地下管网700米，设置、新建停车设施160个，更新、规范环卫设施25个，整修、翻建道路6205平方米，清运垃圾1万余吨，栽种绿化1300株，刷新墙面6000多平方米，种植绿化围挡920米，修筑实墙围挡1000米。整治城郊结合部6个，拆除破旧建筑和违法建筑4000多平方米、整治店外经营80多处，拆除不规范户外广告1200平方米，取缔流动摊点400多个。搬迁小型企业近30家和民宅100多户，投资150万元，建设占地2.6万平方米的建筑渣土处置中心。提前建成并投入使用公共自行车服务系统，范堤北路东侧、江海东路北侧“便民疏导点”投入使用。2015年11月，友谊西路示范路创建通过省专家组考核验收。县公安局牵头，对主城区三元、盛世华城两条商业街实施交通微循环，迎查期间，公安部门抽调警力490多人整治路面交通秩序，采取轮岗执勤、延时巡逻、贴罚单等措施，共查扣非标三、四轮电动车100余辆，查纠非机动车与行人不按照交通信号灯规定通行2000余起，非机动车不按规定车道行驶4000余起，非机动车逆向行驶1200余起，机动车违停7520余起，交通环境明显改善。县市管局牵头，围绕农贸市场秩序整治和食品（餐饮）安全整治两大难点问题，从基层分局抽调170多人，成立“一办五组”，对城区15大责任区域进行切块包干。创建期间，共调查摸底市场主体5721户，督促3133户亮照执证规范经营，新办理证照625户，督促办理健康证213户。县环保局开展“城乡环境综合整治百日行动”活动和环境执法“亮剑行动”，加快基础设施配套建设，马塘、曹埠两镇覆盖拉网式农村环境综合整治项目建成投运，县城第二污水处理厂和洋口港污水处理厂投入试运行，工业固废填埋场、达标尾水排海管道、电镀中心等一批环保基础设施在推进。县高新区发挥主人翁、主战场、主力军作用。围绕迎查要求，以集中实施“背街小巷道路硬质工程、城郊结合部综合整治工程、小区巷道修缮工程、城中村改善工程、臭沟臭塘治理工程、市民素质提升工程”六大工程为抓手，抢晴天，战雨天，全面完成县“六城联创”指挥部交办的各项创建任务。如东经济开发区举全区之力，投资800多万元，启动振新西苑、永新南苑环境升级改造工程，区规划建设、城管中队、街道社区及社会事业等部门协同作战，先后拆除50余户违章建筑，啃下多年久拖不决的“硬骨头”。县循环经济产业园（大豫镇）、栟茶镇、双甸镇、洋口镇在创建期间，均多次开展环境卫生集中整治，深入小区、背街小巷、卫生死角进行垃圾清运、杂草清除、“牛皮癣”清刷、楼道杂物清理等，环境面貌得到较大改观。

图1 县公共自行车服务系统投放的公共自行车

机关单位、行业系统主动作为。县“两办”牵头，组织开展县级机关与县城社区挂钩联系活动，80多家县级机关单位与县城13个社区结对共建。县卫计委牵头，抓“五小行业”（小食品经营及加工单位、小理发美容店、小旅馆、小浴室、小歌舞厅）、传染病防治、“四害”（苍蝇、蚊子、老鼠、蟑螂）消杀、禁烟控烟等工作，开展卫生知识培训讲座19场次，受众3000多人，健康教育实现全面覆盖。县水务局牵头，组织成立专职清漂队伍，累计清运主城区河道垃圾1700多吨。县商务局牵头对县城大型商场、超市开展多轮次宣传、检查、培训工作。县文广新局牵头，邀请专家对县城三号街区“石板街”“掘港古建筑群”“城隍庙娘娘殿”等文保单位及其他历史建筑、串场河水系等进行考察考证，协调各方资源，加快推进博物馆建设前期工作。县交通局牵头，对出租车司机开展集中培训，定期组织人员到汽车总站、公交公司、出租车公司检查督查，安排专人对各公交站台定期维护。县教育系统、农委系统、发改系统协调各方力量，多次召开会商会议，想法解决包干区脏乱差现象。金融系统、税务系统、县行政服务中心等窗口行业单位，以一流环境、一流形象、一流服务支持创建工作。宣传部门通过开设专栏专版、微信微博、《创建简报》，开通“曝光台”、市民热线，建设文化宣传墙、大型户外广告牌，悬挂标语横幅等营造良好创建氛围。其他各单位、各街道办事处、社区结合工作职责开展创建工作，起到示范带动作用。

广大市民、党员群众表现出主人翁姿态。市民群众在“六城联创”工作中发挥重要作用。县级机关干部群众利用周末休息时间深入挂钩小区，开展包干区环境整治、创建知识宣传、监督包于路段店面做好“门前三包”等工作，帮助解决小区实际困难和问题，提高居民满意度和支持率。交通志愿者每天手拿红旗、带着袖章当起文明交通劝导员，成为城市一道风景线；文峰大世界、亚萍广场、广隆商场、苏果超市等经营户主动配合做好“门前三包”工作，组织员工开展应知应会知识培训。香格里拉街、友谊路上个体经营户们主动配合广告整治，自觉拆除破损门头广告20多块。环卫工人每天工作近10个小时，对主城区所有保洁区域实现全覆盖。

年末，“六城联创”取得阶段性成效。全国文明城市创建，通过推进城市基础设施建设，完善城市功能；加强城市综合治理，提升城市形象；开展公民道德教育活动，提高市民素质；建立社会信用信息平台，社会诚信体系逐步形成等，城市环境、政务环境、社会环境、人文环境、生活环境得到明显改观。12月，如东高分通过省级文明城市年度测评验收。国家卫生城市创建，坚持以推进市容环境卫生综合整治为抓手，加强城市卫生基础设施建设，开展全民健康教育和爱国卫生统一行动，健全城市卫生综合管理体系和长效机制，城市公共卫生环境明显优化。国家生态文明示范县创建，出台《如东县创建国家生态文明建设试点示范区（县）三年行动计划（2015－2017）》，围绕城乡环境整治、基础设施配套、环境执法监管、突出问题化解等重点工作统筹协调、科学推进、严格督查，大气和水环境质量持续改善，全县环境质量呈稳中趋好态势。江苏省园林城市创建，抓住城市园林绿化和基础设施建设两个重点，按照“统一规划、分步实施、精致建设、生态相连”的城建要求，不断提高城区绿地面积和园林绿化品位，加大绿化投入，主城区公共绿地建设和管理水平明显提高。江苏省历史文化名城创建，推进县城三号街区文保单位申报工作，注重非遗保护和传承，制定常态化非遗工作机制，提升历史文化内涵和文化品牌打造。江苏省优秀管理城市创建，围绕城市基础设施改造升级、城市环境综合整治、城市服务功能完善、人居环境改善等重点工作，联合攻坚，城市建管水平进一步提高。

图2 10月10日，省级文明城市年度测评迎查动员大会

（于振勇）

# 大事要闻

Dashi yaowen

## 2015年如东十大新闻

**1.省委书记罗志军到如东调研，强调做好区域互补跨江融合南北联动大文章**

1月18日，省委书记罗志军在如东调研时强调，要围绕习近平提出的“迈上新台阶、建设新江苏”要求，抓住用好国家“一带一路”和长江经济带建设等重大战略机遇，做好区域互补、跨江融合、南北联动大文章，依靠科技创新不断培育新的经济增长点，推动经济平稳健康发展、民生持续改善。

**2.洋口港一类口岸开放通过国家验收**

11月17日，洋口港一类口岸对外开放正式通过国家验收，标志着洋口港具备对外开放条件，进入全国246个正式开放口岸大家庭。以此为起点，洋口港朝着打造江苏东部地区“外引西进”桥头堡和“长三角”地区通向世界的重要门户迈出关键性步伐。洋口港是江苏沿海开发总体规划重点发展的深水港口，实现对外开放，圆了百万如东人民“大港梦”，也为抢抓国家“一带一路”、长江经济带建设战略机遇增添动力，为“十三五”时期开好局、起好步奠定基础，同时对促进南通、江苏甚至全国开放发展，具有现实意义。

**3.通洋高速公路正式通车**

2月6日12时，通洋高速公路一期工程正式通车运营，标志着南通实现“县县通高速”目标，结束如东不通高速历史。通洋高速公路是江苏省“五纵九横五联”高速路网规划中锡如高速公路的重要组成部分，工程自南通市通州区兴东镇起，接宁启高速公路，向北跨遥望港河，与海启高速公路交叉，直通洋口港，全长52公里，其中一期工程全长36.66公里，项目起于宁启高速兴东段，止于334省道，沿线设置兴东枢纽和西亭、骑岸、如东东3个收费站。全线按双向4车道标准建设，路面宽28米，设计时速为每小时120公里。通洋高速公路通车后，从如东经通洋高速到南通市区可缩短至40分钟车程。如东由此融入上海、苏南1.5小时经济圈。从南通市区经通洋高速公路、通州湾快速通道连接线到南通滨海园区，缩短至45分钟车程。

**4.中共海上抗日武装斗争研讨会在京举行，确认中国共产党第一支海上抗日武装力量诞生于江苏如东**

7月17日，由中国政策科学研究会国家安全政策委员会、参考消息报社、新华网、北京新四军研究会主办的中共海上抗日武装斗争研讨会在北京武青会议中心举行，会议就以如东沿海为中心的苏中海上抗日根据地的历史贡献与启示进行深入研讨，一致认为：1941年诞生于江苏如东的苏中军区海防部队是中国共产党领导的第一支海上抗日武装力量。这段史实的发现、发掘和研究，填补人民海军史空白，对抗日战争史乃至党史、军史研究均具有重大价值。

**5.如东首届科技人才节签约人才科技合作项目37个**

11月7—8日，第九届中国如东沿海经济合作洽谈会暨首届科技人才节上，18名“国家千人计划”专家、100名海外高层次人才、欧美同学会专家齐聚如东，达成产学研合作、创新创业载体、高新技术产业、创业投融资等各类项目签约37个。国内14所高等院校科研院所累计发布科技成果445项，达成转化合作意向108项，4家高校技术转移中心在如东设立分中心，18名“国家千人计划”专家受聘“如东经济社会发展顾问”，上海人才网开通如东频道。

**6.第一单企业债成功注入洋口港**

4月16日，债券承销商宏源证

券股份有限公司将9亿元企业债资金转入洋口港建设发展集团有限公司账户，发行利率6.23%，为同阶段同期企业债最低利率。该笔资金是国家严控新政出台后如东获得的首笔企业债，也是洋口港迈向债券市场“第一单”，标志着洋口港开发建设跳出传统信贷融资模式，开辟出向债券市场、资本市场拓展融资新途径。

**7.如东成立全国首家风电产业联盟**

12月6日下午，由31家风电装备制造企业、风电发电企业、相关科研院校和协作单位联合发起的全国首家风电行业产业联盟正式成立，如东县风电产业发展迈出历史性步伐。风电行业产业联盟通过资源整合、产业联合、资本融合和产学研合作，推动风电制造产业加快技术创新，促进风电产业主要设备本地化生产，做长做优新能源产业链条，形成风电场建设、风电装备制造、风电配套产业、风电运营在内的大风电产业协同发展和自律体系。依托产业联盟，如东力争通过3～5年努力，促进风电装备制造达到国内领先、国际先进水平，建成国家级风电装备制造基地。

**8.中广核如东150兆瓦海上风电场示范项目打下第一桩**

5月23日零点45分，一根重达750吨、直径6米、长达75米的钢管在洋口港东侧面25公里东近海海域成功沉设，标志着中广核如东150兆瓦海上风电场示范项目正式开工建设，并创下中国海上风电单桩重量、直径、长度和离岸距离4项之最。中广核如东150兆瓦海上风电场示范项目是黄海海域第一个近海风电场，计划安装38台4兆瓦风电机组，装机容量152兆瓦，设计年上网发电量3.88亿千瓦时。

**9.2位如东籍将军领队参加抗战胜利70周年大阅兵**

9月3日上午，中国人民抗日战争暨世界反法西斯战争胜利70周年纪念大会在北京天安门广场举行。2位如东籍将军领队参阅，分别是“雁门关伏击战英雄连”英模部队方队领队、陆军第1集团军副军长王秀斌少将，舰空导弹方队领队、东海舰队副参谋长黄新建少将。

**10.如东被命名为“中国风筝之乡”**

9月20日，中国·如东第十六届国际风筝节在小洋口旅游度假区风筝放飞场举行，德国、韩国等国家46支代表队、265名运动员参赛。开幕式上，如东县被国家体育总局命名为“中国风筝之乡”，小洋口旅游度假区被命名为“江苏省风筝放飞基地”。南通是中国4大风筝产地之一，其中“板鹞”风筝为全国仅有。2006年，南通“板鹞”风筝制作技艺经国务院批准，列入第一批国家级非物质文化遗产名录。如东“板鹞”是南通风筝代表，带响风筝从宋朝开始保留至今。

# 2015年大事记

## 1月

7日　如东高新技术产业开发区(掘港镇)与上海尚华医药集团签订框架协议，双方合作共建尚华(如东)生命健康产业园。

8日　中共如东县委十三届七次全体(扩大)会议召开。全会听取和讨论县委书记詹立风代表县委常委会所作的工作报告，审议通过《中共如东县委关于全面推进依法治县的实施意见》和全会决议。县委委员、候补委员出席会议。

9日　如东县市场监督管理局正式揭牌成立，标志着如东县市场监督管理工作进入“强监管、优服务、保安全、护民生、促发展”的新阶段。

12—13日　中华农业科教基金会董事长、省政府参事刘立仁一行，到如东就外向型农业发展相关情况展开调研。

14日　栟茶镇行政管理体制改革暨内设机构正式运行动员大会召开，县委副书记周建飞到会讲话。

15日　中船重工(重庆)海装风电设备有限公司在如东投资建设的江苏海上风电基地首台风电机组下线，运往山东。

18日　省委书记罗志军在如东调研。罗志军先后考察三一帕尔菲格特种车辆装备有限公司、江苏银树农产品加工基地、曹埠镇上漫社区。省委常委、秘书长樊金龙参加调研。

23—26日　政协如东县第十四届委员会第四次会议在县会议中心召开。

24—26日　如东县第十六届人民代表大会第四次会议在县会议中心召开。

## 2月

1日　中化集团总裁蔡希有一行到如东考察。县委书记、县人大常委会主任詹立风，县委副书记、县长潘建华会见蔡希有一行，双方表示发挥各自优势，进一步拓展合作空间，提升合作层次，在更高水平上实现互利共赢发展目标。

2日　南通市粮食全产业链联盟建设推进会在如东召开。会议总结推广如东试点建设粮食全产业链联盟的成功经验，动员各地各部门引导和扶持国有粮食购销企业由单一收储业务向全产业链方向发展，不断提高现代农业建设水平。与会人员参观袁庄镇小康村千亩优质粮种植示范基地。

5日　全国首家家蚕人工饲料项目在丰利镇月河村丰月蚕业专业合作社投产，2个小时生产合格饲料5吨。

6日　12时，通洋高速公路正式通车。通洋高速公路于2011年11月28日开工建设，从南通市通州区兴东镇，接宁启高速公路，向北跨遥望港河，与海启高速公路交叉，至洋口港，全长52公里，其中一期工程全长36.66公里，项目起于宁启高速兴东段，止于334省道，沿线设置兴东枢纽和西亭、骑岸、如东东3个收费站。全线按双向四车道标准建设,路面宽28米,设计时速为每小时120公里,总投资32.6亿元。

是日 县政府举行海上风电场规划优化论证会，华东勘测设计研究院有限公司汇报如东海上风电场规划有关情况。南京水科院、河海大学等科研院所和高校的专家、学者围绕课题深入探讨和论证。与会专家及县相关部门负责人就规划优化完善提出建议。县委书记、县人大常委会主任詹立风,县委副书记、县长潘建华出席会议并讲话。

12日 第100艘LNG（液化天然气)船——卡塔尔“莎格兰”号到达洋口港。县委书记、县人大常委会主任詹立风登船祝贺。

15日 中共如东县第十三届纪律检查委员会第五次全体会议召开。县四套班子领导出席会议。

27日 县委、县政府召开全县机关作风建设大会。县委书记、县人大常委会主任詹立风出席会议并讲话。

是月 如东县首家集法制宣传与道德教育为一体的家庭法治文化园在丰利镇建成。该文化园由丰利中学原副校长袁金华利用家庭围廊优势,在围墙上用石刻雕刻“二十四孝”道德教育,并融入法制宣传教育内容,成为对青少年进行道德、法制教育固定场所和新的法治文化宣传阵地。

## 3月

3日 如东召开“三八”国际劳动妇女节105周年纪念大会，副县长姜晓静致辞,县委常委、组织部部长任新峰到会讲话。

13日 如东经济开发区电子商务产业园被认定为江苏省电子商务示范基地(园区)。

21—23日 如东县名特优农产品展示展销会在县规划展览馆举行。

23日 县委、县政府召开全县农村工作会议暨扶贫帮困工作表彰推进会,县委书记、县人大常委会主任詹立风出席会议并讲话。县委副书记、县长潘建华作“三农”工作报告。

25日 江苏宇迪光学股份有限公司正式挂牌登陆“新三板”全国中小企业股份转让系统有限责任公司,成为如东第一家在“新三板”挂牌企业,股票代码 831934,总股本4680万股。

26日 南京海关关长薛金楼到如东调研开放型经济发展和洋口港开发建设工作。

31日 如东县2015年“政风行风热线”节目正式开播。

是日 洋口港(上海)石材产业发展说明会在上海东华环球石文化研究院举行。县委常委、洋口港经济开发区党工委书记张蓉蓉向上海石材协会、“石材一家”等组织的80位企业家和嘉宾，介绍洋口港区位优势以及石材产业战略定位、发展空间和产业规划。

是日 在农业部农产品质量安全中心召开的2015年第一次农产品地理标志登记专家评审会上,“如东狼山鸡”农产品地理标志通过评审。

3月31日—4月2日 国际禁止化学武器组织(OPCW)派遣视察组赴南通泰禾化工有限公司，对民用化工《禁止化学武器公约》规定的化学品生产设施进行现场视察。这是如东县第三次接受视察。视察组核查确认企业宣布数据、信息与现场核查结果一致，企业生产经营活动符合《禁止化学武器公约》要求。

## 4月

1日 中国科学院上海科技查新咨询中心、产业与技术情报研究中心南通分中心在如东经济开发区挂牌成立。

6日 中国文联副主席、中国杂技家协会主席、河北省政协副主席边发吉一行到如东视察杂技发展情况。副县长姜晓静介绍如东基本情况。

8日 国家中医药管理局副局长闫树江到如东调研，勉励如东先行先试,为全国医疗卫生事业改革发展提供可复制、可推广的成功经验。

是日 位于洋口港经济开发区内的江苏最长110千伏海上电缆富强变电站至阳光岛电缆工程竣工,通过交流耐压试验,具备供电条件。该工程3月初开工，由如东永晟实业有限公司安装施工，南通通明建设监理有限公司监理,总投资达3.7亿元，联通岸上富强变电站与阳光岛开闭所,共展放电缆13.4公里。

是日 中华财险如东支公司与如东劲龙水产养殖专业合作社成功签订全省南美白对虾养殖保险第一单，劲龙水产280亩大棚南美白对虾每亩最高可获3000元保险赔偿。

10日 “农商行杯”第二届“最美如东人”评选暨“播种爱心、收获快乐” 志愿行动启动仪式在县规划展览馆南广场举行。县委常委、宣传部部长杨中坚出席启动仪式，县人大常委会副主任冯力如向县社会福利中心、县逸夫特校、三元居家养老中心和宾山老年康复中心4家单位授牌成立“爱心银行”,县政协副主席桑健向20支志愿服务队负责人发放“爱心”存折。

是日 江苏青睐电子商务有限公司在上海股权交易中心挂牌。江苏青睐电子商务有限公司位于洋口镇新林工业园区内，是一家专业从事电子商务的OTO平台。公司旗下有子公司江苏神运保健品有限公司、南通亲睐纺织科技有限公司等18家关联企业，产品涉及酒类、鞋帽、服装、保健品、化妆品等领域,拥有自主知识产权。

15日 由省侨联牵头主办的“创业中华——2015侨资侨智对接交流会”在如东举行,中国侨联经济科技部副部长、中国侨商联合会副会长兼秘书长安晨，江苏省侨联副主席、省侨商总会常务副会长镇翔等国家、省、市侨联领导及近百位海内外侨商与会。

16日 洋口港建设发展集团有限公司首笔9亿元企业债券到账，由此拉开洋口港开发建设融资资金渠道由传统信贷市场向债券市场、资本市场升级序幕。

17日 县委、县政府在上海举

办如东(上海)现代服务业投资环境说明会暨项目集中签约仪式，县委书记、县人大常委会主任詹立风致辞，副县长王智做投资环境及服务业项目推介。现场签约项目14个，总投资约120亿元。其中外资项目2个，总投资7000万美元；内资项目12个，总投资116亿元。

21日 江苏有线如东分公司挂牌成立，如东广电有线网络正式纳入全省统一管理。江苏广电有线信息网络股份有限公司总经理薛留忠，县委书记、县人大常委会主任詹立风共同为公司成立揭牌。

23日 如东举行首个“江苏全民阅读日”活动暨第二届如东县全民读书节启动仪式。全民读书节的举办，旨在引导全县市民形成爱读书、多读书、读好书的良好风尚。

25日 县委中心组以学习扩大会形式举行“新常态下的经济增长、资本市场与互联网+”专题报告会，十二届全国政协委员、江苏省政府参事室副主任、南京大学经济学教授、“长三角”发展研究中心执行主任、教育部首批长江学者特聘教授刘志彪作专题讲座。

30日 县委书记、县人大常委会主任詹立风主持召开县委常委(扩大)会议，研究部署栟茶镇新型城镇化建设工作。

4月30日—5月3日 在深圳欢乐谷举办的第九届中国杂技金菊奖第六次全国魔术大赛中，南通如东少年杂技团丁洋表演的《变鸽子》获金奖，朱程程表演的《梅花三弄》获铜奖。

## 5月

4日 县委、县政府召开庆祝“五一”国际劳动节暨劳模座谈会，表彰2015年新当选全国劳模，省、市五一劳动奖章获得者，市五一劳动奖状获得者及省、市工人先锋号单位。

5日 省委书记罗志军、省长李学勇、省政协主席张连珍、省委副书记石泰峰以及省四套班子有关领导，带领省有关部门负责人，各市、县主要负责人，省内有关国家级开发区主要负责人专程到洋口港考察，并实地视察台湾中石化项目。

8日 县委常委、常务副县长沈峻峰为如东红旗针织有限公司法定代表人葛泽龙颁发如东首张由组织机构代码证、税务登记证和工商营业执照“三证合一”营业执照。标志着“三证合一”在如东全面推开，商事登记行政审批再提速。

是日 光合·兵凌中华绒螯蟹繁育技术研发中心暨上海海洋大学中华绒螯蟹遗传育种中心在南通兵凌水产品有限责任公司成立。该中心将承担国家863计划有关项目科研任务，并为台湾蟹农扩大规模繁育优质蟹苗。上海海洋大学副校长李延臣与中国河蟹协会会长李国平共同为中心成立揭牌。

10日 晚，由县委宣传部、县文广新局、县总工会联合主办的县第四届职工文化艺术节在“五一”广场开幕。

11日 如东县首届职业教育活动周启动仪式在如东中等专业学校举行。

13日 由县委宣传部主办的“如东人看如东”主题活动在如东中等专业学校启动。

23日 零点45分，一根重达750吨、直径6米、长达75米的钢管在洋口港东侧面25公里东近海海域成功沉设，标志着中广核如东海上风力发电有限公司150兆瓦海上风电场示范项目正式开工建设，并创下中国海上风电单桩重量、直径、长度和离岸距离4项之最。

24日 如东召开小洋口旅游度假区市场调研体验游暨旅游产品发布会。

28日 如东首个基层红十字会——曹埠镇红十字会揭牌成立。

## 6月

1日 如东规划展览馆正式向市民免费开放。展馆共两层，总建筑面积约1.5万平方米，内部布展面积近8000平方米，按照功能分为序厅、如东历史文化厅、古街复原厅、城市概况厅等14个区域。

3日 县委、县政府召开《三洋铁路规划建设对如东县区域发展影响研究报告》汇报会，并就三洋铁路规划建设对如东区域发展影响，与承接该项目研究工作的中国国际工程咨询公司相关专家展开交流对接。县委副书记、县长潘建华就铁路规划建设的相关课题与专家组进行探讨。

4日 由上海海宝特种电源有限公司组织的首届中国电动车电池产业高峰论坛在如东举行。县委副书记、县长潘建华出席论坛活动，并介绍如东经济社会发展情况。

是日 江苏理工学院国家技术转移中心如东分中心在如东揭牌，集中签约校企产学研合作项目5个。

5日 县委、县政府召开“六城联创”动员大会，全面启动“全国文明城市、国家卫生城市、国家生态文明示范县、江苏省生态园林城市、江苏省历史文化名城和江苏省优秀管理城市(一星级)”创建工作。县委书记、县人大常委会主任詹立风到会讲话。县委副书记、县长潘建华部署“六城联创”工作。“六城联创”各分指挥部具体负责人分别发言。

是日 晚，由县委宣传部、县环保局、县文广新局、县文广传媒中心、县教育局联合主办的“践行绿色生活，共建美丽如东”世界环境日专场文艺演出，在县城乐天玛特广场举行。

6日 省农机局局长沈建辉率省农委农机“三夏”督查组到如东督查，并召开“三夏”工作汇报会。

11日 栟茶籍旅美画家丛志远教授画展在国家博物馆举行，展出其30年创作的版画与中国画精品。十一届全国政协副主席李金华出席画展开幕式。

12日 全国政协委员、省政协副主席罗一民带领驻江苏全国政协委员到如东专题调研。调研组肯定如东特殊教育事业发展亮点多、特色多、经验多，为全省、全国特殊教育发展树立样板。

14日 下午1点30分左右，装

载着约1800吨石材、来自福建泉州石湖港的船舶停泊在洋口港重件码头，投入900多万元的多功能门机第一次起吊石材。这是港口第一艘内贸船舶，标志着洋口港内外贸易、港口运作正式运行。

14—16日 以南京师范大学原副校长笪佐领为组长的“江苏省示范性县级教师发展中心”省评估组专家一行6人，对如东县教育发展中心创建“江苏省示范性县级教师发展中心”工作进行评估验收。

16日 由德国bbw教育集团和江苏联合职业技术学院如东分院联合成立的中德如东职业教育培训中心签约、揭牌仪式在如东举行。县委副书记、县长潘建华和柏威科技信息咨询（苏州）有限公司总经理博多·特博特共同为中德如东职业教育培训中心揭牌。

18日 台州市人大常委会副主任、椒江区委书记陈祥荣率领椒江区党政代表团到如东参观考察，县委副书记、县长潘建华陪同考察。

19日 县委书记、县人大常委会主任詹立风主持召开全县“十三五”规划基本思路交流会。县四套班子领导出席会议。

23日 南京大学MBA（工商管理硕士）公开课暨2016年MBA项目招生说明会在如东举办。县内50强企业代表和青年商会近百位企业家聆听公开课。南京大学商学院教授茅宁发表演讲。

25日 全县“七一”表彰暨县委中心组“三严三实”专题学习会召开。

30日 县委中心组召开“三严三实”专题教育严以修身专题第一次集体交流研讨会。县委书记、县人大常委会主任詹立风主持会议，并就下阶段专题教育活动进行部署。

## 7月

3日 如东小洋口国际温泉城基础设施开发及园区管理协议、“温泉世界”投资开发协议正式签约。香港保华集团主席、总裁刘高原，常务副总裁杨燕、首席财务官黄耀雄，县委书记、县人大常委会主任詹立风出席签约仪式。副县长、沿海经济开发区、小洋口旅游度假区党工委书记张栩龙代表如东县人民政府签约。

4日 省政协常委、特邀三组召集人、省军区副司令员鞠华，带领省政协特邀三组委员一行到如东，就“江海联动”相关主题进行调研。

8日 县政府与南通供电公司就如东“十三五”期间电网建设与发展事宜达成共识，签署《共同推进电网规划建设战略合作框架协议》。

是日 上海市政府参事、华东师范大学国际航运物流研究院院长包起帆一行到洋口港经济开发区，就港口规划、产业布局、港口运营及功能配套等方面进行调研和指导。

10—14日 县委宣传部组织镇区和相关部门新闻发言人，以及从事宣传思想文化工作人员近80人，赴浙江大学参加“媒体融合与新闻发言人专题研修班”学习。

16日 由江苏省检验检疫科学技术研究院、如东经济开发区和南通出入境检验检疫局共建的江苏检科院如东电子商务检验检测认证基地揭牌成立。

17日 由中国政策科学研究会国家安全政策委员会、参考消息报社、新华网、北京新四军研究会主办，县委、县政府、县政协承办的中共海上抗日武装斗争研讨会在北京武青会议中心举行。县委书记、县人大常委会主任詹立风，县政协主席陈建华，县领导张蓉蓉、吴凤俊、余科参加研讨会。

24日 洋口港阳光岛江苏LNG项目一期工程码头工程、江苏LNG项目工作船及大重件码头工程，通过省交通运输厅工程质量监督局组织的工程验收委员会专家验收。

25日 国家海洋局副局长王飞到如东调研海洋生态文明建设工作。

26日 县委十三届八次全体（扩大）会议在县行政中心会议厅召开。县委书记詹立风代表县委常委会作工作报告。会议审议通过《中共如东县委关于推动全面从严治党迈上新台阶的意见》和全会决议。县委委员、县委候补委员出席会议。

28日 洋口港经济开发区（长沙镇）整体城镇化28亿元贷款获中国农业发展银行总行正式批准，该项目贷款被列为农发行信贷支持整体城镇化建设示范性项目。贷款期限10年，宽限期3年。

30日 县委组织部、县级机关党工委联合举办首届县级机关党员“1+X”风采大赛“一站到底”党的基本知识决赛暨颁奖典礼。

31日 县委、县政府召开全县部分行政区划调整动员大会。县委书记、县人大常委会主任詹立风到会讲话，县委副书记、县长潘建华宣读市政府关于调整如东县部分行政区划的通知。县委常委、组织部部长任新峰宣读相关人事调整决定。

## 8月

5日 国家口岸开放验收组到如东检查洋口港口岸开放工作。

6日 由中国社科院、北京交通大学、北京联合大学、上海财经大学、南京大学等科研院所专家组成的评审专家委员会，对中国旅游研究院编制完成的南黄海东凌湖旅游产业融合发展研究及概念性规划进行评审。中国旅游研究院吴丰林博士汇报《南黄海东凌湖旅游产业融合发展研究》及《南黄海东凌湖旅游产业融合发展区域概念性规划》。与会专家认为，规划提出的市场定位科学，发展目标明确，空间意向新颖，一系列产业发展的政策建议、保障措施、近期行动计划及核心启动区的规划方案科学可行，并提出一系列建设性意见和建议。

是日 浙江省政府咨询委员会主任章猛进一行，就江苏省“十三五”规划发展目标、发展战略、重要举措以及重大规划建设项目，到如东开展专题考察。

7—8日 由如东县人民政府、中国旅游研究院共同主办的2015滨海旅游发展论坛在如东小洋口旅游度假区举行。论坛以国民休闲与滨海旅游发展为主题，重点围绕如东滨海旅游特色化、品牌化和可持续发展进行探讨。论坛期间，如东县人民政府与中国旅游研究院签订关于设立“中国旅游研究院滨海旅游观测站(如东)”合作协议,并现场授牌。

8日　县委、县政府召开农村土地承包经营权确权登记颁证工作动员会议。副县长蒋树建就全县农村土地承包经营权确权登记颁证工作做报告。县委常委、组织部部长任新峰主持会议并提出意见。

16日　如东网盟俱乐部成立暨“关注身边的感动”公益活动启动仪式在海洲影都500人巨幕大厅举行。

18日　如东县获第三届中国旅游业融合与创新论坛暨2015最美中国榜发布的“2015最美中国休闲度假旅游目的地城市”称号。

20日　县委中心组以学习扩大会形式举行扶海大学堂——“国际政治军事形势与国家安全”专题讲座,海军少将、国防大学教授、国防大学战略研究所原所长、前驻美国大使馆海军武官、中国人民解放军军事学会战略分会副会长杨毅将军应邀主讲。

是日　洋口港开发建设省级联席会第二次会议在南京召开,省沿海办主任林一峰召集省相关部门负责人就洋口港开发建设中的规划审批、临港产业、基础配套等具体问题进行协调会商。县委书记、县人大常委会主任詹立风汇报如东沿海开发、洋口港开发建设基本情况和下一步工作打算。

21日　县政府与上海电机学院举行合作签约。双方本着“优势互补、互利互惠、互相促进、共同发展”原则,在人才培养、科技合作和产业发展方面开展合作。副县长王智代表县政府与上海电机学院签约。

是日　县委、县政府举办省第七批“科技镇长团”如东团总结汇报会暨省第八批“科技镇长团”如东团欢迎仪式。

22日　县政府召开专题会议,研讨石墨烯产业链打造,创建研发平台、产业园,以推进新兴工业化,加快传统产业传型升级。

是日　全县中小学校党建工作会议召开。县委常委、组织部部长任新峰、县委副书记周建飞出席会议并分别讲话。

26日　淮南—南京—上海线路工程(13标)导地线架设施工首牵试点仪式在新店镇举行。该工程中,新店镇拆迁和安置农户200多户。

27日　掘港街道办事处、城中街道办事处挂牌,标志着高新区新设街道办事处正式成立并运行。

28日　县委中心组召开“三严三实”专题教育严以律己专题第一次集体交流研讨会。县委书记、县人大常委会主任詹立风主持会议,并就下阶段专题教育活动进行部署。

## 9月

8日　全省司法行政队伍“三化”(正规化、专业化、职业化)建设会议在如东召开。县司法局负责人介绍全县司法所“三化”建设工作经验,南通市司法局、如皋市司法局、洋口镇司法所负责人和如东司法局社工代表分别交流发言。省司法厅厅长、党委书记柳玉祥到会讲话。

9日　至17时,如东县风电并网发电量累计100.2亿千瓦时,成为全国首个发电量超100亿千瓦时的海上风电场。

12日　由县委宣传部牵头,县级机关党工委、县文广新局、县文联、县文广传媒中心联合举办全县纪念抗日战争胜利70周年合唱比赛。

14日　县委中心组以学习扩大会形式举行扶海大学堂——“中华传统文化的认识和传承”专题讲座。省委宣传部副部长、省文联主席、党组书记章剑华作专题讲座。

是日　南通市江海文化研究会如东分会在县行政中心揭牌。

15日　“如东商会之家”揭牌成立。

18日　县委、县政府在南通市中小学生素质教育实践基地举行苏中四分区反“清乡”斗争史料展开展仪式。县委书记、县人大常委会主任詹立风致辞,市委副书记陈斌出席开展仪式并讲话。市委原书记、市人大常委会原主任、新四军老战士朱剑和青少年代表先后发言。新四军老战士姜祝三、徐超为史料展揭牌,市四套班子领导、南通军分区有关领导、县委、县政府分管领导及各部门负责人参加开展仪式。

20日　中国·如东第十六届国际风筝节暨“小洋口旅游杯”江苏省风筝精英赛开幕。如东县被命名为“中国风筝之乡”,小洋口旅游度假区被命名为“江苏省风筝放飞基地”。

是日　省人大常委会副主任许仲梓在市人大常委会副主任程静陪同下,到如东就省人大重点建议办理工作听取基层意见。副县长姜晓静向许仲梓一行介绍如东县基层医疗卫生服务平台建设情况。

是日　由县委宣传部、县级机关党工委、文广新局、文联、文广传媒中心联合承办的全县纪念抗日战争胜利70周年合唱展演在如东高级中学海韵馆举行。县四套班子领导出席并观看合唱展演。

24日　县委书记、县人大常委会主任詹立风带领相关镇区负责人赴盐城市大丰区考察学习旅游业发展和港口开发建设工作。

是日　由省海洋与渔业局、省安监局相关领导组成的省“全国平安渔业示范县”考评组到如东进行实地考评验收。考评组先后参观考察海洋渔业服务中心、渔港五号码头、小洋口渔港服务中心、环西卡口、新光卡口,听取如东县创建“全国平安渔业示范县”情况汇报,查阅海洋渔业安全监管台账资料,对如东县海洋渔业安全生产工作给予肯定。

25日　县委召开全县领导干部警示教育大会。县委书记、县人大常委会主任詹立风讲话。县委常委、纪委书记杨中坚作警示教育报告。县四套班子领导出席会议。

28日　扶海青年电商创业孵化基地成立,商务部中国电商委执行秘书长吴声和县委副书记、县长潘建华共同为基地揭牌。

30日　全国第二个烈士纪念日，县党政军领导和社会各界代表在苏中四分区反“清乡”斗争史料陈列馆举行烈士公祭活动。

## 10月

10日　洋口港阳光岛30万吨级消防控制中心工程通过竣工验收。该工程于2014年年底开建，2015年5月底基本完工，投资额达2000万元。主要建设2000立方米消防水池2座、3986米消防管道1组、1049.9平方米消防泵房1座和8790千瓦柴电驱动机组1套，使消防冷却水供水能力达每秒630公斤，扬程200米。

是日　南通市农药、化工医药行业安全管理工作研讨会在如东沿海经济开发区召开，市安监局、市农药医药协会、市安委会有关专家和领导、县安监局、沿海开发区管委会相关人员及南通市农药协会、市化工医药行业协会的会员单位和部分非会员单位负责人参加会议。

12日　县委、县政府召开全县重点工作督查推进会，研究部署扶贫帮困和当前各项重点工作。县委书记、县人大常委会主任詹立风主持会议并讲话。县委副书记、县长潘建华通报1—9月全县重点工作推进情况，并就四季度重点工作推进提出要求。县委副书记周建飞宣读季度竞赛考核结果。与会人员观看全县扶贫帮困工作督查专题片，听取副县长蒋树建关于全县扶贫帮困工作情况通报。县四套班子领导出席会议。

17日　县政府召开全县服务业项目招商暨冲刺四季度工作推进会。会上，有8个服务业项目签约，总投资超10亿元。

是日　县委中心组举办“行政程序规范及实践”专题讲座。省政府法制办副主任高建新作专题报告。

19日　洋口港政务服务中心正式运行。该中心承接县级管理权限151项，办理本级行政审批事项92项，设置20个服务窗口，其中，社会事务、计生、农村建设等便民服务类窗口15个，建设、规划、环保等经济建设类窗口5个。

是日　县委出台《关于党风廉政建设督导巡查工作的实施意见(试行)》，启动全县党风廉政建设督导巡查工作。

21日　国家能源局副局长刘琦一行在省能源局局长张世祥陪同下，考察如东县风电产业发展情况。

28日　省人大常委会副主任刘永忠一行，在市人大常委会副主任程静陪同下，到如东检查《江苏省耕地质量管理条例》执法情况。

30日　由县政府主办，沿海经济开发区管委会承办的县危化品事故应急救援演练在江苏禾本生化有限公司举行。演练共出动公安、消防、卫生、环保、气象、禾本公司等单位人员40余人，车辆10余辆。

## 11月

1日　13时56分，中广核如东海上风力发电有限公司150兆瓦海上风电场示范项目110千伏海上升压站一次带电成功，标志着亚洲首座海上升压站建设成功。

是日　深圳市江苏如东商会成立。首批加入商会会员企业62家。

2日　马塘镇成立全县首支“夕阳红”调解队。“夕阳红”调解队由该镇18个村(社区)推荐的36名退休老干部、老教师和老党员组成。

7日　第九届中国如东沿海经济合作洽谈会暨首届科技人才节开幕。

是日　2015国家“千人计划”专家如东行活动在沿海经济开发区拉开帷幕，化学化工专业委员会领导组织专家进行项目推介、路演。县委副书记周建飞向与会“千人计划”专家颁发“如东经济社会发展顾问”聘书。

是日　由县委、县政府和上海市欧美同学会主办的第八届长三角海归创新创业圆桌会议在如东召开。

是日　第九届海洽会海外高层次人才创业大赛举行，参赛项目涉及生物医药、新材料、新能源、高端制造、节能环保等各个领域。110名人才及团队报名，26名人才及团队进入最终比赛。南京大学环境学院教授、江苏南大环保科技有限公司总经理吕路的《水热气化处理化工危险废弃物及其能源化项目》获一等奖。

8日　第九届中国如东沿海经济合作洽谈会暨首届科技人才节新闻发布会在雷迪森大酒店举行。会上，18名国家“千人计划”专家受聘担任“如东经济社会发展顾问”；现场发布中关村科技成果40项，书面发布天津大学、哈尔滨工业大学、浙江大学、中科院兰州化学物理研究所等高校院所科技成果405项，达成转化合作意向108项；开通上海人才服务网如东频道；揭牌成立上海电机学院技术转移中心、江苏理工学院国家技术转移中心、天津大学技术转移中心、中关村天合科技成果转移促进中心4家；达成产学研合作、创新创业载体、高新技术产业、创业投融资等各类项目签约37个，涉及生物医药、电子信息、先进制造、节能环保、新材料、互联网等领域。

10日　省安监局督查组到如东，专题督查职业病危害防治实施情况，对如东职业病危害防治管理工作给予肯定。

11日　大豫镇通过“省级卫生镇”创建验收。

12日　县政府举行中小企业公共服务平台暨公共信用系统平台启动仪式，向12家单位授予企业服务联盟成员证书。

13日　全县相对集中行政许可权改革试点工作动员大会召开。会上，如东县行政审批局正式挂牌。

17日　洋口港一类口岸对外开放通过国家验收。

18日　如东县公共自行车服务系统开通，首批800辆公共自行车投放使用。

20日　县政府在上海举办2015如东(上海)现代农业推介会，吸引近50名客商出席。现场签约投资项目18个，总投资25.6亿元，项目涵盖有机肥生产、有机蔬菜种植、生态休闲农业、冷冻食品加工等。

是日 在人民日报社举行的第三届全国基层党建创新论坛暨基层党建创新最佳和优秀案例颁奖仪式上，如东县“开展114惠民服务行动,打造服务型农村基层党组织”获评最佳案例,县委常委、组织部部长任新峰应邀出席颁奖仪式。

26日 “2015(第九届)中国光通信发展与竞争力论坛暨2015中国——全球光通信最具竞争力企业10强评选活动颁奖典礼(ODC)”在北京举行。江苏中天科技科技股份有限公司获“中国光通信最具综合竞争力企业10强”“中国光纤光缆最具竞争力企业10强”两项大奖。

28日 如东最大的医药化工投资项目、浙江海正集团跨省建设的第一个项目——海正如东生产基地建成运行。

是月 如东在全省率先建立移民代表制度。全县有移民1747人，居住在各镇区216个行政村。

## 12月

1日 县城新开行城市公交108路。该线路投入公交车8辆,沿途设23个站点,双向循环,运营时间为早晨7点至晚上6点30分,班次间隔20分钟。

3日 省委统战部副部长、省民委主任、省宗教事务局局长李国华到如东调研统战工作。

4日 洋口港石材金融暨产业发展论坛举行签约仪式,4大项目集中签约。

是日 省事业单位登记管理局局长赵献安及省、市编办相关领导到如东召开事业单位信用等级评价试点工作会议，对开展事业单位信用等级评价试点工作进行实地指导和动员部署。如东在全市率先启动事业单位信用等级建设工作。

6日 由31家风电装备制造企业、风电发电企业、相关科研院校和协作单位联合发起的全国首家风电行业产业联盟在如东正式成立。

7日 江苏洋口港港务有限公司接交通运输部批复，洋口港区液体化工码头二期工程（G2、G3泊位）岸线正式获批。

是日 县公安局开通微信报警平台,微信号rdga110。

10日 省委宣传部副部长、省委外宣办主任司锦泉到如东调研。

15—16日 广州复大肿瘤医院总院长徐克成、镇江市人大常委会原副主任、镇江农科所原所长、党委书记赵亚夫一行到如东考察生态农业。

16日 省人大常委会党组书记、常务副主任蒋定之,省人大常委会副主任、党组成员赵鹏一行到如东调研指导洋口港开发建设工作。

18日 县委中心组举行学习报告会，学习贯彻中共十八届五中全会和省委十二届十一次全会精神。省委宣讲团成员、省政府研究室主任郑焱作专题讲座。

19日 如东县食品行业协会成立,苏农鲜食电商平台同时开通。

23日 由市旅游局主办，小洋口旅游度假区承办的江苏旅游新干线区域旅游合作联席会议在如东小洋口举行。

24日 中共如东县委十三届九次全体(扩大)会议召开。全会听取和讨论县委书记詹立风代表县委常委会所作的工作报告,审议通过《中共如东县委关于制定如东县国民经济和社会发展第十三个五年规划的建议》和《中共如东县委十三届九次全体(扩大)会议决议》。县委副书记、县长潘建华就《中共如东县委关于制定如东县国民经济和社会发展第十三个五年规划的建议（草案)》作说明。县委委员、候补委员出席会议。

是日 为期3天的江苏省职业院校技能大赛石油化工类在如东中等专业学校拉开帷幕，省教育厅巡视员杨湘宁到如东赛点视察比赛。

25日 9时，洋口港进口货物通关第一船南京昊运6号货轮到港，标志着洋口港集装箱航线正式通航。

26日 国家安全教育中学示范基地建设总结交流会在如东召开。十一届全国政协副主席、中国政策科学研究会国家安全政策委员会名誉会长李金华，中国政策科学研究会国家安全政策委员会会长赵天民出席会议并讲话。

是月 中天科技集团的核心专利“高强度大盘长海底光缆用单模光纤的制备方法(200910031143.8)”获

图3 中科科技集团专利金奖奖牌

第九届江苏省专利金奖。“高强度大盘长海底光缆用单模光纤的制备方法”专利突破高强度大盘长海底光缆用单模光纤的技术瓶颈，打破国外技术垄断。利用此专利开发的“深海ROV用金属铠装缆”参与“海马号”4500米深海遥控作业型潜水器海试成功，被两院院士评选为2014年中国十大科技进展。该专利于2012年获得美国专利授权。

（如 鉴）

# 如东概览

# Rudong gailan

## 地理位置

【区位】 如东县位于北纬32° 12′ ～32° 36′ 、东经120° 42′ ～121° 22′ 。南与通州区为邻,西与如皋市接壤,西北与海安县毗连,东面和北面濒临黄海。

【面积】 如东县总面积1872.7平方公里(不包括海域),其中,陆地面积1702平方公里,水面面积170平方公里。海岸线全长106公里,占全省1/9,海域面积6000多平方公里。

## 历史沿革

【概况】 据现存明、清时期的《如皋县志》载:春秋时(公元前8世纪—公元前4世纪),如皋叫邸,又名发阳、发繇口、发繇亭(故址即今立发桥),属吴国。战国时(公元前4世纪—公元前2世纪),改属楚。秦时属九江郡。楚汉相争时,为东楚所有,隶属于东阳郡。汉初,为吴王刘濞封地,属于海陵县(故治今泰州)。三国时,曹操令江淮地区居民迁徙,海陵县废,为隙地。后吴主孙亮以吕岱(吕是海陵人)为大司马,吕复置海陵县。晋太康元年(280年),如皋地属广陵郡海阳县。

东晋义熙七年(411年),分广陵郡而析置建陵、宁海、如皋、临江、蒲涛5县。(据《太平寰宇记》载:"县西百五十步有如皋港,港侧有如皋村,县因此以得名。")北周废蒲涛县,并临江县入宁海县。如皋县隶属于海陵郡。隋开皇九年(589年),如皋县并入宁海县,隶属于扬州总管府(605年改为江都郡)。唐太和五年(831年),设置如皋场,隶属于海陵县。南唐保大十年(952年),升如皋场为如皋县,隶属于泰州。北宋初,如皋县隶属淮南道泰州军。元代,如皋县隶属于扬州路泰州府。明代,如皋县隶属于扬州府泰州。清康熙六年(1667年),置江苏省,如皋属江苏省泰州。清雍正二年(1724年),如皋县隶属于通州。民国初年,如皋县先后隶属于苏常道和淮扬道。1927年,废道存县。1933年3月,如皋县隶属于江苏省第四行政督察区。1938年3月19日,日军侵占如皋城,如皋县政府先后迁移至李堡、丰利、马塘。

1940年10月黄桥决战后,新四军苏北指挥部第三纵队东进掘港。11月下旬,于马塘镇和平接管国民政府如皋县政府,并以白蒲经丁堰至柴湾河以东为界,将原如皋县一分为二,河东为如皋县(如皋东乡),河西称如皋西南行政公署,后升格为如西县政府。1941年3月后,如皋县隶属于苏中第四行政区。1945年9月22日,如皋县易名如东县,如西县复名为如皋县,如东县隶属于苏皖边区第一行政区专员公署;翌年秋,隶属于苏皖边区第九行政区。1949年后,如东县隶属于苏北行政区南通专区。1953年后,为江苏省南通专区。1968年后,改称江苏省南通地区。1983年,江苏省南通地区与南通市合并,如东县隶属于江苏省南通市。

## 环境资源

【环境】 如东属北亚热带海洋性季风气候区。四季分明,光照充足,雨量充沛,霜期不长,季风明显,温和湿润。境内地势平衍,林木繁茂,土地肥沃,田园葱茏。

【资源】 如东县耕地面积10.85万公顷,农用地14.33万公顷,建设用地3.13万公顷,水域面积1.70万公顷。境内水资源丰富,降雨产生的地表径流量5亿立方米,年引长江水5.90亿立方米。境内地下水分布面广,水量丰富,水质上乘。农作物主要以水稻、小麦、棉花为主,兼有油料、蔬菜、瓜果,还有湖桑,盛产优质蚕茧。如东大米名闻遐迩,棉花曾3度突破皮棉总产百万担大关,在全省独领风骚,享誉全国,受到国务院表彰。如东是驰名中外的狼山鸡故乡,狼山鸡被列为世界八大名鸡之首,曾参与育成不少国际知名鸡种如奥品顿、澳洲黑等。1872年,被引入英国,为国际标准鸡种,世界家禽业的宝贵基因,入选世界优良鸡种标准图谱。野生动物有黄鼠狼、狗獾、水獭。20世纪60年代,黄鼠狼皮出口名列全国第二。可入药的枸杞子、龟板、蟾酥、地龙等野生生物有200多种。如东还是全国粮食生产先进县、全国商品瘦肉猪基地先进县、全国山羊板皮出口先进县。如东近海资源丰富,是全国最大的文蛤和条斑紫菜生产和出口基地。近海内有各种浅水贝类50余种,常见鱼类有100种以上,虾蟹类出名的有红虾、白虾、对虾、金钩虾以及梭子蟹、大青蟹等。被誉为"软黄金"的鳗鱼苗以及以海产为原料深加工的紫菜、烤鳗、虾米、文蛤干(粉)、"醉八鲜"等更是风靡海内外。2007年,如东县被评为全国海鲜之乡。20世纪80年代,开辟"海上迪斯科"(滩涂踩文蛤)和"空中交响乐"(滩涂放风筝)两个特色旅游项目。建设中的10万～30万吨级的洋口港,是江苏境内优良的深水港资源。拥有丰富的太阳能、风能、潮汐能、生物质能等绿色能源,是亚洲最大的风力发电场,开发前景广阔。2009年9月,如东创建成为"全国绿色能源之都"。2010年,如东县被国家能源局等部门授予"国家绿色能源示范县"称号。2011年,建成全国最大海上风电场。利用"海港、海鲜、海韵"南黄海风情开发建设的南通小洋口风景区成为全县首家AAA景区。

## 气候特征

**【概况】** 2015年,如东县平均气温正常略高,降水偏多,日照偏少。重大气象事件较为频繁,主要灾害性天气有寒潮、连阴雨、霜冻、暴雨、强对流、高温、台风和雾霾等,年降水量创历史极值。

**【气温】** 2015年,如东县平均气温15.9℃,与常年(1981—2010年,以下同)相比偏高0.5℃,除7月和8月平均气温比常年偏低,6月和9月与常年持平,其他月份均比常年偏高。年极端最高气温38.4℃,出现在8月3日;年极端最低气温-5.6℃,出现在1月2日。全年高温(日最高气温≥35.0℃)日数11天,比常年值偏多4天;日平均气温≤0℃日数2天;终霜出现在3月12日,比常年早19天;初霜出现在11月26日,比常年晚21天;无霜期258天,比常年多35天。全年出现3次寒潮天气过程,分别为2014年12月31日—2015年1月2日、11月24—26日、12月2—4日。

**2015年如东县各月平均气温一览**

表1

| 月份 | 1 | 2 | 3 | 4 | 5 | 6 | 7 | 8 | 9 | 10 | 11 | 12 |
|---|---|---|---|---|---|---|---|---|---|---|---|---|
| 气温(℃) | 4.7 | 5.7 | 9.4 | 14.4 | 19.5 | 23.3 | 26.1 | 26.9 | 23.2 | 18.8 | 12.9 | 6.4 |

**【降水】** 如东县年降水总量1592.2毫米,比常年偏多517.6毫米,为县内有气象记录后新极值。其中4月、5月、6月、8月、9月、11月和12月降水量比常年偏多,其他月份均比常年偏少。6月、8月和11月降水量异常偏多,均为常年降水量2倍以上;10月降水量比常年偏少六成以上。全年雨雪日159天,比常年偏多41天。6月24日入梅,入梅偏迟;7月13日出梅,出梅正常,梅长19天,梅雨量301.1毫米,比常年值偏多三成。梅雨期内出现1场大暴雨。

**2015年如东县各月降水量一览**

表2

| 月份 | 1 | 2 | 3 | 4 | 5 | 6 | 7 | 8 | 9 | 10 | 11 | 12 |
|---|---|---|---|---|---|---|---|---|---|---|---|---|
| 降水量(mm) | 43.9 | 36.4 | 75.6 | 81.0 | 92.5 | 359.9 | 167.8 | 418.6 | 102.0 | 17.3 | 144.2 | 53.1 |

**【日照】** 如东县年日照时数1708.1小时,比常年偏少212.2小时。除4月、9月和10月日照时数比常年略偏多外,其余月份均比常年偏少,其中11月日照时数不足常年一半。

**【重要天气事件】** 2015年,如东县内重大天气事件较为频繁,主要灾害性天气有寒潮、雾霾、暴雨、大风、雷暴、高温和台风等。秋冬季节雾霾天气较多。7月11—12日,受9号台风"灿鸿"影响,全县出现大到暴雨,并出现陆上8级,沿海10级东北大风。8月10—11日,受13号台风"苏迪罗"影响,全县出现暴雨,并出现陆上8级,沿海10级偏东大风。8月23—24日,受15号台风"天鹅"外围和冷空气共同影响,24日全县出现暴雨到大暴雨,局部特大暴雨(11个镇降水超100毫米,2个镇降水超200毫米,曹埠镇降水量最大为255

毫米),造成全县大面积农田积水和城市内涝。陆上风力5~7级,沿海7~9级,大风造成全县近百张大棚损坏。11月降水量创县建站后同月最大值,降水日17天,连续阴雨、寡照、田间积水严重影响秋收秋种,至11月底,全县仍有10%以上水稻没收割,个别乡镇有40%水稻没收,秋播被迫推迟。

**【气候与农业】** 1月、2月多晴好天气,大多数时段日照充足,气温偏高,有利于晚播小麦改善前期苗情,提高苗情素质。无强寒潮冻害,麦苗安全越冬。3月上、中旬阴雨天气较多,日照不足,尤其17—18日出现中到大雨,造成农田普遍积水,部分沟系配套差田块田间积水严重,出现湿渍害。4月上旬气温较低,降水偏多,对棉花播种出苗不利。以后多晴少雨,光热水条件总体较好,土壤墒情适宜,利于直播棉趁墒播种;气温回升快有利于小麦生长。6月降雨异常偏多,上旬多过程性降水,致夏收夏种推迟,全月出现2次暴雨过程,导致棉田普遍积水,影响生长。6月24日入梅后连续阴雨寡照,日照奇缺,棉花生长缓慢,生育期普遍推迟,现蕾开花受到不利影响,坐桃率相对较低。6月26—29日再次出现持续强降水过程,棉田积水严重,棉花不同程度受淹受灾,幼蕾脱落增加,影响后期产量。7月13日出梅,13—16日以晴热天气为主,光照充足,有利于水稻加快分蘖,提高茎杆充实度。8月9—11日和23—25日,分别受台风"苏迪罗"及"天鹅"外围影响,出现暴雨到大暴雨、同时伴有陆上6~8级大风天气,强降雨及大风使棉株代谢过程受阻,棉花不同程度倒伏、受灾,蕾铃脱落严重,烂铃增加,伏桃数与常年相比明显偏低,对棉花产量影响较大;台风影响期间阴雨寡照,光热条件不足,影响棉花成铃速率,棉花苗情为近10年最差。9月大部分时段气候条件较好,光照基本充足,气温总体正常且昼夜温差大,作物光合产物累积多,有利于水稻抽穗扬花、籽粒灌浆充实。10月多晴好天气,气温适宜,光照充足,有利于水稻后期灌浆、籽粒充实、增加粒重。晴朗低湿天气对棉花裂铃吐絮、采摘晾晒十分有利。11月阴雨绵绵,降水量创新历史记录,连续阴雨、寡照、田间积水严重影响秋收秋种。(冯芝祥)

## 海涂潮汐

**【概况】** 因地球自转和东北合成风的作用,长江主泓偏向西南,致使北岸泥浆淤积,沙洲与砂咀连接成片,西周时期如东开始成陆。20世纪50年代初,如东海涂起自东南遥望港至西北老坝港,长达95公里,滩涂淤积情况各段不一,但除北坎尖至苴镇闸下游20公里一段滩涂面陡,在距堤500米~600米一线有大量冲蚀坑,滩涂淤进缓慢,局部还有退缩外,余皆以不同速度增长。据1959—1980年实测,遥望港向北至北坎尖,长25公里,海岸为南北向,为淤进型海岸,滩面平缓外伸,3米等高线外伸600米,淤进速度每年20米~30米;掘苴闸下游至小洋口闸港长23公里,滩面比降自东向西减小,3米等高线外伸700米,平均每年淤进30米以上。小洋口向西至老坝港,滩面比降小,-1.5米以下有一道深泓,但沿堤低潮位线有断续的砂堤发育,堆积作用十分明显,故滩面淤高较之外伸为快。全县海涂标高零以上达600平方公里。

如东沿海潮汐24小时涨落两次,一般早潮称潮,晚潮称汐。每日两个潮次时间,主要受月球引力而出现周期性涨落现象,故通常以农历编排汐表。但是同一潮次,洋口闸比东安闸早30分钟左右到达。北风和东北风起,来潮时间常有提前;秋潮常跟暴风起,有风即有潮。一年之中秋汛为势大,故有"八月十六赛马跑"之说。如东沿海每12小时发生1次潮汐涨落周期(以农历编排)如下:

**如东沿海潮汐涨落周期**

表3

| 日期 | 潮汐名称 | 来潮时间 | 退潮时间 | 汐别 | 日期 | 潮汐名称 | 来潮时间 | 退潮时间 | 汐别 |
|---|---|---|---|---|---|---|---|---|---|
| 初一 | 六潮水 | 11:00 | 1:00 | 大汐 | 十六 | 六潮水 | 11:00 | 1:00 | 大汐 |
| 初二 | 七潮水 | 11:45 | 1:45 | | 十七 | 七潮水 | 11:45 | 1:45 | |
| 初三 | 八潮水 | 12:30 | 2:30 | | 十八 | 八潮水 | 12:30 | 2:30 | |
| 初四 | 九潮水 | 1:15 | 3:15 | | 十九 | 九潮水 | 1:15 | 3:15 | |
| 初五 | 下岸潮 | 2:05 | 4:05 | 小汐 | 二十 | 下岸潮 | 2:05 | 4:05 | 小汐 |
| 初六 | 下岸一 | 2:55 | 4:55 | | 廿一 | 下岸一 | 2:55 | 4:55 | |
| 初七 | 下岸二 | 3:45 | 5:45 | | 廿二 | 下岸二 | 3:45 | 5:45 | |
| 初八 | 下岸三 | 4:35 | 6:35 | | 廿三 | 下岸三 | 4:35 | 6:35 | |
| 初九 | 下岸四 | 5:25 | 7:25 | | 廿四 | 下岸四 | 5:25 | 7:25 | |
| 初十 | 起　水 | 6:15 | 8:15 | 大汐 | 廿五 | 起　水 | 6:15 | 8:15 | 大汐 |
| 十一 | 一潮水 | 7:05 | 9:05 | | 廿六 | 一潮水 | 7:05 | 9:05 | |
| 十二 | 二潮水 | 7:55 | 9:55 | | 廿七 | 二潮水 | 7:55 | 9:55 | |
| 十三 | 三潮水 | 8:45 | 10:45 | | 廿八 | 三潮水 | 8:45 | 10:45 | |
| 十四 | 四潮水 | 9:30 | 11:30 | | 廿九 | 四潮水 | 9:30 | 11:30 | |
| 十五 | 五潮水 | 10:15 | 12:15 | | 三十 | 五潮水 | 10:15 | 12:15 | |

# 行政区划

**【概况】** 2015 年,如东县辖 12 个镇、3 个街道、49 个居民委员会、213 个村。其中,大豫镇 3 个村(居)为南通滨海园区托管。面积 1872 平方公里。

## 2015 年如东县行政区划一览

表 4

| 镇(街道) | 面积(平方公里) | 人口(人) | 村、居民委员会(个) | |
|---|---|---|---|---|
| 掘港街道 | 145.06 | 116000 | 20 | 村:陈高、掘西、虹桥、十里墩、晓河、芳泉、银杏、野营角、周店、三河、沙南、晒盐场、天星、新丰、洋岸、丁字岸、宾东、余荡、港南、三桥 |
| | | | 10 | 居:范堤、古池、灯塔、盐垣、九总、童店、华丰、港南、环北、环镇 |
| 城中街道 | 74.16 | 79500 | 8 | 村:新光、五总、北场、丁杨、潮墩、六总、八总、如华 |
| | | | 8 | 居:友好、青园、碧霞、通海、三元、民主、新光、锦绣 |
| 苴镇街道 | 113.65 | 51600 | 9 | 村:王潭、金凤、凤阳、刘埠、蔡桥、九阳、肖桥、江庄、虹元 |
| | | | 4 | 居:晓桥、永新、振新、兴新 |
| 长沙镇 | 110.77 | 41000 | 12 | 村:陆河、富盐、三民、黄海、滨海、长堤、北坎、四桥、卫海、何丫、环东、近海 |
| | | | 2 | 居:港城、东海 |
| 马塘镇 | 142.7 | 80610 | 17 | 村:长路、七里镇、马南、王渡、马西、潮北、潮南、马东、马北、马丰、蔡渡、亚苏、许楼、桃园、沙庄、徐庄、尊三 |
| | | | 1 | 居:市河 |
| 新店镇 | 80.70 | 37622 | 10 | 村:顾高桥、曹庵、胡港、月池、新联、深河、孙桥、三角渡、双虹桥、祝套 |
| | | | 2 | 居:新店、汤园 |
| 曹埠镇 | 92.5 | 47033 | 6 | 村:甜水、饮泉、跨岸、冯桥、直港、下漫 |
| | | | 3 | 居:上漫、堤南、孙窑 |
| 岔河镇 | 140.7 | 82204 | 22 | 村:振兴、汤桥、南桥、金河、金桥、兴发、金发、龙发、兴河、银河、新坝、新桥、振河、兴北、新港、古北、玉林、陆港、三联、坝东、龙凤、启秀 |
| | | | 5 | 居:迎春、燕川、镇北、其国、古坝 |
| 双甸镇 | 120.6 | 72649 | 13 | 村:曙光、田季、高前、中心、宗奎、伯元、镇东、丛家坝、德银、锡伍、镇南、鹤井、石南 |
| | | | 3 | 居:星光、石甸、双南 |
| 栟茶镇 | 95.8 | 57302 | 16 | 村:陈湾、新庄、大窑、杨堡、竹园、兴凌、兴镇、江安、兴灶、双港、三元、栟南、三星、洋堡、港头、浒澪 |
| | | | 3 | 居:港头、浒澪、茗海 |
| 袁庄镇 | 97.2 | 58415 | 11 | 村:大袁庄、时桥、铁果门、孙庄、海河滩、朱庄、濮桥、竹园、赵港、小康、戴南 |

续表 4

| 镇(街道) | 面　积<br>(平方公里) | 人口<br>(人) | 村、居民委员会(个) | |
|---|---|---|---|---|
| 大豫镇 | 212.6 | 102584 | 16 | 村:止马洼、香台、周墩、九龙、豫东、大同、伯安、徐征、巩王、丁家店、东安闸、马家店、强民、一门闸、东港(托管)、闸东(托管) |
| | | | 5 | 居:大豫、南坎、兵房、农场、东凌(托管) |
| 河口镇 | 130.20 | 63763 | 11 | 村:荷园、小溇、溇河、龙坝、十里桥、关口、烈士陵、双港、太阳庙、锦成、中天 |
| | | | 2 | 居:花园头、立新桥 |
| 洋口镇 | 147.3 | 73237 | 22 | 村:浒路、甜港、古坳、耿庄、池塘头、新坝、同文、闸西、双灶、斜港、潮港、双墩、刘环、楼窑、王鸭、杨楝园、油坊口、六份头、香橼树、三江口、张埭、周新庄 |
| 丰利镇 | 154.4 | 81112 | 20 | 村:周桥、花园桥、华严、玉窑、双沟门、陈葛庄、家庙桥、凹桥、龙口、月河、九和、双灰山、包场、南宁、兴南、张家园、环堤、光荣、环农、环渔 |
| | | | 1 | 居:古丰 |

(盛海娟)

**【行政区划调整】** 3月31日,根据《市政府关于调整如东县部分行政区划的通知》,如东县撤销掘港镇和苴镇。以原掘港镇的青园、古池、灯塔、盐垣、九总、童店、华丰、港南、环北、环镇10个居委会和陈高、掘西、虹桥、十里墩、晓河、芳泉、银杏、野营角、周店、三河、沙南、晒盐场、天星、新丰、洋岸、丁字岸、宾东、余荡、港南、三桥20个村委会区域,设立如东县掘港街道,面积145.06平方公里,人口11.6万人,街道办事处驻青园居委会日晖东路3号。以原掘港镇的友好、三元、民主、范堤、碧霞、通海、新光、锦绣8个居委会和新光、五总、北场、丁杨、潮墩、六总、八总、如华8个村委会区域,设立如东县城中街道,面积74.16平方公里,人口7.95万人,街道办事处驻碧霞居委会碧霞北路9号。将原苴镇的晓桥居委会和王潭、金凤、凤阳、刘埠、蔡桥、九阳6个村委会区域,与原掘港镇的永新、振新、兴新3个居委会和肖桥、江庄、虹元3个村委会区域合并,设立如东县苴镇街道,面积113.65平方公里,人口5.16万人,街道办事处驻振新居委会黄海中路1号。将原苴镇的何丫、环东、近海3个村委会划归长沙镇管辖,长沙镇面积110.77平方公里,人口4.1万人,辖1个居委会、12个村委会。县政府驻城中街道富春江路1号。

(如　鉴)

## 人口民族

**【人口】** 2015年年末,如东户籍人口103.96万人,比上年年末减少4065人。其中,18岁以下9.67万人,占9.3%,比上年下降0.6个百分点;18~34岁19.31万人,占18.6%,比上年上升0.1个百分点;35~60岁44.90万人,占43.2%,比上年上升0.6个百分点;60岁以上30.08万人,占28.9%,比上年提高1个百分点。全年出生6407人,死亡10914人,人口自然增长率-4.34‰。

(施　楠)

**【民族】** 2015年,全县有33个少数民族,人口4586人,其中未识别民族15人。少数民族中,侗族人口最多,1862人,占全县少数民族人口40.6%;苗族人口1490人,占全县少数民族人口32.5%。(耿宝业)

**2015年如东县各少数民族人口一览**

表 5

| 序号 | 民族 | 人口数(人) |
|---|---|---|
| 1 | 白　族 | 82 |
| 2 | 布依族 | 134 |
| 3 | 藏　族 | 15 |
| 4 | 朝鲜族 | 41 |
| 5 | 达斡尔族 | 2 |
| 6 | 傣　族 | 18 |
| 7 | 侗　族 | 1862 |
| 8 | 俄罗斯族 | 1 |
| 9 | 鄂伦春族 | 2 |
| 10 | 哈尼族 | 4 |
| 11 | 哈萨克族 | 1 |
| 12 | 回　族 | 63 |
| 13 | 景颇族 | 8 |
| 14 | 拉祜族 | 2 |
| 15 | 黎　族 | 24 |
| 16 | 傈僳族 | 24 |
| 17 | 满　族 | 85 |
| 18 | 毛南族 | 2 |
| 19 | 蒙古族 | 39 |
| 20 | 苗　族 | 1490 |
| 21 | 仫佬族 | 6 |

续表 5

| 序号 | 民族 | 人口数(人) |
|---|---|---|
| 22 | 普米族 | 2 |
| 23 | 羌　族 | 4 |
| 24 | 畲　族 | 16 |
| 25 | 水　族 | 82 |
| 26 | 土家族 | 211 |
| 27 | 土　族 | 1 |
| 28 | 佤　族 | 3 |
| 29 | 维吾尔族 | 3 |
| 30 | 瑶　族 | 88 |
| 31 | 彝　族 | 90 |
| 32 | 仡佬族 | 10 |
| 33 | 壮　族 | 156 |
| | 未识别民族 | 15 |
| 合 计 | | 4586 |

## 民俗方言

**【民俗】** 如东民俗在漫长岁月里，随着移民及流民不断增多而在吸收中变化，在变化中融合，渐次形成特色鲜明又颇具广泛包容性的民俗风情。诸如乡井生活、衣食住行、时岁节庆、婚育丧葬、祈福求瑞、礼仪宗教等，都蕴藉并彰显着如东人勤劳、善良、淳厚与质朴的优良品德。外来居民带来简单劳动求生本领，在荒滩上“辟我草莱”或“煮海为盐”。同时，也带来各自故乡民风民俗，成为皋东民俗起源和发端。唐代(618—907)，境内已逐渐成为风俗习惯杂陈之地。宋末明初，逐渐融入镇江、扬州市俗成分。民国初年，张謇倡导沿海开垦，一批称为“外沙”的启海人迁入，其分布以掘港和“皇岸”为界。掘港西以“本场人”风俗为根基，谦和好客；掘港东则以“启海”民俗为本原，直率开放。海堤外渔、盐民风俗久盛不衰；海堤内则显民风民俗相互掺杂、糅和、改良，加上文明新风影响，古今传承、新旧交融。几千年形成许多节日习俗，其中包括除夕、春节、元宵、清明、立夏、端午、中秋、重阳、冬至等。中华人民共和国成立后，增加元旦(俗称新年)、国庆等节日，一些外国洋节也被民众仿效。

在如东，人们通过各自行业赖以生存发展，形成独特的生产、生活习俗。工商界求生意兴隆；掘东人重视棉花种植；掘西人重视水稻生产，都各有一整套规矩。渔民生产禁忌与生活禁忌相联系，使渔民禁忌尤为特殊。两千多年的制盐史，使盐民形成独特的风俗民情。如东个性显明的民风民俗还上升为文艺形式。如马塘人打锣鼓与众不同，成为歇后语“马塘锣鼓——各打各。”掘港十番音乐和谐缠绵，成为歇后语“掘港十番——不紧不慢。”如东风俗中，都天菩萨出巡中“烧马伕香”、跳判官，被改编成民舞《跳马伕》和《钟馗嬉蝠》。1984年，演进中南海，并走出国门。

如东风俗雅俗共赏。掘东灶头画、掘西床头画和孙窑农民画，虽粗犷简单、大红大绿，却凸现风格，装点千家万户。如东人爱说唠、放鹞子，《曹瘦脸儿打官司》系列故事登上大学论坛。如东放哨口风筝被外国人称为“空中交响乐”，成为全国4大风筝产地之一。中共十一届三中全会后，倡导社会主义新风尚，人们的思想和生活被注入新的内容和形式。进入21世纪，随着经济发展，改革开放不断深入，人民的物质和精神文化生活普遍提高。优秀传统风俗得到重视和继承，一些过时民俗逐渐淡化，一些新民俗相继产生，如东民俗在与时俱进中得以延伸、改革和发展。

**【方言】** 如东县域内方言有3种：第一种属于北方方言江淮方言区泰如片，其中内部又存在一定差异。一是本场话，即以县城掘港为中心的掘港话(亦称“掘西话”，跟“掘东话”对举而言)，包括掘港(绝大部分)、长沙、曹埠(大部)、马塘、岔河、双甸、新店(北部)、苴镇、丰利、洋口(洋蛮河以东)等镇；二是西路话(亦称栟茶话、洋西话)，从古坝北边向西，至与如皋交界一线以北地区，东至洋蛮河(通洋运河北段)，包括栟茶、袁庄、河口(老秀贞乡南河以北)等镇。第二种属于吴方言，即沙里话(亦称掘东话)，包括大豫、掘港(小部)等镇。第三种是呈现出江淮方言与吴方言过渡性质的方言，如通东话(俗称“南场话”)，包括掘港(西南)、曹埠(南部)等镇；南通话，包括新店镇(南部)、曹埠镇(西部)等镇。

(如　鉴)

## 文化遗存

**【物质文化遗产】** 如东物质文化遗产，包括具有历史价值、艺术价值、佐证价值的圩塘、盐灶、垦牧区、水利设施，名人故居、著名纪念地、古宗教场所、古戏台、古墓园、古桥梁、古河道、古树名木，农林牧副渔、工农兵学商的处所和工具等，因天灾人祸、自然朽损、人为破坏、城市改造、文物贩子收购等因素，存世（不包括遗址和碎片性遗物）量不多。

**如东县部分存世的典型物质文化遗产一览**

表 6

| 名　称 | 形成年代 | 存世地址 | 历史价值 |
|---|---|---|---|
| 双甸镇东岳庙主殿 | 唐元和年间建，民国初年大修 | 双甸镇东岳庙村 | 皋东乡村宗教和建筑文化 |
| 串场河 | 宋代前 | 掘港至马塘 | 制盐久远，盐场鼎胜，重视水运 |

续表 6

| 名　称 | 形成年代 | 存世地址 | 历史价值 |
|---|---|---|---|
| 何家灶墩 | 宋代 | 长沙镇西北侧原海滨 | 古代盐业生产基地,中国人民海军发祥地 |
| 范公堤 | 宋天圣三年(1025) | 县北疆海滨 | 见证皋东防潮泄涝 |
| "盐垣镇"(部分) | 明,初成,清乾嘉铺石板街 | 掘港东街 | 见证城市建筑古老和科学 |
| 掘港城隍庙娘娘殿(部分) | 始建明代,清季重修 | 掘港镇群庙巷 | 古镇及宗教兴盛 |
| 東公馆(部分) | 明代建,民初翻修 | 掘港镇服装厂巷 | 大豫垦殖公司和新四军东进部队的业绩,中国人民海军发源地 |
| 掘港镇德井 | 明永乐年间构筑 | 掘港镇东营中巷北 | 近海水质偏咸,筑井取水,亦表现封建时代清官爱民举措 |
| 三石涵(小洋口处石涵洞) | 明万历年间建 | 县西北小洋口处 | 历史上比较重视水利建设 |
| 三元池 | 明万历八年(1580)开挖,清康熙年间 | 掘港镇中部,原县府南侧 | 城市生态文明建设和城市规划 |
| 文苑小楼 | 清雍正重修张氏小园林而成 | 丰利老街侧 | 著名园林文园及其广交文坛画苑巨擘史实 |
| 管家牌坊 | 清乾隆十一年(1746) | 掘港南街西首 | 旧时建筑工艺及守贞民风 |
| 萍香堂义学小楼 | 清嘉庆元年(1796) | 掘港镇原北街关帝庙东侧 | 江东宿贤、诗人江片石崇文重教 |
| 枣儿红井 | 清同治年间 | 马塘镇仁和北路枣儿红巷内 | 皋东名特优产品枣儿红酒用料考究 |
| 勇洛楼 | 民国初建(季家小楼) | 丰利镇虹桥南路37号 | 新四军东进部队深入基层,军爱民,民拥军,苏中海防纵队成立典礼 |
| 耙齿凌战役烈士陵园 | 民国35年(1946)初建,1994、2004年重修再修 | 河口镇内原景安乡西北部 | 新四军东进部队浴血奋战 |
| 如东烈士陵园 | 1959年建 | 掘港镇陵园路42号 | 如东干群为翻身解放、建设祖国的壮烈奉献 |

**【非物质文化遗产】** 如东挖掘和保护的非物质文化遗产优秀项目有138个,其内容涉及历史、文学、音乐、民俗等多方面。其中,被列入各级保护名录的分别是:2007年3月,传统舞蹈《钟馗嬉蝠》《跳马伕》《浒澪花鼓》被江苏省人民政府列入江苏省第一批非物质文化遗产保护名录;2008年3月,传统舞蹈《钟馗嬉蝠》《跳马伕》《浒澪花鼓》《泼花篮》,传统音乐《马塘锣鼓》《新店山歌》,民间文学《曹瘦脸儿打官司》被南通市人民政府列入市第一批非物质文化遗产保护名录;2010年5月,《红木雕刻》《如东面塑》《提线木偶制作工艺》被列入南通市第二批非物质

图4　传统舞蹈《跳马伕》

文化遗产保护名录;2011年6月,《跳马伕》被列入第三批国家级非物质文化遗产名录;2011年9月,民间文学《曹瘦脸儿的故事》被列入第三批江苏省非物质文化遗产名录;2013年,传统音乐《渔民号子》、传统技艺《栟茶煨竹蛏》、传统技艺《烙画》被列入南通市第三批非物质文化遗产保护名录。

2013年,如东有省级传承人2人,分别是《跳马伕》传承人江振林、任乃贵;市级传承人11人,分别是《马塘锣鼓》传承人邓雄,《新店山歌》传承人秦竹林、邵乐标,《浒澪花鼓》传承人张德君,《钟馗嬉蝠》传承人吴克明,《曹瘦脸儿的故事》传承人沈阳,《如东面塑》传承人罗彬,《红木雕刻》传承人房明建、许忠泉、刘承林,《烙画》传承人张争光。加强传承人培养工作,建立《跳马伕》《马塘锣鼓》《如东硬木雕刻》《新店山歌》4个培训基地。2014年,获批市级传承基地5个,分别为如东硬木雕刻传承基地3个,渔民号子传承基地1个,栟榛家具制作传承基地1个。 (陈卫华)

## 地方特产

【概况】 如东以海产特产居多,主要有文蛤、梭子蟹、鲳鱼、黄鱼、竹蛏、泥螺、紫菜、虾米等。其他特产有狼山鸡、"苏通"牌蚕丝被等。

## 经济社会发展

【概况】 2015年,如东县围绕"强富美高"目标,持之以恒"打基础、求突破,扩总量、提质量",加快"新兴海港城市、生态宜居城市、现代旅游城市"建设,经济社会发展取得新进步。全年实现地区生产总值672.69亿元,比上年增长10.0%。三次产业增加值比例为9.7:46.8:43.5。公共财政预算收入58.54亿元,比上年增长17.1%。城镇和农村居民人均可支配收入分别为34338.2元、15827.3元,比上年分别增长8.8%、9.2%。县域经济基本竞争力连续13年跻身全国百强县(市)行列。如东县被评为全国平安渔业示范县、全国法治县创建活动先进单位、国家知识产权强县工程试点县、中国风筝之乡、江苏省文明城市等。

【经济发展】 农业 2015年,全县实现农林牧渔业现价总产值133.35亿元,比上年增长5.1%。组织实施省级以上重点农业科技项目19项,其中省级7项、部级12项。获省农业科技推广一等奖1项、三等奖6项。新申报无公害农产品70个、产地42个,复查换证产品23个、产地18个;新申报绿色食品4个;获农产品地理标志1个。新增现代农业示范园区19个、固定资产超万元农渔业加工项目22个、规模化种养示范基地41个、现代农业特色村15个。全县获认定各类龙头企业121家,其中国家级1家、省级17家。新增注册登记家庭农场340家,累计656家,获省认定示范性家庭农场6家,获市认定15家。新增"全托管"新型农业经营主体127家,全县共有"全托管"示范点211个。实施各类农业开发项目12个,财政投入7190万元,建设规模5.5万亩。全年水利投入2.25亿元,全县农机总动力91.5万千瓦,农业综合机械化率88.5%。全年共补贴农机具4717台套,累计使用中央、省级补贴资金3043.48万元,资金使用量全市第一,全省名列前茅。

工业 2015年,全县规模以上工业企业652家,其中年销售收入1亿元以上工业企业380家,比上年增加28家。规模以上工业企业实现工业总产值1902.55亿元,比上年增长10.2%,其中规模以上高新技术产业产值818.25亿元,增长14.5%,占规模以上工业总产值43%,比上年提高1.2个百分点;新能源、新材料、生物技术和新医药、智能装备、智能传感、节能环保6大新兴产业产值463.25亿元,比上年增长12.8%,占规模以上工业总产值24.3%,比上年提高1个百分点。全年工业应税销售收入912.76亿元,比上年增长20.93%;工业用电量33.88亿千瓦时,比上年增长7.93%。主营业务收入1828.77亿元,比上年增长9.4%;实现利税238.12亿元,比上年增长11.1%。规模以上工业万元产值能耗同比下降11.8%。

建筑业 全县实现建筑业增加值52.21亿元,比上年增长8.1%;完成建筑业施工产值410亿元,比上年下降24%。年末有资质建筑企业157家,其中特级企业2家,一级企业10家,二级企业42家,三级及其他103家。

服务业 全年服务业投入183.24亿元,比上年增长24.3%。房地产开发仍处于调整期,其中房地产开发投入25.60亿元,比上年下降18.7%。17家规模物流企业主营业务收入20.45亿元,比上年增长17.26%;从业人员1538人,比上年增长7%。有7家物流企业主营业务收入超5000万元,3家物流企业主营业务收入超1亿元;全县累计有国家AAAA级物流企业4家、AAA级9家,省重点物流企业3家,省级重点物流基地1个;年内,南京医药南通健桥有限公司、南通江东物流有限公司两家物流企业被评为省级服务业创新示范企业。社会消费品零售总额287.4亿元,比上年增长11.5%。

开放型经济 全县外贸自营进出口总额24.46亿美元,比上年下降26.1%。新批外资协议项目52个,新批注册外资6.55亿美元,注册外资到账4.25亿美元。对外承包工程和劳务合作经营额6600万美元;境外投资中方协议投资额1120万美元,境外投资项目11个,新派劳务人员1476人。年末,有服务外包企业27家,从业人员922人,实现服务外包产业合同额和执行额均为1.91亿元。

【社会事业】 科技 全社会研究投入总量20.02亿元,占GDP比重

2.47%。财政用于科技支出2.18亿元,比上年增长0.9%。全年认定高新技术企业24家、省高新技术产品75个、省级工程中心4家、市级工程中心10家、省级研究生工作站11家;新增省民营科技型企业66家。全年全县专利申请量4104件,同比增长291.23%。全县专利授权量为2799件,同比增长381.76%。全县万人发明专利拥有量9.75件,申请PCT专利9件。全年实施产学研合作项目50个,获省、市级科技进步奖15个。

教育 全县公办园占比69%,省优质园占比77.8%。新增公办幼儿园编制内教师70人,适龄健康儿童按时入园率100%。全县义务教育一律就近免试入学,3400多名外来务工子女平等入学。完成校舍加固改造6幢6000平方米,完成单体新建校舍21幢2.1万平方米。栟茶小学、洋口港学校、马塘幼儿园主体竣工,马塘初中完成一层施工。市数字化校园占比达70%。2015年高考再续辉煌,高考生均总分331.37分,本一上线率32.5%,本二上线率79.5%,生均总分、本一、本二上线率再创新高,居省、市第一。如东高中文科考生孙筱纯421分,列全市第一、全省第三。小学、初中省学业监测名列全省前列。全县职中对口单招本科上线率25%,技能大赛获全国化工设备维修金牌,新增校企合作组织6个,职教毕业生县内就业率80.5%。新店镇、洋口镇通过省级社区教育中心验收。

图5 2015年新建的马塘幼儿园

文化 文化产业增加值占GDP比重4.6%。全年送戏下乡演出150余场、送图书52725册,完成农村公益电影放映4400场。建成17家省四星级农家书屋、39家省三星级农家书屋,南通市农家书屋先进镇实现全覆盖。县城新建5座"图书漂流屋"。县图书馆组织各类读书活动24次。全年在省以上展演、参赛、获奖、发表各类舞台艺术作品67件,魔术《变鸽子》获第九届中国杂技金菊奖金奖。启动申报"江苏省历史文化名城",征集文物40余件(套)。

卫生 县城区新建2个社区卫生服务机构,健全率63.7%。5万人口以上镇数字化门诊全面建成,丰利、栟茶、马塘3家中心卫生院建中医药综合服务区。全面取消"以药补医",公立一级医院全面实施基本药物制度。全县参加新型农村合作医疗74.52万人,参合率99.97%;筹资标准人均480元,政策内住院补偿比例77.03%。重点人群目标完成率100%,实施重大公共卫生服务项目"两癌"(宫颈癌、乳腺癌)检查27461人次。全县开展普及型培训9300人次,培训红十字救护员1010人。全县人均基本公共卫生服务经费标准45元。全县各镇区均建有健康主题公园。

体育 全县向省市输送体育人才30人,国民体质测试3000人次,国民体质合格率超92.5%,承办江苏省风筝精英赛、国际风筝邀请赛、省青年击剑冠军赛总决赛,成功创建"中国风筝之乡"。

文广传媒 全年传媒中心4家媒体对外发稿发片398篇(条),其中央视用片12条,省级媒体用稿35篇,市级媒体用稿167篇。33档广播、电视节目获省、市政府新闻奖。报纸新闻作品获省一等奖1件、二等奖5件,新闻理论著作《广播与纪实》获得第九届全国广播影视学术著作评选三等奖。 (县统计局)

# 洋口港开发

Yangkougang kaifa

## 港口规划

【洋口港区总体规划】 按照《中华人民共和国港口法》要求，如东县委、县政府委托中交一航院编制《南通港洋口港区总体规划》,2008年获得交通部和江苏省政府批准，明确“2条航道（蓝沙洋北水道和南水道)、2个人工岛(阳光岛和金牛岛)、3条岸线”的总体框架。其中,阳光岛规划面积2.50平方公里,功能定位以油、气、大宗干散货为主体;金牛岛规划面积25平方公里,功能定位以修造船和集装箱为主体。2条岛陆通道分别跨海连接阳光岛、金牛岛和临港工业区。3条岸线分别是阳光岛南岸、北岸和金牛岛北岸，岸线总长度17.50公里。整个港区规划万吨级以上泊位62个。2014年9月,《南通港洋口港区西太阳沙码头区优化方案》获交通运输部和江苏省政府联合批复，调整后的西太阳沙码头区分为北侧码头区和南侧码头区。其中,北侧码头区水深条件较好,布置5万～15万及以上吨级大型深水泊位；规划有4组码头作业区,分别布置LNG接卸泊位、液体散货泊位和通用散杂货泊位,共形成大型泊位22个,岸线8800米。南侧码头区限于码头区域水深条件，规划布置2万～5万吨级泊位。规划四组码头区，分别布置LNG转运泊位、液体散货泊位及支持系统岸线，形成大型泊位15个泊位,岸线3810米。

【洋口港产业规划】 如东县委、县政府先后委托中国国际咨询公司和国家发改委产业研究所分别编制《洋口港及临港支柱产业总体规划研究》和《洋口港区产业发展规划研究》,明确“3+1”产业定位,即能源、冶金、石化及现代物流。规划5平方公里的南通国际产业园，将洋口港石材产业园打造成世界级、综合性、超大规模的石材产业基地。

【港产城概念规划】 整合港口、产业和城市资源，协调港产城协调发展,委托新加坡邦城公司编制《洋口港经济开发区概念规划》，明确“港—产—城”一体化发展战略。新城区规划用地17平方公里,配套建设现代物流园区、行政管理中心、商贸商务中心、配套生活社区,通过20年发展,建成50万人左右的新型中等海港城市。

【规划修编】 2015年,洋口港总体规划修编形成初步方案，阳光岛控规和市政专项规划完成中间成果，老镇区改造提升规划完成中间成果。洋口港区近岸环抱式作业区规划编制项目相关前期工作启动。

## 开发历程

【概况】 20世纪70年代伊始,以中科院院士王颖为代表的海洋地质专家着手江苏沿海岸外水下辐射沙洲研究,此期间发现洋口港外海的黄沙洋、烂沙洋深槽,并开始调查研究,引起学术界关注。80年代初期,洋口港开发研究工作得到市、县政府重视,洋口港开发建设拉开序幕。

1983—1992年,是洋口港前期研究阶段。根据研究主体和区域范围,分为两个阶段:一是1983年—1992年5月，主要以南京大学、河海大学及国内高等院校等科研单位的理论研究为主,着重于对海洋动力、辐射沙洲地质地貌、水文潮汐的基本情况进行调查、整理、分析,主要研究海域是洋口港小洋口至环港港区一带,研究水道是黄沙洋水道。二是1992年5月后,主要以工程设计院一航院为牵头单位,着重于项目推进和工程可行性研究,对海洋动力条件、地质地貌、水文潮汐等从工程角度进行现场勘测，采用数学模型、物理模型等工程研究措施深化和细化工程方案，研究范围从小洋口环港港区一带转移到长沙外海一带，主要研究烂沙洋深槽及西太阳沙稳定性。

1993—2002年，是洋口港的项目推进阶段。该阶段主要分为3个时段：1993年—1996年，主要进行LNG等项目的研究申报；1997年—2000年，开始进行项目深化研究；2001年—2002年，进行项目前期准备工作。

1993年，省电力局开始对LNG接收站和燃气电厂进行预可行性研究，在对江苏几个可能用作LNG接收站地区初步调查后，听取专家意见，确定在如东洋口港开展前期工作。1995年7月，省电力局在南京主持召开"关于江苏LNG发电工程烂沙洋海域西太阳沙建港条件专题报告评审会"。

1999年8月26日，省计委以《关于要求将如东作为长江三角洲LNG接收站站址的请示》，上报国家计委。1999年9月1日，国家计委经济预测司领导徐锭明视察江苏LNG项目。同年，国家计委将如东正式纳入华东LNG接收站站址比选范围。2000年，省计委牵头开展有关工作，并再次向国家计委推荐如东西太阳沙岛作为华东LNG接收站建站站址。

2001年11月1日，时任中国石油天然气股份有限公司总裁黄炎与时任江苏省政府省长季允石签订《中国石油天然气股份有限公司与江苏省政府关于联合建设开展研究LNG项目合作谅解备忘录》。12月4日，签订并形成《中国石油与江苏省联合开展LNG项目可行性研究的会议纪要》。12月12日，省计委西部开发办主持，就尽快开展LNG项目预可行研究工作进行讨论。会议明确江苏LNG项目预可行研究工作由中国石油规划计划部和省计委委托中国石油规划总院牵头，与交通部一航院共同开展研究工作。2002年7月14日，南通市、如东县与新加坡金鹰国际集团属下太平洋油气有限公司，就建设如东燃气轮机电厂及LNG接收站项目签订投资意向书。在新加坡国际金鹰集团有投资LNG项目意向基础上，南通市计委向省计委上报该项目建议书。11月，省计委向国家计委上报《关于如东燃气电厂项目建议书的请示》。

2003—2005年，是洋口港开发建设起步阶段。2003年，临港工业区一期围堤工程施工，由此，洋口港由理论研究进入实际开发阶段。2004年5月，经国务院副总理曾培炎批准，国家海洋局颁发洋口港临港工业区围涂工程30平方公里海域使用权证书，一次性领取如此规模的海域使用权证在全国尚属首例。6月，临港工业区一期围垦竣工。10月16日，省政府和中石油向国家发改委致函，明确将江苏如东LNG项目作为"西气东输"的配套工程和第二气源。10月30日，南通港洋口港区及临港支柱产业总体规划在北京通过专家组评审。2005年4月29日，国家发改委办公厅同意江苏LNG项目开展前期工作，由中国石油天然气集团公司和江苏省指定企业共同组建合资公司负责建设和运营，标志着以项目启动洋口港开发取得突破性进展。9月25日，洋口港陆岛跨海通道正式开工建设，标志着洋口港开发基础设施建设正式启动。10月31日，洋口大道正式破土动工。12月30日，洋口运河工程正式启动。

2006—2010年，洋口港开发迈入建设发展阶段。2007年2月28日，洋口港启动性、标志性项目LNG项目一期工程获得国家发改委批复。11月28日，举行阳光岛LNG接收站区块围填成功庆典仪式，该工程成为中国首座施工无遮拦的外海人工岛。2008年10月28日，洋口港实现初步通航。12月23日，交通部和江苏省政府联合作出《关于南通港洋口港区总体规划的批复》。

2009年4月，10万吨级LNG码头开工建设，至2010年10月16日，10万吨LNG码头工程全部竣工，并正式交付使用。2009年5月，洋口港经济开发区与长沙镇实施一体化管理。6月10日，国务院常务会议审议并原则通过《江苏沿海地区发展规划》，规划中明确定位洋口港是江苏沿海开发的重要节点。2010年7月，10万吨级石化码头获得交通部批复，太阳岛三期工程通过省海洋局环评和海域论证，10月获得省发改委核准。至2011年5月30日，10万吨级石化码头开工。

2011—2015年，洋口港开发迈入建设与产出并举新阶段。2011年4月，5000吨液化品码头正式开工建设，至2012年4月，5000吨液化品码头水工部分主体结构完工。太阳岛二期开始围垦，至2011年12月，太阳岛二期工程主体完工。2011年5月24日，洋口港正式迎来第一艘LNG运载船。8月12日，太阳岛三期工程0.8平方公里正式开工建设，至12月31日，太阳岛三期工程围堰成功合龙，其间，柏林钢构、华港LNG调配中心、华东LNG物流、南天农科、LNG接收站项目相继投产。

2012年2月5日，振戎洋口（中国）能源投资有限公司成立暨合资经营项目签约。5月7日，洋口港经济开发区与石材产业园18家入驻企业正式签约。5月8日，国信热电联产项目落户洋口港。5月17日，台湾中石化项目正式签约。8月16日，博润生物科技南通有限公司项目开工。9月13日，洋口港环港作业区开发工作第一次汇报会暨环港投资开发有限公司董事会召开，在小洋口地区新建洋口港环港作业区，环港作业区开发工作全面启动。

2013年4月4日17时，洋口港临港工业区三期围堤工程成功合龙，标志着洋口港临港工业区总规划面积35平方公里的框围工程全面完成。5月7日上午，江苏LNG项目举行4号罐开工仪式，标志着LNG项目二期工程实施拉开帷幕。5

月 8 日，位于黄海大桥东侧 3000 米的洋口港临港工业区排涝闸站可行性研究报告通过专家组审查。5 月 28 日上午，滨渡液体化学品仓储物流项目在阳光岛开工。8 月 6 日下午，中天科技集团总投资逾 50 亿元，建设总装机容量超 500 兆瓦的光伏发电场和光伏电站，其中起步投资 5 亿元、建设 50 兆瓦光伏电站项目落户洋口港。10 月 8 日，洋口港现代物流园被明确为省第八批重点物流基地。12 月 22 日，洋口港旅游公司收到洋口港景区生态园获批省级自驾游基地批文。

2014 年 1 月，交通运输部正式同意安排南通港洋口港区烂沙洋北水道 15 万吨级航道建设部补助资金 3.975 亿元。6 月，江苏海企化工仓储有限公司与洋口港万吨级液化品码头举行经营管理合作签约。6 月，江苏杭氧润华气体有限公司自主研发的国内首套利用 LNG 冷能空分设备正式进液试车。8 月 10 日，国务院正式批复同意洋口港一类口岸对外开放。9 月 13 日，《南通港洋口港区西太阳沙码头区优化方案》获交通运输部和江苏省政府联合批复。10 月 17 日，洋口港万吨级重件码头配套首台 40 吨级门座式起重机安装成功。12 月，由国家"千人计划"特聘专家郭桦博士团队投资的江苏达阳新材料科技有限公司洋口港新材料产业园项目签约，项目计划投资约 70 亿元，规划用地 50 公顷，年产 10 万吨 AAS(丙烯酸酯)、20 万吨 PC(聚碳酸酯）和 30 万吨共混产品以及特种工程塑料项目。

2015 年 3 月 8 日，国内首座最大 20 万立方米 LNG 储罐——江苏 LNG 项目二期工程 T-1204 储罐一次升顶成功。3 月 30 日，洋口港经济开发区管委会收到国家海洋局关于江苏省中广核如东海上风电场项目用海批复文件，正式同意中广核如东海上风电场项目用海申请。同日，江苏 LNG 项目通过环保部竣工环境保护验收。3 月 31 日，洋口港(上海)石材产业发展说明会借座上海东华环球石文化研究院成功举行。4 月 7 日，总长 13.63 公里、电压等级 110 千伏的海上电缆在洋口港铺设完成。4 月 16 日，债券承销商宏源证券股份有限公司将 9 亿元企业债资金转入洋口港建设发展集团有限公司账户，发行利率 6.23%，为同阶段同期企业债最低利率。5 月 15 日，洋口港内河港池一期岸线长 1200 米、6 万平方米容量、40 台吊机的基础工程基本竣工，总动土方 60 万立方米。7 月 21 日下午 2 时 30 分，装载 1618 吨液化品的"轩静"号货轮，成功靠泊洋口港阳光岛南侧航道 5000 吨级液化品码头，洋口港台中化仓储项目投产运行。8 月 5 日，洋口港天瑞海港城二期工程开工建设。11 月 17 日，洋口港口岸对外开放通过国家验收。11 月 24 日，洋口港国际石材城标准厂房建设工程正式开工。12 月 4 日上午，洋口港石材金融暨产业发展论坛举行签约仪式。其中，由民生银行、天津股权交易所、天玖投资与洋口港经济开区共同设立的中国石材产业发展引导基金子基金项目，将重点服务洋口港国际石材城的生产、加工及贸易企业。12 月 17 日，如东海关开关工作通过预验收。

## 基础设施

**【概况】** 按照"超前规划、分步实施、全面配套"总体思路，港区基础设施配套建设不断完善。全年在建基础设施 12 项。

**2015年洋口港基础设施建设一览**

表 7

| 序号 | 项目名称 | 项 目 概 况 | 2015年进展 |
|---|---|---|---|
| 1 | 液化品码头二期工程 | 5000吨级液化品泊位 1 个，万吨级液化品泊位 1 个 | 10月，岸线申报获交通部批复 |
| 2 | 20万吨级石化码头工程 | 新建 20 万吨级石化泊位 1 个 | 开展安评、通航等前期准备工作 |
| 3 | 洋口港烂沙洋北水道 15 万吨级航道工程 | 15万吨级进港航道建设 | 优化初步设计、编制招标文件 |
| 4 | 临港工业区二期中心路西段、经八路北段 | 中心路西段长 1700 米，宽 47 米；经八路北段长 1200 米，宽 40 米。 | 工程完工，准备验收 |
| 5 | 临港工业区三期吹填工程 | 完成临港工业区三期围垦区内吹填，吹填方量约 1000 万立方米 | 工程完工，准备验收 |
| 6 | 临港工业区一期、阳光岛和管线桥综合管廊工程 | 管廊架总长约 20 公里 | 临港工业区一期桩基工程招标启动 |

续表 7

| 序号 | 项目名称 | 项 目 概 况 | 2015年进展 |
|---|---|---|---|
| 7 | 临港工业区二期北横河 | 河道长 4500 米,宽约 30 米 | 完成河道施工 2600 米，完成总工程量 65% |
| 8 | 临港工业区二期北堤道路 | 道路长 4500 米,宽 9 米 | 完工 |
| 9 | 阳光岛纬二路工程 | 道路长约 750 米,宽 12 米 | 完工 |
| 10 | 洋口港污水收集系统工程 | 分别在临港工业区一期和阳光岛建设集水点,采用“一企一管”方式压力输送到集水点 | 工程完工,投入运行 |
| 11 | 热电管网 | 中压管道 4.6 公里，低压管道 3.8 公里及相关计量控制设备 | 完成项目备案、环评、安评、稳评、节能批复、选址意见等相关批复 |
| 12 | 阳光岛供电线路扩建 | 建设总长约 2.8 公里的 3 回路架空线路及总长约 13 公里的 3 回路电缆 | 完工 |

图 6 6 月,洋口港临港工业区污水处理厂投入运行,为临港工业区和阳光岛企业提供污废水排海前处理

图 7 6 月 14 日，万吨重件码头石材船只靠泊

## 产业项目

【概况】 2015 年,洋口港经济开发区围绕能源、石化、装备制造和现代物流的产业定位,发挥港口优势,以基础液体化工原料仓储基地建设作为产业链发展源头，以大项目落户实现临港产业质的突破。全年注册外资 14391 万美元；工业应税销售收入 30.81 亿元,同比增长 23.4%；固定资产投入 50.62 亿元，同比增长 10%。爱森二期、龙源新能源等 4 个亿元以上项目开工建设，污水处理厂、爱森一期等项目竣工。台中化威名新材料生产基地、热电联产各项报批手续全部完成。LNG 二期 4 号储罐外罐拱顶施工完成。领先科技一期、科益等项目即将投产,锦辰制动、威华仓储等项目投入运行。江苏鹭江实业有限公司、江苏源胜石业有限公司等 6 家石材企业在施工建设。

## 2015年洋口港区在建和完工项目一览

表8

| 序号 | 项目名称 | 项 目 概 况 | 2015年完成情况 |
|---|---|---|---|
| 1 | 中石油LNG二期 | 新增1座20万立方米的LNG储罐，增设2台高压泵、1台开架式海水气化器(ORV)和2台浸没式燃烧气化器(SCV),新建1座80万吨/年规模装船码头。二期工程实施后,LNG接收能力增加至650万吨/年,气化能力增加至1000万吨/年，装船能力增加至80万吨/年 | 完成罐前管廊钢结构施工和罐顶结构施工；完成罐壁边缘板安装及焊接工作;管道预制完成24%工程量。至年底,LNG二期项目累计投资4亿元，占计划总投资40% |
| 2 | 爱森丙烯酰胺、聚丙烯酰胺等生产 | 用地18.80平方米，新建生产及辅助用房5.77万平方米,购置设备359台套,年产12万吨丙烯酰胺、12万吨聚丙烯酰胺、3.60万吨黄原酸盐和5000吨汽缸密封酯(MFZ),总投资11亿元 | 项目一期竣工并试生产；二期基本完工；三期铜萃取剂项目在编制环评报告 |
| 3 | 台湾中石化化工仓储项目 | 总投资3.50亿元，占地6.67万平方米,建设储罐7.70万立方米,主要从事丙烯腈、苯乙烯、甲醇、甲苯等液体化学品的仓储物流 | 正式投产 |
| 4 | 国际石材城 | 占地2.5平方公里,建设成为华东乃至全国最大石材产业基地 | 江苏鹭江实业有限公司:1、2号厂房钢结构主体完成75%，围墙完成80%,2号厂房内完成地面平整;<br>江苏源胜石业有限公司:办公楼、宿舍楼封顶,1、3号厂房钢结构主体完成55%;<br>江苏港裕石材有限公司:1号厂房完成桩基工程； 江苏悦翔石材有限公司:完成1号车间桩基工程;<br>江苏联发石业有限公司:完成厂房桩基工程;<br>江苏鑫创石材有限公司：完成总平设计、场地平整;荒料堆场设计中;标准厂房:场地清表平整,进行基础施工;<br>石材博物馆:优化方案设计 |
| 5 | 洋口港热电联产项目 | 建设2×B9兆瓦背压式热电联产机组+2×75吨/小时高压煤粉炉和1×B20兆瓦背压式热电联产机组+2×199吨/小时高压煤粉炉 | 完成核准,进行项目施工图设计 |
| 6 | 台湾中石化洋口港产业基地 | 项目在临港工业区一期征地116.7万平方米,建设生产异丙苯、苯酚、丙酮等产品。项目总投资约376亿元,一期投资约93亿元 | 完成备案,并完成环评、安评、能评、职业卫生评价审查获得批复,完成报批。开展项目施工图设计优化 |
| 7 | 正盛化工项目 | 占地16.07万平方米,生产橡胶、轮胎材料 | 完成报批和开工前准备工作,即将开工 |
| 8 | 领先汽车保养用品生产 | 由北京艾特伟业有限公司投资，占地面积7.1万平方米,生产产品为汽车保养用品及汽车保养用品配套设备 | 开展竣工验收相关工作 |

图 8 6 月,建设中的石材产业园

## 口岸开放

**【概况】** 8 月底,海关总署正式发文,同意设立"中华人民共和国如东海关"。新设立的如东海关为正处级机构,隶属于南京海关。如东海关管辖区域为如东县行政区划范围。11 月 17 日,由国家口岸管理办公室会同公安部、交通运输部、国家质检总局和总参谋部组成的验收组对洋口港一类口岸开放准备工作进行验收。验收组现场检查洋口港口岸及中石油江苏液化天然气有限公司 LNG 码头、工作船及大重件码头的检查检验配套设施,听取口岸建设和开放准备工作情况汇报,认为口岸检查检验场所、办公业务用房以及配套设施已建成并投入使用,现场监管条件符合有关规定,满足检查检验工作要求;有关军事设施保护与保密措施落实。验收组一致同意洋口港口岸开放通过国家验收。12 月 16 日,交通运输部公告洋口港对国际航运船舶开放。12 月 17 日下午,如东海关通过开关预验收,基本具备对外开办业务各项条件。

**【审批历程】** 2005 年 6 月 3 日,南通口岸委对洋口港减载锚地试生产口岸报批手续和通关查验等方面工作开展专题研究,确定申报工作思路。2010 年,水域开放获得军方批准,省政府向国务院及国家有关部委提出洋口港一类口岸开放的正式申请。2012 年 4 月,洋口港一类口岸开放正式被列入《2011—2015 年国家口岸发展规划》和 2012 年度国家口岸开放审理计划。2008 年,洋口港首次临时开放获批,并连续延期 12 次。2014 年 8 月 10 日,国务院印发《国务院关于同意江苏如东洋口港口岸对外开放的批复》,同意如东洋口港对外一类口岸开放。对外开放共 6910 米岸线,15 个泊位;同意如东洋口港口岸设立正团级边防检查机构和正处级海事、海关、出入境检验检疫机构。

## 洋口港经济开发区(长沙镇)

**【概况】** 洋口港经济开发区位于如东县东北部,北依南黄海,规划面积 260 平方公里,分海上作业区、临港工业区、综合物流园区及港口新城区 4 大功能区。2015 年,长沙镇下辖行政村 12 个(有 3 个村由南通外向型农业综合开发区托管)、社区 1 个,总人口 4.10 万人。洋口港经济开发区(长沙镇)全年完成一般公共预算收入 6.5 亿元,同比增长近 20%;注册外资 14391 万美元;工业应税销售收入 30.81 亿元,同比增长 23.4%;固定资产投入 53.58 亿元,同比增长 14%;服务业 1000 万元以上项目投入 36.37 亿元,同比增长 17%。招商引资、项目建设、工业运行、服务业经济有序推进。

**【基础配套建设】** 2015 年,阳光岛 110 千伏架线、黄海大桥路灯架线施工完成,10 千伏配电房、消防泵房、阳光岛污水处理站等投入运行,纬二路等道路工程提前完工。临港工业区一期污水处理厂、污水收集系统工程投入运行,1 号污水处理点部分投入运行,东能管网即将竣工,消防站施工图完成,334 省道起点改造完成,东堤道路加宽工程加快推进,纬三路等道路绿化施工结束。临港工业区二期中心路西段、经八路北段等道路配套工程完工,北堤路、东堤路、北横河施工加快推进。临港工业区三期累计完成吹沙 550 万立方米。洋口运河 3 座桥梁建成使用,内河港池工程一期完工。全年基础配套建设投入 7.7 亿元。如东—海门—崇明岛输气管道工程竣工验收。

**【项目招引】** 2015 年,洋口港经济开发区以"双石双新"(石化、石材,新能源、新材料)和现代物流为重点,借助上海石材协会、东华石文化产业园等平台,吸引上海、福建等地优质石材企业关注洋口港石材城。专门成立洋口港石材产业发展领导小组,全面谋划石材城发展,并同民生银行石材事业部、天津股权交易所、上海石材行业协会建立合作关系,推动建立中国石材产业基金洋口港子基金和上海石材行业协会洋口港分会,建立苏州金螳螂洋口港选样选料基地。12 月 3—4 日,成功举办石材金融暨产业发展论坛,数十位石材及金融行业专家,意向入园企业以及已入园企业代表参会,区管委会分别与民生银行石材金融事业部、天津股权交易所、天玖股权投资基金管理有限公司、苏州金螳螂建筑装饰股份有限公司、江苏爱瑞资本管理有限公司签订战略合作框架协议。通过协办上海丙烯酸行业峰会、中国石化创新论坛、甲醇行业高峰论坛等，不断提升港口知名度。年内与海顿等公司成功签约。

**【农业农村】** 长沙镇加大公共财政向公用事业、社会保障、农业农村、利民惠民倾斜力度，全年民生事业投入资金2.3亿元。进一步充实壮大基层队伍，公开选拔30名村干部到村任职，基层组织换届全面完成。村干部报酬增长、考核奖惩制度健全完善，农村"八大员"[村级农民技术员、村级动物防疫员、林业技术员(护林员)、计生管理员、文化协管员、公共卫生员(乡村医生)、国土规划建设协管员、综治协管员]生活补贴增长机制落实。成立现代农渔业投资开发公司，完成千亩综合示范园区2个、千万元加工流通项目1个、200万元以上种养示范基地3个、现代农(渔)业示范村1个、重点农业项目2个。"四位一体"工作绩效全县领先，绿化造林138.42公顷，超额完成县交绿化造林任务。

**【金融支撑】** 洋口港经济开发区通过私募债、融资租赁、第三方融资等方式扩大融资总量，9亿元集团公司企业债获批发行，农发行28亿元城镇化融资项目成功获批，向国开行申报港口基础设施建设项目26亿元，平安银行6亿元物流园基础设施建设项目待批。全年融资到账30.85亿元。

**【社会管理】** 长沙镇在全县率先村村建成社区管理服务平台，在港城社区正式启动新型社区建设。加强基层维稳平台建设，完成政法综治中心升级和长沙派出所改造，洋口港法庭开工建设，省综治信息系统和技防城建设全面推进。矛盾纠纷排查化解、社区矫正和安置帮教等工作常态化开展，调处各类矛盾纠纷100余件。

**【民生保障】** 投资2.5亿元的港口实验学校场馆建设进入封顶阶段。完成农村改厕783座。完成北坎公墓扩建550座。在北坎村烈士陵园标准化建设的基础上加以改造，建设成一个革命教育、廉政教育的教育基地。人口计生环境良好，出生政策符合率100%。省三星级敬老院通过验收。老年安康保险征收21.46万元；城乡居民保险参保11376人，缴纳保费1400万元，在全县率先完成任务，完成用工单位信息采集329家，完成劳动监察示范网格复查；企业退休职工健康体检1100人。

**【科技创新】** 全年完成高新技术产业产值31.5亿元，占规模以上工业产值比重达70.3%，万人发明专利拥有量6.57件/万人，专利授权量200件，新增民营科技企业3家。

**2015年洋口港经济开发区(长沙镇)主要经济社会指标**

表9

| 项 目 | 单 位 | 数 量 | 比2014年增减(%) |
|---|---|---|---|
| 总面积 | 平方公里 | 110.77 | — |
| 总人口 | 万人 | 4.10 | — |
| 地区生产总值 | 亿元 | 25.61 | 8.2 |
| 第一产业增加值 | 亿元 | 4.77 | 4.8 |
| 第二产业增加值 | 亿元 | 8.71 | 5.3 |
| 第三产业增加值 | 亿元 | 12.13 | 12 |
| 财政总收入 | 亿元 | 7.73 | 3 |
| 公共财政预算收入 | 亿元 | 6.50 | 20 |
| 企业总数 | 家 | 98 | — |
| 其中规模工业企业 | 家 | 14 | — |
| 工业总产值 | 亿元 | 45 | 4.65 |
| 应税销售收入 | 亿元 | 30.81 | 20 |
| 当年实际利用外资 | 万美元 | 1734 | -83 |
| 全社会固定资产投资 | 亿元 | 53.58 | 14 |
| 工业投入 | 亿元 | 53.49 | 12.7 |
| 农业总产值 | 亿元 | 7.77 | 7 |

续表 9

| 项　目 | 单　位 | 数　量 | 比 2014 年增减(%) |
|---|---|---|---|
| 粮食总产量 | 万吨 | 2.79 | 12.4 |
| 棉花总产量 | 吨 | 1744.53 | -40 |
| 油料总产量 | 吨 | 2842.31 | -14.5 |
| 水产品产量 | 吨 | 35226 | -3 |
| 中、小学校 | 所 | 2 | — |
| 医院、卫生院 | 所 | 4 | — |
| 参加社会养老保险人数 | 人 | 11918 | 20 |
| 参加合作医疗人数 | 人 | 31602 | -1.8 |
| 享受尊老金人数 | 人 | 2056 | 13 |

**2015年如东县长沙镇各村(社区)基本情况**

表 10

| 村(社区)名 | 党支部书记 | 主　任 | 村民小组(个) | 人口(人) | 耕地面积(公顷) | 村营收入(万元) |
|---|---|---|---|---|---|---|
| 港　城 | 刘乃祥 | 陆　军 | 62 | 6900 | 666.67 | 89.30 |
| 北　坎 | 周　祥 | 季　兵 | 59 | 6765 | 720.00 | 53.05 |
| 陆　河 | 陆阳林 | 李杏明 | 57 | 5951 | 540.00 | 36.07 |
| 四　桥 | 许雪峰 | 袁玉华 | 47 | 4903 | 533.33 | 70.69 |
| 长　堤 | 耿　俊 | 韩益昌 | 22 | 2900 | 393.33 | 32.00 |
| 富　盐 | 张　健 | 纪海兵 | 29 | 2754 | 415.20 | 83.08 |
| 卫　海 | 顾　飞 | 张小峰 | 17 | 3002 | 426.67 | 60.76 |
| 滨　海 | 陈　建 | 马步松 | — | 1246 | 13.33 | 112.44 |
| 黄　海 | 张晓建 | 孙磊磊 | — | 1422 | 13.33 | 67.16 |
| 三　民 | 陈　兵 | 孟　兵 | — | 1250 | 26.67 | 70.41 |

## 港口新城

图 9　建设中的港口新城

**【概况】** 港口新城西距县城中心区 8 公里，北距临港工业区 3.5 公里，通过洋口大道、港城中通道、港城大道等快速通道与县城和临港产业区相连。港口新城主城区规划面积 10 平方公里，其中核心区 4 平方公里，先期启动区 2 平方公里，是集行政商务、商业居住、休闲娱乐为一体的现代化港口新城。2015 年，围绕尽快形成生产性及生活性服务业业态，全面铺开新城建设框架。天瑞商业街一期、海逸国际社区一期、洋口港海鲜商贸城、公交客运站、人才公寓、居民安置公寓基本建成。锦湖美墅、港城花园项目全面建设。

## 2015年港口新城建设情况一览

表 11

| 序号 | 项目名称 | 项 目 概 况 | 2015年进展 |
|---|---|---|---|
| 1 | 天瑞商业街一期 | 洋口港天瑞商业街项目由南通天瑞置业有限公司投资建设，总投资 6 亿元。项目位于洋口港港口新城中心区，新城行政办公区南侧，总用地面积 7.47 万平方米，一期总建筑面积 2.88 万平方米，包括高、低层住宅和沿街商铺。2014 年开工 | 12月，一期竣工 |
| 2 | 海逸国际社区一期 | 海逸国际社区项目是洋口港新城区首个开发房地产项目，由南通江洋置业有限公司投资建设，总投资 1 亿元，一期总占地面积 4.13 万平方米，总建筑面积约 5 万平方米，主要建设电梯洋房、叠加和联排别墅。项目以“国际化、生态化、科技化、跨越化”为设计理念，力图打造与东方大港相称的一流国际高档社区，凸显海岸生活魅力。2011 年开工 | 12月，一期中 1#、4#、7#、8#、9#、11#、12#、13#、14# 完工 |
| 3 | 洋口港海鲜商贸城 | 洋口港中心市场位于洋口港开发区港城大道东侧、横二路北侧，占地面积约 2.16 万平方米，总建筑面积 1.53 万平方米，项目总投资约 3000 万元，由南通洋口港港城开发有限公司投资建设。项目建成后，成为洋口港新城范围内唯一的以海鲜批发零售为主的综合农贸市场，为港口新城提供服务。2014 年开工 | 12月，项目竣工 |
| 4 | 公交客运站 | 洋口港客运站位于洋口港新城区横七路以北、四贯河以西，规划标准为三级公用型汽车客运站。主要建设内容有候车厅、售票厅、行包托运房、办公室及车站其他附属用房，项目总投资 1200 万元，占地面积 8000 平方米，总建筑面积 1721.58 平方米。2014 年开工 | 12月，主体结构完成，进行外部场地等配套工程施工 |
| 5 | 人才公寓 | 洋口港人才公寓项目由南通洋口港港城开发有限公司投资建设，总投资约 1.1 亿元。该项目位于洋口港港口新城中心区，洋口大道南侧、长沙路东侧，项目用地面积 3.02 万平方米，共建设 10 幢公寓楼，分别为 4 幢高层，6 幢多层，外加 1 幢社区服务中心，总建筑面积 4.53 万平方米，建设住房 484 套。2013 年开工 | 12月，工程完工，开始销售 |
| 6 | 居民安置公寓 | 居民安置公寓项目由南通洋口港港城开发有限公司投资建设，总投资约 4500 万元。项目位于洋口大道南侧、长南农民集居点北侧，占地面积约 1.2 万平方米，共建设 5 幢“5+1”多层公寓楼，总建筑面积约 2.3 万平方米，建设用房 202 套。2014 年开工 | 12月，项目竣工 |

(应　静　张海容)

# 产业发展

# Chanye fazhan

## 农　业

### 综　述

【概况】 2015年,如东县围绕“稳粮增收、提质增效、创新驱动”总要求,全面落实各项强农惠农富农政策,不断深化农村改革创新,保持粮食增产、农业增效、农民增收、农村发展良好形势。全县粮食产量93.47万吨,比上年增长0.8%;棉花产量0.80万吨,比上年下降32.2%;油料总产4.53万吨,比上年下降2.4%;水产品总量30.99万吨,比上年增长0.6%。农林牧渔业现价总产值133.35亿元,比上年增长5.1%;农村居民人均可支配收入15827.3元,比上年增长9.2%。新增高效设施农田5.66万亩,累计设施农田24.46万亩。全县年出栏500头以上生猪规模养殖占比51.12%。新增省级龙头企业2家,全县获认定各类龙头企业121家,其中国家级1家、省级17家、市级53家、县级50家。新增注册登记家庭农场340家,累计656家;新增“全托管”新型农业经营主体127家,全县累计有“全托管”示范点211个。全县全年超1000万元农产品加工项目20个。组织开展农业招商引资,在武汉农业招商推介会上,如东推介农业项目20多个,成功签约农业项目3个。

【农民专业合作组织建设】 县农办根据全县农民专业合作社数量超过1000家,入社农户占比超过90%实际,对农民专业合作社运行情况进行调研,开展农民合作社规范社创建工作。总结农民合作社典型经验,通过媒体宣传、材料介绍、学习观摩等形式宣传典型。举办农民专业合作社理事长和财务人员专题培训班,重点培训农民专业合作社法律法规财务管理与会计制度、财务软件、电子商务及档案等制度建设,提高农民专业合作社骨干素质。根据省农委要求,对省财政扶持项目进行自查、整改。如东东海蔬菜种植专业合作社被农业部认定为全国农民合作社加工示范单位。

【农业政策性保险】 2015年,如东认真组织好高效农业保险参保工作,对新型经营主体种植的水稻、小麦保险提高参保标准,新增西兰花保险。加强农业保险政策宣传和督促检查,能繁母猪做到应保尽保,育肥猪参保135.5万头,创新高。全县农业保险保费总收入8027.70万元,其中种植业保费3424.63万元,高效设施保费4603.07万元,高效设施占比57.34%,农业保险覆盖面65%,超过省、市下达目标。4月10日,《中国保险报》、中国保险网、江苏省保险学会网等媒体,报道如东县生猪保险及保险联动集中无害化处置病死猪机制的做法。

【扶贫开发】 县农办多次组织开展低收入农户调查,对2012年后所有建档立卡及新增对象逐户“过堂”,准确评估其脱贫进程,并建立脱贫销号制度。针对无劳力未进社会保障贫困对象的脱贫问题展开调查,会同各相关部门采取新进低保五保、政府兜底救助等多种办法解决。强化扶贫工作责任落实,县政府出台《对农村扶贫帮困工作落实不力行为进行问责的暂行办法》,在全市率先将扶贫工作纳入问责范畴,被省委农村工作领导小组授予“创新成果奖”。年末,如东实现省定低收入农户全部脱贫目标。

【农村承包土地确权】 按照中央及省、市关于农村土地确权登记颁证的部署要求,如东县制订开展农村土地确权登记实施方案、明确指导思想、基本原则、目标任务、工作重点、工作步骤和保障措施,建立各级确权登记颁证工作领导小组及具体工作机构,落实工作经费。县委、县政府召开专题会议,对全县确权登记颁证工作进行全面动员和部署。县农办编印发放《农村土地承包经营权确权登记颁证资料汇编》《关于开展农村土地承包经营权确权登记颁证致全县广大农民朋友一封信》《农村土地承包经营权确权登记颁证政策宣传手册》等宣传资料,及时组织业务培训,制定工作方案。围绕2016年年底基本完成全县确权登记颁证目标,指导各镇(区)认真抓好资料收集、入户调查、绘制草图、踏田确认、基础表签字确认、一次公示等确权确地基础工作。通过公开招标方式,确定江苏省地质测绘院等5家具有甲级资质测绘单位到如东开展确权登记调查测绘。10月中旬,全面进入调查测绘阶段。(何海滨)

## 种 植 业

**【概况】** 2015年,如东县粮食种植面积170万亩,粮食总产93.47万吨,单产549.82公斤/亩,同比增加1公斤。县农委实施江苏省耕地质量提升示范区建设项目,抓好耕地质量提升示范区建设。开展水稻集中育秧,加大超级稻推广,全县2亩以上集中育秧点367个、面积1118.6亩,其中10亩以上集中育秧点36个、面积366.4亩。组织实施高产创建、绿色增产模式攻关。全年创建部省粮棉万亩高产增效示范片23个,其中水稻13个、小麦7个、玉米1个、棉花2个。推进绿色防控示范区(基地)建设。全县完成水稻绿色防控示范区项目实施主体14家,总面积1.11万亩,其中省级水稻绿色防控示范区1家,位于曹埠镇孙窑社区,核心区800亩,辐射区6500亩,示范区内专业化统防统治覆盖率100%,绿色防控技术推广覆盖率100%,综合防治效果达95%,病虫害危害损失控制在经济允许以下水平。坚持政府引导、市场运作、规范管理,植保专业化服务组织不断发展壮大,新增植保专业化服务组织15家。全县小麦、水稻统防统治覆盖率均为66.8%。

**【耕地质量监测】** 县农委按照省、市、县耕地质量监测及肥情调查实施方案要求,继续在栟茶、新店、长沙、掘港、岔河等8个镇开展省、市级耕地质量、环境质量、蔬菜监测,在15个县级耕地地力点开展施肥情况长期定位监测、土壤监测试验和肥情调查工作。全县各级各类耕地质量监测点总数27个。

**【耕地质量建设】** 县农委宣传推广增施有机肥(含商品有机肥)、秸秆还田、配方施肥、绿肥种植、叶面施肥等技术。4月中旬,发布《如东县稻麦秸秆机械还田技术意见》。全县以留高桩、田间铺草、秸秆机械全量或半量还田为主的秸秆还田面积超过150万亩次,主要农作物配方施肥技术应用面积215万亩,叶面肥应用98万亩次。完成2014年如东县耕地质量提升综合示范区建设项目两个示范区建设。其中掘港镇示范区示范种植肥菜结合经济绿肥蚕豆1.5万亩,栟茶镇方凌垦区、南通外向型农业综合开发区掘苴垦区盐土改良示范区种植耐盐绿肥田菁1万亩。启动2015年如东县耕地质量提升综合示范区建设项目两个示范区建设。在高新区示范区、曹埠镇、大豫镇示范区种植肥菜结合经济绿肥蚕豆2.985万亩。开展盐土综合改良试验、示范与推广。在大豫镇东凌垦区、南通外向型农业综合开发区掘苴垦区、栟茶镇方凌垦区等沿海镇(区),对滩涂围垦作为补充耕地的盐土,采取配套完善排灌设施、种植田菁等耐盐绿肥和竹柳等耐盐树种、绿肥埋青或秸秆还田、发展家禽养殖、禽粪还田等综合措施改良,取得明显成效,当年改良成功可种植田菁等耐盐绿肥及大、小麦、油菜、玉米、大豆、水稻等常规作物面积超过1500亩。其中,栟茶镇方凌垦区盐土引种耐盐牧草巨菌草,经过3次引种试种取得成功。

**【测土配方施肥】** 县农委在全县示范、推广农作物测土配方施肥技术。据调查统计,施用15-9-6、18-12-10、12-6-7、15-5-10、15-15-10、18-10-12等主推及相近配方肥4.8万吨,覆盖面积150万亩次。农户购买使用无一例投诉。实施测土配方施肥后,由于养分供应协调,植株生长健壮,抗逆能力增强,作物后期病害轻,倒伏少,单产比常规施肥有较大幅度提高;同时节约氮肥资源,减少对环境污染。据各镇(区)夏、秋熟测土配方施肥示范、推广区调查,与习惯施肥相比,全县小麦、水稻、棉花、玉米等主要作物示范、推广测土配方施肥累计节省肥料投入1489吨(折纯),节本增收447.39万元,增产小麦1.98万吨,稻谷2.56万吨,玉米4068吨,皮棉285吨,增产增收1.35亿元,合计节本增产增收1.40亿元。

**【商品化育供秧示范点建设】** 推广育秧新技术。5月12日,县农委召开机插水稻规模化育秧现场观摩会,130多人观摩南通中江种业有限公司集中育秧示范点——工厂化育苗中心的硬盘育秧播种流水线新机械现场演示,学习机插稻规范化育秧技术。稳定集中育秧面积。2015年,全县商品化集中育秧点比上年有所上升,大户、家庭农场育秧面积增加,尤其商品化育供秧发展较慢的栟茶、苴镇、新店等镇,规模育秧点增加较多。据调查统计,全县2亩以上集中育秧点367个,秧池面积1118.6亩(可机插大田11.18万亩,比上年增5200亩),其中10亩以上集中育秧点36个、面积366.4亩,育秧点和面积分别比上年增加28个、277.4亩。全县高产创建示范区集中育秧50%以上。集中育秧地区间差异较大,且各具特色,商品化育供秧面积在全县不均匀,因习惯性呈团状分布,袁庄镇机插稻80%以上都是商品化育供秧,岔河镇不足10%,曹埠镇、洋口镇主要集中在大户育秧。全县种粮大户、家庭农场、全托管服务主体、合作社等,为全县机插秧稳定发展起到引导作用。

**【稻麦高产攻关】** 6月5日,市农委测产验收专家组,对马塘镇亚苏村于志祥参加的稻麦周年高产小麦攻关田进行现场实产验收。该田块小麦品种为扬麦20,全部实行机条播,实收面积2.24亩,去除水分、杂质,单产497.7公斤/亩,比面上亩增70公斤以上。10月31日,对该户水稻高产攻关田进行实产验收,实收产量800.4公斤/亩,超过农业部亩产780公斤超级稻标准。专家们认为如东水稻攻关田"长势均衡,丰产性好,穗数足、穗层齐、穗型大,病虫害防治效果好,秆青籽黄、活熟到老"。该高产田发挥示范引领作用,县镇村技术人员、种植大户、普通农户有500多人先后考察参观,带动周边稻农水稻生产水平提高。该攻关田稻麦产量1298.1公斤,产量高于大面积生产近300公斤,获南通市粮食增产模式攻关竞赛一等奖,马塘镇亚苏村稻麦示范片获省A级小麦、水稻示范片。

图10 8月4日,南京农业大学农学院教授到如东指导水稻生产

**【粮棉油高产增效创建】** 夏熟小麦高产创建。上半年夏熟实施省、部级小麦万亩高产创建项目7个,其中农业部高产创建万亩示范片5个,省级高产创建万亩示范片2个。小麦高产创建万亩示范片种植品种4个,分别是扬麦20、扬麦16、苏麦188、浩麦1号。项目区小麦生产全面统一播种、统一病虫防治、统一肥水管理、统一机收的专业化服务。7个小麦高产创建万亩示范片,涉及7个镇、22个村、19463户农户,示范总面积76196亩,据收获期测产验收,平均亩产470.5公斤,较全县小麦平均产量427公斤(测产)增产43.5公斤,增产10.18%。秋熟水稻高产创建。建立部、省级水稻高产增效万亩示范片14个、14.5万亩,涉及12个镇、53个村。每个示范片涉及村至少建1个集中连片高产技术核心展示方,共建核心示范方1.48万亩。14个水稻万亩示范片,在2015年持续低温阴雨寡照天气影响下,平均单产710.2公斤,比上年增加3.4公斤。马塘镇亚苏村百亩核心方高产攻关田,经市专家实产验收,亩产800.4公斤。全县80.1万亩水稻,平均单产646公斤,比前3年增加11.9公斤,实现大面积平衡丰产。万亩示范片内专业化服务组织集中育秧30多亩,进行病虫害防治2.45万亩,推动全县适度规模经营,200亩以上规模种粮大户149个,面积7.19万亩。

**【"全托管"经营主体建设】** 2015年,市下达如东新增"全托管"经营主体50个以上,年末农业行政村覆盖率不低于40%,新增服务面积占粮食总面积3%,新增日烘干能力384吨。县农委继续将"全托管"列入政府单项考核,并实行奖补政策。推进管理与服务创新,不断增进与"全托管"经营主体联系,推动农业生产"全托管"健康发展。全年新培育发展"全托管"经营主体127个,新增服务面积4.69万亩,占粮食总面积4.68%。全县累计有"全托管"经营主体211个,年末农业行政村覆盖率58.24%,建成烘干服务中心8个,新增日烘干能力660吨。

**【农作物病虫害绿色防控】** 水稻生产上,县农委建设15个水稻绿色防控示范区。采取化学防治与物理防治相结合的措施,项目区1.11万亩重点推广使用烯啶虫胺、四氯虫酰胺、肟菌·戊唑醇、丙环·咪鲜胺等高效、低毒、无残留农药,在曹埠镇示范应用太阳能频振式杀虫灯10盏。项目区专业化统防统治覆盖率100%,绿色防控技术推广覆盖率100%,综合防治效果85%以上,减少化学农药使用量20%以上,水稻病虫危害损失率控制在5%以下,实现降低农药投入、节约人工成本、提高整体防效目标,保障水稻产量和品质。蔬菜生产上,推广应用防虫网、遮阳网2万亩;如东高新区示范应用黄板1.85万张、性诱剂4540个、杀虫灯60台,有效降低示范区虫量;64家18659亩蔬菜绿色防控项目区应用多杀霉素、乙基多杀霉素等生物农药。全县推广使用定虫隆、茚虫威、氯虫苯甲酰胺等农药防治斜纹夜蛾、菜粉蝶,减少高毒农药在蔬菜上使用。

**【种子"双打"行动】** 3月18日,全县种子"双打"专题会议召开,各镇农业服务中心负责人、种子员、辖区经营人员代表、持证企业与具有批发性质单位负责人,种子执法管理人员近100人参加会议。会上,对种子法律法规知识开展培训,下发《如东县打击侵犯品种权和制售假劣种子行为专项行动实施方案》,对“双打”行动进行动员和部署。3月下旬开始,县农委对全县种子市场开展多轮专项检查。全年“双打”行动出动执法检查人员225人次,检查种子生产企业与经营门店218个,抽检各类农作物种子样品108个,查处发芽率不达国标水稻样品2个。确认种子生产商108份,对其品种真实性和纯度检测,省“双打”办指定其中19个样品,按要求寄送省农作物种子检测中心及指定地级市种子管理站检测。清查4家种子企业资质条件。10月26日,《农民日报》专版介绍“如东县种子纠纷处理机制”。全年农作物种子市场秩序良好。水稻主体品种扬育粳2号、盐粳13、南粳5055、南粳9108等品种占主导市场。小麦品种供种有序,未发现假冒伪劣现象。

(冯仕根)

## 畜牧业

**【概况】** 2015年,如东县畜牧业生产形势总体稳定,规模养殖稳定发展,市场供求保持基本稳定,但畜产品价格变化较大。5月,生猪价格开始回升,由于价格长时间低迷,母猪栏存大幅下降;蛋禽走出利好行情,白羽肉鸡基本处于亏损状态。全县有省级规模场38家,占比15.16%;市级规模场536家,占比35.96%,生猪大中型规模养殖比例51.12%,完成上级年度任务指标;有肉鸡规模养殖户995家,占比99.81%;蛋鸡规模养殖户471家,占比99.50%;规模养羊户506家,占比53.92%。年末,生猪栏存130.74万头,同比下降14.60%。全年上市肥猪103.97万头,同比下降16%。家禽存栏743.92万羽,同比下降14.70%。其中,白羽肉鸡存栏103.78万羽,同比下降60.40%;良种蛋鸡存栏369.10万羽,同比增长0.2%。全年举办动物疫病监测采样技术、猪病防控、山羊疫病防治、禽流感防控等专题培训班3期,培训400余人。

**【生态健康养殖创建】** 县农委开展生态健康养殖技术培训。结合实施科技入户项目,重点围绕畜禽粪污治理、疫病防控进行专题培训,发放《畜牧生态健康养殖示范创建技术手册》800份;对全县重点养禽户专题开展禽病防控技术培训,在洋口镇、河口镇组织200个养禽户推广应用禽流感综合防控技术。开展生态健康养殖企业创建。分解任务到镇,落实责任到人,以典型示范带动全县生态健康养殖,促进畜牧业转型升级。筛选推荐7个场申请上级验收省级生态健康养殖示范场,完成市级下达6个任务,如东旭日生猪养殖场获“国家级标准化示范场”称号,全县有国家级标准化示范场4家。新(扩)建生猪规模养殖场11家,完成市下达任务;新(扩)建白羽肉鸡规模场2家,其中年出栏100万羽规模场1家。

**【动物卫生执法队伍建设】** 县农委严格官方兽医管理。建立官方兽医人员档案,健全基本信息、工作信息和违章信息,明确职责。及时清理退休离岗的42名官方兽医检疫出证权限。全县有在岗官方兽医187人。加强监督执法培训。开展动物卫生监督执法人员专题培训,提高全员执法能力。对21家饲料生产企业质量负责人和驻镇畜牧兽医站分管站长开展饲料质量管理规范实施培训;对164家兽药经营企业、17家动物诊疗企业和各驻镇畜牧兽医站分管副站长开展兽用处方药分类管理专题培训。

**【生猪品种改良】** 县农委组织实施国家生猪良种补贴项目,全年向项目区农户提供补贴价种猪精液60.18万份。按计划改造扩建岔河供精中心,引进精液采集、检测、分装等自动化装备,进一步提升优质种猪精液生产能力;注重优良国外瘦肉型种公猪引进,分3批次引进性能测定种公猪89头;开展以仿生输精技术为主体的各类科技培训活动,全年培训母猪养殖大户4500多人,印发生猪品种改良、母猪与仔猪科学饲养管理资料1万份。开展种猪精液生产、稀释、保存以及提高猪人工授精受胎率与窝均产仔数等技术研究,在《山东畜牧兽医》《国外畜牧学-猪与禽》《中国畜牧兽医文摘》等国家级专业杂志发表论文5篇。

**【狼山鸡保种】** 狼山鸡是蛋肉兼用型地方优质鸡种,2000年,农业部将其列入国家级畜禽资源保护品种名录。县农委承担狼山鸡保种监管工作,并委派狼山鸡原种场1名工作人员驻场监管,参与狼山鸡保种工作,县畜牧兽医站定期派专家到场技术指导。全县保存狼山鸡种鸡8000套,黑羽狼山鸡家系50个,白羽狼山鸡群体400套,完成上级业务主管部门的质量与数量指标。

**【动物疫病防控】** 2015年,如东县共防疫猪口蹄疫769.2万头、猪瘟739万头、猪蓝耳病310万头,羊口蹄疫43.7万只次、羊小反刍兽疫31.1万只次,禽流感防疫3269.8万羽。应免密度100%。牲畜免疫耳标佩戴率100%。县农委制订全县重大动物疫病监测和流行病学调查工作计划,于春、秋防结束后组织开展集中监测。建立疫情举报核查制度,统一印制举报核查登记簿,对举报或上级交办信息及时组织核查。严格落实疫情报告责任制和责任追究制,确保动物疫情早发现、快报告、严处理、小范围。全县共监测猪、羊口蹄疫2051份,合格率89.7%;猪蓝耳病1694份,合格率93.3%;猪瘟1697份,合格率93.2%;羊小反刍兽疫353份,合格率86.7%;H5禽流感2894份,合格率90%;H7N9禽流感750份,阳性率0;新城疫1447份,合格率89.3%,均达国家规定标准。

**【防疫检疫管理】** 县农委强化动物产地检疫。完善产地检疫申报网络,按照“相对集中、合理设点、方便检疫、规范管理”原则，合理设置报检点并公布报检电话，统一印制报检登记簿，完善规章制度和报检台账记录；执行登门检疫制度，对规模养殖场户落实专人负责制度。全年产地检疫生猪 207.57 万头、家禽 1736.7 万羽、山羊 1.5 万只。严格生猪屠宰检疫。对全县 21 家生猪定点屠宰场派驻官方兽医驻场同步检疫，做到所有肉品凭检疫证明和验讫标志上市。加强对定点屠宰场管理，完善宰前、宰后、消毒和无害化处理屠宰记录，病害动物及动物产品无害化处理率 100%。全年屠宰检疫生猪 21.25 万头，无肉品质量安全事故发生。实施动物检疫电子出证。进一步完善协检员登门检疫发放“检疫申报单”，畜主到报检点换取官方兽医电子证的产地检疫模式，解决官方兽医人员少难以做到登门检疫和全部电子出证难题。11 月 1 日暂停动物及其动物产品检疫收费后，试行由村级防疫员出具“如东县家畜免疫情况证明”，报检点官方兽医验证查物合格后电子出证的产地检疫新模式。全县实行动物检疫全部电子出证。全年电子出证动物 A 证 20841 份、动物 B 证 43919 份、产品 A 证 76 份、产品 B 证 67183 份。严格防疫条件许可。动物防疫条件审核合格发证 12 家，其中猪场 6 家、禽场 1 家、羊场 2 家、家禽屠宰场 2 家、山羊屠宰场 1 家。完善检疫证章标识管理。规范证章标识的领取、保管、审核、发放手续，建立票证存根回收制度。全县发放猪标 265 万套，羊标 4.885 万套。

**【病死猪集中无害化处理】** 按照“政府主导、市场运作，统筹规划、因地制宜，财政补助、保险联动”原则，开展病死动物集中无害化处理工作，通过以镇建收集点统一收集、县建处理厂集中无害化处理，依托生猪承保公司，实施专车、专线运输，将全县病死动物集中运输至无害化处理场进行焚烧处理，确保全县养殖环节病死动物彻底无害化处理，杜绝病死动物乱扔乱弃和非法加工行为发生，实现净化养殖环境、构建生态新农村目标。如东县病死猪集中无害化处理工作于 2014 年 10 月 26 日正式运行，按照“养殖户申报、保险公司(驻镇畜牧兽医站)受理、镇定点集中收集、县收运处置”模式运作，2015 年，全县共收集处理病死猪 200286 头、3807.26 吨，涉及农户 81679 户(次)。全县病死猪集中无害化处理工作得到省、市主管部门领导好评，先后有南京、无锡、兴化、江阴、通州等地人员参观学习。《如东县病死猪无害化处理模式创新的实践与启示》一文分别被《农业调查与研究》《中国畜牧报》《中国保险报》刊登。

**【畜禽粪污综合治理】** 2015 年，如东县畜禽粪污综合治理工作有了良好开端。工作机制建立，治理氛围逐步形成，治理成效初步显现。源头查堵，控制排污。全县封堵直排口 2592 个，查处违排养殖户 75 户，息养 5271 户，拆除违规违章养殖建筑 3000 多平方米。改变工艺，减少排污。完成改水冲粪为干清粪养猪户 1297 个。建设粪污处理设施。完成粪污设施改造 2929 处，其中新造户用蓄粪池 1237 个，新建三级沉淀池 371 个，新建沼气池 241 座，新建干粪收集房 1080 个，新建田间蓄粪池 127 个。培植发展综合利用典型。发展农牧结合消纳粪污，新增 6 家养猪场实施种植消纳粪污，10 家养殖场实施绿化消纳粪污。全县有 2431 户养殖户粪污得到治理，落实洋口镇甜港村等养殖示范小区 4 个，组建清运服务组织 9 个，购置吸粪泵 85 套，吸粪车 11 辆，新建生态农业示范园 9 个。

**【畜禽屠宰监管】** 2015 年，按照机构职能调整要求，实现屠宰管理职能移交。县农委成立畜禽屠宰管理职能科，县动物卫生监督所增加屠宰执法职责，14 个驻镇畜牧兽医站增挂动物卫生监督分所牌子。县政府成立县畜禽屠宰管理领导小组，14 个镇相应建立畜禽屠宰管理办公室，明确工作职责，落实工作责任。贯彻落实《省政府办公厅关于加强畜禽屠宰行业监督管理工作的意见》和省农委、省财政厅《关于深入开展生猪屠宰行业清理整顿工作的通知》精神，分 3 个片区召开生猪屠宰企业负责人专题座谈会，引导屠宰行业从业人员充分就业，有序转岗，平稳过渡。在充分听取基层意见，借鉴外地做法，结合领导指示基础上，拟定清理整顿工作意见报县政府讨论。 (冯仕根)

## 林 果 业

**【概况】** 2015 年，如东县新增省验收合格造林 3.18 万亩，其中，交通干线、镇区干线、养殖生态园、生态片林和优质果品经济林分别完成 7699 亩、5051 亩、2907 亩、1.06 万亩和 1441 亩，园区绿化 1879 亩，城镇规划区绿化 1027 亩。完成绿化示范村 15 个，完成率 100%，新增造林 1172 亩。抚育骨干河道林 5161 亩，抚育交通干线林 1.62 万亩，抚育生态片林 2.05 万亩。全县累计造林 44.73 万亩，森林覆盖率 23.51%。

**【林政资源管理】** 2015 年，县林业局办理林木采伐许可证 11 张，批准采伐林木 7491.7 立方米，占“十二五”期间森林采伐限额指标 30.3%。办理木材运输许可证 151 张，运输木材 1257.3 立方米。严格按照江苏省征占用林地办理东能天然气公司、洋口港市政公司、如东县供电公司等 5 项国有林地征用手续，共 82.2 亩。加强已发林权证档案、林地和林木监管，完成市定权登记发证任务。

**【林政执法】** 县林业局组织执法人员参加法律、法规培训。13 名执法人员全部持证上岗，无违法违纪案件发生。全年接举报 8 起，其中直接移交公安机关立案侦查 2 起，救护国家重点保护野生动物 8 只，放生野生动物 392 只，放生麻雀 1000 多只。

【林业有害生物防控】 县林业局做好苗木、木材及其产品运输检疫工作,全年现场检疫195起,开具森林植物检疫证3650张,其中出省3500张,省内150张,检疫准确率100%。坚持"预防为主、科学防控、依法治理、促进健康"方针,布设监控点8个,在关键季节对病虫害进行预测、预报。重点监测美国白蛾发生情况,未发现侵入如东境内。 (冯仕根)

## 蚕 桑 业

【概况】 2015年,如东县有桑园1.3万亩,全年养蚕21865张,产茧1065.4吨,分别比上年同期减少35.5%、34.4%。受蚕茧市场价格下降影响,蚕农茧款收入3634万元,平均亩桑茧款收入4037.8元,较上年下降9.2%。针对茧丝绸行情疲软,蚕农年龄老化等生产实际,县蚕桑站推广省力化养蚕新技术,小蚕集中共育率98%,大蚕漏空透气育技术、方格簇室外预挂技术应用率95%以上。

【桑园套种、套养】 在茧丝绸市场低靡形势下,蚕农通过提高桑园复种指数稳定亩桑总收益。先后通过桑田围网养鸡、春夏季田夹种蔬菜、瓜果,秋冬季夹种青菜、花菜、洋葱等作物,桑树生长空闲期得到合理利用。秋冬季节,县蚕桑站结合省挂县强农富民工程项目实施,组织采购青花菜种苗、洋葱种苗赠送示范户种植等方式,促进桑园套夹种技术的推广应用。全县桑园套种、套养率50%以上,平均亩增效益400元,共增加蚕农收入300万元以上。全县桑田亩效益平均约4500元。

【全年不间断养蚕】 2月,全国首家家蚕人工饲料生产厂建成投产。2月15日至12月底,县蚕桑站组织人工饲料养蚕技术示范10批,其中实施稚蚕人工饲料共育530张、精准高效养蚕350张、全龄人工饲料80张,生产优质蚕茧1864.25公斤,第一次成功实现全年不间断养蚕。特别是晚秋蚕养蚕12.46万只,生产蚕茧196公斤,万只蚁蚕收茧量、蚕茧质量等指标均达到或超过普通桑叶育水平,饲料养蚕成绩首次超过桑叶育。首次实现原种皓月全龄人工饲料饲育,为蚕种生产开辟新途径。 (冯仕根)

## 饲 料 业

【概况】 2015年,县农委开展饲料质量安全监管工作,组织开展全县饲料生产企业年度备案审查,并对相关企业组织验收换证。全县共有26家企业完成备案审查工作,2家企业通过省农委验收换证。新建饲料生产企业2家。召开饲料质量管理规范实施培训会议,组织饲料生产企业开展示范创建工作,英联动物营养南通分公司通过农业部示范创建验收。 (冯仕根)

图11 11月1日,由县蚕桑站主持起草的《稚蚕人工饲料共育技术规程》通过省质量技术监督局专家评审,成为国内首个人工饲料养蚕省级地方标准

## 现代农业

【概况】 根据南通市国家现代农业示范区建设要求,到2018年,南通市实施"863"工程,重点支持8个现代农业示范园、6个农产品加工集中区、3个休闲农业核心区。其中,如东的南通外向型农业综合开发区、如东县如泰农产品加工集中区、洋口镇沿海旅游渡假区被列入南通市国家现代农业示范区"863"工程。2015年,如东县规模农业建设态势良好。新增现代农业示范园区19个、固定资产投资超万元农渔业加工项目22个、规模化种养示范基地41个、现代农业特色村15个。现代高效农业稳步增长。全县新增高效农田11.92万亩,其中新增GPS定位高效设施农田5.67万亩,全县高效农田累计124.94万亩,经GPS定位设施农田28.59万亩,占耕地总面积17.91%,较上年提高3.55个百分点;年出栏500头以上生猪规模养殖占比51.12%,其中省级规模场38家,市级规模场536家;肉禽、蛋禽规模养殖比例分别达99.81%和99.5%,规模养羊占比53.92%。休闲观光农业持续发展。围绕"G328黄海风情观光带""S334—S355生态农业观光带",共建休闲农业企业17家,初具规模。"如东县黄海风情生态观光一日游"被认定为"江苏休闲农业与乡村旅游精品线路";南通外向型农业开发区近海村被评为江苏最具魅力休闲乡村;在水一方生态园、鑫华园生态农庄分别被认定为全国休闲农业与乡村旅游四星级、三星级乡村旅游示范企业(园区)。龙头企业逐步壮大。全年新增市级以上农业龙头企业10家,其中省级2家,全县累计获认定各类龙头企业121家,其中国家级1家、省级17家、市级53家、县级50家。新型农业经营主体蓬勃发展。新增注册登记家庭农场340家,累计656家,获省认定示范性家庭农场6家,获市

认定15家。新增“全托管”新型农业经营主体127个,全县累计有“全托管”经营主体211个。 (冯仕根)

## 农业科技

**【概况】** 2015年,县农委以项目实施为载体,推进农业科技推广工作。组织实施基层农技推广补助项目、“挂县强农富民”工程、农业科技入户工程和农业“三新”工程项目。全年获批项目49项,争取上级农业项目扶持资金1.20亿元(不包括普惠政策扶持资金),其中中央投资5746.46万元,省级投资6060.53万元,市级投资156万元。开展农业产业调研,筛选主导品种和主推技术,在全县推广应用,农业科技创新能力、成果转化能力和储备能力得到提高。遴选169名优秀基层农技推广骨干到南京农业大学、句容农校、苏州农校、泰州牧校等地参加培训,推广、应用新技术、新品种。获省农业科技推广奖7项,其中一等奖1项、三等奖6项;获市农业科学技术推广奖4项,其中一等奖1项、二等奖2项、三等奖1项。县农委获“全省挂县强农富民工程绩效考评突出单位”称号。

**【农业科普宣传】** 县农委全年组织送科技下乡活动6次。2月7日,组织专家到岔河镇银河村,结合岔河镇大棚种植、畜禽养殖等农业产业特色,开展展板宣传、专家面授等活动,并发放科普资料和图书500余份,接受广大农民现场咨询50多人次。5月19—25日,举办第27届科普宣传周活动,利用“请上来”和“走下去”形式,开展科普宣传活动。9月19—25日,以粮食种植大户和家庭农场为主要培训对象,先后在栟茶、袁庄、丰利、苴镇举办培训班,培训570人。

**【农民职业技能培训】** 县农委全年举办农民职业培训18期,培训3050人。其中,水稻种植专业3期,培训523人;生猪养殖专业2期,培训356人;规模种植专业1期,培训162人;粮食种植专业6期,培训1008人;种养结合专业1期,培训206人;种植业专业1期,培训150人;农民合作经济组织负责人1期,培训124人;南美白对虾养殖专业2期,培训341人;蔬菜专业1期,培训180人。

**【农业信息化建设】** 2015年,县政府将农业信息化工作列入各镇农业农林工作考核内容,对农业电子商务发展和物联网技术应用明确具体目标任务。专门制定奖励政策,对2015年新增农业电子商务市场主体和物联网技术应用点通过验收复核后进行奖励。县农委举办农业电子商务培训班,培训170人。全县有24家农业市场主体年线上营销额超8万元,其中9家年线上营销额超50万元。全县新增智能调控物联网应用点7个,超额完成市下达3个任务。马塘镇徐庄村被评为江苏省“一村一品一店”示范村。如东玉兰飘香家庭农场被评为江苏省农业电子商务示范单位;如东现代农业产业园区被评为江苏省智能农业示范园区,如东县被评为江苏省智能农业示范县。 (冯仕根)

## 农产品质量建设

**【概况】** 2015年,县农委贯彻落实“最严谨标准、最严格监管、最严厉处罚、最严肃问责”总要求,不断强化农产品质量安全监管工作推进措施,维护人民群众“舌尖上的安全”。在农产品质量安全各类主体责任落实上,明确属地管理。县政府将农产品质量建设列入对各镇农业农村工作考核,对发生重大农产品责任事故的,实行一票否决。县农委与各镇(区)农产品质量安全监管服务站签订农产品质量安全监管工作责任状。实施绩效评价。县政府办公室下发《关于加强食用农产品质量安全监管工作的通知》,县农委对各镇(区)食用农产品质量安全监管工作进行百分制评价考核,落实“监管体系、产地管理、投入品管理、生产经营、检测能力、准出准入、专项整治”7个方面工作任务,细化考核验收办法。建立联动机制。县农委农产品质量安全工作领导组对承担农产品质量安全监管的单位签订监管工作责任状。创建诚信制度。以农产品生产企业、农民合作社、家庭农场和“三品一标”(无公害农产品、绿色食品、有机食品,农产品地理标志)获证单位等主体为重点对象,组织开展“创牌立信”和“红黑榜”认定活动。县农委印发《如东县农产品质量创牌立信活动实施方案的通知》,建立评定标准,公开评定程序、方法及举报电话。推荐如东县狼山鸡种鸡场、如东佳丰果蔬种植家庭农场参加省农产品质量“创牌立信”评选活动。印发《如东县农业委员会诚信“红黑榜”认定、报送制度(试行)》,明确组织分工、认定、报送范围、内容、发布方式、异议处理等事项。在农产品质量安全监管对象巡查上,采取监管巡查全覆盖。根据县政府《关于进一步加强食品安全工作的意见》、县政府办公室《关于加强全县食品安全基层责任管理的意见》和《关于加强食用农产品质量安全监管工作的通知》精神,县农委印发《如东县农产品质量安全村级协管员管理办法(试行)》。全县259个行政村(居)配备农产品质量安全村级协管员,明确工作职责和工作任务,确定报酬补偿标准,建立百分制考核与报酬挂钩的绩效评价管理制度。对全县70家农产品生产经营单位、104家规模生产组织(粮油作物100亩以上、露地蔬菜20亩以上、设施蔬果10亩以上)建立基础信息档案和产品数据库,实施动态巡查。抽检巡查全覆盖。全县设监测点64个,基本涵盖全县主要农贸(批发)市场、大型超市和农业园区。全年抽检样品4200多个,编印《如东农检》47期,出具各类农产品检测报告683份。在节日、中高考期间,对主要批发市场、农贸市场、超市突击抽检。省级例行监测中,首次实现蔬菜和畜产品质量两个合格率100%。

**【农产品“三品”认证】** 2015年,如东县有效期内种植业“三品”(无公害产品、绿色食品、有机农食品)累计234个,产量81.75万多吨,食用农产品“三品”占比53.14%。其中新认证“三品”74个,完成省考核指标26个的285%。“如东狼山鸡”通过国家认证,实现国家农产品地理标志认证“零”突破。

**【“瘦肉精”专项整治】** 县农委继续开展“瘦肉精”专项整治工作。加大宣传力度,加强生猪生产、屠宰加工、流通各环节监管,落实专项工作经费,加大养殖与屠宰环节“瘦肉精”抽检力度,打击违法使用“瘦肉精”行为。全年检测猪尿样12481份,其中养殖场8382份、屠宰场4099份,合格率100%;抽检羊尿样748份,合格率100%。 (冯仕根)

## 农业法制

**【概况】** 抓规范,提升行政执法效能。县农委先后补充、修订、完善各类管理制度15项,开展“每月一课”活动,采取互教、互学、互评方式,提升全体人员查案办案能力,“如东兆盈畜牧有限公司使用未经无害化处理的餐厨废弃物喂养畜禽案”获全省农业执法优秀案卷。抓宣传,提高群众法制意识。开展“放心农资下乡进村宣传周”活动,现场接受农民咨询1100人次,发放明白纸8000张,推介放心农资25个。抓创新,打造农资监管品牌。探索总结“重点检查与随机抽查”监管方式,率先实施应用,加强农资信息收集,生成监管“负面清单”,强化重点监管。抓整治,确保农业生产安全。开展种子“双打”专项行动,以种子龙头企业、种子批发企业、重点镇种子门市部为重点,抽检水稻、玉米、小麦等农作物样品136个;开展肥料市场专项整治,随机抽取各类肥料样品送检60个;开展夏季农资打假百日行动,做到源头批发企业重点查、零售企业随机查、违规企业反复查、县域边界突击查,保障农业生产和农产品质量安全。

**【农资执法检查】** 县农委继续对农药、肥料、种子、兽药及饲料等联合开展专项整治。全年出动执法人员715人次,检查生产企业及经营单位1515趟(次),查办案件15件,其中种子案件4件、肥料案件4件、农药案件3起、饲料案件1起、兽药案件1起、农产品质量安全案件1起、餐厨废弃物案件1起。结案14起。全年抽样送检样品215批次,抽检合格率94.42%,罚没款9.01万元。

**【规范执法】** 县农委落实农林行政权力清单制度,公开行政权力事项259项,完成部门责任清单编制。推进行政审批制度改革,梳理保留审批事项19项、承接上级委托下放事项5项,进一步优化审批流程。规范行政执法。优化调整执法队伍,强化执法人员培训,持证人员208人。全年立案查处违法案件16件,没有发生由相对人不服而提起行政复议或行政诉讼现象。向县公安机关移送案件3件,并报县检察院备案。执法办(案)件全上网、运行全实时、内容全监督。 (冯仕根)

## 农业机械

**【概况】** 2015年,如东农机化工作继续保持快速发展良好态势。全县农机总动力91.5万千瓦,拥有大中型拖拉机2541台,联合收割机2097台,插秧机4381台,农业综合机械化水平88.5%。全县从事农机化作业服务组织104个,从业人员7572人,其中拥有农机原值20万～50万元(含20万元)服务组织66个1850人;拥有农机原值50万元(含50万元)以上服务组织26个2820人。农机专业合作社76家6834人;农机户2.15万个22805人;农机维修厂及点77个166人;农机经销企业10家105人、经销点70个120人。全年农机化作业服务收入8.35亿元。其中,田间作业收入3.72亿元,跨区作业收入1.25亿元;农产品初加工收入1.92亿元,农机运输收入4500万元;维修服务收入3800万元,其他收入6300万元。

**【农机购置补贴实施】** 县农机局严格按照《2015年江苏省农机购置补贴实施办法》要求,制定《2015年如东县农机购置补贴实施办法》,广泛宣传,让农民了解补贴政策和购机流程。加强督查审核,严格公示制度、操作程序、信息录入和报送制度,加强档案管理,在规定时间内,按照要求核查、结报。对各镇(区)申请结报的机具按不低于10%的比例分别进行电话核查和现场核查,确保补贴机具的产品名称、产地、生产企业、产品配置、机具编号与购机确

图12 10月21日,农机手驾驶联合收割机收割水稻

认表相符。全年补贴农机具4717台套,其中插秧机117台、收割机169台、大中型拖拉机553台、秸秆粉碎还田机90台、增氧机2741台、其他机具1047台,惠及农户2100户,累计使用中央、省级补贴资金3043.478万元,资金使用量全市第一,全省名列前茅。

**【新机具推广】** 县农机局通过深入调研,因地制宜发展新式农机具,通过宣传发动、技术培训、政策扶持、典型引路、督查考核等工作措施,全年全县新增插秧机117台,其中手扶机59台、高速机58台,机插面积71.42万亩,机插率90%;新增高效植保机154台、粮食烘干机51台、田园管理机4台、增氧机2741台。

**【秸秆机械化还田】** 2015年,如东计划实施稻麦秸秆机械化还田面积76.03万亩。县农机局采取行政推动、政策扶持、强势推进等措施,加强组织领导,强化宣传发动,加大推广力度,秸秆机械化还田整体成效显著。全年新增36.75千瓦以上大中型拖拉机配套秸秆还田机437台套,犁旋一体机29台,全年完成作业面积75.01万亩。

**【农灌管理】** 针对全县农灌设施严重老化实际,县农机局继续争取县政府财政扶持资金100万元,集中对全县42座重点危旧泵站进行改造升级。同时加强农灌基础管理。做好农灌各项准备工作,确保及时开车打水,保证农业灌溉;抓成本管理,严控水费,控减农民负担;推进农灌体制调整,按"政府主导、公益服务"思路,加强和引导各镇政府对农灌工作人、财、物的管理,提高农民满意率。

**【农机跨区作业】** 县农机局早准备、早部署、早动手,制订夏、秋农机抢收抢种工作方案,组织调度各类机具投入春耕、"三夏"、"三秋",发挥农业机械主力军作用。引导农机户跨区作业,遍及全国14个省、市及地区,免费发放跨区作业证625张,组织外出作业机具2700台次,实现跨区作业收入1.25亿元,

**【农机合作组织建设】** 县农机局围绕建设社会主义新农村要求,培育和发展农机专业合作社,引导农机专业合作社健康规范发展。通过加强引导、培训服务、典型引路、重点扶持、以点带面等手段,全力推动如东农机专业合作社不断发展壮大。全年经工商部门注册登记农机合作社12家,农机专业合作社总数76家。合作社成员总数6834人,资产总额1.70亿元,拥有各类配套农机具9500台套。

**【农机监理】** 县农机局进一步巩固"平安农机示范县"创建成果,全年组织路检路查241次,查处违法违章行为317起;检验上道路拖拉机3489台、滩涂作业拖拉机1442辆、联合收割机年检885台;新增拖拉机驾驶员352人,未发生重大农机安全生产事故。

**【农机培训】** 县农机局按照"贴近农机实际应用,迎合农民实际需求,注重培训实际效果"思路,开展农机教育培训工作。全年举办拖拉机、收割机驾驶员、插秧机操作手、农机操作工、秸秆机械化还田等技术培训班61期,共培训3747人。开展农机行业职业技能获证奖补培训,共举办培训班8期,培训学员455人,引导455人参与农机行业职业技能鉴定,455人享受农机行业职业技能获证奖补补贴。 (江秀勤)

## 农业综合开发

**【概况】** 2015年,如东实施农业综合开发项目12个,财政投资7190万元,建设规模5.5万亩,扶持产业化企业及农民专业合作社3家。其中,土地治理项目6个,开发任务4万亩,财政投资5200万元,分别为双甸镇高标准农田建设项目、丰利镇高标准农田建设项目、新店镇高标准农田建设项目、马塘镇高标准农田建设项目、洋口镇高标准农田建设项目、栟茶镇生态综合治理项目;滩涂垦区配套项目3个,开发任务1.5万亩,财政投资1500万元,分别为大豫镇滩涂开发项目、丰利镇滩涂开发项目、外向型农业开发区滩涂开发项目;产业化经营财政补助项目3个,财政投资490万元,分别为年储4万箱条斑紫菜保鲜新建项目、年出栏1万头生猪生态养殖扩建项目、1500万尾南美白对虾设施养殖改扩建项目。项目资金位于省、市前列。全年农业综合开发项目共新建电灌站11座,新建防渗渠137.81公里,暗渠0.78公里,渡槽9座,路下涵、排水涵133座,新筑混凝土机耕路86.55公里,机耕桥20座,营造防护林栽树4.33万棵。新建保鲜库3135平方米,保温层569.16平方米,钢结构猪舍1536平方米,钢架大棚制造、安装及其养殖设施配套3.82万平方米,购置设备36台套。 (高 晶)

## 老区开发

**【概况】** 2015年,县老区开发促进会和扶贫开发协会(以下简称"两会")结合纪念抗日战争70周年,开展老区精神宣传教育活动。贯彻落实习近平视察江苏指示精神,配合县扶贫办实施脱贫攻坚工程,抓好省、市扶贫协会下达的8个扶贫示范项目,搞好扶贫助学,实施精准扶贫。

**【老区精神宣传】** 在中国人民抗日战争暨世界反法西斯战争胜利70周年纪念活动中,县"两会"和各镇分会把纪念抗战和宣传老区结合起来,促进红色基因代际传承。通过挖掘抗日史料、编写斗争故事、组织巡回宣讲等活动,揭露日本法西斯在如东犯下罪行,宣传老区人民不怕牺牲、前赴后继、英勇战斗的革命精神,对干部群众特别是青少年学生进行爱国主义和老区精神教育。县"两会"在《如东老区》专辟7期"抗战70周年纪念专刊",从各镇分会

选用近30篇稿件印发全县作为教材,并选送20多篇稿件向"南通老区网"、《江苏老区》《大江南北》等发稿。在全国老区宣传工作会议上,县老区宣传工作获特等奖,岔河、双甸、栟茶、洋口、丰利5个镇获三等奖,掘港、曹埠、新店、袁庄、河口、长沙、大豫、马塘8个镇获优秀奖。

**【精准扶贫】** 省"三会"发放如东30万元无息(低息)贷款,实施双甸南通富国农业生态有限公司生态葡萄种植、如东金海岸山羊生态养殖场优质杂交山羊繁养和如东县馨筠生猪养殖场三元杂交良种生猪繁养3个扶贫示范项目,落实挂钩助学善举,延伸产业链条。南通市老区扶贫基金会下达如东扶贫资金69万元,实施马塘镇利民草制品专业生产合作社秸秆加工、丰利镇美冉针织厂针织玩具、南通中江公司粮食蔬菜良种繁育、新店镇天赐福生态农业有限公司良种生猪繁育、丰利镇山羊生态养殖5个市级扶贫开发项目。县"两会"和各镇分会改变单纯扶持企业或直接送钱送物的"输血型"扶贫模式,集中资金优先用于购买预期效益好、有地方特色并适应市场需求的畜禽新品种给贫困户养殖或发展加工生产,增强自身"造血"功能,带动贫困户增加收入1000多万元。

**【助学扶贫】** 县"两会"和各镇分会把助学扶贫作为扶贫工作重点,帮助家庭贫困、学业成绩优异的初中毕业生去纯慈善、全免费的广东国华纪念中学上学。2015年一次输送10人,在全省名列前茅,创县级录取国华中学人数之最。省"两会"专题会议上,特邀县扶贫协会负责人介绍经验。12年共向国华中学输送51人,有28人毕业考上知名大学,5人大学毕业,4人在读研究生,1人由教育部公派国外留学。倡导和实施志愿者帮扶活动。省扶贫示范项目单位向4名如东高级中学贫困生每人每年捐助2000元;马塘夕阳红助学志愿者开展"爱心奉献 让梦启航"活动,8年募集捐款29万元,举行捐赠仪式19次,资助贫困生800多人次;双甸镇8名退休老战友抱团献爱心,2015年起向5位初中品学兼优贫困生每人每年捐赠800元。各镇分会还动员组织离退休干部捐资助学。洋口、大豫、新店、袁庄、岔河、河口、掘港等镇分会离退休老干部坚持每人每年捐出数百元,帮助贫困学生解决学习、生活方面困难;掘港镇分会85岁离休干部汤致中每年资助6名贫困生完成学业,13年累计资助金额超10万元。

(沈伯华)

# 工 业

## 综 述

**【概况】** 2015年,如东县共有一般纳税人以上工业企业3545家,其中规模以上工业企业652家,规模工业总产值1902.55亿元,同比增长10.2%;全部工业应税销售收入912.76亿元,同比增长20.93%,增幅连续5年居全市第一位,总量跃居全市第二位;工业入库税金30.31亿元,同比增长3.7%;工业用电33.88亿千瓦时,同比增长7.93%,用电总量和增幅分别居全市第四位和第二位;工业贷款增量15.77亿元,增量居5县(市)之首。全县应税销售收入1亿元以上企业151家,应税销售收入607.78亿元,占全县总量66.59%,同比增长62.2%,净增应税销售收入233.07亿元,较上年提升6.54个百分点。全县138家高新技术产业企业实现产值818.25亿元,同比增长14.46%,占规模工业比重42.92%;122家新兴产业企业实现产值463.25亿元,同比增长12.8%,占规模工业比重24.35%。生命安全防护产业基地成为国家级特色产业基地,风力发电及风电装备产业基地被评为南通市第二批新型工业化特色产业示范基地。江苏中天科技股份有限公司获"国家技术创新示范企业"称号,11家企业新建省级研究生工作站,5家企业创建省级企业技术中心,4家企业创建省级工程技术研究中心,9家企业创建市级企业技术中心,10家企业创建市级工程技术研究中心,新增省高新技术企业24家。全县万元产值能耗同比下降11.74%;全县7大高耗能行业产值占比同比下降1.08个百分点;全部工业应税销售耗电同比下降10.75%。南通大东有限公司的高档生态毛巾智能生产车间、江苏优嘉植物保护有限公司的绿色高效农药智能生产车间被评为市级示范智能车间。以沿海经济开发区为重点,引导企业应用DCS(分布式控制系统)、MES(制造企业生产过程执行管理系统)、ERP(企业资源计划)技术,全面提升化工企业智能制造水平,93家投产化工企业中有53家应用DCS技术,45家应用ERP系统。江苏长青农化股份有限公司等10家企业被评为省"两化"融合试点企业,中天宽带技术有限公司等3家企业被评为市工业企业融合创新示范企业。

## 工业投入

**【概况】** 2015年,按统计口径,如东县实施1000万元以上工业项目351个,计划总投资480.34亿元,当年投资344.68亿元,同比增长1.19%。2000万元以上新开工项目155个,其中1亿元新开工项目38个,重通叶片、中广核海上风电、中天科技4G超宽频电调等1亿元项目相继开工建设;2000万元以上竣工项目129个,其中1亿元竣工项目30个,海灵重工、天楹环保三期、快达农化中间体等一批1亿元项目竣工投产。全县设备增值税抵扣5.83亿元,同比增长21%,总量和增幅5县(市)第一。从行业看,电力热力生产和供应业、化学原料和化学制品制造业、纺织业占全县设备抵扣总量比重分别为47.63%、16.39%、14.05%,在全县设备抵扣总量中发挥支撑作用。 (李海楠)

## 工业运行

【概况】 2015年,如东县规模工业增加值394.3亿元，同比增长11.4%，总量和增幅分别居5县(市)第四和第一；规模工业产值1902.55亿元,同比增长10.2%。全部工业应税销售收入912.76亿元,同比增长20.93%,增幅居全市第一位,比海安高9.42个百分点、比海门高30.61个百分点、比启东高19.53个百分点、比如皋高15.47个百分点,总量跃居全市9个县(市、区)第二位,实现县委、县政府提出总量再超1个县(市)目标。入库税金30.31亿元，同比增长3.7%,其中,国税入库税金22.94亿元,略低于上年同期水平，增值税16.72亿元,同比下降7.27%。

【行业运行总体平稳】 如东县11个主要行业应税销售收入总体呈现“六升、五降”态势。机械业、食品业、医药业发展速度较快，同比分别增长213.97%、75.05%、59.81%;电子信息业、化工业、轻工业平稳增长，同比分别增长25.67%、30.92%、27.50%；电力能源业、纺织业、服务业、建材业、冶金业分别下降2.63%、0.23%、2.41%、35.77%、12.73%。

【重点企业平稳增长】 200家重点工业企业共实现应税销售收入651.13亿元,同比增长61.64%,其中140家企业增长。200强工业企业中，有7家企业应税销售收入超10亿元。全县50强工业企业入库税金15.04亿元,同比增长8.16%,高于全县平均水平4.46个百分点,总量占全县工业入库税金49.62%,其中37家企业入库税金超1000万元,共入库税金14.09亿元，同比增长10.08%，占50强工业企业入库税金93.68%。新培育应税销售收入1亿元以上企业52家,实现应税销售收入230.05亿元;新培育应税销售收入2000万元以上企业126家,实现应税销售收入228.46亿元。新申报定报企业70家。

## 上市融资

【企业上市】 2015年,江苏宇迪光学股份有限公司、南通合兴铁链股份有限公司、江苏伊贝实业股份有限公司3家企业在全国股份交易系统挂牌；江苏金太阳油脂有限责任公司、诺德新材料有限公司上市材料报全国股份交易系统。与中介机构签约企业8家；与中介机构洽谈企业5家,10多家科技型、创新型中小微企业规范经营行为，向“新三板”市场进军。

【债券融资】 2015年,洋口港建设发展集团有限公司成功发行企业债券,债券融资总额9亿元,票面年利率6.23%，创同阶段同期企业债利率新低，由此拉开洋口港开发建设资金渠道由传统信贷市场向债券市场、资本市场升级序幕。8月,江苏中天科技股份有限公司融资6亿元。10月，如东县金鑫交通建设工程投资有限公司申请发行15亿元企业债券，申报材料由省发改委审核报送国家发改委。12月,如东县开泰城建投资有限公司发行12亿元棚户区改造项目收益债，获得国家发改委审批。沿海经济开发区新天地公司发行10亿元私募债,申报材料报送国家发改委审核。

## 上市企业简介

【江苏中天科技股份有限公司】 江苏中天科技股份有限公司注册地址为如东县河口镇。2002年10月,在上海证券交易所发行上市。公司主营光纤预制棒、光纤光缆、电力电缆及导线的生产及销售，光伏电站设计及施工等业务。2015年,营业收入165.23亿元,同比增长73.23%;净利润10.11亿元，同比增长38.11%。年末,总股本10.44亿股,总市值239.15亿元。上市后,共分红8次,累计分红4.71亿元。

图13 江苏中天科技股份有限公司

【江苏九九久科技股份有限公司】 江苏九九久科技股份有限公司注册地址为如东沿海经济开发区。2010年5月,在深圳证券交易所中小板发行上市。公司主营医药中间体类及农药中间体类等产品的研发、生产和销售业务。2015年,营业收入20.23亿元，同比增长12.04%；净利润5.68亿元，同比增长17.41%。年末，总股本12.54亿股，总市值251.43亿元。上市后,共分红6次,累计分红1.65亿元。

【江苏宇迪光学股份有限公司】 江苏宇迪光学股份有限公司是专业从事玻璃元件冷加工高新技术企业,

成立于1979年。2015年,员工1500多人,拥有各种进口、国产设备1200多台套,主要生产各种光学透镜以及各类光学镜头。公司通过ISO 9001质量管理体系认证、ISO 14001环境管理体系认证,多项科研成果获国家奖励。2012年6月,在江苏省金湖县经济开发区成立专业生产触控面板子公司——金湖宇迪光学有限责任公司。2015年3月25日在新三板挂牌上市,融资3700多万元。2015年,营业收入2.78亿元,同比增长6.96%;净利润1460万元,同比增长120.04%。年末,总股本5628股,总市值2.25亿元。

**【南通合兴铁链股份有限公司】** 南通合兴铁链股份有限公司成立于1999年,是一家从事工业铁链生产经营专业企业,占地6万平方米,注册资本1200万元,员工220多人。该公司生产经营不锈钢铁链、编结链、宠物链、鱼网下坠链等300多个品种产品,畅销国际市场。2015年,销售收入近1亿元,成为国内工业制链生产领域新兴企业。2015年5月13日在"新三板"挂牌上市。2015年,营业收入6100万元,同比增长8.93%;净利润632万元,同比增长413.82%。年末,总股本1588股。

**【江苏伊贝实业股份有限公司】** 江苏伊贝实业股份有限公司前身创办于1997年,是一家致力于高品质工作鞋、马靴、牛仔靴等固特异鞋类的开发与生产企业。拥有6条先进制鞋流水线,配套设施俱全。职工1200人,年产量150万双,年创汇近4000万美元。2003年起列入南通市"百强民营企业",2006年获如东县"十强民营企业"称号,入选中国成长百强企业。2011年6月,江苏苏通茧丝绸有限公司成功并购,成立江苏伊贝实业股份有限公司。2015年11月23日在"新三板"挂牌上市。2015年,营业收入1.6亿元,同比增长23%;净利润300万元,与2014年基本持平。年末,总股本4801.387万股。 (陈 轼)

## 技术创新

**【概况】** 2015年,如东县新开工项目中技改项目118个,占比76.13%。华润二期、众意化工、快达农化制剂等一批技改项目开工建设。设备投入超300万元技改企业99家,较上年净增15家。市确认技术改造投入233.84亿元,总量5县(市)第二,同比增长27.7%,增幅5县(市)第三。江苏金太阳油脂有限责任公司、江苏宇迪光学有限公司、汇鸿(南通)安全用品有限公司 、南通锐晟布业有限公司等企业加大智能装备和生产线智能化改造力度,产品质量、生产效率提高;东力(南通)化工有限公司、江苏锵尼玛新材料有限公司、南通强生光电科技有限公司、迈克斯(如东)化工有限公司等企业围绕新产品和优势产品产业化加大投入,促进企业产品结构优化和竞争力提升;江苏九九久科技股份有限公司、南通瑶华纤维有限公司等企业围绕节能减排加大投入,促进企业绿色发展。纺织、安全防护、健身器材、农药等传统产业转型升级步伐加快。南通香地生物有限公司胞苷酸二钠盐、南通天材科技有限公司环保型可降解氢化树脂等15个产品通过省级新产品新技术鉴定,为企业持续发展储备项目源。全县企业技术开发费加计扣除1184万元,同比增长71%。

**【企业技术中心建设】** 2015年,江苏中天科技股份有限公司被评为国家技术创新示范企业。南通泰禾化工有限公司技术中心、南通高盟新材料有限公司技术中心等5家被评为省级企业技术中心,南通市鸿鑫纤维有限公司技术中心、南通万豪建材科技有限公司技术中心等9家被评为市级企业技术中心。全县共有国家级企业技术中心1家、省级企业技术中心21家、市级企业技术中心37家。

**【技改项目申报】** 中天宽带技术有限公司4G超宽频多系统共用天线项目申报省战略性新兴产业专项,获省专项资金1000万元。如东全年组织申报省工业和信息产业转型升级专项引导资金项目23个,其中绿色发展推进类项目7个、产业高端发展类项目5个、技术改造提升类项目4个、信息化引领类项目4个、改善中小企业服务环境项目2个、国际化企业培育类项目1个,23个项目共获省资金1160万元。江苏快达农化有限公司农药中间体搬迁改造、光气及光气化产品搬迁改造2个项目获国家专项建设基金6900万元。 (李海楠)

## 节能降耗

**【概况】** 2015年,如东县坚持可持续发展,以企业为主体,以标准为引导,以绿色产品、绿色工厂、绿色工业园区为重点,建立高效、清洁、低碳、循环、可持续的绿色制造体系。县政府印发《2015年如东县节能工作意见》和《节能减排低碳发展行动实施方案》,落实责任制,对镇(区)考核细化,调动镇(区)、部门、企业积极性。对照《南通市县(市、区)节能目标责任评价考核指标及评分标准》,做好市对县考核,考核等级为超额完成。全县规模以上万元产值能耗同比下降11.74%;全县7大高耗能行业产值占比同比下降1.08个百分点;全部工业应税销售耗电同比下降10.75%。

**【重点项目推进】** 县发改委开展工业企业调研,制定年度重点项目计划2批,全年组织实施节能与循环经济重点项目52个,总投资7.77亿元,节约标煤1.54万吨,减排废水38.5万吨,固废1100吨,废气4100吨,新增节能减排绩效1.69亿元。6家企业申报省工业和信息产业转型升级专项引导资金总投资1.45亿元,节约标煤4774吨,获省奖励资金330万元。

【监测预警分析】 县发改委健全节能减排指标月度台账，及时分析各镇(区)指标完成情况，每月发布指标数据，每季度通报，对指标完成滞后镇(区)分析原因，并书面预警指导。通过能源消费统计系统，跟踪重点企业用能情况，对出现较大波动企业及时了解原因，规范企业用能管理。

【节能专项执法】 县发改委联合省、市节能中心对46家重点企业开展节能监察监测，加快淘汰高耗能电机设备，提高能效利用水平；对27家企业开展温室气体排放核查，辅导企业完善碳排放基础数据，做好碳排放交易前期准备和政策宣传。

【燃煤锅炉整治】 县政府制定《如东县2015－2016年燃煤锅炉淘汰改造实施意见》，推动6大园区及如泰运河沿线镇、相关镇工业集中区10吨/小时以下燃煤锅炉淘汰改造工作。县发改委对照县环保局、县市场监管局提供的在用锅炉名单，确定淘汰改造范围，做好奖励资金测算和情况说明。组织相关镇(区)、部门召开推进会、业务辅导会和再推进交流会。加强对镇(区)燃煤锅炉整治进度跟踪和推进，每月收集镇(区)完成情况，及时发布情况简报，多频次到镇(区)督查推进，调研生物质制粒及浆纱企业，指导镇(区)协调解决相关问题。审核各镇(区)淘汰改造锅炉，联合环保、市场监管、财政、安监部门开展联合验收。全县完成燃煤锅炉淘汰改造291台。

【循环经济发展】 县发改委推进资源环境循环化建设，对市级重点循环经济项目加强跟踪了解，及时与市沟通对接；多次到亚太再生资源公司了解项目进度和存在问题，帮助城市矿产项目争取专项建设资金。推进园区生态建设，配合循环经济产业园申报省级循环经济教育示范基地，按照申报要求完善实施方案，确保通过专家评审。跟踪经济开发区循环化改造工程，对沿海经济开发区废盐废酸循环利用开展专题调研，指导沿海经济开发区生态化发展。

（张　波）

## 新兴产业

【概况】 2015年，如东县调整产业结构，加快转变工业经济发展方式，注重发展高效、节能、环保新型工业，培育和发展战略性新兴产业，全力打造新材料、新医药、新能源等新兴产业。全县列入市统计新兴产业企业122家，实现工业产值463.25亿元，同比增长12.8%，占规模工业产值24.35%。全县重点新兴产业项目30个，24个项目开工建设，中广核、科顺新材料、中天科技通信器材注塑等项目进展顺利；龙源海上风电、联亿机电、中天光伏分布式光伏发电等项目竣工投产。

【新能源产业】 新能源产业继续发力。如东县列入统计新能源企业12家，其中江苏海上龙源风力发电有限公司、国信东凌风力发电有限公司、南通高盟新材料有限公司、南通强生光电科技有限公司等新能源企业均为县重点企业。2015年，新能源产业实现工业应税销售收入40.24亿元，增幅4.46%，实现产值52.44亿元，同比增长13.7%。龙源20万千瓦风电、天楹环保三期、中天光伏发电等电力项目和海装风电、海灵重工等能源装备项目相继竣工，中广核、华润风电二期、环保热电二期等项目开工建设。

【新材料产业】 新材料产业快速发展。如东县列入统计新材料企业73家，其中南通泰禾化工有限公司、东力(南通)化工有限公司、江苏利田科技有限公司、江苏三美化工有限公司等一批企业是县新材料重点企业。2015年，新材料产业实现工业应税销售收入60.18亿元，同比下降14.58%；实现产值284.48亿元，同比增长11%。九九久科技六氟磷酸锂“强基工程”项目、天材科技树脂产业振兴项目竣工投产并迅速达产，高盟新材料、爱森化工、科顺建筑材料等重点项目进展顺利。

【生物与新医药产业】 生物医药产业逐步崛起。如东县被列入统计生物与新医药企业13家，其中江苏九九久科技股份有限公司、南通常佑药业科技有限公司、南通精华制药有限公司等一批企业是县重点企业。2015年，生物与新医药产业实现工业应税销售收入16.52亿元，增幅5.2%；实现产值56.82亿元，同比增长7%。海正药业南通公司竣工投产，佳尔科生物科技南通有限公司、南通雅本化学有限公司、南通常佑药业科技有限公司投入力度不断加大。

【高端装备制造产业】 智能通信和电网等高端装备产业加快发展。如东县列入统计高端装备制造企业16家，其中江苏如通石油机械有限公司、江苏如石机械有限公司、南通科赛尔机械有限公司等一批企业是县重点企业。2015年，高端装备制造产业实现工业应税销售收入6.22亿元，同比下降23.73%；实现产值42.69亿元，同比增长16.1%。中天科技集团围绕产业链实施线缆用环保高分子材料、注塑智能车间、特种导线、光缆扩产等亿元项目，中天电力、中天电气设备等项目进展迅速。

【节能环保产业】 如东县列入统计节能环保企业8家，其中江苏固特复合材料有限公司等企业是县定报企业。2015年，节能环保产业实现应税销售收入1.05亿元，同比下降1.46%；实现产值21.92亿元，同比增长25%。爱森化工二期、恒发污水处理三期等一批重点项目陆续实施；万顺化工项目竣工投产。

（李海楠）

## 主导产业

【机械制造业】 2015年，如东县机械制造业保持平稳快速增长，发展形势较好,特别是通用设备制造业、专用设备制造业、金属制品业应税销售收入增幅较大。全县有机械制造业企业 563 家,占全部工业企业 15.88%。全部机械工业应税销售收入 220.83 亿元,同比增长213.97%,占全部工业应税销售收入 24.19%,同比提升 14.88 个百分点;入库税金 3.35 亿元,同比增长 23.14%。全年规模以上机械工业企业共实现产值 246.37 亿元,同比增长 36.21%,占全县工业总产值 12.95%。重点行业支撑明显,通用设备制造业、专用设备制造业、金属制品业分别实现应税销售收入 30.06 亿元、62.21 亿元、120.45 亿元,同比分别增长 147.31%、223.28%、282.52%。三一帕尔菲格特种车辆装备有限公司应税销售收入 3.05 亿元,南通爱普医疗器械有限公司应税销售收入突破 1 亿元,同比增长 26.02%,江苏明阳风电技术有限公司应税销售收入 3.15 亿元,同比增长 621.92%,南通强生轻工集团有限公司(集团)应税销售收入 10.06 亿元,同比增长 68.57%。江苏如石机械有限公司动力水龙头等 2 个产品被认定为省首台套产品。

**【电子信息业】** 2015 年,如东县电子信息行业以"中国第一缆"的江苏中天科技股份有限公司为龙头,中天电力光缆有限公司、中天宽带技术有限公司等通信、电力企业为支撑,在错综复杂经济形势下,运行相对平稳,全行业生产、出口、内销均在不断调整提升中。全县有电子信息业企业 140 家,其中规模工业企业 13 家,规模工业产值 261.02 亿元,同比增长 16.35%,占全县规模工业总产值 13.72%;全部电子信息企业应税销售收入 107.74 亿元,同比增长 25.67%,占全县工业应税销售收入 11.80%;入库税金 2.06 亿元,同比下降 44.36%。

江苏中天科技股份有限公司获工业和信息化部、财政部"国家技术创新示范企业"称号,在全省 5 家中排名第一,为南通唯一一家。中天科技集团在如东公司均有项目实施,中天宽带 4G 超宽频电调天线改造及高低压成套设备生产项目竣工试生产,主要产品全年订单充足,实现平稳增长。全年中天科技集团在如东公司应税销售收入 74.21 亿元,同比增长 22.71%。其中,江东金具设备有限公司应税销售收入 5.21 亿元,同比增长 62.62%;中天宽带技术有限公司应税销售收入 6.67 亿元,同比增长 46.09%;江苏宇迪光学股份有限公司应税销售收入 2.38 亿元,同比增长 17.07%。

**【化工产业】** 2015 年,如东县有化工(医药)类企业 237 家,占全县工业企业数 6.68%,其中化工业 221 家、医药业 16 家。化工(医药)行业共实现应税销售收入 193.2 亿元,同比增长 31.77%,占全县企业应税销售收入 21.16%;入库税金 4.7 亿元,同比增长 7.9%,占全县工业入库税金 20.49%。规模以上工业产值 434.66 亿元,同比增长 16.75%。化工(医药)企业中跻身县工业综合 50 强企业有 21 家,应税销售收入跻身县 100 强企业有 38 家。有 78 家属于新兴产业化工(医药)企业,占新兴产业企业总数 63.93%,有 79 家属于高新技术化工(医药)企业,占高新技术企业总数 57.25%。

化工园区建设加强。沿海经济开发区以载体功能提升、产业链完善、产品升级及产业拓展为主线,注重新材料、新医药项目补链效应和产品上下游延伸,形成产品结构相对完整、产业间联系比较紧密的产业结构。区内污水处理厂完成升级改造,固废处理实施提质扩能,热电联产能力有效提升,控源截污和循环化改造初步完成,管网配套规范齐全。园区内有各类企业 119 家,其中世界 500 强企业 3 家,上市公司及投资企业 21 家。企业员工总数超过 1 万人,其中具有中级以上技术职称 382 人,高级技术职称 62 人。园区内有院士工作站、国家工程技术中心分中心等科研平台 22 家,安全环保等第三方营运机构 8 家。2015 年,全区工业应税销售收入超过 220 亿元,区内有 20 家企业进入全县工业综合 50 强,有 37 家企业进入全县工业应税销售 100 强。优嘉植保、巴斯夫植保、海正化工、海正药业等一批重大项目相继竣工达产,巴斯夫植物保护(江苏)有限公司应税销售收入 6.08 亿元,江苏优嘉植物保护有限公司应税销售收入 6.59 亿元。

## 传统产业

**【纺织服装业】** 2015 年,如东县有纺织服装企业 1415 家,实现应税销售收入 146.47 亿元,同比下降 0.61%。其中,规模以上纺织服装企业 239 家,实现工业产值 390.97 亿元,同比增长 8.75%,占全县规模工业企业产值 20.55%,同比下降 4.22%;规模以上纺织服装企业应税销售收入 88.04 亿元,同比下降 5.26%,占全县规模工业企业应税销售收入 18.26%,同比下降 2.57%。应税销售收入 1 亿元以上企业 22 家,比上年减少 1 家。南通锐晟布业有限公司及时调整产品结构,由单纯织布向服装成品转移,投资 700 多万元自主改造生产设备,开发出新产品,抢占中高端市场,打造"中国提花织造专家",实现应税销售收入 2.02 亿元,同比增长 32.72%。

**【食品工业】** 2015 年,如东县有食品工业企业 346 家,其中农副食品加工企业 43 家、食品制造企业 3 家。规模以上食品企业 48 家,实现产值 99 亿元,同比增长 6.18%。43 家农副食品加工企业中,水产品加工企业 19 家,占总数 44.19%。全县食品企业应税销售收入 120.94 亿元,同比增长 75.05%。江苏金太阳油脂有限责任公司、南通正大有限公司和南通巴大饲料有限公司 3 家食品龙头企业进入全县工业综合 50 强。应税销售收入超 10 亿元企业 1 家,江苏金太阳油脂有限责任公司应税销售收入12.51亿元，同比增长23.28%；南通正大有限公司、英联动物营养(南通)有限公司、南通巴大饲料有限公司应税销售收入超2亿元;应税销售收入超1亿元企业23家。新上5亿元企业3家,新上2亿元企业5家,新上1亿元企业8家。

**【建筑材料业】** 2015年,如东县有建材行业企业127家，实现应税销售收入12.3亿元，同比下降35.77%；入库税金5105.21万元，同比下降25.64%。规模以上企业30家，实现应税销售收入31.83亿元，同比下降6.25%，实现产值162.51亿元,同比下降8.68%。全部建材企业中，应税销售收入超1亿元企业3家，江苏戴园建材集团有限公司、南通万豪建材科技有限公司、南通海鑫建材有限公司分别实现应税销售收入2.14亿元、1.5亿元、1.15亿元；应税销售收入2000万～1亿元企业14家,其中增幅超50%企业3家。

**【轻工业】** 2015年,如东县有轻工业企业581家，实现应税销售收入47.08亿元,同比增长27.5%;入库税金2.36亿元,同比增长16.88%。规模以上企业112家，占全县规模企业17.18%，实现应税销售收入35.54亿元，同比下降35.38%,占全县规模企业应税销售收入5.17%；实现产值216.44亿元,同比增长9.11%，占规模企业总产值11.38%。应税销售收入超1亿元企业8家，其中亚振家具股份有限公司应税销售收入2.81亿元,同比增长13.94%。

**2015年如东县应税销售收入2亿元以上企业一览**

表12　　　　单位:万元、%

| 企业名称 | 2015年 | 2014年 | 增幅 |
|---|---|---|---|
| 江苏中天科技股份有限公司 | 556176.60 | 473816.31 | 17.38 |
| 江苏金太阳油脂有限责任公司 | 125149.90 | 101514.26 | 23.28 |
| 江苏刚正薄板科技有限公司 | 101216.89 | 91140.90 | 11.06 |
| 江苏苏中电池科技发展有限公司 | 85307.49 | 81819.76 | 4.26 |
| 江苏快达农化股份有限公司 | 74945.83 | 72055.43 | 4.01 |
| 江苏东泰薄板科技有限公司 | 72972.39 | 69696.00 | 4.70 |
| 南通辉煌彩色钢板有限公司 | 68468.24 | 81897.00 | -16.40 |
| 中天宽带技术有限公司 | 66706.50 | 45660.51 | 46.09 |
| 江苏九九久科技股份有限公司 | 66141.54 | 82183.28 | -19.52 |
| 江苏优嘉植物保护有限公司 | 65928.86 | — | — |
| 中石油江苏液化天然气有限公司 | 65734.55 | 89392.73 | -26.47 |
| 中天电力光缆有限公司 | 61756.72 | 53246.70 | 15.98 |
| 巴斯夫植物保护(江苏)有限公司 | 60859.76 | 1265.80 | 4708.01 |
| 南通强生光电科技有限公司 | 60792.10 | 17528.46 | 246.82 |
| 南通亿能彩钢板有限公司 | 57256.11 | 52650.19 | 8.75 |
| 南通泰禾化工有限公司 | 57217.63 | 68241.55 | -16.15 |
| 江东金具设备有限公司 | 52175.98 | 32084.51 | 62.62 |
| 江苏海力风电设备科技有限公司 | 50876.64 | 51609.77 | -1.42 |
| 江苏长青农化南通有限公司 | 47143.94 | 35102.19 | 34.30 |
| 南通正大有限公司 | 47104.66 | 33723.40 | 39.68 |
| 江苏三美化工有限公司 | 46285.76 | 37854.13 | 22.27 |
| 南通强生安全防护科技有限公司 | 45286.49 | 45373.38 | -0.19 |
| 江苏琦衡农化科技有限公司 | 44581.85 | 63069.62 | -29.31 |
| 如东南天农科化工有限公司 | 43803.85 | 60520.85 | -27.62 |

续表 12

| 企业名称 | 2015年 | 2014年 | 增幅 |
|---|---|---|---|
| 南通大东有限公司 | 43254.60 | 45870.80 | -5.70 |
| 江苏海上龙源风力发电有限公司 | 41885.45 | 93833.30 | -55.36 |
| 南通恒盛精细化工有限公司 | 39762.99 | 25865.30 | 53.73 |
| 江苏瑞邦农药厂有限公司 | 38776.23 | 36473.64 | 6.31 |
| 如东洋口环保热电有限公司 | 38625.16 | 31709.61 | 21.81 |
| 如东县铁链厂有限公司 | 32423.35 | 36153.58 | -10.32 |
| 江苏明阳风电技术有限公司 | 31502.12 | 4363.63 | 621.92 |
| 三一帕尔菲格特种车辆装备有限公司 | 30488.95 | — | — |
| 江苏利田科技股份有限公司 | 30235.26 | 35331.53 | -14.42 |
| 南通世纪天虹纺织有限公司 | 28629.16 | 24648.10 | 16.15 |
| 亚振家具股份有限公司 | 28083.70 | 24647.48 | 13.94 |
| 南通维立科化工有限公司 | 27489.18 | 18754.74 | 46.57 |
| 汇鸿(南通)安全用品有限公司 | 27299.76 | 20577.58 | 32.67 |
| 江苏海灵重工设备科技有限公司 | 27053.02 | 17295.70 | 56.41 |
| 江苏如通石油机械股份有限公司 | 26568.30 | 31795.60 | -16.44 |
| 南通立洋化学有限公司 | 25877.92 | 38618.25 | -32.99 |
| 恒辉(南通)安全防护用品有限公司 | 25576.23 | 27358.77 | -6.52 |
| 英联动物营养(南通)有限公司 | 24285.30 | — | — |
| 江苏宇迪光学股份有限公司 | 23867.40 | 20387.21 | 17.07 |
| 龙源(如东)风力发电有限公司 | 23540.76 | 26071.12 | -9.71 |
| 南通高盟新材料有限公司 | 23456.85 | 23315.39 | 0.61 |
| 南通巴大饲料有限公司 | 23020.39 | 21631.77 | 6.42 |
| 国能子金电缆南通有限公司 | 22083.66 | 24794.92 | -10.93 |
| 南通金陵农化有限公司 | 21654.62 | 20690.65 | 4.66 |
| 江苏戴园建材集团有限公司 | 21375.68 | 15524.24 | 37.69 |
| 江苏世纪燎原针织有限公司 | 20755.94 | 20763.57 | -0.04 |
| 迈克斯(如东)化工有限公司 | 20733.02 | 17478.29 | 18.62 |
| 南通市东盛米业有限公司 | 20472.52 | 20023.85 | 2.24 |
| 如东协鑫环保热电有限公司 | 20463.72 | 19940.84 | 2.62 |
| 江苏海装风电设备有限公司 | 20448.03 | 3094.20 | 560.85 |
| 南通锐晟布业有限公司 | 20222.62 | 15288.61 | 32.27 |
| 江苏禾本生化有限公司 | 20004.47 | 19271.11 | 3.81 |

(卞许林)

## 建筑业

【概况】 2015年,在资金外流、制造业不振、房地产业下滑、经济下行压力较大情况下,县住建局围绕“质的提升,量的扩张”主线,转变经济增长方式,不断增强企业核心竞争能力,建筑产业依然保持在经济和社会发展中的支柱产业地位。年末,全县有资质建筑企业157家,其中特级企业2家,一级资质企业10家,二级资质企业42家,三级及其他103家。建筑机械设备净值13.83亿元,机械设备总台数74134台,总功率160.07万千瓦。人均技术装备率1.07万元/人,动力装备率12.44千瓦/人。全年全县完成施工产值392.29亿元,同比下降18.23%;施工面积4495.3万平方米,同比下降10.33%;新开工面积1141.35万平方米,同比下降37.65%;竣工面积1457.39万平方米,同比下降23.97%;从业人员11.79万人,同比减少2.57万人。

【建筑市场】 2015年,如东建筑市场遍布19个省31个地区,县外共完成施工产值297.83亿元,占全县施工产值75.92%。超1亿元市场23个,其中超5亿元市场14个,超10亿元市场8个。按产值排名前5位市场是苏州、南京、无锡、上海、徐州,其中苏州、南京、无锡、上海市场产值均超30亿元。

【职称申报】 2015年,建筑企业实行新资质就位换证,对企业技经人员要求提升。3月开始,县住建局及时宣传政策,并请县人社局人员上门辅导,申报人数比上年有突破。申报初级职称460多人、中级职称848人、高级职称12人,中级职称申报人数创新高,为企业可持续发展打下良好基础。

【税制改革应对】 如东建筑施工企业普遍存在经营管理模式粗放、财务体系不完善、税务管理经验缺乏等问题,建筑业实施“营改增”后,给建筑施工企业组织构架、经营模式、采购模式、会计核算体系、税务管理等带来影响和挑战。县住建局及时应对,通过协调税务部门组织培训、召开专题座谈会等方法,指导帮助企业。印发《县住建局关于积极应对建筑业“营改增”的通知》,从“强化领导,分析政策”“及早准备,从容应对”和“系统升级,信息支撑”3个方面对建筑施工企业提出指导意见,帮助企业消减“营改增”不利影响。

(冯溢铭)

## 服务业

### 综述

【概况】 2015年,如东县服务业经济保持平稳较快发展态势。主要指标增长较快。全县服务业实现增加值292.9亿元,同比增长11.3%,高于全县GDP增速1.3个百分点,增幅全市第一;服务业增加值占GDP比重达43.5%,占比居5县(市)第二,同比提升2.4%,与“十一五”期末相比提升9.7%。服务业应税销售收入520亿元,同比增长64.6%,增幅5县(市)第二。服务业税收34.9亿元,同比增长1.6%,与“十一五”期末相比总量增加25.9亿元。其中,服务业实现地方一般预算收入29.6亿元,同比增长14.5%,增幅5县(市)第三。全县服务业投资183.24亿元,同比增长24.3%,增幅全市第一,“十二五”期间累计投入582.6亿元。社会消费品零售总额287.4亿元,同比增长11.5%,增幅5县(市)第一,与“十一五”期末相比总量增加138.1亿元。其中,315家限上贸易企业零售额112.7亿元,同比增长18.8%。278家规模以上企业营业收入65亿元,同比增长19.4%。行业支撑能力增强。全县服务业10大行业实现应税销售收入511亿元,同比增长77.8%,占全县服务业应税销售收入总量98.3%,发展势头不断向好,为全县服务业总量快速增长提供支撑。除旅游休闲业、文化创意和房地产业外,其他7个行业同比均实现增长。其中,商贸流通、商务服务、家庭服务3个行业领域发展较快,同比分别增长106.1%、106.4%、214.7%;现代物流、服务外包、金融业、科技服务业同比分别增长18.7%、19.9%、15.9%、29.7%。重点企业培优做强。全县上下按照《如东县服务业企业培育行动方案》要求,分层次、分行业培育服务业重点企业,通过政策扶持、环境优化、鼓励创新、主辅分离、品牌打造、建立梯队、上市培育等举措,全年新增应税销售收入1000万元以上服务业企业42家,5000万~1亿元企业18家,1亿元以上企业9家,全县应税销售收入1000万元以上服务业企业295家,5000万~1亿元企业48家,1亿元以上企业64家;新增限额以上贸易企业15家,规模以上服务业企业16家,全县限额以上贸易企业327家,规模以上服务业企业291家。在促进服务业企业做大规模同时,引导服务业企业开展技术创新、品牌创新和业态创新,促进服务业企业发展质态不断优化。2015年,南京医药南通健桥有限公司和南通江东物流有限公司创建为省服务业创新示范企业。如东县是南通5县(市)中唯一创建2家省级服务业创新示范企业的县(市),创建企业数占全市50%。

(侯侃佳)

### 现代物流

【概况】 2015年,如东有规模物流企业17家,实现物流主营业务收入20.45亿元,比上年增长17.26%;有7家物流企业主营业务收入超5000万元,3家物流企业主营收入超亿元。从业人员1538人,比上年增长7%。南京医药南通健桥有限公司、南通江东物流有限公司2家物流企业被评为省级服务业创新示范企业。全县累计有国家AAAA级物流企业4家,AAA级9家,省重点物流企业3家，省级重点物流基地1个。如东循环经济产业园结合再生资源交易编制物流集聚区发展规划。全县共实施重点物流项目9个，其中续建5个，计划总投资8.7亿元，2015年计划总投资2亿元，实际完成投资1.9亿元，台湾中石化化工仓储、江苏东能天然气门站及输出管网工程2个项目竣工，如东客运站、如东盐化物流中心项目处于前期准备阶段，健桥医药物流中心扩建项目一期工程准备开工建设。新建项目4个，计划总投资21.7亿元，2015年计划总投资15.1亿元，实际完成投资13.96亿元，如东—海门—崇明岛输气管道工程项目竣工，绿源冷冻冷链物流项目处于前期准备阶段。　(徐　永)

# 国内贸易

## 商贸流通

**【概况】** 2015年，如东消费市场运行总体平稳，并呈前低后高、小幅波动态势。全年社会消费品零售总额287.4亿元，同比增长11.5%，增幅位于全市各县(市)区第一。其中，批发业零售额70.8亿元，同比增长12.5%；零售业零售额201.2亿元，同比增长11.5%；住宿餐饮业零售额15.4亿元，同比增长6.3%。全年新增限上企业15家，总数315家，其中批发企业161家、零售企业129家、住宿企业3家、餐饮企业22家。

**【"消费促进月"活动】** 2015年，国内消费日益成为拉动经济持续增长动力。县商务局按商务部要求组织"消费促进月"活动。以县城为重点，联合镇(区)、相关部门在春节、"五一""十一"等节日期间开展消费促进工作。4—5月，联动主城青园路、三元世纪城、中央广场等商圈，组织商圈内各类商贸服务企业，开展打折、返券等促销活动，丰富消费市场，改善消费结构，提升消费品质，培育商品消费热点。"消费促进月"活动共产生社会消费品零售总额1.5亿元，同比增长10.5%。

**【市场运行监测】** 县商务局强化流通市场运行监测，针对受监测企业人员变动，年初组织业务培训，系统学习监测制度、系统操作和相关规定要求，182家受监测单位200多人参加。督促受监测单位做好重大节日日报和平时周报、月报、季报、半年报、年报，确保数据及时准确。及时根据各系统监测数据分析，完成黄金周、消费品市场、生活必需品市场等分析文章50篇。

**【农贸市场建设】** 如东加快现代化菜市场(农贸市场)建设步伐。洋口港海鲜商贸城（长沙镇农贸市场）2014年8月开工，占地2.4万平方米，总建筑面积1.6万平方米，总投资3500万元，2015年年底竣工。如东中心市场迁建工程2014年3月16日奠基，规划用地5.7万平方米，总建筑面积8万多平方米，总投资约3亿元，2015年年底主体工程竣工。全年全县市场成交额242.8亿元，同比增长8.08%。

**【行业管理】** 县商务局指导加油站做好日常监管，牵头编制《如东县加油站"十三五"专项规划》，新布站点19个，健全覆盖城乡供油体系，满足经济社会发展需求；加快推进"油气回收"治理工程，新改扩改造企业5家，"蓝天工程"改造任务全部完成。报废淘汰"黄标车"，做好非营运汽车报废监管工作，全年监管非运营车辆报废798辆，奖补592.22万元，创新高。强化日常监管，牵头抓好餐饮行业、再生资源、酒类、单用途预付卡管理，联合执法80余次。

**【陈小林获"江苏烹饪大师"称号】** 2015年6月，中天黄海大酒店厨师长陈小林被江苏省烹饪协会授予"江苏烹饪大师"称号。陈小林，江苏如东人，大专学历，擅长淮扬菜，独创铁板文蛤、汤泡泥螺等菜，先后在上海益友饭店、江阴暨阳山庄、哈尔滨顺成商务酒店等任经理、主厨、厨师长等职。1995年11月，在江苏省江阴市徐霞客美食节烹饪大赛团体金奖、个人冷菜、热菜第一名，同年获江阴市"技术能手"称号；2007年，独创"灌汤黄鱼狮子头"，获舟山群岛中国海鲜大餐争霸赛优秀奖；2007年12月，获江苏省第五届烹饪大赛主题宴特等奖、团体金奖、个人银奖；2009年8月，获"江苏烹饪名师"称号；2013年，获"江苏省餐饮业金牌厨师"称号。

(赵一锋)

## 电子商务

**【概况】** 2015年，如东县电子商务发展迅猛。如东经济开发区成功创建省级电子商务示范基地，如东县新店社区成功创建省农村电子商务示范村。全县电子商务销售收入超1亿元企业10家，规模以上企业电子商务销售收入51.73亿元，电子商务采购额27.03亿元，同比分别增长49.42%和54.1%。

**【企业电子商务应用】** 新店镇健身器材企业在主流电子商务平台开办网店，实现传统销售与现代销售手段有机结合。如东海产品加工企业主攻网上销售，打响网上"中国海鲜之乡"品牌，网上销售占比不断增大。南通信孚食品有限公司在天猫年销售海苔近2000万元，如东昌钰海苔有限公司年网上销售收入3037万元。南通辉煌彩钢有限公司、南通昌邦手套有限公司、江苏中天科技股份有限公司、江苏刚正薄板科技有限公司等企业利用电子商务拓展国内外销售市场，年销售收入超5亿元；如东县铁链厂有限公司、江苏黄海汽配股份有限公司、南通顺安置业有限公司、如东新城彩钢有限公司、江苏东泰薄板科技有限公司、南通亿能彩钢板有限公司等企业电子商务销售收入超1亿元。

**【电子商务示范基地】** 3月6日，如东经济开发区电子商务产业园被省商务厅评为省级电子商务示范基地。全区利用互联网开展电子商务相关业务企业超半数，95%以上规模以上企业通过互联网或第三方电子商务平台开展市场信息收集、商务洽谈、市场营销等业务。2015年，全区企业电子商务交易额21.5亿元，增速超过50%。

**【海之升电子商务平台】** 2014年，如东经济开发区出资成立江苏南通海之升电子商务有限公司，负责整个开发区电子商务产业园的发展和运营。2015年，海之升电子商务平台依托中国电子商务委员会专家的技术支持，为如东青年创业提供系统培训和技术支撑；为开发区企业及如东企业量身定做个性化电子商务营销整体解决方案；帮扶传统企业通过现代化互联网思维和营销手段提档升级，转型发展，将如东产业和如东特色产品推向全国乃至世界。重点打造的扶海青年电商创业孵化基地开展系统电子商务培训4期，培训280人。受训人员均进入电子商务行业工作。

**【电子商务示范村】** 11月20日，新店镇新店社区被省商务厅命名为"电子商务示范村"。新店镇电子商务发展主要依托健身器材产业，主攻网络销售，从小变大，从个体到群体协作模式、从单一产品到商品多元化经营，从"夫妻店"模式到集聚发展模式，发挥"江苏省健身器材之乡"品牌效应。300多户从事电子商务及相关工作，全年电商网上销售收入超2亿元，其中境外交易收入超5000万元，同比增长35%。

**【O2O模式】** 2015年6月，苏宁易购第一家线下店在掘港民生银河湾开业，年底苏宁易购线下店覆盖全县主要镇(区)。O2O电子商务模式给全县人民带来良好购物体验。

(赵一锋)

## 供销合作

**【概况】** 2015年，如东县供销合作总社摸清全县农产品家底，编制《如东县名特优农产品荟萃》，多形式、多渠道宣传、推动农产品走出如东、走向市场。3月21—23日，在县规划

图14 3月21日，县委常委、组织部部长任新峰(左二)参观如东县名特优农产品展示展销会

展览馆成功举办"如东县名特优农产品展示展销会"。4月，开通如东县农产品流通专题网页。盘活存量资产，实现保值增值，通过公开竞拍出租方式，盘活如东供销大厦、如东新合供销社资产管理有限公司拆迁置换房产1.19万平方米。着力扶持主导产业和骨干企业，成功申报政策扶持项目1个，为如东掘港中心市场迁建工程取得"新网工程"贴息资金200万元，累计争取国家、省、市各项项目资金610万元。县供销合作总社被评为全省系统"新网工程建设"优胜单位、"创新工作"优胜单位，全市供销合作社系统"为农服务社提升工程"优胜单位和"农民专业合作社建设"优胜单位。

**【为农服务社和专业合作社建设】** 县供销合作总社把为农服务工作重点放在为农办实事、办好事上，着力推进为农服务社建设，为农服务社实现全覆盖。至年末，全县建成为农服务社303家，其中三星级200家、省级样板社4家。严格对照创建标准，县、镇、村三级联动，提档升级15家，申报省级样板社2家，评选县级为农服务社样板社20家。深化基层供销社专业生产合作、供销合作、信用合作"三位一体"新型农村合作体系建设3家，发展供销社网上直报专业合作社15家，建办联合社1家。如东欣埠秸秆综合利用专业合作社获评全国供销社系统50佳专业合作社示范社，是全国唯一秸秆综合利用获奖专业合作社。如东成为全省系统秸秆综合利用排头兵。组织南通如东联发禽业农民专业合作社、如东县绿野富硒玉米专业合作社等参加"2015海峡两岸(江苏)名优农产品展销会"、市总社第12届南通农产品进上海洽谈会，推动农产品进超市进市场，参展品种和销售同比增长10%和20%。

**【服务土地流转】** 县供销合作总社当好农民"田保姆"，通过直接流转、出资扶持、服务指导等形式，推进土地流转，破解"谁来种地"问题，推动农业适度规模经营，实现农民得实惠、供销合作社得发展。2015年，县社出资直接流转洋口镇新坝村土地500多亩，组织农业龙头企业种植。安排扶持资金，引导丰利镇周桥村蔬菜专业合作社流转村土地300亩左右；引导崔氏蔬菜专业合作社流转土地500多亩，建设蔬菜基地，带动周边农户2000多人、周边土地3000多亩。靖海供销社建办的靖远植保专业合作社在栟北垦区发展种植基地，流转土地800多亩。组织供销社改制企业和改制职工，流转土地700多亩。供合农资连锁配送公司杨楝园店通过农资统一配供，提

供植保专业化服务，推动流转土地850多亩。全年全行业参与流转土地4000多亩。《中国县域经济报》作专门报道。

【电子商务建设】 县供销合作总社构建农村电子商务营销服务体系，创建“网上供销社”，推动如东农产品走出如东、走向市场。组织开展“创新农产品流通方式、大力发展电子商务”主题培训，走进基层“一线课堂”辅导农产品电子商务知识。9月，与阿里巴巴公司达成战略合作协议。11月，与如东海洲文化投资有限公司共同投资500万元，注册成立南通兴合电子商务有限公司。该公司依托淘宝、京东、1号店等第三方平台及全国供销总社“供销e家”、省供销社“地平线”电商平台和公司微信公众号、兴合电商微信群，推动县内农业龙头企业、农民专业合作社、家庭农场、种养殖大户进行线上线下融合交易，促进如东农副产品流通、助农增收。县供销合作总社被评为全省系统电子商务示范县级社。 (汪常莉)

图15 8月19日，县政府副县长蒋树建(左二)带队到兴化开发区考察电子商务产业园建设

## 粮油贸易

【概况】 2015年，如东县粮食系统坚守“四条底线”(粮食总量安全、质量安全、农民增收、市场稳定)，坚持“四个全面”(全面落实粮食安全责任，全面深化粮食流通改革，全面推进依法治粮，全面加快粮食经济发展方式转变)，深入实施“六大工程”(改革创新工程、保供稳价工程、产业升级工程、依法监管工程、优质服务工程、人才兴粮工程)，提升“六大能力”(企业生长力、宏观调控力、结构优化力、市场规范力、支农惠农力、发展支撑力)，打造如东粮食经济升级版、特色版、增长版，全县国有粮食购销企业完成粮食购销53万吨，实现利润316万元，同比分别增长6.8%和20.2%。全面启动“如东大米”国家地理标志产品(地理标志产品是指产自特定地域，其所具备的质量、声誉和其他特性取决于该产地的地理环境和人文环境，经审核批准以地理名称命名的产品)创建工作，“粮食全产业链联盟”工作经验被全市推广，“半小时放心粮油消费圈”成为粮食产区“五放心粮店”建设样本。粮食工作整体运行质量继续位于全市同行业首位、全省同行业前列。

【粮食储备管理】 县粮食局严格兑现政府配套补贴政策，省、市年度扩储规模落实，品种符合要求，全县7.1万吨国家和市、县储备粮全部落实。常态化开展原粮品质、卫生监测，严把粮食收购、入库和销售质量关，共抽检粮食样品265个批次；定期开展粮情检查，发现问题及时解决，防止库存粮食发生霉变或再受污染，原粮进出库检测率100%。健全和完善各项仓储管理制度，加强各储备库管理督查力度，共检(抽)查11次；探索高水分储粮方法，推广粮情电子测控、机械通风、环流熏蒸、低温储藏“四合一”粮食仓储新技术；开展“四无粮仓”活动，“一符四无”(账物相符，无虫、无鼠雀、无霉变、无事故)粮仓合格率100%，科学保粮率90%以上；坚持熏蒸药剂“统一购买、统一存放、专人保管、县局审核、双人发放”，实行熏蒸备案制度，安全熏粮16万吨。各级库存储备粮食数量真实、质量良好、储存安全，“一符三专四落实”(账实相符；专仓储存、专人保管、专账记载；数量落实、质量落实、品种落实、地点落实)合格率100%。

【粮食购销经营】 全县粮食系统研究新常态下粮食流通新特征，掌控县内粮源，推进产销合作，促进粮食供需平衡。国有粮食购销企业收购粮食53万吨，其中政策性收购6.35万吨，各项购销指标列全市同行业首位。县粮食局通过印发《致广大粮农一封信》、张贴“粮食收购质价表”等途径宣传粮食收购政策，引导企业执行“五要五不准”(要敞开收购，随到随收，不准折腾农民；要公平定等，准确计量，不准克扣农民；要依质论价，优质优价，不准坑害农民；要现款结算，不打白条，不准算计农民；要优质服务，排忧解难，不准怠慢农民)收购守则，让农民售放心粮、满意粮和舒心粮。开展“为农服务月”活动，指导各粮食储备库主动与新型农业经营主体对接，帮助解决粮食种、产、销困难，并签订粮食收购订单协议书，就粮食烘干、收购等服务内容作出书面承诺。与全县30多个家庭农场、农民合作社签订收购合同，烘干粮食3.5万吨，辐射粮食种植面积4000公顷。与中储粮南通直属库衔接，成功申报最低收购价委托收购库站点23个。在仓容紧张情况下，调节仓容5万吨，筹措收购资金2.1亿元，有序启动小麦和粳稻最低收购价执行预案。

**【粮食产业发展】** 全县规模以上粮油工业企业共实现产值42.3亿元，销售收入42亿元，利税1.86亿元，大米产量18万吨，面粉产量2.5万吨，饲料产量38万吨，油脂产量18.9万吨。以粮食全产业链建设为主抓手，通过“前延”，掌握粮源、把控质量；通过“后伸”，打造品牌，提升产品附加值，成功摸索出由国有粮食购销企业牵头，农民、“全托管”经营主体、育种公司、涉农服务企业等共同参与的粮食产业经济体系。加强粮油精深加工的科技创新和技术集成，提高粮食加工深度、加工层次和技术装备水平，提高农副产品附加值，初步形成4大产业集群，即以江苏晨希米业有限公司等为主体的稻谷加工集群，以江苏金太阳油脂有限责任公司等为主体的油料加工集群，以南通博爱面粉有限公司等为主体的小麦加工集群，以南通正大集团、南通巴大饲料有限公司等为主体的饲料加工集群。实施以“百强引领、百企升级”为主要内容“双百工程”，全县粮食企业用现代工业理念、现代科学技术和现代经济管理方法武装，涌现出南通市东盛米业有限公司、南通绿之蓝米业有限公司等一批管理先进、效益明显、市场竞争力强的引领企业和升级企业。

**【粮食流通基础设施建设】** 全县粮食系统合理规划布局，建设基层粮站(库)基础设施，提升现代粮食保管能力。根据国家粮食局统一部署，从2015年1月开始，利用3个月时间对全县20家粮食购销企业（8家国有、1家国有控股和11家私营）仓房、设施、设备，按年代、地址坐标、仓容、结构、完好率和使用率进行调查，形成影像和数据资料。立足如东粮食流通基础设施建设实际，制定《如东县“十三五”粮食仓储物流建设规划》。南线以334省道(沿如泰运河)为主线，北线以相邻等级航道运河及公路为主线，规划布局库站点8个，逐步建设单体仓容量2.5万吨以上，在全县形成以3个中心库为核心，5个收储库为辅助，7个基层站为补充的粮食仓储物流体系。加大固定资产投资力度，提升国有粮食企业履行粮食储备和为农服务能力。累计向上争取资金项目5个，总投资800万元，其中向省争取资金272万元，完善马塘、栟茶粮食信息化系统，完成一般维修改造项目5个，总投入300万元。鼓励和支持外资、民资投资建设粮食流通基础设施，实现粮食流通基础设施建设主体多元化，加快粮食流通基础设施建设进程。

**【“半小时放心粮油消费圈”打造】** 2015年，县委、县政府以“半小时放心粮油消费圈”建设为主线，推进“放心粮油工程”，全县粮油产品放心消费体系加快形成。以“五放心”(价格放心、质量放心、卫生放心、服务放心、计量放心)粮店为载体，按“非机动车交通方式半小时内到达放心粮油销售点”标准，优化网点，构建布局更加合理、设施更加完善、标准更加规范、管理更加科学、服务更加诚信便民的放心粮油经营网络，全县“五放心粮店”总数50家，半小时服务半径覆盖全县。重点拓展“五放心粮店”放心消费、应急保供、粮食专供、志愿服务、爱粮节粮宣传5大功能，推进放心粮油进军营、进农村、进社区、进超市、进学校、进餐饮企业活动。全县具备“五合一”功能的“五放心粮店”占比80%以上。落实放心粮油经营管理制度，建立和完善产品质量管理、卫生安全管理、索票索证、不合格粮油退市等制度；发挥粮油质检机构技术优势，对放心粮油企业、产品实行定期抽检，对4家不合格“五放心粮店”降等、摘牌；探索推进粮食部门与所在镇（区）“双重监管、捆绑考核”机制，并列入各镇、区农村经济目标考核，凝聚监管合力。

**【品牌建设】** 2015年，按照“集中力量、整合资源、强化培育、扶优扶强”思路，如东粮食系统以创建“如东大米”中国国家地理标志产品为抓手，持续推进品牌化战略，构筑如东粮食经济发展新格局。县粮食局制定“如东大米”品牌发展规划，分类明确企业主体作用、部门职能作用和行业协会协调作用。加大人才、资金等多元投入，强化要素保障，形成有机配合、上下衔接、互相促进、高效运转工作体系和创建合力。出台《“如东大米”地理标志证明商标使用管理规则》及管理办法，实现如东大米质量全过程可追溯、可控制。国标三级、二级以上优质稻谷覆盖率分别达100%和41.3%，16个粮源基地通过无公害农产品产地认定、11个大米品牌通过无公害农产品认证、4个大米品牌通过国家级绿色食品认证。通过“传统媒介+展会”“传统渠道+电商”“传统阵地+配送”等形式，传播品牌形象，传递品牌价值，把“好米”变成“名米”。全年组织企业参加各类大型展会4次，参展企业7家(次)30个产品。利用“苏宁易购”平台实行网上销售，市场占有率提升。

**【依法治粮】** 全县粮食系统立足全国粮食流通监督检查示范单位的高平台、新起点，履行《粮食流通管理条例》赋予职责，加大粮食市场监管力度，法治粮食建设再上台阶。宣传、贯彻和落实粮食法律法规，推动全行业树立法治意识；组织人员参加业务培训，提高执法水平；开展科技宣传，倡导爱粮节粮，全县粮食行政执法工作组织化、规范化、制度化。持续开展“粮盾360”行动，适时开展两季粮食收购、地方储备粮库存、社会流通统计等执法检查，全年联动执法17批次，出动检查人员106人次。

**【粮食全产业链联盟】** 如东在全省首创粮食全产业链联盟，推动粮食生产与市场相接、社会相连、科技相通、企业效益相升,成为“农民增收、企业增效、多方共赢”之举。2月2日，市政府在袁庄镇召开全市粮食全产业链联盟建设推进会，推广如东粮食全产业链联盟建设做法。粮食全产业链建设实现4大提升。统筹力提升。县委办公室、县政府办公室制定出台《如东县粮食全产业链建设实施方案》,将粮食工作列入各镇(区)目标考核,明晰责任、传递压力。协调性提升。县粮食局作为牵头单位,加强沟通联系,早谋早动,超前开展土地流转、品种筛选等工作,成功推广“南粳5055”“南粳9108”“浩麦一号”“扬麦16”等优质品种。参与面提升。坚持“壮大自营联盟”与“延伸订单联盟”并举,共与30多个家庭农场、农民合作社签订收购合同,全县自营联盟面积616.84公顷,订单联盟基地2666.67公顷。惠民度提升。对联盟基地种粮大户、家庭农场优先开展烘干服务，对路途较远种粮大户组织开展预约收购、上门收购。

【国家地理标志产品申报】 如东县地处长江三角洲北翼，属北亚热带海洋性季风气候区,年平均气温、无霜期、降水量以及日照时间和强度适中,自古盛产水稻,素有“鱼米之乡”“苏中乌克兰”等美誉。特别是如东稻米主产区马塘、曹埠、新店、岔河、双甸、袁庄、河口等地,地势低洼,标高均在3.0以下,是天然“蓄水池”。生长的稻谷,穗大粒多,籽粒饱满,谷粒发育充分完整,生产出来的大米蛋白质、支链淀粉含量丰富,口感好,远销上海、浙江、福建、贵州、云南等地,为东南亚一些国家和地区消费者熟知和喜爱。2015年,县委、县政府立足“致富如东粮农、提升如东形象”战略高度,将“如东大米”创建国家地理标志产品摆上重要议事日程,组织农业专家、学者、政府及相关部门老领导，挖掘如东大米栽培历史、耕种技术、稻作文化,收集佐证材料30多类,启动“如东大米”国家地理标志产品申报工作。9月14日,“如东大米”国家地理标志性商标申报被国家工商总局正式受理。

【粮价下跌应对】 10月始,国内小麦、玉米、稻谷3大粮食品种价格出现“跳崖式”下跌,其中,玉米价格同比最高跌幅达30%，小麦普遍下跌20%,大米价格由每斤2.35元跌至1.85元,跌幅21.3%。如东县作为“全国粮食生产先进县”和省首批“稻麦亩产吨粮县”，可用仓容总量少、托市收购比例小、顺价销售难度大,县委、县政府坚持问题导向,按照《省政府办公厅关于切实做好秋粮收购工作的通知》要求,准确把握秋粮收购形势，决不允许如东出现“卖粮难”。县粮食局加强调查研究,逐仓逐库排查,摸清情况,制定针对性应对方案,通过加快库存销售、加速腾仓并库等措施，统筹仓容安排调度，扩大收储能力，组织有序收购,推进签约优先收购、优质优价收购,引导粮农顺应市场变化,组织生产经营、规避价格风险。全县各镇(区)各相关部门和各粮食收购主体坚持“一地一策”“一户一策”,双甸镇用心培植加工企业,靠“龙头”抗衡市场；马塘镇强化服务引导，到“田头”调处矛盾;新店镇完善提升托管水平,从“源头”控减风险。全县农村大局平稳。（葛　勇）

## 烟草专卖

【概况】 2015年,如东县烟草专卖局(分公司)根据市场化取向改革要求,开展业务培训、技能比武、对标管理、绩效奖励等活动,加快市场经理、客户经理职能转换。以国家局提税顺价为契机，提升卷烟整体销售结构。以全年安全生产无事故为目标,层层签订安全责任书,建立健全人防、物防、技防和制度防相结合的群防群控管理机制。开展安全生产自查活动6次,排查、整改安全隐患到位。开展“安全月”主题活动,邀请专家开展消防逃生和交通事故处理专题讲座,举行消防安全演练。全年实现税利2.93亿元，同比增长26.33%。其中,利润2.41亿元,同比增长26.06%；卷烟销量3.35万箱，销售额11.01亿元，同比增长11.74%。平均含税批发单价131.47元,同比增长12.8%。获省宣传报道工作先进集体、省“巾帼文明岗”、市文明单位、县文明单位标兵称号。

【专卖管理】 县烟草专卖局重点开展专卖内管、卷烟打假、队伍建设等工作,加大专销良性互动,提升市场净化率,为卷烟营销保驾护航。通过日常打击、集中整治和“冬季会战”“闪电17号、18号”等行动,查获各类案件97件,其中假烟案件10件。获省、市局嘉奖令各1个。查获非法卷烟6971.2条，其中假烟124.8条、走私烟2700条,总案值118.09万元,罚没款28.84万元。破获国标网络案件1件,案值150余万元。向公安机关移送涉烟违法犯罪案件4件,取保候审3人、判刑2人。其中,岔河交警中队协助查获“8·1”无证运输案件，查获涉案卷烟2700条，案值37万余元。通过信息共享协助海安县烟草专卖局(分公司)查获1万～5万元案件1件,5万元以上案件1件,与南通市烟草专卖局(分公司)稽查大队配合查获5万元以上案件1件，破获微信非法经营卷烟网络案件1件。3月11日,配合市烟草专卖局在江苏国信如东生物质发电有限公司集中销毁假烟1.3万余条,共203个品牌,涉案金额约400万元。（朱　坤）

## 石油经营

【概况】 2015年,中石化如东石油分公司细化“一站一策”增量扩销,采取柴油增量、汽油增效等措施,向盲点、薄弱点、干道点要量,提升成品油销售量。梳理竞争对手,实施点对点价格竞争、油非互动、灌桶优惠等措施,推动经营指标达成。加强油站管理,督查油站站长在站率、车辆通过率和员工加满率。评选月轻油销售能手、燃油宝销售能手,建立油站、片区红旗榜,开展“扛红旗”活动,形成“比学赶帮超”竞争氛围。采取夫妻承包、委托管理等方式,开展小站改革,优化油站用工,提高员工薪酬。改造兵房加油站,协调大豫站土地征用事宜。跟踪县内土地市场,寻找网络拓展点。协调公路养护部门,扩大油站进出口半径,提升油站标识度。加强客户经理、片区经理和加油站站长的岗位能力培训,提升其市场开拓和服务创新能力。落实加油站资金监管责任,加强资金解缴、支票入账监管,杜绝虚开、错开发票。年末,在营加油站28座,在营“易捷”便利店12个,在营加气站2座。成品油销售7.92万吨,同比增长9.6%。其中,汽油销售5.06万吨,同比增长15.6%,柴油销售2.86万吨,同比增长0.4%。非油品销售额502.9万元,同比增长44.8%。天然气销售945吨。

**【安全管理】** 如东石油公司按照“管业务必须管安全、管生产经营必须管安全”要求,坚持“党政同责”“一岗双责”“谁主管、谁负责”,组织签订安全管理目标责任书和安全承诺书,完善覆盖生产经营各环节、各岗位的安全生产责任制。排查隐患,建立隐患数据库,并对隐患逐一销项。启用安全管理信息系统,实施油站安全闭环管理,提高员工发现问题、整改问题积极性。开展自查、综合检查、重点抽查,消灭重大安全隐患,消除隐患在萌芽状态。抓现场监控、作业票证审批等环节,严格作业程序。组织加油站站长、一线员工应知应会知识考试,开展加油站应急预案月度演练,使员工对应急预案熟记于心。 (缪海波)

### 食盐专营

**【概况】** 2015年,县盐务局、江东盐业有限公司加强市场管理,调整营销策略,盐品销售止跌回稳,全县食用碘盐及工厂企业用盐市场供应稳定。用心选择品牌,寻找非盐经济与渠道增值结合点,全年非盐集采商品总销售收入600万元。全年出动执法人员1200人次,开展部门联合执法6次,与邻县(市)局开展友好边界行动3次,查处盐业违法案件38件,查获私盐2.8吨,罚没款6280元。开展“腌制季节”食盐安全、夏季联合执法、中秋国庆、全省雷霆风暴行动等专项行动,做到打击一个,教育一群,宣传一片,碘盐覆盖率评估结果继续保持在高位。全县盐批发销售1.97万吨,完成年计划95.8%,其中小包装碘盐销售3009吨,完成年计划66.8%;大包装食盐销售8756吨,完成年计划101.8%;小额工业盐销售7977吨,完成年计划106.4%。 (许晓莺)

## 金 融

### 中国人民银行如东县支行

**【概况】** 2015年,中国人民银行如东县支行(简称人民银行如东县支行)与县金融办会商出台《2015年度全县银行业金融工作考核意见》,引导金融机构增加有效信贷投入。加强存款准备金管理,督促各商业银行调整存款准备金5次。强化支农支小(小微企业)贷款窗口指导,扩大再贷款规模,提高支农支小力度,缓解辖区农业发展“融资难、融资贵”。全年全县发放支农再贷款1.3亿元,比上年增长59%;发放支小再贷款1亿元,与上年持平。落实金融改革,贯彻实施《存款保险条例》。7月,如东农商银行和如东融兴银行两家法人机构按时足额交纳第一期保费。加强窗口指导,推进利率市场化,推动两家法人机构参加省、市两级市场利率定价自律机制,确定利率浮动幅度5次。引导辖内法人机构参与合格审慎评估,提升定价能力。6月,如东农商银行通过合格审慎评估,正式获批成为市场利率定价自律机制基础成员。11月26日,如东农商银行发行首期同业存单1亿元。推广使用中征应收账款融资服务平台,分解落实注册任务与抵押融资目标,加大中小微企业融资支持。6月,如东农商银行依托平台成功发放南通辖内农商行系统首笔应收账款抵押贷款600万元。10月,如东农发行经平台登记发放江苏省首笔新型城镇化建设项目贷款28亿元。推进农村产权交易创新,协助县政府申报农村承包土地经营权抵押贷款创新试点。至年底,全县发放农村承包土地经营权抵押贷款970万元。制定《如东县金融综合服务站建设考核办法》和《如东县农村金融综合服务站精品工程建设标准》,协调地方政府和主办银行共同推进精品服务站建设。如东农商银行完成长沙镇、河口镇等地4家农村金融综合服务站精品化改造,服务站地理位置、门面标识、支付结算机具、服务品种等全面更新。促成农行如东县支行在河口镇、长沙镇开设农村金融服务便利店。加强银行账户管理,改善县域结算环境。全年开立基本户2137户,专用账户164户,临时户16户,撤销各类账户1288户。简化金融服务准入审批流程,受理上报辖区浦发银行、常熟农商银行如东支行、中行如东县支行和如东融兴银行签发华东3省1市汇票、电子商业汇票和加入大小额支付系统业务申请,受理招商银行如东支行加入支付结算系统申请。年末,全县金融机构本外币各项存款852.12亿元,比上年年末增加122.99亿元,增长16.87%;本外币各项贷款421.3亿元,比上年年末增加76.39亿元,增长22.15%,增量、增幅分别位居南通6县(市、区)第三、第一,其中工业贷款增量、增幅均位居第一。

**【金融生态创建】** 人民银行如东县支行完善金融稳定协调机制、金融机构风险监控机制,持续推进金融生态环境建设。适时调整充实金融稳定工作协调小组、金融生态县建设领导小组成员,多次召开创建工作协调会,明确各成员单位任务,形成打造良好金融生态环境的合力,夯实金融业健康发展基础。将金融生态创建指标纳入镇、区年度整体目标考核体系,加大对创建主体的考核力度。建立健全企业贷款担保、企业贷款抵押登记、不良贷款处置、企业融资协调和银行自我约束等金融安全机制,增强金融机构投放信心。加大金融法制宣传教育,配合地方政府和相关部门查处打击非法集资等违法犯罪行为,跟踪关注地方政府融资平台风险,维护辖区金融稳定。

【外汇管理服务】 支持涉外经济发展。人民银行如东县支行开展多层次宣传培训。针对外汇指定银行举办外汇管理政策培训3次。5月,联合交行如东支行举办如东沿海经济开发区外向型企业离岸金融业务培训会;7月,分管副行长应县商务局邀请在全县“招商论坛”对全县招商干部作外汇新政专题辅导;10月,联合中行如东支行举办外汇管理政策解读及金融产品推介会。健全外汇收支非现场监测和现场核查机制,实现货物贸易每月收支总量非现场监测和重点主体监测常态化。及时核查日常非现场监测发现的异常或可疑外汇收支,遏制跨境非法套利行为。加强企业跨境投融资服务,争取外汇管理新政在如东先行先试。支持企业“走出去”战略,为江苏中天科技有限公司争取外债额度1亿美元,对外放款额度6.2亿美元,获批跨国公司外汇资金集中运营试点。

【货币管理】 加强人民币管理和服务。人民银行如东县支行专项调查银行机构假币收缴程序、残损币清点质量、冠字号码查询和假币纠纷处理等,及时督促问题整改到位。至11月底,收缴各类假币1834张,计17.19万元。加大反假货币宣传,组织开展“3·15”现金业务权益保护宣传、“新钞宣传进交通领域”、2015年版第五套人民币反假知识宣传及“小手拉大手,人民币知识进校园”主题宣传活动。加强人民币收付质量管理,督促银行业机构执行柜面现金支付全额清分和冠字号码记录、储存、备查的规定。开展人民币收付业务和反假货币业务走访式检查,强化银行人员假币收缴责任意识和无偿兑换残缺污损人民币的服务意识。推进辖区现金集中代理库和社会化清分工作,并取得明显成效。2月28日,《金融时报》在第4版时评专栏刊载《现金集中代理和清分的如东探索》一文,并以《实现“时间表”需农商行参与》为题进行专题评论。6月14日,江苏省首家硬币清分鉴定中心——如东县硬币清分鉴定中心硬币清分鉴定试点服务正式运行。至11月底,清分业务37笔,清点1元硬币38969枚,5角硬币9031枚,1角硬币68597枚。

(曹金彪)

## 中国工商银行股份有限公司如东支行

【概况】 2015年,中国工商银行股份有限公司如东支行(简称工商银行如东支行)有营业网点11个,自助银行3个。年末,各项人民币存款余额76.83亿元,较年初增加4.27亿元。其中,储蓄存款余额37.69亿元,较年初减少3604万元;对公存款余额39.13亿元,较年初增加4.63亿元,按市行考核口径,加单位保本理财2亿元,实际对公存款增加6.6亿元。各项人民币贷款余额41.53亿元,较年初增加5.57亿元。其中,法人客户贷款余额10.63亿元,较年初增加9974万元;项目贷款余额22.08亿元,较年初增加2.85亿元;小企业贷款余额5.27亿元,较年初增加6822万元;个人贷款余额3.55亿元,较年初增加1.09亿元。实现利润1.98亿元,同比增加2212万元;实现中间业务收入9626万元,同比增加4956万元。

【负债业务】 工商银行如东支行发挥网点吸储主渠道作用。利用广播电视、公交车电子显示屏宣传工行产品优势、服务优势。拓展代发工资优质客户。1月,抓住县市场监督管理局组建契机,开展多层营销、对口营销、差别营销,使其代发工资落户工行。月均工资代发额达270万元。代发工资总额较上年增加6930万元,达10.99亿元。发展中高端客户和私人银行开户,提高个人金融资产。全年中高端客户增加1108户,其中20万元以上客户增加551户、100万元以上开户增加11户,个人金融资产较上年增加5.23亿元。加强重点客户维护,与县财政局加强联系,关注资金流向。年末,财政存款实现较大幅度增长。跨境人民币业务实现突破。5月,江苏液化天然气有限公司跨境人民币资金账户在该行开立,28日,成功办理跨境人民币资金入账17亿元,是该行单笔金额最大跨境人民币资金业务。完成省行级攻关项目新开户1户,新增存款1.01亿元,日均新增6612万元。完成新落户企业开户333户,年末时点余额1.19亿元。5月,对公存款余额首次超过储蓄存款余额。

【资产业务】 工商银行如东支行加大企业信贷融资,资产业务实现均衡发展。以公司股票为质押,发放江苏中天科技股份有限公司贷款1.7亿元,发放江苏九九久科技股份有限公司贷款8000万元、江苏快达农化股份有限公司贷款2000万元、海正化工南通股份有限公司贷款2770万元、江苏长青农化有限公司贷款3000万元等。发放新中心市场新建项目贷款2亿元、老县政府地块拆迁改造项目贷款2亿元。新增小企业贷款客户6户,新增贷款6822万元。

(郝 凯)

## 中国农业银行股份有限公司如东支行

【概况】 2015年,中国农业银行股份有限公司如东支行(简称农业银行如东支行)拓市场,调结构,创新金融产品,推进业务转型,各项金融业务稳健发展。与网点负责人签订防范案件和安全保卫责任书,实行防范风险抵押金制度。建立领导联系点制度,推进全行作风建设。5名班子成员挂钩全行14个网点。全年综合考核列全市前3。围绕年度综合考核指标，科学测算业务规模及增长目标，分解落实年度目标，监测考核进度。运用信贷管理系统，分析信贷客户资金需求及变化，加大信贷计划的前瞻性预测，提高贷款计划运用率。加强利率管理，规范利率权限。建立利率定期报备制度，备案管理外币存贷款、大额外币存款和超权限贷款利率，监督分析存贷款利率，发现偏差，立即通知整改。加强经济资本管理，定期通报分析经济资本占用情况，提高经济资本管理水平，压降经济资本占用。延伸柜台，建设离行式自助银行和金融便利店。新设便利店3个，其中开业2个、在建1个；搬迁自助银行1个，新增惠农服务点71个。实现营业收入2.78亿元，营业支出1亿元。实现考核口径中间业务收入6522万元。新开各类对公存款账户410户，新开账户对公存款余额2963万元；全县新注册企业在农行开户109户，开户率16.42%，比上年提高4.35个百分点；其中注册资金100万元以上企业在农行开户83户，开户率20.7%。各项存款余额92.85亿元，比年初增加9.61亿元；个人资金余额74.07亿元，比年初净增10.14亿元；个人储蓄存款余额65.19亿元，比年初净增7.99亿元，增量市场份额65.61%，列4行第一。个人贵宾客户比年初增加4193户，完成全年目标105%；贵宾客户金融资产比年初增加8.79亿元，全行个人有效客户11.96万户，比年初增加1.21万户，点均个人有效客户比年初增加866户。

**【贷款业务】** 农业银行如东支行围绕国家产业政策，调整增量贷款投向和存量贷款结构，集中资金支持农业产业化、特色农产品、棚户区改造、县城环境整治建设项目，向贷款增量要效益。攻系统户、抓大户，巩固黄金客户群，减小存贷款利率下调影响。创新"三农"贷款品种，发放全省首单"富渔贷"50万元。集中出击，主攻难点，清收不良贷款。年末，不良贷款236.71万元，比年初减少321.98万元。不良占比0.0492%，比年初下降0.088%。本外币各项贷款余额48.07亿元，比年初净增7.36亿元。个人贷款余额5.18亿元，比年初净增6114万元，占增量市场份额21%；法人客户贷款余额42.87亿元，比年初净增6.74亿元；其中贴现贷款余额3.72亿元，比年初增量3.32亿元。

（严永成）

## 中国银行股份有限公司如东支行

**【概况】** 2015年，中国银行股份有限公司如东支行(简称中国银行如东支行)扩充负债规模，做优资产业务，拉动中间业务和新兴业务。开展监督检查、合规经理专项检查和网点员工自查自纠，提高服务质量。针对民间借贷和非法集资现象活跃形势，强化员工行为管理，开展员工参与民间借贷、非法集资、经商办企业和违规销售理财产品专项治理活动。开展"合规操作，杜绝案件"等主题学习活动，通过重点辅导、案例分析和反面警示教育等方式，提升员工合规履职能力。全行全年安全无事故，无重大违规违纪问题。组织观摩优秀网点，与先进兄弟行开展经验交流，寻找服务差距。开展现场与非现场、实时监控与回放监控相结合的检查，发现问题，落实措施，跟踪整改，营造优质服务氛围。获二季度省行检查省市辖第一，2人获市行"最美大堂经理"称号，1人获省行"最美大堂经理"称号。通过办公会、行务会、日常沟通交流等方式，开展技能训练，提高员工基本素质。行技能测试参测率、能手率均为100%。改造营业部，新设中央广场自助区、中天润园自助区。推进"行心工程"建设，4个镇网点全部建成员工食堂，12月起，食堂午餐增加酸奶、水果；兵房支行和青园南路支行均建成"职工小家"。年末，中国银行如东支行有营业网点9个，离行式自助区8个。本外币各项存款新增9.56亿元；各项贷款新增2.23亿元。实现账面拨备前利润1.52亿元，年度绩效考核全辖县(区)组第一。（张玉平）

## 中国建设银行股份有限公司如东支行

**【概况】** 2015年，中国建设银行股份有限公司如东支行（简称建设银行如东支行）全口径存款余额及新增、一般性存款余额及新增、对公存款余额、各项贷款余额6项指标位居当地同业第一，一般性存款新增、储蓄存款日均余额及新增3项指标位居当地同业第二。中间业务收入同业排名第二。年末，个人储蓄存款余额60.25亿元，同业排名第二，比年初增加2.6亿元，同业排名第三，年日均增加6.3亿元，同业排名第二；企业存款余额41.7亿元，比年初增加334万元，4行余额份额占比27.58%，新增份额占比0.2%，分列第二位和第四位；公司类贷款余额44.8亿元，当年新增3.1亿元，4行余额占比28.6%，同业排名第一，新增额占比20.1%，系统内排名第一；外汇存款余额3131万美元，新增额系统内排名第一。

**【市场拓展】** 建设银行如东支行主动适应政策变化，梳理挖掘项目，与县财政局、县建设局、洋口港经济开发区等主要项目源头单位对接，完成刘埠渔港、安泰水利工程等多个项目评估，取得龙源风电、海启高速公路、一类债置换等项目批复，推进自来水、城市水环境建设等项目。完成项目评估7个，可投放有效贷款储备15亿元、投行储备11亿元，在手申报项目资金8亿元，创历史最佳。成功营销如东县自来水公司将存量柜面代扣业务通过银企直联项目向企业网银转移，实现"移分母"；营销自来水公司针对新增客户首推"社保卡"办理业务。5月25日，如东中等专业学校校园一卡通项目正式上线。组建营销团队，到该校开展批量代扣充值、批量手机银行签约业务，追加"空中圈存"项目。助保贷平台基本搭建完毕，税易贷、POS贷等大数据产品完成前期客户筛选和推广。成为省建行便民金融服务站建设和社会保障卡应用唯一试点。依

图 16　位于掘港镇天星村吉新强超市的晋级版助农金融服务点

托村级为民服务社，建设助农金融服务点，发放社会保障卡，切入农村居保服务。建成助农金融服务点 83 家，其中掘港镇、马塘镇、袁庄镇配置视频银行，掘港镇实现便民金融服务站行政村全覆盖。　(王婷婷)

## 交通银行股份有限公司如东支行

**【概况】** 2015 年，交通银行股份有限公司如东支行（简称交通银行如东支行）持续强化内控，抓核心存款，优化客户结构，提升经营效益。加强物理网点考核管理与自助网点维护管理，实现城区与社区双管齐下，以营业部为中心，设立普惠网点 1 个，离行自助网点 3 个。年末，全行各项存款余额 9.06 亿元，较年初增加 2.11 亿元。其中，对公存款余额 7.19 亿元，较年初增加 1.77 亿元；储蓄存款余额 1.89 亿元，较年初增加 3406 万元。各项贷款余额 6.08 亿元，较年初增加 4198 万元。全年实现中间业务收入 390 万元。

**【存款业务】** 交通银行如东支行加强对中高端客户维护，对日均资产大于 5 万元客户配备专属理财经理，每月电话回访，了解客户资产配备需求，提供符合客户要求的优质产品；对日均资产大于 100 万元客户，由分管副行长每季度沟通与拜访，必要时提供上门维护。年末，全行资产 5 万元以上客户 1100 多户。借助“家易通”业务，拓展结算型客户，开展手机银行营销活动，推动厅堂营销和现场批量营销，发展手机银行用户，增加客户储蓄留存率。新增“家易通”商户 130 余户，新增手机银行客户 1600 多户。维护代发工资单位，拓展对公存款，对公新开户 30 户。

**【贷款业务】** 交通银行如东支行加强各类风险防范和控制，细化信贷投向政策，优化信贷结构，提高运行质量。年末，全行人民币对公贷款 6.08 亿元，较年初新增 4198 万元。前移风险关口，控制不良资产绝对额，加强监督检查和清收处置，防控新增不良贷款。完成不良贷款集中处置及逐笔计提拨备工作，降低不良资产占比。梳理财务、授信、风险管理等内部控制重点和薄弱环节，细化操作流程，明确岗位职责，全行经营管理逐步规范化、制度化。

**【金融安全宣传】** 2015 年，交通银行如东支行组织“交通银行小小金融家”活动，邀请中高端客户与其子女共同参加，在保证活动趣味性同时，宣传金融安全知识。选派银行工作人员进入社区、市场、学校，通过派发传单与现场交流方式，提醒市民注意防范网络诈骗与非法融资等金融诈骗，倡导和谐安全金融环境。获市“巾帼文明岗”称号。(邹思洁)

## 南京银行股份有限公司如东支行

**【概况】** 2015 年，南京银行股份有限公司如东支行（简称南京银行如东支行）利用信贷资源，转型发展，各项业务平稳较快增长，呈现出良好发展态势。通过结构性融资、国内信用证、信贷资产转让、商票代贴、福费廷等表外业务，拓宽投放渠道，满足客户需求。2 月，成功发行南通洋口港综合开发有限公司中小企业私募债券 3 亿元。年末，南通地区首单上海自贸区 FTE 项下融资租赁公司对接大洋口 6 亿元项目，总行审

图 17　3 月 7 日，沿海经济开发区与南京银行如东支行召开战略合作洽谈会

批通过开始投放。创新服务,自营掉期类产品“鑫换宝”,成功办理如东经济开发区重点客户跨境人民币信用证业务。重点服务“三农”、小微企业及个体经济户,通过“鑫正大”小微企业贷款批量业务,投放小微贷款106笔7825万元。普及金融知识,加强征信宣传,开展“反假、反洗钱、金融知识下乡”等宣传活动30余场次。至年末,本外币各项存款余额36.75亿元,比年初增加18.57亿元。其中储蓄存款2.91亿元,比年初增加1.06亿元。表内外信贷敞口余额超43亿元,其中贷款余额10.05亿元,比年初增加4.38亿元。

(李伯宇)

## 江苏银行股份有限公司如东支行

**【概况】** 2015年,江苏银行股份有限公司如东支行(简称江苏银行如东支行)开办代理收费、代发工资、代理保险等业务,加强营销力度,争取国际结算业务,增加中间业务收入。加强信贷管理,建立信贷客户档案;加强抵(质)押物合法性、真实性考察,完善抵押物财产保险手续。年末,各项存款余额40.6亿元,较年初增加8.88亿元。其中,对公存款余额29.78亿元,较年初增加6.63亿元;储蓄存款余额10.83亿元,较年初增加2.14亿元。各项贷款余额40多亿元,较年初增加6亿元。与县城12个社区结对共建,党员干部深入社区开展业务宣传,送服务上门。开展“文明服务月”活动,树立文明服务理念,获中国银行业协会“五星级网点”称号。

**【信贷市场拓展】** 江苏银行如东支行跟踪落实政府投资和省、市政府重点建设项目资金,保证项目配套贷款和重点建设项目合理资金需求及时到位。跟踪关注招商引资重点项目,配套信贷资金,培育信贷投放增长点。拓展个人消费信贷领域,促进个贷增长,重点拓展住房贷款、个人消费贷款和个人经营性贷款。创新金融产品,推出“税e融”业务,小微企业凭纳税记录即可申请,为30户中小企业贷款近1000万元。开展银行汇票承兑与贴现业务,引导效益好、信誉高、还款有保证的企业在购销活动中使用银行汇票结算,拓宽企业融资渠道,加速资金周转。参加银企资金供需洽谈会,组织银企融资合作和金融产品推介。

(叶 平)

## 中国农业发展银行如东县支行

**【概况】** 2015年,中国农业发展银行如东县支行(简称农业发展银行如东支行)围绕项目营销、存款组织、风险防控等重点工作,实现“履职服务优、经营绩效佳、风险防控准、基础管理强、作风素质好”目标。核查信贷信息,分析第一还款来源,完善担保手续,防止利用虚假材料骗贷。落实贷款资金支付管理规定,加强大额支付跟踪检查,防止被挤占挪用。坚持库存监管制度,关注企业生产经营活动,确保物资流和资金流相对应。累放贷款21.08亿元,比上年增长113%;年末各项贷款余额27.73亿元,比上年增长99.07%;存款余额13.05亿元,比上年增长86.96%;盈利5127万元,继续保持“信贷资产优质行”称号。

**【存款业务】** 农业发展银行如东支行加强管理,留存贷款企业下游客户存款2.8亿元。与建设银行如东支行、工商银行如东支行等商业银行加强合作,办理银行承兑汇票5.8亿元,吸收存款5.22亿元。主动营销,与发债企业和资金监管行共同商谈发债资金使用规划,通过办理通知存款、活期存款等方式,营销发债资金存款4.9亿元。完成2015年直补资金代理拨付试点工作。增加存款积数,及时将棉花综合补贴资金99.21万元和粮食综合补贴资金4084.21万元拨付给17.09万户农户。

**【贷款业务】** 2015年,农业发展银行如东支行投放县开泰城建投资有限公司县城规划区水系整治工程项目贷款2.6亿元、县西部片区水系整治工程2.4亿元,投放县日泰投资管理有限公司项目贷款3.7亿元、洋口港整体城镇化项目贷款11亿元。投放粮棉油购销储贷款1.59亿元,支持企业收储粮食6.15万吨。做好夏秋托市收购,组织开展企业信用等级评定和额度核定,在企业有效资产应抵尽抵基础上,提前备足资金做到“钱等粮”,筹集存放粮食共同担保专户基金1500万元。与中储粮如东直属库及购销公司一起做好委托收储库点确认和空仓核验等工作,确认收储库点6个,空仓23个。预案启动后及时将资金下拨到各收储库点,支持所有库点入市敞开收购。累计收储小麦1.72万吨、稻谷2万吨。全年共投放自主收购贷款6340万元,支持企业购粮2.46万吨。支持产业化龙头企业短期流动资金需求,投放产业龙头企业短期贷款6950万元。

**【结算及中间业务】** 农业发展银行如东支行严把柜面监督关,坚持对大额业务逐笔审核把关。坚持定期检查企业、人民银行如东支行、同业和系统内资金往来情况,共审批大额现金支付15笔、金额106万元;大额转账263笔、金额22.65亿元;发出资金到账通知单521份、金额36.29亿元;银企对账单有效收回率100%,对账相符率100%。实现中间业务收入247万元、国际业务量1579万美元、结算收入16.1万元,无银行承兑汇票垫款、以贷收贷、以贷收息等现象。

(左本生)

## 江苏如东农村商业银行股份有限公司

**【概况】** 2015年,江苏如东农村商业银行股份有限公司(简称如东农商银行)围绕“特别注重基础管理、特别注重提高素质、特别注重改革创新、特别注重务实高效”,推动全行转型发展。年末,各项存款余额241.7亿元,比年初净增40.8亿元,增幅20.31%;各项贷款余额

图 18　9 月,如东农商银行被评为 2015 全国最受创业者欢迎的农村商业银行

126.2 亿元,比年初净增 18.1 亿元,增幅 16.76%。存贷款总量、增量、市场份额均居全县同业首位,增幅位居全省农信系统第 13 位、第 9 位,南通市农商行系统第 1 位。全年实现各项收入 15.3 亿元,同比增加 2.1 亿元,增幅 15.85%;实现利润总额 2.5 亿元,同比增盈 0.12 亿元,增幅 5.12%;实现金融增加值 5.6 亿元,同比增加 1.04 亿元,增幅 22.91%。连续 3 年蝉联省联社劳动竞赛苏中地区一等奖,被评为中国地方金融十佳服务小微企业银行、中国服务县域经济领军银行、2015 全国最受创业者欢迎的农村商业银行、县人民满意机关、县服务工业经济先进单位。

**【业务发展】** 如东农商银行通过开展劳动竞赛、强化低成本存款考核等方式,调整存款结构,巩固壮大资金实力。年末,低成本存款(1 年期以内)余额 48.96 亿元,比年初净增 12.31 亿元,占比 20.24%,比年初上升 2.02 个百分点。组织开展自然人贷款“月月增”劳动竞赛和定报企业走访活动,持续推进“扩面增量提效”工程、“阳光信贷”工程、“双百培育”计划,夯实信贷市场基础,促进贷款有效投放。年末,法人贷款客户 737 户、余额 87.87 亿元,比年初净增 66 户、7.68 亿元;自然人贷款客户 8114 户、余额 20.35 亿元,比年初净增 2086 户、6.83 亿元。开发符合县域经济特点和农户、市民消费习惯的金融产品,先后推出满足公职人员消费需求的“薪易贷”,种养殖户生产经营需求的“致富贷”,小微企业转续贷需求的“流转贷”等特色信贷产品,促进贷款有效投放,发挥支农主力军作用。通过中征应收账款融资服务平台发放应收账款质押贷款 9600 万元,盘活小微企业应收账款存量,拓宽小微企业融资渠道。

图 19　1 月 5 日,如东农商银行召开 2015 年首季“开门红”动员大会

**【商务转型】** 如东农商银行投入运行 3G 移动办公终端,推出手机银行自助理财、自助贷款和圆鼎卡京东支付、微信支付功能,上线积分商城 APP,获批贷记卡发放资格,开通代收水费、电费、电信费等中间业务,丰富产品服务体系。实施“如东农商华泰中信 3 号定向资产管理计划”,全年发行个人理财 42 期,募集资金 10.88 亿元,初步实现理财资金自主运作。在南通市农商银行系统率先开办同业理财业务,募集资金 8.9 亿元,开辟同业投资新途径。通过法人金融机构合格审慎评估,成为市场利率定价自律机制基础成员,成功发行首期同业存单,有效拓宽融资渠道。推出贸易融资、跨境人民币、个人外汇、网银结汇等国际业务新产品,全年完成国际结算 1.52 亿美元。

**【风险防控】** 如东农商银行对 100 万元以上自然人贷款、500 万元以上企业贷款开展常态化贷后检查,全年检查 542 户 85.02 亿元。相继开展个人贷款用途真实性“飞行检查”、贷款风险分类检查、企业担保圈贷款检查、抵押贷款风险排查等专项检查,从严管控信贷风险。对 100 万元(含)以上不良贷款逐户分解落实清降方案与责任,清收大队由 2 个增加至 3 个,通过驻点清收、法院集中执行清收、预赔偿责任清收,清降不良贷款。重塑“铁账、铁款、铁规章”品牌,夯实基础管理。开发运行人脸识别押运系统、金库管理系统、ICC 内控管理系统、科技运行风险防控平台、重点监管风险自查平台等 8 大系统,不断满足全行

经营管理需求。 (许 华 周晓霞)

## 江苏常熟农村商业银行股份有限公司如东支行

**【概况】** 2015年,江苏常熟农村商业银行股份有限公司如东支行(简称常熟农商银行如东支行)推出“粒金消费通”“粒金圆梦贷”“易农贷”等无抵押贷款品种。与中国银联合作开发支付工具“粒金卡通宝”,按企业需求推出国内信用证、“票证通”等信贷融资产品。小微金融部推出免抵押“粒金小本生意贷”,主要针对私营业主、个体工商户、家庭作坊和种养殖户。最高贷款金额达200万元。年末,累计放贷超13亿元,贷款余额突破10亿元,信贷支持各类客户2600多户,服务客户及业务覆盖如东各镇。 (曹沛佩)

## 中国邮政储蓄银行股份有限公司如东县支行

**【概况】** 2015年,中国邮政储蓄银行股份有限公司如东县支行(以下简称邮储银行如东县支行)以转型发展为主线,全面落实精细化管理要求,优化人员配置,加快业务创新,业务发展与内部管理均呈现出良好态势。开展竞争上岗和岗位技能测评活动,轮换前台柜员与信贷从业人员,输送后台优秀管理人才到业务一线发展。邮储银行如东县支行全年累计收入达9093.71万元(全区排名第一)。至年末,个人储蓄总规模24.83亿元;销售代理保险1.77亿元,全区第一;零售信贷总规模4.87亿元,公司存款余额10.2亿元。全年清收短期逾期贷款235笔,收回本息233.84万元,清降逾期余额1351.05万元。

**【业务发展】** 邮储银行如东县支行以创新推动业务发展。通过开展“满意在邮储”“比一比、算一算,邮储银行更划算”“客户办业务积分兑好礼”“闹元宵”等系列营销活动,引导客户办理离柜业务推进了电子银行业务的发展。12月,电子银行交易替代率达83.96%,比年初提升12个百分点。通过增加特约商户,吸引信用卡客户,全年累计发信用卡2906张,全区第一,激活2101张,计划完成率109%,累计激活率61.07%,高于全区平均累计激活率13.2个百分点。通过开展“激情夏日”公司业务竞赛、“客户积分送好礼”等活动,巩固老客户余额规模,积极发展新客户,利差收入实现高量增收。9月,经多渠道营销公关,获交通平台发债资金托管7.5亿元,平台资金沉淀6000多万元。公司(小企业)授信收入提升,江苏中天科技有限公司总授信额度达5.05亿元,成为业务新的增长点。加大与优质担保公司项目担保合作力度,先后向马塘自来水公司、袁庄自来水公司放贷1500万元。7月,先后开立全区首例财政乡镇结算专户和鑫信贸易账户,账户沉淀资金达1.5亿元。与中国银行南通支行、招商银行南通支行、浙商银行股份有限公司、招商银行苏州支行接洽,开展“福费廷”(forfeiting,原意为丧失、没收,是指改善出口商现金流和财务报表的无追索权融资方式,包买商从出口商那里无追索地购买已经承兑的、并通常由进口商所在地银行担保的远期汇票或本票的业务叫做包买票据,音译为福费廷)业务,买入“福费廷”11亿元,实现收入523.9万元。结合区域特色,推动零售信贷业务平稳发展。针对南美白对虾行业设计的家庭农场专业大户贷款投放良好,贷款余额1700余万元。以新希望饲料有限公司、南通巴大宝鼎生物饲料有限公司等农业龙头企业为营销主体,发挥“富农贷”优势,发展“富农贷”客户16户,实现从销售到种养殖大户的集团化批量客户开发。通过与县农办沟通,健全涉农大户基础台账,为农村种养殖户提供金融服务。 (张 钰)

## 江苏如东融兴村镇银行有限责任公司

**【概况】** 2015年7月,江苏如东融兴村镇银行(简称如东融兴银行)天一支行正式营业。至此,如东融兴银行有营业网点2个。如东融兴银行发挥“小、快、灵”优势,差异化经营,做好小额信贷业务,信贷资金重点投放农村合作社、种养殖业农户、城乡失业再创业人员等群体。创新工作思路,推动“金融服务进村入社区”。与县人力资源社会保障局合作推出下岗再就业贷款。累计发放下岗再就业贷款5461万元,贷款余额1475万元,业务覆盖14个镇(区)30多个行政村,325个客户。年末,各项存款余额6.66亿元,较年初减少1096.70万元,减幅1.62%;贷款余额4.11亿元,较年初减少2625.61万元,减幅6.01%。 (张 玮)

## 中信银行股份有限公司如东支行

**【概况】** 2015年,中信银行股份有限公司如东支行(简称中信银行如东支行)各项存款余额12.81亿元,较年初新增5.05亿元,其中对公存款余额11.78亿元,较年初新增4.53亿元;零售存款余额1.03亿元,较年初新增5200万元。对公存款日均余额10.95亿元,零售存款日均余额7900万元,存款时点与日均余额及当年新增余额均领先县内股份制同业。各项贷款余额6.62亿元,其中公司贷款余额6.39亿元,零售贷款余额2300万元。结构化融资余额2.5亿元,银票敞口余额2.2亿元,中间业务收入1580.19万元,其中公司条线完成341.85万元,投行条线完成534.44万元,同业条线完成332.93万元,国际条线完成299.67万元,托管条线完成71.3万元。强化服务品质管理,在全年南京分行暗访中列全辖第三。定期组织员工学习业务知识,提升员工操作技能,开展理论与技能考试。2015年,获国际金融理财师(CFP)认证1人,获金融理财师(AFP)认证2人,获保险销售从业人员资格认证5人。严控风险,培育“全员、全过程、全方位”风险管理理念,将合适产品配置适合客户,退出风险贷款950

万元。

【零售业务】 中信银行如东支行由“坐商”向“行商”转变,竞聘成立县城周边与西部乡镇外拓团队2个,全行动员,公私联动,全面推开零售业务营销。针对公务员、事业单位人员等重点人群,推送消费贷、公积金贷和住房按揭贷等产品;以优惠费率吸引优质客户安装使用POS机;在金融机构网点较少、群众储蓄率高、资金量大的如东西部地区,逐户争取客户。依托新版手机银行零手续费、转账即时、专享理财的优势带动业务发展。利用周末、节假日期间上门为客户办理业务。年末,管理资产2.6亿元,其中零售存款余额1.16亿元,理财产品销售6.9亿元,个贷余额2312万元,新增网银用户5074户,手机银行用户5088户,信用卡1476张,有效POS商户399户。

【对公业务】 中信银行如东支行夯实对公业务基础,扩大对公客户群体,客户涉及财政、教育、卫生、建筑等多个领域。通过走访县财政东泰公司、洋口港经济开发区、沿海经济开发区、循环经济产业园等县内重点经济载体,强化优质实体经济营销。成功开拓县人民医院等跨经济周期行业客户,办理综合授信业务。重点营销战略客户、经营中型客户,加大结算类负债、机构负债营销力度。营销江苏顺通建设工程有限公司等纳税大户,与江苏顺通建设工程有限公司、江苏九九久科技股份有限公司等形成授信业务合作。对公敞口授信客户12户,新增5户,新增授信额3.6亿元,新增提用敞口3.45亿元。对暂不具备授信条件的,以行定期存款利率上浮、存贷通、掉期宝、智能存款等优势产品吸引客户,建立合作关系。新开立对公结算户33户。机构客户存款时点余额5.96亿元。 (周雯娟)

## 上海浦东发展银行股份有限公司如东支行

【概况】 上海浦东发展银行股份有限公司如东支行(简称浦发银行如东支行)于2013年12月26日开业,为全功能二级支行,设行长室、综合办公室、公司业务拓展部、零售业务拓展部、营业部5个部室,设置自助存取款机3台。2015年,全行20人,其中聘用工18人、劳务用工2人,大专及以上学历20人。该行以客户为中心,秉持“文化引领,理念先行,笃守诚信,创造卓越”经营理念,打造服务和管理精品银行。办理浦发银行南通分行首笔“江海租赁”融资2.4亿元;为南通辉煌彩钢有限公司、南通五建建设工程有限公司办理“银租保”融资1.9亿元。年末,各项存款余额14.59亿元,日均11.66亿元,其中储蓄余额7893万元、公司存款余额13.80亿元,存款余额较上年增加3.13亿元,日均较上年增加4.04亿元;各项个人金融资产2.8亿元,信贷投放20亿元,支持地方实体企业26家,投放约3.9亿元。个人理财产品余额1.99亿元、较上年增加7425万元;全年累计销售国债39.5万元;票据贴现业务18笔、7.85亿元;贷款余额14.78亿元,较上年增加7.78亿元,其中短期贷款余额8.75亿元、中长期贷款余额6.03亿元。连续获2014年、2015年浦发银行南通分行绩效考核综合排名第一,2015年被县委、县政府评为“人民满意机关”。

(陈小祥)

## 招商银行股份有限公司如东支行

【概况】 2015年1月29日,招商银行股份有限公司如东支行(简称招商银行如东支行)正式落户如东,在编员工19人,围绕“因您而变”服务理念,着力打造“轻型银行”。年末,全行各项存款余额6.4亿元,较年初增加6.2亿元。其中,储蓄存款余额7212万元,较年初增加6045万元;对公存款余额5.7亿元,较年初增加5.6亿元。各项贷款余额3.4亿元。其中,个人贷款余额2861万元,对公贷款余额3.1亿元。表外余额3.5亿元,中间业务收入1200万元。全年对公开户139户,开银行卡6145张,代发企业21户,代发人数1408人。

【存款营销】 招商银行如东支行通过“掼蛋比赛”“最萌少儿评选”、微信短信、橱窗展示、广播电视片前广告等方式,宣传存款、理财、贷款、信用卡等产品。与证券公司合作,拓展三方客群,关联225户,三方管户总资产5000万元。制定外拓营销计划,扫楼扫街、跑拆迁户、盯政府集资款,公私联动,加大代发薪营销,

图20 8月8日,招商银行如东支行到幸福蓝海影院进行产品宣传

扩充对公客户群体，促进对公存款增长。开展批量营销、客户转介有礼、“走出去、请进来”活动，扩大营销半径，稳定获客。

【贷款业务】 招商银行如东支行坚持效益、质量、规模与结构协调发展，重视经济实体信贷投放，支持全县小企业发展，全年新增小企业授信客户 20 户，授信金额 1.8 亿元。支持全县教育、卫生、城建、交通等公共事业发展，给予如东县马塘中学、如东县掘港高级中学、如东县中医院、如东县方泰城乡建设工程有限公司等多家政府平台单位授信。根据客户需求制定特色授信方案，加快推广国内信用证、福费廷、商票见证、银票见证、票据池等供应链融资产品，创新推进“小企业 E+ 金融”“三板贷”“委托贷”等多元化融资工具，缓解信贷规模紧缺，拓宽客户投放渠道。 （陆姜君）

### 中国人民财产保险股份有限公司如东支公司

【概况】 2015 年，中国人民财产保险股份有限公司如东支公司强化绩效考核，夯实管理基础，提升服务能力，在应对挑战中实现跨越发展。公司在编员工 67 人。均衡发展车险、非车险、农险 3 大板块业务，续保存量，以转、新保业务为增长点，重点拓展渠道业务和大项目工程，继续占据市场主导地位。实现保费收入 2.07 亿元，同比增长 13.81%，整体市场份额 42.88%。其中，车险保费收入 1.43 亿元，同比增长 18.77%，市场份额 38.56%；非车险保费收入 3702 万元，同比增长 8.59%，市场份额 54.01%；农险保费收入 2661 万元，同比下降 1.71%，市场份额 62.74%。发挥保险“助推器”和“稳定器”作用，为交通运输、企业财产、重大工程、农业生产及对外贸易等经济社会重要领域保驾护航。开办政策性农业保险、滩涂作业人员意外伤害保险、“和谐家园”家庭财产意外伤害保险、超过法定退休年龄从业人员从业伤害保险、学生（幼儿）意外伤害保险、环境污染责任险等民生险种。累计处理赔案 1.86 万件，支付赔款约 1.5 亿元。（吴媛媛）

### 中国人寿保险股份有限公司如东支公司

【概况】 中国人寿保险股份有限公司如东支公司（简称中国人寿保险如东支公司）以人为本，以文化人，强化“拼搏、创新、争先”如东国寿精神宣导，培养干部员工为事业“敢想、敢拼、敢赢”精神、“认真、较真、顶真”务实作风和“爱岗、敬业、奉献”热情，实现总保费收入 5.92 亿元，同比增长 9.19%。其中，首年期交保费 1.05 亿元，同比增长 23.76%；短险保费 3506.16 万元，同比增长 22.04%。纳税 1042.10 万元。年度综合绩效考核在全市系统排名第三位。获市“文明单位”称号。

【服务民生】 中国人寿保险如东支公司推进农村保障体系建设，在中标如东县新型农村合作医疗大病保险和意外伤害保险项目后，又开办如东县新型农村合作医疗补充保险，使全县 70 万参合农民健康保险更全面，解决参合农民因病致贫、因病返贫及因意外事故致残、致死得不到补偿等问题，成为新农合“如东模式”。

【诚信建设】 中国人寿保险如东支公司把风险防范纳入日常经营管理，建立风险预警责任制。举办“讲诚信、守规章”专题培训和依法合规经营知识考试 16 场次，各营销点设立“诚信墙”，销售人员签订承诺书，领导深入营销点做新版《保险营销员违规处理规定》宣传，强化销售误导专项治理，做到依法合规经营。 （张秋玲）

## 房地产业

【概况】 2015 年，如东在建房地产开发项目完成开发面积 55 万平方米，同比下降 63%，完成全年任务 55%。其中县城完成开发面积 30 万平方米，完成县城全年任务 39%；镇（区）完成开发面积 25 万平方米，完成镇（区）全年任务 100%。批准预售项目 15 个，批准预售面积 53.6 万平方米，同比上升 1.2%。其中县城批准预售项目 9 个，批准预售面积 42.3 万平方米，同比上升 16.6%。商品房销售 3789 套，同比下降 2.5%；销售面积 44.6 万平方米，同比下降 1.6%；成交额 26.1 亿元，同比下降 0.3%。其中，县城住宅销售 2242 套，同比下降 1.9%，销售面积 29.3 万平方米，同比上升 4.4%，合同成交额 17 亿元，同比上升 6.3%。县城商铺销售 339 套，同比下降 28.5%，销售面积 2.5 万平方米，同比下降 54.5%，合同成交额 3 亿元，同比下降 36%；县城办公用房销售 89 套，同比上升 75%，销售面积 1 万平方米，同比上升 85%，合同成交额 0.5 亿元，同比上升 120.8%。住宅均价每平方米 5199 元，同比下降 2.5%；全县商铺均价每平方米 10240 元，同比上升 36%；全县办公用房均价每平方米 5342 元，同比上升 21%。其中，县城住宅均价每平方米 5580 元，同比下降 0.6%；县城商铺均价每平方米 12344 元，同比上升 44.25%；县城办公用房均价每平方米 5342 元，同比上升 4.9%（以上均价不包括安置房和别墅）。

（冯溢铭）

## 信息服务业

### 邮　政

【概况】 县邮政公司内设综合管理部、市场经营部、人力资源部、财务核算部 4 个部门，金融业务局、函件业务局、电子商务局、集邮公司、发行投递局 5 个专业局及 7 个班组。共有邮政网点 50 个，其中，代理金融网点 41 个，纯邮政营业网点 6 个，代办点 3 个。开设邮路 108 条，总长度（单程）6517.5 公里。2015 年，县邮政分公司加强邮政渠道服

图 21　10 月 11 日，投递员领取新摩托车

务能力建设，推进“互联网 +”，成立邮政小包中心，优化包裹资费，提高寄达速度。依托“邮掌柜”平台，接入如东商家 70 户，把优质商品送下乡，把农产品引进城。拓展邮政公共服务平台，建成村邮站 125 个，开通代缴话费、电费等便民服务。与县检察院联合开展“预防邮路”工作，充分利用投递员联系千家万户的优势，在邮路上宣传预防职务犯罪知识。提升邮政服务能力，装修改造石甸、岔北、石屏、汤园、浒零邮政营业网点 5 处，增加营业面积 550 多平方米。提升投递服务能力，为投递人员更换摩托车、增配手持智能终端 PDA。实行“神秘人”检查和窗口服务不预告检查，以营投人员岗位练兵、“一坐到底”知识竞赛、“合规闯关”考试、营投人员技能大赛等活动为载体，提高邮政服务质量。2015 年，邮政业务总收入 1.64 亿元，同比增长 13.1%。收入计划完成率、有效收入增幅均居南通邮政系统第一。“文明信使”关爱孤老行动获省青年公益项目大赛优秀奖。1 人获省第二届“百佳孝星”称号。

**【业务发展】** 县邮政分公司制定阶段发展目标，重点抓住跨年度竞赛、“转型促发展打造新优势”等主题竞赛活动，推动金融业务稳步发展。全公司开展金融转型网点 12 个，按照转型标准流程导入固化，网点人员经营理念和经营模式发生转变。函件专业引入新媒体、新技术，整合自有和社会资源，制定产品组合套餐，实现平稳发展。发投专业重点经营“品牌 +”、畅销报刊、校园报刊、零售等项目，通过项目营销、主题活动推动业务常态化发展。集邮专业开展新邮预定、旺季邮品销售等竞赛活动，举办“邮文化”进校园活动。电商专业抓好短信、代理车险、分销等重点工作，发展势头良好。　(郭海霞)

图 22　5 月 26 日，举办“邮文化”进校园活动

## 电　信

**【概况】** 2015 年，中国电信股份有限公司如东分公司（简称如东电信公司）围绕“智慧如东”“光网城市”等加快业务发展和通信能力提升，重点业务稳步增长，转型创新持续深化。2015 年年末，移动用户 17 万户，宽带用户 12 万户，固定电话 20 万户。全年电信业务收入近 2 亿元。建立“面向用户精确服务、面向前端一点响应、面向装维全程支撑”服务保障体系。服务沿海经济开发和洋口港建设，完成沿海经济开发区无线对讲通信系统、机房搬迁工程，如东经济开发区视频监控工程等，与县政法委携手推进如东综治信息系统建设。

**【信息化提升】** 如东电信公司以信息化应用和智能终端为抓手，发展智能手机、4G 网络和光网宽带等业务。宽带份额占 60%，移动用户同比增长 4.8%，其中 4G 移动用户 7 万户，是 2014 年近 6 倍；发展流量经营，流量收入达 3600 万元，同比增长 53.4%。与县政法委联合推进综治 E 通项目，覆盖全县 15 个镇（区）250 个村委会和公安局、维稳办、司法局、教育局、调度中心、交通局、安监局、铁路办、信访局、团县委、民政局、卫计委 12 个成员单位的综治系统，实现综治专干每日“电子签到”和“零报告”。

**【通信能力建设】** 如东电信公司投

资1亿元,推进“光网改造”,光纤到户数由上年10万户增加到33万户,覆盖率由30%提升到98.8%。开通基站近300个,4G室外基站500多个,4G网络信号全覆盖;优化海域覆盖、关键楼宇、高层小区4G覆盖,提升重点场所用户感知。对如东室分系统进行4G合路,共合路4G信源100台。 (陆晓雯)

### 移动通信

【概况】 中国移动通信集团江苏有限公司如东分公司(简称如东移动公司)加大投入,打造精品网络,巩固网络优势,GSM/TD-SCDMA/TD-LTE网络实现无缝覆盖。2015年,工程建设投资逾1.1亿元。新建通讯基站119个,4G基站逾500个;与铁塔公司完成基站交接367个,基站建设总投资逾7000万元;农村驻地网新增覆盖3.8万户,新建小区覆盖7300户,总投资逾3000万元;完成集团各类接入350余家。新建中国移动手机连锁卖场15个、营业厅29个、便利店15个、新一代卖场132家。至年底,全县有营业网点202个,便利店213家。升级优质末梢为三星级渠道网点5个;亮化改造优质网点27个。通过举办智能手机应用讲座和“进企业送服务”等形式,提升用户体验,拓展用户群体。至年底,用户规模55万户,4G用户突破22万户,收费通信用户净增2.3万户,通信份额提升1.5%;终端销量完成15.8万台,宽带用户净增2万户。集团信息化收入2318万元,同比增长25.76%。推广“党群户户通”综合服务平台,为各镇政府、村支部提供村务公开、生产指导、农情气象、农业资讯等服务,大豫镇丁家店村率先安装使用。到如东县沪马福利针织机械公司,为该公司聋哑、肢残员工制定4G服务优惠方案。服务全程满意度全市第一,集团服务满意度全市第一。 (鲍陈冬)

### 联通通信

【概况】 2015年,联通如东分公司以网格、集团、渠道、降本增效、流量经营为工作中心,构建以客户为中心的全业务运营体系,持续增强网络保障和服务领先能力。通服收入完成年计划68.6%,同比下降4.6%。其中,公众专业完成计划70.1%;集团专业完成计划63.2%。做好存量经营和移网新增工作,推进重点业务规模提升。聚焦收入环比情况和净增出账用户数,以合约为主要抓手,发挥“双百兆双4G”优势,提升4G业务市场占有率。推进终端合约拉动。利用iphone6s/6sP、三星S6等明星终端建立的良好口碑,加快4G高端用户发展;利用千元智能机及低价位合约送机保有中低端客户市场,扩大合约占有率。聚焦特定群体市场发展,以流量经营引导存量用户迁移发展。抓住企业及建筑工地、车站、菜场等返乡人员集中区域摆摊设点推广,同时对中间零售渠道进行渗透,1月成功发展用户6892户。利用4G优势,引导2G/3G用户迁移至4G网络,至11月,4G在网用户1.38万户。围绕“互联网+”及中小型企业云平台,坚持将固网业务及4G流量产品拓展为集团业务核心,成功拓展县公安局、县交通局、如东农村商业银行、华润新能源(南通)风能有限公司、江苏东能天然气管网有限公司等集团单位。至9月,集团自有渠道完成新增收入103万元。发展智慧沃家业务,提升固网市场份额。加强与县文广传媒集团合作,推动宽带用户发展。 (缪向阳)

# 对外及对港澳台经贸

## 综　述

【概况】 2015年,国际贸易形势错综复杂,县委、县政府应对宏观形势变化,利用外资水平持续提升,对外经贸波动大,对外合作不断拓展。全年工商注册外资6.55亿美元,外资到账4.25亿美元,注册外资、到账外资总量6县(市、区)第一。全年外贸进出口额24.46亿美元,同比下降26.1%。其中,出口完成14.41亿美元,同比增长11.8%,增幅位于全市各县(市)区第一;进口完成10.05亿美元,同比下降50.3%。对外承包工程和劳务合作经营收入6600万美元,境外投资中方协议投资1120万美元,新派劳务人员1476人。至年底,全县实有外商投资企业476家。

## 利用外资及港澳台资

【概况】 2015年,县政府锁定南通市下达外资利用目标,按照以月保季、以季保年思路,分解落实指标任务,排出全年外资利用重大项目清单及推进计划,确保完成阶段性目标。每个重大项目都由1名县四套班子领导挂钩牵头服务,并将服务效能与领导年终绩效考评挂钩,解决项目推进过程中存在的重大问题,保障重大项目落户、正常运营。县每月召开1次重点工作督查推进会,各镇(区)主要领导向县四套班子领导汇报招商引资推进情况,未完成序时目标说明情况。各镇(区)每个月1名主要领导带队在外招商。3月底和8月底,启动招商引资百日竞赛活动和冲刺全年任务两大战役,抓重大项目推进和外资到账。全年利用外资再创新高,新批外资项目52个,注册外资6.55亿美元,其中注册资金超1000万美元项目18个,超3000万美元项目1个,新批外资项目外资到账4.25亿美元。

【重大项目服务】 如东县重视利用外资数量和质量,推动重大外资项目落户。年初,健全项目班子应急工作机制,由县商务局、县招商局、县发改委、县规划局、县住建局、县国土局等部门组成,及时处理项目推进过程中难题,应对项目落户过程中出现的突发情况。2015年,全县单体到账规模超1000万美元项目8个,累计到账1.66亿美元,占全县到账额39.1%。20个项目实施增资扩股,累计到账9358万美元,占全县到账额22%。

【招商方式创新】 2015年,如东县不断完善协会产业联盟招商、以商引商等招商方式。强化招商指导,举办招商实务培训班,编印《产业招商研究指引》和《对台招商指引》,指导各镇区招商。根据全县重大招商活动计划,组织如东(上海)服务业招商说明会、江苏浙商走进如东推介会、侨资侨智如东推介会等较大规模招商活动,邀请国内外客商500多人,推介如东投资环境、展示如东发展商机。分专题、分产业举办苏南(如东)装备制造业招商推介会等小型投资环境说明会,各镇(区)共举办各类小型投资环境说明会60多场次,获取有效信息800余条。

【外资结构调优】 2015年,如东县加快引进新能源、生物医药、精细化工、涉港工业、现代装备制造业等新兴产业项目,引进帕尔菲格特种车辆装备、光大生物能源等一批支柱性新兴产业项目。统筹推进一、二、三产招商,新引进金太天然气、顺宁仓储、远茂资产管理、聚光科技等服务业项目。全年新批注册及增资外资项目72个,其中一产项目7个、二产项目19个、三产项目46个。

【外资企业年检】 2015年,县商务局根据商务部等部委要求,联合县市场监管局、人民银行如东支行等单位,组织县内外资企业年检。应年检外商投资企业458家,实际参加年检企业416家,占应参检数90.82%,参检企业通过率100%。

【驻外招商】 2015年,县政府驻上海、苏南、深圳招商联络处根据各驻点区域内产业特点及发展趋势,广泛收集分析产业对外转移、扩张信息。加强与驻地商会联系,依托商会平台开展活动。苏南联络处在苏州如东商会和无锡如东商会门户网站中开辟招商宣传板块,在苏州商会期刊《苏州如商》和无锡如东商会《如东商人》杂志中开辟专栏宣传如东,形成现代与传统并举、网上与网下并存宣传体系。上海联络处与上海如东经贸促进会合作,探索无地招商或少地招商可行模式,以存量引增量,针对老企业采取腾笼换鸟、收购兼并等二次招商模式。深圳联络处新建“如东人在珠三角”微信群以及“水木如东”“如日东升”微信平台,绑定腾讯微博和QQ账号,借助网络平台多渠道宣传推介如东投资,11月1日,牵头组建深圳市江苏如东商会。与驻点区域内各类行业协会、产业联盟、事务所等机构建立日常联系和沟通渠道,加强对接交流;建立驻点区域如东籍企业家及关联人士信息库,强化沟通对接,开展产业招商、委托招商、以商引商等招商。全年收集有效信息15条。其中,外资项目信息6条,总投资近1亿美元;内资项目信息9条,总投资近66亿元。成功落户项目7个,总投资近12亿元;签约项目5个,总投资近136亿元。

## 对外及对港澳台贸易

【组织企业参展】 县商务局组织企业参加国内外展会,增强开拓国际市场能力。引导企业参加国际性专业展会,全年有80多家企业出国参展,涉及日本、德国等国家和中东地区,共获得展位120多个,参展效果好。组织78家企业参加第117届、118届中国进出口商品交易会(简称广交会),获取展位92个;组织7家企业参加中国华东进出口商品交易会(简称华交会),获取展位12个;组织8家江苏省海水产品出口基地企业抱团参加中国国际渔业博览会,获取特装展位90平方米。

【服务重点企业】 县商务局跟踪服务重点企业,挖掘自营出口潜力,促进外贸平稳增长。建立重点外贸企业跟踪联系制度,及时深入强生(江苏)手套有限公司、南通刚正薄板有限公司、南通大东有限公司、江苏中天科技股份有限公司等企业,了解和掌握企业经营成本、出口订单、市场份额等情况,帮助企业协调解决进出口过程中的矛盾和问题。通过政策激励和强化考核,组织外贸供货企业业务培训,引导企业将外口岸出口货源纳入如东出口。全年新增自营出口企业45家,新增出口额3516.2万美元。全县共有自营出口企业406家,主要出口日本、美国等国家和欧盟地区。

【保障重点企业】 2015年,县政府出资为70家企业投保出口信用保险,为企业防范出口风险提供保障。县商务局协助企业应对国际摩擦,为赛立特(南通)安全用品有限公司商标确权案(赛力特公司境外商标被侵权)支持资金68万元。

【引进总部经济】 2015年,各镇(区)发挥商会和在外成功人士优势,引进贸易总部经济。曹埠镇引进南通神埠企业服务有限公司,岔河镇引进如东龙珑进出口有限公司,新店镇引进东荣国际贸易有限公司,均启动自营出口。

## 外经合作及与港澳台地区合作

【概况】 2015年,如东对外承包工程和劳务合作经营额5140万美元,同比下降29.2%;境外投资中方协议投资额1120万美元,同比增长124%,境外投资项目11个。新派劳务人员1476人,涉及日本、新加坡、阿尔及利亚、安哥拉、刚果布等国家和中国澳门地区。

【外经宣传】 县商务局提高公益宣传频率,改善宣传形式,每天黄金时段通过县电视台、广播电台发布公益广告;利用“五一”、国庆长假劳务人员返乡之际,组织开展出国劳务政策咨询服务活动,发放宣传资料。通过县城多个主干道大型户外LED电子屏,长期宣传外派劳务法律法规和服务平台,有效维护劳务人员合法权益。

【外经新闻发布会】 11月24日,县

图 23　4 月 29 日，县商务局在文峰大世界广场前开展出国劳务宣传咨询活动

政府办、县委宣传部、县商务局联合召开新闻发布会，介绍“十二五”期间对外投资合作基本情况和“十三五”时期对外经济工作总体思路，以及《“一带一路”对外投资合作政策汇编》相关内容，并解答记者提问。《“一带一路”对外投资政策汇编》中有“一带一路”(丝绸之路经济带和21世纪海上丝绸之路)沿线60多个国家对外投资合作政策。

**【外经合作拓展】** 2015年，如东对外合作步伐加快，中天科技集团在“一带”中的乌兹别克斯坦新成立中天电信有限公司，主要从事光缆设备生产与销售；江苏世纪燎原针织有限公司、江苏刚正薄板科技有限公司在“一路”中的缅甸、菲律宾等国家投资；南通五建建设工程有限公司在澳门、江苏顺通建筑工程公司在迪拜开展对外承包工程项目。

**【劳务合作】** 县商务局牵头开展与云南楚雄、山东邹城、泗水等地劳务平台对接交流，成功促成南通五建建设工程有限公司、江苏汇洲工贸有限公司等与云南楚雄州的劳务工人输出合作。

**【涉外劳务纠纷处理】** 2015年，县商务局与县市场监督局、县公安局、县信访局及镇(区)配合，妥善处理涉外劳务纠纷24起，其中30人以上纠纷3起，全部化解。

## 服务外包

**【概况】** 2015年，如东县服务外包进入加速发展期，服务外包企业35家，其中新增8家。服务外包产业实现合同额3425万美元，同比增长147%；完成执行额3049万美元，同比增长176%。从业人员922人，比年初增加629人。

**【外包产业发展】** 2015年，如东服务外包产业发展初具规模。各载体平台根据产业布局及特点，形成如东科技城、如东新宇服务外包园和洋口港现代物流园“一城两园”多中心发展格局。如东科技城以发展软件开发及文化创意产业、新医药研发为主；如东新宇服务外包园重点发展新能源、汽车电子技术等领域的服务外包业务；洋口港现代物流园重点发展第三方、第四方物流服务外包业务。　　(赵一锋)

**2015年如东县服务外包新认定企业一览**

表13

| 序号 | 企业名称 | 经营范围 | 所属类别 | 所属镇区 |
|---|---|---|---|---|
| 1 | 江苏中恒东信资产管理有限公司 | 软件开发 | ITO | 岔河镇 |
| 2 | 南通盛格尔工贸有限公司 | 技术服务 | KPO | 岔河镇 |
| 3 | 南通尼森肯纺织品技术有限公司 | 技术咨询 | KPO | 岔河镇 |
| 4 | 如东县易通网络科技有限公司 | 软件研发 | ITO | 丰利镇 |
| 5 | 南通红秀文化创意有限公司 | 技术服务 | KPO | 袁庄镇 |
| 6 | 如东盛尚软件科技发展有限公司 | 软件研发 | ITO | 栟茶镇 |
| 7 | 江苏坤辉生物科技有限公司 | 技术服务 | KPO | 如东高新区 |
| 8 | 南通金宏业化学品有限公司 | 技术服务 | KPO | 如东高新区 |

# 民营经济

**【概况】** 2015年,如东共有私营企业2068家,比上年1157家增长78.8%;一般纳税人589户,比上年478户增长23.2%;小规模纳税人2479户,比上年增长0.3%;地税登记纳税户4319户,比上年增长77.3%。网络创业113户,比上年增加3户;网络创业一般纳税人20户,比上年增长53.8%。新增江苏优嘉植物保护有限公司、海正药业南通股份有限公司等规模以上民营工业企业43家,累计544家,新增南通贝宁物流有限公司、南通东创电脑有限公司、江苏五福物业管理有限公司等规模以上民营服务业企业14家。全县民营经济入库税金59.56亿元,同比增长12.1%;民营经济税收占国、地税收78.7%,同比提高3.5个百分点,连续2占比年提高。新增中天电力光缆有限公司、江苏九九久科技股份有限公司2家纳税3000万元以上民营企业。食品业、化工业、电力能源业民营企业纳税分别增长45.45%、29.79%、23.91%。江苏中天科技股份有限公司获国家级技术创新示范企业称号。江苏宇迪光学股份有限公司、南通合兴铁链股份有限公司、江苏伊贝实业股份有限公司分别于3月25日、5月13日、11月23日在北京“新三板”挂牌。亚振家具股份有限公司、江苏如通石油机械股份有限公司上市挂牌进入倒计时。中天宽带技术有限公司、江东金具设备有限公司等5家企业中心通过省级企业技术中心认定。南通亿能彩色钢板有限公司等7家企业产品新认定为省名牌产品;江苏苏中电池科技发展有限公司、江苏九九久科技股份有限公司、江苏海力风电设备科技有限公司、如东天承玻璃纤维有限公司、如东狼山鸡种鸡场、南通海天建材有限公司、江苏振通门业有限公司、江苏海云轩家纺有限公司8家企业商标被认定为省著名商标,23家企业产品商标被认定为市知名商标。新注册商标213件。大唐恩智浦半导体有限公司、三一帕尔菲格特种车辆装备有限公司、南通雅本化学有限公司等24家企业被认定为省级高新技术企业。江苏长青农化南通有限公司等5家企业被认定为省“两化”融合试点单位。

图24 江苏九九久科技股份有限公司

**【民资招商】** 2015年年末,如东在批、签约、在手在谈市外民资项目97个,总投资220.2亿元。其中,特种电缆生产、高性能航空器连接器生产、治疗老年性痴呆药物研究开发、华盛化工等在批市外民资项目23个,总投资84.9亿元;深圳算云数据中心、碳纤维三维织机等签约项目19个,总投资28.8亿元;蛋白免疫试剂盒、遗传基因突变靶向药物研发等在手在谈项目55个,总投资106.5亿元。全年确认市外民资项目296个,当年投资额72.58亿元,比上年增长4.99%,其中,一产项目49个,占16.6%;二产项目212个,占71.6%;服务业项目35个,占11.8%。引进的通威渔光一体如东有限公司、重通成飞风电设备江苏有限公司等17个1亿元以上市外民资项目开工建设。

**【民营工业】** 2015年,如东规模以上民营工业实现增加值269.9亿元,同比增长13.7%,比规模工业增幅高2.3个百分点;完成产值1328.9亿元,同比增长13.1%;实现出口交货值108.57亿元,同比增长48.6%,比上年增幅高44.1个百分点。新增南通常佑药业科技有限公司、海正化工南通股份有限公司等销售收入1亿元以上民营工业企业27家,累计279家;新增南通祥峰电子有限公司、南通利通化工有限公司、南通苏洋化工有限公司3家销售收入10亿元以上民营工业企业,累计12家。全县新增应税销售收入500万元以上民营工业企业165家。

(缪寿明 杨华静)

# 园区经济

# Yuanqu jingji

## 综述

【概况】 2015年,如东着力打造载体功能平台,提升园区贡献份额。洋口港国家一类口岸正式开放,如东经济开发区省级电子商务示范园区和国家火炬如东生命安防用品特色产业基地获批,沿海经济开发区在全省率先实行化工园区圈区管理和智能化管理,循环经济产业园进口再生资源加工区圈区管理获批并正式运行,外向型农业综合开发区刘埠国家一级渔港及配套经济区加快建设,高新技术产业开发区科技创新园核心区和生命健康产业园、智能机电产业园加快建设。沿海6大园区完成公共财政预算收入33.2亿元,占全县56.8%;实现工业应税销售收入615.5亿元,占全县67.4%;完成注册外资5.77亿美元,占全县88.1%;实现服务业应税销售收入475亿元,占全县88%。着力引进符合产业定位、带动能力强的龙头型、旗舰型企业,推进沿海产业集聚发展。完成1000万元以上项目投入235.6亿元,占全县68.4%。南通市沿海前沿重点园区洋口港经济开发区和沿海经济开发区新开工2亿元以上工业项目19个,1亿元以上服务业项目12个。中石油江苏LNG接收站二期、台湾中石化产品基地、振戎能源仓储、优嘉化学、小洋口健康产业园等重大项目加快推进,德国巴斯夫、三一帕尔菲格、大唐恩智浦等17个世界500强企业项目投产运营。新能源、新材料、生物与新医药、先进装备制造等战略性新兴产业发展迅速、初具规模,风电装机容量105万千瓦,在建和开展前期工作150万千瓦。突出洋口港开发地位。加快洋口港开发建设进程,提升洋口港“港产城”联动发展水平。阳光岛作业区总体规划调整获交通部批准,阳光二岛初步确定建设靠岸环抱式港池,黄海二桥工程建设可行性研究报告初稿提交。LNG码头、重件码头竣工验收,5000吨级液化品码头取得试运营手续,临港工业区一、二期道路、水系、供电线路及供热站、污水处理厂等基础配套基本到位,临港工业区三期吹填工程加快推进。港口学校、港口医院、汽车客运中心等新城配套项目及县城至洋口港港城大道加快建设。开展陆海统筹发展综合配套改革,推进区镇合一、扩权强镇、产城融合、海域管理制度创新,激发沿海开发活力。实施园区区镇(街道)一体化管理和市级中心镇(栟茶镇、河口镇、岔河镇)行政管理体制改革。推进沿海经济开发区(小洋口旅游度假区、洋口镇)产城融合发展,重点推进工业、旅游业、服务业和农渔业产业融合。开展海域资源储备,按市场化配置到用海人,出台了《关于深化海域管理制度改革的实施意见》;尝试“直通车”制度,制定《新建涉海工程项目前期联合审查办法》。

(徐旭东)

## 江苏省如东经济开发区(苴镇街道)

【概况】 如东经济开发区(苴镇街道)位于如东县城北部区域。2015年8月,根据《省政府关于调整如东县部分行政区划的批复》和《市政府关于调整如东县部分行政区划的通知》,县委、县政府决定撤销苴镇,原苴镇晓桥居委会和王潭、金凤、凤阳、刘埠、蔡桥、九阳6个村委会区域,与原掘港镇永新、振新、兴新3个居委会和肖桥、江庄、虹元3个村委会区域合并,设立如东县苴镇街道,与如东经济开发区实行“以区带街、区街合一、以区为主、融合发展”管理模式。原苴镇何丫、环东、近海3个村委会划归长沙镇管辖,由南通外向型农业综合开发区代管。区域调整后,如东经济开发区(苴镇街道)行政区域面积113.65平方公里,人口5.16万人,管理4个居委会、9个村委会。全年公共财政预算收入6.11亿元,市外民资项目投入10.45亿元,外资注册1.3亿美元,外资到账7032万美元,1000万元以上工业项目投入48亿元,工业应税销售收入179亿元;新增规模以上企业7家,累计79家;新增亿元企业5家,累计15家;新增10亿元企业1家,累计3家。服务业投入9.1亿元,年内清理闲置土地21.3公顷。创新开展融资工作,新增融资10亿元。全年农民人均纯收入19075元,比上年增长14.5%,农村集体收入50807万元,其中6个村超50万元。全省省级开发区科学发展综合评价排名第11位。获县"开放杯"金杯、"生态文明杯"金杯。

**2015年如东经济开发区(苴镇街道)主要经济社会指标**

表14

| 项　目 | 单　位 | 数　量 | 比2014年增减(%) |
|---|---|---|---|
| 总面积 | 平方公里 | 113.65 | 20.93 |
| 总人口 | 人 | 5.162 | 6.43 |
| 地区生产总值 | 亿元 | 62.19 | 12.29 |
| 第一产业增加值 | 亿元 | 2.65 | -0.66 |
| 第二产业增加值 | 亿元 | 40.92 | 8.98 |
| 第三产业增加值 | 亿元 | 18.61 | 22.37 |
| 财政总收入 | 亿元 | 10.23 | 50.96 |
| 公共财政预算收入 | 亿元 | 6.11 | 38.29 |
| 企业总数 | 家 | 843 | 10.2 |
| 其中规模工业企业 | 家 | 72 | -2.7 |
| 工业总产值 | 亿元 | 227.72 | 3.58 |
| 应税销售收入 | 亿元 | 179 | 37.69 |
| 工业利税总额 | 亿元 | 21.96 | 14.97 |
| 当年实际利用外资 | 万美元 | 7032 | 16.95 |
| 全社会固定资产投资 | 亿元 | 57.94 | 6.5 |
| 工业投入 | 亿元 | 48.07 | 1.2 |
| 农业总产值 | 亿元 | 9.06 | 1.5 |
| 粮食总产量 | 万吨 | 5.02 | 49.85 |
| 棉花总产量 | 吨 | 671 | -50.26 |
| 油料总产量 | 吨 | 1992 | 51.48 |
| 水产品产量 | 吨 | 19737 | -49.74 |
| 中、小学校 | 所 | 3 | — |
| 医院、卫生院 | 所 | 2 | — |
| 参加社会养老保险人数 | 人 | 10497 | 8.7 |
| 参加合作医疗人数 | 人 | 35221 | 29 |
| 享受尊老金人数 | 人 | 2117 | -7.72 |

**2015年如东经济开发区(苴镇街道)各村(居)基本情况**

表15

| 村(居)名 | 党支部书记 | 主　任 | 村民小组(个) | 人口(人) | 耕地面积(公顷) | 村营收入(万元) |
|---|---|---|---|---|---|---|
| 蔡　桥 | 陈建军 | 徐　彪 | 62 | 6566 | 669 | 50.1 |

续表 15

| 村(居)名 | 党支部书记 | 主　任 | 村民小组(个) | 人口(人) | 耕地面积(公顷) | 村营收入(万元) |
|---|---|---|---|---|---|---|
| 凤　阳 | 王　田 | 徐松明 | 43 | 5000 | 504 | 79 |
| 九　阳 | 周爱军 | 周爱军 | 45 | 4031 | 493 | 50.59 |
| 刘　埠 | 陈昌华 | 陈　斌 | 40 | 4055 | 409 | 39.85 |
| 金　凤 | 张育铭 | 季　伟 | 53 | 5360 | 531 | 71.77 |
| 王　潭 | 秦亚东 | 邵继祥 | 52 | 5944 | 507 | 62.94 |
| 肖　桥 | 朱明飞 | 朱明飞 | 31 | 2531 | 297 | 30.34 |
| 虹　元 | 张亚军 | 高怀志 | 49 | 4638 | 540 | 54.93 |
| 江　庄 | 王　军 | 朱明飞 | 28 | 3378 | 376 | 38.74 |
| 晓桥居委会 | 吴友林 | 葛海军 | 5 | 2363 | 31 | 34.5 |
| 永新居委会 | 朱新峰 | 朱新峰 | 11 | 3110 | 80 | — |
| 振新居委会 | 黄如江 | 黄如江 | 7 | 3020 | 1.3 | — |
| 兴新居委会 | 孔新宝 | 孔新宝 | 4 | 932 | 208 | — |

**【招商引资与项目建设】** 如东经济开发区(苴镇街道)重大项目实现再突破,台湾启翔机车、大华农生物制药、富驰高科等40多个项目信息接洽中,国企重通叶片、国内500强中天江东科技、高新技术企业洛娃日化用品等优质项目注册落地,中天江东科技、重通叶片以及恒辉安全、绿源亚克力、宁普电器等续建项目加快建设,宜高塑胶、海装风电、银琪生物科技、霍尼韦尔安全防护、英联生物科技、三一帕尔菲格特种装备车辆等12个项目投入量产。与全球知名会计事务所普华永道会计事务所签订长期战略合作协议,密切与麦肯锡、世邦魏理斯、高力国际、仲量联行等知名投资服务机构合作,成功组织如东——上海专精特新企业投资交流会。开展海外招商,赴德国、奥地利多个城市开展经贸洽谈活动,与德国BBW教育集团、德国玛威科专业公司、奥地利多林商务咨询公司等欧洲公司招商合作,与德国勃兰登堡经济发展局签订合作协议,招商网络更趋完善。

图25　11月21日,如东经济开发区与德国勃兰登堡经济发展局合作签约仪式

**【工业经济】** 如东经济开发区(苴镇街道)推进产业转型,服务企业发展,主体经济实现健康平稳发展。搭建政银企保合作、用工对接会、校企联姻等平台,破解企业资金、用工等瓶颈,保证企业平稳运行。引导企业技术改造、增资扩产、战略合作、兼并重组,江苏海力风电设备科技有限公司、江苏诺德新材料股份有限公司、南通蕾丝妮针织服饰有限公司、江苏如通石油机械股份有限公司等企业加快上市步伐,南通强生光电科技有限公司、江苏辉腾休闲用品有限公司、南通亿能彩钢板有限公司等企业进军海外市场,江苏苏中电池科技发展有限公司与上海海宝特种电源有限公司、恒辉(南通)安全防护用品有限公司与安塞尔有限公司、南通宁普电器有限公司与海尔集团实现产销合作,新增定报企业7家,累计79家;新增10亿元企业1家,累计3家;新增5亿元企业1家,累计2家;新增1亿元

企业5家，累计15家。坚持创新驱动战略，全区建立市级以上技术研发中心5家，新增高新技术企业6家、省级民营科技企业8家、高新技术产品17项，高新技术产业产值占比34.5%。产业集聚效应进一步凸显，园区获批国家火炬如东生命安防用品特色产业基地、江苏新能源及装备产业集群、省级众创集聚区。关村天合科技成果转化促进中心、中科院上海科技查新咨询中心、产业与技术情报研究中心南通分中心及科技孵化、人才引进、金融服务、大众创业、行业检测、公共保税、产业联盟等功能平台建设，支撑园区发展。统筹推进安全生产、生态建设、房屋征收、防违拆违、“六城联创”等工作，区域环境持续优化，城市管理水平不断提高。

图26 6月12日，省政协副主席罗一民(前右二)到三一重工工业园视察

【产城融合】 如东经济开发区(苴镇街道)完善配套功能，建设县城副中心。加强基础设施配套建设，表面处理中心内如东开元污水处理厂提标升级改造工程启动。黄河路西段人行道改造工程、友谊河、永丰河泵站工程及安置房三期、外来职工服务中心、中汇商务广场均竣工，悦澜湾商住项目加快建设，社区服务中心、政法综治中心即将投入使用。中市管理水平不断提高。

【社会民生】 如东经济开发区(苴镇街道)持续加大民生事业统筹协调推进力度，新农村建设全面加快，东凌河塌方整治工程、凤阳村“双百整治”工程竣工，九阳村高标准基本农田整理项目加快推进，全年流转土地500多公顷，实现项目农业投入1亿元，90%村集体收入超过50万元。公共服务水平不断提升，省三星级敬老院颐养福利中心投入运营，振新西苑升级改造、中心公墓、新区幼儿园等民生工程全面启动。社会保障体系健全，社会优抚、社会救助等工作取得新成效，全年发放各类补贴慰问金860万元。坚持以法治区，加强社会面技防人防设施建设，采用省综治信息系统、市阳光信访信息系统，突出对重点人员管控、对社会矛盾纠纷化解和对信访问题处置，全区未发生群体性事件、越级上访事件，社会大局和谐稳定。

(陈 鑫)

## 江苏省南通外向型农业综合开发区

【概况】 2015年，南通外向型农业综合开发区公共财政预算收入1397万元；融资到账超1.34亿元；上争项目资金1235万元。完成外资注册2000万美元，外资到账600万美元；引进市外民资2.03亿元；外贸进出口1117.9万美元；规模工业产值5.2亿元，工业应税销售收入4.9亿元；服务业投入3.58亿元，其中生产性服务业投入3.28亿元，服务业应税销售收入2252万元，服务业入库税金110万元；技术、设备抵免税额1.84亿元；1亿元以上新竣工及新开工项目各2个。获“中国县域最具农业投资价值区”称号。

**2015年南通外向型农业综合开发区主要经济社会指标**

表16

| 项 目 | 单 位 | 数 量 | 比2014年增减(%) |
|---|---|---|---|
| 总面积 | 平方公里 | 169(启动区101) | — |
| 总人口 | 万人 | 0.34 | — |
| 地区生产总值 | 亿元 | 2.24 | 9.1 |
| 第一产业增加值 | 亿元 | 0.375 | 29.31 |
| 第二产业增加值 | 亿元 | 0.7865 | 13.99 |
| 第三产业增加值 | 亿元 | 0.0277 | 22.57 |
| 财政总收入 | 亿元 | 1.4 | 133 |
| 公共财政预算收入 | 万元 | 1397 | 110 |

续表 16

| 项　目 | 单　位 | 数　量 | 比 2014 年增减(%) |
|---|---|---|---|
| 企业总数 | 家 | 27 | 0 |
| 其中规模工业企业 | 家 | 2 | 0 |
| 工业总产值 | 亿元 | 5.01 | 391.18 |
| 应税销售收入 | 亿元 | 4.9 | 380.39 |
| 工业利税总额 | 亿元 | 0.75 | 4.9 |
| 当年实际利用外资 | 万美元 | 600 | 1.8 |
| 全社会固定资产投资 | 亿元 | 0.3 | 1.2 |
| 工业投入 | 亿元 | 0.8 | 0.9 |
| 农业总产值 | 亿元 | 3.9 | 11 |
| 粮食总产量 | 万吨 | 0.34 | 0 |
| 棉花总产量 | 吨 | 113.07 | 0 |
| 油料总产量 | 吨 | 195.1 | -10.5 |
| 水产品产量 | 吨 | 13671 | 1.3 |
| 中、小学校 | 所 | 0 | — |
| 医院、卫生院 | 所 | 0 | — |
| 参加社会养老保险人数 | 人 | 765 | -3.22 |
| 参加合作医疗人数 | 人 | 2384 | 0.21 |
| 享受尊老金人数 | 人 | 108 | 10.2 |

### 2015年南通外向型农业综合开发区各村(居)基本情况

表 17

| 村(居)名 | 党支部书记 | 主　任 | 村民小组(个) | 人　口(人) | 耕地面积(公顷) | 村营收入(万元) |
|---|---|---|---|---|---|---|
| 何　丫 | 秦志辉 | 奚怀泉 | 18 | 1499 | 280 | 59.8 |
| 近　海 | 何恒华 | 朱明林 | 3 | 628 | 39.73 | 120.5 |
| 环　东 | 陈　剑 | 刘红兵 | 1 | 264 | 7.93 | 113.86 |
| 东海社区 | 徐　刚 | 王冬林 | 12 | 986 | 300 | — |

图 27　9 月 28 日,副市长单晓鸣(右四)一行到南通外向型农业综合开发区检查指导工作

**【产业招商】** 南通外向型农业综合开发区围绕农渔产业特色,聚焦高端客户,主攻重点区域。锁定央企、上市公司及行业龙头农渔企业,主动对接跟踪国开新能源科技有限公司、中牧实业股份有限公司、正大集团、韩华新能源有限公司、通威集团、上海水产(集团)总公司和台湾慕德生物科技股份有限公司等大型企业投资动向,与江浙沪、珠三角等地区知名企业加强沟通。借助国内大型招商平台开展针对性招商,参

加第九届中国如东沿海经济合作洽谈会、上海农洽会、武汉农洽会、深圳投资说明会等招商活动，推介开发区产业优势和投资政策。拜访或接待上海、广东、浙江、福建等地客商162人次，获投资信息36条，对接、洽谈54场次。从园区产业发展定位出发，紧盯高效果蔬种植、健康水产养殖、高端三产服务、农渔产品加工等科技含量高、产业特色明显的优势产业招商，加快实现由"招项目"向"招产业"转变。特种经济作物油牡丹种植及加工、通航休闲生态旅游体验、台湾慕德生猪养殖及饲料加工、正大水产食品及饲料加工、鸿轩生态农业及鸡蛋深加工、红彤彤标准化番茄种植及加工等16个项目洽谈达成初步投资意向。与客商建立良好合作关系，发挥其人脉资源优势和桥梁纽带作用，吸引更多客商到区考察投资。创新运用"互联网+招商"模式，升级园区官方网站，新建微信公众平台，实现招商互动。与搜索引擎合作，开展双方或多方信息咨询与交流，吸引关注数近1万余次，为招商条线提供更多可选可用信息资源。加强与农业部、中国农科院等国家部委和专业机构联系，在产业带动能力强、投入产出率高的知名农渔业企业、农渔副产品加工企业中，扩大园区知名度和影响力，吸引优秀农渔企业和重大项目落户。

**【项目建设】** 2015年，南通外向型农业综合开发区中水科研项目成功繁育罗氏沼虾及南美白对虾苗种，投入周边市场；维尔思水产项目一期高位池投入生产，半滑舌鳎、河豚的亲代种苗繁育成功，投放市场；荷合每美休闲农业观光基地项目建设取得新进展。推进在建项目，浩鑫标准化水产养殖项目投资3000万元，完成26.67万平方米高位池及办公、配电用房等建设，正式投产。通威渔光互补项目完成公司注册、土地交付，渔业项目开工建设，光伏项目一期并网运行，完成投资4000万元；龙源200兆瓦风电场项目50台风机安装竣工。服务签约项目，风光农一体化项目取得项目核准，完成土地流转等开工准备；东电新能源项目完成机位选址、用地预审、海域环评、海域论证等程序，项目核准相关手续办理中。

**【基础配套】** 南通外向型农业综合开发区快速推进渔港建设，完成投资1亿元，累计超2亿元。东海堤一次性合龙，开创如东县围垦史先例，为船闸、码头、港池、引河、换水闸等工程加快推进提供保证。金海岸现代农渔业产业园北框河完成清淤，总干渠、一、二支渠及一、二排水河等基础工程竣工验收，累计投资1亿元；风光大道及东西横河完善河网配套，完成投资5000万元。农海产品加工区一期26.67公顷土地征收全面完成，路、桥、水、电、管网"五通一平"形象初显，其中支五路、加工区辅道等道路工程交工验收。推进污水处理厂一期工程建设，启动园区电力规划编制。加工区北区做到规划、招商紧密结合，为项目落户创造条件。续建和美化主干路网工程，两国道十字路口东北侧、刘埠大道及支五路、渔港大道绿化施工完成，完成投资6000万元。编制开发区"十三五"规划，对接市、县5年发展规划及土地调整规划，争取更大发展空间。新编休闲农业集聚区、渔港经济区等系列项目规划，完善规划体系。筹备建设集农渔业研发实验、监测检验、公共服务与信息化管理为一体的质量检测与研发试验中心，做好立项、设计等前期准备。成功洽谈收购刘埠农庄，刘埠农庄建设规划评审通过，修缮打造开发区新型复合型载体，提升园区对外形象，满足园区基础功能需求。

**【安全环保】** 南通外向型农业综合开发区全面执行新《中华人民共和国安全生产法》和《中华人民共和国环境保护法》，形成安委会领导下条线、区村安全监管双体系和全覆盖。制定安全检查等制度，实现安全检查常态化。制定安全考核细则及安全生产管理台账，下发各部门、村(社区)及企业，实现基础台账标准化及考核评价全覆盖。全年安全执法检查45次，排查安全隐患185条，下发整改指令书20份；组织安全生产知识培训16期1800余人次，全年安全生产无事故。专项整治突出环境问题，对区内中心河水质、南通东海冷冻食品有限公司、南通佳吉利劳保用品有限公司开展环保调查，对所发现问题，限期整改到位。

**【农业农村】** 南通外向型农业综合开发区争取农业"三新"(新品种、新技术、新模式)工程、滩涂开发、财政核拨资金交通桥梁建设、海堤河疏浚等项目12个。申报千亩园区2

图28 6月17日，农海产品加工区支五路完成交工验收

个、产加销1000万元项目4个、农渔业基地3个、亿元产业2个。开展小麦、水稻、大棚农业政策性保险收缴、农资综合补贴、棉花目标价格补贴核实登记发放等工作。绿化造林23公顷,培养家庭农场3个,申报无公害产品3个、基地1个。完成新一轮滩涂发包,做大做强何丫村南美白对虾、近海村文蛤花蛤、环东村条斑紫菜和东海社区优质梨等特色产业。文化惠民统筹推进,建成省四星级农家书屋1家。近海村、环东村建成省级民主法治示范村。近海村、东海社区分别被评为市文明村和文明社区。 (冯秋鸣)

## 江苏省如东沿海经济开发区(小洋口旅游度假区、洋口镇)

**【概况】** 如东沿海经济开发区位于如东县城西北部,濒临南黄海,西与栟茶镇、南与丰利镇、东与南通外向型农业综合开发区为邻。2012年1月,与小洋口旅游度假区、洋口镇实行区镇合一管理体制。2015年,如东沿海经济开发区实现规模以上工业产值370亿元,工业企业应税销售收入221亿元,一般财政预算收入7.92亿元,同比分别增长21.68%、29.68%、49.66%。招商引资实现到账外资1.05亿美元。新开工1亿元以上工业项目12个,新竣工1亿元以上工业项目12个,完成工业投入70.69亿元。新增规模以上工业企业9家,应税销售收入5亿元以上企业6家,应税销售收入1亿元以上企业36家。工业经济、服务业经济、财政收入等重点指标月度考核保持全县领先。省市级农业产业化龙头企业5家。三次产业结构比例10.7:53.6:35.7。洋口镇辖行政村22个、村民小组329个,场2个(洋口农场和如东林场),耕地面积7334公顷。年末总户数2.53万户,总人口7.25万人,登记非农业人口3.24万人,年内出生486人,死亡870人,自然增长率-5.29‰。农林牧渔业总产值15.53亿元。现价工业总产值370.26亿元,产品销售收入221亿元。粮食总产量8.88万吨,生猪当年出栏10.01万头。年末农村实有从业人员3.82万人,其中农林牧渔业从业人员8900人,工业劳动力1.24万人,建筑业劳动力6500人。农村运输业总产值2.26亿元。农村经济总收入57.30亿元,农民人均纯收入1.71万元。水产品产量5.12万吨,其中海产品产量4.66万吨。建筑业总收入1.72亿元。从事第三产业1.05万人。集贸市场成交额17.6亿元,水果产量1.99吨。修筑桥梁19座、公路78.44公里,疏浚河道26公里,拆坝建涵123座。中、小学5所,在职教师248人,在校学生2800人。医院5所,社区卫生服务站22个,医生200人,合作医疗参保率100%。开通有线电视2.52万户,入户率98.2%。社会保险基本实现全覆盖。

**2015年如东沿海经济开发区主要经济社会指标**

表18

| 项　目 | 单　位 | 数　量 | 比2014年增减(%) |
|---|---|---|---|
| 总面积 | 平方公里 | 125 | — |
| 总人口 | 万人 | 7.25 | 0.62 |
| 地区生产总值 | 亿元 | 56.36 | 7.32 |
| 第一产业增加值 | 亿元 | 5.36 | 4.72 |
| 第二产业增加值 | 亿元 | 29.45 | 46.07 |
| 第三产业增加值 | 亿元 | 21.55 | 19.91 |
| 财政总收入 | 亿元 | 12.84 | 40.94 |
| 公共财政预算收入 | 亿元 | 7.92 | 49.66 |
| 农民人均纯收入 | 元 | 17127 | 8.37 |
| 工业企业 | 家 | 205 | 7.47 |
| 工业总产值 | 亿元 | 370.26 | 21.68 |
| 应税销售收入 | 亿元 | 221 | 29.68 |
| 工业利税总额 | 亿元 | 19.6 | 20.25 |
| 当年实际利用外资 | 万美元 | 10031 | -7.06 |
| 全社会固定资产投资 | 亿元 | 97.55 | 5.17 |
| 工业投入 | 亿元 | 70.69 | 6.86 |

续表 18

| 项　目 | 单　位 | 数　量 | 比 2014 年增减(%) |
|---|---|---|---|
| 农业总产值 | 亿元 | 15.53 | 14.25 |
| 粮食总产量 | 万吨 | 8.88 | 0.02 |
| 棉花总产量 | 吨 | 60 | — |
| 油料总产量 | 吨 | 5725 | 64.80 |
| 水产品总产量 | 万吨 | 5.12 | 0.02 |
| 中、小学校 | 所 | 5 | — |
| 医院、卫生院 | 所 | 4 | — |
| 参加社会养老保险人数 | 人 | 23312 | 6.24 |
| 参加合作医疗人数 | 人 | 56436 | 3.19 |
| 享受尊老金人数 | 人 | 4035 | 4.48 |

## 2015年如东县洋口镇各村(居)基本情况

表 19

| 村(居)名 | 党支部书记 | 主　任 | 村民小组(个) | 户数(户) | 人口(人) | 耕地面积(公顷) | 村营收入(万元) |
|---|---|---|---|---|---|---|---|
| 楼　窑 | 许葛华 | 许葛华 | 12 | 1164 | 3306 | 406 | 50.36 |
| 王　鸭 | 于邵银 | 于邵银 | 10 | 709 | 2036 | 280 | 48.29 |
| 杨楝园 | 石捍东 | 石捍东 | 19 | 1349 | 3555 | 493 | 45.08 |
| 油坊口 | 缪信荣 | 缪信荣 | 12 | 713 | 2275 | 286 | 30.21 |
| 六份头 | 刘　建 | 刘　建 | 19 | 1212 | 3560 | 460 | 46.94 |
| 周新庄 | 陈建军 | 陈建军 | 20 | 1285 | 3501 | 360 | 60.25 |
| 香橼树 | 张学进 | 张学进 | 11 | 886 | 2299 | 280 | 67.15 |
| 三江口 | 唐文忠 | 唐文忠 | 13 | 1425 | 3910 | 386 | 45.31 |
| 张　埭 | 张德凤 | 张德凤 | 16 | 924 | 2567 | 280 | 38.65 |
| 浒　路 | 茅建华 | 杨爱红 | 26 | 1293 | 3912 | 500 | 62.88 |
| 甜　港 | 顾爱明 | 汤成林 | 17 | 1448 | 4372 | 480 | 36.98 |
| 古　坳 | 许兴荣 | 许兴荣 | 12 | 1056 | 3127 | 386 | 131.23 |
| 耿　庄 | 王　彬 | 冒金泉 | 27 | 1157 | 3404 | 380 | 106.25 |
| 池塘头 | 张学杰 | 张学杰 | 7 | 1222 | 3624 | 313 | 56.19 |
| 新　坝 | 缪　林 | 缪　林 | 20 | 1575 | 4602 | 406 | 53.44 |
| 同　文 | 於海峰 | 於海峰 | 19 | 851 | 2280 | 220 | 35.07 |
| 闸　西 | 林　云 | 符　值 | 17 | 1502 | 4571 | 360 | 77.94 |
| 双　灶 | 杨小东 | 张大林 | 8 | 837 | 2583 | 400 | 101.5 |
| 潮　港 | 孙志军 | 孙志军 | 11 | 364 | 1046 | 166 | 90.2 |
| 双　墩 | 康贻斌 | 康贻斌 | 12 | 375 | 1361 | 140 | 168.77 |
| 刘　环 | 傅国华 | 罗建兰 | 16 | 833 | 2628 | 286 | 193.02 |
| 斜　港 | 倪进余 | 李　军 | 5 | 1068 | 3442 | 66 | 119.48 |

图29 11月6日,沿海经济开发区承办海洽会国家“千人计划”专家活动

**【产业发展】** 2015年,如东沿海经济开发区落实和健全产业发展和科技创新扶持政策,出台产业发展、科技创新、服务业发展3大引导资金管理办法,引导园区企业加强制度创新、管理创新和科技创新,园区产业转型升级步伐加快。年末,园区内各类企业119家,其中世界500强企业3家,上市公司及投资企业27家。否决各类高污染、不符合园区产业定位项目20多个。企业员工总数超1万人,其中具有中级以上技术职称382人,高级技术职称62人。院士工作站、国家工程技术中心分中心等科研平台22家,安全环保等第三方营运机构8家。江苏万年长药业有限公司、东力(南通)化工有限公司、南通凯塔化工科技有限公司等近10家企业实现兼并重组和转型升级。成功申报省市科研平台13家,共建企业研究院3家。申报江苏省双创(创业创新)博士12个,其中企业创新类成功申报3个,包揽全县名额,占全市60%。园区安全环保、产权交易等第三方服务企业不断增多,院士工作站、国家工程技术中心分中心等科研平台支撑作用显现。中天科技25兆瓦分布式光伏发电项目建成。总投资超6亿元,采用工程总承包(EPC)招标方式开发建设的综合下海通道项目一期工程进场施工。十八总工业区招商引资工作启动。旅游区1000公顷围垦区域多个项目在洽谈合作事宜。以水热气化、湿式氧化等国际先进技术为主导的环保产业不断引进。

**【化工园区管理】** 如东沿海经济开发区突出废物、废弃物减量化、无害化处理和资源化利用,改善园区生态环境,倒逼产业转型升级。执行安全环保日常检查、主要领导带班夜查、安保队伍24小时巡查制度。高标准建设园区特勤消防站,推进园区封闭式、精细化管理。完善基础配套,引进东江环保股份有限公司、深圳市水务(集团)有限公司、聚光科技(杭州)股份有限公司等上市公司,探索“废气、废水、固体废弃物”治理新模式,不断增强管理智慧性、科学性。启动园区环境监控预警和风险应急管理信息化平台,提升园区本质安全度,打造集群式、创新型、循环化品牌园区。

**【基础配套建设】** 如东沿海经济开发区通过公开招投标,聘请罗兰贝格国际管理咨询有限公司制定区域发展战略规划,编制全镇现代农业发展总体规划。组织精干力量,完成房屋征收与土地流转补偿双签约218户。全县首次采用公开招投标方式征收房屋,节约财政资金300多万元。海正如苑、腾龙花苑等职工小区相继落成,长青佳园、优嘉花苑、四海之家商业街等项目开工,刘环村“美丽乡村”建设有序推进。133.33公顷生态廊道全面竣工。完成土地复垦11.32公顷,新城区出让商用土地8公顷多。小洋口旅游度假区统筹旅游和服务产业发展,全面清查资产,实施基础配套工程建设,完成小洋口旅游度假区门户建设,苏中四分区反“清乡”斗争史料展开展,金蛤岛维修改造完成工程量90%以上,小洋口风景区实现圈区封闭运行,海鲜大排档、化工配件市场开工建设,硬件设施全面升级。

图30 1月20日,沿海经济开发区化工企业安全环保工作会议召开

**【民生工程】** 如东沿海经济开发区实施民生幸福工程，直接用于民生及与民生相关财政支出超4亿元，占全镇公共财政支出60%以上。实施脱贫攻坚工作，农村低收入人口2853人整体实现脱贫。建成农场公租房131套，完成农村危房改造49户，刘环渔民社区86幢安置房竣工。洋口敬老院扩建工程完工,全部投入使用。居家养老服务站建设因村制宜,有序推进。便民服务中心功能不断完善,承接行政审批权限113项,办结事项2.54万余件。重视人民群众关切，回复各类留言和信访件226件。文化教育卫生事业持续高位投入，教学、医疗条件更加优越。3所小学获县教育质量金奖。洋口初级中学、洋口小学建成省平安校园。古坳初级中学被评为全国体育工作示范学校和省青少年科技教育先进学校，洋口社区教育中心被评为省级社区教育中心和省级居民学校,光荣幼儿园被评为市级优质园。社会综合治理机制全面建立，全年无重特大安全事故发生。洋口镇司法所获评省级规范化司法所,被记"全市司法系统集体三等功"1次。 （胡志刚）

## 如东循环经济产业园（东凌库区产业园、进口再生资源加工区、大豫镇）

**【概况】** 如东循环经济产业园(东凌库区产业园、进口再生资源加工区、大豫镇)位于如东县东部沿海地区,总面积195.47平方公里,耕地面积1.27万公顷，总人口9.64万人,总户数3.67万户。2015年,出生413人,死亡992人,人口自然增长率-4.22‰。地区生产总值54.45亿元,同比增长8.06%,一、二、三产比重16:41:43。公共财政预算收入1.63亿元,同比增长52.34%;注册外资5819万美元，外资到账3140万美元。大豫镇辖行政村14个,居委会4个，全镇村营收入1025.22万元，农民人均纯收入为1.62万元。获县考核"综合优胜杯"铜杯、"兴财杯"银杯、"项目建设杯"银杯、"工业发展杯"银杯、"民生杯"金杯、"江苏省发展散装水泥示范乡镇""江苏省循环经济教育示范基地"等奖项及荣誉。

**2015年如东县循环经济产业园主要经济社会指标**

表20

| 项 目 | 单 位 | 数 量 | 比2014年增减(%) |
|---|---|---|---|
| 总面积 | 平方公里 | 195.47 | — |
| 总人口 | 万人 | 9.64 | -5.58 |
| 地区生产总值 | 亿元 | 54.45 | 8.06 |
| 第一产业增加值 | 亿元 | 8.94 | -0.67 |
| 第二产业增加值 | 亿元 | 22.09 | 3.22 |
| 第三产业增加值 | 亿元 | 23.42 | 17.16 |
| 财政总收入 | 亿元 | 2.61 | 45 |
| 公共财政预算收入 | 亿元 | 1.63 | 52.34 |
| 工业企业 | 家 | 164 | — |
| 工业总产值 | 亿元 | 84.6 | 10.44 |
| 应税销售收入 | 亿元 | 25.4 | 3.39 |
| 工业利税总额 | 亿元 | 15.1 | 39.69 |
| 当年实际利用外资 | 万美元 | 3140 | 105.23 |
| 全社会固定资产投资 | 亿元 | 32.75 | 29.65 |
| 工业投入 | 亿元 | 20.04 | 10.38 |
| 农业总产值 | 亿元 | 19.73 | 6.13 |
| 粮食总产量 | 万吨 | 4.59 | -11.22 |
| 棉花总产量 | 吨 | 4402 | -7.33 |
| 油料总产量 | 吨 | 12561 | 33.87 |

续表 20

| 项　目 | 单　位 | 数　量 | 比 2014 年增减(%) |
|---|---|---|---|
| 水产品产量 | 吨 | 18996 | -58.00 |
| 中、小学校 | 所 | 4 | -33.33 |
| 医院、卫生院 | 所 | 4 | — |
| 参加社会养老保险人数 | 人 | 76000 | 0.17 |
| 参加合作医疗人数 | 人 | 80106 | -2.00 |
| 享受尊老金人数 | 人 | 5498 | 6.82 |

## 2015年如东县大豫镇各村(居)基本情况

表 21

| 村(居)名 | 党支部书记 | 主　任 | 村民小组(个) | 人口(人) | 耕地面积(公顷) | 村营收入(万元) |
|---|---|---|---|---|---|---|
| 大　同 | 王　鑫 | 王　鑫 | 48 | 6132 | 566.6 | 39.76 |
| 巩　王 | 张红梅 | 曾红兵 | 43 | 6409 | 676 | 93.69 |
| 丁家店 | 孙　丹 | 柏玉兵 | 44 | 7773 | 740 | 59.55 |
| 伯　安 | 宋红兵 | 叶　进 | 25 | 3707 | 396.4 | 51.96 |
| 东安闸 | 何爱玲 | 施安新 | 46 | 6683 | 796 | 41.14 |
| 马家店 | 陈　昌 | 黄　金 | 44 | 6781 | 740 | 56.78 |
| 徐　征 | 查晓飞 | 范本杨 | 28 | 4470 | 542 | 80.66 |
| 强　民 | 印雪峰 | 郁　洲 | 49 | 6602 | 804 | 71.59 |
| 一门闸 | 陆惠达 | 樊沈兵 | 39 | 5353 | 673.6 | 64.25 |
| 兵房居委会 | 张志连 | 张志连 | 13 | 4945 | 104 | 72.02 |
| 止马洼 | 郭拥军 | 朱海军 | 32 | 4984 | 582 | 32.33 |
| 南坎社区 | 何学忠 | 季钱勇 | 33 | 5158 | 866 | 59.39 |
| 香　台 | 顾　磊 | 仇小华 | 46 | 6895 | 866 | 55.19 |
| 周　墩 | 桑新华 | 马国富 | 20 | 4494 | 550 | 57.35 |
| 豫　东 | 陈　剑 | 王　玮 | 35 | 4771 | 803 | 54.77 |
| 大豫社区 | 施春华 | 冯小健 | 34 | 6476 | 551 | 56.42 |
| 九　龙 | 张海林 | 季林荣 | 22 | 3112 | 786 | 78.37 |
| 农场社区居委会 | 徐永军 | 徐公兵 | 6 | 1631 | 313.34 | 229.00 |

**【项目建设】** 循环经济产业园实行主要领导领办重大项目，责任人具体帮办每个项目，轧紧序时督查办项目建设进度，对项目建设要素保障问题定期会商解难。加工区内58万吨废钢铁加工配送中心、10万吨废电线电缆回收拆解项目、20万吨废五金电器回收拆解项目、5万吨废电机回收拆解项目、1.5万辆报废汽车机械化拆解项目、基于物联网的产业园信息化管理中心项目、再生资源交易中心、污染物防治设施建设8个“城市矿产”项目相继开工建设，累计投入超3亿元。库区东凌湖云计算产业基地项目签约落户，该项目建成后提供云储存、云计算、大数据处理和开发利用等增值服务。镇区引进落户盾王劳保三期、雷恩食品、如桥菜业深加工、恩泽生态农业南方水果百果园、鸿轩生态农业70万羽蛋鸡、强民村联栋大棚果树

立体种植等项目。以省“菜篮子工程”为依托，加快农场社区266.67公顷喷灌设施建设。加快伯安村高标准苗木、丁家店村南方水果、兵凌水产高位池养殖3个基地建设。1亿元项目开工4个，分别为国信风电二期工程、中天集团8兆瓦分布式光伏发电项目、高辉工贸再生资源拆解项目和华润风电二期工程。1亿元项目竣工4个，分别为国信风电二期工程、天楹环保三期工程、海灵重工海上大功率风机导管架基础承载平台组装基地和高辉工贸再生资源拆解项目。

**【载体建设】** 进口再生资源加工区强化承载功能。2015年，加工区联检大楼、污水处理厂、门监控系统、车辆识别系统、集装箱识别系统安装到位，污水处理在线监测系统等公共设施全部竣工。3月25日，进口再生资源加工区通过国家“圈区管理”验收。区内企业江苏亚太再生资源科技有限公司的8万吨废钢铁加工配送中心被工业和信息化部批准为第三批废钢铁加工行业准入企业。9月，江苏顺加福实业有限公司、如东高辉工贸有限公司分别取得铝废料为主的自动许可类进口配额5000吨、7900吨；10月，分别取得铜废料为主的限制类进口配额3900吨、1000吨。东凌库区产业园委托国家旅游研究院开展南黄海旅游产业融合发展专题研究和东凌库区旅游产业融合发展概念规划编制，完成规划编制并通过专家评审。东凌水库工程投入约1.9亿元，水库一期主库围堤工程及水库中央2座湖心岛填筑工程完工并于2月通过验收，水库二期前置库和配套建筑物工程10月全面开工，三期生态工程进入施工图设计阶段。

**【基础设施建设】** 循环经济产业园加大基础配套设施建设。全区商品房开发面积4.8万平方米、销售面积约5000平方米。投资1000多万元，面积达3800平方米的群众文体中心开工建设。投入400多万元，建设1万平方米的市民健身广场。做好大白线、长兵线公路拓宽工程征拆工作。总投资约1.5亿元的兵房110千伏输变电工程完工投入运行。老334线东延工程完工并全线通车。

**【社会事业】** 循环经济产业园通过调整教育布局，教育资源进一步整合。大豫镇兵房初级中学大礼堂、新食堂、新加固学生宿舍楼投入使用，大豫镇海滨幼儿园(丁店分园)异地新建全面启动。大豫镇成功创建省卫生镇，“省级卫生村”2个、“省级示范卫生室”2个。改厕3000座，获“四星级”农家书屋1家、“三星级”农家书屋4家。各项计生奖励政策落实率100%。居民养老保险参保28077人。为41名城市低保和742名农村低保人员发放最低生活保障补助共计302.59万元。

图31　如东高辉工贸有限公司投资1.5亿元建设年拆解加工16万吨废五金电器、废电线电缆和废电机项目，图为生产车间

**【新农村建设】** 循环经济产业园投入2000多万元，新建农路20公里，改造农桥19座，拆坝建涵341座，新建“一事一议”财政奖补路18公里，疏浚泯沟202万立方米。投入1500万元实施四贯河中段治理工程。开展农村畜禽粪污综合治理，畜禽粪污直排现象明显改善。“五位一体”长效管理走上正轨，大豫镇成功创建“市村庄环境整治示范镇”。全区绿化覆盖率23.2%。农村环境面貌不断改善。　(张　蕾)

## 如东高新技术产业开发区(掘港街道、城中街道)

**【概况】** 2015年8月，根据《省政府关于调整如东县部分行政区划的批复》和《市政府关于调整如东县部分行政区划的通知》，县委、县政府撤销掘港镇，设立如东县掘港街道和如东县城中街道，与如东高新技术产业开发区(简称如东高新区)实行一体化管理。以原掘港镇青园、古池、灯塔等10个居委会和陈高、掘西、虹桥等20个村委会区域，设立如东县掘港街道；以原掘港镇友好、三元、民主等8个居委会和新光、五总、北场等8个村委会区域，设立如东县城中街道。原掘港镇永新、振新、兴新3个居委会和肖桥、江庄、虹元3个村委会划归如东县苴镇街道管辖。

区划调整后，如东县人民政府驻城中街道富春江路1号。如东高新区总面积219.22平方公里，城区规划面积120平方公里，建成区面积30平方公里。辖18个居委会、28个村，人口19.55万人，其中农村人口11万人。工业企业2370家，其中规模以上企业138家，1亿元企业52家，10亿元以上企业2家；服务业企业800多家，其中规模以上服务业企业32家，重点服务业企业23家。2015年，地区生产总值206.75

亿元，同比增长 8.08%；实现工业应税销售收入 150.6 亿元，同比增长 8.9%；服务业应税销售收入 163 亿元，同比增长 24.2%；一般公共财政预算收入 12.03 亿元，城镇、农村居民人均可支配收入分别为 3.37 万元、1.92 万元。跻身经济总量全国千强区、中国投资环境 100 强区行列。

针对园区建设、预征预拆、农村基础设施配套等资金需求实际，通过项目包装、平台共保、成本内控措施，抓好融资和资金周转调度，新增融资 5 亿元。通过强化资产管理、公共交易中心管理、接待管理、债权债务管理等办法，从严控紧，压减三公经费，规范政府采购管理，保证支出良性运行。

## 2015年如东高新区主要经济社会指标

表 22

| 项　目 | 单　位 | 数　量 | 比 2014 年增减(%) |
|---|---|---|---|
| 总面积 | 平方公里 | 219.22 | -8 |
| 总人口 | 万人 | 19.55 | -8.66 |
| 地区生产总值 | 亿元 | 206.75 | 8.08 |
| 第一产业增加值 | 亿元 | 10.76 | 4.47 |
| 第二产业增加值 | 亿元 | 123.79 | 103.6 |
| 第三产业增加值 | 亿元 | 72.19 | 9.21 |
| 财政总收入 | 亿元 | 18.9 | 0.64 |
| 公共财政预算收入 | 亿元 | 12.03 | 1406 |
| 工业企业 | 家 | 2370 | — |
| 工业总产值 | 亿元 | 483.53 | 3.42 |
| 应税销售收入 | 亿元 | 150.6 | 8.9 |
| 工业利税总额 | 亿元 | 48.87 | 13.91 |
| 当年实际利用外资 | 万美元 | 4526 | 12.31 |
| 全社会固定资产投资 | 亿元 | 71.17 | 15.72 |
| 工业投入 | 亿元 | 42.2 | 2.95 |
| 农业总产值 | 亿元 | 19.3 | 4.89 |
| 粮食总产量 | 万吨 | 9.35 | 117.44 |
| 棉花总产量 | 吨 | 4060 | -7.45 |
| 油料总产量 | 吨 | 8750 | 0.52 |
| 水产品产量 | 吨 | 26695 | 17.46 |
| 中、小学校 | 所 | 17 | — |
| 医院、卫生院 | 所 | 15 | — |
| 参加社会养老保险人数 | 人 | 39812 | 0.44 |
| 参加合作医疗人数 | 人 | 107567 | 1.9 |
| 享受尊老金人数 | 人 | 8865 | 13.46 |

## 2015年如东高新区各村基本情况

表 23

| 村名 | 党支部书记 | 主　任 | 村民小组(个) | 人口(人) | 耕地面积(公顷) | 村营收入(万元) |
|---|---|---|---|---|---|---|
| 如　华 | 刘桂泉 | 刘桂泉 | 42 | 5068 | 507.23 | 32 |

续表 23

| 村名 | 党支部书记 | 主　任 | 村民小组(个) | 人口(人) | 耕地面积(公顷) | 村营收入(万元) |
|---|---|---|---|---|---|---|
| 八　总 | 陈春泉 | 陈春泉 | 29 | 3244 | 386.55 | 30 |
| 六　总 | 袁亚芹 | 杨　勇 | 58 | 5933 | 533.71 | 50 |
| 三　桥 | 高金泉 | 高金泉 | 30 | 3700 | 349.78 | 23 |
| 港　南 | 朱益军 | 王卫东 | 17 | 2206 | 95.64 | 170 |
| 宾　东 | 顾政权 | 黄海东 | 13 | 1856 | 90.36 | 37 |
| 余　荡 | 戴　建 | — | 48 | 5550 | 351.07 | 56 |
| 野营角 | 顾建忠 | — | 32 | 3725 | 256.14 | 49 |
| 三　河 | 朱桂生 | 葛来兵 | 37 | 3383 | 334.53 | 5 |
| 沙　南 | 蒋管飞 | 高卫东 | 28 | 3170 | 290.11 | 51 |
| 天　星 | 李夏权 | 李夏权 | 32 | 4504 | 366.13 | 24 |
| 晒盐场 | 陈滕亢 | 张宝军 | 19 | 2432 | 214.57 | 24 |
| 新　丰 | 符　瑶 | 黄　华 | 41 | 4531 | 467.32 | 30 |
| 丁字岸 | 曹雪兵 | 曹雪兵 | 42 | 5209 | 501.80 | 6.7 |
| 芳　泉 | 刘　闯 | 施育林 | 18 | 2730 | 129.04 | 52 |
| 虹　桥 | 应舒舒 | 徐美红 | 27 | 3745 | 142.19 | 57 |
| 晓　河 | 陈文华 | 陈文华 | 28 | 3395 | 307.89 | 16 |
| 十里墩 | 陈　东 | 陈　东 | 26 | 3497 | 302.07 | 53 |
| 银　杏 | 朱振岗 | 张有才 | 45 | 5209 | 343.57 | 29 |
| 周　店 | 季鹏飞 | 曹海鹏 | 52 | 6167 | 305.64 | 42 |
| 洋　岸 | 祁建新 | 祁建新 | 61 | 6854 | 532.33 | 22 |
| 陈　高 | 景志刚 | 潘　斌 | 36 | 4059 | 338.86 | 70 |
| 掘　西 | 顾小林 | 陈秀华 | 16 | 2366 | 43.69 | 105 |
| 新　光 | 陈玉环 | 顾　彬 | 17 | 1867 | 8.26 | 130 |
| 五　总 | 夏金源 | 季本军 | 39 | 5567 | 204.40 | 25 |
| 北　场 | 顾晓栋 | 徐旭东 | 21 | 2574 | 201.00 | 50 |
| 丁　杨 | 吴亚锋 | 黄国发 | 39 | 4104 | 482.66 | 51 |
| 潮　墩 | 刘　华 | 周翠松 | 51 | 5485 | 582.35 | 17 |

**【省级高新区创建】** 县委、县政府专门成立省级高新区创建工作领导小组,保障创建工作。如东高新区总体规划与产业发展规划通过专家组论证,区域环境影响评估报告与生命健康产业园环境影响评估报告通过专家评审。推进核心载体建设,已建、在建载体30万平方米,科创园一期10万平方米部分科研办公用房投入使用,生命健康产业园一期15万平方米孵化器和加速器主体工程封顶。储备一批高科技、高成长性产业项目。生命健康领域,引进尚华医药研发集团仿制药、超级抗生素、老年痴呆抑制剂、基因治疗等项目26个;智能机电领域,引进关键零部件研发生产、飞机电线连接件、台湾自动精铸等项目4个;新材料领域,引进石墨烯、碳纤维、特种密封材料等项目9个。完善支撑体系。设立2亿元创投种子孵化基金,运行近1年,实际投资项目近20个;设立江苏如东生物医学研发公共平台有限公司,建成公共技术研发服

图 32 如东科技城鸟瞰图

务平台和精准医学项目投资孵化支撑平台;成立精准医学创新联盟,为生命健康产业发展提供学术交流、技术创新支持。

**【招商引资】** 强化招商引资过程性控制,实现招商引资从“规模数据”向“内涵质量”转变。建立招商考核机制,强化领导带头外出招商和10个招商部分线作战。推行谁招商谁负责和专业团队保姆式服务工作机制。精准招商,重点聚焦上海、北京等资本驱动和创新驱动源头地区,把创新能力强、业内知名度高、资金实力强作为接触先决条件,与产业投资基金、行业联盟、大院大所等目标客户群深度合作,进入产业生态圈,把握项目信息源。全年捕捉各类项目信息180多条,引进各类高成长性项目50多个。紧盯生命健康、智能机电、新材料等科技创业方向产业,抓用地量小、单位税赋率高的尖端实体性项目。突出科技招商和平台招商,以如东科创园及生命健康产业园为载体,吸引长江学者、千人计划专家、知名教授等国内高端人才20余人。制定《促进生命健康产业发展的优惠政策》《合作投资和共建孵化器的政策》《委托招商政策》等若干引导合作、扶持运作的激励性政策,侧重扶持人才和设备投资,打破税收和地价优惠局限,创新推动招商模式革命。

**【项目建设】** 生命健康产业园、恒发污水三期、恒瑞石墨、建宏土工布等10多个在建项目保持序时进度。三旗线缆二期、联亿电子、梦琦锐二期、中天光伏等1亿元项目实现当年竣工投产。实现1000万元以上项目投入42.2亿元,技术设备抵免税额2783万元,2000万元以上新开工项目16个,其中1亿元项目6个;完成2000万元以上新竣工项目15个,其中1亿元项目4个。集约利用土地资源,强化项目落地甄别把关和后续督查跟进,清退各类久滞未建项目13个,盘活闲置土地42.3公顷。

**【工业经济】** 抓好工业园区整体形象打造,园区路网管线及绿化、亮化工程全面提速。2015年,园区基础设施投入1.1亿元,建设道路5.5公里,绿化1.2万平方米,建设污水管道3000米,新建路灯220盏。围绕提升工业园区核心竞争力,发挥“企业家协会”平台作用,做好转型升级、服务外包、“两化”融合、资金运行、工资保障等基础调查研究,了解企业运行质态。强化对企点对点帮扶工作机制,推进抱团克难、扶小扩大、提质挖潜、技改转型等重点工作。新增定报企业7家,新增应税销售收入1亿元企业6家,区内工业企业增加值同比提高10.7%。实施科技兴企战略,新增省级工程技术研究中心1家,省级科技服务平台1家、各类产学研合作项目25个,完成高新技术产值62.4亿元。加强企业安全、环保监理,开展印染行业、燃煤锅炉、电焊气焊、液氨使用企业等专项整治,强化动态监控,建立预警机制,隐患排查治理工作得到巩固。妥善处理企业倒闭关门、资金链断裂、欠薪停薪等各类涉稳问题与各类遗留问题,帮助困难企业渡过难关。强化对企业运行协调服务和一企一档全程管理,集中行政、政策、资源手段,保证区内工业企业应税销售收入稳步增长。

**【服务业发展】** 抓好新兴服务业培植和引进,新开工服务业项目40个,完成1000万元以上项目投入25.8亿元。新中心市场项目外墙装饰和室内配套工程全面完工,营业性用房完成招拍。汽车城6家4S店正式营业,名品店建设加速推进,车辆检测中心项目招投标结束。健桥

图 33 掘港中心农贸市场效果图

医药物流中心扩建、东路公司等重点项目有序推进。根据县城发展总体规划,配合县城建指挥部,谋划推介中心市场南北两侧,汽车城,国清寺南侧,上成广场北侧,实验小学南侧西侧等关键区域多形态开发。在上海、浙江等地开展服务业专题招商活动5次,与关键客商洽谈。围绕互联网产业项目、科技服务业项目产业发展方向,加大功能区配套建设,落户移动诊疗、金融租赁等新兴服务业项目12个。

**【农业农村】** 财政投入近4000万元,完成新建和修建农村水泥路76公里,修建防渗渠80多公里,疏浚河道208条、132公里、55万立方米。"五位一体"、农路通达、水系管护、绿化造林等工作继续保持全县领先。抓好农村基础管理工作,做好余荡、六总、五总、新光等村财务审计,针对薄弱村农财纪律、基层组织建设方面存在的突出问题,整改一批,处理一批。继续抓好秸秆禁烧禁抛和综合利用工作,总体防控较好,有少数村呈现不平衡性,江苏银树食品有限公司、南通中江农业发展有限公司等龙头企业的辐射引导作用逐步显现。培育种植园区2个、1000万元农业流通项目3个、规模基地4个、重点农业项目2个。稳妥推进农村土地承包经营权确权登记和农村集体经济成员成分界定工作,部分村试点建立社区股份合作社和农村土地股份合作社,在农村集体产权制度改革方面做出有益探索。推进土地有序流转、适度规模经营,新建家庭农场40个,新增"全托管"经营主体15个、服务面积275.33公顷。

**【城镇建设】** 完成文体中心一期、两河整治、虹桥工业园区、东环路整治、朝阳路、嘉陵江路、保障房二期等房屋征收、土地征用项目17个,涉及范堤、五总、六总、掘西等8个村(居),房屋征收259户,征收建筑面积10万平方米,涉及征地农户近500户,征地面积66.67万平方米。做好集中居住区规范管理和安居保障工程建设,完成洋岸村高压安置点、野营角村2号点、银杏村2号点基础配套,五总安置区一期20幢单体建筑竣工交房,虹桥农居点5幢多层安置房、村办公室及卫生室全面竣工。抓好违章建管工作,拆控并举、控疏结合,拆除违建87起,拆除面积7345平方米,拆除违建围墙495米。完成庆达建材、巧巧纺织等占用基本农田和严重违反规划的违章违法用地拆除复耕19宗,通过国家土地督察局例行督察验收。推进社区规范化和社区三级网络化管理新模式,打造"温馨家园""幸福夕阳""活力高新""养生延年"4大品牌,实施"共驻共建""文明指数提升""优秀管理城市创建""舆论宣传造势"等工程。投入900多万元,落实各类专项整治,做好"六城联创"各项创建工作。发动市民5万余人次,发动志愿者近2000人,开展品牌创建活动6次,组织志愿服务活动116次,组织600人15支环境整治队伍,清运陈积垃圾1.5万多吨,清除杂草5万平方米,清刷小广告"牛皮癣"近2万平方米。城郊结合部、安置区、老小区以及欧贸广场等重点区块脏乱差现象得到整治。

**【和谐社会建设】** 贯彻落实各项惠民政策和各类涉保政策,推进精准化扶贫工程,不断提高城乡居民生活质量和幸福指数。加大教育、卫生、计生、文化等社会事业投入,直接用于各类社会事业发展投入超过3000万元,完成中小学加固和新建等各类建设工程3000多平方米,创建省卫生村4个,新建城区社区卫生服务站2个,3000平方米的新文体中心改造到位投入使用,改造无害化卫生厕所近2000座。加大对外推介和对外扬名力度,提升高新区对外整体形象,科创园展示中心、总体规划宣传片、招商宣传片等宣传载体相继投入使用。强化社会管理,做好老拆迁户、倒闭企业、三峡移民、参战参试人员等重点群体稳定工作,保证全国"两会"、中共十八届五中全会、纪念抗战胜利70周年阅兵等敏感时点无敏感事件,全年未发生重大群体性事件。重视来信来访工作,受理来信来访1759件,按时处结。推进依法行政,受理各类矛盾纠纷94起,直接调处93起,分流1起,调处成功率100%。 (赵海建)

**2015年江苏沿海县(市)指标对比(一)**

表24

| 地区 | 地区生产总值 | | 地方公共财政预算收入 | | 城镇居民人均可支配收入 | | 人民币储蓄存款余额 | | 农民人均可支配收入 | |
|---|---|---|---|---|---|---|---|---|---|---|
| | 亿元 | 增长速度(%) | 亿元 | 增长速度(%) | 元 | 增长速度(%) | 亿元 | 增长速度(%) | 元 | 增长速度(%) |
| 连云港市区 | 1185.34 | 10.8 | 172.68 | 12.2 | 27818 | 9.0 | 635.35 | 9.3 | 13577 | 9.2 |
| 灌云县 | 300.13 | 10.6 | 39.32 | 10.5 | 21240 | 9.0 | 132.21 | 11.2 | 11881 | 9.4 |
| 灌南县 | 281.63 | 10.7 | 38.76 | 10.4 | 22657 | 8.9 | 94.02 | 12.1 | 11408 | 9.3 |
| 盐城市区 | 1734.81 | 10.5 | 224.42 | 12.4 | 32330 | 9.2 | 935.90 | 12.7 | 17462 | 9.3 |

续表 24

| 地　区 | 地区生产总值 | | 地方公共财政预算收入 | | 城镇居民人均可支配收入 | | 人民币储蓄存款余额 | | 农民人均可支配收入 | |
|---|---|---|---|---|---|---|---|---|---|---|
| | 亿元 | 增长速度(%) | 亿元 | 增长速度(%) | 元 | 增长速度(%) | 亿元 | 增长速度(%) | 元 | 增长速度(%) |
| 响水县 | 244.30 | 10.5 | 32.54 | 17.0 | 23642 | 8.9 | 76.28 | 13.3 | 13088 | 9.4 |
| 滨海县 | 361.30 | 10.5 | 38.65 | 15.6 | 24451 | 9.0 | 151.89 | 15.3 | 13683 | 9.3 |
| 射阳县 | 407.61 | 10.5 | 20.56 | 17.5 | 24460 | 9.0 | 236.22 | 20.2 | 15136 | 9.3 |
| 东台市 | 670.23 | 10.7 | 71.55 | 16.7 | 30330 | 9.1 | 475.99 | 11.9 | 18097 | 9.3 |
| 大丰市 | 535.11 | 11.1 | 69.33 | 15.5 | 28752 | 9.1 | 311.87 | 13.7 | 17918 | 9.2 |
| 南通市区 | 2264.64 | 9.4 | 272.67 | 12.4 | 38547 | 8.4 | 1832.47 | 6.7 | 18592 | 9.0 |
| 海安县 | 680.44 | 9.9 | 62.06 | 14.7 | 34445 | 9.0 | 626.93 | 10.9 | 16549 | 9.2 |
| 如东县 | 672.69 | 10.0 | 58.54 | 17.1 | 34338 | 8.8 | 538.71 | 12.5 | 15827 | 9.2 |
| 启东市 | 803.14 | 9.8 | 76.86 | 14.3 | 34566 | 9.0 | 710.04 | 11.3 | 18287 | 9.1 |
| 海门市 | 915.02 | 9.8 | 78.40 | 14.3 | 37404 | 9.1 | 695.24 | 11.0 | 18986 | 9.0 |

## 2015年江苏沿海县(市)指标对比(二)

表 25

| 地　区 | 固定资产投资 | | 社会消费品零售总额 | | 进出口总值 | | 出口总值 | | 规模以上工业增加值 | |
|---|---|---|---|---|---|---|---|---|---|---|
| | 亿元 | 增长速度(%) | 亿元 | 增长速度(%) | 亿美元 | 增长速度(%) | 万美元 | 增长速度(%) | 亿元 | 增长速度(%) |
| 连云港市区 | 1384.56 | 27.1 | 484.42 | 12.5 | 72.27 | -0.3 | 33.83 | -8.6 | 738.86 | 12.9 |
| 灌云县 | 224.18 | 13.0 | 106.57 | 12.3 | 1.98 | 8.5 | 1.79 | 13.3 | 121.77 | 12.7 |
| 灌南县 | 196.00 | 0.5 | 83.51 | 12.1 | 2.51 | 7.3 | 2.08 | 2.7 | 122.05 | 12.7 |
| 盐城市区 | 1443.19 | 22.6 | 657.31 | 11.8 | 57.50 | 13.7 | 31.17 | 30.2 | 919.09 | 11.5 |
| 响水县 | 250.00 | 22.4 | 59.90 | 11.8 | 4.37 | 6.8 | 3.88 | 15.5 | 171.28 | 12.0 |
| 滨海县 | 324.91 | 22.4 | 99.46 | 11.8 | 3.84 | -17.1 | 3.04 | -5.5 | 163.74 | 11.6 |
| 射阳县 | 261.24 | 22.4 | 151.19 | 11.8 | 3.07 | -2.1 | 1.67 | 5.3 | 156.20 | 11.7 |
| 东台市 | 504.49 | 22.8 | 228.30 | 12.3 | 7.12 | 7.6 | 6.81 | 9.2 | 274.58 | 11.7 |
| 大丰市 | 394.95 | 22.4 | 155.58 | 11.8 | 15.13 | 9.5 | 8.95 | 15.5 | 209.79 | 11.8 |
| 南通市区 | 1771.51 | 11.4 | 931.44 | 8.7 | 191.43 | 9.1 | 135.10 | 6.1 | 996.37 | 10.0 |
| 海安县 | 510.00 | 13.6 | 247.39 | 11.5 | 16.16 | -34.1 | 13.64 | -36.3 | 432.11 | 11.2 |
| 如东县 | 486.98 | 13.8 | 287.43 | 11.5 | 24.46 | -26.1 | 14.41 | 11.8 | 394.31 | 11.4 |
| 启东市 | 539.06 | 11.5 | 293.06 | 10.0 | 30.67 | -0.2 | 24.81 | 7.7 | 331.09 | 11.0 |
| 海门市 | 565.32 | 12.7 | 311.15 | 10.2 | 22.54 | 10.7 | 14.19 | -2.5 | 401.85 | 10.8 |

# 海洋渔业

# Haiyang yuye

## 综　述

【概况】 如东县是江苏省海洋渔业大县，海岸线106公里，连陆滩涂6.93万公顷，辐射沙洲6.67万公顷，所辖海域面积6000多平方公里。有3座渔港(1座国家级中心渔港和2座群众性渔港)，各类渔船1298艘，滩涂运输拖拉机1400余辆，渔业从业人员1万多人。县委、县政府始终将海洋渔业安全生产工作摆在突出位置，以创建“平安渔业示范县”为目标，围绕“三化五覆盖”(企业化运作、规模化经营、标准化建设；企业化生产全覆盖、出海生产人员人身意外伤害保险全覆盖、教育培训全覆盖、安全生产设施全覆盖、宣传全覆盖)工作要求，统筹推进安全教育、责任落实、专项整治、体制创新、应急保障等各项工作，全县海洋渔业生产形势总体稳定。县渔业经济产业稳中有升、增幅渐缓，全县渔业总产量30.56万吨，同比下降1.31%。水产养殖面积5.75万公顷，其中海水养殖面积4.85万公顷，新增高效设施渔业面积1860公顷，高效设施渔业占比23.95%。新增浅海养殖面积1533.33公顷，其中贝类浅海底播养殖面积1400公顷。紫菜浅海养殖面积133.33公顷。其中，海洋捕捞产量5.02万吨，海水养殖产量19.86万吨，淡水渔业产量5.68万吨。全年渔业总产值153.49亿元，同比增长3.1%。海洋捕捞较上年同期有所下降，鱼获物以小杂鱼为主，商品鱼如小黄鱼、鲳鱼、带鱼未形成鱼汛。早春鳗鱼苗捕捞船只不到120条，捕捞量约50万尾，是上年5倍多，前期价格在每尾8元，后期每尾4元，效益总体持平。

图34　7月2日如东县第二届放鱼节，县长潘建华在投放鱼苗

全年从事海洋捕捞渔船736艘，年总产量保持在5万吨左右。水产品加工与流通稳中有进，仍以紫菜和贝类加工为主，文蛤深加工、南美白对虾粗加工继续保持上年加工水平，市场需求量渐成上升态势。“全国平安渔业示范县”复审考评获得农业部认定，县海洋渔业局被评为全省海域动态监管优秀单位、全省渔业互助保险先进单位、全省海域协管先进单位、全省海洋综合管理先进单位、全市渔业安全生产目标管理先进单位，被县委、县政府评为人民满意机关，2015年度县级机关整体目标责任制考核优秀。

## 渔业产业发展

【紫菜产业】 2015年，全县紫菜育苗面积约17.54万平方米，比上年16.39万平方米增加1.15万平方米，海上紫菜挂网面积2734.2万平方米，比上年2570.4万平方米增加163.8万平方米，外沙养殖面积占总养殖面积66%。紫菜苗种生产一波三折，养殖生产受灾严重，成交价格略微下降，总体情况逊于上年。苗种生产中全县大多数育苗单位壳孢子采苗时，水温一直在采苗临界点徘徊，其间两次台风过境，加之持续高温使成熟壳孢子没有得到很好利用,育苗效率低下,有30%的单位约3.5万多台、耗资1500多万元到外县采苗,部分单位至10月中旬采苗才结束。海上培苗期间,受两次较强台风袭击,全县挂网面积15%左右苗网摩擦损伤、台架流失。9月25日后出池的苗,因连续近20天天晴无雨而生长缓慢,无单孢子放散,出苗普遍不理想,稀稀拉拉。养殖生产中海上持续大面积烂菜,苴镇以东内沙烂菜严重,有的绝收,外沙紫菜有的生长缓慢、有的烂菜严重。一般年景采10~20条榜菜可以满足1台机加工1天,2015年采70多条榜菜勉强够1台机加工1天。由于烂菜影响原藻质量等原因,干紫菜成交单价每百张平均29.86元,比上年30.33元低0.47元,为近4年最低,比2006年39.48元低9.62元,比市场建立12年平均价29.81元,仅高0.05元,在滩涂租金、劳动力工资、生产成本持续上涨、紫菜歉收形势下,此平均价偏低。因原藻总产量下降,全县179台一次加工机加工干紫菜总量约30.72万箱、13.32亿张,干紫菜产量约占上年48.27万箱63.6%;全县紫菜原藻总产约5.14万吨(143公斤原藻/箱干紫菜),占上年8.32万吨61.8%。市场百张平均价29.86元推算,全县干紫菜加工总产值约3.85亿元,占上年6.15亿元62.66%。全县116家一次加工会员企业中,35家盈利,占30.2%;17家持平,占14.6%;亏损47家,占40.5%;6家转租,占5.2%;11家停产,占9.5%。

**【文蛤产业】** 如东有6.93万公顷滩涂(含东凌地区),6.67万公顷辐射沙洲,滩面地势平坦,是文蛤理想养殖场。2015年,文蛤产量2.5万吨,占全国60%以上;文蛤出口6000吨左右,占全国文蛤出口量40%以上,主要销往日本、美国、韩国和中国香港等地区。如东文蛤行业协会有合署单位42家,其中理事长、副理事长单位6家,从事文蛤养殖生产企业32家,从事文蛤市场销售及文蛤深加工出口企业10家,从事文蛤养殖、加工生产管理人员4万人,文蛤护养面积2.67万公顷,产值4亿元,创建文蛤品牌4个,通过无公害生产基地认证9个。如东文蛤养殖生产规模、产业化程度、产量、产值在全国文蛤产业体系及同级行政区域中独占鳌头。随着海水养殖、加工业发展,文蛤等贝类产品在如东海洋渔业中所占份额逐年提高,成为如东沿海渔民增收致富的特色产业之一。近来因环境污染、用海活动增加、藻类养殖规模不断扩大、外来贝类物种养殖规模扩大综合影响,文蛤附苗量日趋减少,文蛤成品产量大幅度下降,部分养殖企业和渔民只能将文蛤苗种运往广西、浙江、山东、辽宁等地滩涂进行移苗增养殖,待达到成品规格后,再起捕运回销售、出口,既影响文蛤种质资源质量和地方特色品牌效应,又增加养殖生产成本,制约文蛤产业健康、持续发展。如东县滩涂是全省现存唯一文蛤附苗区。2015年,县人大、县政协对全县海域使用管理以及海洋环保工作进行审查评议,要求海洋渔业主管部门强化规划意识,不断拓展海域发展空间,增强保护文蛤种质资源意识,建立文蛤种质资源保护区。

**【南美白对虾产业】** 如东县是中国南美白对虾养殖第一大县。全县养殖南美白对虾总面积8666.67公顷,露天池养殖面积4000公顷,大棚养殖面积4666.67公顷。2015年,发展4万平方米工厂化设施养殖。全县南美白对虾总产量4.25万吨,比上年减产30%;销售额17亿元,比上年下降35%。南美白对虾产业形成集苗种淡化、饲料、药品、流动、加工等产业链。但产业发展不规范,流动体系不健全,源头管理亟需整治。

**【水产品质量建设】** 县海洋与渔业局在全县水产品养殖区共组织水产苗种质量监督管理检查8次,监督检查水产品养殖户60户。强化宣传教育,按照创建水产质量平安监管示范县要求,全面开展法律法规宣传贯彻,重点加强水产品养殖抽检、水产品质量抽检和病害监测工作,配合省、市进行水产品产地环境和产品例行检查,对淡水鱼类、南美白对虾以及文蛤、紫菜等定期抽样检测。开展无公害水产品申报、复检换证工作。完成水生动物疫病测报、7期病害月报,检测各类水产样品80余份,筛选分离到阳性菌株5株,抽检样品500份。开展水产品质量安全可追溯体系建设试点,建成如东县追溯管理分中心1个、水产品质量追溯点15个、流通查询点10个。

**【渔业科技运用】** 县海洋与渔业局开展渔业新技术推广与试验,建立淡水鱼类工厂化循环水生态养殖技术试验点1处,建设400平方米循环水养殖池,完善增氧、排污等配套设施,开展以解决养殖生产中的实际问题为重点的送科技下乡活动,确定对6个渔业重点镇(区)、46个村实施渔业科技入户工作,组织送科技下乡活动5期,定期开展渔业技术技能、职务船员、下海作业及管理人员培训班58期,培训5000多人次。在全县渔业技术推广网络中,确定5名专家组成员、23名基层渔技人员和部分养殖大户担任渔业科技指导员,遴选450个渔业科技示范户,示范户先进实用技术入户率和到位率90%以上。

## 海洋综合管理

**【海域开发管理】** 县海洋与渔业局实施陆海统筹配套改革试验区建设,贯彻落实县委、县政府《关于深化海域管理制度改革的实施意见》。按照《如东县海域资源储备管理办法(试行)的通知》《关于进一步加强和规范镇村集体经济组织所属养殖用海管理工作试行的意见》《加强涉海工程项目海洋资源生态补偿金缴纳与使用管理工作的通知》等要求,强化用海管理,对海域使用权期满的近 4.67 万公顷养殖用海,实施分类处置,发证用海。审核 207 宗,做好开放式养殖滩涂收储和招拍挂工作,帮助 7 家用海企业办理海域使用权抵押贷款 5720 万元。坚持顶层运作模式,通过开展收缴和清欠工作,全年共收缴海域使用金 1255 万元。先后为中广核、中水电风电用海领证,为海上龙源、华能风电、阳光岛上振戎风电等项目用海报批。协助做好项目环评,为小洋口下海综合通道工程、通威渔光互补项目、阳光岛接岛引堤项目用海遗留问题等用海项目环评、论证报批提供服务,并加强项目巡查与监管。

【海洋环境保护】 县海洋与渔业局强化"生态立县、环保优先"理念,构建清洁海洋、平安海洋、和谐海洋。举办第七届放鱼节活动,共增殖放流大黄鱼、黑鲷、海蜇、半滑舌鳎等苗种 420 多万单位。与项目单位联系,按照县政府办《关于加强涉海工程项目海洋资源生态补偿金缴纳与使用管理工作的通知》要求,签订生态补偿协议,加大补偿资金收取力度,洋口港排涝闸、LNG 项目、中水电和海上龙源人工鱼礁试验项目生态补偿资金到账 220 万元。推进县级海洋环境监测站建设。完成小洋口下海通道、振戎石化液化品仓储等 4 个核准项目环保监管方案编制和上报备案,巡查威华(如东)液体化学品仓储物流、洋口港临港工业区排涝闸工程等项目,未发现违规行为,建设单位按照"三同时"(防污设施与主体工程同时设计、同时施工、同时投产使用)规定组织施工。排查全县所有涉海工程项目海洋环保措施落实情况,发现存在问题及时发文要求企业整改。

【海洋综合监管】 县海洋与渔业局完善巡查制度,加强和规范海域使用执法检查,提高执法检查效率和效能。创新巡查方式。开展档案检查,对全县申领海域使用证登记情况及时查验申请批准手续是否齐全、申请面积与实际使用面积是否相符、是否擅自改变海域用途、是否履行承担义务、有无违规违法行为,开展全程监管。对辖区内各种用海类型和海洋工程建设项目执法检查全覆盖,落实对用海项目事前、事中、事后全程监管,做到应查尽查。重点加大对洋口港建设工程和刘埠地区海域使用跟踪服务和检查。规范案卷评审。邀请市海监执法支队联合开展案卷评审,利用"四证审查委员会"运行机制,公开、公平、公正审查每个案件定性标准、执行依据。全年出动海监执法人员 169 人次,立案 4 件,罚没收入 471 万余元。开展海上养殖用海专项执法行动,检查用海单位 21 家。

## 渔业安全监管

【责任体系构建】 如东县全面落实"企业主体责任、部门监管责任、镇区属地责任",构建"单位负责、职工参与、政府监管、行业自律和社会监督"的渔业安全管理新机制。加强制度建设。出台《关于进一步加强渔业安全生产工作的意见》《海洋渔业船舶安全生产管理办法》《海洋渔业安全生产信息系统管理办法》等文件,明确全县镇(区)部门、用海企业以及从业人员在海洋渔业安全生产工作中的职责。健全组织网络。成立海洋渔业安全生产领导小组,具体负责海洋渔业安全生产工作的组织、协调、监督、检查等工作。加强整体联动和综合执法,不断增强安全监管合力。建立健全基层渔业安全生产管理专职机构,增强镇(区)渔业安全监管力量。强化政社互动。建立健全渔船组织等社会自治组织,引进社会中介力量加强渔业安全监督。进一步强化渔业企业安全生产主体责任和船长、拖拉机驾驶员的"第一责任",层层签订安全生产责任状,督促企业落实安全制度,加强安全设施配套,不断提升企业安全度。

【隐患排查整改】 县海洋与渔业局坚持"管理与执法"并重,将日常管理和专项整治相结合,抓好隐患排查和问题整改,守住不发生重大安全生产事故的底线。加强日常管理。紧盯渔港、渔船、卡口、船闸、下海拖拉机等重点部位和环节,以及滩涂养殖早晚潮、重要潮汐等关键时段,开展巡查,重点检查渔船安全设施配备、下海拖拉机载客以及相关人员从业资格情况,对不符合规定要求的,一律停产整顿。抓实专项行动。按照"全覆盖、零容忍、严执法、重实效"要求,推进专项行动,做到隐患排查一处不漏、问题整改彻底到位。全年排查整改隐患 160 起,查处违法违规渔船 112 艘。加大惩处力度。针对下海拖拉机载人上路、滩涂违规作业等不法行为,加大行政处罚力度,全年检查拖拉机 164 辆,查处违规 26 起,强制培训违法违规拖拉机驾驶员 5 期 15 人次,起到"处罚一部分、教育一大片"的警示效果。

【渔业基础建设】 如东县坚持逐年增加安全基础设施建设和相关配套资金投入,夯实海洋渔业安全生产工作基础。强化渔业设施设备改造升级。出台补助政策,促进渔船"万船改造",发放 2011 年度 3 艘更新改造渔船省补助资金 45 万元;县级财政投入 312 万元,为全县 44.1 千瓦以上渔船增配卫星电话 407 台。在卡口及配套设施建设方面,推进下海卡口规划建设,兴建停车场 8 座,完成 10 座卡口下迁及建设补助验收,重点推进下海卡口视频监控及管理系统与县公安部门"天网工程"联网运行,强化滩涂生产作业及运输拖拉机出海安全管控。健全渔业保险制度。通过政策宣传引导、强化全覆盖服务等形式,推进开展项目互助保险。加强一线管理队伍建设。出台相关管理制度和政策意见,明确管理人员最低基本工资标准,并建立健全工资年增长机制,调动一线管理人员工作积极性。

【应急能力提升】 县海洋与渔业局

加强从业人员教育培训。强化政企联手，采取多种方式，开展安全管理人员、渔业生产“第一责任人”及从业人员年度培训轮训，重点宣传安全生产法律法规及相关政策文件，普及灾害预防、事故应急与自救互救知识，不断提升渔业从业人员和管理人员的安全素质和应急能力。利用网络、自媒体、北斗系统等现代化信息手段，开展海洋渔业安全生产应急知识宣传，营造全社会共同关心、支持海洋渔业安全生产工作氛围。提升渔业防灾应急救援能力。实施专业救助船艇、搜救快艇更新换代，全年财政投入 120 万元，为县海上搜救中心和沿海镇(区)，增配各类搜救船只、车辆 14 艘(台)，全县应急搜救能力不断增强。完善应急救援体制机制，修订《如东县海洋渔业突发事件应急救援预案》，推进沿海镇(区)救援快艇配备，成功与长沙镇开展应急救援演练，全县海上应急管理水平进一步提升。

## 执法监督管理

**【概况】** 县海洋与渔业局加强海监渔政执法规范化、标准化建设，落实渔船检验工作责任制，加强渔船现场检验和渔船进出港签证管理，实施渔船专项整治，维持好沿海开发和渔业生产秩序，维护好渔民合法权益。抓渔船安全隐患排查治理，强化整治，遏制渔船事故多发势头。2015 年，全县查处各类海洋与渔业案件 202 件。其中，海洋案件 4 件，行政处罚 471 万元；渔业案件 198 件，罚没收入 734.18 万元。严格渔船检验，全年检验渔船 507 艘，开展渔船检验执法监督和渔船修造检验质量督查指导 3 次，进行渔业船舶实船核查 416 艘，开具渔船安全隐患整改通知单 135 份。调处海损事故 15 起，培训船员 502 人，巡查渔港 481 次。出台洋口渔港港章，渔港管理有序开展。

**【“四大领域”执法巡查】** 县海洋与渔业局组织开展全县海上、港口、岸线和水产养殖业“四大领域”执法巡查，强化日常监管，有效防范和及时发现、制止、查处各类海洋与渔业违法行为。海上执法巡查出动执法船 32 航次，登临检查渔船 438 艘，查处渔船 186 艘，罚款 731.58 万元；渔业港口执法巡查派出执法人员 2042 人次，开展港口执法检查行动 581 次，登临检查渔船 1190 艘次，发现隐患渔船 274 艘，责令现场整改渔船 261 艘，处罚案件 1 件，罚款 1000 元；海域岸线巡查出动执法人员 169 人次，车辆 43 辆次，车辆行程 5761 公里，船艇 6 航次，航程 501 海里，共检查 21 家用海单位和个人；水产养殖业执法巡查 29 次，检查水产养殖单位 168 家，立案查处 1 家，罚款 3000 元。

**【“两大安全”执法监管】** 县海洋与渔业局加强水产品质量安全执法。配合上级部门对全县初级水产品进行抽检，共抽查 264 家，监督抽取样品 538 份，开展水产品质量安全专项执法行动 2 次。强化渔业安全生产执法。针对渔业生产各时期特点，适时开展渔船安全专项执法行动 8 次。针对渔船生产特点，采取对停泊在港和海上生产渔船安全检查并举的监管措施，开展渔业船舶修造企业检查 4 次，及时排除安全隐患，确保渔船生产安全。做好海上应急处置。建立健全应急处置机制，及时妥当处置海上各项突发事件，共发放恶劣天气预警报信息 600 次，发放安全宣传信息 65 次，接受报警、遇险、求救信号 24 次，救助涉险船舶 10 艘次，成功救助各类人员 20 人次。

**【“两非行为”执法打击】** 县海洋与渔业局加强对非法用海和非法捕捞行为打击力度，保护海洋资源和维护海洋开发生产秩序。加强海上日常执法检查。发挥海上执法中队和海监中队作用，克服海上执法力量薄弱和执法船艇装备落后的困难，加大海上执法和岸线巡查频次，防范和制止海上非法用海和非法捕捞行为。强化伏季休渔监管。贯彻实施海洋伏季休渔制度，把伏休工作与护渔行动、安全生产月、船员培训、渔船年检、“打非治违”专项行动结合起来，整体联动。开展协作协查。长沙中队在阳光岛及岛桥两侧和航道巡查 7 次；海监中队配合上级部门对小洋口化工园区突击检查 19 次；渔政船全年参加海区市联合执法行动 8 次，为确保 LNG 船舶航行安全，成功护航 14 次。

**【国家惠渔政策落实】** 县海洋与渔业局规范油补发放。2015 年，共分 4 批发放 2013 年度 1153 艘渔船渔业油价补助资金 9406.8 万元；2014 年度申报登记油补渔船 973 艘。实施省渔船更新改造项目，有 8 艘渔船获得省捕捞渔船更新改造项目补助资金 220 万元，先后发放 11 艘渔船省级财政补助资金 230 万元。加大互助保险县级配套补助力度，全县共收取项目互助保险费 912.7 万元，其中，参保渔船 637 艘，参保渔民 2791 人。县财政配套补助标准提高至每年 400 元/人。

(王维军　钱丹丹)

# 绿色能源

# Lüse nengyuan

## 产业规划

【概况】 2015年，如东县组织召开海上风电场规划优化论证会，统筹布局海上风电海缆路由及登陆点初步建设方案，协调海上风电开发与港口等其他海洋开发规划相融性，促进海上风电开发规模化、有序化。加快开展“海上风电开发对港口开发及海洋动力环境影响”及“海上风电开发对航道及船舶行驶安全影响”专题研究论证，至年末，编制完成两个专题研究报告，成为海上风电规划修编重要依据。加强海上风电规划与土地利用规划、海洋功能区划对接，协调风电项目选址与镇(区)规划矛盾，使风电规划与各级规划无缝衔接。谋划全县“十三五”期间能源需求及能源产业发展目标、重点任务和配套措施，完成初稿编制。至2015年年底，如东风电场总装机容量530多万千瓦，总量约占全省1/4。其中，海上风电约450万千瓦，约占全省1/3。

## 招商引资

【概况】 2015年，如东县能源项目招商引资成效显著。全年重点引进三一如东海上风电场、中广核如东7.6万千瓦近海风电项目、中天科技10兆瓦地面光伏电站、中天科技20兆瓦分布式光伏发电项目、中天科技15兆瓦分布式光伏电站、四川通威渔光一体10兆瓦发电项目6个新能源发电项目，共投资200多亿元，到账外资600多万美元。引进协鑫LNG电厂、协鑫LNG接收站项目落户。通过对风电资源优化配置，引进风电装备制造项目，完善风电产业链条。引进重通成飞叶片项目落户经济开发区并开工建设，该项目总投资3.2亿元，占地面积14.93公顷，建成后年应税销售收入6亿多元。引进上海岳峰国际物流有限公司、天赋新能源工程技术有限公司、深圳市道鹏电子科技有限公司、振华辉固地勘公司等涉及海上风电施工运维、风电设备运输物流、防腐材料、勘察设计等风电生产服务性企业落户。三一重能风机整机制造项目、陕柴重工风电设备制造项目、中船海装国家级风电实验中心分中心等初步达成落户协议。

## 项目建设

### 风力发电

【概况】 2015年，如东县继续加大风能资源开发，着力打造海上风电亚洲旗舰。风力发电新建项目3个，风电项目新增并网装机容量31万千瓦，累计并网装机容量135万千瓦，约占全省风电总并网装机容量1/3，县域风电装机规模全省第一。其中，近海(潮间带)风电项目新增并网装机容量28万千瓦，海上风电累计并网装机容量60万千瓦，如东建成亚洲最大海上风电基地。在建及在谈风电项目总装机容量超过150万千瓦，总投资超过270亿元。龙源如东潮间带20万千瓦示范风电场扩建项目、国信东凌二期3.1万千瓦风电扩建项目、中水电潮间带二期8万千瓦风电场3个风电项目竣工并网发电；华能如东30万千瓦海上风电场项目、华润如东二期风电项目开工建设。全国首个满足“双十规定”(水深-10米以上，离岸距离10公里以上）的海上风电场——中广核15万千瓦近海风电场项目建设进展顺利，施工过程中创造风电单桩重量、直径、长度和离岸距离4项全国第一，完成海缆铺设和风机打桩，进行风机吊装。东电新能源4.8万千瓦风电项目于年底获得核准。中水电如东潮间带7.6万千瓦扩建项目、华能如东30万千瓦海上风电项目、海装如东30万千瓦海上风电场等项目均被纳入《全国海上风电开发建设方案(2014—

2016)》。全年风电上网电量 21 亿千瓦时,同比增长 3.2%,占全县社会用电总量 50%,风电占比全省第一。全县风电累计上网电量约 110 亿千瓦时,与同等装机规模火力发电厂相比,实现减排二氧化碳 1330 万吨、二氧化硫 7750 吨、氮氧化物 7200 吨、固体颗粒物 3930 吨,节约标煤 387 万吨。

**【中广核如东 150 兆瓦海上风电场示范项目】** 中广核如东海上风力发电有限公司 150 兆瓦海上风电场示范项目位于江苏省如东县近海海域,离岸约 25 公里,海底高程在 -8 米～-14.6 米之间。项目计划安装 38 台 4 兆瓦风电机组,装机容量 152 兆瓦。110 千伏升压站布置在海上,集控中心布置在海堤外侧,38 台风电机组共组成 6 回海缆进线,汇集后由 1 台 110/35 150 兆伏安主变压器升压至 110 千伏,由 2 回 3×400 110 千伏海底电缆送至陆上 220 千伏升压站,再由 1 回 220 千伏架空线送至系统电网。项目于 2013 年 6 月取得国家发改委核准批复。2013 年 12 月,完成风机基础试桩工程。2015 年 5 月 23 日,海上风电场项目正式开工建设。中广核如东 150 兆瓦海上风电场示范项目是中国第一个满足"双十"(水深 10 米,离岸距离 10 公里)的海上风电场项目。海上升压站采用陆上模块化建造、海上整体吊装的施工方案,减少海上施工作业时间,保证海上升压站产品质量。所用海缆为国内最大 3 芯 110 千伏海缆 (单根 28.5 公里);海缆近岸段为潮间带区域,110 千伏海缆敷设难度大;风机基础采用大直径单桩基础,该基础为国内桩径最大、壁厚最大、桩长最长的钢管桩基础,直径 6.0～6.5 米,钢管厚度 50～75 毫米,长度 70～93 米,重量 631～943 吨,采用全球首创可拆卸式定位平台浮吊吊打沉桩工艺,沉桩设备为 IHCS-1800 液压沉桩锤;风机安装采用自升式平台单叶片安装工艺。11 月 1 日,110 千伏海上升压站一次带电成功,标志着亚洲首座海上升压站建设成功。

**【江苏海力风电设备科技有限公司】** 江苏海力风电设备科技有限公司创办于 2009 年 8 月,是一家专业制造风电塔架及海上风电导管架平台的生产型企业。总投资 2.8 亿元,注册资本 1.05 亿元。公司总占地面积 13.33 万平方米,建有厂房 3 万多平方米,坐落于长三角最具投资潜力开发区——江苏省如东经济开发区内。2015 年,江苏海力风电设备科技有限公司经营生产继续呈现增长发展态势,企业在市场拓展、产品研发、质量管理、品牌建设及职工队伍管理等方面取得新业绩,实现快速、稳步发展。通过高新技术企业复审认定和安全生产标准化企业验收,获得"江苏省民营科技企业"证书,被授予"江苏省研究生工作站";新取得 2 个高新技术产品证书,获得 1 项发明专利证书,新申请海上风电场升压站桩机基础、海上风机桩基平台和塔筒方面发明、实用新型专利技术 8 项。全年累计生产塔筒 190 台套,生产 5 兆瓦导管架基础平台及 4 兆瓦单桩基础平台 22 台套,实现销售额 12 亿元,累计利税 1.5 亿元。为国内第一个符合"双十"要求的海上风电场提供首台风机配套大功率单桩基础承载平台和风机塔筒,10 月 4 日,中央电视台科教频道栏目以《追风之翼》详细报道生产该桩基全过程。

## 太阳能光伏发电

**【概况】** 2015 年,如东县新建成光伏发电项目 4 个,新增光伏发电装机容量 55 兆瓦,累计建成太阳能发电项目 11 个,累计装机容量 110 兆瓦。中天科技 20 兆瓦地面光伏电站、中天科技 15 兆瓦分布式光伏电站、四川通威渔光一体 10 兆瓦光伏发电站、四川通威 10 兆瓦分布式光伏电站 4 个光伏发电项目完成施工,投产运营。响应国家光伏产业政策,引导城乡居民利用自有屋顶投资建设光伏发电项目,鼓励户用型光伏项目发展,岔河及其周边镇推广农村户用型分布式光伏电站项目超过 210 户,总装机规模约 1.1 兆瓦,开发利用太阳能资源,增加农户收入,对周边县(市)户用太阳能项目开发建设起到示范和引领作用。

图 35 通威户用太阳能项目

## 生物质能发电

**【概况】** 如东国信生物质发电项目是国内第一家采用纯秸秆燃烧发电技术项目,项目总投资 3 亿元,总装机容量 2.5 万千瓦,年上网发电量

1.5亿千瓦时，年消耗秸秆约17.6万吨，每年可为如东农户增加收入5000多万元。该项目实施为江苏地区乃至全国推广农村秸秆资源综合利用做出示范。2015年，该项目上网发电1.69亿千瓦时，累计上网电量10.83亿千瓦时，累计节约标煤37.8万吨，累计减排二氧化碳130万吨、二氧化硫758吨。

(孙成浩)

【沼气利用】 2015年，如东县建设农村户用沼气700户，新建户用沼气正常使用率100%。完成规模畜禽场沼气治理工程10处，其中Ⅱ-a型沼气工程3处、Ⅱ-b型沼气工程1处、Ⅱ-c型沼气工程4处、Ⅲ-b型沼气工程2处。建成循环农业示范基地2个，分别是如东绿丰园林绿化有限公司"猪—沼—林"循环农业示范基地和如东鸿鹏蔬菜专业合作社"猪—沼—菜"循环农业示范基地。如东鸿鹏蔬菜专业合作社首次尝试采用沼液水肥一体化滴灌技术，为利用沼液生产高品质农产品提供示范。如东鑫诚养殖场建成大型发酵罐沼气工程1200立方米，为如东最大沼气治理工程，采用能源生态型治理模式，变废为宝，综合利用，零排放、无污染，成为县内规模养殖场粪污治理典型。 (冯仕根)

## 垃圾发电

【概况】 如东天楹环保垃圾焚烧发电项目总投资3.5亿元人民币，项目一期、二期工程总装机容量16.5兆瓦，日处理生活垃圾1000吨，有效缓解如东当地及周边地区生活垃圾处置压力。2015年6月，总装机容量14兆瓦的垃圾发电三期工程并网发电，全县垃圾发电总装机容量30.5兆瓦。2015年，该项目上网发电1.6亿千瓦时，累计上网电量4.13亿千瓦时，累计节约标煤14.5万吨，减排二氧化碳49.56万吨、二氧化硫289吨。

## 装备制造

【风电设备制造】 如东县发展风机设备制造业，提升产业配套能力，形成布局集中、产业集聚、发展集约的风电产业发展新格局。江苏海装风电设备有限公司、江苏明阳风电技术有限公司等风电主机制造基地先后落户并建成投产，江苏海力风电设备科技有限公司、江苏中天科技股份有限公司等县内风电装备制造企业蓬勃发展，如东县风电装备制造基地具备年产500台套风机整机、800台套塔筒、200台套海上风机导管架和单桩及5万公里海底电缆的生产能力。2015年，重通成飞叶片项目落户经济开发区并开工建设，填补风电产业链条空白；江苏海装风机制造基地建成投产，首台风电机组成功下线，部分风机出口美国。构建风电产业联盟，12月6日，由县内外31家风电装备制造企业、风电发电企业、相关科研院校和协作单位联合发起的全国首家风电行业产业联盟正式成立，为风电企业互惠共赢搭建合作平台。如东初步形成以风机整机和零部件制造为主，包括风电场建设和运营维护、风电场勘察设计、风电技术研发、风电设备物流等在内的产业体系。2015年，全县新能源及配套装备产业应税销售收入123.6亿元，同比增长53%，产值创造力、产业影响力进一步提升。如东县成为江苏省乃至华东地区领先的风电装备制造基地。

图36 3月，江苏海装风电设备有限公司首批产品发运

【太阳能光电设备制造】 强生集团投资组建强生光电科技公司，2008年引进首条25兆瓦非晶硅薄膜电池生产线正式投产，该生产线同时创下单线产能、电池转换效率、设备投入与产出比例、批量化生产投产时间4项中国第一。2009年，强生光电科技公司又投入两条35兆瓦生产线。至2015年，强生光电科技公司共拥有3条非晶硅生产线和15条晶硅电池生产线，非晶硅太阳能薄膜电池年产能达95兆瓦，晶硅组件年产能近300兆瓦。江苏中天科技股份有限公司投资组建中天光伏技术有限公司等数家专业性强、具备自主研发能力的光伏配套企业，产品设备覆盖光伏储能、分布式能源并网接入系统核心技术研究与设备制造、光伏电站系统集成设计与工程总承包以及光伏电站建设配套产品的生产制造等众多领域。 (孙成浩)

# 旅游休闲

# Lüyou xiuxian

## 综　述

【概况】 依托滨海旅游资源，如东旅游逐渐形成以“海港、海鲜、海韵、海泉”为特色的沿海生态旅游带，孕育“跳海上迪斯科、听空中交响乐、品天下第一鲜、泡洋口黄金泉、拾农庄乡野趣、赏风电新景观、望海上旭日升”等旅游品牌。旅游企业初具规模。2015年，全县有国家级景区5个(其中AAA级景区3个、AA级景区2个)；省级旅游度假区1家(小洋口旅游度假区)；省星级乡村旅游点6家(其中四星级乡村旅游点1家、三星级乡村旅游点3家、二星级乡村旅游点2家)；省级自驾游基地2处(小洋口省级自驾游基地和洋口港景区生态园)。旅行社4家，旅行社分社2家，旅行社门市部22家。旅游星级饭店9家，其中四星级饭店3家(中天黄海大酒店、大明国际大酒店、海洲大饭店)；三星级3家(碧霞如东大饭店、格林豪泰快捷酒店如东汽车站店及鑫华园宾馆)；二星级3家(格林豪泰文峰店、如东海友酒店和栟茶聚福楼大酒店)，星级饭店总床位逾1300张。3家四星级旅游饭店和2家三星级旅游饭店为国家银叶级绿色旅游饭店。全年全县接待旅游过夜75万人次，旅游收入38.1亿元。突出规划引领，与华东师范大学旅游规划与发展研究中心合作完成《“十三五”如东县旅游发展规划思路研究》。抓旅游项目开发，入库旅游项目32个，项目投入18.75亿元。小洋口国际温泉城项目被列入江苏省重点旅游项目库，小洋口国际温泉城项目、金蛤岛景区项目、栟茶古镇旅游项目、小洋口乡村旅游集聚区项目被列入南通市重点旅游项目库。完善旅游配套设施，根据国家旅游局要求，建设旅游厕所6座，创建AAA级旅游厕所2个；规划建设生态停车场4个；增设景区道路交通指示牌7块。推进智慧旅游服务，将如东旅游纳入全省智慧旅游规划。加大旅游招商推介，组织旅游企业参加苏州、上海、昆明等地旅交会、博览会，并在“长三角”重点城市上海、南京、南通等地开展旅游招商推介活动3次。成功举办2015滨海旅游发展论坛(中国如东)和2015年南通市江海国际旅游节如东分会场系列活动。如东县获“2015最美中国休闲度假旅游目的地城市”称号。新创建栟茶鑫华园省三星级乡村旅游点和鑫华园宾馆国家三星级旅游饭店。中天黄海大酒店、大明国际大酒店通过四星级饭店评定复核。全年组织旅游从业人

图37　栟茶鑫华园农庄

员培训4批次。开展文明旅游创建活动,加强诚信创建和安全监督检查,旅游市场健康平稳运行。

# 旅游景区景点

## 国家AAA级景区

**【洋口港景区】** 洋口港位于如东县长沙镇。12.6公里长的跨海大桥——黄海大桥,是中国外海第二大型桥梁。与大桥紧相联的是3平方公里人工岛——阳光岛,是南黄海第一人工岛。岛上布置有中石油LNG接收站,原油、化工、散货、集装箱泊位37座。岛上新建接待中心、观景台等设施,登临观景台,可远眺大海、感受大自然,与大海亲密拥抱。2013年,洋口港景区创建成国家AAA级景区、省级工业旅游示范点;2014年,洋口港景区生态园创建成省级自驾游基地。阳光岛是现代工业港口,岛上以工业作业为主,暂不对游客开放。

**【小洋口风景区】** 小洋口风景区位于如东县北部小洋口旅游度假区内,距上海120公里,1.5小时经济圈内;距南通60公里,1小时车程。景区总面积约67公顷,主要由接待中心、如东滩涂围垦历史博物馆、海上九曲桥、海誓山盟石、爱情长廊、大米草原等景观构成,人文景观丰富厚重,自然风光秀丽典雅,建筑采用相互因借的艺术手法,融南秀北雄于一体,展现辽阔壮观的南黄海风情。

**【国清园景区】** 国清园景区位于如东县城区内,占地约1.5公顷,分国清寺园区和国清塔园区两部分,形成东寺西塔之格局。园内有易地重建的千年古刹国清寺。殿堂齐全,布局合理,层次分明。朱红色圆柱,杏黄色粉墙,麻石板地面,配以雕梁画栋,翘角飞檐,蔚为壮观。寺内全堂佛像装塑一新。景区西边有9层国清宝塔、放生池、掘港历史与宗教文化展览室,配有楼榭亭阁。登上国清塔,远眺四方,县城风光尽收眼底。国清园景区以佛教文化为依托,汇人文景观和自然景观于一身,集游、购、娱、食、住、行等功能于一体,是游客休闲、游览、娱乐好去处。近年,国清园香火旺盛,各方游客络绎不绝,其中有美国、日本等国外游客。

## 省级旅游度假区

**【小洋口旅游度假区】** 小洋口旅游度假区位于如东县北部,总规划面积80平方公里,核心面积40平方公里,先后建成亚洲最大风电场、国家AAA级景区、洋口国家中心渔港、国家级风筝放飞基地、省级自驾游基地、南通市青少年户外运动拓展中心、小洋口乡村俱乐部、小洋口精致温泉疗养别墅酒店、林克斯温泉酒店、金蛤岛温泉度假村、海印寺、海上迪斯科旅游区、海鲜一条街等特色旅游景点,在建和储备项目投入200多亿元。

## 省级自驾游基地

**【洋口港景区生态园】** 洋口港景区生态园紧靠洋口港景区,占地总面积6.67公顷,其中水面面积约2公顷。园内建成游客中心、垂钓中心、露营营地、休闲木屋等,可垂钓、烧烤、露营,是自驾游爱好者亲近大自然,享受野外风光首选之地。

**【小洋口自驾游基地】** 小洋口自驾游基地位于小洋口旅游度假区内,紧靠小洋口景区和洋口外闸,拥有典型滩涂和水域风光,展现独特南黄海风情,突出绿色生态理念和健康休闲养生理念,是"长三角"地区集旅游观光、休闲度假、海鲜美食、科普教育、湿地娱乐、生态野趣、拓展运动等于一体的省级自驾游基地。

## 四星级乡村旅游点

**【在水一方生态园】** 在水一方生态园位于岔河镇兴北村(洋兴公路西边苴东线南侧),占地6.67公顷。该生态园以"地为灵、水为魂、木为秀、人为杰"的主旨生态为开发创意,秉承"以人为本,宾客如归"经营理念,其基本格局分为特种水产养殖示范区、名贵花木种植示范区、休闲养生区、餐饮商务区等,是一个有科技含量、有品质生活体验、展现人与自然和谐共处的旅游胜地。

# 旅游项目开发

**【小洋口国际温泉城项目】** 小洋口国际温泉城项目总投资16亿元,项目建设目标为"树立中国温泉产业标杆,打造国际健康理疗品牌,创立文化教育产业基地,建设国家级生态旅游区"。以健康乐活为核心理念,以生态低碳为规划原则,依托海滨资源和温泉资源,打造融温泉理疗、高球运动、湿地公园、海滨牧场、渔人码头、主题公园、文化创意、教育培训8大主题板块为一体的度假目的地。

**【金蛤岛景区项目】** 该项目总投资2亿元,位于金蛤岛酒店北侧、金蛤大道东侧,占地面积93.33公顷,其中湖面面积40公顷,并配有53.33公顷商业用地。打造适合不同人群、不同风格以水上乐园为主题的AAAA级新景区,包括温泉度假小屋、亲水娱乐区、拓展娱乐区、水上高尔夫网球场等项目。

**【小洋口乡村旅游集聚区项目】** 该项目规划区位于如东县洋口镇,具体范围包括斜港村、双灶村,总面积约16.3平方公里。以田园生态环境为基础,以乡村风情为特色,强化生态高效农业的规模化引导布局与深度开发,丰富生态农业、休闲农业、景观农业、特色养殖等产业配比及项目开发运营，并整合特色乡村、民俗风情等资源要素，以创新思维进行乡村、农业、生态旅游融合开发，形成一廊——林下生态亲水休闲廊道，一街——斜港乡村夜市街，一核——海滨渔寨村，四区——魅力田园乐活区、有机生态养殖区、特色农产品加工区、生产生活协调区的发展格局，并结合环境景观美化提升、游憩空间特色营造、河渠水景整治塑形，将规划区打造成集农业休闲、生态游憩、乡村乐活、文化体验等于一体的精品乡村旅游集聚区。

图 39 5月7日，上海世界旅游博览会上，外国友人咨询如东旅游

**【栟茶古镇旅游项目】** 该项目规划面积 100 公顷，核心建设用地 13.33 公顷。2015 年，栟茶镇委托东南大学编制控制性详细规划，并启动建设，到账资金 8000 万元。项目涉及栟茶中市街、东街、北街的复古性修建以及岔栟河一河两岸风情商业街打造，包含一柱楼、大东旅社、南沙书院、4 大家族宗祠、苏中民俗博物馆、海军源博物馆、中式庭院会所、怡园、温泉酒店、老街客栈等精品建筑。

## 旅游推介

**【展会推介】** 1 月 26 日，县文广新局(旅游局)组织县内多名客商代表以及镇（区）负责人，赴上海参加 2015 年南通旅游招商推介会，印制《“印象南黄海 美丽新如东”——旅游摄影大赛获奖作品选集》和《如东自驾游攻略》，分发给与会嘉宾，以图文并茂形式宣传推介如东旅游，重点介绍金蛤岛景区、海上迪斯科、栟茶寿圣寺佛教文化园等旅游招商项目，展示和推介以“海港、海鲜、海泉、海韵”为特色的如东旅游形象。

图 38 如东旅游企业参加在上海举办的 2015 年南通旅游招商推介会

3 月 9—12 日，县文广新局(旅游局)、小洋口旅游度假区、金蛤岛温泉度假村一行随江苏旅游新干线旅游促销团，先后赴上海、绍兴、台州和舟山 4 市举办旅游推介说明会。其间，县小洋口旅游度假区、金蛤岛温泉度假村等旅游企业，与对应部门详细介绍特色项目及优惠政策，实现促销成效最大化。《如东自驾游攻略》及《“印象南黄海 美丽新如东”——旅游摄影大赛获奖作品选集》等旅游宣传资料吸引参观者关注。

4 月 10—12 日，县文广新局(旅游局)组织县小洋口旅游度假区、金蛤岛温泉度假村等旅游企业参加 2015 苏州国际旅游交易博览会，推介如东旅游。以“如意东方，领鲜天下”为主题，重点推介“海鲜、海泉、海港、海韵”特色旅游资源，发放各类旅游宣传品。

5 月 7—10 日，县文广新局(旅游局)组织在水一方生态园、狼山鸡种鸡场等主要旅游企业赴上海参加 2015 上海世界旅游博览会。如东连续 2 年参加该项展会，针对上海市民推出适销对路旅游产品，向每位问询客人介绍如东旅游特色，发放宣传品 5000 多份。

7 月 16 日，2015 中国南通乡村旅游节在通州金土地生态农业园开幕。县文广新局(旅游局)组织在水一方生态园、写意农庄、鑫华园生态农庄等乡村旅游点参加。如东首家四星级乡村旅游点——在水一方生

图 40　8 月 31 日，举办"巴大杯"南美白对虾烹饪大赛

态园作为全市 10 家四星级乡村旅游点代表上台接受授牌。县狼山鸡种鸡场展出的新鲜草鸡蛋和狼山鸡，吸引游客驻足。

11 月 13－15 日，县文广新局(旅游局)组织县内旅游企业赴昆明参加 2015 年中国国际旅游交易会，向世界各地旅行商及咨询客人宣传如东旅游精品线路及产品。

**【首届南美白对虾美食节】** 8 月 31 日，如东县首届南美白对虾美食节在在水一方生态园开幕。副县长姜晓静作开幕讲话，市旅游局副局长袁鸿飞、县委常委、宣传部部长张蓉蓉共同为美食节揭牌。开幕式上，举办"巴大杯"南美白对虾烹饪大赛，18 名选手以白对虾为原料，或炸、或炒，分别烧制一道菜。美食节活动持续 1 个月，除展示各种美食外，还举办书画现场创作、南美白对虾养殖技术讲座等活动。此次美食节旨在开发农业资源，促进乡村旅游。

**【如东国际风筝节】** 9 月 20 日，中国·如东第十六届国际风筝节在小洋口旅游度假区风筝放飞场开幕，德国、韩国等国家 46 支代表队、265 名运动员报名参赛，邀请境内外 700 多名知名旅行商参会。此次风筝比赛既是海内外风筝高手竞技展示舞台，又是展示如东"海鲜、海港、海泉、海韵"旅游文化平台。活动当天，举办如东特色旅游商品展销、非物质文化遗产展示展演等活动。

## 旅游服务

**【星级饭店创评指导】** 按照星级饭店评定标准，县文广新局(旅游局)开展星级饭店自查整改，邀请旅游星评专家现场指导和评定复核，对必备项目、软硬件设施进行整改完善，提高星级饭店规范化管理质量。中天黄海大酒店、大明国际大酒店、碧霞如东大饭店及栟茶聚福楼大酒店通过评定复核。指导栟茶鑫华园宾馆成功创建国家三星级饭店。

**【旅游行业管理】** 县文广新局(旅游局)组织全县导游人员参加培训、年审及考试，严把导游规范管理关，提升导游人员素质。全年组织旅游行业人员进行消防安全和应急自救、食品安全等培训 5 次。下发《关于开展如东旅游市场专项整治的通知》，打击旅游活动中欺骗、强制购物行为，打击组织"不合理低价游"。根据国家旅游局《关于放宽旅行社设立服务网点政策有关事项的通知》精神，掌握分社、服务网点数量，做好分社、服务网点备案工作，便于日常查询和监管。做好旅游服务质量保证金、旅行社责任险资料整理归档。加强行业自律，提升服务质量，严格履行旅游合同，抵制接待"不合理低价"。使用国家旅游局与国家工商总局制定的合同范本，载明旅游购物场所基本信息，提示消费风险，维护旅游市场秩序。

**【文明旅游创建】** 结合文明城市创建，县文广新局(旅游局)开展文明旅游创建活动。印发《文明旅游十大提醒语》《中国公民国内旅游文明行为公约》《中国公民出境旅游文明行为指南》500 份，开展文明餐桌 "光盘"行动等公益宣传活动，引导和营造文明健康旅游环境。开展文明旅游引导志愿者活动，做好旅游景区文明告知、文明提醒、文明规劝；加强对游客文明旅游的宣传教育，倡导 "不乱扔垃圾""不随地吐痰""有序排队"等，做文明游客。

**【旅游安全管理】** 县文广新局(旅游局)加大旅游企业安全管理和市场整治力度，落实安全生产责任制，与旅游企业负责人签订安全责任状(承诺书)，下发《2015 年度旅游安全工作实施意见》，部署全年安全生产工作。定期召开安全生产会议，总结和部署阶段工作。加强督促检查和隐患排查整治，先后开展春节、"五一" 等节日期间安全检查和隐患排查整改、旅游企业"安全生产月"活动、消防安全检查整改等专项活动，全年旅游市场安全健康运行。

**2015年如东县主要旅游企业一览**

表 26

| 单位全称 | 负责人 | 星级及创建时间 | 电话 | 邮编 | 详细地址 |
|---|---|---|---|---|---|
| 小洋口旅游度假区 | 张向华 | 省级旅游度假区(2011 年) | 84816236 | 226400 | 沿海经济开发区西侧 |

续表 26

| 单位全称 | 负责人 | 星级及创建时间 | 电话 | 邮编 | 详细地址 |
|---|---|---|---|---|---|
| 小洋口风景区 | 孙中兴 | 国家 AAA 级景区(2011 年) | 18862777555 | 226400 | 沿海经济开发区西侧 |
| 洋口港景区 | 石　斌 | 国家 AAA 级景区(2012 年) | 84901908 | 226400 | 洋口港经济开发区 |
| 国清园景区 | 施一峰 | 国家 AAA 级景区(2013 年) | 80865081 | 226400 | 如东高新技术产业开发区 |
| 浅水湾公园 | 刘振华 | 国家 AA 级景区(2010 年) | 18936429678 | 226400 | 如东高新技术产业开发区 |
| 马塘革命烈士纪念馆 | 施正泉 | 国家 AA 级景区(2014 年) | 84541331 | 226400 | 马塘镇市河东路 |
| 在水一方生态园 | 缪淑华 | 省四星级(2012 年) | 84879999 | 226403 | 岔河镇兴北村九组 |
| 写意农庄 | 张　磊 | 省三星级(2013 年) | 84668177 | 226400 | 双甸镇丛家坝村 |
| 袁海休闲农庄 | 袁绍明 | 省三星级(2014 年) | 15962776111 | 226405 | 袁庄镇海河滩村 |
| 鑫华园农庄 | 张素华 | 省三星级(2015 年) | 84895999 | 226400 | 栟茶镇江安村 999 号 |
| 中天黄海大酒店 | 薛华平 | 国家四星级(2006 年) | 84195888 | 226400 | 掘港镇日晖西路 8 号 |
| 大明国际大酒店 | 倪卫国 | 国家四星级(2006 年) | 84159999 | 226400 | 掘港镇友谊东路 81 号 |
| 海洲大饭店 | 曹祝山 | 国家四星级(2012 年) | 80866666 | 226400 | 掘港镇友谊东路 1 号 |
| 如东大饭店 | 翁小波 | 国家三星级(2007 年) | 84877777 | 226400 | 掘港镇人民北路 29 号 |
| 格林豪泰快捷酒店 | 顾　军 | 国家三星级(2013 年) | 84681888 | 226400 | 掘港镇青园南路 19 号 |
| 栟茶鑫华园宾馆 | 丁莉青 | 国家三星级(2015 年) | 84829988 | 226406 | 栟茶镇卫海北路 999 号 |
| 聚福楼大酒店 | 顾理勤 | 国家二星级(2008 年) | 84828799 | 226406 | 栟茶镇卫海路 68 号 |
| 格林豪泰大酒店 | 邓树梅 | 国家二星级(2010 年) | 81908888 | 226400 | 掘港镇青园北路 32 号 |
| 如东海友酒店 | 莫冬青 | 国家二星级(2014 年) | 80151888 | 226400 | 掘港镇人民北路 10 号 |
| 南通江海国际旅行社 | 陈月华 | 省三星级(2013 年) | 84532225 | 226400 | 掘港镇青园北路 21 号 |
| 南通金黄海旅行社 | 赵建华 | 省三星级(2013 年) | 84513333 | 226400 | 掘港镇青园北路 36 号 |
| 南通海洲旅行社 | 徐慧萍 | — | 84190182 | 226400 | 掘港镇扶海州 7 号 |
| 南通岔河古镇旅行社 | 盛义明 | — | 84369869 | 226403 | 岔河镇古坝社区古镇路 8 号 |
| 上海七彩国际旅行社如东分社 | 王旭东 | — | 80866166 | 226400 | 掘港镇友谊东路 1 号海洲大饭店六楼 |
| 南通飞鹤国际旅行社有限公司如东分社 | 田鹤泉 | — | 84187588 | 226400 | 掘港镇友谊西路 10～21 号 |

(高学红)

# 城乡建设

# Chengxiang jianshe

## 城乡规划

**【规划编制】** 2015年，县住房和城乡建设局(简称县住建局)围绕“十二五”时期城乡社会统筹发展共建小康蓝图，按照“城乡一体化推进、工业化与城镇化互动发展、环境建设和生态保护并重”发展思路，编制城乡规划。东北片区城市设计通过省、市级专家评审，并完成批前公示。县城主出入口重要节点城市设计方案评审通过。县城水系专项规划、县城加油站加气站专项规划、县城通信专项规划、县城燃气专项规划方案通过专家评审。县域养老设施布局规划形成方案初稿。启动县城给水专项规划并完成规划前期调研工作。全面启动县城城北、城东、老城区、工业区4大片区控规，县城城区建设用地范围内实现控规覆盖率100%。城北片区控规、老城区控规、工业区控规形成方案论证稿，并通过专家论证；城东片区控规方案进行第二轮汇报。

**【村镇规划】** 县住建局围绕“新型城镇化”要求，开展“新型小城镇化、新型城镇化背景下如东镇村布局规划”等调研课题研究，促进规划编制水平提高。指导重点镇、园区规划编制，指导《洋口港经济开发区(长沙镇)总体规划(2015—2030)》修编工作。栟茶镇总体规划、栟茶古镇保护规划通过省专家评审，循环经济产业园(大豫镇)总体规划通过专家评审，曹埠镇、双甸镇、丰利镇总体规划准备评审。

**【服务“六城联创”】** 2015年，县住建局结合文明城市、园林城市创建，启动城市绿线规划、三号街区历史文化保护规划，进行规划前期调研。针对县城老城区停车紧张、绿化景观较少情况，对老城区主要道路两侧，拟定3年内新增停车、绿地布局方案。组织设计单位对老城区主要道路沿线两侧启动的停车场、绿地项目进行方案设计，完成初步设计方案，人民路两侧新增绿地停车项目一期工程通过评审。 (冯溢铭)

## 城镇建设

**【概况】** 2015年，县住建局以建设“强富美高”新如东为目标，科学规划，抓城建重点工程和为民办实事项目，推进“六城联创”工作，在改善城区交通状况、完善公用设施、提升绿化景观等方面取得成效。主城区建设，以打造欧尚超市、雨润商住一条街等新城区商业圈为龙头，推进新城区建设。以通海路、人民路、朝阳路3条南北向交通枢纽为建设重点，推进新旧城区联通，完善城市路

图41 欧尚超市及改造后的通海路

网架构，提升通行效率。以提升城市绿地率，提高绿化品质为目标，完成长江路南侧绿地、廉政文化园等一批绿化项目建设。小城镇建设注重提升品质，争取上级资金扶持。岔河镇古北村、袁庄镇孙庄村获得省“美丽乡村”补助370万元，栟茶镇被列为省级特色旅游文化名镇候选名单，4月初组织栟茶镇申报省级历史文化街区保护补助项目，外向型农业开发区近海村被列入住建部优秀村规民约范畴。全面启动农村危房改造，向上争取580户改造指标，获得补助资金507.5万元。

**【城区道路建设】** 2015年，县城区共实施道路工程10项，其中续建工程3项、新开工7项。完成东二环南延、气象路、紫琅路、嘉陵江路东延，实施并完成朝阳路、人民路、通海路、南闸路等旧城道路改造项目。嘉陵江路西延完成跨洋口运河桥桩基施工、爱民路西延完成管道施工。全年新建道路里程约15公里。

**2015年如东县城区道路建设一览**

表27

| 序号 | 项目名称 | 建设单位 | 项目规模 | 计划投资(万元) | | 开工时间 | 建设进展 |
|---|---|---|---|---|---|---|---|
| | | | | 2015年投资 | 总投资 | | |
| 1 | 东二环南延 | 如东县开泰城建投资有限公司 | 1800×40 | 2500 | 5000 | 2014.6 | 完工 |
| 2 | 气象路东延 | | 370×12 | 128 | 128 | 2015.8 | 完工 |
| 3 | 嘉陵江路东延 | | 1200×45 | 2000 | 4400 | 2014.5 | 完工 |
| 4 | 朝阳路(爱民路—芳泉路)改造 | | 1880×30 | 2300 | 4422 | 2013.5 | 完工 |
| 5 | 人民路改造 | | 1620×30 | 2400 | 2400 | 2015.5 | 完工 |
| 6 | 通海路改造 | | 650×30 | 1800 | 1800 | 2015.7 | 完工(除暂无法实施外) |
| 7 | 南闸路改造 | | 460×6 | 150 | 150 | 2015.5 | 完工 |
| 8 | 嘉陵江路西延 | | 1500×45 | 2000 | 17000 | 2015.6 | 完成部分桥梁下部结构 |
| 9 | 爱民路西延 | | 700×24 | 400 | 1200 | 2015.11 | 完成排水管道 |
| 10 | 紫琅路东延 | | 370×12 | 120 | 120 | 2015.8 | 完工 |

**【城区绿化】** 县住建局以创建“江苏省园林城市”为契机，推进县城区公共绿地项目建设。全年实施绿化项目7个，其中续建项目3个、新开工项目4个，新增公共绿地22.45万平方米，城区新栽植各类乔灌木树种40余种。

**2015年如东县城区公共绿化项目建设一览**

表28

| 序号 | 工程名称 | 开工时间 | 工程造价(万元) | 工程面积(平方米) | 建设单位 | 主要品种 | 竣工时间(进展情况) |
|---|---|---|---|---|---|---|---|
| 1 | 长江路南侧绿化(掘苴河至223线) | 2014.9 | 3700 | 200000 | 如东县开泰城建投资有限公司 | 银杏、香樟、桂花 | 2015.12竣工 |
| 2 | 廉政文化园 | 2015.3 | 1129 | 25000 | | 香樟、合欢、红花檵木 | 2015.12竣工 |
| 3 | 朝阳路绿化 | 2015.7 | 56 | 1200 | | 香樟、红叶石楠 | 2015.8竣工 |
| 4 | 嘉陵江路(泰山路—东二环绿化) | 2015.9 | 632 | 35000 | | 栾树、紫薇 | 完成90% |
| 5 | 如泰河南侧绿地 | 2015.10 | 381 | 16000 | | 香樟、榉树 | 未竣工 |
| 6 | 友谊路道路绿化工程 | 2014.11 | 403.23 | 1500 | | 银杏 | 2015.4竣工 |
| 7 | 新竖二河绿化工程 | 2014.12 | 77.50 | 15000 | | 中山杉 | 2015.2竣工 |

图 42　9 月 11 日,农工商超市大楼(原供销大厦)被拆除

【房屋征收、安置】 2015 年,如东新实施文体中心地块、海启高速工程等征收项目 10 个,房屋征收面积约 120 万平方米。以商品房回购为切入点,解决安置房源不足矛盾。完成新光二期二标段 8 万平方米安置房土建工程,安置房源 522 套。文体中心工程施工完成“三通一平”(通水、通电、通路,场地平整)。 (冯溢铭)

## 城市管理

【城市环境综合整治】 2015 年,县城市管理局结合“六城联创”,推进城市环境综合整治工作。城市环境综合整治涉及 11 家部门、单位,县城市管理局发挥组织、统筹、协调作用,将 11 个大类 82 个整治项目分解到具体单位,所有整治项目逐项制定工作方案,厘清整治责任,明确时间节点,将工作压力传递到所有实施单位和责任人。实施周督查、月考核、季度点评,促进各项工作快速、有序推进。组织开展“百日整治大会战”,集中力量整治三元世纪城、文峰财富广场,取缔流动摊点 5000 余人次;取缔弹琴路、新春路、碧霞南路马路市场,解决摊贩占道经营侵占公众利益和马路市场影响交通问题。针对县城开发建设工地多、个别新建工地渣土运输污染道路状况,严令开发企业落实工地道路硬质化、上路前冲洗等规定,并加大人力及机械设备投入,及时保洁被污染路面。安排专人对工地进出口每天实施 3 班 24 小时值守,渣土运输车辆抛洒滴漏、带泥上路现象得到有效遏制。根据《如东县城市环境综合整治三年整治规划》,对列入年度整治计划的 13 家洗车经营场逐一现场探勘,整治洗车场管理中无证经营、店外堆放、占道经营、污水外溢和污水直排等问题,规范洗车经营行为。

【示范路创建】 县城市管理局推进友谊西路省级“城市管理示范路”创建工作,共拆除广告 2000 余平方米,清除贴纸贴画 1000 余处 ,改造门头招牌 500 处,面积 3000 余平方米,制作安装空调外罩 1500 多个, 出新墙面约 2 万平方米。11 月 11 日,友谊西路示范路创建通过省验收。

【户外广告整治】 县城市管理局拆除友谊路各类户外广告 800 多块,面积 6000 多平方米。整治县城主要进出口户外广告,统一设置门头店招,规范全县户外广告管理。

【县城交通秩序整治】 县城市管理局整合公安、交通力量,加大对县城区非法载客和非法改装“三小车辆”(电动三轮车、人力三轮车、残疾人机动车)查处力度,共查扣非法“三小车辆”67 辆,现场整改 29 辆。协助查处县城区违停车辆 900 余辆次。组织相关部门年检人力三轮车,人力三轮车年检车辆由 273 辆减少到 200 辆。对县城区内私装机动装置人力三轮车开展专项整治,没收私装机动装置 19 套,强制报废非法营运人力三轮车 3 辆。

【环境卫生管理】 县城市管理局依托“数字化城管”,建设“数字环卫远程监控系统”,打造环卫三级指挥平台,提升快速反应、快速处置能力。实施“生活垃圾发电实时监控系统”建设项目,对如东天楹环保能源有限公司(如东县生活垃圾焚烧发电项目)的生产行为进行全程监控,加强安全生产管理。结合旧城改造和保护性开发工作,全年在县城区升级改造旱厕 11 座,解决公厕设施落后和市民用厕难问题。

【违法建筑管控】 县城市管理局建立县城规划区内违法建设联合巡防查处机制,出台对全县违法建设监管工作考核办法,落实镇(区)监管责任,通过网络防控、巡查督查、依法拆除等有效措施,规范全县建设秩序。指导、配合各镇(区)开展违法建设监管工作。全年全县共组织拆除违法建筑 120 余处,面积 1.4 万余平方米。

【百姓城管工程】 2015 年,县城市管理局设置自产自销瓜果临时销售点 13 处,方便瓜农销售和市民购买。投资 300 万元,建成运营“江海东路便民疏导点”,容纳 200 余户小商贩定点经营,解决流动摊点影响市容环境和交通秩序问题。建设“渣土处置中心”,专门用于消纳建筑工程渣土,解决无专业处置场所导致运输企业随意倾倒渣土,造成扬尘污染问题。建设公共自行车服务系统,在县城区设置服务点 40 个,投放公共自行车 800 辆,打造城市低碳交通体系,解决市民群众出行难、停车难问题,缓解县城交通压力。

【文明城市创建】 县城市管理局开展“全城大扫除”活动,全面冲洗县

城一、二级道路。组织全系统干部职工深入大街小巷，清理县城背街里巷、城郊结合部的散失垃圾、卫生死角、杂草杂物，共清理垃圾500多车、8000余吨。对县城河道环境进行专项整治，清理河坡垃圾和水面漂浮物20余吨。增加停车泊位供给，施画停车位500余个；在主干道和主要商业区增设停车场诱导标志牌，引导车主进场停车；协调邮政局、国税局等沿街各企事业单位，开放单位停车场，允许社会车辆停放；利用未开发工地建设临时停车场，最大限度减轻停车压力；指导小区科学设置停车位，增加停车空间。设置隔离桩等设施，减少车辆占用人行道停放现象；指导志愿者和车辆秩序管理员重点加强对人行道板停车秩序管理，引导车主不违规停车；与公安部门开展联合执法，依法打击占用人行道和盲道停车行为；配合公安局开展"僵尸车"专项清理行动，对长期占道机动车强制拖移；在三元世纪城等重点区域设单行道，形成区域内交通微循环。

**【镇区城管指导】** 县城市管理局按照《如东县城镇环境综合整治行动指导意见》，指导镇（区）开展违法建设整治、户外广告整治等城镇环境综合整治工作，提升镇（区）人居环境质量。加强镇（区）城管队伍规范化建设，组织全县15个镇（区）城管执法人员开展法律知识、执法业务培训。强化对3个市级中心镇的指导，引导镇（区）争创市、县级"城市管理示范路"，至年底，全县有30%的镇（区）创建"县级城市管理示范路"。（刘　祁）

# 基础设施

## 交通基础设施

### 综　述

**【概况】** 2015年，如东县交通基础设施建设投入20.24亿元，比上年减少3.76亿元，同比下降15.67%。实施交通工程建设项目16个，储备项目2个。至年底，全县公路总里程2538.74公里，公路密度135.62公里／百平方公里。其中，一级公路152.50公里，二级公路254.86公里，三级公路149.20公里，四级公路1920.63公里，等外公路61.55公里。航道总里程778.96公里。其中，等级航道7条，里程200.76公里。包括五级航道93.84公里，六级航道54.07公里，七级航道52.85公里，等外航道578.2公里。码头104个，泊位132个，码头总延长4710米。

**【交通规划】** 海启高速洋口港互通至沿海经济开发区连接线（洋骑线）获省交通厅立项15公里，预可研报告通过省发改委审查。355省道、334省道如东东段初步设计通过省发改委审查。统筹"十三五"交通行业发展规划，构建现代综合交通运输体系对策研究项目提交中间成果；跟进如东综合交通现代化规划、内河航道网规划、通用机场布局规划研究等项目。研究海洋铁路进港工程及县内铁路与北沿江铁路对接方案，三洋铁路进入国家中长期铁路规划、国家铁路"十三五"规划初步方案和省《丝绸之路经济带和21世纪海上丝绸之路建设战略规划实施方案》。（朱晓飞）

### 公　路

**【公路建设】** 2015年，通洋高速公路如东段正式通车。海启高速公路如东段完成征地拆迁。港城中通道交工验收、通车。355省道岔河袁庄段建成通车。355省道袁庄段东陈线拓宽项目完成水稳基层摊铺。角林线（双甸至334复线）路基填筑完成70%。G228绕城段桥涵建设完成，路基填筑完成63%。G228八号桥改造施工队伍进场，开始项目部建设。提档农村公路200.06公里，改造危桥52座。

**【站场建设】** 洋口港客运站主体竣工，进行站场建设；如东汽车客运站新建项目征地拆迁基本完成，确定设计方案；岔河客运站设计方案完成。新建镇村公交站亭19个、站牌49只，新增路牌109块，新建镇公交回流场4个，调整城镇客运站牌12只。（朱晓飞）

### 铁　路

**【海洋铁路】** 海洋铁路位于江苏省南通市境内，连接海安县和洋口港，2008年10月28日开工建设，2014年1月16日正式开通客运。海洋铁路为国家二级铁路，客货两用线，西从新长线海安站引出，途经海安、如皋及如东袁庄、河口、栟茶、洋口、丰利、苴镇、长沙7个镇，东至洋口港阳光岛，全长77公里。如东境内设如东客运站、栟茶站（分客、货运站）、洋口港货运站（北渔货运站），预留小洋口和西场站。设计速度160公里／小时，预留速度200公里／小时。项目总投资34.71亿元。首期开通如东至南京客运业务，每天1列往返南京至如东客运列车。2015年，如东客运站和栟茶站共发送旅客约7万人次。

**【铁路规划】** 2015年，县铁路办重点抓好三洋铁路（西起河南省三门峡市，东至洋口港）规划立项和前期研究，栟茶站货运开通，"十三五"铁路规划编制3项工作。委托中国国际工程咨询公司开展"三洋铁路规划建设对如东区域发展影响研究"，并召开专题汇报会，成果获县四套班子领导及市、县相关部门肯定。加强与国家铁路局和中国铁路总公司沟通，推进三洋铁路规划上报工作，三洋铁路进入国家"十三五"铁路规划、中长期铁路规划和省《丝绸之路经济带和21世纪海上丝绸之路建设战略规划实施方案》。组织开展全县物流情况调查和铁路货运洽谈，与上海铁路局南京货运中心、中国铁路总公司等部门沟通货运开通事宜。根据上位规划和如东经济社会发展需要，确定"十三五"铁路规划编制内容、主导思想，形成编制提纲。邀请中铁第四勘察设计院到如东,就“十三五”铁路规划编制进行实地调研,形成初步研究成果。

**【铁路护路联防】** 县铁路办做好人大代表会议和政协委员会议及重大节假日期间海洋铁路护路联防工作。召开铁路护路联防工作会议,组织护路联防人员培训,查缺补漏。在铁路沿线中小学开展铁路爱路护路征文活动和以“共创铁路平安线”为主题的铁路安全知识宣传教育活动,提高学生对铁路爱护和自我防范意识,营造爱路护路、珍爱生命、维护安全的良好氛围。8月,如东被省综治委铁路护路联防工作组授予“2012—2014年平安铁路示范县”称号。 （张彤彤）

图43 8月,如东获“2012—2014年平安铁路示范县”称号

## 港 口

**【码头】** 洋口港西太阳沙作业区(人工岛)规划面积3平方公里。至2015年,岛上建成LNG码头、万吨级重件码头及5000吨液化码头各1个,建成LNG接收站及管理配套区等陆域设施。①LNG码头。是LNG项目配套工程,位于西太阳沙北码头区东侧,以国外进口LNG船舶靠泊为主,LNG设计船型船舶舱容为8万立方米~26.7万立方米。2011年建成并交付使用。2011年5月24日投产,至2015年年底,共靠泊LNG船舶111艘,LNG总吞吐量达1039万吨。2015年7月24日,该码头通过竣工验收。②万吨级重件码头。该码头位于洋口港区西太阳沙南码头区东侧。码头双侧靠船,南侧是5000载重吨(兼顾1万载重吨)散杂泊位;北侧是工作船泊位,工作船泊位靠船段长125米。码头面高程12.5米,码头前沿设计底标高-9.5米。2008年建成并投入使用。配备1台40吨级门座式起重机,并组建运营团队,2015年3月试运行后,成功装卸石材荒料、钢板、卷刚、机械装备、集装箱等散杂货,吞吐量累计9500吨,集装箱40TEU(标准箱,系集装箱运量统计单位,以长20英尺的集装箱为标准)。2015年7月24日,该码头通过竣工验收。③5000吨级液体化工码头。该码头位于洋口港区西太阳沙南码头区重件码头西侧。工程利用太阳岛南侧规划的液体化工码头岸线274米(其中泊位长189米,泊位至引桥段长85米)建设5000吨级化学品泊位1个(兼顾1万吨级化学品船减载靠泊),设计年通过能力56万吨。该工程进港航道利用烂沙洋南水道,无需浚深进港航道可满足其通航水深要求。2015年6月建成,7月投入试运行,至年底共靠泊化学品船舶2艘,装卸丙烯腈3118吨。④在建10万吨级石化码头,位于西太阳沙北码头区LNG码头西侧。码头采用墩式布置、双侧靠船方案,北侧布置10万吨级泊位,岸线长369米,南侧布置5000吨级泊位,水工结构按10万吨级预留,岸线长171米,南北两泊位均采用作业平台、靠船墩及系缆墩的平面布置型式。设计年通过能力480万吨。码头通过引桥与人工岛连接,引桥长约2030米,宽12米。2015年,完成水工工程建设。

**【航道】** 洋口港西太阳沙码头区有南北两条航道,南航道7万吨级,总长约22.36公里,有效宽度300米,设计通航水深10.25米,于2008年通航。北航道为西太阳沙北码头区公用双向通航航道,航道总长约27.6公里,有效宽度450米,设计通航水深17.1米,满足10万吨级船舶乘潮双向通航,同时满足26.7万立方米、20万立方米LNG船乘潮单向通航。该航道于2011年4月通过海事部门验收,投入使用。2015年,县政府决定通过浚深将该航道提升为15万吨级航道。9月,如东县政府及南通市港口局联合成立15万吨级航道建设指挥部。至年底,该工程完成监理招标以及EPC总承包招标工作。

**【集疏运通道】** ①黄海大桥。黄海大桥全长12.6公里,是连接西太阳沙人工岛的主要通道。大桥由接岸引堤、引桥和接岛引堤3部分组成。其中,接岸引堤1.1公里,主桥10.1公里,接岛引堤1.4公里。桥面净宽11.5米,双向两车道。2009年正式通车。②管线桥工程。该工程属洋口港区重要物流通道,以满足临港工业区所需天然气、原油和成品油、液体化工品等物料运输需要。工程位于黄海大桥西侧230米,全桥长10.6公里。2009年3月开工建设,2010年8月建成贯通。2010年11月,中石油公司铺设天然气管道,2011年3月底管道贯通。根据设计,该桥可设置4层管架,可供铺设各类管道21根,最上层为封闭式管廊带,底层为LNG管道,已投入使用。

（陈网楠）

### 运输生产

【概况】 2015年,如东完成公路运输客运量540.28万人次,客运周转量3.66亿人公里;货运量1154万吨,货运周转量17.39亿吨公里;水路货运量338万吨,货运周转量7.41亿吨公里。拥有班车、旅游客车217辆、9736座位,营运货车6103辆、41.28万吨,运输船舶256艘、9.45万吨。推进客运经营机制改革,客运班线公司化经营车辆124辆,公司化经营率61.69%。

【城乡客运】 如东开通108、831两条城市公交,开行329路大草港至掘港镇镇村公交,调整线路26条。开通栟茶汽车站至火车站专线。暂停镇村公交303路运营,缩线运营205路棉场北线。城乡客运客车77辆,城乡客运一体化覆盖率提升到100%。全县213个行政村全部通达班车,行政村客运班车通达率100%。县长办公会讨论通过《如东县"公共交通一卡通"工程实施方案》。 (朱晓飞)

### 行业管理

【公路养护管理】 县公路管理站实施干线公路精细化养护,干线公路好路率稳中有升。投入2474万元,完成223省道、221省道养护大中修工程;完成225省道11座桥梁伸缩缝维修、334省道九圩港大桥等3座桥梁桥下堆积清理,实施路面坑塘维修620平方米,桥头跳车2300平方米。抓县道安保工程,在交通流量较大十字路口增设交通信号灯,新增县道警示桩1257根,更换或新增交通标志303处,新增防撞护栏1000米,对县道桥梁进行预防性养护,提升县道公路桥梁通行能力及安全性。

【路政管理】 县公路管理站以干线公路"迎国检"为契机,召开"迎国检"路域环境综合整治会议,整治路域环境,全面清理公路沿线垃圾筒、堆积,清理障碍物和堆积4296.5立方米,流动摊点1664个,清除非标悬挂物866块,维修整理各类标志262套。

【运政管理】 县交通运输局开展城乡客运一体化发展水平评价,被省交通运输厅评为"AAA"。掘港、栟茶、曹埠3个镇通过2015年省镇村公交发展成果考核验收。申报并发放2014年城市客运、农村客运企业国家燃油补贴598.71万元。推动交通物流业发展,完善洋口港物流园区"十三五"时期申报项目资料,扶持洋口港物流园区发展,争取上级资金支持。核查水运企业3家,核查船舶239艘。推进驾培智能化系统升级,网上远程理论培训率98%。开展汽车维修市场专项整治,督促20家配额企业整改。指导、服务维修企业许可、许可到期换证,6家维修企业办理换证手续,5家维修企业申报一、二类维修许可。落实《港口岸线使用管理办法》,港口、海事、航道联合审批内河港口建设使用港口岸线。

【航道管理】 县航道管理站实施临、跨、过河建筑行政许可15件,全部符合法定程序和通航等级标准。实施行政处罚6件,罚款1.1万元,未发生行政复议和行政诉讼案件。收取航道赔(补)偿费59.53万元。辖区航标正常率99.9%,通航保证率100%。9月,对七级以上航道进行测量。11月底按序时完成航道扫床401.52公里。

【海事管理】 县地方海事处办理船舶进出港签证18746艘次,处理水上交通事故和应急险情11起,审核危险品运输船进出港申报2060艘次。受市局委托检验船舶262艘、6.20万总吨、3.19万千瓦,受施工单位委托,实施4处水工作业现场监护。水上交通安全4项指标为零,通航秩序良好,未发生24小时以上责任堵航事件。

【安全生产】 县交通运输局落实"党政同责,一岗双职,挂钩联系"制度,推进"打非治违"和安全隐患排查治理,组织检查督导组152个,参检人员1278人次,排查隐患260处,完成隐患整改248处,停产停业企业1家,行政处罚24万元。全年未发生重大生产安全事故。开展"平安交通"建设,港城中通道获评省级"平安示范工程",苴东线岔河袁庄段获评市级"平安工地"。

【交通执法】 县交通运输局全年共实施行政处罚2090起,办理行政许可458起。所有事项受理按时率、正确率均达100%。未发生行政诉讼败诉和行政复议被撤销或变更案件。全面推进行政权力网上公开透明运行,行政许可事项网上运行率、回复率、办结率、网上点击满意率100%。被评为全市"96196"交通服务热线先进联动单位。

【工程建设监管】 县交通运输局实行工程公开招投标,对在建工程全面巡查检查廉政合同执行情况,实施农村公路建设项目纪检专项监察,监督工程管理、合同执行、质量体系。局党组集体讨论决定重大事项,自觉接受上级和社会监督,实现廉洁交通"零腐败"。

【文明创建】 县交通运输局全年办理人大代表建议、政协委员提案33件,满意率100%,对"县长信箱""12345"政府公共服务热线、"96196"交通服务热线回复率、满意率均为100%。开展文明城市创建及"六城联创"活动,继续保持"南通市文明单位"称号。所属县运输管理处、公路管理站等单位被市委、市政府评为文明单位,县交通工程有限公司被授予"江苏省工人先锋号"称号。 (朱晓飞)

## 供 水

【概况】 2015年,通洋线二期工程竣工通水投入运行,岔河增压泵站二期配套设施工程通过竣工验收交付使用,港城中通道和角林线供水管道工程基本贯通，通如线管网改造工程启动。各项市政、小区管网配套工程按计划完成。全年供水量5254万立方米，同比增长15.5%，超计划完成654万立方米，人均供水生产率34.8万立方米，同比增加3万立方米。城区水费回收率99.17%，农村趸售供水水费回收率93.43%，城乡供水服务管网漏失控制在8%以内，继续保持同行业领先地位，全年安全供水无事故。县供水服务公司获“江苏省诚信消费示范企业”称号，县政务服务中心分部窗口服务竞赛中，供水服务大厅两次被评为优胜“窗口服务单位”。

(冯溢铭)

## 供 电

**【概况】** 2015年，如东县共有35千伏及以上变电所33座。其中，220千伏变电所4座，主变容量1320兆伏安；110千伏变电所18座，主变容量1729.5兆伏安；35千伏变电所11座，主变容量293.3兆伏安。220千伏线路18条335.68公里，110千伏线路33条530.52公里，35千伏线路41条373.05公里。全县总用电客户43.85万户。全县全社会用电量45.49亿千瓦时，同比增长8.45%；供电量43.63亿千瓦时，同比增长8.01%；售电量41.56亿千瓦时，同比增长8.68%；全口径线损率4.76%，同比下降0.58个百分点；完成业扩报装1.44万户，完成增量31.78万千伏安。县供电公司同业对标综合排名系统内51家县公司全省第12，业绩排名全省第12，管理排名全省第10，获省公司管理标杆单位，连续15年被省精神文明建设指导委员会授予“江苏省文明行业”“文明单位”称号，被评为“全国实施用户满意工程先进单位”，获省公司先进集体、省安全生产先进集体、市文明单位、市安全生产先进企业等多项荣誉，被县委、县政府评为“人民满意机关”。在省供电系统共产党员服务队劳动竞赛中，县供电公司党员服务队综合排名全省第八，其中人均服务量、人均服务时长在65支抢修类服务队中名列第一，被省供电公司授予“金牌共产党员服务队”称号。2项成果获得国家发明专利。

**【电网建设】** 1000千伏淮南—南京—上海特高压交流输变电线路工程如东段全线贯通。县供电公司按期投运110千伏西环、东安、古坝等5个主变租赁工程，完成220千伏中广核海上风电送出、110千伏兵房输变电等工程属地政处，配合做好220千伏化工输变电工程、220千伏城南(德银)输变电工程续建。滚动修订“十三五”电网规划，与县政府、各镇(区)签订电网规划建设战略合作框架协议，将电网规划融入地方“十三五”规划。促请县政府将电网政处工作纳入镇(区)绩效考核，通过政企联动推进如东电网建设。全年配、农网累计投资3.77亿元。

**【经营管理】** 县供电公司实施营销精益管理，建成“全覆盖、全采集、全费控”用电信息采集系统。压降客户投诉数量，“95598”投诉工单同比下降26.32%。开展业扩提速行动，运用“智能辅助”等手段，缩短业扩周期。推广移动作业和营销GIS应用，实施重要客户安全性评价。完成104个老旧小区供配电设施、居民表箱、接户线改造，更换表箱3046只，涉及居民用户36243户，低压计量故障同比下降56%，供电可靠性、设备安全性提高。开展“严作风、抓管理”主题教育活动，查找薄弱环节、订立争先目标，推动管理水平提升。全年月度重点工作考核总分及内部对标考核列南通各县(市)第一，公司“设立团队工资、强化薪酬二次分配”工作被列为省公司试点。有序推进集体企业改制，关注改制过程中资产、人员安置、产权调整可能导致的法律风险和舆情风险，与地方政府及职能部门加强沟通协调，完成改革改制各项工作。做好后勤管理工作，通过省公司“健康食堂”创建验收。

**【优质服务】** 县供电公司推进“你用电我用心，一度电百分情”专题活动，完成重要节日、海洽会等重大活动和高中考保电任务。到15个镇(区)走访调研，征求各类意见和建议36条，并闭环整改。主动服务地方重点项目，免费为101户电力客户开展“电力体检”，降低企业经营成本。服务风电、光伏等新能源并网，全国首个满足“双十规定”(水深-10米以上，离岸距离10公里以上)海上风电场成功并网发电。助推洋口港开发开放，从源头上解决洋口港项目用电难题，完成全省最长海上电缆通道工程实施，为港口项目用电开辟“绿色通道”。遵循“以人为本”服务理念，为电力客户提供优质供电服务，被县政府评为“服务工业经济先进单位”。 (李 飞)

## 燃气供应

**【概况】** 2015年，如东县实施行业管理的液化石油气企业12家，管道燃气企业2家，汽车加气站运行4家，便民供应点1家。如东大众燃气公司在县城共建设中、低压管网20公里，累计完成管网建设122公里，发展居民用户19129户、工业用户2户、公建用户49户，年供应量258万立方米。根据“西气东输”对接要求和部署，按时完成与高、中压调压站连接管网建设任务，完成两个100立方米储罐扩容建设，满足城市应急调峰要求。华港燃气公司主要以园区化工工业供气为主，累计建设管网15公里，发展工业用户13家，年供应量977万立方米。该公司加快园区管网配套及“西气东输”管网对接，在发展场站周边工业用户同时，逐渐向商业中心区延伸，为居民、商业用气提供保障。东能高压管线公司于10月完成管理和从业人员上岗培训，工程项目备案、经营许可证申领及气价核准等工作在进行中。汽车加气站运行状况整体良好，满足现有车辆保有量加气需要，全年销售LNG(液化天然气)425万立方米、CNG(压缩天然气)62万立方米。《县城天然气利用专项规划》和《洋口港经济开发区(长沙镇)、如东沿海经济开发区(洋口镇、小洋口旅游度假区)天然气专项规划》相继报县政府批准实施，为管网项目建设许可和汽车加气站布点设置提供审批依据，促进全县天然气产业科学化、多元化发展。(冯溢铭)

## 垃圾处理

**【城镇垃圾处理】** 县城管局通过日常巡查、不定期检查,加强对全县各镇(区)生活垃圾集中转运和焚烧发电工作的督查、监管和考核,全县9座生活垃圾压缩式中转站正常运营，共处置生活垃圾14万余吨、固化飞灰1.2万余吨、垃圾渗漏液4000余吨，城镇生活垃圾无害化处置率100%。(刘祁)

**【农村环境长效管理】** 2015年,县水务局将河道管护与生活垃圾收运处理、道路维护、绿化养护、公共设施维护工作统筹管理，形成全县农村环境“五位一体”长效管护新机制。加大宣传力度。通过开展电视专题讲话、报纸专栏、公益广告、手机短信、张贴标语等多种形式广泛宣传,县“一报两台”(《如东日报》、县电视台、县广播电台)及时跟踪报道先进典型和成功经验，曝光脏乱差行为，全年正面宣传报道30余次，曝光10多次。加强督查力度。采取定期、不定期明查暗访,开展督查,共发放整改通知书15份。加强管护队伍建设。全面推行管护保洁队伍公司化、市场化、专业化运作模式,曹埠、大豫、长沙、苴镇、丰利5个镇和外向型农业开发区全面实行市场化运作,洋口、河口、袁庄、双甸4个镇借鉴市场化运作模式，并结合实际实施保洁工作。推进河道保洁机械化,在2014年集中采购6艘半自动保洁船基础上,2015年集中采购8艘半自动保洁船、10艘全自动保洁船,用于县一、二级河道保洁,并落实专业保洁队伍。全年新增、改造农村垃圾箱、房(桶)2.5万处(个),封闭式垃圾运输车辆4辆，机动保洁船36艘,保洁员145人,全县农路管护实现全覆盖、河道管护实现常态化,垃圾日收集达530吨,全年投入资金4772万元,农村环境面貌显著改善。至年底,全县共配备各种保洁船110艘,其中50千瓦大型全自动保洁船10艘,30千瓦半自动保洁船14艘,机动快艇19艘,其他小型机动船67艘；割草机械250台，专职保洁员1605人。(尤晓勇)

## 污水处理

**【概况】** 年初,县住建局联合县环保局对各镇污水处理厂及配套管网工程建设、运行情况进行调研,委托北京桑德环境工程有限公司对全县污水处理规划提出初步方案，对各镇污水工程现状、污水厂改造和管网系统完善提出具体建议。双甸、栟茶和大豫3个试点镇污水处理厂和收集管网的改造方案设计完成。全年全县各镇(区)新建污水收集管网22.4公里。袁庄镇新建污水处理厂1座,日处理能力1500吨/天;南通外向型农业开发区污水处理厂在建，日处理能力1000吨/天。(冯溢铭)

## 水利设施

**【概况】** 2015年,如东县贯彻习近平总书记关于“节水优先、空间均衡、系统治理、两手发力”治水新思路，落实加快水利改革发展的决策部署，以推进水利现代化建设为目标，以项目建设为抓手，统筹水安全、水资源、水生态和水环境治理,进一步提升水利防洪保安能力、水资源保障能力、水生态保护能力和服务民生能力，为经济社会可持续发展提供有力水利支撑。全年水利投入2.25亿元,全县共恢复和新增灌溉面积5.45万亩,改善灌溉面积5.64万亩,增加节水灌溉面积0.85万亩，增加旱涝保收面积2.16万亩。至年底,全县共有中型挡潮闸3座,一线挡潮海堤90.04公里;一级河6条、二级河20条、三级河385条、四级河1996条；丰产沟20413条;中型灌区4个;独立水系28处。2月,县水务局被南通市委、市政府评为农村水利建设“十佳”单位。

**【重点水利工程】** 2015年,如东县建设完成重点水利工程5个，总投资超1.56亿元。①洋口运河工程。县水务局集中力量投入洋口运河贯通攻坚战，重点对洋口运河东凌河段实施拓宽、土方疏浚、塌方整治,共拓宽河道6202米,新建护岸挡墙2148.42米、混凝土护坡589米,整治土方69.29万立方米，投资约8000万元。至年底,洋口运河水系全线贯通,实现初步通航。②城市河道环境综合整治工程。根据全县城市河道环境综合整治3年实施计划,县水务局会同如东高新技术产业开发区等单位完成房屋拆迁、线路搬迁等前期工作后,于10月启动县城建材河、掘西南四河、新光河等河道水系贯通、河道清淤、生态护岸、河坡绿化、水景观建设、建材河西侧沿河截污等综合整治,至12月底工程基本结束。共整治河道2715米;新建新竖二河与南康河连通节制闸1座，闸孔宽度6米；清淤河床土方11.43万立方米；新建护岸5439米；建设沿河截污管网512米;河坡、河岸绿化总面积115亩,投资约6000万元。③四贯河整治工程。四贯河中段整治项目通过江苏省水利区域治理竞争立项后,10月开工建设,12月基本结束。该工程共新建挡墙护岸2474米,投资1274万元。④长角河水系整治工程。3月开工建设,新建九总桥闸,改造如环河闸、环东南闸、王家潭进水闸3座涵闸,8月完工,投资300万元。工程实施后,解决海防路北侧南美白对虾养殖区和南侧农业区因海水倒灌影响农业用水问题。⑤江海河双甸部分河段板桩式挡墙修复工程。实施护岸271.51米，投资65.78万元。

**【防汛防旱】** 2015年,县水务局把防汛工作放在全局突出位置，及早组织汛前检查，并及时修复险工险段，先后实施完成掘苴垦区海堤、东安新闸北海堤、掘苴新闸上游西侧损坏护坡修复和洋口外闸活动桥维护等防汛应急工程。修订完善各项防汛预案，重点修订《如东县防汛防旱应急预案》，并报经县政府同意实施。建立完善水雨情监测预警系统，在县内建立水雨情自动测报点10个，并集成至江苏省水情自动测报系统南通水情分中心的采集平台，为防汛调度决策提供支撑。加强防汛物资和队伍建设，全县共储备防汛块石2500吨、防汛袋6万只、木材15立方米、土工布5000平方米，各镇(区)也相应储备群众性防汛器材，并组建防汛巡逻队、抢险队。科学调度水源，共实施引江调水及防洪排涝108潮次，排水量18.49亿立方米。2015年汛期台风较少，暴雨较多，8月23日20时至24日12时，受15号台风"天鹅"倒槽和冷空气共同影响，全县普降暴雨，最大降雨量为曹埠镇255毫米，掘港镇243.6毫米，内河水位掘港站3.41米，超警戒0.61米。此次降雨是如东县历史上有气象记录资料以后，即1960年"8·4"暴雨后最大一次，为55年未遇强降雨。受"8·24"强降雨影响，全县各地普遍受淹，城镇积水严重，掘港老城区6平方公里区域受淹，主干道积水深10～40厘米，街巷最深处达60厘米。县水务局及时启动防汛应急机制，深入各地指导内地独立水系排涝、组织城区排水，紧急调度沿海涵闸满负荷抢排涝水，至24日13时内河水位开始逐步回落。成功抵御梅雨期两次突发强降雨和台风"苏迪罗""天鹅""灿鸿"杜鹃"外围强降雨影响。

【农村水利建设】 2015年，如东县完成农村水利建设项目5个，总投资超1.22亿元，其中当年投资1.16亿元。12月，南通市农村水利建设现场推进会在如东召开。①2014年度中央财政小型农田水利重点县项目。建设渠道189.57公里；更新改造小型泵站22座；新建、改造渠系配套建筑物12736座；新建3米宽水泥路8.04公里，共投资4682万元。该项目在省水利厅绩效考核中获优秀评价，获省专项奖励资金300万元。②2015年度农村河道和村庄河塘疏浚整治工程。整治农村河道928条、948公里，土方量380万立方米。其中乡级河道8条、15公里，疏浚土方21万立方米；乡级河道岸坡整治10条段、14.7公里。共投资2763万元，省级补助1300万元，县级财政配套1040万元，其余部分由镇财政和村级"一事一议"筹资筹劳中安排。③2014年新增千亿斤粮食产能规划田间工程。建设渠道48.98公里；更新改造小型泵站2座，拆建3座；新建、改造渠系配套建筑物2663座；建设水泥路16.28公里。共投资1500万元。④畅通水系拆坝建涵工程。建成涵洞1360座，占计划任务154%，投资3000万元。⑤整村推进生态示范河道建设。按照"水美乡村"整治标准，在双甸镇高前村整村推进生态示范河道建设，打造生态景观河道11条、16公里，投资300万元。

【水政水资源管理】 县水务局强化水行政执法和水资源管理，在水行政执法工作中，制定出台《如东县水行政执法巡查管理实施细则》。加大水事违法案件查处力度，实行部门联合执法，严打水事违法行为，全年出动水政执法人员650人次，车辆180余辆次，发放停工通知书6份，立案查处各类水事案件14件。严格实行水资源管理"三条红线"(水资源开发利用控制红线、用水效率控制红线和水功能区限制纳污红线)，严格取水许可审批和地下水管理保护，全面实行地下水位监测系统及取用水远程监控系统规范管理。推进节水型社会建设，支持与指导企业、学校、社区等落实节水增效措施。加强应急水源管理，组织编制《如东县地下水应急水源规划》，并根据规划组织实施应急备用水源取水口标准化改造和深井回填实施工作。全年改造应急备用水源井84口，回填深井42眼，增加专职监测井3眼，建成监测点54个。加大规费征收力度，规范用水秩序，水资源价格及时调整到位，全年征收水利工程水费805万元，水资源费550万元。

【水利工程管理】 县水务局加强挡潮闸通航管理，确保船舶安全、快捷过闸，全年安全通航无事故。实施堤防绿化工程。在环港、环东海堤种植"中山杉""红榉" 等树木350亩，在北坎海堤外青坎新增生态防护林135亩，抚育造林近500亩。组织实施水利工程维修养护，省级水利工程维修投资188万元。开展河道管理范围划定工作。委托南通市水利勘测设计院编制《如东县河道和水利工程管理范围划定实施方案》，12月通过市符合性审查，并报县政府审批。

(尤晓勇)

# 生态环境

Shengtai huanjing

## 环境质量

**【概况】** 2015年,如东县集中式饮用水源地水质达标率100%,环境空气质量优良天数达标率72.6%,城市环境噪声达标区覆盖率100%,环境质量与上年基本持平。

**【县城空气质量】** 2015年,受全国性雾霾、沙尘暴等不利天气影响,按《环境空气质量标准》(GB3095-1996)二级标准限值评价,如东县城环境空气质量等级达到优50天、良202天,优良天数占比72.6%。空气质量指数(AQI)全年最小值29,出现在7月21日;最大值315,出现在1月10日。1—2月、11—12月,首要污染物为颗粒物PM2.5,3—10月,首要污染物主要为臭氧。空气中主要污染因子二氧化硫年均值0.016毫克/立方米、二氧化氮年均值0.013毫克/立方米、可吸入颗粒物年均值0.074毫克/立方米。

**【降水质量】** 2015年共采集降水样品53个,未出现酸雨,降水pH范围6.28~7.13。

**【水环境质量】** 如东县主要内河如泰运河张家堡桥及丰港桥断面水质符合Ⅴ类水质标准、东安闸断面水质符合Ⅲ类水质标准、石甸西断面水质劣于Ⅴ类水质标准、正大桥断面水质符合Ⅳ类水质标准,Ⅰ~Ⅲ类水质比例为20%,劣Ⅴ水质比例为20%,如泰运河总体水质状况为中度污染;栟茶运河小洋口断面符合Ⅲ类水质标准,如海大桥及卫海大桥断面水质均劣于Ⅴ类水质标准;九圩港河孙窑大桥断面水质劣于Ⅴ类水质标准;掘苴河鸡场桥及掘苴闸断面水质均劣于Ⅴ类水质标准;掘坎河五爱桥断面水质符合Ⅲ类水质标准,掘坎闸断面水质劣于Ⅴ类水质标准;遥望河通如桥断面水质符合Ⅲ类水质标准;九洋河三角渡桥断面水质劣于Ⅴ类水质标准;马丰河凌西大桥断面水质符合Ⅲ类水质标准。

**【声环境质量】** 掘港镇区域环境噪声平均等效声级值为46.6分贝,城市区域环境噪声质量等级划分为优,主要环境噪声源为社会生活声源和交通声源。

## 生态保护

**【概况】** 2015年,如东围绕环境空气PM 2.5年平均值确保比2013年下降9%,力争下降12%的生态文明建设目标,加大基础设施建设、农村环境整治、环境执法监管、环境风险防控等重点工作推进力度,全县生态环境质量稳中趋好。全年PM 2.5平均浓度49微克/立方米,比2014年降低1微克/立方米,比2013年下降24.6%,下降幅度全市领先。主要内河部分污染指标有所下降,如泰运河入海水质优于如皋入境水质。

**【生态示范建设】** 年初,县委、县政府调整县生态文明建设领导小组,新成立节能减排、美丽乡村等10个专业工作组,逐一明确分管领导、牵头部门和工作职责。6月5日,县委、县政府召开包括国家生态文明示范县创建在内的“六城联创”动员大会,出台《如东县创建国家生态文明建设试点示范区(县)三年行动计划(2015—2017)》等文件,环保部门牵头组建国家生态文明示范县创建指挥部,下设综合协调、工程推进、环境整治、台账资料4个专业工作组,做到专职人员、办公场所、工作制度三到位,确保事事有人抓、件件能落实。

**【生态红线区域保护】** 如东根据“用制度保护生态环境”总要求,构建生态红线区域保护制度体系。建立生态准入制度。严把建设项目生态准入关，把是否符合生态红线区域规划要求作为建设项目环保审批先决条件，禁止与其主体功能不相符合的开发建设活动。建立生态监察制度。出台《如东县生态红线区域保护监督管理办法》,明确生态红线区域具体保护机构或责任管理单位监督管理责任，明确生态红线区域分级管控要求。建立资金管理制度。出台《如东县生态红线区域保护专项资金管理办法》,明确专项资金补偿区域、补助内容和违规处理办法，全年支持生态红线资金项目10个，下达专项资金2132万元。根据《南通市生态红线区域优化调整方案》,县环保局牵头组织县发改委、县国土局、县海洋渔业局、县水务局、县农委、县住建局等部门对县现有生态红线区域逐一评估，并结合沿海开发需要，提出“清水通道维护区”和“重要湿地”优化调整建议方案，经县政府常务会议研究确认后上报。

**【农村环境整治】** 如东制定秸秆禁烧工作考核办法，完善组织领导、禁烧责任和宣传教育工作体系，强化源头管理，严明奖惩措施，全年无一例上级通报火点。根据《如东县农村环境综合整治规划(2013—2017)》,全面启动2013—2015年8个镇45个试点村覆盖拉网式农村环境综合整治试点工作，通过强化组织领导，落实工作责任，加强工作督查，严格考核验收，全县整治试点工作有序推进，累计投入整治资金1800多万元，建成马塘镇集中粪便处置中心，建成三格化粪池300座、蓄粪池1590座、干粪房360座以及马塘镇长路村生活污水处理工程，购置吸污(粪)车9辆、干粪车6辆、抽粪泵180台，全县农村环境质量逐步改善。

**【清洁生产】** 如东推进清洁生产，开展企业清洁生产审核，9家企业通过强制性清洁生产审核验收，项目实施到位后，年节水13.90万立方米、节煤346吨。

## 污染减排

**【概况】** 2015年，如东安排减排工程12个，其中工业印染行业中水回用减排项目4个、热电等气污染减排项目4个、生活污染减排项目2个、畜禽污染减排项目2个。全年减排化学需氧量2147吨、氨氮310吨、二氧化硫1730吨、氮氧化物2138吨，基本完成省、市下达各项任务。

**【工程减排】** 如东县第二污水处理厂、洋口港污水厂土建、设备安装完成，进水调试；南通大东有限公司、泰辉南通针织印染公司、南通楠桥纹织有限公司中水回用工程通过环保验收；如东富强针织印染有限公司土建、设备安装完成，申请环保验收；如东天楹环保能源有限公司、如东协鑫环保热电有限公司、洋口环保热电有限公司脱硫脱硝工程完成施工建设和调试，并通过环保验收。有序推进锅炉整治减排工程。畜禽减排工程现场检查2家。

**【结构减排】** 2015年，8家重点企业被列入强制性清洁生产审核企业行列。县环保局联合县经信委加强行政推动，为企业提供技术服务，邀请专家与企业交流，审核文本，9月，完成中期评估。通过强制性清洁生产审核，让更多企业实现减污、增效、节能、降耗目标。落实省、市、县大气污染防治方案，推动6大园区及如泰运河沿线镇、相关镇工业集中区淘汰10吨/小时以下燃煤锅炉。

**【管理减排】** 加强自动监控监督管理，2015年，如东安装废气数采仪17个点位，废水数采、流量计164套，化学需养量监控仪109台、氨氮监控仪9台、总磷监控仪1台，安装在线监控企业171家。全县流量计正常运转率98%,COD在线监控仪运行率96%，污染源自动监控系统整体运行率97%。

## 环境监测

**【概况】** 按照“强化污染源监督监测、深化环境质量监测、突出重点任务监测、做好事故应急监测”总体思路，县环保局开展各项监测工作，为环境应急、总量减排、生态创建、环境管理等工作提供技术支撑。设置监测点位环境空气2个、降水1个、降尘4个、地表水19个、地下水(监测井位)2个、底质8个、功能区噪声7个、道路交通噪声22个、区域环境噪声111个、农村地表水264个。确定信息公开、重点污染源、参与信用评级企业名单，落实企业监测责任。全年获各类监测数据103174个，形成环境综合分析报告12份、污染源监测周报52份，编制各类水监测报告420份、气监测报告256份、噪声监测报告165份、固体监测报告51份，掌握全县污染源排污状况及对周边环境影响。

**【监测能力建设】** 如东投入227.20万元，更新、添置仪器设备。其中，投入110.60万元，增加气相色谱仪(含顶空自动进样)、分光光计、霉菌培养箱、x-act5000自动德尔格检测管采样泵等专用设备，更新离子色谱仪、气相分子仪等部分老化仪器；投入116.60万元，更新如东监测站点位的空气自动站，具备监测环境空气中二氧化硫、氮氧化物、PM10、PM2.5、臭氧、一氧化碳6项指标能力，实现与新标准全面对接。完成交界断面及入海断面4个水质自动站安装、调试、验收，下半年正式投入运行，为区域生态补偿政策实施提供保障。

## 环保服务

**【概况】** 县环保局出台《关于解决全县建设项目环保历史遗留问题的意见》,创新举措解决环保历史遗留问题。走访15个镇、区,135家重点企业和41个环境信访户,解决各类环保问题102个。加大跑部跑省力度,帮助相关镇(区)和企业争取上级治污专项资金,全年向上争取无偿资金2384万元,超额完成县委、县政府下达的重点突破性工作任务。

**【项目审批】** 2015年,县环保局将总量平衡、排污许可事项等行政事项全部放至政务中心环保窗口,实行一个窗口进出、一站式服务。驻政务中心环保窗口全年受理县级行政审批121件,办结121件,群众满意率100%,被评为县"行政服务竞赛"优胜单位。

**【项目报批】** 县环保局抓好所有涉港、涉海项目环保服务,重大项目局主要负责人跟踪,重点项目局分管负责人对接,一般项目严格按承诺办结。洋口港热电联产、威名石化环己酮、洋口热电二期扩建、精华制药、长青农化、优嘉植物等一批重大项目环评获省、市环保部门批准;洋口港经济开发区规划环评获省环保厅批复,如东经济开发区区域跟踪评价通过省评估中心技术评审;梦琦锐一期、洋口热电技改、巴斯夫、长青农化、优嘉植物等项目通过省、市环保部门验收;进口再生资源加工区通过环保部验收。

## 污染防治

**【概况】** 如东坚持区域整治和行业整治同步实施,设施运行和应急防范同步监督,达标排放和总量控制同步落实,加大工业污染治理和环境综合整治力度,全县未发生重大环境污染事故,一批矛盾突出、群众反映较为强烈环境问题得到解决,公众对环境满意率提升。

**【燃煤锅炉整治】** 县政府出台《如东县2015—2016年燃煤锅炉淘汰改造实施意见》及相应补贴办法,开展对燃煤锅炉整治,共整治291台,超额完成市下达112台整治任务。建成区禁止新建除热电联产以外的燃煤锅炉,其他地区原则上不再批建10蒸吨/小时及以下燃煤锅炉。

**【VOC气体整治】** 县政府办印发《关于印发如东县2015年大气污染防治工作方案的通知》,推进VOC(挥发性有机废气)治理。列入责任目标24家企业,均完成治理。其中,表面涂装企业南通普真塑料彩印有限公司关闭,江苏黄海汽配股份有限公司退城进区。

**【机动车排气污染防治】** 县环保局加强对机动车排气检测机构管理,每月检查1次。新上牌和年检车辆均接受尾气排放检测。推进机动车排气监管信息系统建设,做好机动车检测环保合格标志发放工作,全年发放环保标志44460份。

**【固废污染防治】** 县环保局按照省环保厅《关于全面开展危险废物转移网上报告工作的通知》要求,全面开展固废网上转移报告制度,有130家产废单位、7家经营单位、4家运输单位在省危险废物动态管理信息系统中进行网上申报及备案,重点产废企业全部实现危废网上申报转移。全年在网上执行转移4484批次,办理纸质转移审批42批次(跨市转移31批次,跨省转移11批次),其中县接受危废22批次,转出20批次。开展危险废物专项执法检查,对34家重点危险废物产生单位及经营单位逐一检查并提出整改意见。严查违法行为,全年查处涉及危险废物案件6件。规范企业环境行为,如东大恒危险废物处理有限公司、南通鑫宝润滑油有限公司的危废经营许可证换证,南通万顺化工科技有限公司申请领取危险废物临时许可证,南通振新颜料有限公司硫酸钙资源综合利用新上焚烧炉项目。南通惠天然固废填埋场项目建设完成,该项目总建设规模127万立方米,处置能力4.40万立方米/年。

**【重金属污染防治】** 县政府办印发《如东县电镀行业专项整治工作意见》,推进全县电镀行业整治工作。南通润友金属制品有限公司及如东铁链厂提标改造完成,江苏黄海汽配股份有限公司电镀车间退城进区。县环保局对进入电镀中心的项目重金属总量核定提前介入服务,完成江苏黄海汽配股份有限公司铬排放总量平衡方案。

## 环保宣传

**【媒体宣传】** 县环保局围绕国家生态文明示范县创建、执法监管、污染减排、秸秆禁烧、畜禽污染整治等重点工作开展媒体宣传,在各类媒体发表宣传稿件和政务信息300余篇。在《中国环境报》发表《历史遗留问题还要留多久?》《信访调处何不引入危机管理》《如东开展畜禽粪污染整治》等稿件。

**【活动宣传】** 县环保局在"6·5"世界环境日召开新闻发布会,发布如东县环境质量信息和企业环保信用评级结果,在县城乐天玛特门前广场举办"践行绿色生活 共建美丽如东"如东专场文艺演出,以歌曲、舞蹈、小品、童话剧、诗朗诵等形式宣传环保主题,传播和弘扬"生活方式绿色化" 理念。联合县邮政局编印"保护生态环境、禁止秸秆乱抛乱烧"宣传画报3万份、"环保明信片"3万份、"环保即时贴"6万份,通过环保邮路向全县党政机关、企业、群众、学生发放,宣传环保知识。

**【教育培训】** 县环保局加强环境教育培训。8月14日,举办县环保法律法规专题培训班,邀请环保部华东督察中心黄莹为环委会成员单位、各镇(区)相关领导和局环保工作人员进行专题培训。在县法制宣传橱窗布置环保专栏1期,重点宣传环保法律法规知识。编印法律法规宣传手册近5000份,发放到县党政机关各部门、各相关企业和群众手中。

建成环保科普教育站 4 家。

## 环境管理

**【环境日常监管】** 县环保局强化“辖区管理负责制”,围绕涉重金属、印染、造纸、畜禽养殖行业、越级信访、区外化工企业和化工园区监察 7 项重点,对全县排污企业开展例行监察。在传统节日、春季排咸、水稻移栽期间、蚕作期间、中高考期间、夏秋收割季度、重大活动等特殊时期,化工园区、洋口港经济开发区、循环经济产业园、经济开发区、马塘镇、掘港镇等敏感地区开展专项检查,不定期组织夜间巡查和暗访,全年出动执法人员 7309 人次,现场检查排污单位 3759 家次。加强突击检查力度,环保、公安部门组织联合执法检查 17 次,环保部门组织夜查 23 次,严查企业利用夜间和节假日等监管薄弱时段违法排污。

**【环保执法】** 按照“超标排放必罚、污染环境必停、恶意排污必究、危害稳定必关”的“四必”要求,从快从严依法处罚。县环保局加强与公安、住建、国土、安监、检察、法院、供电、供水等部门执法联动,严打未批先建、超标排污等环境违法行为,实行对各类环境违法行为“零容忍”。全年立案查处环境违法案件 158 件,下达责令改正违法行为决定书 36 份,处罚决定 115 份,处罚金额 825.05 万元,案件处罚数量、处罚金额同比翻番增长。运用新修订环保法赋予的执法手段,共实施查封扣押 3 起,移送公安行政拘留 3 起,限产、停产 8 起,按日计罚 1 起,查处污染环境罪案件 1 件。

**【环境信访调处】** 县环保局完善如东县环境信访综合管理系统平台,下延到各镇(区),落实信访案件网上办理制度,实行网上办理流转信访调处,重点越级信访短信提醒镇(区)领导。强化镇(区)属地管理,各镇(区)为环境信访调处第一责任人;实行环境信访通报和考核制度,每月向各镇(区)通报全县及镇(区)环境信访形势;促进源头预防,细化对镇(区)环境信访工作指导监督,实施领导带案包案、警示约谈、四方圆桌会议、临时断电断水等措施。参照环保部《关于改革信访工作制度依照法定途径分类处理信访问题的意见》,制定《如东县环境信访分类处理意见》,9 月,依法办理首例不予受理环境信访事件。全年受理环境信访 1111 件,信访数量有所增加,未发生影响社会稳定的群体性事件。

**【建设项目清理】** 县环保局重点推进建设项目环保大检查工作,明确项目排查、一企一档、项目确认、排污权确权工作“四位一体”同时推进,全面排查、不留死角。加强和规范建设项目环境管理,查处建设单位违法违规行为。在无先例遵循情况下,根据江苏省清理违规违法建设项目相关规定和环保大检查“分类处置”原则,经征求意见和县政府同意,牵头制定《如东县解决建设项目环保历史遗留问题的意见》,对 2015 年 1 月 1 日前建成投产的建设项目进行清理排查和分类处理,在符合安全生产条件相关手续、符合产业政策相关手续、符合规划相关手续和承诺确保社会稳定、具备营业执照的前提下,对符合要求项目50个给予确认登记。对全县定报企业确认经验被多省、市兄弟部门借鉴。

图 44 3 月 13 日,县环保局召开环境信息联络员工作会议

**【环保专项行动】** 6 月,如东启动“2015 年夏季环保专项行动”,制订《如东县 2015 年夏季环保专项行动实施方案》,明确专项行动工作目标、工作重点、时间安排、工作措施等。成立县环保专项行动领导小组,召开全县环保专项行动动员会全面部署。对照 8 大类环保专项行动任务,各镇(区)、部门组织实施,10 月,完成专项行动各项任务。贯彻《市政府办公室关于挂牌督办 2015 年突出环境问题的通知》文件精神,推进如东县联丰化工有限公司被责令停止生产的挂牌督办事项整改工作,年底摘牌。

**【印染行业整治】** 开展印染行业专项整治,根据《如东县印染行业专项整治实施方案》要求,县环保局会同县发改委、县安监局、县市场管理局等部门召开 4 次综合整治推进会。结合南通市新下发印染整治方案,对印染、精制棉企业开展 5 轮督查。将印染行业整治列入各镇(区)目标考核内容,每月汇总进展情况。各环境监察中队根据提标改造时间节点和专家评审意见要求，对辖区内印染企业每周跟踪促进，对提标进展较慢企业进行集体约谈。开展企业环境行为规范化建设，确定首批36家企业列入规范化建设名单，召开专题会议培训。全年30家企业完成规范化建设任务。

**【污染源自动监控】** 如东出台《如东县污染源自动监控管理暂行办法》和《如东县污染源自动监控设施社会化运行管理暂行办法》，国控污染源自动监控系统与部、省、市三级全部联网，联网率100%，数据传输有效率99%，全年国控企业运行一直全市领先。县内164家企业安装自动监控设施，其中废气在线数采仪17台、数采流量计164台、COD在线109台、氨氮在线9台、总磷在线1台，全年获取监控数据约160万个，为环境监管、排污收费、总量控制、污染减排等工作提供依据。加强对第三方运维单位监督管理，分批分期组织现场抽样比对监测，确保自动监控全面体现"通、稳、准、用"效果。实行超标报警、现场出警制度。制定《如东县污染源自动监控系统超标报警联动暂行办法》，确定超标报警范围、报警方式、报警信息发送对象、超标排放判定标准、质量管理措施、跟踪监察等内容，全县自动监控工作迈上新台阶。

**【化工园区环境治理】** 如东推进化工园区环保专项整治，按照专项整治方案"分阶段推进、分主体实施"总体要求，结合环保大检查，倒排时间，督促企业按整改方案逐条落实整改。年内完成企业专项整治验收，2家基础配套企业、污水处理厂整改结束，如东大恒危险废物处理有限公司废险处置中心整治结束。企业共投入近1.90亿元，25家废气重点整治企业中实现废气中溶媒回收11家，建设RTO废气焚烧炉7家；25家重点废水整治企业中新上多效蒸发或MVR蒸发器4家，改造废水设施3家，改善园区大气和水环境质量。园区企业严格执行"清污分流、雨污分流"要求，雨水排口实施闸控，企业清下水（雨）排水执行自测、网上申报，污水集中处理设施与配套网管建设到位，总排口规范设置。如东大恒危险废物处理有限公司新建的1.30万吨回转窑焚烧扩能项目通过环保部门"三同时"验收。年处理6000吨危险废物裂解炉提标改造，10月试运行。固废填埋场投入试运行。园区供热管网全覆盖，区内所有燃煤锅炉全部关停注销。凯发新泉污水处理（如东）有限公司提质改造工程结束，正式投入运行。园区企业废水集中处理率100%。区内集中污水处理厂、集中供热设施、危险废物处置设施均运行正常且污染物达标排放。应急预案编制齐全且定期组织演练，主要行业企业全部安装自动监控装置，重点企业环境信息依法公开。园区整治取得明显效果。

**【环境应急管理】** 按照"有效防范环境风险，保障全县环境安全"总体目标，2015年，县环保局从机构人员、业务经费、工作制度、环境应急装备、业务用房等多项指标逐一对照落实，10月25日，在苏中、苏北地区率先通过县级环境应急机构二级标准化省级考核验收。在全省试点开展县级区域环境风险评估工作，10月14日，通过市、县两级联合专家评审，并按要求向省环保厅上报，11月19日，在全省区域环境风险评估试点工作研讨会上，如东环境风险评估工作获得省环保厅领导和专家好评。落实企业环境应急措施，对38家重点环境风险企业按照《江苏省企业环境安全达标建设标准》要求，从应急预案、应急措施、安全防护、应急演练、应急培训等多项考核指标逐一验收，全部落实到位。如东环境应急管理工作获省通报表彰。

（杨国庆　谭季禄）

图45　滩网晨曲　　（李建淮　摄）

# 公共管理

# Gonggong guanli

## 经济事务管理

### 宏观经济管理

**【经济调研】** 县发改委围绕全县经济发展中心，突出重点经济领域调查，完成《如东在长江经济带建设中的战略定位及策略研究》《大力推进“两化”深度融合 实现工业转型升级研究》《我县化解土地瓶颈制约加快重点项目建设的对策研究》等调研文章，并根据调研反映的问题、意见和建议，进一步增强工作针对性、敏锐性和预见性，为全县经济社会发展提供优质服务。

**【发展规划编制】** 县发改委突出抓好“十三五”规划编制工作，组织开展重点课题研究，编制形成《如东县国民经济和社会发展第十三个五年规划纲要(草案)》。着眼“十三五”时期如东经济和社会发展重点领域、薄弱环节和重点区域，确定编制重点专项规划12个、一般专项规划11个、重点区域(6大园区及3个市级中心镇)规划9个，共32个，通过健全组织、召开推进会等方式，推动各专项规划和重点区域规划编制工作开展。 (郝少鼎)

### 重大项目管理

**【计划安排】** 2015年，如东县安排重大产业项目52个，计划总投资606.03亿元，年度计划投资125.64亿元。洋口港区15万吨级航道疏浚、台湾中石化新材料、中石油LNG接收站二期、刘埠渔港、小洋口健康产业园5个项目被列入省级重大项目计划，总投资约183.50亿元，年度计划投资22亿元。11个项目被列入市重大项目计划，其中建设项目9个，分别为中石油LNG接收站二期、海上风电、爱森化工、华海制药、雨润国际广场、海上大功率风机成套设备制造、台湾中石化(洋口港)化工新材料基地、如东汽车城、生态环保工程；储备项目2个，分别为龙源如东300兆瓦近海风电、小洋口健康产业园，计划总投资542.56亿元，年度计划投资93.86亿元。

**【项目进展】** 52个县重大产业项目完成投资131.98亿元。建设进度达到或超过计划目标进度42个，计划完成率80.8%。24个新建项目有17个项目开工建设，开工率70.8%。竣工或部分竣工项目22个，竣工率42.3%。11个市重大项目完成投资110亿元。5个续建项目建设速度加快，4个新建项目全部开工建设，2个前期项目开工准备工作不断完善。中天科技集团4G超宽频电调天线扩建、高低压成套设备等项目主体厂房竣工，部分设备进行安装。重通风机叶片项目厂房主体封顶，进行墙体施工。快达农化农药制剂搬迁改造项目主体工程在建。科顺聚合物水泥防水涂料、砂浆等新型防水材料生产项目辅助设施及罐组基础完工，水性、油性涂料车间在建。洋口环保热电二期扩建工程进行桩基施工。如东农商银行金融大厦达到主体6层。健桥医药物流中心扩建一期工程进行基础施工。佛教文化产业园施工单位进场打桩。一批续建项目陆续竣工。刚正薄板1条生产线具备设备调试条件，1条生产线准备安装设备。凯爱瑞植脂末生产项目2条老生产线改造完毕。如东—海门—崇明岛输气管道工程竣工。新兴农、佳尔科、东盈、亚泰、华伦爱思、迈克斯等化工项目土建竣工，进入试生产或设备安装阶段。掘港中心市场主体竣工。天瑞商业街一期竣工并开盘售房。一批项目投产或投运。龙源如东200兆瓦潮间带风电示范场扩建项目、国信东凌31.5兆瓦二期扩建项目、天楹垃圾焚烧发电三期并网发电，中水电100

兆瓦潮间带风电场32台风机全部吊装,调试并网25台。如通石油钻采设备、爱森化工一期黄原酸盐竣工投产。台湾中石化化工仓储项目投入运营。欧尚超市和如东汽车城新增的广汽传祺、东风悦达起亚2家4S店对外营业。(吕 强)

## 国有资产监管

**【概况】** 2015年,县国有资产管理办公室(简称县国资办)根据国资国企改革发展要求,印发《关于进一步规范国有企业收入分配管理的通知》《如东县县属企业负责人履职待遇、业务支出管理暂行办法》《如东县行政事业单位软件资产管理办法(试行)》,进一步完善《关于进一步深化国资国企改革发展的意见》,修订《如东县县级国有经营性企业负责人业绩考核和薪酬管理暂行办法》,不断健全国有资产管理政策法规制度体系,确保国有资产保值增值。严格国有资产使用、处置,资产收购、产权转让资产评估审核。全年处置单位资产288家(次)。其中,行政事业单位资产报废处置71家(次),金额5592.51万元;调拨、划拨资产43家(次),金额8.7亿元;出售资产5家(次),金额4412.78万元;出租、出借资产33家(次);捐赠资产7家(次),金额138.57万元。服务政府融资平台,全年办理产权占有登记17家,产权变更登记8家,产权注销登记2家,担保审核备案64家,审核担保金额112.64亿元,资产评估审核3家,审核评估金额314.17万元。做好企事业单位机构改革、撤并资产管理工作。强化公房、危房管理,防止国有资产和租户财产损失。盘活闲置资源,提高国有资产利用率。对县东电新能源公司、县粮食系统企业、劳动服务公司、广电传媒中心公司等企业国有资本收益按规定收缴,完成国有资本收益收入160万元。县国资办所属7处房产年租金108.48万元足额收缴入库。

**【国有资产专项清查】** 7—11月,县国资办组织开展对行政事业单位、国有企业及国有控股公司闲置资产、企事业单位改制后未售资产、事业单位或事业单位兴办企业对外投资、单位账外资产等进行专项清查、抽查整改,促进单位加强国有资产管理,提高资产使用效益。对重点抽查单位出具《行政指导建议书》,提出整改意见,并督促落实。(戴雯鋆)

## 财　政

**【概况】** 2015年,县财政局从抓项目增税源、抓运行稳税源、抓征管挖税源入手,不断提高组织收入意识。全县财税部门和各镇(区)锁定全年目标任务,加强过程控制,落实征管措施,深入一线企业,做到"抓大不放小",注重增值税增幅、税收占比等核心指标,提高组织收入质量水平。控制"三公"经费等一般性支出,修订完善会议费、差旅费、培训费、公务接待费等财务管理办法。全县"三公"经费支出同比下降12%。全年全县一般公共收入预算56亿元,实际完成58.54亿元,同比增长17.1%,收入增幅居全市首位、全省前列,其中税收收入占比84.3%;政府性基金收入预算42.35亿元,实际完成42.97亿元,同比增长10.7%;国有资本经营收入预算160万元,实际完成160万元;社会保险基金收入预算33.35亿元,实际完成34.16亿元,同比增长13.1%。全县一般公共预算支出93.89亿元,同比增长18.6%。政府性基金预算支出43.65亿元,同比增长5.3%;国有资本经营预算支出160万元;社会保险基金预算支出32.04亿元,同比增长13.7%。县财政局注重法治财政建设,连续4年被评为省法治财政标准化建设先进单位,是南通市第一个江苏省法治财政标准化建设示范点单位。

**【促进经济结构调整】** 2015年,县财政局争取上级科技创新、服务业、环保等专项扶持资金1.80亿元。拨付扶持企业发展专项资金1.53亿元,促进企业转型升级。争取和安排资金1000万元,建立县科技型中小企业贷款风险补偿资金池,对初创期和成长期中小企业给予总规模1亿元以上科贷扶持。落实"营改增"、所得税优惠、行政事业性收费减免等政策,减轻小微企业税费负担。加强政府融资管理,提高全县融资管理计划性、前瞻性和到位率。申报省地方债置换,省下达如东县置换及新增地方政府债券总额度51.5亿元。

**【社会事业投入】** 全年全县财政民生支出(含社保基金支出)97亿元,同比增长16.5%。其中"农林水"事务支出预算16.4亿元(含上级专项转移支付),同比增长14%。争取上级支农专项补助5.40亿元。安排专项支农资金预算1.90亿元,同比增长22%。通过"一折通"发放涉农补贴7.30亿元。投入5000万元新建"一事一议"财政奖补路183.40公里。投入1910万元建造小型农桥145座。加大教育投入,安排中小学公用经费3839万元。落实学前教育、义务教育家庭经济困难学生补助、高中阶段政府助学金、中等职业学校国家助学金等政策,补助资金867万元。加大义务教育等学校基础设施设备投入,下达专项经费1亿元。保障卫生事业,推进公立医院改革,落实国家基本药物制度,补助资金1.20亿元。安排基本公共卫生专项资金2500万元。新农合筹资提高到每人每年490元。继续实施多层次、全方位医疗救助制度,安排1100万元用于人道救助和医疗救助。实施农村改厕工作,配套安排资金660万元。保障全县生态文明建设,全年用于环保治理、城乡环境整治等项目支出1.40亿元。加大社保投入,全年社会保险、就业等支出预算32.30亿元。配套安排农保支出2.20亿元,维护农民切身利益。完善城乡最低生活保障制度,发放低保、特殊困难残疾人救助等资金5527万元。完善儿童生活保障机制和社会养老服务保障体系,保障儿童、老人基本生活。安排农村五保供养经费 3360 万元,促进社会和谐稳定。

【财政管理改革】 县财政局坚持以财政改革为抓手,推进财政科学化、精细化管理。健全预算编制体系,完善项目、资产配置预算管理。加强预算单位结余结转资金管理,盘活财政存量资金。深化国库集中支付改革,县本级国库集中支付资金 35.52 亿元,其中直接支付资金 35.41 亿元,占全部支付资金 99.7%。公布县政府性基金收费项目清单。清理申领超过 1 年期未缴验的财政票据,1260 万元财政性资金入账。推进镇财政就地就近资金监管,全年监管项目 215 个,涉及项目资金 11.80 亿元。

【财政监督检查】 县财政局对节能环保企业会计信息质量开展联动检查。对基层财政所(局)和部分机关科室进行财务内审。全面检查 8 家行政事业单位部门预算执行和预决算公开等情况。督查农水、教育、卫生等民生热点项目 15 个,提高专项资金使用绩效。检查 20 多家单位执行“八项规定”和作风建设等情况。组织全县综合治税奖励专项检查,进一步规范全县综合治税工作。突出对政府投资项目工程资金的全程监管,审核征地、拆迁、迁移等工程资金 4.38 亿元,核减 2331 万元,核减率 5.3%。推进财政支出绩效管理,对 52 个部门 71 个项目全面进行绩效自评价;对 49 个部门政府专项、33 个县级政府专项进行中期评价;对 14 个经济、民生类重点专项开展后评价,评价资金额 60.9 亿元。在深入调研基础上,提交“十二五”期间全县经济和民生类项目资金预算绩效情况报告。　(戴雯鋆)

# 税　务

## 国　税

【概况】 2015 年,如东县实现全口径国税税收 28.94 亿元,同比增长 1.5%。其中,增值税 19.37 亿元,同比下降 7.5%;企业所得税 8.12 亿元,同比增长 29.6%,总量创近 5 年新高,6 县(市)排名第二;消费税 405.82 万元,同比下降 3.4%;个人利息税 2 万元,同比增长 29%;车辆购置税 1.42 亿元,同比增长 11.3%。“营改增”7276.49 万元,同比增长 13.3%;地方公共财政收入 8.34 亿元,同比增长 4.2%。全县国税系统在南通市国税局重点工作竞赛中夺得 2 金 3 银 1 铜,在南通市国税局青年干部精英赛中,获预赛团体第一、决赛团队优胜奖。重点工作排名全市第一,全系统蝉联南通国税系统先进集体,继续位列县级机关整体目标考核(条管单位)第一方阵。全系统连续 4 次被评为县文明行业,连续 5 年被评为县“人民满意机关”。县国税局及 9 个基层分局再度蝉联市文明单位。

【税收管理改革】 县国税局推进税收管理改革,基本建立起以“前台办理、后台支撑、风险指引、分类应对、过程控制”为特征的税收管理新格局,变“人盯户、票管税”传统管理方式,为以信息化支撑下分类分级风险应对为核心的现代税收管理方式。在全市率先实现应对分局集中办公。全年完成风险应对 424 户次,实现应对总成效 9861 万元,应对贡献率 4.2%,超全市平均水平。推进纳税服务规范化管理示范点建设,对内制定到户调查、宣传咨询等 6 类专岗规范,对外修订《纳税人阳光服务指南》和《税务人员遵从指引》。创新利用影像系统,完善前后台流程衔接机制;推广非接触办税,率先试点电子税务局,上线试点纳税人 3000 多户,完成申请、申报、发票、门户、税务端 5 大类 239 项业务功能中 190 项功能实测,累计提交问题和优化建议 217 个,解决问题 173 个。落实便民办税春风行动,建立 24 小时国地税联合自助办税服务区,出口退税无纸化管理全覆盖,完成发票系统升级 5624 户,“三证合一”2420 户,“税 e 融”帮助企业获得贷款 3344 万元。

【依法治税】 县国税局落实“税收职责清单”,强化配套岗位操作规程应用,明确每个节点标准、规程和要求,形成覆盖税收执法和行政管理全流程的岗责体系。加强执法内控,严格落实纳税服务序列内控管理指引工作要求,做好抽查复审工作,开展集体审议专项督查,促进分局集体审议机制运转规范。加大执法、廉政责任追究力度,对 403 户次税务人员下户行为开展执法和廉政专项检查,满意度 99.7%。强化执法督

图 46　6 月 1 日,县国税局召开争创省局风险应对示范单位推进会

查,及时处置131条总局疑点数据,县国税局是南通国税系统唯一没有法规类疑点、异常信息单位,并被作为江苏国税系统6个法治税务示范基地候选单位之一向国家税务总局推荐。

**【服务发展】** 县国税局主动对接县委、县政府决策部署,加强对重点行业、龙头企业调研、分析,完成《如东经济税源分析》《如东、滨海两地化工园区经济税收情况比较分析》《三大行业"营改增"对我县经济税收的影响分析》《出口退税政策调整对如东外贸经济的影响分析》4篇税收分析报告。服务沿海开发,做好中石油LNG交易平台落户洋口港税收专业服务;支持重点项目建设,启动大唐恩智浦税收护航工程,做好外贸出口退税上门服务。发挥税收对经济转方式、调结构、惠民生作用,落实小微企业、重点群体创业就业等各类税收优惠政策。推进"营改增",全年实现结构性减税2300万元,小微企业政策享受面100%。全年兑现减免税金13.27亿元,固定资产抵扣增值税7.59亿元,增值税免税销售收入149亿元。

(王殿臣　刘祖年)

## 地　税

**【概况】** 2015年,县地税局围绕"依法行政,行稳致远"工作主题,着力提高组织收入、现代征管、税收法治和队伍管理水平,在县域经济尤其是房地产业不景气形势下,坚持组织收入原则,挖潜增收,保证组织收入稳定增长。全年完成全口径税收收入47亿元,同比增加5.38亿元,增长12.9%。其中,省级税收1.45亿元,同比增加0.27亿元,增长23.2%;地方一般预算收入41.2亿元,同比增加7.67亿元,增长22.9%,增幅列6县(市、区)第一位,高于全市平均增幅近5个百分点。征收社保费约23亿元,同比增长24.7%;其他基金费约2.04亿元,同比增长16.3%,收入预测准确率、收入质量考核在全市名列前茅。全面落实税源风险监控责任和收入任务责任,发挥风险管理增收促管作用。全年完成风险应对1021户,通过风险管理入库税收3.24亿元,贡献率7.3%,列全市第一。开展专项检查和重点税源稽查。对377家企业实施预警自查,自查入库税款4221.08万元,全年稽查76户,查结案64户,查补入库税款705万元;加大虚假发票整治力度,检查企业22家,查处发票违法企业16家,涉及发票金额124.73万,查补入库税款36.85万元。

**【征管质效提升】** 县地税局实施税源管理事项清单制度,抓好新业务操作规程和岗责规范施行,出台和完善《税源基础管理工作规范》《中等风险应对工作业务规范》等7个配套办法,保障各项征管工作顺畅运行。在现有征管岗责体系下,对行政处罚、股权转让所得税管理、困难性减免等29项涉及多部门配合和业务衔接事项,统一业务职责和工作流程,进一步规范征管行为。开展劳动竞赛,以建筑业营业税和个体清理、房地产项目核查、建筑业两个所得税检查为各季竞赛主题,通过交叉应对打破区域限制、通过多部门联合预警自查克服部门制约,促进财源性税收增长。提高税种管理质量,加强建筑业、房地产业税收管理,建筑业项目清算率98%。推进汇算清缴标准化管理,提高企业所得税疑点分析水平和风险识别能力,强化非劳动所得个人所得税征管,所得税汇算清缴补税6404万元,12万元以上自行纳税申报2400家。加强大企业税收管理,建立拟上市企业涉税基本信息库,关注资产评估、股权置换、引入战略投资者等涉税事项,入库税收1.30亿元;上线"房土两税明细申报软件",新增税源3200万元。

**【纳税服务优化】** 县地税局加强政务窗口管理,推行工商营业执照、组织机构代码证和税务登记证"三证合一""一照一码"登记制度。

图47　10月28日,县地税局开展"地税开放日"活动

试行资料容缺受理,在办税高峰期实行分局长值班导税、前置审核工作法,地税政务中心窗口获市工人先锋号和县"红旗窗口"称号。全面落实纳税信用管理办法和税收"黑名单"制度,对不同信用等级纳税人实施分类管理,加快纳税信用与社会信用相互融合。全年评出A级纳税人2941户,B级纳税人3883户,C级纳税人152户,D级纳税人378户。根据纳税人需求,制定"万人培训计划",提供"订单式"培训。全年辅导新办纳税人611人次,先

图 48　12 月 11 日，县地税局举办建筑业个人所得税自查辅导会

后开展个人高收入者办税辅导、固定资产优惠政策解读等特色培训 20 场，培训 4470 人次。加强"营改增"扩围行业分析、测算工作，摸清现状及政策影响，先后组织建筑业、房地产行业政策应对辅导 5 次。贴近县域经济发展特色，用足用好促发展、惠民生各项税收优惠政策，做到优惠政策全容纳、优惠对象全覆盖。关注港口建设和小微企业，为促进地方经济发展制定并梳理服务举措，及时落实固定资产加速折旧新政、二手房新政、按规范征收基金，全年为 3100 户纳税人办理减免税 1.58 亿元，停征基金 4000 万元。

**【依法行政】**　县地税局推进依法治税，创建司法联动品牌，发挥公、检、法、司部门的司法保障作用，做好涉税信息情报交换、税收债权核实申报和涉税案件强制执行，全年对 16 家企业启动强制执行，入库税费 95.90 万元。统一处罚裁量基准，严格执行市地税局处罚标准，细化解释应予处罚的"主观故意"违法行为，建立行政处罚定期通报制度，强化行政处罚报批制度，对 2000 元以上行政处罚实行层级审批。组织案卷评查，通过自查、互查、抽查，评查案卷 138 份，整改执法程序、告知内容、证据证明力等执法问题 46 处。提高重案审理质效，制定《重大税务案件审理办法》，明确审理职责、审理范围和审理程序，加强大案审理时限管理，强化节点监控，实行电子化平行审理，提高案件审理质量，全年审理重大税务案件 20 件，入库金额 670.10 万元。妥善处理行政争议，实施听证和复议调解制度，有效化解征纳矛盾，妥善解决税务行政争议 2 起，保障纳税人合法权益。

（于天悦）

## 金融管理

**【概况】**　如东金融体系通过引进、改革、培育，逐渐告别单一、薄弱状况，基本形成以国有商业银行为主体，政策性银行、地方法人金融机构、新型非银行金融为补充的金融格局，金融服务平台逐步完善，对经济发展作用增强。2015 年年末，全县共有银行业金融机构 15 家，财产保险机构 13 家，人寿保险机构 17 家，证券营业部 2 家，担保等金融中介服务机构 2 家，小贷公司等新型金融服务组织 3 家。全县本外币各项存款余额 859.25 亿元，比年初增加 127.61 亿元，同比存款增加 7.74 亿元。各项贷款余额 421.30 亿元，比年初增加 76.39 亿元。其中，工业贷款余额 128.34 亿元，占贷款余额 30.5%，比年初增加 15.77 亿元；中长期贷款余额 191.73 亿元，比年初增加 45.54 亿元，同比多增 19.50 亿元，占各项贷款增量 45.5%。

**【金融服务创新】**　2015 年，各银行业金融机构将自身优势与县信贷需求结合，主动开展金融服务与金融产品创新，取得良好效果。如东农商银行开设大学生村官创业项目贷款，为 3 名大学生村官创业提供支持；常熟农商银行开设"创融贷""流水贷""有船贷""有田贷"，在抵押方式上进行探索；南京银行如东支行开设"鑫正大"业务，探索供应链融资模式，全年投放 106 笔、7825 万元，支持"三农"及小微企业发展。

**【金融生态环境优化】**　县金融办定期举办金融机构下基层、银企对接会等政银企互动对接活动，为如东银企双方搭建沟通平台，满足中小企业各类融资需求。加强对小额贷款公司、担保公司等非银行业金融机构监管，完善监管制度，确保规范运行。建立金融风险预警机制，防范和化解金融风险。加强社会诚信体系建设，营造良好社会诚信氛围。向企业宣传征信知识，引导其主动参加信用建设。通过广场宣讲、张贴风险告知书、银行电子屏提示等手段，定期开展防范和打击非法集资宣传活动，引导群众远离非法集资。全县金融生态环境改善。　（周群群）

## 国土资源管理

**【概况】**　2015 年，如东县国土资源系统践行"保护资源、保障发展、节约集约、维护权益、改革创新"总要求，以土地例行督察整改为契机，全面规范土地管理秩序，有序推进陆海统筹发展。全年转用征收土地 325.73 公顷，供应各类建设用地 1050.47 公顷，新增耕地 180.93 公顷。县国土资源局被评为市文明单位、市"六五"普法中期先进单位、市争创国土资源目标管理先进单位和县级机关整体目标考核先进单位等。

【耕地资源保护】 县国土资源局继续开展耕地保护“十百千”工程创建，县、镇、村、农户层层签订保护责任状(卡)，定期开展专项考核评比。推进土地综合整治，合理安排开发序时，深挖资源潜力，通过实施增减挂钩和占补平衡项目新增耕地180.93公顷，全县连续24年保持耕地总量动态平衡。加大挂钩拆旧工作力度，在确保实现“镇区发展靠挂钩”目标同时，为县域重大项目筹集耕地指标。全年申报省以上投资高标准基本农田建设项目3个，预算投资8771.50万元，市级补助“双百整治”项目1个，预算获得专项补助450万元；全县实施高标准基本农田项目10个达1.01万公顷，完成市政府下达任务。强化耕地保护宣传，在基本农田划定方案获得省政府批准基础上，制作安装15个镇级公示牌、232个村级公示牌、150个宣传牌和3150根界桩，并通过验收。

【发展用地保障】 县国土资源局推进土地利用总体规划一般性修改工作，为14个镇90个项目修改规划，拓展用地空间110.27公顷，增加24条道路共71.07公顷用地的重点项目清单修改；将沿海掘苴垦区217.73公顷有条件建设区调整为限制建设区，解决该区域实施占补平衡项目规划问题。在“点供”、单独选址计划分配政策发生重大调整背景下，用活政策，为台湾中石化热电联产和健桥医药物流项目共争取计划指标25.80公顷；成功申报如东天然气管网一期、华能风电陆上升压站、海启高速如东段3个单独选址项目，并获批用地计划。完成90公顷增减挂钩实施规划编制报批和新光110千伏输变电工程、陈高110千伏输变电工程、华润风电二期、威明石化4个重大工程的省级用地预审。完善和规范土地交易流程，全县供应各类建设用地316宗1050.47公顷，出让各类建设用地280宗643.67公顷，出让金总额102.28亿元。

【节约集约用地】 县国土资源局严格落实节约集约用地机制，结合《如东县国土资源节约集约利用综合评价考核暂行办法》中对镇(区)节约集约利用考核17项指标，进一步加大考核力度。提升建设用地监管水平，通过召开建设用地跟踪管理现场推进会、专题业务培训会等形式，进一步明确机关科室、所(分局)在跟踪管理中的角色定位和工作职责，跟踪管理责任得到有效落实，全年下达催缴通知书29份，追缴到位欠缴金额5886.58万元，征收合同违约金643.64万元。处置闲置土地，盘活利用闲置土地8宗41.79公顷；全面排查征而未供土地，加快供地进程，累计消化征而未供土地548.44公顷。

【土地执法监察】 国家土地例行督察期间，县国土资源局按照“补办一批、完善一批、拆除一批、查处一批”总体思路，做好违法用地查处和整改工作，累计整改到位186个问题，涉及面积581.20公顷，履职到位258个问题，涉及面积220.80公顷；深化“片警式”土地执法机制，通过定期巡查、专项巡查、重点巡查等方式，不断提升违法用地发现制止率，确保违法用地早发现、早制止、早查处。印发《关于进一步加强土地综合执法监管工作的通知》，规范土地监察执法，从源头上防范和遏制土地违法行为发生，全年查处违法案件297件，退出土地284.87公顷，没收违法建筑用地16.36公顷，限期拆除退出用地24.40公顷；注重行政争议化解机制建设，健全法律顾问制度，完善复议诉讼机制，对涉地行政复议、行政诉讼典型案件加强会商，达到“会商一案、规范一片”效果，全年行政复议维持率和行政诉讼胜诉率均为100%。

【民生权益维护】 县国土资源局借助全国土地日、世界地球日、法制宣传日等载体，开展现场法律咨询、电视广播宣传、政策法规讲座等法制宣传活动，提高群众依法利用土地资源、依法调处解决涉地矛盾纠纷意识。在坚持周排查、月分析、季通报基础上，实行重点信访案件跟踪制度，会同纪检监察、信访等部门定期开展督办查办，确保涉地信访有效化解，全年办理各类涉地信访286件次，信访数量继续在全市保持较低水平。主动公开政府信息258条，收到依申请公开信件40件，办结率达100%。发挥国土档案民生服务功能，做好对外查询工作，累计接待248人次，查借阅档案2000余卷，电话咨询30余次，为社会公众土地证

图49 6月25日，县国土资源局开展第25个全国土地日主题宣传活动

遗失补办、抵押贷款、分家析产等提供便利。定期深入开发区蔡桥村、凤阳村、晓桥社区3个挂钩村(居)蹲点调研，走访慰问困难群众和优抚对象，落实帮扶资金10万元用于路桥渠道等基础设施建设。

**【基础业务建设】** 县国土资源局推进不动产统一登记前期工作，为全面实行打下基础。做好征地土地权属、地类、面积审核工作，全年征地审核10批次82宗287.15公顷；项目预审26宗146.20公顷；办理商品房分摊备案7959套，宅基地登记发证25宗；国土窗口受理各类办件9134件。严格矿产资源开发利用监管，规范采矿权有形市场，新增栟茶地区地热探矿权设置4个，经济开发区矿泉水探矿权设置1个。完成砖瓦用黏土挂牌8宗13.04万吨，并按规定足额收取出让价款和矿产资源补偿费。推进2家砖瓦企业关闭拆除扫尾工作，从源头上控制破坏耕地行为发生。地下水勘探和海岸带地质环境调查项目取得初步成果。编制《如东县2015年度地质灾害防治方案》，加强地质灾害评估工作规范化管理，完成地质灾害危险性评估62个。继续加强网站、数据库和应用系统建设，推进国土资源信息化管理，为规划修编、复垦整理、卫片执法检查等重点工作提供技术支撑。 (顾全龙 王丽亚)

## 市场监督管理

**【概况】** 2014年12月17日，县政府机构改革中，将县食品安全委员会办公室职责、南通市如东工商行政管理局职责、南通市如东县质量技术监督局职责、县食品药品监督管理职责、县卫生局的食品安全监管职责整合，组建县市场监督管理局，挂县食品药品监督管理局、县工商行政管理局、县质量技术监督局牌子，为县政府工作部门。2015年1月9日，如东县市场监督管理局正式揭牌成立，设科室14个，均为股级建制；派出机构14个，均为副科级建制。下辖如东县工商信息咨询服务中心、如东县产商品质量监督检验所、如东县计量检定测试所3个事业单位。全系统行政编制242个，其中机关58个、派出机构184个。实际机关在编66人、基层派出机构在编133人，实有行政在编人员199人；行政附属编制33个，实际在编11人；全额拨款事业编制28个，实际在编20人(另有1名高层次引进人员)；自收自支事业编制46个，实际在编38人。

县市场监督管理局围绕“重服务、严监管、保安全、护民生、促发展”的职能定位，突出“服务大众创业、助推企业升级、规范市场秩序、提振队伍建设”4个重点，平稳走过机构改革过渡期，迈进业务推进攻坚期，推进工商行政管理、质量技术监督、食品药品监管工作取得阶段性成效。紧跟商事制度改革，推进“先照后证”“三证合一”(工商营业执照、组织机构代码证和税务登记证三证合为一证)、“电子登记”等审批制度改革，激发创业活力，全年办理“三证合一”登记348家，发放加载统一社会信用代码营业执照2532份。发挥品牌叠加效应，逐步形成如东特色品牌。“如东条斑紫菜”申报地理标志产品保护获国家质检总局审查通过；“如东大米”申创地理标志证明商标；新申报著名商标8件、知名商标24件，“如东狼山鸡”获评“2015富有竞争力的江苏地理标志品牌”。关注小微企业转型升级，通过“市监搭台，银企对接”，为199家企业融资10.49亿元。突出农资市场、农贸市场、网络市场3大整治，规范市场经营秩序。推进市监维权360°服务理念，全年处置申(投)诉和举报673件，为消费者挽回损失183万元。县消费者协会被评为全国消协组织先进集体。全年未发生特种设备和电梯使用安全事故。

**【推动大众创业】** 县市场监督管理局落实“宽进”要求，推进“先照后证”“三证合一”“集群登记”“电子登记”等各项审批制度改革，降低准入门槛，提高审批办证效率，激发创业活力。以政务中心窗口为核心，以市场监管局基层14个分局窗口为基础，采用“1·14”行政服务模式，办理“三证合一”登记348家；从10月1日起，全面施行“三证合一、一照一码(在“三证合一”基础上，通过“一口受理、并联审批、信息共享、结果互认”，实现由一个部门核发加载统一社会信用代码的营业执照)”登记制度，共发放加载统一社会信用代码营业执照2532份。落实“严管”要求，加强事中事后信用监管，全年市

图50 5月8日，曹埠镇葛某领取到如东县首张“三证合一”营业执照

场主体年报率 97.3%,居全市首位,高于全市平均年报率 13 个百分点,3574 家未按时年报企业被列入经营异常目录,并对 665 家市场主体公示信息进行抽查。在县级市场监管部门中,率先出台《市场主体诚信"红黑榜"管理实施办法》,发布红榜 7 期、黑榜 4 期。

**【服务转型升级】** 县市场监督管理局推进精育品牌行动。协同如东县粮食协会赴京申报"如东大米"地理标志证明商标,由国家工商总局商标局受理。加大对"三名"商标(中国驰名商标、省著名商标、市知名商标)帮扶力度,分别新申报著名商标 8 件、知名商标 24 件,分别达考核指标 2.7 倍和 2.4 倍。全县商标战略"十二五"规划任务全面完成,部分指标超额完成。推进扶持广告业发展行动。通过邀请省工商局专家讲座、参加知识竞赛、进行漫画宣传等形式,深入宣传新《中华人民共和国广告法》;筛选确定中国广告业二级资质培育对象 1 家、年应税销售收入 1000 万元以上广告服务企业培育对象 1 家。推进合同助企行动。以"程序最简、审批最快、服务最优"为标准,通过"市监搭台,银企对接",为 199 家企业融资 10.49 亿元;帮扶 56 家企业通过省、市级"重合同守信用"企业认定;指导 13 家企业申报"市十佳诚实守信企业"、91 家企业申报"市诚信企业"、752 户经营户申报"市诚信经营示范店"。

**【规范市场秩序】** 县市场监督管理局划分责任区、制定路线图,集中时间、精力、资源,开展证照整治,严管餐饮行业,优化社区环境,投入"六城联创"考评迎查工作。推进农贸市场升级改造,提请县政府召开农贸市场升级改造专题会,按照"一场一策"思路制定 3 年规划,年内重点推进城南市场、碧霞市场、昆仑市场升级提档。投入 55 万元,为农贸市场配置检测设施和试剂,并进行实验室设置培训、快检制度宣传贯彻和现场操作指导;为 6 家农贸市场添置 LED 显示屏,用于公益宣传;为经营户免费检定计量器具 1000 余台。突出农资市场、农贸市场、网络市场 3 大整治,重点开展无照经营整治、格式合同整治、查处"霸王条款"、户外广告整治、打击商标侵权等活动,规范市场经营秩序。

**【消保维权】** 县市场监督管理局推进红盾维权 360° 工程和"12315""五进"(进商场、进超市、进市场、进企业、进景区)建设,通过聘请 100 名食品安全义务监督员、曝光典型维权案件、参与电视直播专访、定期发布新闻、运转消费教育基地等举措,营造消费维权舆论氛围。加强部门联动和沟通协调,推进放心消费创建先进示范企业和示范街(区)培育,通过开展服务下乡活动、设立咨询服务点、举办维权知识竞赛、销毁假冒伪劣商品、深化志愿维权行动等方式,不断深化放心消费创建内涵、延伸消费维权触角。采用全程留痕投诉举报管理机制,通过"12315"平台网络分流办理和案源线索登记转交两大处理模式,推动受理—交办—反馈 3 大环节无缝衔接,提高申投诉运转率与满意率,全年"12315"平台受理投诉举报 385 件。完善"诉转案"工作机制,对违法经营行为追根溯源,提升执法维权权威性,办理"诉转案"9 件,诉转案率 3%,主要涉及产品质量不合格、通讯、美容等行业服务质量方面,有部分集中于产品标签标识不合法、进行虚假宣传或发布违法广告等方面。

图 51 3 月 10 日,县市场监督管理局和如东县消费者协会联合举办"3·15"新闻通报会

**【质量强县】** 县市场监督管理局提请县政府召开质量强县工作会议,出台行动计划、考核办法等,牵头准备市政府对县政府 2015 年质量工作考核,牵头实施对各镇(区)质量工作考核,共为企业争取省、市、县三级质量专项奖励 333.50 万元,质量服务发展成效显现。推行绩效管理模式,指导申报省质量奖 1 家、市质量奖 2 家,江苏中天科技股份有限公司获"省质量奖提名奖";引导 6 家企业申报"市质量标兵"、4 家企业申报"现场管理良好行为企业",9 家企业跻身现场评审环节。服务转型升级大局,突出精育品牌,逐步形成如东特色品牌。"如东条斑紫菜"申报地理标志产品保护获国家质检总局审查通过;辅助申报江苏名牌产品 22 个、南通名牌产品 54 个,分别有 20 个和 50 个名牌产品通过复查。发挥技术标准引领作用,农村技防服务标准化试点项目、"鲜紫菜"和"冷冻蔬菜"农业标准化示范项目均通过省级验收,3 家企业通过省

图 52　6 月 17 日,如东县质量强县暨放心消费创建工作会议召开

AAA级标准化良好行为企业确认,指导企业参与修订国家标准、行业标准 17 项。组建标准化专家库,新增首席质量官 60 人,夯实质量强县人才智库。

**【特种设备安全监管】** 县市场监督管理局采取“由县局特设科与基层分局联合实施监察检查,分局负责整改回访”的监管模式,开展特种设备安全监察检查。开展安全生产大

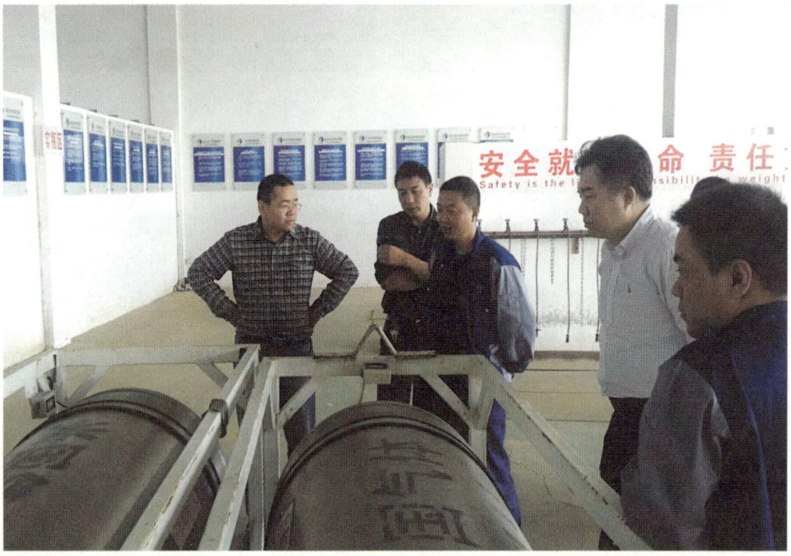

图 53　县市场监督管理人员检查特种设备运行情况

检查,并通过与开展非化工涉氨企业和特种设备“防爆炸”专项整治、有机热载体炉和气瓶安全专项检查等活动相结合,打击特种设备违法行为。全年检查特种设备使用单位 425 家次,发现重大安全隐患 8 条,全部整改,发现一般隐患 424 条,整改 385 条,其余均在整改过程中,立案查处 26 起。

**【“平安电梯”行动】** 县市场监督管理局采取事故“大普查”理清底数、“大排查”摸清隐患、“大整治”降低风险、“大提升”构建平台、“大演练”强化应急等举措,开展电梯安全“大会战”。“96333”电梯应急处置服务平台建设推进到位,全县 1293 台电梯均纳入平台数据库,确保 20 秒内接听救援电话,救援人员 2 分钟内出发,20 分钟内到达救援现场。率先在机关事业单位推进电梯保险责任险,有 120 台电梯办理入保手续。

**【“计量惠民”行动】** 县市场监督管理局完成集贸市场和医疗机构 4357 台计量器具“两免费”检定工作。开展重点节日定量包装检查和大米、油漆、农资、加油机等计量专项检查,组织“计量与光”关爱用眼健康活动,使计量服务贴近百姓生活。

**【风险预警监测】** 抓隐患排查。县市场监督管理局将摸清监管底数、完善监管档案与风险排查紧密结合,在全县范围内开展小作坊、餐饮服务单位等调查摸底工作,开展对农村聚餐、托老机构食堂、学生小餐桌、生鲜乳业态、豆制品小作坊等专项调研,并召开海蜇生产企业铝残留问题座谈会。同时,发布夏季高温餐饮安全警示,对全县餐饮主体发放预防食物中毒预警通告。抓风险监测。保障中高考、国际禁止使用化学武器检查、全省沿海开发会议、全省乒乓球联赛、南通少儿排球赛、全省综合治理工作会议以及“全国风筝节”等重大活动的食品安全。监督抽检海产品、卤菜制品、豆制品、餐饮制品等 25 类 800 批次;药品省计划抽样 160 批次、国家抽样 9 批次,配合南通市药检所完成药品快检 140 批次,配合市完成保健食品抽样 4 批次,对 3 家企业 20 个品种进行非特化妆品备案现场核查。抓食用农产品监管。指导督促全县 12 家批发市场、主要中心镇市场建立食用农产品快检室,配齐 18.50 万元的快检设备 12 套交市场使用,并统一快检室形象,统一检测人员培训,统一快检数据上传。在全县市场建立食用农产品追溯制度,首批实现鲜肉溯源公示。抓规范管理。注重以规范认证夯实监管基础,2 家药品批发企业、4 家药品零售连锁企业、56 家单体药店通过 GSP 认证检查,通过率 100%;注重以信息技术提升监管效能,试点推动 7 家食品生产企业建设电子追溯系统,推进药品电子

图 54 6 月 7 日，食品药品执法人员检查高考考点食堂

监管工作，2 家药品批发企业、4 家药品零售连锁企业、229 家零售药店（含连锁门店）均入网。

**【食品药品监管】** 县市场监督管理局以“四个最严”（最严谨标准、最严格监管、最严厉处罚、最严肃问责）为标尺，以日常监管、专项整治、执法打假等为抓手，着力解决食品药品市场存在突出问题。食品安全监管全程化。以日常巡查、专项检查、开展整治相结合，对生产、流通、餐饮领域开展全程链条式监管，针对重点节点、重点产品、重点企业和重点区域，先后开展肉制品、明胶、含铝食品添加剂、糖果及巧克力制品、火锅底料调味料、调味面制品、学校食堂等 26 项专项整治，共出动检查人员 9000 余人次，检查食品生产经营服务单位 4000 多家，排查风险隐患 13 条，发现问题冷冻肉 40 公斤，查处食品案件 61 件。药械健妆整治多样化。重点组织开展中小学及幼儿园卫生室药品安全“拉网式”检查、中药饮片生产流通领域专项整治、医疗器械“五整治”（整治虚假注册申报、违规生产、非法经营、夸大宣传以及使用无证产品 5 种行为）专项行动“回头看”、体外诊断试剂质量评估和综合治理专项行动、无菌和植入性医疗器械经营企业和使用单位监督检查、化妆品专项整治等活动，共出动监管人员 1605 人次，检查药械健妆相关生产、经营、使用单位 603 家次，提出整改意见 1000 多条，立案查处无医疗器械经营许可证销售角膜接触镜案件 3 件。综合执法打假专项化。建立行刑衔接、行纪衔接工作机制，开展食药安全专项打假行动，采用“统一部署，平行出击，相互联动”方式，开展医疗机构体外诊断试剂专项执法，共立案查处 23 件。采用全程留痕投诉举报管理机制，以“统一受理、属地处理、限时办结”模式做好“12331”平台投诉举报处置，共受理食药类投诉举报 83 件，“诉转案”7 件，诉转案率 8.4%。

**【宣传引导】** 县市场监督管理局围绕新《中华人民共和国食品安全法》，制定以“说理说法说责”为主要内容的宣传计划。局主要负责人在《如东日报》进行专题解读，组织县食安委成员单位、镇食安办以及食品生产、流通企业、学校分类开展新食品安全法知识竞赛，并以县主流媒体为载体向全社会开展竞赛答题活动。同时，在县城利用 30 个公交车候车亭予以宣传。进一步前移关口、下移重心，分别对餐饮服务行业从业人员、农家宴工作人员、药店药品从业人员等进行专项培训，共培训 2890 人次，增强从业人员主体责任意识和安全防范意识。通过食品安全宣传周、全国安全用药月、食品安全“进农村、进社区、进企业、进校园、进景区”等活动载体，发放宣传材料 2.6 万多份，服务咨询群众 2200 多人次，制作食品安全公益广告与宣传条幅 279 条。动员商超企业利用“货架标签”“餐盘垫纸”等零售端载体，制作张贴食品安全科普“小贴士”77 幅，为广大公众提供食品安全消费指导。

（陈飞飞　桑云梅）

图 55 6 月 18 日，2015 如东县食品安全宣传周启动仪式

## 物 价 管 理

【概况】 县物价局对实施改革的公立医院进行动态监管。推进药品价格改革，指导非公立医疗机构建立健全内部价格管理制度，配合城市公立医院价格改革。取消“收费许可证”年审制度,改为年报制度,并加强事中事后监管。向社会公布《行政事业性收费项目目录》《政府定价经营服务性收费项目目录》《涉车收费目录》《涉房收费目录》《涉农收费目录》《涉企收费目录》《政府定价的涉企行政审批前置服务收费目录》7个收费目录。2015年,行政事业性收费项目取消13项、降低4项、免征25项、暂停征收4项;经营服务性收费项目取消13项、降低11项。放开24项经营服务性收费项目和商品房备案、机动车驾驶人培训、部分非法定培训收费备案。根据蒸汽煤热价格联动办法，下调蒸汽结算价格2次。会同县农机局,核定各镇农灌水费到户平均收费标准。贯彻落实小麦、粳稻最低收购保护价政策,与粮食部门联合做好夏粮、秋粮收购工作。完善平价商店管理办法,做好平价商店提档升级工作。全年完成省、市、县各类调研报告17篇,报送政务信息48条,答复办理“12345”政府公共服务中心交办件15件,及时转发国家、省、市文件25份。

(洪　莉)

## 统 计 管 理

【统计法制建设】 县统计局利用10月20日第二个“世界统计日”开展统计法规广场咨询活动，向群众诠释与社会公众密切相关民生指标；在《如东日报》开辟专版,解读《江苏省统计条例》；组织全县1300多名联网直报单位统计人员参加“六五”普法培训考试。全年有297人参加统计从业资格新证考试,733人参加统计继续教育。举办统计法规培训班2期，先后对新进定报企业统计人员、各镇和各部门分管领导、统计助理、综合统计人员共200多人进行统计法规和业务培训;定期开展统计执法检查、监审和统计行政指导工作,全年查处统计违法案件5件。

【统计改革】 县统计局如期实施GDP核算制度改革。建立县GDP核算改革联席会议制度,与发改、交通、财政等16个部门共同加强对数据监测与把控,确保GDP核算准确、全面。投资统计改革实现新旧制度“双轨” 运行目标。推进服务业统计改革。实施规模以上服务业企业月报制度和“四上”单位企业信息化及电子商务调查。能源统计、贸易统计、就业和城镇化率等统计改革有序推进。继续巩固完善城乡住户一体化和粮食、棉花、畜牧业等抽样调查，有粮食产量点18个，棉花产量点8个,玉米产量点5个,生猪、禽、羊散户调查点各20个,畜牧业大户监测调查点15个,劳动力调查点44个,生产者价格调查点20个,中间消耗调查点20个。规模以下工业抽样调查省级样本企业26家、样本村14个、个体户469户。采购经理调查有样本企业16家。工业品、消费品、农资价格调查点共131个。批零贸易有规模以下抽样调查点60个。

【国情国力调查】 县统计局按期发布《经济普查公报》3期。开展1%人口抽样调查，相继完成县1%人口抽样调查机构组建、调查区地图绘制、调查员选调、培训、摸底调查、入户登记、编码等工作,完成国家既定工作任务。开展各类专项调查,包括服务业、规模以下工业、批零贸易抽样调查和采购经理指数调查,劳动力、人口和群众安全感,粮食、畜牧业、生猪生产大县统计监测和城乡住户调查一体化建设工作等。

【统计服务】 县统计局定期编辑各类统计资料,为县委、县政府领导了解和指导全县经济社会发展提供数据支撑。完成《统计手册》《统计年鉴》《统计快报》《统计月报》编辑,发布2014年统计公报。全年编发《如东统计》84期，上报统计工作信息159条,其中省、市统计内网采用98条;经济信息343条,其中市统计内网采用156条；统计分析85篇,其中省内网采用16篇,市内网采用69篇,1篇在市统计青年干部分析演示评选中获二等奖，在县社科联2015年度经济社会应用课题评选中获一等奖、三等奖和优秀奖各1篇;统计内刊专报7期,有2期得到县委、县政府主要领导批示。发挥统计监测导向作用，对全面小康、农业现代化、文化产业、生态文明、新型工业化、节能减排、科技进步等情况实行监测。

【统计规范化建设】 县统计局继续巩固县、镇(区)、部门、企业与统计代理机构4个层面规范化建设。县局规范化建设进一步完善。新修订完善数据质量管理制度17项,规范专业统计操作流程和机关内部考核管理;镇(区)统计基础建设加强。新修订完善镇(区)统计业务考核办法6项。用省奖励镇(区)的统计规范化建设资金，为基层集中采购统计办公设备127台套,改善镇(区)统计办公条件；部门统计规范化建设继续推进；规模以上企业规范化建设取得新进展，企业规范化达标率95%以上。统计内网全面升级。全县各镇(区)一、二、三产统计人员均能连通统计信息内网，网速10兆,满足各镇（区）统计联网直报要求。

(袁晓娜)

## 审 计 监 督

【概况】 2015年,县审计局把握围绕中心、服务发展和发现问题、完善机制、依法审计、秉公用权原则,寓审计监督于服务之中。全年实施审计项目48个,审计查出主要问题金额7.32亿元,违规资金1.81亿元,促进增收节支2.01亿元。通过审计发现移送经济案件线索3起，提出各类审计建议68条。提交审计专题(综合)报告6篇;提交信息129篇,被省级以上刊物、网站录用109篇次。县审计局被省人力资源和社会保障厅、省审计厅和省公务员局评为全省审计系统先进集体。

**【预算执行审计】** 县审计局以“财政同级审”为龙头，对15个县级部门实施预算执行审计，并开展行政事业单位公务公款消费情况、行政审批服务事项和收费政策执行情况、计生奖励资金和特困家庭资助金管理和使用情况、扶持企业发展资金管理和使用情况等10个专项审计调查。通过审计，揭示专项资金管理使用中存在不足。针对专项资金核算户的“项目结余或陈年往来资金”，提出“激活财政存量资金，发挥财政资金最大效益”的审计建议。

**【经济责任审计】** 县审计局实施县委组织部委托的经济责任审计项目16个，涉及镇区主要负责人1人、县级机关部门主要负责人15人。审计中，突出“三公经费”压减情况的审计重点，将中央“八项规定”执行列为领导干部经济责任审计内容，全县“三公经费”压减总体情况良好；突出领导干部履职情况，将财政专项资金管理使用绩效纳入审计内容，如通过计生奖励资金管理和使用、扶持企业发展资金管理和使用等的追踪审计和客观评价，反映领导干部在履行职责、实施管理方面情况与效果；突出领导干部政策执行和决策程序，客观反映领导干部在政策执行、决策规范、廉洁自律等方面情况，加强对领导干部责任履行与权力制约监督。

**【固定资产投资审计】** 做好工程竣工决(结)算审计。县审计局重点对临海高等级公路(如东段)、县国土综合楼、县人力资源(公共服务中心)大楼等工程进行竣工决算审计。全年共出具工程造价审计核定单375份，审核工程造价17.30亿元，核减2.07亿元，核减率12%。服务洋口港建设。重点对洋口港区人工岛三期(北区)工程和太阳岛南侧液化体码头结算审计，审核工程结算资金4.87亿元，核减227.73万元。开展重点工程跟踪审计。对港城中通道、新区初中、县中医院、保障性安居工程、海启高速工程征地拆迁等县重点工程进行跟踪审计，总金额38.50亿元，提出跟踪审计意见61条，核减791万元。根据县政府交办，对如泰运河南侧部分地块成本评估、老政府地块建设费用测算等进行审核。

**【政策执行审计】** 县审计局以镇(区)幼儿园回购为主线，组织开展全县学前教育改革发展政策执行情况专项审计调查。通过审计调查，对全县镇(区)幼儿园回购实施及其效果进行评估，客观反映“全县学前教育经费投入不足、区域间幼儿园布局不尽合理、部分幼儿园管理指标与规定存有差异、保教队伍数量与幼儿生源不相匹配”等情况，并提出审计建议。开展“老旧机动车淘汰奖补政策”执行情况专项审计调查，针对“老旧机动车淘汰工作进度迟缓，奖补政策兑现滞后”问题，提出“严格黄标车通行管理、强化黄标车回收拆解督导、确保奖补政策落实到位”的审计建议。两个政策执行审计项目得到县政府重视，县政府及相关部门采纳审计建议，并研制下发相关文件。

**【专项审计调查】** 县审计局组织开展全县资源环境、县城污水处理厂建设运营情况以及全县“引江供水”“引江调水”4个专项审计调查，资源环境审计成为审计重点内容。采取审计与审计调查相结合、专项审计与重点跟踪审计相结合等方式，将专项资金、投资建设等贯穿成一条“链条”，促进审计内容深化与创新。依据国家发改委等部委制定的《基础设施和公共事业特许经营管理办法》和《江苏省审计条例》，以“财政补助资金使用、特许经营协议履行以及特许经营活动效益”为重点内容，实施“江苏省如东洋口化学工业园污水处理项目特许经营协议履行情况专项审计调查”，是如东首次对特许经营活动开展审计监督。

**【审计管理创新】** 2015年，县审计局在全省首推“三责联审”民主测评网络化。在“如东县审计局网站”(www.rdsj.gov.cn)上设置“如东县三责联审网络民主测评系统”。全年全县近700人次参与对15个县管领导干部“三责联审”网络测评。推行领导干部民主测评网络化，提高“三责联审”民主测评的针对性、有效性、独立性和公允性，进一步完善民主测评制度执行保障体系，促进民主测评工作规范化。在全市审计系统首推“审计实施方案”和“审计报告征求意见稿”预审制。以“前移质量控制节点，打造精品审计项目”为目标，创新审计质量控制方法，通过提前介入，强化对“审计实施方案”和“审计报告征求意见”质量的掌控。完善县内审计工作制度规范。研制《如东县政府投资建设项目审计监督办法》和《如东县内部审计管理办法》，由县政府印发全县执行。

**【内部审计】** 2015年，县审计局以“统一审计方案、统一审计内容、统一实施时间、统一质量要求”方式，组织各镇(区)内审机构开展“全县农村四位一体”和“全县农村绿化”专项资金两个审计调查项目，提交两份综合报告受到县政府重视。在南通市内部审计协会项目质量评审中，如东推荐参加评审的4个项目全部获奖，获奖数量及等级列全市之首；6篇“内部审计控制”课题研究论文，2篇获省内协三等奖、1篇获市内协一等奖、3篇获市内协二等奖。 (程志斌)

# 社会事务管理

## 人口和计划生育

**【概况】** 2015年，如东人口计生工作重点围绕实施单独二孩政策，优化免费孕前健康检查，落实各项计生惠民政策，提升流动人口服务管理水平。全年出生6407人，符合政策生育率99.47‰，人口出生率6.16‰；死亡10914人，死亡率10.5‰，人口自然增长率-4.34‰，出生人口性别比为112.19。受理再生育一孩申请1763对夫妇。年末总人口103.96万人。

**【单独二孩政策实施】** 2015年，县卫生和计划生育委员会（简称县卫计委）加强现行生育政策宣传，转变群众生育观念。制作发放宣传册和宣传折页，利用广播、报纸、网站、电视等媒体，广泛宣传再生育政策，普及新型生育观念，形成“按政策有计划再生育”的浓烈舆论氛围。结合实施免费孕前优生健康检查项目，开展符合政策人群摸排工作，有针对性地开展鼓励再生育宣传活动。通过为新婚夫妇办理“生育一孩服务通知单”，为符合再生育政策的育龄夫妇提前发放“再生育告知单”等形式，进一步营造按政策有计划生育的新型人口氛围。5月，再生育一孩审批进驻政务中心卫计委窗口，按照行政审批要求统一流程、网上公开操作，进一步简化办证手续，方便群众。全年审批发放再生育一孩证1363份，同比增长15.1%，其中符合单独二孩125份；全年二孩出生1359人，同比增长27.4%。

**【落实计生奖励扶助政策】** 2015年，如东享受计生奖励扶助对象累计81016人，共发放资金10195.982万元。县卫计委开展独生子女父母奖励金转型保险及出险赔付工作，全县参保127659人，保险金额195.50万元，609人获得理赔，理赔金额73万元。落实“生育关怀亲情牵手”行动。建立“启航心理工作室”，收集失独家庭人员信息，建成“生育关怀特困家庭服务”信息系统。组织全县计生系统党员干部与计生困难家庭结对帮扶，利用节假日、“5·29”纪念日等时机走访慰问。启动“生育关怀·创建幸福家庭——防治寄生虫，促进健康行动”，为0～18周岁女性孤儿赠送意外伤害保险。

**【计生行政执法】** 县卫计委建立行政执法案卷评查制度，创新评查方法，不断提高人口计生系统依法行政水平。全年发出征收决定书171份，征收社会抚养费207万元，申请人民法院强制执行案件12件。社会抚养费征收执法程序规范，征收标准规范。

**【免费孕前健康检查】** 县卫计委加大对全县育龄夫妇宣传力度，促使免费孕前健康检查逐渐成为自觉行为。整合县级计生和妇幼保健优势资源，将婚前医学检查和孕前优生健康检查相结合，加大技术人员和设备设施投入，不断优化流程，改善服务，提高婚检服务质量。采取灵活服务方式，延长周末服务时间，方便育龄群众。全年完成筛查2826对。

**【信息化建设】** 县卫计委加强流动人口数据监测，简化流动人口办证程序，主动上门提供免费孕前优生健康检查等服务，培植新的流动人口自治典型，提升流动人口均等化服务管理水平。完善基层计生硬件设施，加强对村居计生专干运用村居信息终端能力的培训和指导，进一步提升人口信息化建设水平。

（刘　杰）

## 民族宗教事务

**【概况】** 2015年，县民族宗教事务局（简称县民宗局）由与县委统战部合署办公调整为县政府工作部门。县民宗局制订部门“三定”方案，明确部门职责、内设机构和人员编制。年中公开遴选1名乡镇公务员。以确保民族宗教领域稳定为重点，以健全三级网络、两级责任制为抓手，由县政府与各镇（区）签订民族宗教工作目标管理责任书，县民宗局与各宗教团体和宗教活动场所签订宗教工作目标责任书。继续在宗教界开展“三正三促”主题教育活动，推进教风建设，持续开展“宗教政策法规学习月”活动，推进宗教教职人员和信教群众学法守法，抵御渗透和反邪教活动；持续开展宗教“慈善周”活动，筹集善款5.30万元，资助贫困家庭和弱势群体。做好县人大代表建议、政协委员提案和来信来访对接调研答复工作，全年接收县人大代表建议件2份，政协委员提案件1份，信访件5份，接待来访4人次。

**【行政权力办理】** 按照县政府要求，县民宗局梳理行政权力事项，审核确定行政权力清单29项，其中行政许可2项、行政确认2项、行政处罚19项、其他行政权力6项，明确部门职责9项。编制权力运行流程图，理顺与其他部门之间职责关系，明确履职界限，制定行政权力事中事后监管制度。全年办理53项。

**【民族成分变更服务】** 少数民族学生享受中、高考加分优惠政策。针对办理民族成分变更的学生越来越多情况，县民宗局首次在各镇（区）推行民族成分变更进便民服务中心，安排专门人员，提供民族政策咨询，并为需要办理民族成分变更的学生，集中初审、统一上报，提供快捷便利服务，受到少数民族群众欢迎，全年办理民族成分变更55人次。

**【少数民族扶贫基地】** 县民宗局加快全县少数民族家庭脱贫致富步伐，要求各镇（区）至少发展1个少数民族扶贫基地，吸纳一定数量少数民族人员或其亲属务工，其指标纳入县政府社会事业年度考核范畴。县民宗局研究确定大豫镇如桥菜业有限公司作为少数民族扶贫基地，获省民委扶持资金25万元。该企业少数民族用工人数由38人增加到58人，为周边少数民族贫困家庭脱贫致富提供良好平台。

**【服务民贸企业】** 县民宗局多次到民贸企业——南通罗盖特生物有限公司现场服务，帮助该企业建立完善民族特需商品定点生产基础档案，促进企业规范管理。5月，袁庄镇南通欣晨乳业有限公司与蒙牛乳业有限公司达成合作生产清真冷饮意向。县民宗局根据该企业申请，及时与市民宗局和市伊斯兰教协会取得联系，从清真食品特殊行业要求角度给予业务指导和把关，按照审批程序，第一时间给该企业颁发清真企业铜牌。

**【星级宗教场所创建】** 根据江苏省民宗局星级宗教活动场所创建工作要求，2015年，计划创建1个省五星级宗教活动场所(国清寺)，2个四星级宗教活动场所(兵房天主教堂、上真观)，2个三星级宗教活动场所(掘港镇神东堂、兵房基督教堂)。12月底，经省、市检查考核组验收，兵房天主教堂、上真观通过四星级宗教活动场所验收；兵房基督教堂、海印寺通过三星级宗教活动场所验收。通过创建，推进宗教团体及活动场所规范管理。

**【专项管理】** 根据市委、市政府统一部署，县民宗局代表县违建寺观专项管理办公室研究制订《如东县农村寺观专项管理工作实施方案》，印发全县各镇(区)，同时召开全县专项管理工作动员大会进行部署。对9处违建寺观全面排查摸底，研究制定“一处一策”处置方案，其中苴镇安养院处置完毕，自行调整布局变更为老年活动中心。

**【佛教文化交流】** 县民宗局指导国清寺打造佛教文化特色品牌，修建日本天台宗大师圆仁纪念堂，成立梵贝乐队，建立佛教文化图书室，营造佛教文化氛围。4月，成功接待日本前驻华大使阿南惟茂夫妇及日本立石寺（日本天台宗大师园仁所住寺院）住持清原长老一行，得到日本友人称赞。 (耿宝业)

**如东县宗教活动场所一览**

表29

| 序号 | 教别 | 场所名称 | 类别 | 所在地 | 批准时间 | 登记时间 | 负责人 | 备注 |
|---|---|---|---|---|---|---|---|---|
| 1 | 佛教 | 国清寺 | 寺观教堂 | 高新技术产业开发区(掘港镇) | 1991.06 | 2010.08 | 廓　清 | |
| 2 | | 海印寺 | 固定处所 | 沿海经济开发区(洋口镇) | 2005.05 | 2010.08 | 光　明 | |
| 3 | | 寿圣寺 | | 栟茶镇 | 1993.06 | 2010.08 | 心　忠 | 现移址新建 |
| 4 | | 海福寺 | | 洋口港经济开发区(长沙镇) | 1995.05 | 2010.08 | 如　龙(临时) | |
| 5 | | 地藏寺 | | 河口镇 | 2002.12 | 2010.08 | 明　贤 | |
| 6 | | 大圣寺 | | 丰利镇 | 2014.10 | | 妙　真 | 正在筹建中 |
| 7 | 道教 | 上真观 | 固定处所 | 高新技术产业开发区(掘港镇) | 2000.11 | 2010.08 | 陈美泉 | |
| 8 | | 扶海宫 | | | 2008.10 | | 待　定 | 已建成待开放 |
| 9 | 天主教 | 大豫兵房天主教堂 | 寺观教堂 | 循环经济产业园区(大豫镇) | 1985.04 | 2010.08 | 陈小平 | |
| 10 | 基督教 | 大豫基督教礼拜堂 | 固定处所 | | 1995.05 | 2010.08 | 吴春香 | |
| 11 | | 掘港基督教神东堂 | | 高新技术产业开发区(掘港镇) | 2002.11 | 2010.08 | 曹爱芳 | |
| 12 | | 丰利基督教真神堂 | | 丰利镇 | 1995.05 | 2010.08 | 陆宝华 | |

# 民政事务

**【双拥工作】** 县民政局以庆祝建军88周年和纪念抗战胜利70周年为契机，与县委宣传部等单位联合举办“共和国不会忘记·家印记杯”为抗日老战士拍照摄影活动，为全县156位抗日老战士拍照并集中展出，其中1幅照片被中央电视台选用。

**【优抚安置】** 县民政局落实各项优待抚恤政策，提升优抚对象生活水平。按照政策及时将符合条件人员纳入优抚对象，新增优抚对象341人，全县共有优抚对象15467人。加强退役士兵职业技能培训管理，合格率、持证率、就业率超过95%。推进转业士官安置工作改革，实现“安置政策、安置对象、安置指标、安置程序、积分成绩、名次排序、选岗过程、安置结果”8公开，政策性安置符合条件转业士官37人。

**【社会公共服务】** 2月14日后，婚姻登记处迁至新办公大楼县社会福利中心办公，推进标准化、规范化建设,优化服务环境,提升服务水平。全年办理结婚登记 7158 对,补领结婚证 1077 对,离婚登记 1474 对。婚姻登记合格率和满意率保持 100%。坚持收养登记公示制度和收养办理实地调查制度,维护被收养儿童权益,全年办理收养登记 94 件。开展“优质服务月、亲情服务周”活动,县烈士陵园、县西郊公墓清明节期间接待祭扫人员近 10 万人次,疏导车辆 8000 多辆,实现文明祭扫、安全无事故目标。加强福彩文化建设,扩大福彩市场份额,销售福利彩票 8400 多万元,同比增长 21.1%。

**【社区治理】** 2015 年,如东共有社区 259 个,其中城镇社区 48 个,农村社区 211 个,另有 3 个社区被南通滨海园区托管。县民政局推进社区减负和“政社互动”工作,全县社区减负基本完成,“政社互动”实现全覆盖。继续推进和谐社区创建工作,年底,全县社区公共服务中心达标率 96%,“一站式”服务平台建成率 92.2%,91.6% 的城镇社区和 85.3%的农村社区达到省级和谐社区标准。

**【社会组织】** 县民政局实施社会组织深化改革工程、孵化培育工程、能力提升工程和监督管理工程,推进行业协会、商会与行政机关脱钩,完善政府向社会组织购买服务政策制度,发挥社会组织在加强社会治理中作用。2015 年,新发展社会组织 153 家,全县登记注册社会组织 989 家,每万人拥有登记社会组织 9.8 个,逐步形成门类齐全、层次有别、覆盖广泛的社区社会组织体系。

**【社工人才】** 县民政局动员和鼓励社会工作人员参加全国社会工作者职业水平考试,全县报名 1000 多人,审核通过 600 多人。5 月,邀请专家到如东为报考人员进行考前培训,参加培训近 400 人,考试通过 148 人。报名人数、审核通过人数和考试通过人数均创新高。

(盛海娟)

## 信　访

**【概况】** 2015 年,县信访局以信访工作制度改革为契机,以解决群众合理诉求为核心,以依法处置信访问题为主线,着力在维护群众合法权益、及时反映社情民意、促进社会和谐稳定上下工夫,被省信访工作联席会议评为年度全省信访工作先进单位。拓宽和畅通信访渠道。在原有受理来信来访、“县长信箱”基础上,增添阳光信访信息系统和网上信访渠道。全年受理人民群众来信来访 6979 件(人次),其中人民来信 2751 件、群众来访 1250 批 4228 人次。妥善处理各级网上信访投诉交办件 39 件、“省委书记信箱”和“省长信箱”交办件 97 件、“市长信箱”交办件 654 件、“县长信箱”受理件 1402 件、其他上级交办件 24 件。加强信访工作长效机制建设。完善信访工作联席会议制度、信访工作绩效考核办法和督查工作规则。强化领导干部接访包案工作。县领导每周定期到县人民来访接待中心接待群众来访。排查梳理出信访突出问题 27 个,逐案落实到县四套班子领导包案,强化“事要解决”力度。全年通过联合接访、组织会商会办重大疑难信访事项、深入基层督查督办、组织专题调研和上报《信访摘报》等方式,一大批矛盾被成功化解在基层和萌芽状态。规范信访秩序。坚持以法治思维和法治方式处理信访诉求,通过开展进京去省重复访集中化解活动、进京非正常访专项行动、领导信访包案百日攻坚和严厉打击信访活动中的违法犯罪行为等举措,进一步夯实畅通、有序、务实、高效的信访秩序。确保重点敏感时期信访稳定。通过召开会议、发文部署、矛盾排查、领导接访、督查督办、信息预警、值班轮守和应急处置等方式,确保各级“两会”、纪念抗战胜利 70 周年、中共十八届五中全会期间全县社会稳定,多次获得上级表彰。加强信访信息系统建设。全年召开阳光信访信息系统建设推进会 3 次,加强业务指导,不断提高信访事项办理质量和效率,促进信访工作公开透明高效,提高群众满意率。

**【信访工作联席会议】** 2015 年,根据中央、省、市要求,经县委、县政府批准,县处理信访突出问题及群体性事件联席会议更名为县信访工作联席会议。调整后的县信访工作联席会议主要职责是:统筹协调全县信访工作;推动中央、省、市和县委、县政府关于信访工作决策部署的贯彻落实;指导信访工作制度改革和信访法治化建设;研究分析信访形势,指导解决和化解信访突出问题;协调处理跨地区、跨部门、跨行业疑难复杂信访事项;督导各地区、各部门完成重点信访工作任务。

**【领导信访包案百日攻坚活动】** 8 月 1 日—11 月 10 日,如东县在全县开展领导信访包案百日攻坚活动。领导接访下访。县四套班子领导、镇(区、街道)和县级机关部门主要负责人按照“一岗双责”要求,结合包案情况,深入基层下访;每个工作日县四套班子有 1 名领导轮流到县人民来访接待中心参加接访或会办包案案件,各镇(区、街道)和县级机关部门有 1 名班子成员到单位接访窗口参加接访。领导包案化解。纳入县领导包案有县内 27 件突出信访问题和市交办突出信访问题及重点信访案件。纳入镇(区、街道)和部门领导包案有被确定为县领导包案责任单位和配合单位的信访案件,县信访联席办滚动梳理排查出的突出信访问题和重点信访案件,各有关部门活动期间自行梳理排查的重大突出信访问题。开展会办交办。各镇(区、街道)开展各区域内矛盾纠纷滚动梳理排查,对重点突出信访问题及时会商会办,拟定化解措施,明确化解责任,限定化解时间。各部门按“谁主管、谁负责”要求,对责任范围内影响社会稳定的信访问题,依法依规提出处置方案。县信访联席办每周会商会办 1 次新发生信访突出矛盾和问题、重大信访问题及时提交县党政联席会议研究决策，同时明确处置化解责任主体，及时向相关镇(区、街道)和部门交办。县包案领导和镇(区、街道)包案领导结合“一岗双责”要求及时会办相关信访问题。县、镇(区、街道)党政联席会议专题会办。县党政联席会议每月会商会办研究涉及层面性和全局性重大信访问题1次以上。镇(区、街道)党政联席会议每月2次，会商会办县交办和自行排查的重大突出信访问题2次。

【非正常上访集中整治】 6月1日—10月31日，如东县在全县开展进京非正常上访集中整治专项行动。拓宽畅通信访渠道。做好党政领导接访下访工作，推动各级领导采取重点约访、专题接访、带案下访、领导包案等方式，解决重点疑难复杂信访问题，减少矛盾积累、人员上行。加强“阳光信访”信息系统应用，妥善处理初信初访，及时解决好群众合理诉求。加强对重点领域、重点群体、重点人员信访情况的动态掌握，及时采取针对性措施，防止产生进京非访，形成工作在一线开展、问题在当地解决、矛盾在基层化解的良好局面。化解信访矛盾。各地各相关部门加大化解特殊疑难复杂信访问题力度，综合运用法律、政策、经济、行政等手段和教育、协商、调解、疏导等办法，认真处理好进京非访案件。完善劝返接回机制。严格遵守中央联席会议各项规定，依法文明做好非访人员劝返接回工作。通过开展法制教育、帮扶救助、化解稳控等措施，把矛盾化解在基层、把人员吸附在当地，防止倒流，特别是做好劝返接回与化解稳控对接，防止出现接回后放任自流等不负责任情况。加强法治宣传教育。引导群众依法逐级走访和通过正当渠道依法主张权利，抵制各种违法行为，推动形成办事依法、遇事找法、解决问题用法、化解矛盾靠法的良好氛围。依法规范信访秩序。坚持依法处理违法行为与依法解决合理诉求并重、教育与处罚并重、敢于处理与严格依法并重，建立依法维权、违法必究规则和机制，树立法治权威，维护正常社会秩序和信访秩序。通过集中整治，做到“三个不发生”和“两个确保”，即不发生进京非正常上访，不发生个人极端事件，不发生进京赴宁群访；确保抗日战争胜利70周年纪念活动等重要时期全县社会政治稳定，确保全年信访工作目标实现。 (吴迎春)

# 公共安全管理

## 防灾减灾

【概况】 县民政局组织开展全国第七个“防灾减灾日”主题宣传活动，在县人民公园广场宣传防灾减灾知识，发放宣传资料，接受社会各界咨询。围绕“科学减灾 依法应对”主题，开展防灾减灾知识宣传、技能演练，增强全社会防灾减灾意识。加强防洪排涝、抗震、消防等设施和灾害监测预警、救援救助能力建设，提高建筑灾害设防标准，进一步提升防灾减灾能力和水平。新店镇汤园社区被评为国家级防灾减灾示范社区。 (盛海娟)

【防震减灾】 2015年，如东县防震减灾事业紧扣“地震监测预报、震灾预防、应急救援”3大工作体系。完善防震减灾工作体系，制订《2015年如东县震情监视和短临跟踪工作方案》，做好震情监视和短临跟踪工作。配合县政府制订下发《县政府关于印发如东县地震应急预案的通知》，对43个机关部门和各镇(区)下发《关于做好修订地震应急预案的通知》。加强地震监测管理，坚持24小时值班制度。确保局内24小时电话畅通无阻；坚持每季度地震监测台网巡查制度，巡查中发现管理漏洞、仪器运行失常、供电通信故障等问题，及时组织人力处理，确保台站仪器运行正常。加大洋口港测震台新项目建设服务力度。针对洋口港阳光岛测震台建设与该岛项目建设相悖情况，县地震局及时与洋口港经济开发区管委会协调沟通，在不影响该岛景观工程形象前提下，配合国家、省地震局做好测震台项目建设服务工作，确保洋口港测震台于下半年如期投入试运行。至年末，如东县建成苴镇强震台、苴镇测震台、小洋口强震台、小洋口电磁波观测台和洋口港测震台。地震监测设施位居全省先进行列。配合省地震局完成栟茶河断裂带钻探工作，对涉及探测农户做好疏通工作。规范抗震设防要求管理，全县所有新建、改建、扩建工程项目均经驻行政服务中心“地震局窗口”受理，进行抗震设防要求审核确定，做到新建、改建、扩建工程全部达到抗震设防要求，重大工程和可能产生次生灾害的建设工程按规定开展地震安全性评价。全年完成18个一般性建设工程项目抗震设防要求审核；洋口港热电联产项目等3个重大建设工程进行地震安全性评价。开展防震减灾宣传，参加冬训送科技下乡、“5·12”防灾减灾日宣传和社会科学宣传活动，共发放地震知识宣传资料800余份，巡回宣传展板30块(次)，接受社会咨询60多人次。推进地震安全社区创建，全年申报国家级地震安全社区1家，省级地震安全社区2家。县地震局获市防震减灾综合评比第二名，省、市防震减灾工作优秀单位，省地震监测预报工作优秀单位。苴镇强震台强震动观测运行维护、强震动观测记录均获全省优秀奖。 (徐 峰)

## 安全生产监督管理

【概况】 2015年，按考核口径统计，如东县工矿商贸企业发生生产安全事故1起，亡1人，同比持平。全县安全生产形势总体平稳。县安监局被评为省安全生产宣传工作先进单位、市安全生产工作先进单位、市文明单位等。

【安全事故处置】 3月10日9时左

右，位于如东县曹埠镇工业园区兴业路40号的南通晟辉劳护用品有限公司丁腈浸胶手套生产车间，发生1起因在登高作业过程中，未采取相关安全保护措施，导致1人从高处坠落身亡事故，直接经济损失70余万元。该事故由县安监局立案调查。

【基层基础管理】 县安监局深化基层基础管理，落实江苏省安全生产"五级"监管体系，固化村(居)级安全生产管理工作。出台《如东县村(居)安全生产管理工作意见》，明确村(居)安全生产管理工作要求、工作重点和工作机制；落实专人负责，全县263个村（居)、社区均配备1名专(兼)职安监员，并由县安监局审核备案；明确3项职责（宣传教育、巡查排查和信息上报），村(居)安全管理达到"五有"(有人员、有待遇、有装备、有制度、有记录)标准，实行统一考核。县安监局首次组织村(居)安监员业务培训，做到持证上岗，落实企业主要负责人定期约谈制度和履职情况定期报告制度，建立以企业为主体的隐患排查治理工作机制。开展工业企业质态提升工程，全年全县有480家小微企业通过标准化达标考评，新增34家规模以上企业全部考评验收合格。推进安全文化示范企业建设，4家企业通过市级考评合格。

【宣教培训】 抓政策宣传贯彻。县安监局印发安全生产宣传资料6000多份。在"中国如东"安监局窗口开设政策解读栏目，宣传贯彻新安全生产法。组织全县3.50万名干部职工参加全国"中嘉杯"新安全生产法知识竞赛活动，组织研讨征文评选。全县共征集研讨文章46篇，评出优秀征文20篇，择选6篇报市评比。普及法律法规。该局法宣科利用"一线课堂""送法律到基层" 等契机，派员参加新安全生产法专题辅导38场次；开展 "安全生产月"活动。组织11个部门30多名安监人员到镇（区）联合集中咨询服务3天、5场次，在县政府网站开设"如东县安全生产月"专题，该专题被省政府网《平安法治》栏目录用。组织各单位发放各类安全宣传资料3万多份(册)，展板200多块，接受咨询3万多人。开展镇(区)和部门负责人与厂长(经理)"谈心对话"活动。安全月期间，全县政府及部门领导与企业负责人谈心对话达1200人次，形成记录1200多份，现场照片1300多张，解决安全问题2120条。及时编审报送信息。全年被各类媒体录用信息251篇，其中县级网站及报刊112篇、市级网站126篇、省级专题信息1个，新闻稿件省级6篇、国家级2篇。中国如东网站信息保障考核进入前10名。组织各类教育培训。全年组织企业主要负责人、安全管理人员培训班21期，培训3200多人次。组织系统人员业务培训班1期，培训137人。组织村(居)安监员安全知识培训班2期，培训263人。举办特种作业人员资质培训班12期，培训2597人次。

图56　7月23—24日，县安监局在县总工会教室举办全县村(居)安监员业务培训班

【职业健康监管】 2015年，县安监局从县卫生监督所引进1名职业健康管理专业人员，镇(区)配备职业卫生兼职监管员138人，实现全覆盖。抓企业职业健康管理体系建设，督促企业层层签订职业病防治管理责任书，将职业病防治责任延伸到一线操作工。抓作业场所职业危害告知，督促重点企业规范设置工作场所职业危害公告栏、告知牌、警示标识，完成率80%以上。抓企业职业健康监护工作，组织2.19万人参加职业健康体检。抓企业职业病危害申报、检测，全县完成备案企业1515家，申报率92.5%。其中，125家企业开展职业病危害因素检测、评价。抓建设项目源头监管，督促企业严格执行建设项目职业卫生"三同时"（职业病防护设施与建设项目主体工程同时设计、同时施工、同时投入和使用)制度，完成预评价报告审查项目17个、职业卫生防护设施设计审查项目19个、职业卫生竣工验收项目19个。组织42家企业参加国家安监总局职业病危害防治评估工作，在化工、冶金、木质家具、铸造、浸胶手套等行业1261家企业开展达标建设活动，培植职业健康管理示范企业20家。深化职业健康执法，打击非法违规行为。全年出动职业健康检查205人次，检查企业、场所125次，出具执法文书55份，查出隐患223个，全部整改到位，投入整改资金105万元。对3家企业实施行政处罚，罚款12万元。

【专项监管】 在2014年全县组织开展“安全生产专项整治年”活动基础上,2015年，县安委会继续牵头，着重对可燃粉尘、海洋渔业、道路交通、消防安全、燃气安全、特种设备、职业健康、建筑施工8个重点行业(领域)开展安全生产专项整治行动，进一步整顿和规范市场经济秩序。突出危化品领域专项监管。全县化工企业通过二级标准化验收18家、三级标准化验收70家;63家企业在役装置安全设计诊断、60家企业“两重点一重大”(重点监管的危险化学品、重点监管的危险工艺;重大危险源)自动化改造、93家化工企业二道门建设全部完成验收。开展以危险化学品罐区摸底调查和危险化学品、易燃易爆场所规范设立安全警示标志牌为主的专项行动,全县所有化工企业安全警示标志牌按规定全部设置到位。突出烟花爆竹安全监管，健全完善部门联席会议制度,组织召开县公安局、县市场监管局、县城管局等部门联席会议2次，组织重大节日安全联合检查4次。开展涉及“两关闭”(关闭存在“下店上宅”“前店后宅”等形式与居民居住场所设置在同一建筑物内的零售点；关闭与人员密集场所和重点建筑物安全距离不足、集中连片经营、在超市内销售、未按规定专店销售的零售点)和“三严禁”(严禁销售超标、违禁、专业燃放类产品或非法产品；严禁在许可证载明的经营场所外存放烟花爆竹；严禁超许可证载明限量存放烟花爆竹)烟花爆竹经营店专项治理，严把行政许可关，对到期换证不符合要求的309家烟花爆竹零售点,取消经营资格。突出天然气长输管道安全监管。如东县境内油气长输管道管线总长度49.05公里,途经4个镇(区)13个自然村。该局检查管道企业5次,发现隐患16条(处),均整改到位。全年未发生占压和违规施工等影响管道安全运行事件。继续深化液氨使用企业、可燃粉尘企业和受限空间作业专项治理，进一步提升重点行业安全度。

【行政执法】 2015年,县安监局抽查各类企业3869家(次),查出各类事故隐患21352个,整改20764个,落实整改资金1534.40万元；县级挂牌督办重大事故隐患50个,市级挂牌督办重大事故隐患5个，全部整改到位。全县1608家企业登录安全生产事故隐患排查治理信息系统,录入隐患15480个,注重企业登录和隐患录入质量,对不正常登录、无隐患排查的“僵尸账号”企业加大检查执法频次。年初,该局制定2015年安全生产执法监督检查计划,并报县政府批复后实施。全年计划执法工作日600个,实际完成620个,及时消除大批事故隐患。健全案件审查机制，及时调整局机关行政处罚案审会成员，执行重大案件集体审查制度，全年召开案审会12次，集体审查案件23件。对行政许可、行政处罚流程、自由裁量等政务信息及时进行网上公开，接受社会监督。注重从事后惩处向事前处罚转变，依法查处各类安全生产违法违规案件152件，处罚款330.45万元,同比增长120%,其中事前处罚案件135件，占比达90%，处罚款105.70万元,同比增长102%。居南通市县(市)区安监局第二位。

【行政许可】 精简审批事项。2015年，县安监局首次取消建设项目安全设施竣工验收许可审批和试生产方案备案现场审查两个权力事项；规范审批职能。根据行政审批制度改革要求，该局将职业卫生“三同时”行政许可人员、事项、权限全部集中进驻中心,实行“一站式”服务和首问负责制;提升服务效率。在南通范围内率先将建设项目职业卫生和安全设施“三同时”由分别审查改为合并审查，受到企业好评和上级安监部门肯定。全年办理各类行政审批(备案)事项671件,其中,危险化学品建设项目安全设施“三同时”行政审批事项42件,职业病危害严重行业职业卫生“三同时”行政审批事项65件,危险化学品经营行政许可事项45件,烟花爆竹行政许可事项86件,非药品类易制毒化学品经营备案12件,危险化学品重大危险源备案36件,生产安全事故应急救援预案备案132件，职业病危害项目申报备案253件。 (缪三和)

## 应急管理

【概况】 如东应急管理现状主要表现在：化工企业多和海洋渔业从业人员多元、作业多样,安全生产监管难度和压力大；部分企业生产经营困难、利润下降,因劳资纠纷引发群体上访事件不断增多；在发展过程中，由于部分企业主和养殖户环保意识不强，环境污染和生态破坏事故风险较高；社会转型期利益诉求引发的各类社会矛盾和冲突难以全面化解;台风、暴雨等极端天气引发的自然灾害时有发生等。镇村应急人员缺乏,大多以兼职为主,部分行业和领域监测预警手段相对落后，应急救援能力不够，公众应急知识和应急避险能力不高，科学技术支撑体系比较薄弱等，致使如东应急管理工作形势复杂。2015年,组织开展劳动密集型企业专项整治，石油化工易燃易爆企业大检查,医疗、养老、教育3类场所防火灾专项检查和夏季消防检查等专项活动，排查各类企业3869家(次),排查各类事故隐患21352条，落实整改资金1534.40万元,并全部整改到位。在防火灾、防爆炸、防化工事故“三防”专项整治工作中,县安监局、县市场监管局、县公安消防大队等部门开具法律文书215份，行政处罚35家,责令停产停业整顿4家。

【应急管理机制】 建立基层应急管理机制。县应急办继续推进县应急委成员单位、各镇(区)应急管理办事机构建设,明确分工人员,完善工作制度。着重向社区、企业、学校延伸,确保基层应急管理工作有人问、有人管、有人做。健全应急管理监控机制。加强对危险源、危险区域的风险评估和隐患排查，完善动态监控机制。建立健全突发事件监测体系,完善监测预警网络。推进全县预警信息发布平台体系建设，及时发布各类预警信息,公安、海洋与渔业、气象、水务、农业、卫生等部门在第一时间,将突发情况(事件)信息及时发布,并做好相关对策准备。加强应急管理综合协调机制。不断强化县应急委各成员单位职能，建立重点专项应急工作联席会议制度,加强研判,互换信息,形成统一指挥、反应灵敏、协调有序、运转高效的应急管理综合协调机制。各镇(区)、各部门安全信息报告网络初步建成。建立隐患排查、监测预警、信息传递、舆论引导、快速响应、应急联动、善后处置等机制，突发事件的防范应对和处置效率明显提高。

**【应急预案管理】** 县应急办推进应急预案进社区、进农村、进企业、进学校,构建一套覆盖县、镇(区)、村(社区)、学校、企事业单位和重大活动的多层级、多领域应急预案体系。规范应急预案编制、审批、发布、备案、修订、宣传和演练等各个环节,围绕突发事件事前、事中、事后节点，明确应急救援职责、措施及程序。根据沿海镇(区)、化工园区、农业园区、工作园区等地域特点、产业特色和风险隐患，量身定制各类专项预案，做到“一区一案”“一园一案”“一企一案”,提高各类预案针对性。2015年,修编《如东县大气重污染(雾霾)天气应急预案》《如东县群体性事件应急预案》《如东县突发环境事件应急预案》《如东县防汛防旱应急预案》《如东县海洋渔业生产安全事故应急救援预案》等专项应急预案9个。下发《关于进一步建立健全突发事件应急反应机制的若干意见》,按照“横向到边、纵向到底”要求,完成15个镇(区)和223个村(社区)、学校、重点企业的基层应急预案编制工作,备案预案100多份。

**【应急演练】** 全年开展各类应急预案演练130多次。1月4日,县安监局和洋口港经济开发区在黄海大桥上联合开展LNG槽罐车与货车追尾起火应急处置演练;4月初，县公安局开展无预告“多人持刀打架警情转化为劫持人质警情”应急演练;5月12日,民政、消防、红十字会等防灾委各成员单位在县人民公园门前进行灭火技能、人员急救应急演练;5月19日，县海洋与渔业局与洋口港经济开发区在阳光岛周边海域联合开展海上应急救援演练;6月19日，在洋口港阳光岛周边海域联合开展海上应急救援演练;12月2日，在沿海经济开发区南通联膦化工有限公司内开展突发环境事件应急演练。县相关部门、单位组织指导社区、中小学、企业在“防灾减灾日”“环保日”“安全生产月”等重点时段开展各类应急演练。5月上旬,各中小学开展防震减灾逃生演练。

**【应急宣教】** 县应急办利用“安全生产月”及重大节假日,通过新闻媒体、宣传车、展示牌、张贴标语、发放手册等形式,宣传应急知识,并开展专业应急培训。4月,对全县100多名卫生技术人员进行应急救援培训，并邀请省红十字会救护专家解艳讲解心跳、呼吸、无意识等应急救护专业知识；6月9日、10日,在沿海经济开发区分4批对全县100余家化工企业主要负责人进行约谈。县领导分别赴各镇(区)督查防汛防台应急物资、人员落实情况。

**【应急保障】** 应急队伍初具规模。建立县、镇(区)二级综合应急救援队伍,形成以公安、消防、武警、军队为骨干和突击力量,以防汛抗旱、抢险救灾、森林防火、通信保障、医疗卫生、动物疫情以及生物灾害处置等专业队伍为基本力量，以企事业单位专兼职队伍、志愿者队伍为辅助力量的应急队伍体系。应急物资保障能力逐步加强。建立重要物资储备制度,落实储备粮、防汛抢险物资、医疗器械、医疗防护用品、消毒产品等储备。全县地方储备粮充足。常年储备编织袋、木材、铁丝、土工布、块石等防汛物资。全县按规定储备粮食蔬菜种子(定期更新)、应急疫苗、医疗器械、医药用品等各类应急救援物资。在县人防工程等基础设施、商品房、学校、医院等大型建筑物建设中注重防震减灾工作,县城建有应急避难场所。监测预警能力逐步提升。加强防汛抗旱、植物病虫害、交通运输等灾害监测预警系统建设,监测网络日趋完善。江河洪水预报提前15小时发布，准确率80%以上;暴雨、大风、冰雹、寒潮、大雪等灾害性天气短期预报准确率提高,预报时效提前1～3天;全县道路干线客运、危化品和集装箱车辆全部纳入GPS监控。政府组织协调、部门分工负责的突发事件预警信息发布机制初步形成。信息报送网络进一步健全。全县信息应急管理平台建设，实现“110”“119”和“122”三台合一,初步搭建起技术含量较高、功能较全的应急指挥平台,具备预警、监测、接处警,有线、无线指挥调度,数字录音、GPS卫星定位、图像监控、网络传输等功能。购置危化品运输、抢险、抢修、打捞、专用消防设施等特种应急保障车辆和相关设备。

**【应急平台建设】** 2015年,县应急指挥中心主平台指挥场所建设与公安局新大楼建设同步推进，依托县公安局“110”接警指挥场所,改造建设政府应急指挥区、首长指挥室、专家会商室、新闻发布室,并配套机房、UPS系统等环境改造。副平台场所改造主要在县行政中心政府楼,建设大屏显示系统、数字会议系统和集中控制系统，并配套综合网络布线、附属办公设备等,具备与主平台同等效力的可视指挥调度、日常应急管理等基本功能，满足县政府领导在县行政中心就近应急指挥需要。　(施　乐)

# 社会事业

Shehui shiye

## 综　述

**【概况】** 2015年,如东县以办好民生实事工程为重点,全面推进社会事业均衡协调发展。全年民生类财政支出65亿元(不含社保基金支出),占比75.3%,同比增长18.8%。教育现代化水平不断提高。省优质幼儿园占比77.8%;义务教育学业监测名列全省前列;高考成绩继续保持全省领先,高考生均总分、本一、本二上线率再创新高;职业教育、社区教育进一步加强,学生素质竞赛屡获国家奖。实验中学新区分校内外装饰完成;栟茶小学、港口学校、马塘初中项目主体结构完工;马塘幼儿园进入内装饰;少年宫附属幼儿园、大豫海滨幼儿园开工建设;21个单体新建项目全面竣工。卫生和计划生育工作再上新台阶。医改工作不断深化,三级医疗服务体系逐步完善,全面取消"以药补医";全县新农合参合率99.97%,筹资标准提高至人均480元,住院次均费用下降0.52%,政策范围内住院费用补偿比例77.03%;爱国卫生工作成效明显,新创建1个省级卫生镇;二孩出生1359人,同比增长27.5%。中医院整体迁建工程外部装修完成,开始内部装修;洋口港港口医院开展桩基和配套工程施工;县人民医院外科大楼土地预审和规划文本审批完成。文体事业健康协调发展。文化产业增加值占GDP比重4.6%;文艺创作再出精品,魔术《变鸽子》《梅花三弄》分别获第九届中国杂技金菊奖金奖、铜奖;栟茶镇古镇文化旅游开发项目正式启动;县杂技团在香港海洋公园演出1200多场;图书馆分馆建设全覆盖。群众性体育活动广泛开展,成功承办江苏省风筝精英赛、国际风筝邀请赛、省青少年击剑冠军赛总决赛等重大赛事。如东县被命名为"中国风筝之乡",小洋口旅游度假区成为"江苏省风筝放飞基地"。劳动就业社会保障稳步提升。全年新增城镇就业7500人,转移农村劳动力10122人,扶持农村劳动力自主创业609人;社会保险全覆盖,初步实现"扩面、提质、增量"阶段性目标;新增城镇职工基本养老保险参保19731人;全年建成保障性安居住房460套,公租房实物配租累计保障2000人;落实退役转业军人安置政策,弱势群体救助保障水平进一步提升。养老服务体系不断完善。基层敬老院管理水平提升,省星级敬老院全覆盖;县社会福利中心、苴镇敬老院投入使用。

## 社会事业改革

**【教育体制改革】** 2015年,如东县进一步深化教育改革,依法治教,法人治理结构改革取得初步成效。县少年宫、学生实践基地法人治理结构改革试点工作在南通市交流经验。坚持立德树人,新型德育体系初步建立。实施义务教育资源配置改革,推进学校标准化建设,按规划撤并初中2所、小学办学点2个,新增公办园1所。组织全县教师教学岗位竞争上岗,有38名教师转岗聘用。

**【医药卫生体制改革】** 如东县以推进民生幸福工程和建设现代医疗卫生体系为抓手,推进公立医院改革,全面取消"以药补医",所有公立医院取消药品加成,药品(中药饮片和医院制剂除外)实行零差率销售。巩固基本药物制度,各级医疗机构(含改制医院)按规定比例使用基本药物。加强医疗机构内涵建设,100%的社区卫生服务中心建立家庭医生制度。县中医院迁建工程被财政部作为唯一医疗机构PPP项目试点成功签约,年内投资1.08亿元。

**【人事工资制度改革】** 如东县在全县机关事业单位中开展"吃空饷"

"在编不在岗"等问题整治。按季度集中组织政府购买服务人员招聘考试,进一步提升招聘考试组织水平。完善军转安置"考试考核、积分选岗"办法,安置37名军转干部,并安置2名随调家属。实施公务员职务与职级并行制度,全县1.64万名机关事业单位工作人员调整基本工资标准和实施养老保险制度改革。

(吴海林)

图57　6月16日,县教师发展中心通过省示范性县级教师发展中心评估

# 教　育

## 综　述

**【概况】**　2015年,如东有中小学、幼儿园117所,在校生7.70万多人。其中,建制幼儿园45所,在园幼儿15362人;小学45所,在校生30017人;初中20所(含完中初中部),在校生16567人;高中7所,在校生9748人。另有如东中等专业学校1所,在校生5309人;逸夫特殊教育学校1所105人;少体校1所126人;社区教育中心14所。全县在职教工7126人,专任教师5794人。普高教师1061人,职高351人,初中1768人,小学2159人,幼儿园公办教师307人,特教教师38人。幼儿园编制内教师大专以上占比98.4%,小学专科以上占比94.9%,初中本科以上占比94.7%,高中教师研究生(含硕士学位)89人。在职省特级教师15人,市以上骨干人才240人,其中省"333"高层次人才工程培养对象5人,市"226"层次人才10人,市学科带头人63人,市骨干教师108人,市教坛新秀51人。县级优秀骨干人才951人,县以上骨干教师占比16.4%。全年全县教育经费总投入20.64亿元,比上年增长17.2%。

**【教师队伍建设】**　县教育局开展"爱岗敬业、立德树人"师德主题教育活动,全县活动60余场。6月,县教师发展中心通过省示范性县级教师发展中心验收。春夏两季招聘教师221人,其中农村教师203人。招聘教师中,幼儿园教师75人,音乐、体育、美术教师53人。组织全县教师教学岗位竞聘上岗,未能竞聘到教学岗位31人,试聘和缓聘3人。暑期组织县第七期"教育艺术与管理智慧"和初中骨干教师学科素养高级研修班。开展名师创新团队活动。各团队累计集中活动155次,开设县以上公开课365节(省22节、市82节),县以上讲座249场,主持市以上课题101项,出版论著2部,在市级以上刊物发表论文309篇。孙刘华、张伟获南通市第12届园丁奖,潘卫成、陆海舰被评为"第六届感动南通教育人物"。马塘小学工会、实验幼儿园行政班子获市优秀教师群体。全县教师全年有30人次获国家级赛课等级奖,40余人次获省级赛课等级奖,100余人次获市级赛课等级奖。

**【教育教学研究】**　4月,如东县被确定为首批情境教育市级实验区。5月,南通市初中课改推进会在景安初中举行,县小学第21届"黄海潮"教研活动在实验小学举办。6月,教

图58　12月24日,南通市基础教育(小学)课程改革第12次现场推进会

师发展中心网站建成，形成教科研训一体化的网络管理平台。组织全县教师参加市全员远程网络培训，参训率、合格率100%，满分率64.9%，优秀率97.3%。组织“送培到镇(校)”活动，集中活动8次，开设示范课44节，开办微讲座20场，受益教师超过1100人。11月，举办主题为“互联网+学校教育”的省第19届“金帆杯”教育科研活动。12月，南通市课堂教学高中课改推进会在马塘中学召开，市基础教育小学课程改革第12次现场推进会暨情境教育实验学校工作会议在实验小学、掘港小学和嫔山小学举行，初中第19届“黄海潮”教研活动在双甸中学举行。局全年接待9省7000余人参观。编辑发行《沿海教育》12期近120万字。

**【重点工程建设】** 马塘小学、机关幼儿园喜迁新校园。栟茶小学、港口学校主体工程竣工，青少年宫附属幼儿园、马塘幼儿园土建竣工。曹埠初中动工新建。新区初中、马塘初中、如东中专培训大楼等工程进展顺利。完成校舍加固项目6个约6000平方米，单体新建项目21个2.10万平方米。中小学校园网提升改造完成，实现教育资源班班通。县教育信息化公共服务平台访问量、资源量居全市第一。35所学校建成南通市数字校园，市数字化校园占比达70%。县教育局实施教育装备提升二期工程。配置实验仪器和药品97912件、图书50982册，配置中小学录播教室录播系统35套，添置多媒体讲台622台套，采购音乐器材97套，美术器材81套，调配互动教学设备113套。

**【教育督导】** 组织完成国家义务教育质量监测工作，县教育局被教育部评定为国家义务教育质量监测实施县级优秀组织单位。启动新一轮素质教育督导工作，聘请兼职督导员29人，完成5所初中、14所小学、6所幼儿园的综合督导。实施责任督学挂牌督导制度，开展规范办学行为专项督查，进一步规范中小学办学行为。 （顾新民）

## 学前教育

**【概况】** 2015年，如东有建制幼儿园45所(另有分园5所)。其中，公办幼儿园31所，占比69%，省优质幼儿园35所，占比77.8%。共397个班级，在园幼儿15362人，其中公办园就读幼儿10853人，占70.6%。全县学前3年毛入园率97.9%，在县城幼儿园试行服务区制度，全县外来流动人员子女入园基本得到保障。进一步完善学前教育公共服务体系，制定《如东县学前教育第二个五年行动计划》，落实学前教育公用经费制度，加大财政投入，开展办园水平评估、幼儿园收费及伙食检查、安全保教检查等，进一步规范办园行为，推进学前教育优质普惠发展。洋口镇光荣幼儿园、双甸镇鹤井幼儿园、掘港镇九总幼儿园创建市优质幼儿园。

**【公办园建设】** 2015年，岔河镇童乐幼儿园回购为公办幼儿园。新建改建扩建幼儿园6所，机关幼儿园西园、洋口镇光荣幼儿园完成新建改造投入使用，马塘幼儿园、少年宫附属幼儿园、新店幼儿园等新建改扩建工程按序时实施。推进开发区幼儿园、掘港幼儿园、凌河幼儿园、先民幼儿园、海滨幼儿园等新建工程。

**【游戏化课程建设】** 栟茶幼儿园与实验幼儿园共建的《幼儿园本土化区域活动创建与实施项目建设》，通过省级学前教育课程游戏化建设项目评审，马塘镇蓝天幼儿园、掘港镇环镇幼儿园、大豫镇海滨幼儿园3个游戏化课程建设项目通过市级评审立项。推进课程游戏化，组织开展学前教育共同体建设、优秀教育活动观摩研讨、青年教师基本功比赛等活动，在靖海幼儿园举行全县游戏化课程观摩研讨活动。（季新娟）

## 义务教育

**【概况】** 2015年，如东有义务教育学校65所，其中建制初中16所，完中附设初中部4所，建制小学45所。全县义务教育阶段共1135个班级，学生46584人。其中，初中389个班级，学生16567人；小学743个班级，学生30017人。推进义务教育现代化学校创建，评估认定县级义务教育现代化学校52所，占比80%，42所学校被认定为市级义务教育现代化学校。完善义务教育就近免试入学制度，统筹做好全县义务教育招生工作，保障外来务工人员随迁子女入学，确保全县所有儿童少年公平接受义务教育权利。全县适龄健康儿童按时入学率100%，义务教育巩固率99.8%。

**【布局调整】** 县教育局整合资源优化学校布局，撤并大豫镇大豫初中、马塘镇潮桥初中2所，撤并大豫镇豫北办学点、袁庄镇毅夫办学点、长沙镇四桥办学点3个。针对县城义务教育资源严重不足矛盾，研究制定《如东县县城“十三五”教育布局规划》。

**【德育工作】** 县教育局在全县中小学开展社会主义核心价值观和“八礼四仪”文明礼仪养成教育，加强德育阵地、德育课程和德育队伍建设，开展丰富活动，强化德育体验，促进未成年人良好道德品质和公民素养养成。举行全县少先队鼓号队比赛，在嫔山小学承办市小学入学仪式示范观摩活动，在丰利小学举行“我们的节日——端午”主题系列活动，在马塘小学举行“弘扬传统美德，培育良好家风”和“学法崇德”主题教育活动。组织“红领巾读书”征文比赛活动。举行中小学班主任基本功比赛和少先队辅导员风采大赛，组队参加市第三届班主任基本功比赛，3人获一等奖、6人获二等奖，组队参加市少先队辅导员风采大赛，3人获一等奖、2人获二等奖。举办中小学

图 59 9月16日,南通市小学入学仪式示范观摩活动举行

班主任培训班,承办市中小学德育校长培训班。宾山小学少先队大队被评为省少先队优秀集体。栟茶高级中学被认定为市中小学德育工作研究基地。"中国文明网"等媒体报道如东县开展文明礼仪教育情况。

【学校文化与特色建设】 县教育局组织第二批县特色学校以及优秀学生社团、综合实践活动优秀案例评选。举行初中生科技制作比赛和小学生"智能杯"小巧手比赛,举行"我们的节日·清明" 中华经典诵写、书画比赛及中小学生汉字听写大赛。组队参加市小学生小巧手比赛、小学生厨艺大赛、中华经典诵读比赛,分别获团体一等奖。实验小学与乌克兰巴甫雷什中学结为友好学校。马塘小学与韩国仁川海源小学结为友好学校,并开展中韩文化交流活动。桂芝小学被评为全国优秀陶研学校,长沙小学被评为省书法教育特色学校,古坳初中被评为省四星级科技教育先进集体,栟茶小学获第16届全国青少年建筑模型竞赛单项团体第一名,新林小学航模队获省赛团体冠军,丰利小学获省第20届珠心算团体冠军,邱陞中学环保调查报告参加省美境行动评比获一等奖第一名,岔南小学、利群小学参加省第九届"校园之间"智力竞赛总决赛,分别获一等奖。双甸镇、如东经济开发区分别通过江苏省语言文字规范化达标镇创建验收。

【课程改革】 全面推进课堂教学改革,县教育局在全县中小学开展"真学课堂"建设行动,对所有中小学组织过关视导验收。景安初中、曹埠初中成为市、县课堂教学改革典型,省、市有关领导专家多次到校现场考察调研。5月,在景安初中承办南通市初中教学改革现场推进会,12月,承办南通市基础教育课程改革第12次现场推进会暨情境教育实验学校工作会议,县教育局以及实验小学、掘港小学、嫔山小学展示如东县区域和学校推进课程改革及情境教育实验工作的成果。组织国家及省、市义务教育学业质量监测,质量监测数据在省、市领先,县教育局及相关学校在市专题会议上介绍经验。 (黄美云 王海军)

## 普通高中教育

【概况】 2015年,如东有高级中学3所,完全中学4所,共有班级210个,在校生9748人。丰利中学、双甸中学、岔河中学3所学校继续停招新生。高中阶段招生计划按1∶1安排,取消普通高中择校生招生计划,全县中考报名学生5816人,新招普高高一学生2865人。掘港高级中学体育馆建成使用,栟茶高级中学省德育课程基地投入使用,并被评为省优秀项目,马塘中学物理课程基地建设项目通过省普通高中课程基地评审立项。如东高级中学、栟茶高级中学的德育、国家安全教育等特色建设影响力进一步扩大,12月26日,国家安全教育中学示范基地建设总结交流会在如东召开。《人民教育》用4个版面宣传如东高级中学办学特色,学校获"首届全国教育信息化创新应用先锋学校"称号。栟茶高级中学成为扬州大学研究生工作站。2015年高考,全县3828名考生参加考试,生均总分331.37分;本一上线1245人,上线率32.5%;本二上线3046人,上线率79.5%;生均总分、本一、本二上线率再创新高,位居省、市第一名。语文、数学、英语全样本均分全市第一,全县400分以上10人,全省前100名如东有9人,如东高级中学孙筱纯421分,居全市第一、全省第三。

【课改推进】 高中课堂改革深度推进,下半年,如东高级中学、栟茶高级中学举办省内名校同课异构活动,南通市高中课改样板培育学校课改现场会在马塘中学举行,南通市名师第一梯队课堂展示活动在掘港高级中学举行,如东高级中学课堂生态得到与会领导、专家好评。 (孙维志)

## 职业教育

【概况】 如东有职业教育学校—如东中等专业学校1所,为省四星级职业高中。该校教学班级132个,在籍学生5389人。2015年,学校被确认为首批江苏省高水平现代化职业学校,会计电算化、服装制作与生产管理两个专业成功创建为江苏省品牌专业。在全国职业院校技能大赛上,化工设备维修项目获金奖,工业分析检验项目获银奖;在省职业院校技能大赛上,如东中专获4个一等奖,5个二等奖,5个三等奖,工业分析检验项目获"五连冠"。2015"尚和杯”中国机器人大赛分项选拔赛，如东中专选手获2金2银，如东中专被省政府授予“江苏省高技能人才摇篮奖”“江苏省职业院校学生技能标兵”称号。在2015年江苏省职业学校创业能力大赛上，如东中专学生缪敏杰获“十佳毕业生优秀创业成果奖”，3人获创业计划竞赛项目高职学生组二等奖，2人获三等奖。79名学生通过对口单招升入本科院校。如东中专县内职教招生，招收初中毕业生1560人。17名教师参加南通市职业学校公共基础课“两课”评比，7人获一等奖，10人获二等奖；9名教师代表南通市参加江苏省“两课”评比，6人获评“示范课”一等奖，3人获评“研究课”二等奖，获奖成绩位列全市第二。在南通市信息化教学大赛中，5项作品获一等奖，6项作品获二等奖，2项作品获三等奖。

**【服务地方经济建设】** 加强校企合作，新增南通贝宁仓储物流有限公司、南通祥峰电子有限公司、南通光华建筑有限公司、江苏鸿轩生态农业有限公司4个校企合作组织。职教学生县内就业率80.7%。探索合作办学路径，如东中专与德国、韩国、奥地利等有序开展合作交流及办学，中德职业技术培训中心正式成立。全县职业教育服务地方经济社会发展能力进一步增强。

（符海燕）

## 社区教育

**【概况】** 2015年，如东有14个镇社区教育中心，242个村（居）民学校，社区教育专职教师130人。县教育局组织开展社区教育年终考核评估，评选7家优胜单位，促进社区教育优质均衡发展。新店镇、洋口镇成功创建为省级标准化社区教育中心；马塘镇、苴镇、长沙镇3镇成功创建为市级社区教育中心。全县11个村级居民学校创建为省级标准化居民学校。新店镇获评“全国农村优秀学习型组织”；岔河镇“燕川姐妹学习园”项目获评全国社区教育优秀品牌项目。双甸镇、曹埠镇启动全国社区教育示范镇创建工作。县教育局推进“国家级农村职业教育和成人教育示范县”创建工作，协助县政府办公室组织召开示范县创建工作各部门联席会议。年末，示范县创建材料全部报送省教育厅和教育部。如东县被评为省、市社区教育宣传工作先进集体，“江苏学习在线”应用推广先行区，省“在线学习”组织工作先进单位。

图60 6月16日，中德职业技术培训中心揭牌

**【培训服务】** 全县社区教育专职师资培训班在如东社区培训学院举办，培训300多人次，8人被评为南通市社区教育优秀工作者。组织开展如东县全民终身学习周活动，25件书法作品在南通市社区教育艺术节展评并获等级奖。继续推进“如东学习网”建设，市民数字化学习点击率逐步提升。推进各类培训工作。全县创业教育培训1000多人，“现代农民培训工程”及“农村妇女网上行”培训2万多人次。全县从业人员年培训率达59.3%。

（符海燕）

## 民办教育

**【概况】** 2015年，如东经教育行政主管部门审批的民办教育机构24个，其中，民办幼儿园15所，其他民办非学历教育培训机构9个。如东县启程教育培训中心、如东县文峰文化艺术教育中心、如东县星光舞蹈培训中心、如东县锐奇教育培训中心、如东县乐邦教育培训中心、如东会通教育培训中心、如东工人文化宫培训中心、如东尚学堂教育培训中心、如东汇才英语培训中心9个民办非学历教育培训机构办学地点均在掘港镇城区。未新审批设立民办教育机构。通过现场检查、评估等方式，对民办教育机构依法办学、学校建设、办学管理、学校安全等情况进行年度检查，促进民办教育机构健康规范发展。

（周爱武）

## 艺术教育

**【概况】** 县教育局推进学校艺术教育活动开展，强化艺术社团兴趣组建设，培养学生艺术技能和审美能力，提升学生艺术素养。在全县中小学组织开展第六届校园艺术节活动，举办中小学生“三独”（独唱、独舞、独奏）比赛，组织全县中小学幼儿园艺术表演类节目暨儿童剧展评，在如东高级中学海韵馆举行第六届校园艺术节艺术展演活动。组织中小学生绘画、摄影、书法作品评比活动，组织校园艺术节征文评比。参加市中小学生“三独”比赛,获一等奖20个、二等奖25个、三等奖14个。8个节目参加全市艺术汇演,1个节目参加省汇演。组织中小学音乐教师培训。县教育局合唱团在全县纪念抗日战争胜利70周年合唱比赛中,获金奖第一名。组织参加全省中小学“校园心理剧”征集评比活动,浒澪小学获特等奖。掘港小学、先民小学、凌河小学3所学校创建为南通市艺术教育特色学校。

(丁晓红)

## 特殊教育

**【概况】** 2015年,如东具备学习能力的残障儿童少年入学率98.8%。县逸夫特殊教育学校有班级12个,学生105人,其中学前班1个学生5人。实施特殊教育提升工程,逸夫特殊教育学校举办2个学前班,马塘小学、栟茶小学按标准建成2个随班就读资源教室。6月,省政协副主席罗一民率部分全国政协委员、省政协委员20多人到如东专题考察调研特殊教育发展情况,赞誉学校为“全国特殊教育的样板”。承办南通市特殊教育专题研讨活动,举行庆祝第25次“全国助残日”暨爱心捐赠活动。打造“扬长教育”特色,注重培养残疾学生素质能力,组织开展文明礼仪教育、阳光体育、感恩教育、“微心愿”活动、安全健康教育、诵读书写等活动。为学生发展搭建平台,听障学生就业率100%,智障学生就业率30%,3名学生录取山东特殊教育学院,纵横码输入兴趣小组参加市比赛获团体第二名。学校获江苏省中小学网站评比一等奖,《江苏教育报》以《如东特校的110个特长生》为题宣传报道该校办学特色,特殊教育办学经验在省特殊教育年会上专题介绍,南通电视台、如东电视台、南通教科研网等媒体多次报道。

(严海峰)

图61　6月12日,省政协副主席罗一民(前右二)率团到如东调研特殊教育

## 信息技术教育

**【基础环境建设】** 县教育局按照《南通市教育信息化三年行动计划》任务分解目标,完成全县中小学校园网提升改造,实现网络带宽校内骨干千兆,百兆到桌面,wifi无线覆盖到办公区域的设计要求,达到100%教育资源班班通实施目标。完成教育城域网数据中心建设,采用云架构模式,为基层学校和教育局各部门提供虚拟化计算、存储和管理服务,同时建成机房动环管理系统和综合网络运维管理系统,为城域网安全、高效运行提供可靠技术保障。继续推动数字化校园建设,35所学校通过市专家评估组现场评估,并被市教育局授予“南通市数字化校园”称号。

**【平台建设】** 县教育局以国家和省、市教育信息化公共服务平台为基础,构建全县教育管理公共服务平台和教学资源公共服务平台,着力建设如东县教育信息化公共服务平台,平台访问量、资源量居全市第一。开通“精品课堂”录、点播平台、高效英语互动教学平台,改善教师教学手段,拓宽学生学习途径。全面升级如东教育网网站,新建开通教师发展中心网站,统一改版新建45个校园网站,同时托管15所校园网站,开通网站站群管理系统。全面推进教学课件资源库建设,对资源库FTP服务器进行迁移升级,资源总量106G,全县教师均能在教育网内高速下载使用。完成477节微课拍摄制作任务。

**【教育信息化培训】** 县教育局以“英特尔未来教育培训”为抓手,探索提升学科教师学习和掌握全新教育理念、教学方法和先进教学手段,分批次组织12名主讲教师参加省级培训,组织主讲教师对400余名学科教师进行模块化体验式系统培训。全面提升信息化专业人员素养,以数字化校园创建和网络提升工程为契机,组织中小学信息化分管副校长和管理员进行教育信息化常识和专业技术培训,共培训260人次。

**【师生参赛】** 县教育局开展县级信息技术应用技能系列竞赛,参赛师生119人、作品858个。参加全国中小学互动课堂教学评比,获一等奖1人、三等奖7人;参加中国教育电视优秀教学课例,获一等奖1人、二等奖2人;参加市“信息化教学能手”“网络教研团队”竞赛,获一等奖8人、二等奖9人,其中1人参加省竞赛获二等奖;参加市多媒体教育软件比赛,1件作品获一等奖,4件作品获二等奖。参加市中小学电脑制作活动,3件作品获一等奖,2件作品二等奖；参加全国中小学电脑制作活动,2件作品获三等奖；参加市初中英语口语比赛,获一等奖1人、二等奖5人、三等奖2人,其中1人参加省竞赛获三等奖。江苏省优秀校园网站评比,获一等奖1个、二等奖2个、先进个人2人。结合"一师一优课、一课一名师"活动,通过网上推送、赛课,共报送162节课参加市级评比,获市优课125节,其中54节入围部级评选,获部优18节。

（许 兵）

## 老年教育

**【概况】** 2015年,县老年大学成功创建"江苏省示范老年大学"。上半年在籍学员542人，下半年在籍学员556人,全年聘任教师40人。开设3年以上课程,制订教学大纲。根据"因需施教和设班"原则,开设摄影、电脑、书法、国画、文学、历史、英语、保健、烹调、音乐、舞蹈等17个专业26个班。对老年学员加强思想政治教育，开展学习贯彻中共十八届三中、四中、五中全会精神和纪念抗日战争胜利70周年系列活动,祭扫烈士、采访和慰问抗战老战士,赴盐城参观新四军纪念馆,编印《爱我中华歌曲集》、纪念抗战胜利70周年《诗文集》,唱抗战革命歌曲、举办书画、摄影展和多场文艺演出活动等。开展《法治热点面对面》学习宣传活动。加强分校工作,帮助岔河镇分校成功创建江苏省示范老年学校。论文《县级老年大学科学发展的思考和实践》获全国科研论文入选奖、省科研论文三等奖。论文《把老年大学打造成文化养老的主阵地》在市老年(老干部)大学联谊会第六次会议上交流。

**【文化活动】** 文艺宣传队及文艺班级在校内外演出29场次,参加南通市艺术节演出获银奖。举行" 城之夜"县老年大学专场文艺演出。创作打鼓说唱《老虎苍蝇一起打》参加市老年人才艺大赛决赛。《十谢共产党》获全国首届"放歌新农村"词曲创作精英奖。书画作品在首届全国中老年书画大赛中有22人获等级奖,学校获"优秀组织奖"。学员有9幅国画被国家邮政部门等单位出版发行"庆祝建国65周年,同心共筑中国梦"主题邮币卡选用,并命名为"中国当代著名书画家作品"。出版《红枫摄影作品集》,组织采风8次,影展8期,参加省、市、县赛9次,69人77幅作品获奖。有53首诗词在校刊发表,80首诗词在《南通诗词》发表。

## 县属学校选介

### 江苏省如东高级中学

**【概况】** 江苏省如东高级中学(简称如东中学)创建于1938年,现址在掘港镇香格里大街9号。占地16万平方米,总建筑面积9万平方米。2015年，学校有高中班级58个,在校生2731人。教职员工359人,其中江苏省特级教师2人，高级教师133人,市、县学科带头人、骨干教师、教坛新秀等超过120人。坚持立德树人,德育为先,以"让师生成就最好的自己"为办学目标,以"办人民满意教育"为己任,加强师德师风建设,取得良好办学业绩,赢得社会赞誉。6月,如东中学召开十届四次教职工代表大会,进行党委、团委换届选举,增设学校纪委,选举产生中共江苏省如东高级中学第三届委员会书记、副书记,选举产生纪律检查委员会第一届委员会书记、副书记。创新常规管理模式,2015年秋季开始,实施半封闭管理。县"五评选"(评选名校长、名教师、学科带头人、骨干教师、教坛新秀)46名教师榜上有名。省"名师点拨杯"作文现场大赛,1人获特等奖,第13届"叶圣陶杯"全国中学生新作文大赛、第八届"文心雕龙杯"全国校园文学写作大赛1人获特等奖,19人获一等奖;省数理化生奥赛获一等奖30多人次;"苏教国际杯"作文大赛现场决赛,2人获一等奖；第13届中国日报社"21世纪杯"全国中学生英语演讲比赛复赛,5人获江苏分赛区特等奖,晋级江苏省决赛;"七彩语文杯"省中小学生书法现场展示赛,1人获特等奖。学校获全县中小学跑操比赛中学组一等奖第一名;学校篮球队参加市3人制篮球比赛,获高中男子组第一名和女子组第二名;学校男子足球队在市高中校园足球阳光联赛中获二等奖;学校女教工排球队、女子(学生)排球队分获县直学校排球比赛冠军,学校代表县参加市中学生阳光体育运动会获团体总分第一名,参加县中学生阳光体育运动会获团体总分一等奖,被评为南通市学校体育工作先进集体。依托国家安全政策委员会邀请军内外专家、学者到校作报告、讲座9场次。

**【德育活动】** 如东中学先后组织"家国情怀,责任担当"主题道德讲堂,组织"和谐·卓越"第三届班主任节,举办"青春勇担当、欢歌颂和平"主题纪念抗战胜利70周年第36届红五月歌咏比赛,承办"家国情怀,责任担当"主题第29届艺术节暨国家安全教育成果展示活动。在南通市德育工作会议上介绍学校德育工作经验。

**【课堂教学改革】** 如东中学组织参加"长三角"网络联盟"玉兰大道"结对学校网络课堂远程互动直播,承办江苏省第19届"金帆杯"大型教育科研活动，联合南通市教育科研中心邀请姜堰中学、南通中学共同举办以"生态·成长"为主题的金帆课堂教学观摩研讨活动,探讨"互联网+"时代课堂教学改革。推进高效课堂、真学课堂建设。2015年高考、小高考续写辉煌,高三(1)班孙筱纯以421分获南通市理科状元。

**【校际交流】** 如东中学承办2015中国南通江海国际博览会两岸三地教育恳谈会。接待国家安全教育示范基地兄弟学校、安徽铜陵、湖北宜都、盐城亭湖代表团、江苏省高邮中学、兴化中学、邳州明德实验学校、泰兴高级中学等多批次同仁访问

交流。　　　　　　　　　　(殷　飞)

## 江苏省栟茶高级中学

【概况】 江苏省栟茶高级中学(简称栟茶中学)创办于1928年,是如东县最早中学,为江苏省四星级普通高中,位于栟茶镇卫海北路63号。学校占地13.33万平方米,建筑面积8万多平方米。2015年,有班级55个,学生2565人,教职工300人,其中特级教师1人,高级教师99人。市县学科带头人、骨干教师等44人。学校坚持修身立德,校风育人,校园文化氛围浓郁。平民教育、校风育人和精致管理是学校核心理念和教育品牌。是国内首批国家安全教育示范基地,邀请知名专家作专题报告8场,并承办国家安全教育示范基地建设总结交流会。8月17日,学校行政领导班子调整。姜宁兵任校长、党委副书记。2015年小高考4A 452人,加分3.7分。高考1104人参考,本一上线384人,本二上线945人,居全省全市同类学校前列,全面超额完成县局指标。高一、高二成绩在县内保持应有位置和水平。学校被评为江苏省研究生工作站、南通市文明单位、南通市国防教育示范校、南通市红十字会规范化管理达标校、如东县学校体育工作先进集体等。南京审计学院、南京中医药大学增设该校为生源基地。知名校友李金华、蔡美峰、俞源等回母校,10多位省部级以上领导到校视察。59届、64届等7届校友相继回校举行联谊活动。

【德育工作】 栟茶中学上半年建成省德育课程基地,开放各功能室,高分通过省视导专家组验收,被省教育厅确定为江苏省普通高中优秀课程基地。下半年加大校园文化建设,发扬德育传统,以重大节日为主线,以主题班会为载体开展系列德育活动。

【体艺展示】 栟茶中学规范课时,抓好"一课两操"训练,提升竞赛水平,参加市、县阳光体育运动会或各类单项团体比赛,均获较高名次。组织承办省大型体育现场会。学校先后获省"十三五"体质健康监测点校、"县体育工作先进集体""县中小学校校园足球重点学校"等称号。开展书法、美术、音乐评比展示活动,10多名同学在市、县"三独"比赛中获等级奖。

【教育科研】 栟茶中学优化教育科研策略,组织论文评比,出版《栟中教育》2期。召开教科研专题会议,明确教科研规划与要求,细化奖励措施,鼓励教师撰写论文,参与教育教学研究。与扬州大学合作,进一步优化人才培养策略。名师创新团队正常开展活动,为全校英语教学更新教学理念,提供操作范式。教科研成果丰硕,1项省级课题结题,1项国家级课题、多项省、市、县级课题开题;发表论文150多篇。(姜宁兵)

## 如东县马塘中学

【概况】 如东县马塘中学创建于1951年,是县人民政府创建的第一所公办中学,位于马塘镇仁和北路15号,为省四星级高中。校园占地面积8.74万平方米,校舍建筑总面积4.63万平方米,绿化面积2.58万平方米。2015年,有教学班64个,在校生3075人(高中2178人、初中897人),在岗教职工342人,其中省正高、特级教师,市县名教师,学科带头人和骨干教师139人,有120多位教师在省、市、县优质课观摩评比中获奖。8月,康红兵调任马塘中学校长、党委书记。全年有近30位老师执教市级以上公开课,1人获省青年教师教学基本功大赛一等奖;2人获市优课评比一等奖。学生在省2015年度理化生奥林匹克竞赛、省现场作文大赛、全国中学生英语大赛、市"三独"比赛、市星级学校田径运动会、高中校园足球阳光联赛等各级各类比赛中取得佳绩。《江苏教育》以《灵动课堂:推开"晓塘文化"的第一扇门》为题,对学校教学改革进行专题报道。南通电视台、如东电视台、如东新媒体等媒体对学校办学实绩进行报道和宣传。辽宁省辽阳市教育代表团、苏州市吴中区教育代表团、扬州市宝应县教育代表团、安徽省临泉县教育考察团、张家港市教育考察团、山东菏泽市郓城县教育局领导、兴化市第一中学、盐城市南洋中学等1000余人到校参观交流。学校获江苏省健康促进金牌学校、省青少年科技教育先进学校、南通市基础教育课堂教学改革样板学校、市高中数学学科建设基地、市文明单位、市红十字示范校、县文明单位标兵、中考高考考务工作目标管理先进单位等称号,并被确立为南京晓庄学院"优质生源基地"和江苏大学拔尖创新人才培养基地。

【课堂教学改革】 马塘中学推进新课程改革,践行"问题导学、灵动课堂"教学模式,教育教学质量稳步攀升,高考再创新高,参考702人,本科上线577人,本科上线率82.2%。成功承办市课堂教学改革样板学校普通高中课改现场推进会,"问题导学、灵动课堂"经验得到市、县领导及兄弟学校好评。在"长三角"普通高中创新拔尖人才培养机制研讨会、第六期"长三角"高中名校长研修论坛,介绍学校建构以学生为中心课堂实践经验。承办市高中数学学科基地活动暨2015届高三复习研讨会、县初中"真学课堂"第三次现场推进会、县第六轮"送培到镇(校)"活动等。　　　　　　　　(康红兵)

## 如东县丰利中学

【概况】 如东县丰利中学创办于1956年,地处千年古镇丰利新建西路99号,占地面积6.34万平方米,校舍建筑面积4.57万平方米。2015年,有教学班34个,在校生1366人(高中345人、初中1021人),教职工243人,专任教师209人,其中特级教师1人,中高级教师165人,市、县学科带头人、骨干教师30多人,6人教育硕士在读,7人教育硕士结业。学校通过南通市义务教育现代化验收、南通数字化校园评估验收，被评为南通市文明单位、县教育工作先进集体。2015年中考，县中上线53人，普高上线近50%，初中部被评为全县义务教育办学水平综合评估质量进步学校。高考生均总分314.60分，本一上线23人，本二以上上线188人，本科上线率57.5%，创新高，获高中教学多项金、银奖。教师参加市、县级各类教学比赛，有34人获等级奖。发表及获奖论文90余篇，50多位老师在各级课题组参与课题研究，2项省级课题结题，3项市级规划课题结题，4项县“十二五”规划课题结题。高三语文备课组获县局第五届“青年教师示范岗”称号。创办“金枫”文学社，书法、艺术、体育等各类兴趣小组活动开展扎实有效，参加如东县第六届校园艺术节，获优秀成绩。在各级征文竞赛中，学校多人次获一、二等奖。在全国少儿书信文化大赛中，学校获如东赛区“优秀组织奖”。参加南通市中小学生乒乓球比赛，初中女子组获团体第一名，男子组获团体第五名。获县阳光体育节初中团体二等奖、县初中乒乓球比赛男子团体一等奖、县初中乒乓球比赛女子团体一等奖。学校被评为市、县学校体育工作先进集体。推进依法治校，学校被评为南通市依法治校示范校，参加县中小学生“平安法治如东建设”作文竞赛获组织奖。法治教育情景剧《家访》获市中学生法治教育情景剧比赛二等奖。

**【真学课堂】** 丰利中学制定校本化“真学课堂推进年”活动方案，采取层层验收方式，组织交互白板应用全员培训考核，确保教师人人掌握交互白板课件制作与应用。全面打造“动·力课堂”，以“学生自主学习能力提升与优化课堂生态”为主题，抓好限时讲授、合作学习、踊跃展示等关键环节，开展观摩、交流、研讨活动。推行小组合作学习，以培养学生良好自主学习习惯为抓手，强化学生课堂表达与倾听，重视课堂激励评价。探索“绿色德育”“绿色课堂”新途径，丰富绿色教育内涵，推进特色建设。 （严　玉）

## 如东县双甸高级中学

**【概况】** 如东县双甸高级中学（简称双甸中学）创办于1952年，位于双甸镇百兴路11号，是如东县5所老完中之一。学校占地面积3.20万平方米，建筑面积3.05万平方米。2015年，有教学班30个（高三6个，初中24个），在校生1357人（高中280人、初中1077人）。在职教职工210人，其中专任教师195人。学校秉承“讲责任重和谐，讲方法重效率，讲质量重过程”办学理念，坚持“责任教育”办学特色，强化师生的国家责任、社会责任、学校责任、家庭责任与自身发展责任，培养未来社会公民。学校以“诚智”为校训，形成“善学、力行、谐和”校风，“严谨、博学、笃行”教风与“求实、自主、创新”学风。双甸中学强化德育阵地、德育组织功能，通过国旗下讲话有计划有针对性地对学生进行爱国主义教育、集体主义教育、劳动教育、法制教育、安全教育、网络教育、基础道德教育与习惯养成教育，开展“我们的节日”系列活动，学生在县、市艺术、体育、科学比赛获奖36项。面向全体学生，救助经济困难生100余人。推进“互助课堂教学模式”，中考、高考再创辉煌。高职院校提前单招报名156人，录取155人，录取率99.4%，高考本一上线12人，本二上线112人，学校获高中教学成果金奖、高中教学培优工作金奖、高职自主招生金奖、县学生素质发展银奖、培优金奖，6个学科获县高考优秀学科奖。初中教学获县义务教育办学质量评估银奖。12月，全县初中第19届“黄海潮”大型教研活动在校举办。围绕“合作学习中的倾听与表达”，有48位老师执教公开课，全县初中600余名领导和老师参与听课评课。坚持科研兴校战略，在研县、市、省课题14个；教师发表获奖论文45篇。新增县名校长1人、学科带头人1人、县骨干教师9人、县教坛新秀9人、县优秀班主任3人、县优秀德育工作者（师德先进个人）8人、县优秀高三教师6人、县最美教师1人、县优秀备课组长4人、县优秀岗位能手4人、县十佳教师提名奖1人、县优秀团干部1人、县优秀工会工作者1人、县读书优秀个人1人、市、县勤政廉政干部各1人、11名教师在县基本功大赛中分获一、二、三等奖。学校被评为县绩效考核优秀单位、高考考务工作目标管理先进单位、市教育系统先进集体、市义务教育现代化学校、市数字化校园、市中小学教师全员远程培训先进学校等。 （张　峰）

## 如东县岔河中学

**【概况】** 如东县岔河中学始创办于1956年，为省三星级高中，位于岔河镇燕坞巷1号。占地4.33万平方米，建筑面积3.80万平方米。2015年，有班级31个，在校生1215人（高中6个班262人，初中25个班953人），教职工308人，其中县学科带头人4人，县骨干教师23人。学校在“尚德崇实、立校树人”理念指引下，坚持依法办学，以章治校，从严治校，通过“南通市长安学校”复检。高考成绩排名上升幅度居全县之首，获高中教学成果金奖、学生综合素质发展金奖、语文学科教学金奖等9项大奖。中考取得新突破，获义务教育质量综合评估银奖。

**【特色建设】** 岔河中学以“阳光足球”和“百草园”文学社团为特色项目带动其他社团发展。学校被县教育局评为“特色项目学校”“校园足球示范校”；被教育部命名为“全国青少年校园足球特色学校”。校足球队获县少儿足球比赛第一名、市少儿足球比赛第二名。“百草园”文学社被评为县优秀学生社团。文学社成员参加多项征文比赛，多人获奖，1人获省“名师点拨杯”一等奖，学校获全国书信大赛优秀组织奖；参加县汉字书写比赛，获团体第一名。集邮社团有3人获省优秀奖，表演社团拍摄的法制情景剧获市二等奖。朗诵、书法、美术、航模、音乐、舞蹈等社团在省、市、县比赛中均取得优秀成绩。学校获“龙源·勺嘴鹬杯”学生美术作品征集评选活动优秀组织奖。教工社团被评为“南通市优秀教工社团”。

【教育教学】 岔河中学以“交响课堂”为引领,以“鼎易”“白板”互动为媒介,以“课堂检测、每周抽测”为抓手,改变课堂生态,做好“交响课堂”完善、提升工作,打造真学课堂。开展系列教研活动,将“鼎易”“白板”高效运用到“真学课堂”建设当中,提高课堂效率。高考获县高考奖牌9块,同类学校最多。中考高分层人数、生均总分等指标均创学校中考最优。上半年,高二学业水平测试A率、过关率同类学校领先,人均加分超1分。初二学业水平测试双A率、A率均创最佳成绩。

【教育科研】 岔河中学强化课题研究管理,各有1个市、县级课题开题,5个县立项课题申报结题,微型课题陆续结题。开展多项读书活动,加强教师理论学习,促进教师成长,在县“五评选”中,花亚军等4人被评为“学科带头人”,圣美秀等23人被评为“骨干教师”。“读将军书、励报国志”主题读书活动被评为县“创意读书活动”,学校再次被评为如东县“书香校园”。制订《如东县岔河中学教师参加各类竞赛活动的实施方案》,规范教师参赛行为,保证各项竞赛参与度。参评人数和获奖人数、获奖档次均取得突破。教师发表省级以上论文150多篇,其中核心期刊10多篇, CSSCI来源期刊3篇,学校获第19届黄海潮教研活动组织奖。承办南通市初中英语优课评比暨优秀课观摩活动,获得好评。

(任乃国)

## 如东县掘港高级中学

【概况】 如东县掘港高级中学(简称掘港中学)创建于1938年,现址位于掘港镇东环路168号,占地4.83万平方米,建筑面积4万多平方米。2015年,有教学班32个,在校生1513人,教职工165人,其中专任教师142人。具有中高级职称教师138人。7人通过在职研究生入学考试。18人被评为县学科带头人、骨干教师、教坛新秀。1人被评为市优秀教育工作者,2人被评为县优秀教育工作者。组织参加全国“一师一优课、一课一名师”优课评选,1人获国优,3人获省优并参评部优。高考生均总分、本科上线人数、本科上线率均超额完成县局指标,文、理科及总分均居同类学校排名第一。获“高中教学成果金奖”等11块奖牌。学校多个市、县课题研究有序进行,全年发表论文56篇,获奖20余篇。40多名学生被评为省、市、县三好学生。推进“阳光体育”工程,被评为第27届江苏省中小学“金钥匙”科技竞赛青少年科技教育先进学校,参加江苏省青少年田径锦标赛,获高中组团体总分第五名。学校获南通市“品书香强素质促发展”读书活动优秀组织奖,被评为市红十字管理规范化学校、市学校安全管理先进集体。

(徐冬冬)

## 江苏开放大学如东学院
## 江苏省如东中等专业学校

【概况】 学校初创于1988年,1992年在如东经济开发区日晖西路建新校,名为“如东县第一职业高级中学”。2013年7月17日,搬迁到如东经济开发区嘉陵江路58号,占地面积26.67万平方米,建筑面积14.50万平方米。2015年,班级132个,学生5389人,教职工440人,高级教师164人,市、县学科带头人、骨干教师、教坛新秀88人。学校集中高等职业教育、成人学历教育及实用技能培训等为一体,为江苏省高水平现代化职业学校、江苏联合职业技术学院如东分院、江苏开放大学二级学院。2015年,学校会计电算化和服装制作与生产管理专业获评省品牌专业;化工设备维修项目在全国职业院校技能大赛中获一等奖。招收全日制学生1560人,规模超上年。组织学生参加第11届全国“文明风采”大赛,金牌数和奖牌数全市第一。凭借学校传统集体舞“跳马伕”,学校被确认为南通市非遗传承基地。在省第二届职业院校微电年?校园主持人大赛中,1人获“银话筒”奖。微电影《圆梦》获大赛二等奖。在市2015年中职学校学生军训汇报展演中,获团体一等奖;校园情景剧《迷失的风筝》获市中学生法治教育情景剧比赛中职组一等奖。

【教育教学】 在江苏省职业学校“两课”评比活动中,6人获“示范课”,3人获“研究课”。参加省技能大赛2人获一等奖,2人获二等奖,1人获三等奖。在2015年南通市“两课”评比选拔赛中,获“示范课”14个、“研究课”19个;在市信息化教学比赛中,有5个项目15人获一等奖;1人参加省第17届美发美容化妆美甲大赛获金奖。申报获得中央省实训基地专项资金1900万元。全校教师共主持各级课题58个,结题28个。在市级以上刊物发表论文122篇,国家、省、市级论文获奖14人次。

【技能大赛】 2015年全国职业院校技能大赛,获全市中职学校唯一1枚国赛金牌,实现化工设备维修项目国赛“三连冠”,工业分析检验项目获中职组国赛二等奖。省技能大赛化工检验技术项目获“五连冠”,其中,获一等奖3个,多位老师被评为省职业院校技能大赛先进个人。在市职业学校技能大赛中,获一等奖9个。第26届省青少年科技创新大赛,学生获2银1铜。2015年中国机器人大赛,该校3支代表队均获一、二等奖,第六届江苏省大学生机器人大赛中获一等奖和三等奖。

【对口高考】 2015年高考,336人专科上线,77人本科上线,另有3人直升本科院校。艺术专业43人参考,23人本科上线,本科上线率53%,5门单科位居全市第一,学校获县“高考优秀组织奖”。

【职教体系建设】 学校成为全国现

代学徒制首批试点单位。举办面向全县企事业单位的校内人才市场，学生县内顶岗实习率80.7%。参与构建中高职教衔接体系。与江苏工程学院、江苏商贸学院、南通航运学校、江苏畜牧职业技术学院联办“3+3”全日制大专。2015年，首次作为江苏联合职业技术学院如东分院面向社会招生，共招收7个专业450人。

【合作办学】 培育中外合作办学品牌。学校与德国东勃兰登堡教育中心有限责任公司(bbw)合作，建立“中德职业技术培训中心”。与奥地利帕尔菲格公司合作开展“现代学徒制”试点工作。引入国际通用职业资格标准，推动专业课程教学与国际通用职业资格证书无缝对接。

（余 飞）

## 如东县实验中学

【概况】 如东县实验中学创建于1999年，前身为如东中学初中部，位于掘港镇黄海西路89号，占地面积5.17万平方米，校舍建筑面积4.93万平方米。2015年，有班级96个，学生5260人。其中，初一年级31个班1755名学生暂借老实验小学（黄海西路）上课。学校有专任教师451人，县级以上骨干人才近60人。2015年，学校被评为市文明单位、市中小学教师全员远程培训先进项目学校、全县文明礼仪教育示范校等。

【德育活动】 实验中学开展“八礼四仪”主题教育活动，举行初一年级入学仪式、初二年级青春仪式、初三年级毕业仪式3大主题教育活动。学校以“撑起一把心灵保护伞”为主题，开展关怀留守儿童活动，该项目被评为省最佳公益社工服务项目，学校未成年人成长指导中心被授予市优秀家庭教育指导服务机构。成功举办艺术节、读书节、红五月歌咏节、科技节、艺术节、德育之旅、修学之旅等特色教育活动。

【教育教学】 实验中学全员应用电子白板互动教学，推动“真学协进课堂”建设。多次组织电子白板应用技术培训，全员培训、过关，实现电子白板在课堂教学应用常态化。承办县“真学课堂”第二次推进会，通过县局“真学课堂”验收。2015年中考，395人达到如东中学录取分数线。700分以上30人，姚佳铖以721.5分名列全县第一、南通市第二名。职教招生录取率超过80%，创新高。普高录取率近60%，各项中考指标继续处于全县领先地位。近500名学生在省、市、县各级各类竞赛中获得优异成绩。篮球队获市中学生篮球比赛第二名，乒乓球队在全县比赛中分获男子团体、女子团体冠军，田径队蝉联县阳光体育运动会冠军，并获市运动会二等奖第一名。江苏省第14届“中学生与社会”作文大赛，3人获一等奖，江苏省第13届中学生作文大赛，3人获一等奖。拍摄法制教育情景剧《遇见》获市一等奖。

【师资队伍】 实验中学建立名优人才培养机制，推动师资队伍建设。市教育局授牌的“南通市中青年名师李旭东工作室”成立。2人获江苏省第11届“蓝天杯”优课评比一等奖，5人在省优课评比及青年教师基本功大赛中获二等奖，15人获市优课评比一等奖。全县“五评选”，1人被评为县名校长，1人被评为名教师，50多人被评为县学科带头人、骨干教师、教坛新秀。

【教育科研】 5月，李旭东名师创新团队依托江苏师范大学，开展江苏省语文特级教师工作坊活动，15位教授、特级教师参加活动。暑期组织教师业务培训，学校被评为南通市暑期教师全员培训先进项目学校。开展南通市初中语文学科基地活动，学校被评为南通市优秀学科基地。多次开展“协进课堂”教学研共同体活动，发挥辐射示范作用。江浙沪“东方丽鹰”卓越联盟正常开展活动。组织省、市“十二五”规划课题和陶研课题结题活动，教科研成果在《江苏教育研究》等媒体推广。

（李旭东）

## 如东县茗海中学

【概况】 如东县茗海中学位于栟茶镇卫海北路63号，占地面积4万多平方米，校舍建筑面积2.18万平方米；运动场1.33万平方米，教育教学设施齐全。2015年，有教学班28个，学生1220人，教职工132人，专任教师131人，其中本科学历105人，占专任教师80.2%，中学高级教师27人，中学一级教师77人，拥有县教学骨干、学科带头人10多人。学校连续3年被评为县办学质量优等学校，获“省平安校园”“省体育健康促进银牌学校”“市法治特色项目学校”“市汉字规范教育特色学校”“市绿色学校”“市李庾南实验学校”“市数字校园”等称号。2015年，初二生物、地理学业水平测试双A率达82.4%，中考县中上线88人，栟中上线172人，普高上线率超60%。

【德育活动】 茗海中学坚持德育为首，实施小事德育工程。先后组织开展清明节祭扫先烈暨参观德育课程基地主题教育活动，组织班主任参加班主任基本功大赛，1人获县一等奖。组织开展“纪念抗战胜利70周年”主题教育活动，如东电视台、《如东日报》、如东新媒体相继报道。组织评选“南通好少年”、优秀少先队员及优秀辅导老师、市、县“三好学生”、优秀学生干部、优秀班集体、优秀教师等。成功申报如东县首批校园星级志愿者服务站。如东新媒体小记者茗海站获县优秀小记者站。

（林红亮）

## 如东县实验小学

【概况】 如东县实验小学创建于1906年，为江苏省首批实验小学。现位于掘港镇富春江路18号，占地面积8万平方米，建筑面积4.50万平方米，学校空间布局合理，环境优美怡人，设施完备先进。2015年，有教学班62个，学生3155人，教职工229人，其中，特级教师1人，中小学高级教师13人,市、县学科带头人11人,县骨干人才48人。学校秉承"让儿童成为儿童"教育思想,恪守"让儿童人人快乐,让教育处处精彩"办学理念,抓住教师专业发展和学生全面发展两个基本点,突出改革创新,不断丰富和提升学校教育内涵,打造童心教育特色,促进学生全面、个性发展。举办首届儿童游戏节。暑期,投资167万元,建设生态馆、12个流动书吧、图书馆、儿童博物馆等,进一步打造童心园、五洲园、榆园、憩园等儿童活动场地,建设童谣广场和童话长廊。《人民教育》等多家媒体以"为童年设计"专题报道学校办学成果。学校"童心教育"办学特色和办学成果广泛辐射,与乌克兰巴甫雷什中学缔结友好学校,先后接待台湾、香港、新疆、福建、上海等地参观考察3000多人次。学校先后获全国新教育实验优秀实验学校、全国优秀陶研学校、省青少年科技教育先进学校、市优秀家长学校、市中小学教师全员培训先进项目学校、市学校体育工作先进集体、县文明单位标兵、县教育工作先进集体、县义务教育质量综合评估金奖学校、县校园足球重点学校等称号。

**【教育教学研究】** 实验小学贯彻落实"真学课堂推进年"要求,开展"智趣课堂"研究。推出《智趣课堂自主互助学习操作指南》,总结完善智趣课堂教学范式。11月,全校79位老师参加校本化"真学课堂"教学过关活动;12月,50位教师接受县教师发展中心对学校"真学课堂"过关验收。开展"如东县实验小学教学研共同体"系列研究活动,围绕"真学课堂过关验收""交互白板培训过关"等主题,将电子白板使用与自主互助学习小组建设结合起来,开展研讨交流活动6次。以2个"十二五"时期省级课题作为龙头课题,其他10个市、县级课题分别纳入其子课题进行研究,形成立体网络研究体系。全年教师发表文章190篇,57篇文章获省、市、县等级奖,学校被评为县教育科研先进集体。

**【德育活动】** 实验小学推进小事德育工程,开展"文明礼仪牵手行"主题教育实践活动,注重抓好"月习一礼"。开展"牵手文明礼仪,争做美德少年""弘扬雷锋精神 共度温暖元宵"爱老助老志愿服务,"童心教室"文化布置评比,清明扫墓暨微公益主题实践,首届儿童剧展演,江海小记者系列活动,微爱义卖等数十项活动。开展"弘扬和践行社会主义核心价值观"主题班会,作家进校园,校园读书节、科艺节、体育节、游戏节等活动。

**【承办活动】** 实验小学承办华东地区第八届优质课展示交流活动、省青少年击剑冠军赛、市基础教育小学课程改革第12次现场推进会暨情境教育实验学校工作会议、市少儿田径跳高跳远项目比赛、市小学英语教学研讨活动、全县中小学校党的建设工作会议、县"情境教育市级实验区"工作启动暨小学第21届"黄海潮"大型教研活动等近30项活动。 (曹爱东)

## 如东县掘港小学

**【概况】** 如东县掘港小学初创于1906年,现址在掘港镇人民北路66号,占地面积4.34万平方米,建筑面积1.96万平方米。2015年,有教学班57个,在校生2780人,教职工217人。其中特级教师1人,高级教师12人,市、县学科带头人、骨干教师、教坛新秀40人。学校获全国新教育实验优秀实验学校、南通市体育工作先进学校、市中小学全员远程培训被评为先进项目学校、县义务教育办学水平综合评估金奖等42项集体荣誉。教师参加县级以上基本功比赛、赛课获奖33人次,执教省、市、县公开课、做讲座192人次,教师受奖139人次。在县教学"五评选"中,3人被评为学科带头人,11人被评为骨干教师,9人被评为教坛新秀;教师在省级以上刊物发表文章165篇。学生参加各类竞赛获奖国家级13人次、省级76人次、市级38人次。参加全国小学英语教师基本功竞赛,1人获一等奖,参加第六届"羲之杯"全国诗书画家邀请赛1人获二等奖。在优课评比中,3人次获省一等奖,2人获市一等奖,38人次获县一等奖。校各类特色活动被"江苏教育新闻网"等省级网络平台宣传报道8次。

**【教育教学】** 掘港小学强化教学管理,推进"真学课堂"建设,加强备课研究,优化课时资源,有效使用白板。承办县"真学课堂推进年"专题研讨活动,全校157位老师提供观摩课,通过县"真学课堂"验收。承办市数学、语文和英语学科专题研讨活动,全校30多位老师展示真学课堂。学校教师先后给省名校联盟、省"金帆杯"、市课改现场会等10余次大型活动提供观摩课,一批教学骨干参加县送培到镇活动,上示范课,做微讲座。

**【校本课程】** 掘港小学先后开发7大类42门七彩体验课程,每周五下午开辟专门上课时间。专门配套建设29间课程体验馆。学生参与制作的《拯救勺嘴鹬之旅》动画片,在加拿大国际鸟盟大会上首播;组织创作的"勺嘴鹬文蛤拼图"创上海吉尼斯纪录;由英国著名导演菲尔·阿格兰执导,历时3年拍摄的大型生态环保纪录片《云与梦之间》,在中央电视台纪实频道首播。众多媒体对学校志愿者保护勺嘴鹬做报道。

**【阳光体育】** 掘港小学坚持打造"乒乓文化特色",投入10多万元,新建pvc室外篮球场,安装20个小篮球架,新添4个小足球门,购买小足球、羽毛球等体育器材。学校田径队在县小学生阳光体育运动会上蝉联"四连冠",获团体总分第一名。乒乓球男女队在县小学生乒乓球比赛中均获第一名,参加市小学生乒乓球比赛获第六名。学校羽毛球队在市小学生羽毛球比赛中获第三名。2人在县小学体育教师基本功比赛中获一等奖,1 人获市小学体育教师基本功比赛一等奖,1 人被评为市学校体育工作先进个人。学校获南通市和如东县阳光体育节小学组团体一等奖。

【名校联盟活动】 5 月,掘港小学与省教育学会课堂教学研究中心联合举办省“联盟校”小学名校联盟首届主题论坛活动。此次活动以“创造适合儿童的学习方式”为研究主题,分课堂观察、主题论坛、成果分享 3 个板块。江苏省“联盟校”小学名校联盟的 21 所联盟学校校长、骨干教师和县内小学校长和教师代表 300 余人参加活动。 (张 斌)

## 如东县蠙山小学

【概况】 如东县蠙山小学创建于 1906 年,现址在掘港镇日晖东路 1 号,占地面积 4.93 万平方米。2015 年,有班级 52 个,学生 2285 人,教职工 196 人,其中高级教师 21 人,市、县名优人才 50 多人。学校贯彻“过有滋有味的教育生活”办学理念,践行“无华、有为”价值观,强化“修身、为学”育人观,追求“知行合一”校风,倡导“潜心启迪智慧、爱心温润心灵”教风和“学而不厌、锲而不舍”学风,营造“三园”(成长乐园、生活家园、精神花园),调和“五味”(生活味、儿童味、书香味、艺术味、文化味),培育“六艺”(阅读、运动、科技、艺术、劳作、远足)。以县“真学课堂”标准优化课堂生态,“真、简、活、乐、思、美”的理想境界进一步彰显,先后承办南通市小学语文高效课堂教研活动、市第 12 次基础课程改革现场推进会、市首届情境教育实验小学美术、音乐优课评比暨教学观摩、市小学英语情境教育专题研讨活动以及县小学各学科教学研讨活动。全体教师参与课堂教学改革和教育科研,县级以上赛课 82 节,执教县级以上公开课 66 节,在县级以上发表论文 61 篇,获奖 51 篇。学校获全国新教育实验优秀实验学校、第五届省少年儿童现场书画大赛优秀组织单位、省优秀少先队集体、省陶行知研究会实验学校、市中小学教师全员远程培训先进集体、市少先队红旗大队、县教育质量优等学校等 30 多项称号。

【德育活动】 蠙山小学坚持德育为先,活动育人。9 月,成功举办南通市小学入学仪式示范观摩活动,《人民日报》等国内 20 多家主流媒体报道。突出纪念抗战胜利 70 周年活动主题,活动案例“小记者寻访抗战足迹”参加南通市少先队说课获一等奖。组织小记者社会实践活动 10 余次,经验先后在马鞍山市关工系统赴如东考察汇报会、市关工委宣传工作会议、县校外辅导站工作培训班上交流。红领巾志愿站被评为县首批星级志愿服务站。大型音诗画《四季歌吟》亮相县全民阅读启动仪式后,又获南通市首届“韬奋杯”经典诵读大赛一等奖第一名。

【科研特色】 新教育实验继续领跑全县,情境教育研究成绩显著。国家社会科学基金项目子课题“情境性语义链接与儿童创造性发展的实验研究”取得阶段性进展。在市第 12 次基础课程改革现场推进会上,题为《我们所理解的情境教育》沙龙引发共鸣,教育叙事《为着儿童的成长》获好评,情境教育专题片《小豆豆的一天》广受关注。情感教育研究经验在全国第六届情感教育年会上交流。 (康艳丽)

## 如东县马塘小学

【概况】 如东县马塘小学初创于 1906 年。2015 年 1 月,学校迁入马塘镇马南村 17 组的新学校,新校区占地约 5.84 万平方米。有教学班 34 个,在校生 1439 人。附属幼儿园有班级 14 个,在园幼儿 657 人。教职工 144 人,其中中学高级教师 11 人,全国科研型教师 1 人,市学科带头人 5 人,市骨干教师 3 人,市教坛新秀 3 人,县骨干教师 8 人,县教坛新秀 7 人。附属幼儿园新址主体工程全面竣工。学校继续秉承“智慧育人”办学理念,遵循“智慧引领、科研兴师、科学育人、和谐发展”办学思路,彰显教育科研特色,促进学校持续高位发展。

【德育活动】 马塘小学开展“五节三礼”活动。五节:组织开展艺术节、科技节、体育节、培英读书节、英语节系列活动,推进学科教学活动化,丰富学生学习生活。三礼:举行一年级新生入学典礼、四年级学生 10 岁成长礼和六年级学生毕业典礼。承办如东县“弘扬传统美德,培育良好家风”主题教育活动,省、市、县电视台报道。9 月,韩国仁川海源小学文化交流代表团到校开展中韩文化交流活动,两校结为友好学校。

【教育教学】 马塘小学开展“真学课堂推进年”系列活动。承办县“真学课堂推进年”专题研讨活动,全校教师共设研究课 88 节,学校作《推进“真学课堂”,我们在行动》经验介绍。12 月,学校接受县真学课堂验收并通过。与盐城市亭湖小学结对共建,结对学校两次到校参观学习,分享学校办学管理经验,跟班学习研讨学校“真学课堂”推行经验。先后承办市小学劳动与技术教学观摩及教材培训活动、县小学音体美术学科中心组研讨活动等教研活动 22 次。在县教育局组织的 2014—2015 学年义务教育办学水平综合评估中被评为金奖。在南通市学业质量测试分析与反馈会议上,校长孙雪峰作《真教真学,真抓真管》专题经验介绍。

【学生活动】 马塘小学深化校本课程研究与实践。组建晨诵课程研发团队,尝试开发《马塘小学晨诵课程》,坚持每周一、周二、周四、周五每日 10 分钟诵读。推进综合实践校本课程,聘请 6 位老师担任校本课程志愿者,分别对一至六年级各班组织开展认识衣服标牌、去旅游、学会叠衣、番茄炒鸡蛋、煮面条、煮鸡蛋教学实践活动。以社团活动阵地推进艺体课程,正常开展学校中心社团活动。学生参加各级各类比赛获奖371人次。

【教育科研】 马塘小学召开情境教育推进会，推进以艺体教育为核心的校本课程实践，《沿海教育》以《培育艺体之花，放飞快乐童年》为题对学校艺体课程实践专题报道，学校被评为全国新教育实验优秀学校。先后3次召开“十二五”时期立项课题结题会议，承办县教育科研现场会。12月，承担的14项省、市、县“十二五”时期立项课题全部结题。11位老师的微型课题结题。举行第31届青蓝工程拜师会暨第28届师徒结对结业典礼，开展新教师上“亮相课”、师傅上示范课、优秀徒弟上汇报课活动。全校教师受各级表彰72人次，参加各级优课赛和基本功比赛61人次。组织编印《马小教苑》2期。教师发表文章79篇，论文获奖78篇。全校教师累计发表文章4503篇，论文获奖2725篇。 (陈爱红)

## 如东县实验幼儿园

【概况】 如东县实验幼儿园创建于1950年，为首批省级示范性实验幼儿园，分东西两部。2015年，有班级30个，在籍幼儿1054人，教职工131人，专任教师82人，其中高级教师7人，市骨干教师4人，县学科带头人3人，县骨干教师16人，市、县教坛新秀5人。以省、市“课程游戏化”项目建设为契机，全面开展项目试点活动。开展“感动的人和事评选”及“师德专题演讲”等主题活动，每学期家长满意率98%以上。1人获市“五一劳动奖章”，并被评为市优秀教育工作者，2人被评为县优秀教育工作者。幼儿园先后获南通市优秀教师群体、工人先锋号、县文明单位、教育工作先进集体、教育科研先进集体等10多项称号。

【教育科研】 实验幼儿园对教师进行课程游戏化、戏剧排练、微课制作等专项培训活动。参加各类教学竞赛，1人参加省“蓝天杯”教学竞赛获一等奖；10多人在市、县各类教育教学比赛中分获一、二等奖。省、市、县4个规划课题结题，其中，省级课题“县城幼儿园男教师专业成长路径研究”获省精品课题。省“十二五”时期增补课题“幼儿园保育老师的多元背景与培养策略”开题，省教研课题“经典音乐资源在幼儿园韵律活动中应用的案例研究”成功立项，县立项20多个微型课题中结题4个。有近90篇文章在各级各类报刊上发表或获奖。编撰《幼儿园童话剧活动36例》由福建出版社出版发行。

【幼儿发展】 实验幼儿园开展“健康节”“艺术节”“科技节”“童话节”、毕业典礼、消防演习等主题活动，树立良好社会形象。在县“亲子诵读”比赛活动中，2个家庭获县特等奖，4个家庭分获一、二等奖，幼儿园获优秀组织奖。童话剧《大石头》《看起来很好吃》分获县儿童剧展演特等奖和二等奖。

【项目推进】 作为共建单位，与栟茶幼儿园申报省第二批课程游戏化项目“幼儿园本土化区域活动创建与实施项目建设”，与县级机关幼儿园申报市基础教育课程建设项目“幼儿园融合式区域活动”。多次参加省、市、县交流，项目研究取得阶段性成果。

【承办活动】 实验幼儿园承办省“十二五”时期教育科学规划课题研讨会、市户外游戏研讨会、县音乐研究组暨新任教师培训等大型活动10多次，接受南通高等师范学前系170多名师生观摩男教师风采展示，接受近20名南通、苏州、徐州等幼儿高等师范院校实习生，完成实习指导任务。 (谢美红)

## 如东县县级机关幼儿园

【概况】 如东县县级机关幼儿园创办于1956年，是如东最早独立建制幼儿园，2008年成为江苏省优质幼儿园。2015年，有东西两个园区，东园地址在掘港镇蒋家桥巷10号，占地面积2171平方米，共7个班级，261名幼儿；西园地址在掘港镇朝阳路15号，占地面积7120平方米，12个班级，449名幼儿。全园在编教职工46人，其中专任教师35人，大专以上学历达100%。有高级教师2人，市、县学科带头人各1人、县骨干教师3人、县教坛新秀2人。遵循幼儿身心发展自然规律及特点，融合“绿色”所涵盖的自然、和谐、人文、民主、原生态、可持续发展等现代教育观，引导师生“崇尚自然、关爱生命、尊重人性、和谐发展”，以“乡土化课程，生活化教育”特色项目为突破口，逐步构建绿色园本课程，形成“绿色教育”特色，打造“绿色文化”。

【教育教学】 县级机关幼儿园作为南通市课程游戏化项目园和省综合活动课程试点园，推行主题活动周备课制，调整幼儿作息时间，重组幼儿一日活动环节。通过课程研究QQ群，每位园长及时阅读老师的每日课程记录，使课程游戏化落到实处。6月，幼儿园接受市课程游戏化项目现场验收。开展园本特色生成性主题活动和实践活动课程。举办“喜羊羊”读书节、“美羊羊”艺术节、“慢羊羊”体育节、“沸羊羊”狂欢节、大班毕业典礼、参观消防大队、中秋亲子活动、去农田瓣玉米挖红薯、公园远足、圣诞快乐嘉年华等活动。幼儿园获县课程叙事展评一等奖、童话剧展评一等奖、早操观摩评比活动二等奖、“亲子共读，传承美德”演讲比赛组织奖、县“龙源·勺嘴鹬杯”美术作品组织奖，“亲子健康行”被评为县综合实践活动优秀案例。坚持走“科教兴园”之路，将园本教研和课题研究有机结合。市“十二五”规划课题“主题背景下幼儿园数学区域活动的实践研究”，省“十二五”陶研课题(市规划)“区域活动中幼儿规则意识的培养研究”结题。

【师资队伍】 针对园所扩大、新进人员多、水平层次不齐等现状，县级机关幼儿园加强培训和专题研讨。先后组织骨干教师赴上海、南京、浙江、无锡等地培训学习。通过教学研共同体、与东海县结对、青年教师基本功竞赛、优课展示等平台促进教师成长。教师在各类活动中做专题讲座、上公开课、课程叙事50多人次,在市、县优课比赛、基本功比赛、读书交流等活动中获奖26人次,其中1人获市基本功大赛一等奖,并获市“五一劳动奖章”。2015年,全园教师发表、获奖论文及案例共37篇。

**【西园建设】** 2014年8月,机关幼儿园西园开工建设。占地面积7120平方米,建筑面积4900平方米。2015年3月,启动装饰工程;6月,完成土建工程验收;8月,装饰工程全面竣工。11月2日,12个班级400多名幼儿全部搬进新园。(唐锦秀)

# 科学技术

## 综述

**【概况】** 2015年,如东加快科技创新体系建设,科技促进经济社会发展能力进一步增强。全年实现高新技术产业产值818.25亿元,同比增长14.5%;高新技术产业产值占规模以上工业总产值42.9%,比上年提升1.15个百分点;认定高新技术企业24家,省高新技术产品75个;万人发明专利拥有量达9.75件,比上年增加2.26件;认定省工程技术研究中心4家、市工程技术研究中心10家;认定省研究生工作站11家,省企业院士工作站1家、省民营科技型企业66家;争取科技资金及政策性低息贷款5877.1万元,创新高,超额完成县委、县政府下达的重点突破性工作任务。年末,全县共有高新技术企业67家,高新技术产品282个。2011—2015年,如东共引进两院院士7人、国家“千人计划”专家13人、长江学者3人、中科院“百人计划”1人,入选省“双创计划”等重点引才计划49人,引进其他各类高层次创业创新人才126人,达成产学研合作项目220个,举办各类招聘会196场次。

**【创新主体培育】** 坚持“宣传先行、部门联动、强化服务、政策激励”原则,推动“高新技术企业培育”工程。县科技局深入各镇(区)、企业开展上门服务,详细了解企业成长性、产品科技含量、研发投入、科研队伍、专利发明等方面情况,就高新技术企业认定标准、申报流程及享受优惠政策等做现场解答。主动对接“中国制造2025”战略和江苏行动纲要,加快推进智能制造关键共性技术研发和新产品研发。大唐恩智浦半导体有限公司、江苏宇迪光学有限公司等5家企业申报省重点研发计划——产业前瞻与共性关键技术项目,江苏如东金友机械有限公司、阳光环保有限公司等3家企业申报省科技型企业技术创新项目,江苏中天科技股份有限公司、江苏快达农化股份有限公司等5家企业申报国家火炬和星火计划。

**【载体平台打造】** 引导各类开发区向创新型园区转型,统筹推进科技产业园、科技创业园、特色产业基地建设。如东高新区修编总体发展规划和产业发展规划,与尚华医药研发集团、江南石墨烯研究院等单位合作,建成尚华(如东)动物实验中心、尚华(如东)医药研发检测中心和如东石墨烯改性材料研究院等公共技术服务平台;南通外向型农业综合开发区成功创建国家农业科技园区示范区;如东经济开发区获批国家火炬计划特色产业基地,如东新宇科技创业园获批省众创集聚区并申报国家级科技孵化器;如东高新区生命健康创业园申报省科技孵化器,如东高新区申报市众创空间1家;岔河镇申报省创新型乡镇。加大与各科研机构和高校院所合作共建技术转移中心等科技公共服务平台的推进力度。与中国科学院上海科技查新咨询中心、产业与技术情报研究中心合作,成立南通分中心,实现专利数据服务、查新服务本地化。与江苏理工学院、天津大学、上海电机学院、中关村天合科技成果转化促进中心合作成立4家技术转移分中心,促进高校科技成果和技术在如东转化和转移。

**【政产学研合作】** 根据镇(区)产业特色和技术需求,结合高校领先领域和强势学科组织开展校地产学研合作。县科技局联合县人才办、县发改委等部门和重点镇(区)赴浙江大学、大连理工大学等高校开展科技、人才对接交流,达成合作意向20余项。全县共征集技术需求70项,新签订产学研合作协议50项,组织产

图62 11月8日,江苏理工学院国家技术转移中心如东分中心揭牌

学研活动10次。组织企业参加各类产学研合作活动。组织企业参加第五届省科洽会，网络信息平台对接科技成果7项、专家团队10个、技术需求4项，10家企业参加现场对接活动，南通香地生物有限公司与江苏理工学院签订合作协议。组织江苏黄海汽配股份有限公司、南通施壮化工有限公司等13家企业赴江苏理工学院就技术难题、项目及人才需求等内容开展产学研对接，江苏如东金友机械有限公司、江苏三旗线缆有限公司等5家企业与江苏理工学院达成产学研项目合作。邀请天津大学专家到江苏宇迪光学有限公司、江苏中天科技股份有限公司就机器人项目进行现场考察，了解企业需求。组织江苏中天科技股份有限公司、江苏九九久科技股份有限公司等企业参加“麻省理工学院中国(无锡)年会”“锂电技术专题论坛暨产学研对接洽谈会”“2015中国装备制造技术与产业合作高峰论坛”等活动。

## 科技活动

【概况】 1月7日，如东高新区(掘港镇)与上海尚华医药集团签订框架协议。双方将共建以尚华集团为核心的生物医药研发与中试服务平台，以尚华集团为主导的集健康产业孵化器、初创企业加速器、健康产业标准厂房、健康产业投融资服务、转化医学等为一体的健康产业生态圈发展平台。3月14日，上海电机学院“海外名师”关田铁洪教授、商学院副院长吴斌一行到新店镇调研，与新店镇就深化镇校合作、促进企业发展进行探讨，并达成合作共识。3月24—25日，县委组织部、县人才办、县科技局、县发改委、部分镇(区)和企业共13家单位负责人赴浙江大学、浙江工业大学、浙江理工大学开展科技、人才对接交流。4月16—18日，县科技局组织如东高新区和沿海经济开发区相关人员参加为期3天的江苏省科技企业孵化器从业人员第九期培训班。4月21日，县科技局在县委党校举办企业研发机构建设暨科技政策培训班，帮助企业加强研发机构建设，进一步落实好企业研发费用税前加计扣除等税收优惠政策，指导和帮助企业掌握享受相关政策申报要求，近200家企业参加，参训220多人。5月8日，石嘴山市科技局带领水产企业到如东考察南美白对虾养殖情况。石嘴山市富会荣水产公司、祥峰水产公司与如东县中水公司就南美白对虾养殖达成初步合作意见。5月19日，县科技局组织江苏黄海汽配股份有限公司、南通施壮化工有限公司等13家企业赴江苏理工学院开展产学研对接活动，5家企业达成产学研项目合作协议5项。6月30日，县科技局在县委党校举办科技创新专题研修班，各镇(区)、县级机关相关部门、县50强企业、高新技术企业相关负责人等近160人参加专题培训。9月11日，县知识产权局带领江苏苏中电池科技发展有限公司、江苏天泽环保科技有限公司等相关企业到南通产业技术研究院参加南通市专利助推产业创新发展论坛。

图63　6月30日，全县科技创新专题研修班

## 科技管理

【概况】 年初，县政府出台《2015年全县科技工作意见》，实施科技体制改革、创新主体提升、高新产业培育、创新载体建设、知识产权强县、科技创新惠民“六大工程”，推动全县科技创新工作不断提升。宣传苏科贷政策，组织实施县科技成果转化风险补偿专项资金，全年为8家企业争取贷款2200万元。县政府出台《如东县金融机构科技型中小企业贷款风险补偿资金池管理实施办法》，明确资金池规模、扶持对象、合作银行、运作方式等，缓解中小科技型企业融资困难。根据上级文件精神，调整《如东县科技成果转化风险补偿专项资金暂行管理办法》，出台《如东县科技成果转化风险补偿专项资金管理办法》，进一步促进科技和金融结合。11月，如东获批为国家知识产权强县工程试点县，试点时限2015年12月—2017年12月。县政府出台《如东县国家知识产权强县工程试点县建设工作方案》，完善知识产权工作体制机制，提升全县知识产权创造、运用、保护和管理能力，推动知识产权战略落实。继续在全县开展“创新杯”竞赛活动，细化考核指标和计分方法，将科技创新指标分解至各镇(区)，河口镇、如东沿海经济开发区获金杯，新店镇、如东高新技术产业开发区获银杯，马塘镇获铜杯。

## 科技计划实施

【概况】 2015年，如东申报国家火

炬计划3项、国家星火计划2项、省重大科技成果转化资金项目7项、省重点研发项目5项、省科技型企业技术创新项目3项、省现代农业项目3项、省社会发展计划1项、省青年基金项目2项、省知识产权战略推进计划2项、省人才计划44项，共争取上级资金5877.1万元。其中，有3个项目获省重大成果转化资金项目立项，争取上级资金3000万元。

**2015年如东县争取上级项目资金一览**

表30 单位:万元

| 专项资金计划名称 | 项目或单位名称 | 争取经费 |
|---|---|---|
| 双创计划 | 双创人才企业创新类—施章杰 | 100 |
| 双创计划 | 双创人才企业创新类—张兆国 | 100 |
| 双创计划 | 双创人才企业创新类—何品翰 | 50 |
| 双创计划 | 双创人才企业创新类—胡隆胜 | 50 |
| 双创计划 | 双创博士企业创新类—郁惠蕾 | 15 |
| 双创计划 | 双创博士企业创新类—王淼 | 15 |
| 双创计划 | 双创博士企业创新类—吴晶晶 | 15 |
| 双创计划 | 双创博士科技副总类—张兰春 | 15 |
| 双创计划 | 双创博士科技副总类—田赫 | 15 |
| 双创计划 | 双创博士科技副总类—张川 | 15 |
| 双创计划 | 双创博士科技副总类—李海华 | 15 |
| 双创计划 | 双创博士科技副总类—沈长青 | 15 |
| 双创计划 | 双创博士科技副总类—施佺 | 15 |
| 省科技成果转化专项资金 | 低油超高强聚乙烯纤维及石墨烯复合材料研发及产业化 | 1000 |
| 省科技成果转化专项资金 | 高可靠性深海石油钻井平台井口成套装备研发与产业化 | 1000 |
| 省科技成果转化专项资金 | 油气深井钻井井口作业数字化成套装备研发及产业化 | 1000 |
| 省级专利资助经费 | | 12.1 |
| 省战略推进计划专项资金 | | 30 |
| 省科技支撑计划 | 基于蛋白分子调控和亚基融合的新一代腈水合酶基因工程菌的开发 | 100 |
| 众创集聚区建设试点 | 如东新宇科技创业园 | 100 |
| 苏科贷 | 江苏中石机械有限公司 | 300 |
| 苏科贷 | 南通爱普医疗器械有限公司 | 300 |
| 苏科贷 | 南通香地生物有限公司 | 300 |
| 苏科贷 | 光大消防器材(南通)有限公司 | 300 |
| 苏科贷 | 南通岩艺涂装科技有限公司 | 100 |
| 苏科贷 | 南通振雄电子科技有限公司 | 300 |
| 苏科贷 | 南通亨利锂电新材料有限公司 | 300 |
| 苏科贷 | 南通瑶华纤维有限公司 | 300 |
| 合计 | | 5877.1 |

## 科技成果

**【科技成果奖励】** 2015年，如东获省、市科技进步奖15项，其中省级2项、市级13项。

## 2015年如东县获科技进步奖一览

表 31

| 项 目 名 称 | 承 担 单 位 | 完 成 人 | 备 注 |
|---|---|---|---|
| 食品与药品包装用无溶剂复合聚氨酯粘合剂技术研究与应用 | 南通高盟新材料有限公司，北京高盟新材料股份有限公司，北京高盟燕山科技有限公司 | 田立云、沈 峰、赫长生、邓煜东、张淑萍、冯 正、刘秉顺 | 省三等 |
| 草甘膦连续脱溶工艺优化清洁生产技术 | 南通泰禾化工有限公司,南京工业大学 | 卞进平、王海水、刘志英、刘根夫、朱明新、张大俊、黄一栋 | 省三等 |
| 基于生物技术的水产品安全饲料关键技术开发及产业化 | 南通巴大饲料有限公司 | 缪淑华、万夕和、季长美、顾继东、陈齐勇 | 市二等 |
| 开发 3G 通讯光纤涂层用高速固化聚氨酯十二丙烯酸酯产品 | 江苏利田科技股份有限公司 | 胡剑飞、张丽丽、徐永峰、桑卫东、马怀祥 | 市二等 |
| 心脑血管药物瑞舒伐他汀系列产品的研发与产业化 | 南通常佑药业科技有限公司 | 严 军、林燕峰、邹 林、李泽标、王 静 | 市三等 |
| 盐碱软土建筑工程地基处理技术研究与应用 | 江苏新源建筑工程有限公司<br>江苏顺通建设集团有限公司 | 葛家君、葛政新、许 锋、周阳春、佘小颉 | 市三等 |
| 绿色高效杀菌剂氟环唑产业化开发 | 江苏长青农化南通有限公司 | 赵 河、洪晓冬、张振明、陈亚军、于小井 | 市三等 |
| 术后镇痛中央监护管理系统 | 南通爱普医疗器械有限公司 | 张智慧、王凝宇、周 霆、贾 会、孙 捷 | 市三等 |
| 高纯度超低蛋白丙烯酰胺水剂 | 如东南天农科化工有限公司 | 杨 涛、钟先平、沈瑞华、孙拥军、顾稀平 | 市三等 |
| 无线集控式户内金属铠装开关设备 | 中天宽带技术有限公司 | 符小东、姜伯平、吴媛媛、董仲刚、徐向银 | 市三等 |
| 高纯度、低副作用抗肿瘤药 5- 氟尿嘧啶 | 精华制药集团南通有限公司 | 严 宾、吴玉祥、袁拥军、张伟男、丛亚娟 | 市三等 |
| 尿苷酸二钠盐新工艺 | 南通香地生物有限公司 | 张 剑、张 军、刘拥军、王畏畏、钱小云 | 市三等 |
| 低油超高强聚乙烯纤维的制备工艺 | 江苏九九久科技股份有限公司 | 朱建军、高继业、牛艳丰、任大贤、李珣珣 | 市三等 |
| 智能光电混合探测光缆 | 中天电力光缆有限公司 | 薛济萍、何仓平、路 浩、徐拥军、缪春燕 | 市三等 |
| 氟草隆 | 江苏快达农化股份有限公司 | 韩邦友、杨 彬、吴新林、徐守林、李梅芳、孙益峰 | 市三等 |

**【科技成果鉴定】** 2015 年,如东获市级科技成果鉴定项目 14 项。

## 2014年如东县获市级科技成果鉴定项目一览

表 32

| 序号 | 项 目 名 称 | 承 担 单 位 |
|---|---|---|
| 1 | 尿苷酸二钠盐 | 南通香地生物有限公司 |
| 2 | 胞苷酸二钠盐 | 南通香地生物有限公司 |
| 3 | 腺苷酸二钠盐 | 南通香地生物有限公司 |
| 4 | 茚虫威原药 | 南通施壮化工有限公司 |

续表 32

| 序号 | 项 目 名 称 | 承 担 单 位 |
|---|---|---|
| 5 | 茚虫威母药 | 南通施壮化工有限公司 |
| 6 | 超高强高模有色聚乙烯纤维 | 江苏锵尼玛新材料有限公司 |
| 7 | 丙二腈 | 江苏快达农化股份有限公司 |
| 8 | 2-氯烟酸 | 江苏快达农化股份有限公司 |
| 9 | 45%三氯吡氧乙酸三乙胺盐水剂 | 迈克斯(如东)化工有限公司 |
| 10 | 50%噻苯隆水悬浮剂 | 迈克斯(如东)化工有限公司 |
| 11 | 75%甲嘧磺隆水分散粒剂 | 迈克斯(如东)化工有限公司 |
| 12 | 62%三氯吡氧乙酸丁氧基乙酯乳油 | 迈克斯(如东)化工有限公司 |
| 13 | 1.2D 螺旋三维中空仿羽绒纤维 | 南通市鸿鑫纤维有限公司 |
| 14 | 超柔球型三维中空复合纤维 | 南通市鸿鑫纤维有限公司 |

## 高新技术企业

**【概况】** 2015 年,24 家企业被认定为高新技术企业，分别是南通岩艺涂装科技有限公司、亚振家具股份有限公司、上海中华药业南通有限公司、江苏中石机械有限公司、中天电力光缆有限公司、南通阳光环保设备有限公司、江苏锵尼玛新材料有限公司、南通强生光电科技有限公司、三一帕尔菲格特种车辆装备有限公司、南通华强通用软件有限公司、南通宝鹏健身器材科技有限公司、江苏海灵重工设备科技有限公司、南通雅本化学有限公司、南通泰禾化工有限公司、南通市东昌化工有限公司、江苏三美化工有限公司、南通恒盛精细化工有限公司、江苏长青农化南通有限公司、如东金康泰化学有限公司、南通沃兰化工有限公司、如东前进石油机械制造有限公司、南通拜森化工有限公司、精华制药集团南通有限公司、南通日之升高分子新材料科技有限公司。全县共有高新技术企业 67 家。

## 知识产权保护

**【宣传培训】** 县科技局利用“4·26”世界知识产权宣传日、知识产权宣传周、科普宣传周等活动，深入镇(区)、企业开展知识产权宣传和现场咨询活动,联合县农委、县市场监督管理局、县文广新局宣传知识产权法律法规知识，发放知识产权宣传画册。开展知识产权培训,组织 9 家企业参加市科技局举办的省标转国标实战培训，邀请市知识产权专家服务队到企业举办“流动课堂”8 场次,培训 400 多人。

**【目标管理】** 县科技局围绕知识产权管理工作预期指标，通过指标分解、加强考核、宣传培训、主动服务，开展专利申报服务工作。全年全县专利申请量 4104 件，同比增长 291.2%。其中,发明专利 224 件,实用新型 479 件，外观设计 3401 件。全县专利授权量 2799 件,同比增长 381.8%。其中发明专利 79 件,实用新型专利 358 件，外观设计专利 2362 件。全县万人发明专利拥有量 9.75 件。申请 PCT(专利合作条约的英文缩写)专利 9 件。江苏九九久科技股份有限公司申报省知识产权战略推进计划,获资助 30 万元。贯彻执行国家标准《企业知识产权管理规范》,江苏九九久科技股份有限公司、南通爱普医疗器械有限公司等 7 家企业通过省标向国标过渡的第三方认证。

**【专利执法】** 县科技局制定专利行政执法工作目标责任书，协调县市场监督管理局、县公安局等知识产权管理部门开展知识产权联合执法。全年检查制造业企业 10 家、商贸企业 5 家。对如东广隆超市等商贸流通企业开展集中检查，共查获涉嫌假冒专利产品 36 件，立案 36 件,全部结案。

## 科技人才引进培育

**【概况】** 如东树立人才是第一资源理念，加强高端人才引进。加快载体、项目、金融和服务“四位一体”联动,鼓励更多人才到如东创新创业。动员镇(区)和企业申报人才计划，推进人才引进出成果、出成效。南通泰禾化工有限公司、迈克斯(如东)化工有限公司等 7 家企业申报省双创博士(企业创新类)计划 7 人,3 名博士进入面试答辩环节并公示,占全市 50%,确认 3 人,占全市 60%。江苏中天科技股份有限公司、江苏九九久科技股份有限公司、凯爱瑞食品(南通)有限公司、江苏苏通茧丝绸有限公司等企业申报省双创博士(科技副总类)计划 37 人,14 人进入面试答辩环节,占全市 25%,6 人进入公示并被确认,居全市第二位。推荐并获认定省产业教授 5 人,居全市首位。 (徐力群)

## 气 象 测 报

**【概况】** 2015 年,气象观测场搬迁因水韵名居小区建设致新观测场探测环境遭破坏而搁浅，现址观测场探测环境因通海路西侧开发而破坏。全县气象台气象观测业务质量稳定，观测、发报和报表无错情，观测资料上传及时率99.95%。气象自动站设备运行正常，发现问题及时维护，确保气象资料准确性和连续性。全县14个中尺度自动气象站和1个海洋生态站平稳运行。10月起，中尺度站和海洋生态站引入社会化管理，仪器维护维修委托给江苏无线电研究所有限公司。

**【气象服务】** 为领导决策服务。围绕冬春寒潮、大风、大雾、道路结冰，以及汛期大暴雨、台风、雷电、连阴雨等灾害性天气，县气象局先后向县"两办"及相关部门提供重要天气报告47份，发布决策服务材料56期，发布预警信息46次，发送气象灾害预报服务短信400条，接收服务6万人次。专业气象服务。先后16次为中石油LNG船舶进港全过程提供气象与海况加密预报服务，为砖瓦厂等露天企业提供每天8次短时临近和中短期预报服务，为种养业大户、合作社、家庭农场提供每日天气预报服务和重要天气服务，为如东沿海各重大工程施工提供滚动式1周气象预报服务。开展特色农业气象预报服务。与县农委、县植保站和县作栽站合作开展气象条件分析、预报和农事服务，发布各类特色农业专题服务材料120期。利用气象协理员、气象信息员网络，将关键农时、农业气象预报服务和重大灾害性天气预报预警服务快速传递到田间地头。利用短信、电子邮件等方式，将夏收、夏种、秋收、秋种期间5天滚动预报服务告知到每镇每村。

**【气象为农服务体系建设】** 2015年，全县所有镇成立气象灾害防御工作领导小组，出台应急预案，14个镇、6所中小学和2个社区被市气象局认定为气象灾害应急准备工作达标单位。县气象局编制《如东县气象灾害防御规划》，内容包括暴雨、干旱、大风、雷电、高温、低温冰冻等灾种风险区划图，以及各区各灾种评述等。健全镇级气象信息服务站，每镇设置4～5个村级气象信息服务站，县政府落实建设配套资金79万元。举办气象协理员培训班1期，重申气象协理员、气象信息员工作职责，分发气象灾害防御指南。增加8个示范村，安装建成气象灾害预警大喇叭。全县所有镇、1/3村设立气象科普宣传栏，用于宣传气象防灾减灾知识，并定期发布农用天气预报、张贴农业气象服务产品。规范气象协理员和气象信息员工作，建立镇村双向预警信息传递机制，通过手机短信、大喇叭、显示屏、有线广播及时发布气象预警信息，确保气象预警信息全覆盖。利用气象服务短信平台，将全县党政领导、防汛责任人、地质灾害责任人、中小学校长、沿海用户、决策服务用户以及气象协理员、信息员手机号码纳入气象灾害预警免费短信平台。人工影响天气地面作业点建成使用。针对全县专业合作社、家庭农场负责人、粮食种植大户、养殖大户、园艺种植大户等天气预报、灾害性天气预警预报直通式服务继续运行。

**【气象宣传】** 县气象局以"3·23"世界气象日、防灾减灾日、防灾减灾宣传周、科普宣传周、安全生产月和"送科技下乡"等活动为契机，组织开展宣传活动。通过宣传展板、印发宣传资料、播放专题片及现场解说等形式宣传；与县司法局配合，在县城区主要路口设置气象专栏，向社会公众宣传气象防灾减灾法律法规及科普知识；通过记者采访在《如东日报》报道《气象设施和气象探测环境保护条例》相关内容。召开气象协理员和气象信息员座谈会，宣传讲解气象知识。继续完善掘港小学科普教育基地，建成气象自动站和宣传栏，安装电子显示屏，给部分师生讲解宣传气象知识。气象新闻稿件全年被"江苏文明网"录用26篇，市气象局网站录用30篇，《如东日报》、如东新媒体网站和"中国·如东"网站分别录用1篇、3篇和20篇。每季度编印《如东气象》150份，向社会各界宣传如东气象工作。

(冯芝祥)

# 文化

## 综述

**【概况】** 2015年，如东县致力于繁荣文化事业，加快文化产业发展，全县文化建设迈上新台阶。如东形成县有文化馆、图书馆、3家影院，镇有文化站(图书馆分馆)，村及社区有农家书屋(文化室)三级公共文化服务网络，文化设施完好并处于更新升级期，所有公共文化设施全部免费开放。总面积5万多平方米的县文化中心一期工程(含县文化馆、图书馆、博物馆、科技馆)于10月开工建设。全县镇文化服务站全面达标，3个镇建成省级公共文化服务体系建设示范镇，9个镇文化站达到国家三级文化站以上标准。实现全县农家书屋先进镇全覆盖。新建四星级农家书屋18家、三星级农家书屋39家，全县三星级以上农家书屋166家。县图书馆与64家农家书屋及所有镇级分馆实现通借通还。在第九届中国杂技金菊奖第六次全国魔术比赛中，获金奖1个、铜奖1个。丁洋表演的《变鸽子》获第九届中国上海国际魔术节国际大师组银奖，是中国唯一参赛节目。小品《人物儿》在第六届中国小戏小品奖展演中获优秀入选剧目(最高奖)。如东县文化广电新闻出版局(版权局、旅游局)(以下简称县文广新局)推进江苏省历史文化名城申报工作，开展文物征集活动。完成《跳马伕》国家级传承人申报。组织开展"非遗"保护传承、展示、宣传系列活动。新发展注册资金500万元以上文化企业15家，文化产业增加值占GDP比重达4.6%。开展文化市场专项整治、校园周边社会文化环境专项整治、"扫黄打非"专项检查等活动10多次，文化市场健康有序。

## 文化服务设施

**【如东县文化馆】** 如东县文化馆馆舍面积2413.9平方米，设办公室、文艺辅导部、美术摄影辅导部、非物质文化遗产保护中心等部门，工作人员18人，为国家二级馆。2015年，县文化馆开展大中型文化活动100余场，送文化下乡演出50余场，举办展览、展示活动47场，小品、民间绘画等作品多次在省以上发表、展出、获奖，出版《扶海众生》《"情系南黄海"李建淮摄影作品集》，举办如东县非物质文化遗产传统技艺类项目展等非遗保护、宣传活动。

**【如东县图书馆】** 如东县图书馆馆舍面积4000多平方米，设综合外借室、报刊阅览室、少儿借阅室、参考咨询室、文化共享工程电子阅览室、汤氏金石纪念馆等对外服务窗口8个，工作人员18人，为国家一级馆，实行免费服务和365天无馆休日。2015年，县图书馆馆藏总量29.2万册(件)，建有专业性数字资源数据库9个（其中包括电子文献150万册)，与南通地区公共图书馆共建共享数据库22个，藏有《四库全书》《续编四库全书》等文献。盲文阅览室有盲文图书400多册，有声读物50余种，光盘800多件，电脑安装盲人视障软件。开展"4·23"读书日及图书馆服务宣传周、第二届"你点书、我买单""我读书、我快乐"读书交流等读者活动10多项。举办"中国人民抗日战争暨世界反法西斯战争胜利70周年图片展""如东道德模范人物展"等展览活动，并巡回各镇展出。

**【幸福蓝海国际影城如东巨幕店】** 幸福蓝海国际影城如东巨幕店由原"金港影城"改造升级，于2015年年底正式开业，建筑面积5000余平米，设有6个影厅，900多个座位，地面停车场900余平方米，拥有车位92个。影城拥有如东地区首家标准杜比全景声巨幕厅，超大22×15米无框全景金属银幕，使用巴可4K双机3D放映技术、环绕巨幕厅的60个全独立音箱。

**【如东幸福蓝海国际影城乐天玛特店】** 如东幸福蓝海国际影城乐天玛特店隶属于江苏广电全资子集团幸福蓝海影视文化集团，影城坐落于掘港镇青园北路9号乐天玛特3楼，占地2000平方米，拥有5个数字3D厅，配有如东最大的地下停车场，设立如东首家情侣厅，是一家数字化、现代化、标准化的影城。2015年，幸福蓝海乐天玛特店实现票房650万元，观影21.8万人次。

**【金逸影城如东店】** 金逸影城如东店隶属广州金逸影视传媒股份有限公司，影城面积2000多平方米，有5个标准五星级影厅，美国QSC音响系统，多声道环绕立体声，全部采用德国进口高清晰放映镜头。2015年，金逸影城如东店票房收入867万元，观众26万人次。

**【镇(区)文化服务站】** 如东县镇(区）文化服务站共有14家。2015年，全县镇(区)文化服务站总面积2.57万平方米，所有文化站全部达标，其中河口镇、栟茶镇、双甸镇、新店镇4个文化站面积1000平方米以上，功能齐全，并全天免费开放。在第一批全国乡镇综合文化站评估定级中，双甸镇、栟茶镇文化服务站被评定为一级站，河口镇、岔河镇、新店镇文化服务站被评定为二级站，如东经济开发区、马塘镇、掘港镇、丰利镇文化站被评定为三级站。岔河镇、双甸镇为江苏省公共文化服务体系示范区(乡镇级)。

**【村(居)农家书屋】** 如东县行政村(居)农家书屋实现全覆盖，农家书屋面积均在30平方米以上，藏书2200册以上。有三星级农家书屋141家、四星级农家书屋24家、五星级农家书屋1家；数字农家书屋211家。2015年，14个镇(区)全部创建成为南通市农家书屋先进镇。

## 文 艺 创 作

**【概况】** 2015年，如东县在省以上发表、展演、参赛、获奖作品67件。杂技、小品等荣获国家级大奖。县少年杂技团成立"南通市少年杂技团魔术团"和"丁洋魔术工作室"。在市首届文华奖舞台艺术调演中，如东创作的歌舞音画《情系南黄海》等多个节目获奖。小品《人物儿》获第六届中国小戏小品奖展演优秀入选剧目。《收获》等13幅现代民间绘画在全国农民书画展中获奖、展出、出版。出版如东小戏小品选集《扶海众生》《"情系南黄海"李建淮摄影作品集》。有16篇专业论文在省以上报刊杂志发表、获奖。

**【魔术节目获国家、国际比赛大奖】** 4月30日—5月3日，第九届中国杂技金菊奖第六次全国魔术比赛在深圳欢乐谷举行，如东县少年杂技团丁洋表演魔术《变鸽子》获金奖，朱程程表演魔术《梅花三弄》获铜奖。此次获奖是如东县少年杂技团在"金菊奖"上零的突破，也是江苏省自2002年后再次捧回"金菊奖"。10月31日，在第九届中国上海国际魔术节闭幕式上，丁洋表演魔术《变鸽子》，获国际大师组银奖，如东县少年杂技团是此次魔术节唯一受邀参赛的中国杂技团。

**【小品《人物儿》展演】** 11月5日，由丁必忠策划，於国鑫编剧，蒋抒华、於国鑫导演，蒋抒华、张志一、易丁香表演的小品《人物儿》，参加由中国戏剧家协会主办的第六届全国小戏小品展演，获优秀入选剧目。

**【《情系南黄海》获奖】** 11月3日，由县文广新局主办，县文化馆承办的如东县原创歌舞音画《情系南黄海》参加市首届文华奖舞台艺术调演。易丁香、杭磊创作的歌舞音画《情系南黄海》，获优秀导演奖；孙乐和樊夏溪表演舞蹈《烫手的朝阳》、施翔宇和张争光表演音乐剧《夏天的选择》、孙陈和易丁香表演情景表演唱《老街巷》、杭磊表演舞蹈《耕海》,获表演奖;季铁权参加创作的情景表演唱《老街巷》,获优秀作曲奖。县文广新局获组织奖。

## 群 众 文 化

**【概况】** 2015 年,县文广新局举办“欢乐送万家”春节送戏下乡、第 11 届“蠙城之夏”广场演出、第五届“港城之春”文艺演出、第二届“百姓大舞台·周周演”“如东文化惠民沿海沿边行”大篷车文艺演出、第三届民间剧团文艺调演、“我们万众一心”纪念抗战胜利 70 周年文艺演出等大中型文艺演出活动 110 余场,其中送文艺到镇村演出 50 余场。县杂技团下乡演出 56 场。举办第二届如东县公共文化服务展示月活动,举行李建淮摄影作品展、迎新春摄影作品展、现代民间绘画精品展、“龙源·勺嘴鹬” 杯学生美术作品展、第二届青蓝工程如东县书法篆刻展等展览、展示活动 47 场。

图 64 10 月 1 日, 国庆歌会暨如东县第二届公共文化服务展示月开幕式

**【“百姓大舞台·周周演” 第二演出季】** 4 月 11 日起,由县委宣传部、县文广新局主办,县文化馆、县音乐家协会、县戏剧家协会、县曲艺家协会承办的“百姓大舞台·周周演”第二演出季在县城乐天玛特广场举行。星期六下午或晚上演出,采取“百姓大舞台,想唱你就来”形式,调动群众参与演出积极性,共演出 20 场。

**【“蠙城之夏” 文艺演出】** 7 月 15 日—8 月 19 日,第 11 届“蠙城之夏”专场文艺演出共举办 40 场,其中送戏到镇村演出 20 场,在县城集中展示 20 场,共演 423 个节目。演出主题为“践行‘三严三实’,推进德法同行”,演出中新增传统戏剧《智斗》、杂技《力量》、原创文艺节目快板《驾车恶习十不该》、表演唱《农家书屋飘书香》等节目。

**【民间文艺团体会演】** 10 月 12 日,由县文广新局主办,县文化馆、县民间文艺团体联谊会承办的“如东县第三届民间文艺团体会演”,在县城乐天玛特广场举行。会演的 14 个节目由各镇民间文艺团体选送,包括舞蹈、小品、戏曲联唱、原生态劳动号子、莲湘等。岔河镇和如东高新区获金奖。

## 文 化 交 流

**【概况】** 县文广新局通过“请进来,走出去”方式,加强文化艺术交流。春节期间,在江苏省文化馆举办“如东现代民间绘画精品展”。5 月,在南通市文化馆举办 “情系南黄海—李建淮摄影展”,共展作品 60 幅。10 月,“南通市首届摄影艺术展” 在如东文化馆展出。5 月,江苏省杂技家协会理事会在如东召开, 中国杂技家协会副主席戴武琦做 “杂技魔术节目原创的重要性”讲座,江苏省杂技界近 90 人参加。邀请多名文化名人到如东举办讲座、培训班。邀请省委宣传部副部长章剑华做 “中华传统文化的知识和传承”讲座;邀请中国舞蹈家协会副主席、重庆市舞蹈家协会主席毕富纯做 “舞蹈欣赏和作品分析”讲座;邀请中国民文协会副主席,省民文协会副主席、市民文协会主席吴元新做 “非遗的传承与保护”专题讲座等。如东县少年杂技团演出团队继续在香港海洋公园演出,全年演出 1800 余场。

## 新闻出版管理

**【概况】** 县文广新局加强新闻出版管理,对全县 107 家印刷企业和 139 家出版物经营单位进行年检换证。以“创星创先”活动为抓手,推动农家书屋提档升级。大豫镇南坎社区农家书屋等 18 个农家书屋通过省四星级示范农家书屋验收;洋口镇、苴镇街道、长沙镇通过市农家书屋先进镇验收, 全县实现市农家书屋先进镇全覆盖。推进农家书屋“一卡通”工程,64 个书屋与县图书馆实现“一卡通”通借通还。推进“书香如东”建设。调整如东县全民阅读领导组; 举行首个江苏全民阅读日活动暨第二届如东县全民读书节启动仪式;举办亲子共读、红读比赛、法制图书角、“农家书屋·暑期悦读·一战到底”读书知识竞赛等读书活动;举行“书香如东”文艺作品专场文艺演出和“书香摄影——读书如此美丽”巡展。8 月,中国新闻出版研究院公布 2014 年南通市居民阅读调查报告, 如东县成年居民综合阅读率 78.3%。

【读书知识竞赛】 8月22日，县文广新局、新华书店主办的“农家书屋·暑期悦读·一战到底”读书知识竞赛，在县规划馆礼堂举行，各镇(区)15名小选手参加比赛。赛题以农家书屋少儿读物、《如东民间文化丛书》及小学课外推荐读物为主。栟茶镇张冒驰获一等奖。

【“图书漂流屋”】 4月23日，主城区5座“图书漂流屋”正式投入使用，分别位于如东文峰大世界、人民医院、中医院、规划馆和长途汽车站。“图书漂流屋”为木质小屋，约8平方米，摆放400本最新图书，定期互换，接受市民主动捐书，形成资源共享。“图书漂流屋”借书凭身份证号和手机号，每人每次可借阅2本，借阅期限10天。

【一般作品免费登记】 2015年是实施一般作品免费登记第一年。县文广新局通过加强版权保护宣传、组织作品摸查、开展业务培训、与著作权人沟通、代理登记等办法，推进一般作品免费登记工作。全年登记一般作品1020件。

## 文化市场管理

【概况】 2015年，如东县文化企业单位共442家，其中印刷企业130家、出版物经营单位143家、娱乐场所经营单位58家、网吧64家、文艺表演团体6家、美术品经营单位2家、电影放映单位5家、文物保护单位34家。县文广新局加强文化市场监管，组织开展文化市场专项整治行动5次，开展“扫黄打非”集中行动4次、校园周边社会文化环境整治行动2次，共检查文化旅游市场各类经营单位1350余家次，受理各类举报45起，查缴各类盗版图书1800余册、音像制品8500余张，立案查处26起，罚款近8万元。组织开展“4·26”世界知识产权日系列宣传活动。加强文化市场安全管理，开展“一节、两会”、6月“安全生产月”、暑期文化市场安全生产大检查活动。某公司未验证、核查“商标注册证”案获省新闻出版广电(版权)行政处罚案卷评查二等奖；某网吧接纳未成年人案获市文化行政执法案卷评比一等奖；某公司未经许可擅自从事娱乐场所经营活动案被市文广新局评为市文化行政综合执法优秀典型案例。县文化行政综合执法大队被评为市“扫黄打非·清源2015”专项行动工作先进集体，获县行政执法人员法律知识竞赛一等奖。县文化行政综合执法大队与四川省简阳市文化行政综合执法大队签订对口交流协议，开展文化市场管理、行政综合执法等交流学习。

【集中整治、宣传】 2015年，县文广新局联合公安、城管、市场监管等部门，先后开展“扫黄打非·清源2015”“扫黄打非·净网2015”“扫黄打非·秋风2015”“扫黄打非·护苗2015”集中行动4次、校园周边社会文化环境整治行动2次。组织“4·26”世界知识产权日现场咨询、千人签名、张贴海报、正版图书销售等宣传活动，接受咨询500余人次，张贴宣传海报30余张，发放各类宣传资料近800份。收缴盗版音像制品8500余张、盗版出版物1800余册，送南通市“扫黄打非”办公室集中销毁。

【文化市场安全生产管理】 2015年，县文广新局开展节日、重要会议期间安全生产检查、“安全生产月”活动、暑期文化市场专项整治暨安全生产检查。邀请市消防教员进行火灾事故逃生和处理等公益性消防知识培训，并与各经营单位签订安全生产责任状。安全生产检查中，县文广新局出动600余人次，检查文化市场经营单位和文物保护单位300余家，重点检查娱乐场所、网吧、影院、营业性演出场所、重点印刷复制企业经营场所消防设施运行、消防安全“四个能力”(检查消除火灾隐患能力、扑救初起火灾的能力、组织疏散逃生能力、消防宣传教育能力)建设、安全隐患排查和公众责任落实情况，依法对24家文化市场经营单位下发安全生产整改通知书。

## 文物保护与管理

【概况】 县文广新局根据“六城联创”要求，开展申报江苏省历史文化名城工作。完成第四批县级文物保护单位立标保护工作。开展文物征集工作，完成全国第一次可移动文物普查，采集和录入351件可移动文物信息。参与中国海上丝绸之路申报世界文化遗产工作。完成《跳马伕》国家级传承人申报。组织开展“我们的节日——元宵”等7项非遗保护传承、展示宣传活动。

图65 12月29日，如东县历史文化研究会成立大会召开

【江苏省历史文化名城申报】　7月20日，申报江苏省历史文化名城指挥部召开第一次会议，副县长姜晓静作动员报告，全面部署历史文化名城申报工作，县委常委、县委宣传部部长张蓉蓉对申报工作提要求。印发《如东县申报江苏省历史文化名城工作方案》，明确申报江苏省历史文化名城指挥部组成人员及工作职责，分解落实申报历史文化名城工作任务和工作目标。申报指挥部办公室先后邀请市文广新局、市规划局领导和专家到如东指导申报工作。组织专家至县城三号街区和栟茶镇察看文物保护单位和历史建筑，研究维修保护方案。完成县级文物保护单位张謇掘港办事处维修设计方案招标。争取省文物保护专项经费110万元，支持栟茶大东旅社维修和丰利新四军一师三旅抗战指挥部维修。完成第四批县级文物保护单位共9处立标保护工作。委托苏州规划设计研究院股份有限价公司编制如东历史文化保护规划。

【文物征集】　12月16日，县文广新局建立文物征集工作组，由南通博物苑专家等组成文物鉴定专家组，对拟选集文物进行集中鉴定。共征集文物43件(套)，大部分与如东历史文化相关联，如明代寿官刘鹏墓志铭碑、清刘太淑人邓氏墓志铭碑、清代契约、抗战时期宣传画、解放初期土地房产证、布告、票据等。

【非物质文化遗产展示】　3月5日，县非遗保护中心开展“我们的节日——元宵”系列活动，举办如东县非物质文化遗产传统技艺类项目展示和《曹瘦脸儿的故事》故事会。6月12日，如东中等专业学校举办“扶海遗珍”——如东县非物质文化遗产保护成果展演，集中展演《新店山歌》《浒澪花鼓》《跳马伕》等歌舞类非遗项目，同时举办如东县非物质文化遗产保护成果图片展。6月13日，如东传统舞蹈《跳马伕》参加“文化遗产日”江苏省非物质文化遗产系列活动——“乐舞金陵传统音乐舞蹈展演”。9月20日，组织舞蹈《浒澪花鼓》《跳马伕》及传统技艺类罗彬面塑、如东硬木雕刻、南通烙画、工艺葫芦参加南通“江海旅游节暨国际风筝节”展演展示。

## 文化产业

【概况】　2015年，如东县新发展注册资金500万元以上文化企业22家，其中1000万元以上5家。全县共有规模以上工业类文化企业46家、贸易类4家、服务类18家。文化企业主营业务收入88亿元，产业增加值22.47亿元，占GDP 4.6%，全市排名第四。栟茶古镇文化旅游开发项目启动。江苏省源胜石业文化创意园初具规模。通过举办培训班、组织参观学习等活动，提高文化产业从业人员素质。制定全县木业文化发展工作方案，指导成立如东红木行业商会，引导集群发展。做大做强杂技培训演出产业，招收杂技学员12人，“南通市少年杂技团魔术团”正式挂牌。县杂技团演出收入192.4万元。

【石业文化创意园】　江苏省源胜石业文化创意园位于洋口港经济开发区临港产业园，占地11.22公顷，注册资本1.2亿元，计划投资约3.72亿元。至2015年，一期先导区注册石材文化产品设计生产制造企业25家，落户企业15家，其中开工10家，具备投产条件企业4家。

【红木文化产业园】　南通彩神紫檀红木文化产业园位于通洋南路18号，园内有红木文化企业12家。园内新建南通彩神紫檀博艺馆，规划建设展厅7000平方米，总投资500万元。一期建成展厅2000平方米，二期展厅5000平方米主体框架建设完成。产业园通过开办红木技术训练班、举办红木家具制作和雕刻比赛、组织参加国内红木艺术品展示比赛等活动，培训红木加工、雕刻人才。

【文化产业干部培训】　11月30日—12月5日，县文广新局在南京大学举办“如东文化产业干部高级培训班”。邀请南京大学教授、文化产业研究中心主任顾江，南京大学副教授、博士周锦，南京大学博士郭新茹等知名专家、教授授课，现场观摩学习南京“1865”文化产业园、南京高淳文化老街等产业规划和运作模式。全县70多人参加培训。

（高学红）

图66　12月1日，如东县文化产业高级研修班开班仪式

## 图书经营管理

**【概况】** 2015年,如东新华书店有限责任公司完成销售码洋6454.5万元,营业收入6183万元。在省股份公司重点考核两项指标中,分别完成营业收入基础指标114.6%,完成利润基础指标106.2%。圆满完成连续37年教材、教辅"课前到书,人手一册"的政治任务。世界读书日期间,配合县委宣传部在县城建设图书漂流屋5处,组织推荐中央电视台好书30本、江苏全民阅读办推荐好书12本及如东县全民阅读推荐好书50本,中央电视台报道此项活动。组织5场校园人文行、医学专家企业行活动,开展"凤凰书香动车组"服务社会"六走进"(走进社区、走进农村、走进机关事业单位、走进企业、走进学校、走进会场)活动。

**【经营管理】** 如东新华书店有限责任公司对照"三星级门店"长效管理新标准及"全国巾帼文明岗"标准,抓门店创建工作。新华书店中心门店通过三星级年审,岔河、栟茶门店通过农家书店示范店年审。开展创建省级物价放心消费单位活动。开展读者评议活动,向120位读者、40家单位发放读者及团体供应服务调查表,读者满意度较上年提高。进一步控制各类非经营性费用,业务招待费、运输卸力费大幅度减少。对各销售门店可控费用实行定额包干、总量控制,超支自负。总费用降幅7.33%。

**【企业文化建设】** 如东新华书店有限责任公司加强员工队伍建设,组织员工开展"读一本好书、谈一点感受、写一篇体会"全员读书活动,举办"道德讲堂"3次。组织开展"善待工作就是善待自己"征文比赛,建设文体活动室。资助长沙小学贫困学生、童店初中新华春蕾班10名初中学生。有14人参加献血活动。组织员工参加"网络志愿者"服务工作,每月完成微博、博客等20篇。与县教育局联合举办"新华杯"鼓号队大赛,与县文广新局联合举办"一站到底"知识竞赛等活动,与县机关党工委联合举办羽毛球比赛。(陈旭江)

## 新闻传媒

### 广　播

**【概况】** 2015年,如东人民广播电台继续实行总监负责制,对频率质量、广告创收、节目创优和对外发稿进行综合考核。拥有调频89.6兆赫波段和农村有线广播,主要节目有《896新闻播报》《"三农"之声》《896政风行风热线》《一路有你(早晚高峰)》《你的故事我的歌》《音乐畅听》《896名医在线》等。如东人民广播电台采编播人员21人,其中中级职称9人。3档创优节目获省一、二、三等奖,在中央级媒体用稿21篇。启用FM896如东新闻广播微信公众平台,每天向听众推送微信,发布县内热点事件、新闻人物等。加入网络收听《FM蜻蜓》平台,听众通过蜻蜓APP(应用程序)搜索"如东新闻综合广播",实现网络收听、回听。签订广播广告常年合同36份,广告到账约180万元,超额完成20万元。

**【节目改版】** 1月1日,如东人民广播电台"如东新闻综合广播"亮相FM89.6。自办节目12个,主持人节目6个,以1小时直播时长为节点,节目设置更加合理。《896新闻播报》围绕县委、县政府工作中心,服务大局,发挥主流媒体的新闻宣传作用;交通节目《一路有你》分为早晚间版,分别在上下班高峰时段播出;音乐节目《音乐畅听》在上午9—10点直播;《戏曲荟萃》下午3—4点;情感节目《你的故事我的歌》首次安排在晚间直播。《"三农"之声》面向农业农村农民,在中午和《如东县政风行风热线》《896名医在线》形成一个版块,全年接听电话482个,线上线下为听众解决问题500多个。

**【政风行风热线】** 《如东县政风行风热线》3月底开播,共有32家单位走进直播室与听众、网民交流,接受听众咨询投诉300多件,95%的问题得到解决。与电视、报纸、新媒体网站和"12345"政务平台联动,利用行风热线品牌效应与交流平台,相互协作,相互促进,提升广播影响力。

**【节目创优】** 2015年,如东人民广播电台送评5大类别、21档节目。其中,广播剧《山那边、海那边》获省一等奖;播音作品《896新闻整点听》获省二等奖;主持作品《心中有爱——本土词作家陆铁雄的音乐人生》获省三等奖;有19档节目分获市一、二等奖。《纪实与广播》获第九届全国广播影视学术著作评选三等奖。

(金建平)

### 电　视

**【概况】** 2015年,如东电视台主要节目包括《如东新闻》《直通民生》《这方水土》《乡村行》《大沈阳说如东》《法治如东》等自办新闻、社教类节目。《如东新闻》每档20分钟,周一至周六播出新稿,周日是"一周新闻集锦"。《直通民生》是一档民生类新闻节目,5月4日开播,播出电视民生新闻和舆论监督类新闻。自办电视专题节目4档,每档时长12分钟。电视访谈播音获省三等奖,1篇论文获省三等奖,1档节目获市一等奖,11档节目获市二等奖。全年在中央电视台用片10条。

**【新闻宣传】** 如东电视台开办"新常态新作为"栏目,在《如东新闻》中集中报道全县各地各部门立足新常态,不断开拓创新、转型升级的经验、做法。对全县50强企业集中采访,探索新常态下工业企业生存与转型升级发展之路,包括全县重大项目进展情况。推出"世界500强在如东""高新技术企业巡礼""凤栖如东转型先锋""社会名家"人才典型、"辉煌'十二五'""六城联创""文明城市创建""畜禽类污染整治"等重点宣传。沿海开发系列报道《扬帆逐浪正当时》,共10篇。采访一批先进劳动者事迹。推出农民、企业家、个体户创业故事。纪念抗战胜利70周年,组织“寻访抗战老兵”活动。“身边的感动”“最美如东人”“十佳最美职工”“十佳志愿服务品牌”等新闻栏目,报道正能量人物典型。“消除盲点村”系列报道,对重大灾害天气如7月持续高温、9月出现史上50年不遇的暴雨等进行关注。创办民生类新闻节目《直通民生》。“我来讲讲”“秀生活”“一周一法”等栏目形成个性化风格,《直通民生》节目共用片2000多条,社会影响逐步提升。节目热线电话每天都有一批,微信粉丝发展到近4000人。至年末,《直通民生》共播出民生求助近200个,直接为老百姓解难50多个,观众给节目组送致谢锦旗2面。开通电视台微信微博,微信公众平台每天推送消息,关注网友反馈、节目互动、挑选幸运网友。一些报道经过微信整理推送,点击量大幅上升,如“如东大型水上乐园激情开园惊险刺激等你来”“3万人挤超市——网友抓住陌生人的裤腰带出来的”“司机一个瞌睡4人送命”“苏225线重大交通事故案庭审”“两名如东籍将军领队大阅兵方阵”等消息,微信点击率超过4万人次。 (江成军)

## 报纸

【新闻策划】 2015年,县文广传媒中心先后推出“干道沿线村企行”“纪念抗战胜利70周年大型报道”“六城联创在行动”“风潮逐浪高沿海开发系列报道”等栏目和报道。注重经济报道比重,经济报道占全部报道60%以上。开设专栏,在“开门红”“双过半”“重大项目推进”等专栏中,推出一批重量级报道。继续推进“走基层、转作风、改文风”活动,推出“行进中国精彩故事”专栏。所有采编人员每周下一次基层,全年推出走基层稿件500余篇。

【副刊改版】 4月中旬,《如东日报》周末副刊改版,新设“热点聚焦”“文体娱乐”“写作读书”“生活休闲”等版面,凸显“大文化”意识,以精良版面制作、较高文化品位、较强可读性和服务性,满足知识分子群体和普通市民阅读需求。

【对外宣传】 2015年,县文广传媒中心在国家、省、市党报以及其他类报刊发稿100余篇。其中人民网3篇、新华网42篇、《新华日报》12篇、《南通日报》50多篇。通讯《如东:凭风借力正扬帆》在《新华日报》重要位置刊出,被新华网、新浪网等多家主流网站转载。在江苏省县、市报年度好新闻评比活动中,15件作品分获一、二、三等奖。其中,《稻强米弱,看双甸粮企如何应对》获通讯类一等奖;《那一刻,他心中只有渔民的安危》《32位老人组成一个家》等4篇稿件及“第1现场”栏目分获通讯、言论、摄影和专栏二等奖;另有7篇作品分获消息、通讯、系列报道、摄影和专栏三等奖。1月29日1版、《废水中何以“拎起”高科技产品链》分获好版面和好标题奖。(朱晓进)

## 网络媒体

【概况】 如东县互联网新闻中心(网络媒体部)成立于2012年年初,工作人员9人,运行如东新媒体网站、“如东手机”客户端、如东关注微博和如东新媒体微信4大网络媒体平台。其中,如东新媒体网站于2012年5月18日正式上线运行,日均访问量1万多人次,是如东唯一(百度、360等大型搜索网站)地方新闻源网站;如东关注微博于2014年1月正式运行,用户数(粉丝数)近6万人(用户数每天120~200人增加);“无线如东”和如东新媒体微信公众平台于2014年9月上线运行,两个平台用户数分别为1.3万人和3.2万人左右,侧重民生、社会类的微新闻发布,关注度提高。全年新媒体网站有20多条原创新闻被新华社、新华网、人民网、凤凰网、《中国日报》、央广新闻等国内知名媒体引用、转发。其中,《江苏如东洋口港迎来第100艘LNG运输船》《共和国不会忘记——为抗日老战士写照摄影展》等被新华社、国家政府网和新华网等多家媒体转载;《9亿元!第一单企业债成功注入如东洋口港》被江海明珠网、中国南通政府网站、中国江苏网、腾讯网和中江网转发;《洋口港液化品码头二期岸线利用通过评审》被中江网、新华网、凤凰网和新华报业网转发;《洋口港口岸开放通过国家验收》被江苏省人民政府网、央广网转发。

【平台活动】 2015年,县互联网新闻中心结合互联网特点和网站平台要求,利用微平台(微信、微博)和“无线如东”手机客户端的移动终端优势,先后成功策划、组织和参与“通洋高速开通”“如东新媒体小记者团”“如东人看如东主题活动”“如东汽车站设计方案网上征集”“六城联创”“征兵宣传”“为抗战老兵写照摄影活动”“人气宝宝网络评选大赛”“村官风采网络评选大赛”“奋进的如东”和“辉煌‘十二五’”系列活动。围绕通洋高速开通,策划《通洋高速一期工程预计春节前通车》《通洋高速通车在即:一张图带你轻松上高速!》《通洋高速:如东至南通客车行程缩短一刻钟》《好消息 通洋高速定于明日12时正式开通!》《通洋高速今日开通》《通洋高速通车第一天,场景火爆了》《图解如东“三横三纵”公路主干线网》《如东迎来通洋高速公路开通后首批沪上商户体验团》8篇系列原创新闻,阅读量突破6万人次。围绕网站、论坛、微信(博),先后策划原创新闻《有一种生活方式叫逃往如东》《如果你的身份证是以320623开头的,请转走》《端午古镇赛龙舟 选手水上竞风流》《她12岁入伍、14岁成为世界冠军!是咱如东人》《“雨神”为何突降如东,看看暴雨中的如东人都在干嘛?》《全球最大汽车滚装船由如东人掌舵,有多牛,看了就知道》等100多篇。

【平台改版与创新】 2015年,县互联网新闻中心重点加强“两微一端”(如东新媒体微信、微博和“无线如东"手机客户端)平台栏目和内容建设,完成对"无线如东"全新升级改版和微信公众平台更新,从单纯新闻到增加趣味内容,包含县内原创新闻、生活资讯、便民信息等内容,服务能力和内容建设进一步完善,内容贴近生活,反映网友信息需求。服务上增设报料、微友互动、查违章、订车票、看电影等功能,方便网民需求。 (徐晓波)

图67 10月8日,如东县中医院医养融合PPP项目咨询服务项目签约会议召开

# 卫 生

## 综 述

**【概况】** 2015年,如东县有各类医疗机构453个,其中医院46所,基层医疗卫生机构388个,专业公共卫生机构4个,医学在职培训机构1个,其他医疗机构14个。共有床位3509张,平均每千人拥有床位3.37张。卫生技术人员5203人,平均每千人拥有5.004人。全县总诊疗469.1万人次,出院病人10.24万人次。全年业务总收入15.76亿元;业务总支出15.46亿元,盈利2966万元。全县医疗卫生机构总资产21.06亿元,其中固定资产6.88亿元。全县卫生系统继续以县级公立医院改革为主线,推进卫生事业各项改革工作,实施惠民举措,激发发展潜力。全面取消"以药补医"。创新新农合管理制度,如东新农合管理经验分别在国家和省卫计委专题工作会议上交流。如东县创成江苏省慢性病综合防控示范区。县中医院整体迁建工程完成外部装修和配套设备安装,开始内部装修,投资1.08亿元。县人民医院外科大楼项目由于土地使用问题难以协调等客观原因,进入地质灾害评估阶段。县第四人民医院原地改扩建项目启动,进入施工图设计阶段。掘港镇中心卫生院整体搬迁工程因稳评未通过,经县委、县政府同意改变建设计划,实施原地改扩建。按序时完成15024座农村改厕任务,完成率100.01%。大豫镇及14个镇(区)35个村创建卫生镇村通过省级验收,完成率250%。组织开展第13届卫计系统文化节活动。加强医疗机构内涵建设。"三好一满意"(服务好、质量好、医德好,群众满意)、"群众满意乡镇卫生院"活动合格率达100%。苴镇中心卫生院、兵房中心卫生院、马塘镇中心卫生院被省卫计委作为"群众满意的乡镇卫生院候选单位"申报至国家卫计委,优良率达60%。组织医患纠纷调解巡回宣讲团,普及纠纷预防、调解知识,全年接待投诉52起,调处医患纠纷48起。所有医院和个体诊所均参加医疗责任保险,共同抵御医疗风险。依法做好执业准入工作,完成150家医疗单位换证和349家医疗机构年检工作。医师注册与变更注册135人次,护理人员注册和变更278人次。

**【医疗卫生体制改革】** 2015年,如东县继续推进公立医院改革,全面取消"以药补医"。全面实施基本药物制度。6家新建公立医院由6家中心级以上医院实行代管运行,并100%实施基本药物制度。修订完善基本药物制度实施办法,各级医疗机构(含改制医院)按比率使用基本药物,并会同财政部门考核验收。100%的社区卫生服务中心建立家庭医生制度,并探索乡村医生签约服务方式,签约对象享受协议约定服务项目。

**【医疗服务质量管理】** 各医院全面落实改善医疗服务24条措施。二级公立医院全面开展预约诊疗服务,专家门诊就诊患者预约率40%以上,出院病人复诊预约率100%。优化就医流程,推行门诊服务窗口和诊室弹性排班、分层分科分区挂号、候诊、交费、取药、全日制专家门诊、无假日门诊、无假日检查、大型检查一日报告、自助打印检验检查结果报告、电话随访等措施。建立医疗质量管理体系,全县二级以上医院开展临床路径管理试点工作。实施医疗技术分类管理和手术分级管理,重点落实好抗菌素合理使用指导原则和规范,开展抗菌药物临床应用专项整治活动。开展"信用等级评价"活动,对全县医疗机构(包括改制医疗机构)进行质量考评,促进改制医疗单位提高管理水平和医疗服务水平。

**【医疗废物处置】** 县卫计委结合生态县创建,抓实医疗废物处置管理。制订《如东县医疗废物处置规范化管理项目实施方案》,并认真组织实施。分别组织各医疗卫生单位主要负责人和医疗服务监督人员进行专业培训。全年立案查处不规范处置医疗废物类案件 11 件，罚款 2 万余元。

【医教科研】 县卫计委紧扣卫生工作重点，开展继续教育培训活动。先后举办心血管病、高血压防治、医患沟通、控制院内感染、糖尿病治疗进展、医疗安全、重症医学、癌痛处置、临床护理、核磁技术等继续教育项目 16 个。承办第二届江海颅脑损伤高峰论坛暨脑血管病学习班、南通市放射学术年会和肿瘤规范化诊治培训班。邀请医患沟通技能中国课程专家小组成员沈健、肝病专家聂红明、肿瘤专家蔡晶、内分泌专家吴锦丹、心血管病专家柯开富等市级以上知名专家教授 15 人授课。全县医疗卫生技术人员和乡村医生 2760 人次参加各类培训。开展医学科研活动。省科技局立项课题“经 RPH 不同套扎方式治疗 II 期内痔的临床对照研究”年内结题，另有 1 个省立项、16 个市立项课题在进行中。论文《右美托咪定对高龄患者前列腺电切术后认知功能的影响》和《MIPPO 技术结合胫骨远端内侧锁定接骨板治疗胫骨远端骨折》分别获南通市自然科学优秀学术论文三等奖。论文《高中新生 PPD 反应程度与结核病发病危险的队列研究》获省医学会优秀论文奖；科研项目“高中生结核菌素反应程度与结核病发病危险的前瞻性队列研究”获县科技进步二等奖。4 篇学术论文获县第七届自然科学优秀学术论文一等奖，另有 16 篇论文获县二、三等奖，卫计系统 3 个等次获奖率分别占全县获奖论文 80%、72.7%、61.5%。

【卫生行风】 县卫计委严肃查处收受红包、开大处方、滥检查等违规行为，规范医疗行为。对容易滋生商业贿赂的重点部门、重点科室、重点岗位、重点环节，健全监督制约机制，实行人员轮岗交流。继续实施“无红包医院”及“十制”(分级承诺制、社会公示制、入院告知制、出院回访制、医德教育常态制、特别贡献激励制、主动查纠免责制、主要领导问责制、社会监督评价制、一票否决制)管理模式。不断完善医德考评制度，建立并运用医德考评档案。在县人民医院、中医院实施医德诚信考评建档电子系统和卫生行风患者满意度第三方调查工作，并适时向面上推广。认真落实《医疗机构从业人员违纪违规问题调查处理暂行办法》等规定，严肃查办违反规定乱收费、开单提成、收受回扣、索要红包以及因工作不负责任发生严重医疗安全事故的行风案件。全系统共上交红包 137 次，金额 10.1 万元；打入病人入院账户 167 次，累计 13.28 万元；退还红包 28 人次，金额 1.34 万元。全年受理纪检监察信访件 6 件，立案 3 件，按期办结率 100%，对查实当事人按照规定处罚。受理群众来电投诉 2 例，全部按期答复，群众反馈满意率 100%，全年无重复上访事件发生。以爱心天使服务队为载体，在乡村、社区、街头、军营开展义诊、健康宣传、送医送药、扶贫济困活动。　（顾　建）

## 农 村 卫 生

【概况】 县、镇两级都成立基本公共卫生服务项目实施领导组，制订《如东县基本公共卫生服务项目实施方案》。县卫计委坚持季度督查、半年考核制度，将考核结果与基本公共卫生服务专项经费补助挂钩。基本公共卫生服务项目配套专项资金被列入县财政年度预算，并建立专户，各镇设立专账，确保资金封闭运行、专款专用。12 类 45 项基本公共卫生服务项目有序推进。

【乡村医生签约服务】 8 月，县卫计委选取长沙镇、大豫镇、马塘镇开展新一轮乡村医生家庭个性化签约服务试点工作，3 个试点镇各选择 1～2 个村开展试点签约服务。新一轮乡村医生家庭个性化签约服务启动阶段采取不下指标、以奖为主推进，由签约乡村医生和参与签约服务并承担技术支撑的乡镇卫生院（改制医院）协同为签约居民提供个性化基本医疗和基本公共卫生服务。

【老年人健康体检】 2015 年，承担老年人健康体检医院仍由各单位自主申报，县卫计委审核确定。全年共体检 17.43 万人，体检率 83.32%，胸透检查 9.82 万人、B 超检查 11.3 万人，体检结果均以书面形式告知受检老人。新发现的高血压、糖尿病患者被纳入慢性病管理，及时通知疑似肿瘤人员到上级医院确诊、治疗。

【居民健康档案建管】 县卫计委全面推进居民健康档案建立工作，通过入户服务、门诊服务、疾病筛查、健康体检等多种方式，对辖区内居民及老年人、慢性病患者建立合格纸质档案和电子档案，实行双重管理。全县累计规范建立纸质居民健康档案 880026 份，建档率 89.62%；将所有纸质档案录入档案管理系统，电子档案建档率 89.47%。加强居民健康档案规范化管理，实行“1 人 1 档 1 袋”，居民个人健康信息及就诊、随访记录等全部归档管理，避免居民个人健康资料遗失。落实居民健康档案更新制度，每年更新重点人群及其他人群健康档案。

【新型农村合作医疗】 县政府修订完善《如东县新型农村合作医疗管理办法》，人均筹资标准提高至 480 元，财政补贴标准提高至 380 元。全年全县参合 74.52 万人，参合率 99.97%。全面试行按病种付费、按床日付费、“一般诊疗费”包干使用等混合支付方式改革，乡镇卫生院住院次均费用上升 4.49%，次均支出上升 14.36%。全县累计结报 361.26 万人次，共支出 3.21 亿元。在全市率先推行“信用等级”评定工作，根据各医疗机构管理水平、诊疗层次、服务能力、民众满意度等情况确定其信用等级，并与新农合报销相挂钩，推动各医疗机构提高服务质量，加强财务管理，保障新农合资金使用安全有效。全面落实重大疾病救治工作，为2名先天性心脏病患儿、1名白血病患儿及43名慢性髓性细胞白血病患者提供新农合救治补偿金43.61万元。

【爱国卫生】 2015年，省政府下达如东农村改厕1.5万座，全年完成15024座，完成率100.01%。开展省级卫生镇村创建工作，创成省级卫生镇1个、省级卫生村35个。7月，如东代表南通接受省爱国卫生工作中期督查，高分通过。全县所有医院均与县疾控中心签订医疗废水监测委托合同，并坚持每月送检1次，有效规范医疗废水处理及排放。

## 疾病预防控制

【概况】 2015年，县疾病预防控制中心(简称县疾控中心)继续宣传贯彻《中华人民共和国传染病防治法》以及《突发公共卫生事件应急条例》等法律法规，完成国家级重点项目4个，5个项目通过省、市级督导评审。全县共报告甲乙丙类传染病16种2047例，总发病率为204.90/10万，比上年下降44.81%，主要下降病种为手足口病，其中甲乙类传染病10种1124例，发病率为112.51/10万，比上年下降10.05%。

【艾滋病防治】 2015年，如东县各医疗机构启动住院病人艾滋病病毒抗体检测工作，继续开展每月娱乐场所高危人群艾滋病监测和干预，每季度对看守所被拘押人员开展艾滋病抗体检测。设立艾滋病自愿免费咨询检测门诊，提供免费咨询检测，共接受咨询检测432人次。组织艾滋病病人胸部X线检查，CD4细胞检测230人次。对生活困难艾滋病病人办理低保手续，享受低保生活待遇。通过编印宣传册、现场咨询等形式，开展防治艾滋病知识普及宣传，增强群众防治艾滋病意识。

【免疫规划】 如东县累计接种一类疫苗137993针次，各苗基础、加强接种率均在95%以上。新建掘港、洋口2家数字化门诊，全县14家预防接种门诊有11家完成数字化门诊创建工作。各接种单位统一配置316升冷藏冰箱。及时规范处置疑似麻疹病例66例，确诊24例，对县内麻疹确诊病例的2607名密切接触者进行应急接种，未发生二代病例。全年共查验儿童预防接种证11103本，查验补证87本，补种2101剂次，查验率、补证率均为100%，补种率95.15%。全面启动预防接种“家长课堂”，编印下发《预防接种知识读本》。举办狂犬病疫苗接种单位预防接种人员上岗业务培训3期。10月25—30日，中国疾控中心和江苏省疾控中心组成的联合调查组，随机抽取掘港、大豫、双甸3个镇共6个村，开展免疫规划工作状况和影响因素调查。全年报告急性乙肝29例，比上年下降27.5%；报告AFP(甲胎蛋白)病例1例，无新生儿破伤风病例报告。

【血地寄防制】 县疾控中心在掘港、曹埠、新店、双甸、袁庄5个重点流行镇25个村开展查螺工作，全县查螺用工4000个，调查面积223.77万平方米，未发现钉螺。9—11月，开展血吸虫病感染情况监测2309人次，未发现阳性。全年碘盐批发与零售层次监测6次，54份盐样均合格。抽取5个镇20个村300户居民盐样检测，300份盐样中合格289份，发现非碘盐3份，碘盐合格率97.31%。4月，开展人群碘营养状况调查，儿童触诊甲状腺200人，未发现甲状腺肿大患者；检测儿童尿碘200份，尿碘范围29.3～468.6微克/升，尿碘中位数150.35微克/升，检测孕妇尿碘100份，尿碘范围23.3～400微克/升，尿碘中位数114.8微克/升，各项指标均达消除碘缺乏病标准。全年全县共血检“三热病人”(指疟疾、疑似疟疾、不明原因发热者)3195人次，占全县总人口0.3%，发现疟原虫阳性3例，皆为境外劳务归国人员。开展第三次人体重点寄生虫病抽样调查，共调查758人，发现蛔虫感染1例，总感染率0.13%。10月，对部分低年级学生及幼儿开展蛲虫感染情况调查，共调查619人，未发现蛲虫感染。6月2日，如东县血吸虫病健康教育接受省级评估调查，抽查800名居民和学生血吸虫病防治知识知晓率和正确行为形成率均在95%以上。7月，南通市血地防领导小组办公室确认如东县碘缺乏病防治成果得到持续巩固。9月16日，如东县通过省卫计委督查组对重点疾病防治“十二五”规划工作考核。

【结核病防治】 县疾控中心完成国家自然基金“结核分枝杆菌北京家族亚簇(PCR00002)与结核病近期复发的关系研究”项目病人随访复查工作，如东县列入项目病人75例。全县非结核病诊疗定点医疗机构共网络报告县内肺结核病人564例，与登记核查数一致，医疗机构结核病人报告率100%；肺结核病人治管指标全部达标，每2个月到各镇结防督导1次，共督导87次，访视病人225例。开展“3·24”世界防治结核病日宣传。举办结核病防治业务培训班1期、结核病痰检技术培训班1期，召开县人院、中医院医防协作会议2次，召开各驻镇卫生所所长会议1次。

【慢性病防治】 县疾控中心在14个镇首次开展糖尿病高危人群免费筛查活动，共筛查2800人；开展65岁以上人群慢病危险因素专题调查，选取长沙镇四桥村1000名村民开展监测。全县累计高血压病例140390例，登记率95.06%，规范管理率81.17%；累计糖尿病患者32596例，登记率61.02%，规范管理率87.38%。全县共组建慢性病自我管理小组51个，覆盖51个村，社区慢性病自我管理小组覆盖率20.6%。

【公共卫生监测】 县疾控中心全年共发放食品从业人员健康证18012份。成功处置2起疑似食物中毒事件，及时对与食品安全事故有关因素进行流行病学调查，为正确救治患者提供技术支撑。对254家企业23993人进行职业健康检查，发现职业相关异常2937人。对全县60家放射工作单位212名放射工作人员进行职业健康检查，发现不适宜人员25人次。协助县教育局招生办完成24所初中5816名初三学生中考体检及5100名高三学生高考体检工作。开展学生因病缺课监测并网络报告，监测学生64552人。对全县122家公共浴室进行监测，合格率72.95%，对公共场所3425名从业人员进行预防性健康体检。完成29所商场（24所合格）、1所影剧院（1所合格）、13所游泳池（抽检25份样品合格11份）、35家宾馆（26家合格）、20个美容美发店（14个合格）卫生监测。

**【卫生检验和质控】** 县疾控中心全年共收检各类样品134929份、537341项次，其中理化24906份、377128项次，微生物110023份、160213项次，利用内部检验管理系统发放检测报告1297份。及时完成计量器具校验工作，以优异成绩通过省、市疾控中心及扬州、南通、徐州、镇江、泰州5市实验室间比对考核，满分通过2015年度南通市艾滋病抗体检测质量考评。12月19—20日，县疾控中心通过省质监局实验室资质复评审，其中盲样考核结果精准，获检查组称赞。

**【健康教育】** 县疾控中心发放印刷资料10种5.63万份，播放音像资料5.36万份，设置宣传栏408个，宣传栏内容更新1929次。开展公众健康咨询活动126次，举办健康知识讲座1125次，并通过电视、广播、报纸和手机平台进行宣传和报道，收到良好社会效果。协助县爱卫办和慢病科在14个镇建立“健康支持性环境”和自助检测点。对城区医疗机构和高新区创建国家卫生城市工作开展业务培训和指导。承办中国计划生育协会“生育关怀携手行 健康教育进如东”大型公益宣传活动，并在6个镇（区）开展健康教育活动。

**【精防工作】** 2015年，如东县在管重性精神疾病患者5548人，新增190人，在管率100%，规范化管理率90%。开展肇事肇祸危险性评估工作，对全县所有精神疾病患者免费体检4433人次，全年“686”项目免费发药56人次，免费救助贫困精神疾病残疾人559人。

## 卫生监督执法

**【职能调整与内部机构设置】** 县卫生监督所是县卫生计生综合监督行政执法机构，2015年10月经批准参照公务员法管理。5月，根据县政府机构改革总体部署，该所原承担的餐饮服务环节食品安全监管职责划归县市场监督管理局，同时，计划生育技术服务监督执法纳入职能范畴，并参与食品安全标准制定等工作。调整后主要职能：依法开展公共场所卫生、饮用水卫生、学校卫生、医疗卫生、职业卫生、放射卫生、传染病防治、计划生育和中医服务等综合监督行政执法工作。职能重新界定后，内设机构改综合监管模式为专业监管模式，分设办公室、稽查科、许可审核科、公共卫生监督科、传染病防治监督科、医疗服务监督科、计划生育监督科7个科室。

**【卫生行政许可】** 县卫计委组建后，单独二胎审批、母婴保健技术服务人员资格认定执业许可、计划生育技术服务执业许可事项纳入驻政务中心窗口办理，并对审批流程进行梳理和再造，重新发文规范受理、审查、技术审核、行政审批程序，分别成立医疗、母婴保健与计生、公共卫生技术审查专家组，就“放射证”“母婴保健证”与“医疗证”同步问题、计生技术服务与“医疗证”一致性问题进行理清与规范，明确窗口受理材料要求及前后台衔接要求，推进审批事项授权明晰、受理规范、材料精简、时限最短、承诺即办、推进及时，县级审批权限事项完全授权率100%，即办件当场办结率100%，承诺件平均办理时间压缩在1个工作日内。全年共办理卫生许可事项996件、医疗服务许可事项322件、联合预审事项99件。

**【卫生行政执法】** 县卫生监督所加大行政处罚力度，通过日常卫生监督巡查、监督抽检、群众举报等，发现各类违法案由并实施查处。全年立案131件，其中公共场所36件、餐饮服务2件、医疗机构49件、放射诊疗28件、传染病防治9件、消毒产品7件，罚款到账56万元。接处举报件41件，及时率和处理率均达100%。

**【专项整治与监督抽检】** 县卫生监督所部署落实内镜消毒规范化管理、受检者放射防护规范化管理、涉医违法监测监控体系常态化管理、“两非”（非医学需要的胎儿性别鉴定和选择性别的人工终止妊娠行为）、美容美发场所、沐浴场所、生活饮用水等近20项专项整治工作，组织开展健康相关产品抽检，共检测各类公共场所172家，1065个样品，2386个项目，检测合格率65%。抽取10所学校生活饮用水20份进行检测，采集游泳池水25份，抽检纸巾纸、妇女经期卫生用品6个品种32份样品。对包装完好消毒餐具进行消毒效果抽样检测，处理7家抽检不合格的餐具集中消毒单位。相关检测结果均在县内媒体上公布。

**【信息化建设】** 县卫生监督所印发《关于进一步规范卫生监督网上业务流程促进行政权力规范运行的通知》，将日常监督网上登录权限下放到各驻镇卫生所，并举办专题业务培训班。拓宽卫生监督信息宣传渠道，开设“如东卫生监督”微信公众平台，开展自媒体活动，向受众用户手机定期推送卫生监督相关信息，如法律法规、政策信息、卫生知识、工作信息、行业动态等，并落实各驻镇卫生所共同关注和推进微信平台建设，发展关注用户1520户，通过平台推送微信信息120多条，受众1.8万多人。与县电视台、县委政法委、县法制办联合摄制 1 期电视专题片《法制天地——依法行政、护卫健康》，专题报道沐浴业专项整治活动。

【国家卫生城市创建】 县卫生监督所组织开展国家卫生城市创建工作，完成基础资料收集，邀请市公共卫生专家对县卫生监督所和掘港镇卫生所、苴镇卫生所卫生监督人员进行专题培训，研究制定县“四小”行业(住宿业、沐浴业、美容美发业、歌舞厅和网吧)基本卫生要求，集中时间分 5 期对“四小”行业业主共 237 人进行卫生法律法规和卫生知识培训。根据区域划分，县卫生监督所与掘港镇卫生所、苴镇卫生所共 8 个工作小组对各自范围内“四小”单位进行上门指导，加强现场督查。

## 妇 幼 卫 生

【孕产妇、婴幼儿健康管理】 2015 年，县妇幼保健所严格全县孕产妇、婴幼儿健康管理，组织开展孕产期保健及 0~6 岁儿童健康体检，重点抓好高危孕产妇、高危儿童管理，严控产筛、新筛质量。开展业务培训、督查指导和绩效考核。全年全县活产 5171 人，5 岁以下儿童死亡 21 人，死亡率 4.06‰，婴儿死亡 11 人，死亡率 2.13‰，新生儿死亡 8 人，死亡率 1.55‰，出生缺陷 9 例，出生缺陷率 1.74‰。

【重大妇幼卫生服务项目】 2015 年，县妇幼保健所继续做好孕产妇住院分娩补助、增补叶酸预防神经管缺陷、宫颈癌和乳腺癌检查项目及预防艾滋病、梅毒和乙肝母婴传播工作。住院分娩补助实行应补尽补，叶酸应服尽服，“两癌”检查国家级试点项目超额完成目标任务，母婴阻断项目实行免费检查。全年全县住院分娩补助 2952 人，叶酸增补 4773 人；“两癌”检查 27461 人(指标任务 25000 人)，任务完成率 109.84%，确诊宫颈癌前病变 82 例(其中原位癌 3 例)，宫颈微小浸润癌和浸润癌 12 例，乳腺癌 14 例，患者都得到有效治疗。

【爱婴医院和产科建设】 如东县助产技术服务单位 16 家，依法开展母婴保健技术服务和计划生育技术服务，机构和人员持证率 100%。继续加强爱婴医院长效管理，推进新一轮妇女保健与妇产科规范化建设，控制剖宫产率。规范“出生医学证明”签发管理，废证率控制在 1% 以内。

## 卫生系统医疗单位选介

### 如东县人民医院

【概况】 如东县人民医院是县内唯一二级甲等综合性医院，是南通大学、江苏建康职业学院教学医院，同济大学第十人民医院医疗集团加盟医院。医院占地面积 6.18 万平方米，建筑面积 6.60 万平方米。2015 年，总资产 8.6 亿元，其中固定资产总值 3.62 亿元，开放病床 937 张，门急诊 49.79 万人次，出院 3.25 万人次，业务总收入 5.18 亿元。在职职工 949 人，其中高级技术职称 151 人、中级技术职称 274 人，医学硕士 21 人，医学博士(在读)1 人。医院设有 32 个临床一、二级科室，12 个医技科室，21 个病区，19 个专科门诊，有南通市重点临床专科 6 个，重点建设专科 1 个。拥有西门子直线加速器、西门子 DefinigionAs40、核磁共振、DSA、DR、CR、美国 GE 数字化乳腺钼靶机、全自动生化分析仪、五分类细胞计数仪、雅培化学发光分析仪、飞利浦彩超、西门子彩超、全数字肌电图、全套腔镜及钬激光、血液透析机、全套监护和抢救设备等高精尖设备。以建设基本现代化和谐医院为目标，围绕“深化新医改、推进现代化、争创三级综合医院”战略定位，组织实施“人才引领、科技驱动、学科整合、可持续发展”战略，加快基础设施建设步伐，提升医院核心竞争力，重点凸显人才团队和业务技术建设，培优做强重点专科，不断提高其含金量与影响力，全面提升医院综合诊治水平。先后被评为全国维护消费者权益先进集体、省文明单位、省爱国卫生运动先进集体、省巾帼文明示范岗、市文明单位、市十佳医院等。 (江亚芳)

### 如东县中医院

【概况】 如东县中医院占地面积 2.42 万平方米，建筑面积 2.57 万平方米，医疗及医疗辅助用房面积 1.94 万平方米。2015 年，总资产 6.6 亿元，其中固定资产总值 1.19 亿元，是一所二级甲等综合性医院。在职职工 568 人，其中卫技人员 514 人，占全院职工总数 90.5%，高级卫技人员 79 人 (其中正高 16 人)，中级卫技人员 147 人。设有 14 个一级临床科室，6 个二级临床科室，13 个专病门诊。医院核编床位 800 张，实际开放 450 张，设 10 个病区。有医疗设备近 2000 台套，总值近 6000 万元，其中 1 万元以上医疗设备 300 余台套。拥有西门子 1.5T 磁共振、全身螺旋 CT、彩色多普勒超声诊断系统、全自动生化分析仪、500mAx 光机、血透机、经颅多普勒、电子胃镜、血凝仪、超激光疼痛治疗仪、手术显微镜、呼吸机、监护仪、智能放免 r 计数仪、高压氧舱、计算机成像系统(CR)、腔镜及前列腺汽化设备、全自动化学放光免疫检测仪、五分类血球计数仪、细菌培养微生物鉴定及药敏、钼靶机等大中型医疗仪器设备。2015 年，门诊 32.72 万人次，收治病人 1.64 万人次，总收入 2.66 亿元，同比增长 18%，总支出 2.66 亿元，结余 18 万元。医院整体迁建完成土建工程，按三级医院标准设计，总设计床位 1200 张，一期工程总建筑面积 12.16 万平方米。

(周建华)

### 如东县第二人民医院

【概况】 如东县第二人民医院地处如东西部重镇岔河镇，省道 334、225 及其复线交汇于此，是如东西南片唯一公立医疗及预防保健单位，服务半径 20 公里，服务人口 20 万人左右,是一所集医疗、保健于一体的二级乙等综合性医院。占地面积 1.6 万平方米,建筑面积 1.08 万平方米,固定资产总值 2569 万元,开放病床 160 张,年门急诊 7 万人次,年出院近 4500 人。2015 年,在编职工 162 人,其中高级技术职称 41 人、中级技术职称 60 人,医学硕士 1 人。医院设有 14 个临床一、二级科室,6 个医技科室,县级重点建设专科 2 个。医院配备有磁共振、进口 CT、DR、彩超、电子胃肠镜、电子鼻咽喉镜、全自动生化分析仪、心电工作站、彩色经颅多普勒、血球计数仪等先进仪器设备,采用手术、化疗、生物治疗等方法,综合治疗各种恶性肿瘤。心血管、消化、神经内科、儿科、骨科、普外、肛肠科等各具特色,眼科采用超声乳化人工晶体植入术治疗白内障等。多次被评为市、县文明单位、市红十字系统先进单位,被世界卫生组织联合国儿童基金会评定为“爱婴医院”。 (孙海燕)

## 如东县第三人民医院

**【概况】** 如东县第三人民医院始建于 1956 年,新址在栟茶镇政府西侧,占地面积 1.90 万平方米,建筑面积 2.15 万平方米,是一所集医疗、预防保健康复于一体的二级乙等综合性医院。2015 年,在岗职工 222 人,卫技人员 184 人,其中高级职称 51 人、中级职称 65 人、初级职称 68 人。设有内科、儿科、外科、妇产科、中医科、肿瘤科、针灸推拿骨伤科、皮肤科、中医肛肠科、眼科、耳鼻喉科、口腔科、检验科、病理科、血液透析室、影像科等科室,开放床位 230 张。2015 年,门诊 14 万余人次,住院 6510 人次,业务总收入 8603.3 万元,业务总支出 7740.9 万元,结余 862.4 万元。总资产 1.3 亿元,其中固定资产 1.02 亿元。 (王学政)

## 如东县第四人民医院

**【概况】** 如东县第四人民医院为二级精神专科医院,精神心理科、皮肤性病科是县政府唯一认定的权威性县级专科。占地面积 1.67 万平方米,建筑面积 5110 平方米,医疗及医疗辅助用房面积 3756 平方米,医院实际开放床位 120 张,设有 4 个病区。2015 年,在岗职工 141 人,其中卫生技术人员 103 人,占全院职工总数 73%,高级卫技人员 16 人(其中正高 1 人),中级卫技人员 41 人。医院总资产 1809 万元,其中固定资产 1068 万元。医院设有 7 个一级临床科室、2 个专病门诊。正常开展内科、外科、妇产科、骨科等普通常见疾病诊疗;拥有肛肠科、脊柱外科、心理咨询、皮肤美容等知名专病专科。医疗设备 91 台套,总值 351 万元,其中 1 万元以上医疗设备 51 台套。医院引进四维彩超、DR、无抽搐电休克治疗仪、全自动生化分析仪、五分类血球计数仪等大型医疗设备。2015 年,门急诊 6.6 万人次,收治病人 1162 人次,出院病人 1184 人,总收入 3040 万元,医院总支出 3022 万元,结余 18 万元。 (徐　境)

## 如东县丰利医院

**【概况】** 如东县丰利医院创建于 1956 年,新址在丰利镇新区,占地面积 2.33 万平方米,医疗用房 1.20 万平方米,附属用房 1000 平方米,承担丰利地区预防、保健、健康教育、计划生育、医疗、康复等工作。1997 年 12 月,创建爱婴医院。2006 年,与南通大学附属二院建立协作关系。2007 年,丰利医院被确定为如东县职业病应急救治中心。2012 年晋升为二级乙等医院,10 月 29 日通过江苏省职业健康体检资质认定。2015 年,医院开放床位 100 张,卫生技术人员 128 人,有高级职称 19 人,中级职称 45 人,常年聘享受国务院津贴专家 2 人。设有内科、外科、传染科等科室,同时设置 120 急救分站及血透室、ICU 等。配备有 CT、彩超、呼吸机、血透机、24 小时动态心电图、彩色经颅多普勒、电子胃镜、肠镜、支气管镜、胸腔镜、电子喉镜、电子测听、声导抗、电脑验光仪、裂隙灯、全自动生化分析仪、五分类血球计数仪、血气分析仪、除颤仪、电子支气管镜、阴道镜等高精医疗诊断治疗设备。骨科被评为南通市特色专科。医院总资产 6258 万元,其中固定资产 4170 万元。2015 年,出院病人 4215 人次,门诊 10.59 万人次,业务收入 4220 万元,补助收入 870 万元,支出 5023 万元,结余 67 万元。 (秦　霞)

## 如东县马塘医院

**【概况】** 如东县马塘医院始建于 1951 年,是一级甲等综合性中心医院,担负近 20 万人口医疗保健服务。占地面积 1.49 万平方米,建筑面积 1 万平方米,设 17 个科室,开设床位 100 张。2015 年,在职职工 127 人,卫技人员 119 人,其中高级 9 人、中级 52 人。2015 年,出院病人 2569 人次,门诊 6.45 万人次,业务收入 2418 万元,支出 4097 万元。拥有螺旋 CT、彩超、电子胃镜、全自动生化分析仪、血细胞分析仪、500 毫安 X 线电视透视系统、体外碎石仪、TCD 诊断仪、高档麻醉机等先进诊疗设备;在腔镜专科、无痛专科、骨科、消化内科、心血管内科、眼科、中医康复科等特色专科建设方面形成技术特色与优势,是县内首家“无红包医院”。获市、县“文明单位”“文明单位标兵”,南通市“文明诚信窗口”“卫生系统行风建设先进单位”“价格诚信单位”“江苏省诚信计量示范医院”等称号。2014 年,通过省示范乡镇卫生院验收,腔镜专科、中医康复科被列入省特色专科重点扶持项目。 (付卫卫)

## 如东县兵房中心卫生院

**【概况】** 如东县兵房中心卫生院是一所集基本医疗和预防保健服务为一体的一级甲等中心卫生院,占地面积 8643 平方米,建筑面积 6248 平方米,开放病床 50 张,服务半径 15 公里,服务人口 10 万人。2015 年,在职职工 82 人,卫生专业技术人员 66 人,其中高级技术职称 8 人、中级技术职称 23 人。总资产 2559 万元,其中固定资产总值 1512 万元。配备进口螺旋 CT、全自动生化分析仪、血球计数仪、血流变分析仪、电解质分析仪、血凝仪、彩色B超、心电图工作站、经颅多普勒、中科美仑数字化X射线计算机成像系统、奥林巴斯电子胃镜、耳鼻喉科综合治疗仪、24小时动态心电仪、多功能麻醉机、中心供氧系统等医疗设备。2015年,门急诊6.9万人次,出院2100人。业务收入2892万元,业务支出2715万元,结余177万元。该医院是全县首家通过“省示范乡镇卫生院”评审验收的中心级医院,是南通市第一人民医院、南通瑞慈医院、南通康复医院的技术协作医院。先后获县“文明单位”“无红包医院”等荣誉。 (李鑫华)

### 如东县苴镇中心卫生院

**【概况】** 如东县苴镇中心卫生院始建于1952年,是一所集医疗、保健于一体的一级甲等综合性医院。占地面积1.46万平方米,建筑面积8193平方米,绿化面积3593平方米,总资产1767万元,固定资产1247万元。2015年,在职在编员工59人,其中卫生技术人员49人(包括高级职称7人,中级职称19人,初级职称23人)。核定床位64张。医院配备进口DR、彩超、电子胃肠镜、电子鼻咽喉镜、全自动生化分析仪、心电工作站、彩色经颅多普勒、五分类血球计数仪等先进仪器设备。2015年,诊疗3.59万人次,出院病人773人次,业务总收入719万元,业务总支出949万元。开展消化内科等专科建设,多次被评为县文明单位、新型合作医疗先进集体、爱婴医院、平安医院及省示范乡镇卫生院。 (谢 红)

### 如东县掘港镇中心卫生院

**【概况】** 如东县掘港镇中心卫生院是一级甲等卫生院。2015年,医院在编职工63人,卫技人员48人,其中高级职称2人、中级职称20人,全科医师26人。医院本部位于掘港镇江海中路33号,护理医院位于掘港镇公共路17号。床位80张,总资产1344.1万元,其中固定资产649.59万元。医院集预防、保健、健康教育、医疗、康复服务于一体。有麦迪逊彩超、全自动生化分析仪、DR、全自动尿液分析仪、24小时动态心电图等仪器设备,提供常见病、多发病门急诊服务和住院服务及康复医疗、临终关怀等医疗服务,有南通大学附属医院专家常年坐诊。2015年,诊疗2.06万人次,出院病人242人,业务收入288.19万元,业务总支出805.11万元。 (赵文贤)

# 体 育

## 综 述

**【概况】** 2015年,如东县成功创建省级公共体育服务示范区,被命名为“中国风筝之乡”。举办各级各类群众性体育活动和比赛50余场次。建成省级多功能运动场5个、体育公园2个,5个镇15个村篮球场升级改造,体育彩票销售6880万元。参加省县组比赛获省第17名(市列第2名)。组队参加市少儿田径比赛,获3个组别第2名,团体总分第3。组队参加市少儿乒乓球、篮球、排球、足球、羽毛球等比赛。其中,篮球获儿童男子组第3名;排球获儿童男子组第1名、少年男子组第2名,儿童女子组和少年女子组第2名;足球获男子甲组第2名,男子丙组第3名,女子乙组、丙组第3名。全年向市输送30人、省体校输送3人。全年新增一级裁判2人、二级裁判9人,全县共有国家级裁判1人,一级裁判47人,二级裁判181人,三级裁判564人。选调送培社会体育指导员国家级4人、一级7人、二级50人、三级31人。举办中国·如东第十六届国际风筝节暨“小洋口旅游杯”江苏省风筝精英赛、省青少年击剑冠军赛(总决赛)等有影响赛事。

## 竞 技 体 育

**【概况】** 2015年,如东县先后承办江苏省青少年击剑冠军赛(总决赛)、市少儿排球比赛、市少儿田径跳高跳远比赛和县中小学生阳光运动会。组队参加全国击剑俱乐部联赛总决赛(重剑)、省县组青少年田径比赛、省传统校小学生田径夏令营、省传统校小学生排球夏令营,市田径、少儿排球、篮球、乒乓球、摔跤、击剑、足球、羽毛球、跆拳道等16项比赛,取得38金、37银、37铜。在第一届全国青年运动会射箭比赛中,如东籍运动员丁倚亮获银牌。

**【省县组田径比赛】** 4月30日—5月4日,江苏省青少年县级田径比赛(甲组)在如皋市奥体中心举行,64个县(区)参加,如东代表队16名运动员夺得2金、2银、4铜,位列全省第17位(市第2名)。如东县获体育道德风尚奖,2人获体育道德风尚奖。

**【省青少年击剑冠军赛】** 11月10—15日,江苏省青少年击剑冠军赛(总决赛)在县实验小学体育馆举行,全省12支地级市代表队302名运动员参赛。此比赛由省文明办、省体育局、省教育厅等单位联合主办,市人民政府承办。比赛设重剑、佩剑、花剑3个剑种,分儿童组、少乙组、少甲组3个组别。南通市摘得少乙组女子花剑团体、儿童组男子重剑团体、儿童组女子花剑团体总分第1名。

**【市少儿田径比赛】** 11月6—8日,南通市少儿田径比赛在市体育运动学校举行,全市8支代表队参赛,比赛设少甲、少乙、儿童3个组别。如东派出51名运动员参加3个组别比赛,获金牌16枚、银牌13枚和铜牌18枚,获少年甲组、少年乙组、儿童组第2名,团体总分第3名。

**【市少儿排球比赛】** 7月28—31日,南通市少儿排球比赛在县实验小学体育馆举行。全市17支代表队234名运动员参赛。洋口镇光荣小学和苴镇德耀小学组成如东代表队参加4个组别比赛。光荣小学蝉联男子儿童组(10~11岁)冠军,并获得男子少年组(12~13岁)亚军；苴镇德耀小学获女子儿童组(10～11岁)和女子少年组(12～13岁)第3名。

**【市少儿田径跳高跳远比赛】** 9月13－14日，南通市少儿田径跳高跳远比赛在县实验小学举行。全市5支代表队52名运动员参赛。比赛由市体育局、市教育局主办，县体育局承办。比赛设跳高、跳远与三级跳远3个项目，分14～15岁男、女组，12～13岁男、女组，10～11岁男、女组6个组别。如东以7金8银2铜位列奖牌榜首位。

**【市青少年足球邀请赛】** 1月1日，南通市第二届“健雄杯”青少年足球邀请赛在岔河小学落幕。比赛由市体育运动学校、市健雄青少年体育俱乐部主办，岔河小学、如东力神青少年体育俱乐部承办，全市6支小学代表队参赛。岔河小学获第1名。

**【县小学生阳光体育运动会】** 5月22－24日，如东县小学生阳光体育运动会在实验小学举行。运动会将竞技与娱乐相结合，比赛设广播操、跳绳、踢毽子、3分钟穿梭“8”字跳、8×50米迎面接力和田径共16项运动项目。各镇(区)、各县直小学18支代表队324名运动员参赛。掘港小学、河口镇、洋口镇、掘港镇获一等奖。

**【县中学生阳光体育运动会】** 10月17－18日，如东县中学生阳光体育运动会在实验小学举行。全县24支代表队300多名运动员参赛。比赛分高中和初中两个组别，设阳光体育、田径、广播操3个大项，共有60个比赛项目。栟茶高级中学、如东高级中学获高中组一等奖，实验中学、茗海中学、邱陞中学、兵房初级中学获初中组一等奖。（苏　兵）

## 群众体育

**【国际风筝比赛】** 9月20－21日，中国·如东第十六届国际风筝节在如东小洋口旅游度假区风筝放飞场举行，分国际风筝邀请赛和江苏省风筝精英赛。国际比赛项目设运动风筝单双人及团体芭蕾赛、打斗风筝个人赛、盘鹰类风筝个人赛，特色风筝板类、龙类、最长类、软体类、夜光风筝赛等。江苏省风筝精英赛项目有地方特色风筝、软体造型风筝、夜光风筝、龙类、串类、板类和盘旋类等12项。德国、韩国等海内外46支代表队265名运动员参赛。南京广厦队获国际风筝邀请赛板类风筝项目和优秀传统风筝项目一等奖，常熟和平队获省风筝精英赛运动风筝团体第一名。如东县风筝协会一队陈刚获国际风筝邀请赛板类风筝项目三等奖；省风筝精英赛上，县风筝协会二队获“体育道德风尚奖运动队”称号，1人获“体育道德风尚奖运动员”称号，2人分别获板类风筝项目第二名和第三名，2人获地方特色风筝项目最佳工艺奖。

**【空竹邀请赛】** 11月16－17日，“华铃杯”中国南通空竹邀请赛在实验小学举行，比赛由市学校体育协会，县教育(体育)局主办，县空竹协会承办，全市18支代表队281名运动员参赛。特邀台湾高雄运动员参加表演赛。比赛设竞速类(个人)、竞速类(双人)及全能类共9个小项。如东县获4项第1。河口小学获少年A甲组脚绕金龙互抛(双人)项目冠亚军，双甸小学获少年A甲组双人两空竹互抛冠亚军、少年A甲组全能类(个人)及全能类(双人)冠亚军。

**【健身秧歌大赛】** 8月9日，由市委农村工作办公室、市体育局、市农民体育协会承办的市农民健身秧歌比赛，在南通新城区全民健身中心举行。全市9支代表队近200名选手参加规定套路和自编套路比赛。如东岔河秧歌队以9.44分分别获规定套路、自选套路第2名，双获金奖。

**【篮球比赛】** 8月2日，如东县夏季篮球联赛在如东高级中学体育馆落幕。比赛由县教育(体育)局主办，县篮球协会承办，比赛历时3周，全县各镇(区)、企业共10支队伍近200名运动员参赛。掘港镇老伙伴篮球队、如东青年篮球俱乐部和县江海篮球俱乐部分获前3名。

**【足球比赛】** 3月7日－6月14日，如东县第三届男子业余足球联赛在实验初中举行。全县各机关、企事业单位、民间体育组织10支业余足球队近300名足球爱好者参赛，为如东规模最大、时间最长成人足球比赛，共比赛45场。洋口港代表队获冠军，大明和铁人代表队分获2、3名。

**【乒乓球比赛】** 5月16－17日，如东县“郎牌特曲·乒协杯”乒乓球比赛在掘港小学举行。镇(区)、机关、俱乐部等24支代表队168名运动员参赛。掘港镇获第1名，信孚海苔俱乐部获第2名，岔河镇获第3名。9月26—27日，县“商信杯”乒乓球邀请赛在掘港小学举行。南京、扬州等地区8支代表队参赛。南京队获冠军。12月26日，“德禾御景杯”如东县第二届企业家乒乓球邀请赛在掘港小学举行，全县23家企业法人代表参赛。如东华盛水产有限公司陈华获冠军，如东县通洋物资燃料公司缪谷峰获亚军。

**【职工游泳比赛】** 7月22日，如东县职工游泳比赛在县城水韵名居天辰养生馆举行，全县各工会18支代表队108名运动员参赛。比赛设男子50米自由泳、蛙泳，200米泳姿不限，女子25米自由泳、蛙泳，100米泳姿不限和4×50米接力7个项目。双甸镇金垚将获50米自游泳和200米泳姿不限冠军，张文龙获50米蛙泳冠军。女子组河口镇许培培获女子25米自由泳冠军，掘港镇孙尉然获25米蛙泳冠军，机关队沈海燕获100米泳姿不限冠军，掘港镇、机关队、河口镇分获4×50米接力赛前3名。掘港镇、机关队、双甸镇获团体总分前3名。（苏　兵）

## 学校体育

**【概况】** 县教育局切实加强学校体育工作,推进校园足球运动,在岔河小学召开全县学校体育暨校园足球现场推进会,建立县校园足球活动领导小组,评比表彰学校体育工作先进集体15个,认定县校园足球示范学校3所、重点学校26所,7所学校被评为全国校园足球特色学校。举办中小学足球骨干教师培训班。举办小学和中学阳光体育运动会,举行中小学生跑操、篮球、排球、足球、乒乓球比赛。组队参加南通市中学生阳光体育节,高中组获一等奖,初中组获二等奖。岔河小学参加南通市第二届"健雄杯"青少年足球邀请赛获冠军,九总小学女子足球队参加市小学足球比赛获亚军,岔河小学男子、双甸小学女子足球队参加市第四届青少年校园足球比赛获第三名。光荣小学参加市小学男子排球比赛获第一名。如东高级中学参加市中学生"三人制"篮球比赛,男子获第一名、女子获第二名。市中小学生乒乓球比赛丰利中学初中女子组获冠军、掘港小学男子组获亚军。16所学校创建健康促进学校金银铜奖,马塘中学、岔河中学创建省健康促进金牌学校,并接受省专家组评估验收。《江苏教育报》以《足球给了我们不同寻常的快乐》为题报道如东校园足球活动情况。古坳初中获"全国首批学校体育工作示范学校"称号,如东高级中学、丰利中学、实验中学、掘港小学、实验小学、岔河小学6所学校被评为南通市体育工作先进集体。 (宋卫东)

## 体育产业

**【概况】** 如东县抓住江苏沿海开发和"长三角"一体化深入推进的战略机遇,利用丰富的自然人文资源、区位优势、良好的体育基础和氛围,进一步吸纳和整合各类资源,探索具有如东特色的体育产业发展之路,逐步形成以新店镇健身器材产业园为重点,以小洋口体育休闲旅游带为主线,以健身服务、竞赛表演等为中心纵贯南北横跨东西产业框架。全年体育彩票销售6880万元。争取省级体育产业引导资金100万元。

**【体育用品业】** 10月30日,如东县组织南通东力健身器材有限公司、南通怡达运动用品有限公司、南通尤力体育用品有限公司等6家健身器材生产制造企业到广州参加秋季广交会。"体育健身及旅游休闲用品类"展览,如东参展200多个规格运动健身精品、新品,播放新店镇健身器材企业专题宣传片,全方位介绍江苏省健身器材之乡、省体育产业生产基地、健身用品中国出口基地。

**【体育旅游业】** 融健身运动、旅游休闲为一体,如东县形成小洋口为主的体育休闲旅游产业。7月20日—8月1日,江苏女排在领队毛武扬、主教练蔡斌带领下,到林克斯温泉酒店进行康复体验和科研活动。小洋口度假区风筝放飞场被命名为"江苏省风筝放飞基地"。10月12日,江苏洋通开发投资有限公司的小洋口水上运动休闲综合体项目获得省体育产业引导资金100万元。

(苏 兵)

图68 健身器材展示

# 社会保障

# Shehui baozhang

## 劳动就业

【城乡统筹就业】 县人力资源和社会保障局(简称县人社局)实施就业优先战略，发挥创业带动就业的倍增效应。举办春季大型人力资源交流洽谈会及妇女、残疾人、高校毕业生等专场招聘活动50多场次，累计向社会提供就业岗位59994个，26705人与用工单位达成就业意向。全年城镇新增就业7500人，城镇失业人员再就业3690人，就业困难人员再就业470人，新增转移农村劳动力10122人，城镇登记失业率控制在2.39%。创业培训506人，青年职业见习235人，城乡劳动者就业技能培训4825人，城乡新成长劳动力技能培训1312人。贯彻落实《如东县政府关于促进以创业带动就业和建设创业型城市的意见》，推进“大众创业、万众创新”，全年发放小额担保贷款1650万元，新增创业1347人，其中引领大学生创业117人，扶持农村劳动力自主创业615人。规范创业孵化基地10家，建成县级创业孵化示范基地1家，组织2家孵化基地申报创建南通市创业孵化基地。

图69 7月25日，如东县与河南省杞县签订劳务合作协议

【和谐劳动关系建设】 2015年，县人社局在全市率先实施流动仲裁庭制度，全市第一家仲裁服务网络——如东县劳动人事争议仲裁正和服务网于5月20日全面上线。全年受理劳动人事争议仲裁案件318件，按期结案率100%，调解结案188件，撤诉结案56件，裁决结案60件，调撤率80%，案件上线率100%，处理集体争议案件8件。全年监察用人单位649家，书面审查用人单位3350家，投诉举报立案案件110件，按期结案率100%，调处成功率100%。处置南通长城公司欠薪、河口利奥公司关闭等群体性突发事件37起，涉及劳动者2548人，追讨工资5321.92万元，向公安部门移送涉嫌拒不支付劳动报酬案件10件，涉及欠薪人员1269人，欠薪金额1913.79万元。 (吴庆飞)

## 社会保险

【概况】 2015年4月，如东组建社会保险稽查大队，稽查员由11名具有执法资格的人社系统工作人员和6名外聘职业会计组成。至年末，立案稽查用人单位382家，成功处置

用人单位169家，补征社会保险费3028.64万元，127家用人单位人均提高缴费基数500多元。加大对定点医疗机构和定点零售药店的稽查力度，共稽查定点零售药店166家，定点医院78家。全县职工基本养老、医疗、工伤、生育、失业保险分别新增参保19731人、14564人、15033人、9379人、11947人。城乡居民基本养老保险参保缴费240346人，征收保费27336.56万元。加快推进建筑业农民工“同舟计划”，累计1.6万多人次参加建筑工程项目农民工工伤保险。推进超龄人员从业伤害保险参保工作，全年参保698人。全县社会保障待遇水平不断提升，调整5.4万名企业退休人员和5100多名机关事业离退休人员养老金，调整企业退休军转干部地方性生活补贴标准、企业临时工保养人员养老生活费补助标准以及20世纪60年代初精简退职老职工生活困难补助标准。城乡居民基本养老保险基础养老金标准由每人每月90元提高至105元。对照南通市医疗保险政策，提高退休人员固定账户标准，继续实施二次补助政策，全年享受二次补助政策1617人，支付费用821万元。调整生育保险待遇标准、工伤1～4级伤残津贴等。18671人次享受自费补充医疗保险待遇，共支付1705.24万元。首次开展个人账户住院补充保险，参保4339人。

图70 9月23日，省建筑业参加工伤保险第二督查组到如东调研

图71 8月29日，全县人力资源社会保障协理员培训会召开

【职工基本养老保险】 2015年，新增参保19731人，新增保额17112.74万元，累计参保161107人，参保金额15.01亿元。当年办理职工基本养老保险退休手续5583人，领取退休待遇4036.3万元，累计领取58729人，发放金额14.55亿元。

【职工基本医疗保险】 2015年，新增参保14564人，新增保额5651.62万元，累计参保167408人，参保金额50503.6万元。当年报销医药费1040420人次，发放金额47239.74万元。

【工伤保险】 2015年，新增参保15033人，新增保额509.35万元，累计参保118202人，参保金额8307万元。当年工伤鉴定589人，领取工伤保险待遇1576人，发放金额6462.46万元。

【失业保险】 2015年，新增参保11947人，新增保额304.91万元，累计参保78446人，参保金额6151.34万元。当年申领失业保险待遇4384人，发放金额2429万元。

【生育保险】 2015年，新增参保9379人，新增保额102.27万元，累计参保60995人，参保金额1695万元。当年申领生育保险待遇1273人，发放金额1086万元。（吴庆飞）

## 社会救助

【城乡低保】 县民政局联合县信息中心、人社局、住建局、公安局等部门，开展覆盖城乡的县社会救助信息服务与管理系统建设，建立“一门受理、协同办理”的社会救助服务平台。落实自然增长机制，及时提高各项救助标准，其中城乡低保标准分别提高到每人每月580元和420元，比上年分别增加50元、60元，人均补助标准分别为每人每月457元、296元。年末，全县城乡低保6056户9187人，全年发放低保补助金3430.3万元。

**【农村五保、城镇“三无”老人、孤儿供养】** 2015年，农村五保集中、分散供养标准分别提高到每人每年7190元和6530元，农村五保4685人，全年发放五保供养经费3213.8万元；城镇“三无”(无收入、无子女、无赡养)老人保障标准提高为每人每年14210元，城镇“三无”对象32人，全年发放补助金44.7万元；孤儿集中、分散供养标准分别提高到每人每月1650元和990元，全县有孤儿65人，全年发放养育资金83.8万元。

**【医疗救助】** 2015年，如东县重点优抚对象医疗救助比例提高到75%，其他医疗救助对象救助比例提高到70%，年救助封顶线提高到4.5万元。全年医疗救助29.2万人，共发放救助资金1351.7万元。

**【临时救助】** 11月，县政府印发《如东县临时救助实施办法》，对遭遇突发事件、意外伤害、重大疾病或者其他特殊原因导致基本生活陷入困境，其他社会救助制度暂时无法覆盖或者救助后基本生活暂时仍有严重困难的家庭或者个人给予应急性、过渡性救助。全年申请临时救助7509户，发放救助资金301.2万元。

**【流浪人员救助】** 县救助中心联合县公安局、县城管局和各镇(区)，加强流浪乞讨人员救助。全年救助326人次，护送58名县外智障、精神病人士返乡，路径涉及江苏、安徽、山东、河北、湖北、宁夏等地。(盛海娟)

## 社会福利

**【养老服务】** 县民政局强化社区居家养老服务基础地位，编制全县养老服务设施布局规划，推进城乡社区居家养老服务中心建设，城镇社区居家养老服务实现全覆盖，农村社区居家养老服务90%以上。引入社会组织及家政、餐饮等企业，兴办或运营虚拟养老院、日间照料中心、老年活动中心等，不断丰富居家养老服务形式和内容。拓展养老机构服务功能，召开省星级敬老院建设推进会，以星级敬老院建设为抓手，全面推进敬老院提档升级，全县90%以上的敬老院达到省星级标准，实现养老、就医不出院。年末，全县共有养老机构17家，其中公办社会福利中心1家、农村敬老院14家、民办养老机构2家，养老床位8080张，护理床位1670张，每千名老人床位31.3张，护理床位达33.53%。

**【安康关爱】** 县民政局继续开展“安康关爱行动”。县政府出资51万元，为全县12786名困难老人购买意外伤害保险，年末，全县老年人意外伤害保险参保率达45.83%，赔付率超过60%。对4685名孤寡老人，采取托底保障政策，实现政府养老。

**【老年人福利】** 2015年，如东60岁以上人口30.08万人，占户籍人口28.9%，社会老龄化程度为全省最高。其中，80周岁以上51471人，占户籍人口4.95%。提高尊老金发放标准，80～89周岁老人每月60元，90～94周岁老人每月80元，95～99周岁老人每人每月100元，100周岁以上老人每月330元。全县共发放尊老金4200余万元。149名百岁老人每人领到重阳节慰问金400元，共发放5.96万元。

**【养老人才队伍】** 县民政局加强养老人才队伍建设，通过政府买单、奖励补贴方式，推行养老服务岗位持证上岗制度，为各类养老服务平台免费培训护理员，对获得证书护理人员按级别给予每月不低于200元的岗位补贴。全县养老护理员持证上岗率超过65%，提高全县养老服务行业的管理和服务水平。

(盛海娟)

## 住房保障

**【保障房建设】** 2015年4月，县政府办公室下发《关于分解下达2015年度全县保障性安居工程建设目标任务的通知》，把住房保障项目建设与体系建设列入2015年度全县民生幸福工程单列考核，推进保障性安居工程建设。县政府相继出台《如东县人才公寓管理暂行办法》《如东县新就业人员申请公共租赁住房保障实施细则》《关于减免城镇低保、特困职工住房困难家庭公共租赁住房(廉租房)租金的通知》《关于调整2015年度城区公租房租金标准》。全县住房保障政策体系日趋完善，为保障房实物分配提供政策依据。公共租赁住房实物配租覆盖到城市中等偏下收入住房困难家庭，并实现应保尽保。公租房实物配租累计保障(含两个区公租房)2000人，县城机关事业新就业人员公租房保障176人次，城市中等偏下及以下收入住房困难家庭保障93户，公租房租赁补贴保障75户，发放补贴约17.5万元。全年争取上级保障性安居工程专项资金9128万元，为历年最多。(冯滥铭)

**【老旧小区改造】** 2015年，县政府继续把推进老小区改造列入为民办实事项目之一，县城开发建设指挥部批准住建局《2015年县城老旧小区维护改造实施方案》，将浅水湾临湖苑(富春江路南侧、通海路西侧)、金色家园(掘港镇迎丰路3号)、文峰财富广场、德大小区和安康小区5个小区列为当年升级改造项目，总投资500万元，涉及户数1697户。至年底，各小区公用设施改造基本完成。文峰财富广场32层楼北侧标段共完成管径300毫米污水管道埋设420米，路面硬化1400平方米；步行街共完成管径400毫米污水管道埋设400米，路面硬化850平方米；安装49个红外枪式摄像机、47个红外半球摄像机。浅水湾临湖苑小区内增设停车位11个、区外23

个;安装43个红外枪式摄像机。金色家园畅通消防通道30米、增设停车位8个,安装53个红外枪式摄像机。德大小区、安康小区内疏通下水道,清淤化粪池。 (冯溢铭)

## 住房公积金管理

【概况】 2015年,如东县住房公积金实缴存额5.91亿元,超额完成4100万元,同比增长22.85%,缴存余额17.16亿元。新增缴费单位130个,超额完成20个,增长8.11%,已建单位总数1733个。新增职工7964人,增长4.87%,缴存总人数58080人。欠缴单位15个,单位欠缴率0.87%,欠缴率控制在5%以下。个贷逾期率持续保持为零。全年发放贷款1203户、4.19亿元,个贷余额14.95亿元,比上年增加2.51亿元,个贷比率87.09%,个贷发放率70.88%。增值收益率2.98%。

【公积金归集】 如东县调整行政事业单位和非公企业公积金缴存基数,月缴额增加858.6万元,其中行政事业单位增加623万元。全县公积金月缴额4802万元,比上年年末3888.42万元净增913.58万元,月缴额增长23.49%,居全市前列。利用县委、县政府提高基层村干待遇契机,继续推进全县各镇村干住房公积金建制。到马塘镇召开村干座谈会,马塘镇18个村99名村干建制到位。开展住房公积金联动执法检查。与县总工会建立联动机制,对沿海经济开发区和高新经济开发区24家企业职工住房公积金建制情况进行专项检查,对未缴存企业进行函告、督促、上门核查,有16家企业开户建制,缴存职工294人。

【公积金管理】 县住房公积金管理部严格执行个贷政策,稳妥发放住房公积金贷款,加强对期房按揭"保转押"监管,清收逾期贷款,确保连续"零逾期"。认真审核公积金提取业务,对购房提取,仔细核对原件,查询购房合同备案号,防止骗提。对缴存、个贷、支取审批,严格按质量管理体系要求办理,做到资料规范齐全,收集归档月月清。市公积金管理中心先后组织对如东公积金管理部财务、个贷、支取审计,以及质量管理体系评审组复审,均给予肯定。根据审计要求,梳理整改问题,制订归集和贷款整改方案,有序整改。

(刘小军)

## 人民生活

【城镇居民生活】 2015年,城镇居民收入继续保持较快增长态势。据住户抽样调查资料,城镇居民人均可支配收入34338元,同比增长8.8%。收入增长主要原因:一是红利和出租房屋的财产性收入增加,该因素占整个收入增加额33.7%;二是养老金转移性收入增加,该因素占整个收入增加额29.1%;三是民营经济持续壮大,经营者净收入增加,该因素占整个收入增加额25.8%;四是工资性收入增加,该因素占整个收入增加额11.4%。人均消费支出20275.5元,同比增长7.7%,消费支出结构日趋合理,旅游、健身、上网等服务性消费支出日益增多,同比增长18.7%,其中旅游支出同比增长23.1%。新型耐用品拥有量增长迅猛,年底城镇居民每百户拥有:家用汽车53辆,同比增加13辆;助力车103辆,同比增加17辆;淋浴热水器117台,同比增加10台;计算机95台,同比增加5台;接入互联网移动电话132台,同比增加10台;接入互联网计算机89台,同比增加14台。 (黄继东)

【农村居民生活】 2015年,农村居民生活水平进一步提高。据农村住户百户抽样调查资料,农村居民人均可支配收入15827.3元,同比增长9.2%;人均生活消费支出11960.3元,同比增长9.4%。在8大类消费项目中,食品消费人均支出3577.8元,同比增长3.9%;衣着类消费831元,同比增长14.6%;居住类消费1258.9元,同比增长2.1%;家庭设备、用品及服务消费920元,同比增长9.9%;交通和通信消费1385.7元,同比增长7.6%;文教娱乐类消费2466.9元,同比增长19%;医疗保健类消费908元,同比增长9.9%;其他类消费612元,同比增长21.5%。农村居民每百户耐用消费品拥有量:空调176台,增长11.4%;热水器108台,增长6.9%;抽油烟机52台,增长23.8%;彩色电视机208台,增长3.5%;移动电话266部,增长7.3%;洗衣机93台,增长3.3%;家用计算机70台,增长6.1%;家用小汽车36辆,增长44%。 (苏 琳)

# 政党政权

# Zhengdang zhengquan

## 中共如东县委员会

### 综　述

**【概况】** 2015年，县委主动适应经济发展新常态，加快推进转型升级，着力破解改革难题、沉着应对各种风险挑战，圆满完成全年各项目标任务。实现地区生产总值672.69亿元，同比增长10%；完成一般公共预算收入58.5亿元，同比增长17%；完成工业应税销售收入912.76亿元，同比增长20.93%；实际利用外资4亿多美元，进出口总额24亿美元；城镇和农民人均可支配收入分别为34338.2元、15871元，同比分别增长9.1%、9.5%。全国县域经济与县域基本竞争力百强县(市)排名56。全市经济工作综合考核排名第二名。

**【开发开放】** 县委用好“一带一路”等国家战略叠加机遇，拓展沿海开发开放深度广度，形成更高水平开发开放格局。洋口港一类口岸正式开放，万吨级液化品码头一期、重件码头正式投入运营，临港工业区一、二期及港口新城功能配套基本到位。洋口港经济开发区现代物流园被列为省重点物流基地，如东经济开发区成为江苏首批循环化改造示范园区、电子商务产业园被评为省级电子商务示范园区，循环经济产业园进口再生资源加工区圈区管理正式获批。以港口为龙头的各类平台载体承载能力显著提升。中石油江苏LNG接收站二期、台湾中石化产品基地、振戎能源仓储、小洋口健康产业园等一批重大项目加快推进。全年沿海地区完成1000万元以上项目投入235亿元，占全县70%以上。

**【转型升级】** 县委、县政府坚持以质量和效益为中心，把调结构、抓创新、转方式作为稳增长根本之策，协同推进转型升级、科技创新，推动产业迈向中高端。优化产业结构形态，主攻先进装备制造、新能源、新材料、生物医药等新兴产业和现代服务业项目，提升现代农渔业发展水平，不断完善如东现代产业体系。全年三次产业结构比9.8：47.4：42.8，服务业占比提升1.7个百分点。高新技术产业占规模工业比重提升0.2个百分点。农产品出口总额全省领先，获评全省智能农业示范县。激发产业内生动力，实施科技创新和人才强县工程，举办首届科技人才节，把创新打造成推动发展主引擎。全年全社会研发投入占比2.43%。全年认定高新技术企业24家，省民营科技型企业66家，省高新技术产品44个。自主申报国家“千人计划”1人，填补南通市“十二五”期间空白。国家知识产权强县工程试点县建设启动。

**【人居环境】** 县委围绕宜居目标，推进城市和交通建设，提升管理水平，补齐农村基础设施短板，抓好生态建设和污染治理工作，生态宜居城市初步展现。坚持“建新”与“改旧”同步，全年完成重点市政工程投入16亿元、房屋征收120万平方米，房地产开发55万平方米，建成保障性安居房460套，完成棚户区危旧房改造400套。以创建全国文明城市、国家卫生城市、国家生态文明示范县、江苏省生态园林城市、江苏省历史文化名城和江苏省优秀管理城市为抓手，着力提升城市品位，全年新增公共绿地22.45万平方米。建成“数字化城管系统”，县城公共自行车服务系统正式启用，实现城市管理“网格化”监管和“实时化”处置。优化交通布局、畅通交通脉络，方便群众出行，355省道岔河袁庄段、港城大道建成，海启高速如东段开工建设。改善农村基础设施，全年新建改造农路530公里、农桥209座，引江供水管网实现全覆盖。国家生态文明示范县创建工作全面启动，县城第二污水处理厂、洋口港污水处理厂试运行，如东大恒危险废弃物处理有限公司1.3万吨回转窑焚烧扩能工程完成，工程性减排能力增强。专项整治化工、电镀、印染等重点行业，PM2.5浓度全市最低。林木覆盖率24%。实施村庄环境整治、畜禽粪污治理、病死猪无害化处理、河道“三网”清理和长效管护4大行动，美丽镇村建设成效明显。

**【民生改善】** 县委按照“守住底线、突出重点、完善制度、引导舆论”思路，推进民生幸福工程，办好民生实事，促进公共服务普惠群众。持续增加保障改善民生投入，全年用于民生一般公共预算支出65亿元，同比增长18.8%。促进就业综合施策成效明显，城镇登记失业率控制在2.48%以内，转移农村劳动力10250人，扶持农村劳动力自主创业535人。教育体育、卫生计生、文化广电等公共服务能力水平进一步提升，县中医院、县新区初级中学、县文化体育中心等一批重点民生工程加快推进，高考成绩连续22年保持全省第一，公立医院改革全面实施，全县文化产业增加值占GDP比重4.6%，成功创建“中国风筝之乡”。围绕人口老龄化、扶贫攻坚等重点难点，加强针对性，提升实效性，社会养老事业不断发展，省星级农村养老院实现全覆盖，一批公建民建示范性养老服务机构建成并投入使用，省建档立卡贫困人口实现脱贫。信访稳定工作质效保持全市领先。

**【党建加强】** 县委贯彻落实全面从严治党新要求、新部署，制定出台《县委关于推动全面从严治党迈上新台阶的意见》；开展“三严三实”专题教育。县委常委会及班子成员以身作则、率先垂范，抓好每个环节，用好正反两面镜子开展交流研讨，作风建设力度持续加大，开展“五个一(一次专题学习研讨、一次警示教育、一次谈心谈话、一次问题整改和一次专题民主〈组织〉生活会)”活动延伸到县级机关部门和所有镇村干部。理论武装入脑入心，再次获评全省党员冬训工作示范县。从严落实干部管理规定，推进超职数配备干部整改消化工作，加强基层服务型党组织建设，“114”惠民服务行动被评为第三届全国基层党建创新最佳案例。从严落实党风廉政建设“两个责任（党委主体责任，纪委监督责任)”，制定完善《县委反腐败协调小组工作制度》《党风廉政建设督导巡查工作实施意见》等制度，做优“扶海e路清风”廉政文化品牌，惩腐肃贪力度不断加大。 （张　鹏）

## 重要会议

**【县委十三届七次全体(扩大)会议】** 1月8日，中共如东县委十三届七次全体（扩大）会议在县行政中心召开。会议学习贯彻中共十八届三中、四中全会，中央经济工作会议，习近平视察江苏重要讲话及省、市委全会精神，听取县委书记、县人大常委会主任詹立风代表县委常委会所作的工作报告。全会号召全县上下主动把握和积极适应经济发展新常态，围绕“经济强、百姓富、环境美、社会文明程度高”奋斗目标和“三争三实(争位争先争贡献、求实务实抓落实)”总体要求，持之以恒打基础、求突破，扩总量、提质量，进一步加快“新兴港口城市、现代旅游城市、生态宜居城市”建设，持续加强作风建设，巩固拓展党的群众路线教育实践活动成果，促进全县经济社会发展行稳致远，不断开创良好新局面。会议审议通过《中共如东县委关于全面推进依法治县的实施意见》。

**【综合表彰暨经济工作会议】** 2月11日，县委、县政府召开全县综合表彰暨经济工作会议，动员全县上下以受表彰的先进集体和先进个人为榜样，学习他们勇于争先的“拼劲”、敢于负责的“担当”和崇尚实干的“境界”，立足自身优势，在新常态下实现新作为，谱写好“迈上新台阶、建设新江苏”的如东篇章。县委书记、县人大常委会主任詹立风出席会议并讲话。县委副书记、县长潘建华部署2015年度经济工作。县委常委、常务副县长沈峻峰宣读表彰决定。县委、县人大、县政府、县政协领导、县法院院长、县检察院检察长出席会议。

**【党建政法工作会议】** 2月15日，县委召开全县党建政法工作会议，动员全县上下以落实全面从严治党要求、加强法治如东建设为总目标，围绕中心，服务大局，凝心聚力，开拓创新，推动如东党建和政法工作迈上新台阶。县委常委、组织部部长任新峰，县委常委、宣传部部长杨中坚，县委常委、政法委书记于立忠，县政协副主席、统战部部长吴鼎皋分别部署组织、宣传、政法、统战工作，县委书记、县人大常委会主任詹立风出席会议并讲话。会议由县委副书记周建飞主持。县政协主席陈建华，县人大常委会副主任、党组副书记陈昌龙，县领导沈峻峰、杨小军、张蓉蓉、程军、张栩龙，县法院院长、县检察院检察长出席会议。

**【机关作风建设大会】** 2月27日，县委、县政府召开全县机关作风建设大会，动员全县上下以巩固和拓展党的群众路线教育实践活动成果为目标，继续深入开展好作风建设“百千万”工程、“三解三促”、扶贫帮困等活动，在作风建设新常态下，以更大决心和更实举措，抓整治、抓长远，不断提升作风建设水平。县委书记、县人大常委会主任詹立风强调，加强机关作风建设只有起点没有终点，只有更好没有最好，一定要以锲而不舍精神、自我扬弃勇气、常抓常新决心，不断把机关作风建设引向深入。县四套班子领导出席会议。

**【“三严三实”专题党课暨专题教育部署会议】** 5月29日，全县“三严三实”专题党课暨专题教育部署会议在县行政中心召开。县委书记、县人大常委会主任詹立风上专题党课，并代表县委常委会对全县开展

"三严三实"专题教育进行动员部署。县处级以上领导干部，各镇(区)、县级机关各部门和各群团组织负责人出席会议。

**【县委十三届八次全体(扩大)会议】** 7月26日,中共如东县委十三届八次全体(扩大)会议在县行政中心召开。全会贯彻中共十八大、十八届三中、四中全会,习近平视察江苏重要讲话及省委十二届十次全会精神,总结上半年工作,明确下半年任务,部署全面从严治党工作。县委书记詹立风代表县委常委会作工作报告,动员全县上下进一步统一思想、理清思路,咬定目标、克难奋进,确保圆满完成全年各项目标任务,推动全面从严治党迈上新台阶,为"十三五"期间全面建成小康社会打下坚实基础。会议审议通过《中共如东县委关于推动全面从严治党迈上新台阶的意见》。

**【领导干部警示教育大会】** 9月25日，全县领导干部警示教育大会在县行政中心召开。会议组织观看由县纪委摄制的《践行三严三实，廉洁守纪为民》警示教育片,县委常委、县纪委书记杨中坚作题为《以案为鉴 警钟长鸣,不断提升党风廉政建设工作水平》专题报告。县委书记、县人大常委会主任詹立风要求全县党员领导干部以警示教育活动为契机,正视问题和不足,把教训和警示记在心中,把纪律和规矩挺在前面,把责任和担当扛在肩上，把党风廉政建设和反腐败工作抓实抓好,营造风清气正的政治生态。县四套班子领导、各镇(区)、县级机关各部班子成员600多人参加会议。

**【县委十三届九次全体(扩大)会议】** 12月24日,中共如东县委十三届九次全体(扩大)会议在县行政中心召开。全会贯彻落实中共十八大、十八届三中、四中、五中全会及中央经济工作会议、省委十二届十一次全会、市委十一届十次全会精神，回顾总结2015年及"十二五"时期奋斗历程,科学谋划"十三五"时期发展蓝图,部署2016年各项工作。会议听取县委书记、县人大常委会主任詹立风代表县委常委会作工作报告,动员全县上下全面践行创新、协调、绿色、开放、共享发展理念,以新理念把握新常态、引领全面深化改革,特别是供给侧改革，统筹推进转型升级、城乡一体、环境优化、扩大开放、社会治理、民生改善各项工作,提高党领导经济社会发展能力,加快建设"强富美高"新如东。会议审议通过《中共如东县委关于制定如东县国民经济和社会发展第十三个五年规划的建议》。　(姚玉华)

图72　9月25日,全县领导干部警示教育大会召开

## 重要决策

**【全面推进依法治县】** 县委贯彻落实中央、省、市委关于全面推进依法治国的决策部署，于1月在十三届七次全会上讨论并通过《中共如东县委关于全面推进依法治县的实施意见》。以全面推进依法治县、建设法治如东为主线,明确强化依法行政,推进公正司法，加强法治宣传教育等8个部分和38条工作举措,力争2020年基本建成法治政府。

**【全面从严治党】** 7月,县委十三届八次全会讨论并通过《中共如东县委关于推动全面从严治党迈上新台阶的意见》，明确从严抓好思想建党、从严规范党内政治生活、从严选好管好干部、从严改进作风、从严夯实执政基础、从严遵守党的纪律规矩、从严加强反腐倡廉建设、从严落实管党治党责任8个方面目标要求和工作举措，持续加大管党治党力度,把党的建设提高到一个新水平。

**【落实长江经济带发展战略】** 县委、县政府为抢抓长江经济带发展战略实施机遇，发挥如东在长江经济带战略中的地位和作用,12月,研究出台《如东县贯彻落实长江经济带发展战略行动方案》,明确突出港口引领,深化陆海统筹,以基础设施建设和现代产业体系构建为主抓手,加快建设新兴海港城市、生态宜居城市、现代旅游城市,进一步扩大对外开放合作，推动如东新一轮大发展。

**【赋予栟茶镇县级管理权限】** 1月，县委、县政府印发《关于赋予栟茶镇人民政府第二批县级经济社会管理权限的通知》,明确在第一批下放县级经济社会管理权限95项基础上，再次向栟茶镇下放县级经济社会管理权限11项,增强栟茶镇人民政府的经济社会管理职能，提高统筹协调、自主决策和公共服务能力,推进栟茶镇经济又好又快发展。

【实施"互联网+"行动计划】 为加快推动互联网与各领域深入融合和创新发展，充分发挥"互联网+"对稳增长、促改革、调结构、惠民生、防风险作用，11月，县委、县政府研究出台《关于加快推进"互联网+"行动计划的实施意见》，列出39项重点任务，明确责任单位和时间进度，提出到2025年，全县网络化、智能化、服务化、协同化的"互联网+"产业生态体系基本完善，"互联网+"新经济形态初步形成，"互联网+"成为经济社会创新发展的重要驱动力量。

(汪爱平 许君璞 黄 艾)

## 组 织

【概况】 2015年年末，如东县共有基层党组织1930个。其中，党委建制73个，总支建制290个，支部建制1567个。县直党委20个，县直党工委10个。全县党员6.19万人，其中女性1.32万人，占21.3%。党员中，农牧渔民2.51万人，占40.6%；离退休人员1.38万人，占22.3%。研究生520人，占0.8%；大学本科9043人，占14.6%；大学专科7543人，占12.2%；中专4947人，占8.0%；高中、中技1.38万人，占22.3%；初中及以下2.60万人，占比42.1%。党员年龄35岁以下8487人，36～45岁7837人，46～55岁1.08万人，56～60岁5983人，61岁以上2.88万人。

县委组织部把握工作主线，坚持突出重点，注重改革创新、统筹推进，实施全年重点工作目标化管理、项目化推进、责任化落实，强化精细管理和绩效考核。全县干部选拔任用工作"一报告两评议"各项指标满意率均在93%以上，学习贯彻《党政领导干部选拔任用工作条例》工作得到省委组织部检查组高度评价。"四式四定"("一站式"定点、"代理式"定人、"菜单式"定题、"主题式"定时）服务模式入选中央实践办党的群众路线工作法100例，"114"(1座公共服务中心、1支服务骨干队伍、"一站式定点、代理式定人、菜单式定题、主题式定时"服务）惠民服务行动获第三届全国基层党建创新最佳案例，"强化基层党组织政治引领功能的实践探索"被《中国组织人事报》整版刊载，《情境党课理论与实践》由党建读物出版社出版发行。1人成为南通申报国家"千人计划"首位入选者，省"双创博士"、省第三批"产业教授"入选数，省企业院士工作站拥有数，省重大科技成果转化资金项目立项数等指标居全市首位，入选全国基层人才工作创新案例(全省2家)1个。开展从严治党、从严管理干部等专题学习，组织"组工干部谈党性、话成长"讨论，强化红色基地体验式实践锻炼。建立组工干部主体班跟班学习制度，深化"一把手"讲坛、"双导师"学习活动。制订组织工作服务清单，常态化开展志愿服务进社区、扶贫帮困到农户、结对帮扶贫困生等活动。提高农村新中国成立前老党员补贴标准，补贴标准和总额全市最高。获省级"'四有一责'(有持续稳定的集体收入，有功能齐全的活动阵地，有先进适用的信息网络，有群众拥护的服务能力强、带富能力强的带头人，强化村党组织领导责任）建设先进县(市、区)"称号。

(吴 昊 陈亚栋 朱 慧)

【"三严三实"专题教育】 2015年，如东县在县处级及以上领导干部中开展"三严三实"专题教育。县委常委会先后8次专题研究部署专题教育。邀请全国先进典型张云泉回家乡现身说法，县委主要领导率先垂范，县处级领导干部上党课43场次；镇(区)、部门、单位党组织书记上党课86场次。编印《学习研讨材料汇编》2本；县委中心组组织专题学习10次、专题研讨6次，25名县处级领导重点发言64次。翻印正反面典型教材3本，评选表彰"我身边的优秀共产党员"20人，摄制微电影4部，召开全县警示教育大会。县委领导班子及成员联系班子和个人实际深入查摆问题，开展批评与自我批评，提出批评意见110多条。市委常委、常务副市长韩立明参加专题民主生活会。实行党委书记和组织部门"双审制"，组织县处级领导干部完善问题清单，同步制订责任清单和措施清单，通过"每月通报、季度点评、半年观摩、年终述职"，项目化推进、销号式整改，县委常委会研究落实措施29项。在全县各镇(区、街道)、村(社区)和县级机关各部门开展"三严三实""五个一"活动，开展基层干部不作为、乱作为、贪腐谋私、执法不公"四项排查"，在全县15个镇(区、街道)、80多家县级机关部门、800多名科级领导干部和1700名村(居)干部中，进行"拉网式"排查，累计查摆出基层干部存在问题3800多条，形成县、镇、村三级问题清单。抽调40人组建8个督查组开展专项督查。通报各类违纪案件196件，立案查处村干部148人。

(蔡晓美)

【党员管理】 2015年，县委组织部在全县开展党员组织关系排查。以党支部为单位，采用"双查"(党支部自查、上级党委工作组核查)办法，理清全县党员基本情况，统一规范党员情况记载、党员名册。从严落实党员管理制度，规范党员组织关系管理，建立健全党员信息数据库，从源头上治理党员组织关系"空挂""失联"等现象，解决"口袋党员""隐身党员"等问题。创建全省首个"百姓宣讲团"，组建45支"草根演出队"，开办2630期有线广播"自办节目"，实现"乡音"传"党音"。组织54场"围垦精神"主题报告会，选树8类"平民典型"，以身边榜样教育感召群众。3篇案例入选《江苏农村基层党建工作创新集锦》。抓好流动党员教育管理，依托工业园区、驻外企业建立流动党员服务站5个，建立1867人流动党员数据库，处置不合格党员43人。 (许宏彬)

【干部选拔任用】 县委组织部制定《如东县党政领导干部选拔任用实

施细则(试行)》及干部考德、交流、关爱提醒、综合研判和年轻干部培养选拔制度;根据部门职责,围绕关键环节,制定《干部选拔任用工作流程及责任分解图》,明确48个具体程序和要求,落实责任主体,严明纪律要求,从严落实防止“带病提拔”5项规定,相关做法得到省委组织部检查组肯定。(周小普)

【干部管理】 县委组织部开发以个人档案为主干,以推荐考察、年度考核、奖惩信息、信访举报、教育培训、能力特点、性格特质等若干模块为补充,以电子档案即时记载为主要形式的“1+N”干部成长信息集成系统,全面记录干部成长信息,运用大数据思维,定期对县管领导班子运转情况及领导干部现实表现和适岗情况进行分析研判。启动县管干部档案核查工作,抽调16人组成8个核查组,实行双人审核。采取一轮拉网普查、二轮互相核查、三轮抽样检查、四轮疑点会商形式。审核干部档案1149卷。县委组织部部长带队逐镇(区)开展年度考核考察反馈谈心谈话,提出班子建设意见80多条。对分析研判中发现、并经组织考核认定为不胜任、不适宜、不称职的6名领导干部,给予降免职、交流、改任非领导职务等处理。规范县管领导干部出国(境)管理,采集梳理869名应登记备案县管干部的个人因私出国(境)信息,逐一核对个人护照基本信息,完成备案信息系统构建。县管领导干部出国(境)因私护照编码存档、统一保管。(徐海峰)

【干部教育培养】 县委组织部注重后备力量建设,将理论教育、专题培训与现场教学、拓展训练相结合,专家讲座、集中授课与心得交流、情境论坛相结合,组工干部到课堂跟踪观察,借助东南大学力量对年轻干部进行性格与心理测试,了解年轻干部政治素养、道德品行以及性格取向、思维特点、团队意识等方面特质。将干部培训与考察识别有机融合,拉长干部培养链和考察识别链。制定《如东县关于加强干部教育培训的管理办法(试行)》,规范办班审批流程,建立“统一申报、统一核算、统一结算”培训经费管理模式。研发干部培训管理系统,建立学员、师资、课程、班级“四合一”干部培训电子档案,实现干部培训信息动态化管理,强化结果运用。建立省委党校廉政教育研究中心“全面从严治党研究基地”。为镇(区、街道)定制课题,突出“干部教、教干部”,举办镇(区、街道)“一线课堂”15期,选聘县级机关业务骨干赴基层授课31场次,培训基层一线干部近3000人次。全年举办各类专题班、主体班、常规班71个,累计培训干部1.4万人次。

【干部监督】 县委组织部突出源头防范,在全市率先将领导干部个人有关事项报告填报和抽查核实对象延伸至科级干部,逐一摘录填报人员及其配偶、子女基本信息,建立个人事项报告抽查核实数据库。采取正向查核+反向查核、专项查核+随机查核、委托查核+自主查核的“1+1”组合方式,有序推进抽查核实工作。提拔重用人选“凡提必核”,科级领导干部随机抽查核实比例达10%。抽查核实分类预警机制相关经验做法被《中国组织人事报》推介。突出过程监督,严格执行科级干部选拔任用全程纪实制度,配套出台实施办法,研发纪实软件,全面启动股级干部选拔任用全程纪实工作。突出持续整治。从严从实开展超职数配备干部消化、干部在企业社团兼职“回头看”等工作,新增违规兼职对象“零报告”。开展“带病提拔”责任倒查。研发“三责联审”网络测评系统,测评结果共享和分级管理。13名离任领导干部首次接受网络测评。(胡一舟)

【基层党组织建设】 县委组织部制定《关于开展基层党建工作品牌创建活动的意见》,实施“一镇一域一品”品牌培育工程,组织拉网式观摩,每季一次点评、半年一轮督查,县委专题召开督查推进会,全体常委参加,书记逐一点评,全县涌现出65个不同领域、不同层面、不同类型的基层党建新成果和新典型。15个党建品牌入选《南通市党建服务品牌精选》。下发《关于进一步加强中小学校党建工作的意见》,明确新时期中小学校党建工作目标、功能定位、基本职责、工作重点,提升中小学校党建工作规范化水平。10月26日,县委教育工作委员会作为全省县级单位唯一代表在省中小学校党建工作会议上介绍经验。

【村党组织书记管理】 县委组织部制定《关于进一步加强村党组织书记队伍建设的意见》,构建“任期有目标、工作有压力、干好有前途、待遇有保障、退出有机制”的“五有”管理体系。实施村党组织书记递进式政策激励,93人享受激励政策,其中11人享受事业单位同类管理人员工资待遇,24人享受副科级待遇,受激励面达36.2%。探索村干部报酬改革,建立“基本报酬+服务报酬+经营报酬+考核报酬”的报酬结构,实施村居差别化考核,建立书记与村干部报酬联动机制,探索优秀党组织书记“离任慰问”制度,凡享受激励政策后,累计5次、8次、10次以上综合考核排名居镇前30%且正常离任的,每年年终给予本人退休后当年企业职工养老金总额10%、15%、20%的一次性慰问。全县村党组织书记享受免费健康体检,办理基本医疗保险、失业保险和生育保险,逐步实施住房公积金制度。(管宏图)

【党员发展】 县委组织部以贯彻《发展党员工作细则》为契机,围绕省市调控指标,重点做好“80后”青年党员、高知识高技能群体发展党员工作,设置“党性教育+实践锻炼+道德品行”的思想教育课程,规范发展党员工作程序,分为5个阶段33个环节,形成《发展党员工作纪实本》,常态化组织发展党员工作者业务辅导,开展发展党员工作专项检

查,在全县通报结果。全年全县发展党员 359 人。（缪小明）

【党员教育培训】 县委组织部制定出台《2015—2019 年全县党员教育培训工作规划》,建立全县党员教育联席会议制度,明确联席会议主要职责、成员单位、工作职责、议事规则等,加强部门间协调配合。结合需求分领域开展培训,农村社区党员、非公企业党员和机关事业单位党员教育培训。教育方式与时俱进,常态化推进“统一生活日”“远教固定学习日”,落实“三会一课”制度,注重运用新兴媒体,开展大规模全覆盖党员教育。在全市党员教育联席会议暨工作座谈会上,如东重点交流党员教育培训经验做法。在全省党员教育骨干培训示范班上,如东做交流发言和 PPT 演示,南通市仅如东 1 家。在市第 14 届党员教育电视片评选中,如东 6 部作品获奖,其中获标清类一等奖、微电影类二等奖、微视频类二等奖、高清类二等奖、微电影类三等奖、高清类三等奖各 1 部,获奖作品数占全市 21%,获奖等次和数量居全市前茅,获奖数量、层次创如东参加市党员教育电视片评选新高。（蔡晓美）

【人才招引培育】 县委组织部加强战略谋划,强化考核引导,开展专项竞赛,搭建活动平台,成功举办首届科技人才节,开展国家“千人计划”如东行、海外高层次人才创业大赛、第八届长三角海归创新创业圆桌会议、高校科技成果发布会等活动,达成合作意向 108 项,签约合作项目 37 项。开展“高校行”小团组对接 18 场次。与国家“千人计划”联谊会海创智库、德国 BBW 教育集团等 12 家人才资源机构合作,提升人才服务水平。高端人才驱动新兴产业发展,大唐恩智浦张鹏岗团队成功研发汽车前装电子领域第一颗“中国芯”,冯冠平教授石墨烯科研成果成功孵化,中科院“百人计划”专家徐晓嵘领衔项目推动生命健康产业升级。海外高层次人才何品翰教授入选国家“千人计划”,成为如东县自主申报入选第一人,也是“十二五”期间南通市申报首位入选者。入选省“双创(创业创新)计划”4 人;入选省“双创(创业创新)博士”10 人,入选人数全市第一。新增省有突出贡献中青年专家 1 人;入选省第三批“产业教授”6 人,入选人数全市第一;获省第四期“333 工程”科研项目资助 2 人,获资助人数全市第二;新增高技能人才 3971 人。（张松徐）

【公务员职务与职级并行实施】 2015 年,按照中央及省、市文件精神,如东县研究制订全县机关公务员职务与职级并行制度实施方案。11 月 16 日,县委组织部召开动员部署会议,就职级晋升资格条件、程序要求、口径把握等内容逐一讲解。指导县、镇机关各部门,做好职级晋升人员排查和审核工作。全县职级晋升 1255 人。其中,科员晋升副科级 845 人,占比 67.23%;副科晋升正科级 231 人,占比 18.41%;正科晋升副处级 132 人,占比 10.51%;副处晋升正处级 47 人,占比 3.75%。（虞新兵）

图 73 11 月 7 日,第八届长三角海归创新创业(江苏·如东)圆桌会议召开

## 机关党建

【概况】 2015 年,县级机关直属党组织 65 个,其中党委 18 个、党总支 18 个、党支部 29 个,在职党员 3600 余名,离退休党员 1500 余名。新发展党员 26 名,培训入党积极分子 94 名和发展对象 80 名。落实“组织生活日”、民主生活会等制度,党内各类学习培训和党风廉政教育活动正常。分类推进“微型党课”“情境党课”和“实境党课”,推进“‘一把手’讲党课、上讲台”,增强党组织负责人主体责任意识和全体党员参与意识。《“情境党课”实例与思考》由中组部党建读物出版社出版。举办如东县首届县级机关党员“1+X”风采大赛,提升机关党员干部综合素养。在 39 个县级机关部门开展党组织书记抓党建述职评议工作。举办县级机关发展党员业务培训,提高党务干部理论水平和实践能力。理顺部门党组织隶属关系,确保党组织有序成立和规范换届。开展“两学一找三争创”(学先辈、学先进、找差距,争创群众满意服务单位、争创群众满意服务窗口、争创群众满意党员服务标兵)评选活动,表彰县文广新局“蟠城之夏”文艺演出等 10 个服务品牌,县信访局信访接待科等 10 个服务窗口和县教育局潘卫成等 10 名党员服务标兵。对 69 个机关党建工作先进单位和 59 名优秀党务工作者、100 名优秀共产党员予以表彰。《以“135”机制推动机关干部服务下乡》入选中央国家机关工委《建

设服务型机关党组织典型案例 100 个》一书。

**【"三解三促"攻坚工程实施】** 为"了解民情民意、破解发展难题、化解社会矛盾,促进干群关系融洽、促进基层发展稳定、促进机关作风转变",县级机关党工委联合部门和镇(区)筛选确定地理位置较偏、经济基础较弱村和村两委班子较弱村 140 个,继续深化"三解三促"活动。形成县级机关部门"一把手"为责任人,其他副职领导干部为联村指导员的协同攻坚机制。结对部门查村(居)班子薄弱原因,谋村(居)经济发展思路,形成资金支持、项目扶持帮扶思路,承诺落实事项 700 余项。县级机关党工委会同县委督查室抓过程监督,定期到镇村一线实地抽查,通报抽查结果,并作为年度整体目标考核主要参考依据。县级机关各部门全年累计帮扶资金 700 余万元,培植农业产业项目 43 个,引进企业 17 家,流转土地 213.33 公顷,修建水泥路(砂石路)300 余公里,机耕桥 24 座。结对村基础设施建设、项目引进、土地流转和困难群众帮扶等方面承诺全面完成,在"三解三促"工作中,机关党员服务群众能力明显提高,工作作风得到有效改进。

**【首届县级机关党员风采大赛】** 县级机关党工委以"提升机关党员干部综合服务素养"为主线,以激发机关党员干部活力、服务全县经济社会发展为目标,6 月 16 日,首届县级机关党员"1+X"风采大赛正式拉开帷幕。比赛分为公文写作、电子政务、党的基本知识、党性主题演讲和才艺展示 5 个项目,185 人参赛,评出优秀组织奖 12 个、综合奖(风采之星)12 人和单项奖(优胜之星)44 人。7 月 30 日,举行首届县级机关党员"1+X"风采大赛"一站到底"党的基本知识决赛暨颁奖典礼。此活动受到省委省级机关工委、市委组织部、市级机关工委和县委领导肯定,《江苏组工信息》宣传推介。

**【县级机关在职党员进社区】** 6 月,"六城联创"工作启动后,县级机关党工委专题印发《关于在"六城联创"工作中切实发挥县级机关党组织战斗堡垒作用和党员先锋模范作用的通知》,理顺县级机关党组织和社区结对共建关系,开展县级机关在职党员进社区活动。确定每月 5 日或 20 日为"社区志愿服务日","一月一主题",在 13 个社区开展"送温暖献爱心""学习雷锋精神"志愿服务进社区集中行动、"全民阅读进社区""争做环境卫士""拥军拥属"等活动,参与志愿服务活动 1.35 万多人次。通过县级机关在职党员到社区志愿服务活动的常态化,确保了"六城联创"工作阶段性目标顺利实现。

图 74 如东县首届机关党员风采大赛公文写作比赛现场

**【党建带群团建设】** 县级机关党工委坚持党建带群团组织建设,依托"微行动""微公益"等活动载体,激发党员、团员和入党积极分子参与热情,发挥示范引领作用。开展"走近杂技艺术传播公益力量""携手书香共成长"等系列活动,为南通少年杂技学校捐赠图书 650 册,为困难学生捐赠学习用品、衣物和慰问金总计 2 万元。组织机关青年干部参加丰利小学等单位"微心愿"爱心捐助活动。组织参加"穹顶之下·我们在行动"绿色环保植树活动和"青春建功 电商有为"如东县青年电商创业产品展。根据相关做法提炼总结的研究成果获市社科联 2015 年度热点难点课题 1 项。1 人获中国社会学年会优秀论文一等奖,1 人获上海市社会学年会优秀论文三等奖。

(田 雄)

## 宣 传

**【概况】** 2015 年,如东创新宣传思想文化工作,办活做优"扶海大学堂",在全市率先开通"扶海微学堂"微信公众平台,打造"指尖上的学习"品牌。党员冬训持续创新,如东再次获评全省冬训工作示范县。开展"如东人看如东"主题活动。组织"我们万众一心"纪念抗战胜利 70 周年合唱比赛和展演活动。"百姓宣讲团"影响力不断扩大,应邀在市行政中心、市财政局举办报告会。县第五届社科普及宣传周活动丰富,组建 10 支社科普及服务小分队,开展百名社科专家基层行,组织千名社科志愿者开展心理咨询、法律咨询、社会保障咨询等系列志愿服务,惠及万名群众。放大"蠙城之夏""港城之春""百姓大舞台·周周演"等文化品牌效应,送戏下乡 100 多场。全县文化产业持续发展,文化产业增加值占地区生产总值 4.6%。江苏省 2015"淘宝城杯"红木雕刻艺术作品评比中,如东获金奖作品 18 件,获银奖作品 9 件,获铜奖作品 5 件。新闻报道在中央电视台播出5条，外宣画册《扶海而兴·如意东方》由外文出版社出版发行，全方位展示推介如东。与新华社江苏分社合作打造党政新闻客户端“无线如东”，下载量突破1万次；@如东发布单条微博最高阅读量360多万人次，“如东网”微信公众号粉丝超11万人。志愿服务系统平台正式启用。全县注册志愿者13万余人，志愿服务组织50多个，打造一批在省内乃至全国有一定影响的志愿服务品牌。推进志愿服务制度化建设，机关全体人员100%成为志愿者，每周到结对社区开展志愿服务活动。重视诚信体系建设，在省内率先建成公共信用信息公示平台，首批26家职能部门征信信息全部录入并向社会公开。如东16人(团队)当选“中国好人”，批次、人数全省名列前茅。“礼在如东、孝在如东、信在如东、美在如东”获评全省农村精神文明建设创新案例。全县文明单位、文明镇村普遍开设“道德讲堂”，弘扬诚信、孝道、礼仪等优良传统文明，文明户评选蔚然成风。 (章云峰)

**【“如东人看如东”活动】** 5月23日，县委宣传部启动“如东人看如东”主题活动，先后组织县级机关中层干部、金融机构干部职工、老干部、网友、初三毕业生、侨台侨眷、在外大学生、企业职工、镇区等群体代表39个批次5000多人，参观如东县规划展览馆、如东中等专业学校、如东火车站、苏中四分区反“清乡”斗争资料陈列馆、如东县福利中心、小洋口国际温泉城展示中心、洋口港阳光岛展厅、黄海大桥等城市基础设施建设及三一重工工业园、海装风电有限公司等重点企业，人文旅游景点绿源高效设施果蔬园艺基地等。同时，同步开展“说如东”主题征文和金点子征集活动，共收到征文300多篇，各类建议和意见200余条。通过参观感受全县经济社会发展的新变化、新成就，激发全县上下热爱家乡、共建家乡激情，增强发展信心，提振干事创业精气神。

**【抗战胜利70周年系列纪念活动】** 6月初，县委办下发《关于开展纪念中国人民抗日战争暨世界反法西斯战争胜利70周年主题教育活动的通知》，县级机关部门和各镇(区)共开展各类纪念活动100余次，近30万人次群众、3万名学生参加活动。9月20日，县委宣传部、县级机关党工委、县文广新局、县文联、县文广传媒中心联合承办的“全县纪念抗日战争胜利70周年合唱展演”在如东高级中学海韵馆举行，14个镇(区)、10个机关部门1700多人参加，县四套班子领导出席并参与合唱展演。各参赛单位主要领导策划组织并参加。县公安局主要领导把控细节，增加特警表演环节，展现公安干警雄姿。县金融系统合唱队由15家商业银行人员组成，在晚上排练，展现良好面貌。丰利镇融合唱与表演为一体，再现“双灰山战斗”场景。栟茶镇通过儿童领唱和合唱互动，讲述抗日小英雄王二小的故事。

图75 9月12日，如东县纪念抗日战争胜利70周年合唱比赛

**【文化建设】** 县委宣传部抓文艺精品创作，为重点创作项目作者创设良好环境，扶持刘剑波、於国鑫等个人创作工作室，推进重点创作项目刘剑波长篇小说《祭青春》、大型杂技剧《博》。重点推进小洋口生态旅游度假区、新石器文化创意产业园、红木雕刻产业基地等文化产业项目9个。引导扶持国有文化企业发展，江苏有线如东分公司、如东新华书店有限责任公司、如东海洲文化投资发展有限公司等国有文化企业不断做大做强。 (顾菁)

**【“新常态、新作为”专题报道】** 2月起，《如东日报》、如东广播电台、如东电视台开设“新常态、新作为”栏目，聚集“转型升级、创新创业、沿海开发、产业集聚、项目建设”等方面，推出“高新技术企业巡礼”“服务业重点项目、重点企业、重点集聚区建设巡礼”等系列报道，“世界500强在如东”“寻找下一个红利——对话县50强企业老总”等报道产生较好社会影响；报道数量、深度和影响取得突破，坚定如东人民发展自信，提振发展精气神。

**【对外宣传】** 2015年，县委宣传部研究制定《关于加强和改进新形势下对外宣传工作的意见》，明确外宣任务，落实外宣责任。强化外宣工作项目管理，落实“教育之乡”“中国海鲜之乡”“如东杂技”等项目，按照“确定一批、交办一批、做成一批”要求，加大外宣工作项目化推进。县内报台网站主动对接县外媒体，按照栏目确定选题向外供稿，形成“以内宣促进外宣、以外宣带动内宣”，内、外宣一体化局面。创新对外宣传方式方法，抢占微博、微信、微电影、手机客户端等外宣新阵地，对不同地

区和人群有针对性地开展新闻外宣和网络外宣工作。全年在《人民日报》、新华社、中央电视台、中央人民广播电台、人民网、新华网、《新华日报》《南通日报》等国家、省、市媒体用稿(片)300多条,其中中央电视台用片15条,创用片新高。

【新闻发布】　2015年,县委宣传部加强制度机制建设,推进信息公开和新闻发布规范化、常态化。明确县级职能部门召开新闻发布会场次和规格,规范信息发布管理审批流程,确保信息发布安全。加强新闻发布会平台建设,建设专门新闻发布厅和应急发布厅,在中国如东政府网开设"新闻发布"专栏,实现新闻发布视频、新闻发布实录公开。新闻发布会和县重点工作及重大活动结合,全年召开第九届沿海经济合作洽谈会、"一带一路"对外开放、环境保护日、畜禽粪污治理等规格高、社会影响大的县政府新闻发布会16场。

(阚建斌)

【图书漂流屋+】　4月23日,由县委宣传部、县文明办和县文广新局联合策划建设"图书漂流屋"在文峰大世界广场、汽车站、县人民医院和城市规划展览馆同时对外开放。首批对外开放的"图书漂流屋"投放世界名著、生活保健、诗歌散文、政治经济、通俗读物等各类型图书1500余本。"图书漂流屋"提供图书零门槛无偿借阅服务,每周六、周日固定时段开放,凭身份证和手机号码借阅图书,帮助读者预订或代购图书,提供茶水、针线、打气筒、急救包等,并逐步延长开放时间,拓展成为志愿者综合服务站。每个书屋有担任漂流书屋管理员的志愿者8人。"图书漂流屋+"项目获第七届南通市县(市、区)宣传思想文化工作改革创新奖,被县级机关党工委评为2015年度群众满意服务品牌。

【第二届"最美如东人"评选表彰】　4月10日,"农商银行杯"第二届"最美如东人"评选暨"播种爱心、收获快乐"志愿行动在县规划展览馆南广场启动。县四套班子分管领导、相关部门负责人、企业家代表、政协委员、人大代表等组成评审会。县新闻媒体和新浪微博@如东发布平台发布消息。经基层推选、组织审核、综合推荐、大众投票、网络投票,初步确定候选人20人。《如东日报》和如东网微信平台接收群众投票,全县直接参与推荐和投票超过20万人,涉及所有镇(区、街道)和县级机关。8月10日,县评审委员会21位专家经评审和无记名投票,评出第二届"最美如东人"10人,分别是陈亚飞、周士红、"霜桥晚晴"群体、葛玲、沈亚秋、臧夕稳、缪云山、陈志华、左存凤、管达林。

【诚信体系建设】　年初,县委宣传部、县文明办联合县发改委制定《如东县社会信用体系建设规划纲要(2015—2020)》,印发《关于建立如东县诚信"红黑榜"发布制度的通知》,并在全市县级层面率先建成社会信用体系基本框架,建立以如东信用网、企业信用基础数据库、个人信用基础数据库和信用信息平台"一网两库一平台"为核心的如东县信用信息系统平台。6月22日,如东县信用信息系统平台正式投入运行。如东信用网通过政务外网向社会公众提供信用信息服务,用户在浏览信用新闻、政策法规及解读、诚信和失信公示的同时,可进行企业信用查询、政府信用查询、社团信用查询、重点人群查询、失信信息查询等;个人信用基础数据库和企业信用基础数据库,包括"企业信用监管系统""个人信用监管系统""信用数据采集系统""信用数据交换系统""业务管理系统"等15个子系统,为相关部门在项目申报、政府采购、公开招投标时提供信用核查服务。信用信息平台实现各类信息数据归集和监管,整合全县税务、人力资源、安监、环保等26家单位信息资源,实现部门间互联互通、数据共享和交换。公共信用信息系统平台成为全县对外展示诚信文化建设重要窗口。

【首届十佳志愿服务品牌评选】　1月19日,县文明委首次向全县征集优秀志愿服务项目,至1月30日,共征集到具有良好示范带动作用和社会推广价值的优秀项目27个。各备选项目通过2000字文字介绍及多媒体现场演示,经评审会现场投票,产生"大手牵小手　爱心暖童心"、巾帼"关爱老人行动"志愿服务、三元社区"爱心存折"志愿者服务站、"文明信使"帮扶110名孤寡贫困老人、心理咨询服务、"绿色爱心"垃圾回收站、"你的心愿　我的心意"关爱农民工子女圆梦行动、"健康绿舟"志愿者社区结对志愿服务、女法官温馨服务与关爱、"低碳生活,绿色如东"10个最佳志愿服务品牌。

(沈燕燕)

【传统文化教育】　2015年,县委宣传部、县文明委开展系列活动,加强中华优秀传统文化教育。5月7日上午,县委宣传部牵头在马塘小学开展"弘扬传统美德,培育良好家风"主题教育活动,近300人观摩升旗仪式、主题班会、主题情景沙龙。升旗仪式上,全校35个班1400多名学生在操场上集体吟诵家风家训。"传承好家风我们在行动"主题班会上,3组学生分别从勤俭节约、诚实守信、奉行孝道3个方面,通过诵读、相声、情景剧等方式对良好家风进行阐述。"家风与美德"主题情景沙龙,就"什么是家风""优良家风有什么作用""如何弘扬优秀家风"等展开热烈讨论。全县各中小学校围绕主题开展"习家训、谈家风、写家书"征文比赛、"我的家风故事"主题班会优秀案例评选、以"家风"为主题的手抄报评选、优秀家训箴言评选等系列活动。县文广传媒中心在《如东日报》开设《家风佳话》专栏,组织记者深入乡村,挖掘、采访、报道"家风故事"。6月18日,县委宣传部、县文明办牵头,联合丰利镇党委、县教育局在丰利小学举办浓情端午粽香飘——"我们的节日·端午”主题观摩活动。整个活动分端午专场文艺演出、“粽情端午展风采”包粽子竞赛、“品味端午，传承文明”表演展示、“浓情端午志愿行”“参观悟园”5个专题。全县各镇(区、街道)分管党务工作负责人、宣传委员、各小学校长100多人参加活动。

**【暑期科普志愿行】** 7月25日，县文明委与南通大学杏林学院在县规划展览馆联合举行“情系留守儿童暑期科普志愿行”活动启动仪式。南通市委常委、宣传部部长章树山与南通大学党委副书记、副校长江应中为“南通大学杏林学院党员科技服务基地”揭牌。县委常委、宣传部部长张蓉蓉为8名大学生志愿者颁发县校外科技辅导员聘书。暑期中，57名大学生志愿者为如东450名留守儿童演示机器人灭火、竹蜻蜓制作、水果发电、气流喷水、小孔成像等趣味小实验。 (肖如银)

图76 7月25日，“情系留守儿童暑期科普志愿行”活动启动

**【“扶海大学堂”专题讲座】** 2015年，县委宣传部(社科联)利用“扶海大学堂”理论学习平台开展理论学习宣讲、社科普及活动，先后邀请长江学者刘志彪，浙江大学传媒与国际文化学院副院长、教授韦路，南通市网信办专职副主任成继唐，中国城市规划学会副理事长、研究员级高级城市规划师张泉，海军少将、国防大学教授杨毅，省委宣传部副部长、省文联主席、党组书记章剑华，省政府法制办副主任高建新，省政府研究室主任郑焱到如东，做“新常态下的经济增长、资本市场与互联网+”“融合时代的媒体策略”“网上舆论工作”“新型城镇化和小城镇建设”“国际政治军事形势与国家安全”“中华传统文化的认识和传承”“行政程序规范及实践”“中共十八届五中全会和省委十二届十一次全会精神”专题讲座8场。同时，引导各镇(区)和县级机关部门利用“扶海大学堂”分堂开展各种理论宣讲活动。全年举办各类讲座300多场次，直接受众5万多人次。

**【扶海微学堂】** 3月26日，县委宣传部(社科联)在全市率先开通微信学习平台——“扶海微学堂”，开设“中心组”“大讲堂”“学哲学”等栏目，重点宣传党的理论、形势政策、上级会议精神、哲学知识等。创新内容和形式，联合各镇(区)和县级机关部门微信平台，建立微学堂联络员队伍和采编队伍，组成如东“扶海微学堂”联盟，实现学习资源互联互通。拓展微学堂内容覆盖，除定期编发新闻类、理论政策类文字、图片、视频等内容外，各部门、各单位需要在党员干部中宣传推广和加强学习的信息咨询服务类材料等也被纳入推送内容。工作日期间每天推送学习内容1期，每期3～8条，至年末，共推送学习内容156期768条。

**【党员冬训】** 基层党员冬训工作中，如东组织开展以“学政策理论，强政治素质；学技术技能，强发展本领；学先进典型，强争先意识；学法律法规，强法治理念”为主要内容的“四学四强”主题教育活动，将学习教育与助农惠民相结合，助推冬训接地气惠民生。2月7日，在岔河镇银河广场举行党员冬训大集暨集中“三下乡”服务活动，县级机关30多个部门参加活动，现场受众600多人。省委宣传部部务委员双传学、市委宣传部副部长黄正平现场指导工作。冬训期间，全县开展各类服务近1000场次，组织各类巡回宣讲500多场，举办各类技术培训280多期，送文艺演出150多场，直接受众近30万人。中央人民广播电台、新华网、光明网、《新华日报》、江苏卫视及《省建设学习型党组织工作简报》《南通日报》、南通电视台、《南通宣传》等媒体和刊物宣传推介如东党员冬训创新做法，如东再获评省党员冬训工作示范县，岔河镇被评为省党员冬训工作示范镇，“四学四强”助推冬训接地气惠民生项目被评为省党员冬训创新项目，1人被评为全省党员冬训工作先进个人，如东包揽全省党员冬训评比所有项目，获奖数量、档次均取得历史性突破。 (于振勇)

**【如东网盟俱乐部成立】** 8月16日，县委宣传部、县互联网新闻中心在海洲影都巨幕大厅举行如东网盟俱乐部成立暨“关注身边的感动”公益活动启动仪式，县委常委、宣传部部长张蓉蓉讲话，县人大常委会副主任唐国均、县政协副主席桑健出席启动仪式，并和全体网盟成员共同触摸启动球，500多名网友参加活动。如东网盟俱乐部是由全县主要网站和自媒体平台联合组建的互联网信息服务合作组织，旨在进一步整合互联网行业资源，团结和联系行业单位及从业人员参与网络文化建设,以"遵守法规、良性竞争、互推共赢、共同发展"为原则,在重大事件中统一声音,在重要活动中通力协作,在重点宣传中共同推进,进一步完善网络文化建设与管理格局。"如东新媒体""今日如东"等10家属地主要网站和自媒体平台成为首批网盟俱乐部成员。 (易向东)

## 统一战线

**【概况】** 2015年,县委统战部开展"同聚正能量、共圆赶超争先梦"主题活动,集聚智慧谏言献计、集聚政策弘扬法治、集聚力量助企转型、集聚资源爱心惠民。开展"我为迈上新台阶谱写新篇章献一计"活动,通过广泛征集和召开座谈会等形式,鼓励统战成员围绕深化改革、加快沿海开发进程、转变经济发展方式、推进城乡统筹发展、强化环境保护、加强社会综合治理等经济社会重点、热点、难点建言献策。收集意见122条,遴选报市委统战部20条。"党外代表人士'三访两察'"(访本人、访领导、访工作对象;察德才表现、察工作绩效)入围全省统战工作创新实践成果评选。县委统战部再次被中央统战部、中国统一战线杂志社评为中国统一战线宣传先进单位。

**【党外代表人士】** 9月,县委统战部制定下发《关于进一步深化党外代表人士"三访两察"实施意见》,建立县委统战部牵头,县级相关部门、镇(区)参与的县、镇两级联动机制。分级实施,一人一档,访察党外代表人士193人。8月,举办"'我们同心同行'如东县统一战线纪念抗日战争胜利70周年暨无党派知识分子专场演出",8位无党派知识分子教育分会会员以如东统战工作历史进程为主线自编自导自演《我们同心同行》主题诗朗诵。节目单上印制20条统一战线基本知识,演出中穿插统一战线知识有奖问答,社会各界1000多人观看演出。

图77 8月29日,如东县统一战线纪念抗日战争胜利70周年暨无党派知识分子专场演出之诗朗诵《我们同心同行》

**【港澳台及海外统战】** 县委统战部开展如东在香港人员基本情况调查,20多名新的如东在香港人员进入信息库。通过香港如东同乡会引导如东在香港人士支持特区政府依法施政、反对"占中"。联合县侨联、台办、侨办组织"百名侨台眷属看如东"活动。通过"请进来"增进友谊,"走出去"拓展空间,"送上门"联络感情,加强与海外重点社团、重点人物联系,拓展港澳台及海外联谊空间,全年接待海内外侨胞、港澳台同胞22批200多人(次)。

**【经济领域统战】** 县委统战部调整完善非公有制人士理想信念教育成员单位联席会议制度,新增县司法局,形成10个部门联席会议制度。联席会议为企业化解融资、用工、用地等矛盾和困难70多件;组织银商企保对接会14场,为企业协调融资2亿元;举办企业管理讲座等活动10余次。帮助40多家非公企业拓展欧尚销售渠道。引导民营企业关注民生、关注社会,投身光彩事业和社会公益活动。非公代表人士带头捐资助学、扶贫帮困、资助社会公益等1000多万元。

**【统战队伍建设】** 县委统战部首次对村(居)统战支委开展业务培训,做到三级统战干部培训全覆盖。编印《基层统战工作实务100问》,重点开展"三讲":讲"大局",组织全县统战干部开展"四个全面战略布局"专题讲座;讲业务,开展统战业务辅导;讲经验,邀请海安县南莫镇统战委员介绍经验。马塘镇统战委员、岔河镇银河村统战支委分别做工作交流。举办全县统战信息员骨干培训班,聘请无党派、民主党派成员15人担任全县首批统一战线特约信息员。推进统战工作政策理论学习进镇(区)党委(党工委)中心组,15个镇(区)党委(党工委)中心组形成"每年一学"制度。 (陈轶琦)

## 老干部工作

**【概况】** 2015年年末,如东有行政退休干部2201人,其中县处级以上45人;离休干部517人,其中行政离休195人、事业离休155人、企业离休167人。全年减少离休干部80人。8月,按照"一方隶属、多方管理"原则,在双甸镇星光社区和河口镇双港村,试点建设社区离退休干部党支部。重点开展增添正能量活动和离退休干部服务管理工作,打造"做老干部工作热心、给老干部办事诚心、为老干部服务细心、接待老干部耐心""四心"服务品牌,推动老干部工作转型发展、科学发展。双甸镇离退休干部党总支被评为省离退休干部先进集体,2人被评为全省离退休干部先进个人。组织开展抗战胜利70周年系列纪念活动。5月,组织开展“勿忘国耻、圆梦中华”老年摄影展;6月下旬,开展“讲故事、唱红歌”进校园爱国主义教育活动,组织老干部到各镇(区)中小学、校外辅导站和村留守儿童乐园巡回演讲。8月,组队参加全省纪念抗日战争暨世界反法西斯战争胜利70周年苏中片区老干部歌咏比赛,1人获三等奖。9月,走访慰问离休干部95人,发放纪念章和慰问金47.5万元。

**【老干部学习培训】** 县老干部局依托老干部党校和离退休党支部等活动阵地,通过情况通报会、培训班、专家辅导讲座等形式,开展各类老干部政治理论学习活动。5月初,组织各镇(区)离退休干部党总支常务副书记赴南京开展“勿忘历史,同心筑梦”主题教育活动。7月6—7日,举办全县离退休干部支部书记培训班,集中培训124人。专门邀请省委老干部局、市委党校、县委组织部等单位领导授课,并组织老干部参观沿海开发建设情况。编印政治理论学习资料4期,发放3000份。开展“扶老上网”工程,开办网络宣传基础班、提高班、升级班,先后培训离退休干部200多人,100人学会使用微信、微博等。

**【老干部作用发挥】** 县老干部局以“为建设新如东增添正能量”为主题,在全县离退休干部中开展政治理论学习、征文讨论、志愿公益服务、先进典型宣传等8项活动。5月中旬,组织四套班子老领导赴栟茶镇调研,为栟茶镇发展献计献策。8月,成立如东县老干部智库,以四套班子老领导为核心,根据老领导特长和优势,分成经济类、农业类、文化建设类、民生建设类、党的建设类5个小组。推进老干部牵手大学生村官活动,全县240名老干部与263名大学生村官牵手结对,涌现出彭华、赵永福等老干部典型。

**【老干部服务管理】** 7月,县老干部局完善离退休干部信息库,重点调查更新离休干部身体状况、生活能力、子女情况、服务需求等情况。按照“年度职级”重新划分退休干部,分类管理。每季度对全县500多名离休干部进行1次“爱心电话”问候,动态了解离休干部身体状况、思想动态和实际需求。多次与县人社局、县财政局等会商,重新上调离休干部医药费自付部分补助标准。7月,投资150万元的门球馆竣工开馆。11月26—27日,全市第十五届老干部门球联谊赛暨第四届县(市)门球比赛在如东举行。南通市老年体协主席李炎、县政府副县长姜晓静等出席开幕式,为新馆启用揭牌、开球。 (顾新剑)

## 对台事务

**【概况】** 6月,县台办开展台资企业普查,全县台资企业47家。印发《关于建立重点台资企业挂钩联系制度的通知》,全体人员与18家重点台资企业挂钩联系,每人每季度走访挂钩台资企业不少于1次,解决台资企业生产、经营、发展等方面问题和困难,鼓励企业坚定信心、创新发展。协调处理南通缔威化工有限公司员工与管理层劳资纠纷、南通钧元电子有限公司台籍管理人员签注等问题10多起。为对台招商培训提供台湾工业团体名录、台湾上市公司情况、台湾电子产业发展基本情况等资料信息。2015年,新批台资项目4个,总投资2198万美元,注册资本2030万美元,合同利用台资2030万美元;增资项目1个,新增注册资本1634万美元。实际利用台资7093万美元。注册资本2400万美元的威华(如东)贸易有限公司试运行。

**【交流交往】** 7月,县台办与县经信委联合组织镇(区)规模以上企业和科技型、成长型中小企业赴昆山参观昆山电子电机暨设备博览会、昆山智能自动化及机器人博览会,拓宽企业转型升级视野。向岛内台商台胞赠送宣传画册,组织在如台胞台商参观重点亮点工程,召开在如台资企业座谈联谊会,向台资企业介绍宣传如东。县委、县政府、江苏洋口港经济开发区、如东沿海经济开发区等组织经贸考察团,赴台与相关企业洽谈、交流、推进重大项目。申报赴台经贸考察团组6个,年内成行5个。洋口港经济开发区赴台团组,参加台湾石化产业年会,与台湾石化产业大型企业交流沟通,建立招商办事处。10月,1人应邀赴台参加台北花艺设计竞赛。全年赴台商务考察和交流活动9批18人次。全年随省市赴台团组赴台交流考察8批9人次。11月,台湾高雄扯铃协会代表队11人,参加在如东举办的“‘华铃杯’2015中国南通空竹邀请赛”。

**【台属联谊】** 2015年,台属联谊会开展会长活动3次。12月,南通市台属企业联谊会常务理事会在如东召开,与会人员参观考察如东台属企业南通康福特纺织有限公司。7月,县台办、县外侨办、县侨联、县委宣传部联合组织开展“百名侨台眷属看家乡”活动。近100名侨台眷属参观洋口港阳光岛展厅、小洋口国际温泉度假城、绿源高效设施果蔬园艺基地、三一如东工业园和县规划展览馆,感受如东经济社会发展变化。

**【涉台事务管理】** 2015年,全县接待返乡探亲、考察、经商台胞200余人次。做好重点对象接待工作,主动拜访交流,赠送资料,宣传如东。主动沟通相关部门,协调解决台胞台属台企生产生活方面问题。与县出入境管理大队沟通协调台胞台商台干签注问题;与县环保部门沟通协调台企环保方面问题,请环保部门为企业提供指导;与法律服务部门沟通,为企业提供法律支持。动态管理台情,调查了解台胞常驻情况。全县常驻台胞56人。 (仇晶晶)

## 史志编研

**【概况】** 2015年,如东地方志工作成果丰硕,《如东县志》(重修)编纂审验完成,进入印刷出版阶段;《如东县志》(重修)三审材料选编校印完成;《如东年鉴(2015)》按时出版,《如东年鉴(2014)》获第三届江苏省年鉴奖特等奖;《南通年鉴(2015)》如东部分组稿任务按时完成。党史编研出新出彩,苏中四分区反"清乡"斗争史料展如期开展,《中共如东地方史(1949—1978)》送审稿形成,《纪念抗战胜利70周年征文汇编》编印,《如东抗战纪略》编著出版。史志信息化建设加强,全年上传史志信息29条。

**【《如东县志》(重修)审验定稿】** 县

图78 6月30日,县委党史办组织学习习近平关于党的历史和党史工作重要论述

地方志办加快县志编纂,历时6个多月完善终审建议意见,形成《如东县志》(重修)验收稿。6月24日,《如东县志》(重修)送市地方志办公室验收,审查合格。10月21日,《如东县志》(重修)通过省地方志办公室审核。至此,《如东县志》(重修)通过"初审""复审""终审""验收""审核",进入定稿出版阶段。

**【《如东年鉴(2015)》编纂出版】** 10月,首次全彩印刷的《如东年鉴(2015)》由方志出版社出版发行。该年鉴设特载、大事要闻、如东概览、洋口港开发、产业发展等19个类目,系统记述2014年度全县自然、政治、经济、文化、社会等方面基本面貌和发展情况。卷首除如东县域图和如东城区图外,设置公用彩图28个版面,突出展示如东"新兴海港城市、生态宜居城市、现代旅游城市"建设成效;卷中随文插图85幅,图文并茂;卷末附录设置重要文件选编、便民指南等,编有主题索引,方便读者查阅、使用。全书84.6万字。

**【《中共如东地方史(1949—1978)》编撰送审】** 6月起,县委党史办调整力量,集中人员编撰《中共如东地方史(1949—1978)》(统称党史二卷本)。编撰人员在党史二卷本初稿形成基础上集中内审,三易其稿,11月底,《中共如东地方史(1949—1978)》送审稿形成,共4编、19章、62节,附"大事纪要""党政军历届(任)领导人名录"等,约30万字,反映1949年1月如东解放至1978年12月中共十一届三中全会召开期间,中共如东县委团结带领全县人民进行社会主义革命和建设的历史进程。12月28日,县委办召开党史二卷本审稿工作协调会,邀请县四套班子领导、部分老领导、老干部共60多人审稿。

**【抗日反"清乡"斗争史料展开展】** 县委党史办与承担苏中四分区反"清乡"斗争史料展布展任务的合肥安达创展科技股份有限公司加强联系,指导和修改展陈设计方案,重点配合做好布展文本内容遴选、资料完善和评审论证等工作。把控史实关、质量关、政治关,把握苏中四分区抗日反"清乡"斗争在中共党史、军史、地方史中的表述要义,凸显事件区域特点和全局性影响,注重事件整体性和系统性,凸显事件从历史厚度、党史高度、军史亮度多维度融合展示,形成6万多字上墙展陈文本、700余幅展陈图照、300多件展示实物、10个重大事件场景复原及140分钟多媒体视频。8月底,展览布展完成。9月18日,苏中四分区抗日反"清乡"斗争史料展在南通未成年人社会实践基地正式开展。展陈面积3700平方米,分"序厅""救亡图存、铁流东进""砥柱中流、坚韧卓绝""决胜江海、驰骋苏中""薪火相传、续写华章"5个展区。借助视频、模型、油画和电子地图、幻影成像等声光电技术,再现70多年前发生在江海大地上那段血与火的历史。至年末,接待参观人员2万多人次。

**【抗战胜利70周年纪念】** 县委党史办组织实施抗战胜利系列纪念活动。年初,通过《如东日报》和政府网站发布消息,在县内开展纪念抗战胜利70周年征文活动,收到征文100余篇,从中遴选出43篇计8万多字汇编成册。8月,由特邀史志研究员编著,经县委党史办核审,记述如东抗战史的《如东抗战纪略》(22万字)由中共党史出版社出版。该书填补如东抗战专题史研究空白。配合中央电视台及省、市、县各级媒体拍摄耙齿凌等重要抗战遗址遗迹和县革命烈士陵园、马塘镇革命烈士纪念馆,采访抗战见证人,提供联系介绍、现场解说和史料等服务工作。

**【镇志、部门志编修指导】** 县地方志办主动作为,通过专题督导、示范引领、上门指导等方式,推进镇志、部门志编纂和地情书编修工作。专题到栟茶、大豫等镇及县卫生与计划生育工作委员会、发展与改革委员会等部门开展篇目设计、资料收集、志书编写等业务辅导。《大豫镇志》《如东县卫生志》进入出版阶段，《如东县工业志》进入完善补充定稿阶段，《袁庄镇志》《岔河镇志》《栟茶镇志》陆续进入资料征集和编纂阶段。 （胡　磊）

图 79　9 月 2 日，《栟茶镇志》修编工作动员大会召开

## 党校教研

【概况】 2015 年，县委党校在职教职员工 19 人，其中研究生学历 6 人、本科学历 12 人。高级讲师 8 人、中级职称 6 人、初级职称 2 人，职工 2 人。开展政治理论和业务学习，参加南通及县内理论研讨 20 多人次。送理论、送党课到机关、企事业单位和镇(区)91 场次。在市级以上报刊发表论文 21 篇，其中参加省、市、县级交流 10 篇。“如东陆海统筹配套改革的研究”被确定为“省社科应用研究精品工程”市县专项课题。为县四套班子领导成员讲课 2 次，并就有关理论和政策接收县领导咨询。辅导挂钩镇干部学习“聚焦依法治国——学习贯彻中共十八届四中全会精神”“从‘两会热点’谈‘四个全面’”，举办村干部培训班等。全年举办各类干部培训班 40 余期，培训 4000 余人次，接待上级及兄弟党校现场教学班 5 个。9 月 10 日，省委党校廉政教育中心“全面从严治党研究基地”在县委党校挂牌。12 月 28—29 日，市委党校干部教育培训现场教学点评估工作会议在县委党校召开，如东洋口港经济开发区、南美白对虾繁殖养殖基地、东凌水库等 6 个现场教学点参加评估。函授学历教育扫尾阶段各项工作平稳有序。6 月底，多功能培训大楼开工建设。大楼共 5 层 1.2 万平方米，投资 4500 万元。 （杨晓冬）

## 接 待 服 务

【概况】 2015 年，县接待办公室接待上级领导、客商、来宾 310 批次，5449 人次，等级任务 4 次，其中部省级领导 42 人次。各类投资考察团、专家检查组、重大会议等 30 多批次。

【重要宾客】 县接待办接待第十一届全国政协副主席李金华，江苏省委书记罗志军，湖南省委书记徐守盛，江苏省原省委书记梁保华，江苏省政府省长李学勇，江苏省政协主席张连珍，江苏省委副书记、苏州市委书记石泰峰，江苏省委常委、纪委书记弘强，江苏省委常委、常务副省长李云峰，江苏省委常委、南京市委书记黄莉新，江苏省委常委、政法委书记、无锡市委书记李小敏，江苏省委常委、组织部部长王炯，江苏省委常委、秘书长樊金龙，江苏省委常委、宣传部部长王燕文，江苏省委常委、副省长徐鸣，江苏省委常委、省军区政委曹德信，江苏省省委原常委、纪委书记冯敏刚，江苏省人大常委会副主任蒋宏坤、许仲梓、刘永忠，江苏省人大常委会原副主任俞敬忠、李明朝、叶坚、赵龙、李全林，江苏省副省长曹卫星、张雷、徐南平，湖南省副省长黄兰香，江苏省政协副主席罗一民、第七届江苏省政协副主席戴顺智、沙人麟，第

图 80　12 月 29 日，市委党校干部教育培训现场教学点评估工作会

八届江苏省政协副主席周桑漪、闵乃本、顾浩，第九届江苏省政协副主席朱兆良、吴冬华、吴瑞林、武继烈、周珉、陈凌孚、陈宝田，第十届江苏省政协副主席包国新等。

**【重要客商】** 县接待办全年接待到如考察、参观、洽谈的海内外客商有：中船重工(重庆)海装风电设备有限公司董事长杨本新、总经理窦根宝，中国禧徕乐投资发展有限公司总裁杨成义，中铁上海工程局党委书记梁永兴，常熟农商行总行行长秦卫明，江苏海外集团董事长黄宏亮，中广核(北京)风电有限公司总经理李亦伦，神舟集团总裁吴海军，北京一轻控股有限公司党委书记、董事长苏志民，上海高桥联合发展有限公司副总裁李建国，上海畅联国际物流有限公司总裁徐峰及中国国际工程咨询公司、四川万弘投资公司、浙江三美化工股份有限公司、江苏鸿轩生态农业公司、禾丰牧业股份有限公司、北京三江达洋投资有限公司、江苏长青农化股份有限公司、株洲国有资产投资控股集团有限公司等众多国内外知名企业负责人。

**【重要活动】** 县接待办完成国际禁止化学武器组织南通泰禾化工安全检查组、国家安全政策委员会会议、第四届“创业中华·创新江苏2015侨资侨智对接交流会”、全省“一带一路”沿海工作会议、江苏浙商联盟会议、全省第11期厅级老干部读书班、江苏省部级老干部会议、2015滨海旅游发展论坛、苏中四分区“反清乡”斗争史料展开展仪式、第九届中国如东沿海经济合作洽谈会暨首届科技人才节等重大会议活动接待服务工作。 （顾海伟）

# 如东县人大常委会

## 综 述

**【概况】** 2015年，县人大常委会每月以办公会、专题培训、法制讲座等形式开展学习活动，组织人大干部参加全国和省人大培训班学习，提升履职能力。加强制度建设，完善人大监督、审议工作机制，推动人大工作创新发展。全年召开常委会议7次，听取和审议“一府两院”工作报告12项，做出决定、提出审议意见13项；召开主任会议18次，听取“一府两院”专项工作报告16项，依法任免人大机关和“一府两院”工作人员59人次，较好地完成县十六届人大四次会议提出的目标任务。

## 重要会议

**【县十六届人大四次会议】** 1月24—26日，如东县第十六届人民代表大会第四次会议在县会议中心召开。会议听取和审议县长潘建华所作《如东县人民政府工作报告》、县发展和改革委员会主任王金泉所作《关于如东县2014年国民经济和社会发展计划执行情况及2015年国民经济和社会发展计划（草案）报告》、县财政局局长罗晓东所作《关于如东县2014年财政预算执行情况和2015年财政预算（草案）报告》、县人大常委会副主任(党组副书记)陈昌龙所作《如东县人大常委会工作报告》、县人民法院院长娄宏春所作《如东县人民法院工作报告》、县人民检察院检察长顾祖林所作《如东县人民检察院工作报告》。大会表彰优秀议案2条，优秀建议13条，优秀承办单位15家，先进代表小组5个，优秀代表40名。选举周春霖、顾林海、蒋红霞为如东县十六届人民代表大会常务委员会委员。

**【县十六届人大常委会】** 2月10日，县第十六届人大常委会第二十五次会议召开。会议讨论并通过《如东县人大常委会关于设立县各经济园区人大工作委员会的决定》；听取并审议县人大常委会《关于提请薛峰等同志职务任命的议案》，并投票通过相关人事任免；讨论并通过《如东县人大常委会2015年工作要点》、县人大常委会《对任命的“一府两院”人员开展述职评议的工作方案》及县人大常委会《关于开展县人大代表“访选民问项目评部门”主题实践活动的实施意见》。

3月30日，县第十六届人大常委会第二十六次会议召开。会议听取并审议县政府《补齐资源短板 完善薄弱环节 加快推进县城基础教育现代化步伐》和县人大常委会《关于县城教育资源配置情况的调查报告》；听取并审议县人大常委会《关于提请缪爱平等同志职务任免的议案》和县人民法院《关于提请吴华等同志职务任免的议案》，投票通过相关人事任免；讨论并通过《如东县人大常委会规范性文件备案审查实施办法》。

图81 3月30日，县人大常委会2015年重点工作部署会

5月28日，县第十六届人大常委会第二十七次会议召开。会议听取并审议县政府《关于贯彻实施〈中华人民共和国水污染防治法〉情况汇报》和县人大常委会《关于〈中华人民共和国水污染防治法〉执法检查情况报告》；会议对《中华人民共和国环境保护法》《畜禽规模养殖污染防治条例》执法检查、整改落实情况进行专题询问。

7月30日，县第十六届人大常委会第二十八次会议召开。会议讨论并通过县人大常委会《关于设立掘港、城中、苴镇3个街道人大工作委员会的决定》；听取并审议县政府《关于提请许金标等同志职务任命的议案》和县人大常委会《关于提请翁祥等同志职务任命的议案》，投票通过相关人事任免；听取并审议县政府《关于如东县2015年上半年国民经济、社会发展计划执行情况报告》《关于如东县2014年县本级财政决算和2015年上半年财政预算执行情况报告》《关于同级审计工作情况的报告》及县人大常委会调查组《关于2015年上半年全县计划预算执行和2014年财政决算、同级审计情况调查报告》，通过县人大常委会《关于批准如东县2014年县本级财政决算的决定》；听取并审议县政府《关于全县海域使用管理情况工作报告》和县人大常委会《关于全县海域使用管理情况调查报告》；讨论并通过《如东县人大常委会任命的县"一府两院"工作人员报告履职情况暂行办法》。

9月29日，县第十六届人大常委会第二十九次会议召开。会议通过《接受耿卫东同志辞去县第十六届人大常委会委员职务的决定（草案）》。听取和审议县人大常委会《关于提请查剑宁同志职务任命的议案》、县政府《关于提请于海杰等同志职务任免的议案》、县人民法院《关于提请刘建新等同志职务任免的议案》和县人民检察院《关于提请马银霞等同志职务任免的议案》，投票通过相关人事任免；听取和审议部分县人大常委会任命的县"一府两院"工作人员履职情况报告；听取部分市人大代表履职情况报告。

11月27日，县第十六届人大常委会第三十次会议召开。会议听取并审议县政府《关于如东县国民经济和社会发展"十二五"规划执行、"十三五"规划纲要编制情况工作报告》、县人大常委会《关于如东县国民经济和社会发展"十二五"规划执行、"十三五"规划纲要编制情况调查报告》。听取并审议县委常委、常务副县长沈峻峰代表县政府所做《关于代表议案建议办理和常委会决议决定执行及审议意见落实情况的工作报告》。听取并测评县人大常委会《关于农村基础设施建设专项工作评议的报告》。观看"六五"普法宣传片，听取副县长姜晓静代表县政府所作《关于全县"六五"普法实施情况的工作报告》，听取并审议县人大常委会《关于全县"六五"普法实施情况的调查报告》。通过《关于表彰优秀议案建议、优秀承办单位和先进代表小组、优秀代表的决定（草案）》；投票通过有关人事任免，决定免去阮平章如东县人民政府副县长（挂职）职务；任命韩喜江为如东县人民政府副县长（挂职）；任命曹光前为如东县行政审批局局长。会议还通过《关于召开县十六届人大五次会议的决定（草案）》。

12月29日，县第十六届人大常委会第三十一次会议召开。会议听取并审议县政府《关于如东县2015年国民经济和社会发展计划执行情况及2016年国民经济和社会发展计划（草案）报告》《关于2016年如东县财政预算与县级部门预算（草案）报告》；听取县第十六届人大代表和副县长变动情况报告；听取县第十六届人大五次会议筹备工作情况报告；修改并通过县人大常委会工作报告。

## 主要工作

**【监督工作】** 县人大常委会继续组织开展县人大代表"问项目"活动，组织代表对县镇（区）在建续建70多个工业、服务业和基础设施项目，通过召开情况交流会、专题视察、代表约见、专题询问、跟踪督办等方式，了解情况、分析问题、提出对策，优化全县项目建设和企业发展环境；听取和审议全县海域使用管理情况报告。组织人大代表参与支持和监督"十三五"规划纲要编制工作，并按照中央关于建立全口径预算体制部署要求，加强对新《中华人民共和国预算法》贯彻落实情况监督。以专项工作评议为抓手，加大对农村基础设施建设推进监督力度。组织人大代表实地视察县城教育资源配置情况，听取并审议县政府《关于县城教育资源配置情况报告》；通过县、镇（区）联动方式开展执法检查，听取和审议县政府《关于贯彻实施〈水污染防治法〉情况报告》，专题询问贯彻实施《中华人民共和国环境保护法》《畜禽规模养殖污染防治条例》情况；听取和审议县政府《关于全县"六五"普法实施情况报告》。主任会议重点对县政府推进创新驱动战略促进产业转型升级情况、安全生产监管、城市规划建设管理和交通基础设施建设管理、公立医院综合改革、社会保障、食品药品安全监管、县人民法院执行工作和县人民检察院查办和预防职务犯罪工作等情况进行审议。常委会各工委专题视察调研供电服务地方经济发展、培育发展新型农业经营主体、县城环境综合整治、城乡建设用地增减挂钩、地方海事工作、文化人才队伍建设等社会事业发展、《江苏省工会劳动法律监督条例》《中华人民共和国未成年人权益保护法》《中华人民共和国残疾人保障法》《江苏省少数民族权益保障条例》的贯彻实施、县城老旧小区改造、小区物业管理、人民陪审员工作、公安执法规范化建设、公共法律服务体系建设、《中华人民共和国行政诉讼法》贯彻实施等情况。

**【代表工作】** 县人大常委会开展"访选民问项目评部门"主题实践活动。在访选民过程中，常委会将坚持问题导向与落实人大常委会组成人员联系基层人大代表、人大代表联系人民群众工作制度相结合，组织270名县人大代表联系走访选民4586人次，收集选民意见1199条。常委会在配合评议12个市政府部门工作、农村基础设施建设专项工作评议和评议“一府两院”工作人员履职情况等活动中，通过县、镇(区)人大联动评议方式，扩大代表参与面，增加各级代表间互动。在邀请代表参与常委会会议及各项视察调研活动的同时，继续采用代表约见、持

图82　8月18日，县人大代表视察农村基础设施现场暨“访选民”活动交流会

证视察、专题询问等方式，鼓励代表深度参与监督工作。强化代表议案建议办理工作，办理答复工作首次采用网上公示方式。推进代表履职信息和活动管理数字化建设，启动代表网上履职平台。

**【指导镇人大工作】**　县人大常委会将镇(区、街道)人大负责人纳入县人大机关学习培训系统，做到同安排同布置同要求。完善基层人大组织体系，在6个开发区和3个街道设立人大工委。按照总结、继承、完善、提高原则，及时总结镇区(街道)人大工作的新思路、好方法。通过县镇区联动、以片活动、工作交流、现场指导等方式，各镇区人大主题特色活动丰富多彩，大豫镇南坎社区代表之家成为市人大“十面红旗”代表之家，原掘港镇加强基层人大工作建设的经验做法得到全国人大常委会肯定。

## 重点议案

**【优化项目审批和服务环境】**　该议案由李勤等14名代表在十六届人大四次会议上提出。核心建议内容有：1.进一步提高认识，明确工作职责。减少企业投资项目审批，进一步清理县各部门非行政许可审批事项，发挥区镇投资便民服务中心作用。2.进一步规范权力，优化服务流程。建立行政审批事项目录管理制度，严格执行部门行政审批职能向一个科室集中、承担审批职能科室向政务中心集中、行政审批事项向电子政务集中，做到审批事项进驻落实到位、授权到位、电子监察到位的行政审批“三集中三到位”要求，推行行政审批标准化管理，建立健全权力清单制度，推行并不断完善工商营业执照、组织机构代码证、税务登记证“三证合一”登记服务制度。3.进一步转变作风，优化项目审批服务环境。县政务中心与县其他各部门要进一步加大业务指导和服务，镇(区)政府(管委会)加大对项目审批服务人员岗位培训，实行定岗定责定员。

该议案由县政府办牵头，县政务中心办理。重点围绕3个方面做好推进落实：1.围绕深化改革主线，推进简政放权。全面梳理县级权力事项，明确保留行政许可事项187项，梳理纳入政务中心管理的非许可类事项含行政确认类事项20项，其他类事项114项，形成县内行政审批事项目录清单。对与行政审批权限相关联的中介服务项目进一步明确，并全面放开行政审批中介服务市场，建立行政审批中介服务机构自愿入驻制度，在中心办公大厅设置中介服务区域，为中介机构开展服务提供便利。逐步扩大权限下放覆盖面，分别赋予县沿海经济开发区、市级中心镇栟茶镇、如东高新区113项、95项、22项县级管理权限事项。2.围绕优化服务重点，提升政务服务质效。持续推进“行政审批职能向一个科室集中、承担审批职能科室向政务中心集中、行政审批事项向电子政务集中，审批事项进驻事项目录清单”工作，对照县级行政审批事项目录清单，结合各部门“定职责、定机构、定编制”工作，比对核查清单明确事项集中到中心办理情况，确保“应进尽进”。对进驻中心办理县级管理权限事项进一步明确授权、优化流程，并对县级行权系统、政务中心网上审批平台同步调整、更新，保证各项行政审批服务事项办理有据、过程可控、授权到位。推进商事登记制度改革，全面推进“三证合一”工作，中心设立企业注册登记并联审批综合窗口，通过实行“一窗受理、一表填报、信息共享、内部流转、统一发证”，实现工商营业执照、组织机构代码证、税务登记证同台联办。3.围绕作风建设，树立政清务廉形象。建立行权情况月报制度，对县、镇(区)两级政务服务部门及各政务分部业务开展情况进行跟踪统计。开展项目服务工作专项执法监察，监督检查项目服务的组织实施、协调服务情况，有效提升项目服务水平。构建与各政务分部、各镇(区)政务服务部门联动推进的政务服务工作机制，开发区(镇)政务服务运行系统，推动基层政务服务规范运转、阳光运行。

**【加快推进农村基础设施建设】** 该议案由陈勇等46名代表在十六届人大四次会议上提出。核心建议内容有：1.加强组织领导，强化项目统筹。建立县镇两级农村基础设施建设协调领导小组，集中新建、改造一批百姓迫切需求、社会反响强烈的农路农桥等项目，科学整合一批符合地域发展需求的农村基础设施项目，并将基础设施项目尽量向农业园区、特色产业园区倾斜。2.抓好规划制定，做到有序建设。科学编制"十三五"期间农村基础设施建设规划，认真编制一批可向上争取项目、储备项目，争取上级政策、项目、资金扶持。3.把握政策导向，争取上级支持。把握上级扶持农村基础设施建设各项政策、项目，争取一批农村重大交通、水利、生态等基础设施项目。4.加大有效投入，搞好资金整合。县财政加大各类专项资金投入，采取有力措施整合各项支农资金，真正做到"集中财力办大事，捆绑资金保重点"，镇级在实施好上级农村基础设施项目的同时，认真落实好相关政策，有效统筹部分资金用于农村基础设施建设，村(社区)加大"一事一议"农村筹资筹劳力度。5.健全管理机制，明确养护责任。根据项目实施实际情况，明确项目建成后的产权归属和管理责任。逐步完善农村基础设施动态数据库，全面将各类农村基础设施纳入长效管理。

该议案由县政府办牵头，县农工办、县财政局、县住建局、县交通运输局、县水务局、县环保局、县开发局等部门办理。重点围绕7个方面进行落实：1.明确建设目标任务。2015年全县农村工作会议，县委、县政府对加强农业基础设施建设提出明确目标任务。加大农业综合开发力度，实施土地综合整治示范工程，全年新增高标准农田6万亩。推进农田水利工程建设，实施重点水利工程8项，拆坝建涵（桥）1000个、疏浚农村河道953条段。加快发展农业机械化，促进农机与农艺融合、机械化与信息化融合，确保农业生产综合机械化水平85%以上。新建改造农路500公里以上、农桥210座，新开行镇村公交线路5条，方便群众生产生活。巩固村庄整治成果，深化农村"四位一体"长效管理，落实"河长制"等农村河道整治长效管护制度，加强镇村污水收集处置，继续推进河道网箱、网簖、腰网"三网"清理。2.科学制定建设规划。根据各类涉农项目特点、要求和各镇、区项目需求特点，科学统筹和合理配置项目资源，注重与相关部门项目规划配套衔接，制定农村基础设施建设总体规划，为农村经济发展提供科学规划支撑。3.争取上级扶持。县政府及相关职能部门争取上级涉及农村基础设施建设扶持的各项政策扶持、项目支持和资金保障，缓解农村基础设施建设压力。4.整合政府专项资金。县政府办公室印发《关于规范政府资金管理的实施意见》，将拆坝建涵建桥、高标准农田建设、泵站改造、农村桥梁、一事一议奖补、农村河道疏浚及河塘整治、农业综合开始等农、林、渔资金进行整合。整合支农资金投入，重点支持农村公益设施建设、农村环境综合整治、改善农村生产生活条件。通过整合和规范政府专项资金管理，逐步形成统筹协调、重点突出、职责清晰、创新高效、科学合理、公开透明的政府专项资金管理机制和政策体系，提高专项资金使用效益。5.发展村级经济。针对村情实施差别化扶持政策和考核办法。通过县、镇、村共同努力，全县村级集体经济有比较稳定的收入来源，不断完善和规范管理制度，逐步建立村集体经济经营机制，为农村基础设施建设提供有力资金保障。6.挖掘社会资源。动员和利用社会资源，走出一条资金扶持、项目带动、政府配套、群众参与的村级公益事业建设新路子。7.强化农村基础设施管护。按照"谁投资、谁受益，谁所有、谁管护"原则，强化对建成项目的日常管护责任，明确管护资金解决渠道，落实项目管理主体和管护人员。设立有管护项目、管护人员姓名、管护区域、监督电话等内容的"管护公示牌"。镇(区)定期督查村项目管护情况，评比打分，定期通报。

**【加强食品市场安全监管】** 该议案由康勤等13名代表在十六届人大四次会议上提出。主要建议内容有：1.整合资源。将原有工商监管、质量监管、食药监管、卫生部门餐饮监管机构统一整合为一个监管部门，明确镇(区)增设食品安全办公室，对涉及食品安全行政权力事项（含行政许可、行政处罚）进行清理整合后，分别由相关许可、稽查机构统一实施，加强质量技术监督、食品药品监管、农业、粮食等部门检验检测机构的整合。2.健全机制。加强组织责任体系、信用管理体系、应急处置体系和食品安全综合协调体系建设。3.创新手段。创新科技管理、"托底"管理、奖励激励等手段，促进参与主体多元化。4.强化执法。开展部门联合执法、专项集中执法和行刑联动执法，维护群众权益。

该议案由县政府办牵头，县市场监督管理局办理。主要做好4个方面工作：1.创优食品安全机制效能。贯彻落实全市食品安全会议精神，制订下发《全县食品安全工作意见》以及全县校园、农村集体聚餐食品安全意见，创新实施《全县食品安全基层责任管理意见》，细化《镇区食品安全考核办法》，加快村居协管队伍和制度规范建设，坚持底线思维、红线意识，全力推进各成员单位、各镇区食品安全职责的落实。邀请人大代表、政协委员以及消费者代表等，开展食品安全"校园行、商超行、市场行"等活动。把新食品安全法学习列入县委、县政府中心组学习内容之中，纳入全县社会普法重点。利用市管局部门系统和县食安委综合系统，开展学习培训宣传系列活动，推动形成3个体系的学法、重法、守法、执法工作环境。2.创优市场准入服务效能。贯彻落实各级党委、政府简政放权工作要求，将涉及原工商、质监、食品药品部门及卫计委承担的餐饮服务方面的登记、审批、审核和备案等许可职能进行梳理，简化行政许可与审批项目11项，推进实施“三证合一”，探索实施融合“餐饮服务许可证”等“多证一体”。以开展“开启市场监管新征程 争当三争三实排头兵”主题实践活动为统领，推进创优服务全县食品药品产业、行业、企业转型发展新路径。3.创优行政指导帮扶效能。针对国家风险监测发现县内相关海蜇企业铝残留超标问题，组织全县海水制品企业召开座谈会，共同维护全县海水产业安全健康发展。对食品药品行业企业实施品牌优化、质量引领、标准支撑工程，服务企业做大做强。加大对“如东大米”等无公害农产品、绿色食品、有机食品和地理标志农产品扶持，为全县食品产业发展提供支撑。指导并挖掘和推广“中国海鲜之乡”特色餐饮，提高餐饮服务安全规范水平，提升全县“海泉、海韵、海鲜”经济价值，提优全县海洋经济发展活力和创造力。4.创优执法监管履职效能。推进落实党委、政府“民生幸福工程”。清“底数”、列“清单”，开展隐患大排查、大整治，实施食品安全从生产、流通到餐桌的全程监控，确保食品主体合法、质量合格、行为合规。创新建立并实施食品安全信用管理“红黑榜”机制，强化分类分级综合监管。实施“舌尖保卫战”活动，深化水产品、豆制品、食用油、食品添加剂、保健食品等专项执法，强化全县食品小作坊、农家宴管理，推进“餐桌污染”“明厨亮灶”等专项整治。

## 重要决议、决定

**【概况】** 2015年，县人大常委会共作出重要决议、决定8项，分别是：《如东县人大常委会关于设立县各经济园区人大工作委员会的决定》《如东县人大常委会关于设立掘港、城中、苴镇街道人大工作委员会的决定》《如东县人大常委会关于批准如东县2014年县本级财政决算的决定》《接受耿卫东同志辞去县第十六届人大常委会委员职务的决定》《如东县人大常委会关于表彰2015年度优秀议案、建议和优秀承办单位的决定》《如东县人大常委会关于表彰2015年度优秀县人大代表和先进县人大代表小组的决定》《如东县人大常委会关于接受管建兵辞去县第十六届人大代表职务的决定》《如东县人大常委会关于召开如东县第十六届人民代表大会第五次会议的决定》。 (高 山)

# 如东县人民政府

## 综 述

**【概况】** 2015年，如东实现地区生产总值672.69亿元，同比增长10%，人均GDP超过1万美元；财政总收入81.23亿元，其中一般公共预算收入58.54亿元，同比增长17.1%；固定资产投资486.98亿元，同比增长13.8%；社会消费品零售总额287.43亿元，同比增长11.5%；注册外资实际到账4.25亿美元，同比增长23.7%；城镇居民人均可支配收入和农村居民人均可支配收入分别为34338元和15827元，同比分别增长8.8%和9.2%。失业率控制在2.39%以内，建档立卡贫困人员100%实现脱贫。节能减排完成省、市下达任务。产业转型升级迈出新步伐，三次产业结构调整为9.7∶46.8∶43.5，服务业增加值占GDP比重同比提高2.4个百分点。全年民生类财政支出65亿元，占比达75.3%，同比增长18.8%。全年实现工业应税销售收入912.76亿元，同比增长20.9%；新兴产业产值463.88亿元，同比增长12.9%；实现建筑业施工产值410亿元；全年完成服务业项目投入183.24亿元，同比增长24.3%；新增省级以上服务业创新示范企业2家。完成旅游项目投入18.75亿元，接待旅游人员100.23万人次，获“2015最美中国休闲度假旅游目的地城市”称号。粮食生产保持稳定，农产品出口居全省前列，全县新增土地流转面积12万亩，高标准农田10万亩，高效设施农渔业面积8万亩。新培育家庭农场340家、农业“全托管”示范点127个。全县主要农作物生产综合机械化水平达95%，被评为全省智能农业示范县。全年实现高新技术产业产值818.25亿元，同比增长14.5%。全社会研发投入占GDP比重2.4%，万人发明专利拥有量9.75件，同比增加2.26件。高新技术企业67家，新增省级以上研发机构16家，实施重点产学研合作项目50个。自主申报并成功入选国家“千人计划”1人。成功举办首届科技人才节，招才引智工作入选全国基层人才工作创新案例。年末，金融贷款余额421.30亿元，比年初增加76.39亿元。其中，工业贷款128.34亿元，比年初增加15.77亿元。全年工业电力增容9.90万千伏安，工业用电量33.88亿千瓦时，同比增长7.9%。全年建成保障性安居住房460套，公租房实物配租累计保障2000人。立体化、现代化治安防控体系不断完善，被评为全国法治县创建活动先进单位。

**【港口开发】** 洋口港一类口岸对外开放通过国家验收。口岸功能建设不断完善，LNG码头通过竣工验收，锚地工程加快推进，重件码头6月接受靠泊，5000吨级液化品码头7月投入使用。LNG接收站二期工程、台湾中石化产品基地等项目扎实推进。基础配套设施不断完善，阳光岛110千伏架线、黄海大桥路灯架线施工完成，10千伏配电房、消防泵房、阳光岛污水处理站、增补观光电梯投入运行，纬二路等一批道路工程完工，临港工业区一期污水处理厂、污水收集系统工程正常运行。

**【园区建设】** 沿海园区特色产业板块初具规模，沿海经济开发区工业应税销售收入迈上200亿元台阶，经济开发区、高新区迈上100亿元台阶。沿海经济开发区在全省率先实行化工园区圈区管理和智能化管理,项目承载能力提升;经济开发区转型升级步伐加快,成为江苏首批循环化改造示范园区;高新区生命健康产业园加快建设,一批生物科技项目签约落户;循环经济产业园进口再生资源加工区圈区管理正式获批,再生资源加工区投产运行;南通外向型农业综合开发区刘埠国家一级渔港及其配套区加紧规划建设。

**【深化改革】** 2015年是全面深化改革关键年,县政府以政务中心为主体,组建行政审批局,推进以"5张清单、5个平台、4项配套改革、5大监管体系"为主要内容的简政放权、转变职能工作。在栟茶镇改革试点基础上,有序推进岔河镇、河口镇市级中心镇行政管理体制改革。推进向社会公开政府预决算、部门预决算和"三公经费"制度。在全市率先实现建设工程网上招投标全覆盖,政府集中采购网上竞价系统成功运行。农村土地承包经营权确权登记工作全面启动,农村产权交易三级市场建立运行。机关公务用车制度改革全面推行。以城镇化建设、棚户区改造、人居环境改善等为突破口,抢抓政策机遇,拓展政府投融资渠道,全年获批政策性资金56亿元。

**【城镇建设】** 县城4大片区控规工作全面启动,交通、通信、水系、绿化等专项规划不断完善。县城人民路、通海路等重点骨干道路改造升级工程如期完成,老旧小区改造及配套管网建设等有序实施。港城中通道、苴东线如东段等建成通车,角林线等新开工工程扎实推进,海启高速如东段开工建设。城市交通微循环系统逐步优化,县城公共自行车服务系统正式启用。城乡交通体系加快完善,新开通城市公交线路3条、镇村公交线路5条。农村基础设施工程建设稳步实施,全年完成拆坝建涵(桥)1380个(座),新建改造农路530公里、农桥209座。

**【城乡环境】** 县政府开展国家生态文明示范县创建工作,环境基础设施建设加快推进,县城第二污水处理厂、洋口港污水处理厂、水质自动监测站等投入运行,化工、电镀、印染等重点行业专项整治不断深入,功能性减排能力显著增强。重点开展工业废气、汽车尾气、城市扬尘、秸秆禁烧等大气污染防治工作。实施调水引流、生态修复,内河水质逐步改善。以"六城联创"为抓手,城乡环境综合整治工作稳步推进,重点领域整治扎实有效。农村"五位一体"长效管理机制得到巩固,村庄环境整治、畜禽养殖面源污染治理、美丽镇村建设等工作深入开展,通过省级文明城市年度测评。

(曹 剑 黄红军)

## 重要会议

**【县政府廉政工作会议】** 3月31日,县政府召开廉政工作会议。会议回顾总结2014年全县政府系统廉政建设和反腐败工作,部署安排2015年重点任务。县委副书记、县长潘建华要求全县以建设法治政府、廉洁政府和服务型政府为目标,在深化改革上持续发力,在正风肃纪上从严从实,在惩治腐败上保持高压态势,重点做好4个方面工作:放权与限权并举,重点推进源头治腐;促进公开与强化监管并举,持续加强依法行政;纠正"四风"与树立新风并举,着力深化作风建设;严惩处与建机制并举,不断完善惩防体系。各地、各部门要以更加强烈责任感和使命感,严守纪律规矩,严明各方责任,严格依法治腐,坚定不移推动反腐倡廉工作向纵深发展,确保各项任务有效落实,以廉政建设新成效,展现政府新形象,开创经济社会发展新局面。 (康登峰 杨明伟)

**【县政府常务会议】** 2015年,县十六届人民政府共召开第24~28次5次常务会议。县十六届人民政府第24次常务会议,就政府工作报告(讨论稿)、如东县2014年国民经济和社会发展计划执行情况与2015年国民经济和社会发展计划草案的报告(讨论稿)、如东县2014年财政预算执行情况和2015年财政预算草案的报告(讨论稿)、财政预算编制工作等进行研究。县政府第25次常务会议,就安全生产工作、进一步深化国资国企改革发展、"5张清单"、加快推进全县重点项目建设、政府投资建设项目审计监督、内部审计管理办法、政府性投资建设项目计划、全面改善义务教育薄弱学校基本办学条件项目计划(2014—2018)、推进生态文明建设、社会救助实施办法、深化海域管理制度改革实施意见、全县畜禽粪污综合治理行动方案、加强石油天然气管道保护提升安全发展水平等议题进行研究。县政府第26次常务会议,就住宅专项维修资金管理、城乡供水管理办法、旅游突发事件应急预案、应急备用水源(地下水)规划与运行管理工作、防汛防旱应急预案、海洋渔业生产安全事故应急救援预案等议题进行研究。县政府第27次常务会议,就相对集中行政许可权改革试点方案、建立推进政府职能转变协调机制、加强食品安全工作、农村环境"五位一体"长效管理等议题进行研究。县政府第28次常务会议,就相对集中行政许可权改革实施意见及相关部门划转行政审批事项、建设县农村产权流转交易市场、2015—2017年水生态文明建设任务、加快推进"互联网+"行动计划实施意见等议题进行研究。

(王 榕 沈海菁)

## 政府投资项目工程建设

**【概况】** 2010年7月,如东县政府投资项目工程建设中心(以下简称建设中心)成立,其主要职责为:1.代表县政府行使业主职能和项目管理职能,具体负责县政府指定的投资建设项目集中统一管理和组织实施工作。2.参与县政府投资建设项目建议书、选址、立项、可行性研究,负责规划方案设计、初步设计、项目概算及相关文件的编制和报批。3.根据县政府批准项目计划,组织施工图设计与审查,编制项目预算并报有关部门审核。4.负责政府投资项目施工报建、招标投标、签订合同、质量监督登记、安全监督登记等施工准备工作。5.负责政府投资建设工程项目施工全程管理、协调与监管。6.负责政府投资项目全程财务管理。7.编制政府投资建设工程的结算、竣工决算并送审,组织有关单位进行工程竣工验收,办理产权登记和资产移交等手续。至2014年,竣工验收并交付使用工程有如东县公共卫生大厦、工人文化宫、人力资源公共服务中心、土地市场交易中心(国土信息中心综合楼)、环境监测技术大楼、江苏省如东第一职业高级中学迁建工程(一期、二期)、杂技艺校、如东县社会福利中心一期工程、残疾人综合服务中心、机关幼儿园、实验小学迁建工程11项,总投资约12.40亿元。通过招投标和政府采购,节约工程建设资金3.67亿元,所代建工程职中综合楼获市优质工程"紫琅杯",如东县行政中心、公共卫生大厦、工人文化宫获省优质工程"扬子杯"。2015年,县实训基地综合楼等4项工程建设完成并交付使用;新区初中等2项工程年内竣工;中医院迁建等2项工程在持续建设中;职中培训大楼等3项工程开工建设;人民医院外科大楼等6个项目在进行相关设计准备。全年在建工程建筑面积23.01万平方米,总投资3.18亿元。建设中心组织各类工程项目招投标和材料设备政府采购活动52次,招标采购预算价3.99亿元,中标价3.24亿元,节约工程建设资金7433万元;组织抽检和送检各类材料物资1385批次,未发现不合格材料。组织召开工程工地例会、现场办公会、专题协调会、县相关监管部门会商会、专家评审和图纸会审等各种会议389次,及时解决工程建设中的矛盾和问题;通过设计优化、材料询价及审核、控制建设标准和工程技术方案比选等措施,节约工程造价1158万元。县实训基地综合楼获市优建筑工程"紫琅杯"和县优建筑工程"海子牛杯",县公安局业务楼等4项工程通过省级文明工地验收,县人民法院审判庭综合楼等4项工程通过市优质结构验收,中医院迁建等4项工程通过市文明工地验收。工程项目一次性验收100%,建筑工地安全生产监管覆盖率100%,无重大安全事故发生。 (袁维伟)

## 外事侨务

**【概况】** 2015年,县外侨办贯彻"依靠发展、服务发展、促进发展"方针,巩固栟茶镇茗海社区全国"侨法宣传角"荣誉,推进侨法进街道、进社区、进居委会,做好为侨服务、侨法维权、海外侨务等工作。严格执行外事审批和管理制度,从严控制出访计划,严格履行审批程序,杜绝"因人设事"和"照顾性出国访问"。做好邀请外国人到中国申办工作。全年审核申办企业邀请外国人到中国27批42人次,分别是上年2.7倍和3倍。依靠国内国外两个市场、两种资源,抓住国家实施"一带一路"战略等机遇,坚持"引进来"和"走出去"相结合,如东对外开放水平和国际影响力不断提高。

**【联谊接待】** 县领导出访期间,县外侨办协调旅美、旅德、旅日侨胞座谈,畅谈家乡发展,年内接待回乡探亲侨胞、侨商、侨领83人次,慰问侨眷60多户。建立海外侨胞微信群,重大节假日通过电子邮件、贺卡、手机短信、微信,加强与海外侨胞联谊与联系,邮寄新年贺卡500封,接待海外侨胞新生代4批次。因时制宜组织"百名侨眷看如东"活动。

**【服务企业】** 县外侨办先后2次组织8家企业参加"走进南非投资说明会""走进印度投资情况说明会";组织5家涉外企业参加领事保护、国际私法、贸易投资等法律知识讲座。利用商务局企业家培训、企业会计培训、企业家座谈会、侨商会年度例会等时机,加强APEC商务旅行卡宣传;建立健全网上预审机制,提高申办效率,为12家涉外企业28人次申办APEC商务旅行卡。

**【因公出国(境)管理】** 严格落实出访规定。2015年,因公出国(境)要求高。县外侨办针对年度出访指标减少、出访难度增大实际,因地制宜抓好出访安排。全年因公出访以"服从县域经济建设大局、随团出访服从组团出访"为前提,根据实际需要做好因公出访团组的资料审核申报工作。合理编制年度计划。2014年第四季度,深入开发区调研,专门发文要求各部门、各单位上报2015年因公出国(境)计划。对出访同一国家团组进行合并优化。出访资料从严把关。根据有关审批规定,严格审核出国(境)任务、团组结构、人员身份、邀请信等材料。严格遵照外事报批相关规定,对不符合要求的团组做好解释说服工作,进行调整。全年审核办理因公组团、随团出访17批39人次,较上年减少6批2人次。行前教育一个不落。坚持行前教育制度化、程序化,每批组团出国(境)人员在申领护照前,均对其集中进行外事纪律教育,宣讲境外纪律和注意事项以及有关风俗习惯和社交礼仪,要求其认真阅读《给团长的一封信》和《给秘书长的一封信》后当面签字,对个别因工作原因不能到场领导,择时送教上门,做到行前教育100%。执行出访公示制度。抓好出访行前人员公示、费用公示、出访成果公示,做到规范出行、透明出访、文明出国(境)。 (陆亚军)

## 公共资源交易管理与运行

**【概况】** 2015年,按照"政府主导、统一管理、规范交易、加强监管"原则,构建公正开放、竞争有序、服务到位、监管有力的公共资源交易管理和服务体系。县公共资源交易管理办公室(以下简称"县公管办")全年审核备案公共资源交易项目4336项,其中,政府采购类项目3929项,进驻县级平台190项，政府采购基本达到采购项目应进必进目标；审核备案工程招标项目407项。全年完成招标采购项目798个，累计预算额44.32亿元，中标价40.09亿元，节约资金4.23亿元，综合节约率13%，财政资金使用得到有效控减；产权交易17项，评算价2163.18万元，成交价2361.48万元，升值额198.30万元，升值率9.2%。组织评审项目213个，评审预算额22.61亿元，评审核减预算1.22亿元，专家提出意见3040条；邀请资深专家对具有代表性的36个工程项目进行后评估，合同评审121个，纠正合同文本、要素、内容等方面问题302条，为建设项目标后管理提供约束依据。升级改造县公共资源交易中心评标区智能门禁系统，具备指纹、二代身份证识别功能，并与南通市招投标系统和“江苏省招投标综合监管系统5.0”无缝对接。起草并出台《关于如东县政府投资工程项目预算编制询价、招标控制价评审管理办法（试行）》，解决招标控制价评审中出现的扯皮问题，让建设项目各参与单位在其法定职权范围内正确行使权利和履行义务，便于有关部门实施审核监督工作；让招标控制价在招投标阶段真正起到对工程最高限价作用，并利于招标人以最优方案选择最佳施工单位，建设最优质工程。

【评标区管理】 2015年，县公管办继续完善评标区管理，对评标专家、招标代理机构、业主及中心工作人员实行开评标期间穿特定马夹管理制度，评标区设立专人封闭管理。在50天内完成交易场所扩容改造，按省一类交易场所建设要求高标准设置，科学规范布局，设立服务区、开标区、评标区、办公区4个相对独立区域，整体面积3000平方米。整个交易平台设施配套、技术服务保障完善，较好地满足交易各方集中有序、规范透明和封闭管理要求。

【采购流程优化】 2015年，县公管办研究制定《如东县政府集中采购项目网上询价实施办法（试行）》，并广泛征集政府采购网上询价会员，按照“先易后难，先试点后推广”方式，稳步推广政府采购项目网上询价机制。8月，成功施行政府采购网上询价，去除人为因素影响且有效解决政府采购中规范与效能矛盾。供应商不受时间和空间限制，足不出户就可参加报价，节省采购成本。简化标书制作、参加投标、开标评标等环节，提高政府采购效率，满足采购人要求。

【评委和招标代理考核】 2015年，县公管办根据省建设厅出台评委和招标代理考核办法，结合如东实际，在如东县公共资源交易系统增加评委和招标代理考核流程，对评委实行“一标一考核”，减少由于人为原因引起的质疑投诉，使整个评标过程更加公正，实现政府投资项目优选承包商的目的；对招标代理每个操作步骤实行量化扣分制度，提升招标代理企业服务水平，更好服务政府投资项目。 （蔡晓洋）

图83 11月13日，县政府召开全县相对集中行政许可权改革试点动员大会

## 行 政 审 批

【概况】 2015年，在原县政务中心基础上组建行政审批局，县政务中心更名为县政务服务中心，与行政审批局合署办公，两块牌子、一套班子。11月13日，县行政审批局挂牌成立。县政务服务中心共受理各类办件74155件，其中当日办结67414件，当日办结率90.9%，按期办结率99.8%，收取各类规费78.46亿元。办理各类项目立项审批手续460项，其中工业项目立项351项，总投资223.46亿元；办理规划许可手续183项，批准总建筑面积106.37万平方米；共为121个项目办理环境影响预评价审批手续；新注册成立各类内资企业2199家，注册资本71.04亿元；新增注册外资企业58家，新增投资总额7.38亿美元。被评为市文明单位、县“人民满意机关”等。

【行政审批制度改革】 清单化管理县级权限事项。根据上级简政放权精神，梳理县级行政许可事项目录，保留行政许可事项187项。对非许可审批事项全面清理，明确纳入县政务服务中心管理的行政确认类事项20项，其他类事项114项。规范行政审批中介服务。全面放开行政审批中介服务市场，引入竞争机制，鼓励符合资质条件的中介机构进入。建立行政审批中介服务机构自愿入驻制度，在县政务大厅设置中介服务区域。同时开发建设行政审批中介信息服务平台，利用信息化手段,实行中介“一站式”服务,有效强化对中介服务监管，解决与行政审批密切相关的中介服务不规范、收费高、时限长等问题。实行商事登记改革。县政务服务中心与县市场监管局、县地税局、县国税局组建商事登记联办窗口，搭建工商登记联办平台,实行“三证合一、一证一码”单一窗口工作制度，并在全市率先实现基层镇全覆盖，实现部门间审批业务融合,简化流程,提高效率。建成网上政务大厅。发掘“互联网+政务服务”优势，构建网上政务大厅，将城管等部门与百姓生活密切相关的14个事项实施网络申办,使老百姓足不出户就能进行业务咨询、事项申报办理,逐步推动政务服务实体大厅和虚拟大厅并存。推进相对集中行政许可权改革。如东首批将市场准入和投资建设两大领域9个部门45项行政许可及其他事项划转至行政审批局，由行政审批局依法履行相关行政审批职能，实行“一枚印章管审批”，并对审批行为及结果承担责任。行使审批职权的49名工作人员,按照“人随职转”原则，从首批划转事项涉及部门中相关业务科室或原驻政务服务中心窗口工作人员中选配,实行双向兼职,其编制关系和人事关系不划转,在派出部门职务职级职称不变，工作岗位、日常管理和绩效考核由县行政审批局统一负责。

图84　5月,政务服务中心与市场监管局、税务等部门联合组建“三证合一”窗口

**【服务项目建设】**　县政务服务中心秉持“项目首位”理念,多措并举服务全县项目建设。实行工业项目招引前期审核,把好项目准入关。县政务服务中心牵头相关部门开展工业项目招商前期审核工作。创新审批模式，将联合预审实行的“网上预审”模式调整为部门“现场会审”,在确认材料齐全前提下，在3个工作日内召集相关部门现场会审，并当场提出前期审核意见。全年组织前期审核工业项目22个，其中17个项目通过审核,审核通过率77.3%。拓展联审联验服务功能，加快项目建设进度。县政务服务中心及住建、气象等窗口提高施工图联合审查及工业项目竣工联合验收效率，将施工图联合审查时间控制在5个工作日内，竣工联合验收在3个工作日内,25个工作日内帮助业主完成确权手续。扩大施工图审查涵盖面,参照工业项目审查模式,对天瑞置业、欣阳房地产、昌和地产等8个服务业项目组织施工图联合审查，有效保证项目建设进度。全年受理施工图联合审查件84件，审查面积101.96万平方米；组织工业项目竣工联合验收25次，验收面积19.64万平方米。落实项目协调会办,保障项目顺利推进。对项目业主提出的重难点事项协调申请，在2个工作日内落实帮扶措施。对和惠新能源、湘园化工、洋口环保热电等26个沿海开发建设项目落户、建设过程中遇到问题进行牵头会商，定期跟踪项目手续办理情况及办理进度,保证项目顺利推进。针对洋口港海景风情项目业主因无法领取双证问题,相关部门联合开展实地踏勘,详细了解问题,提出建议要求。实行建设项目规费扎口征收，简化项目报建流程。对项目审批各环节涉及的新型墙体材料基金、散装水泥预收金、基础设施配套费、施工图审查费、防雷设施检测费、有线电视配套费等10余项收费项目,由县政务服务中心综合窗口扎口代征，免除项目业主多次缴费麻烦，加快项目建设审批各环节流转速度。

**【审批服务质效提升】**　创新服务方式。县发改委简化企业投资项目备案申报材料，统一规范部分文件格式,简化流程,提升服务水平,赢得申请人好评。施工图审查窗口开展缺件服务,先审查后补资料,缩短办件时间,提升办件效率。县卫计委窗口在审批再生育一孩办件过程中,扩大申请受理范围,减少群众往返。商务窗口完善要件审批，一律取消前一环节提交材料，减少业主不必要麻烦。县安监局在南通市率先实现安全和职业病防护设施合并设计与合并审查,进一步缩短审批时间。提升服务效率。国土窗口推出前后台联动服务,化解商品房分割登记5次高峰。县文广新局窗口围绕“提速增效”,立足“四早”,即事前服务早介入、县级审批早办理、材料上报早沟通、意见建议早反馈,提高审批效率,降低审批成本,赢得服务对象肯定。城管窗口借助微信平台,实行网上受理、流转。企业登记窗口实行“外网申请登记”模式,开通电子邮箱、微博等多种网上服务平台,方便申请人。培优服务形象。地税窗口、消防窗口用心服务，响应诉求，重“同心”；加强培训，重“用心”；优化机制，重“专心”；热诚服务，重“细心”。城管窗口改善服务态度。农委窗口打造“农业服务360度”服务品牌，为业主提供360度全方位、无缝隙服务，让窗口与群众更贴心，服务更周到。国土、住建、文广新局、市场监督管理局等窗口在办件高峰期，主动加班加点。（陈彩红　庞　娟）

## 电子政务

**【概况】** 2015年，县信息中心重点加强电子政务外网应用建设，梳理整合全县各业务系统网络架构，实现各业务专网与电子政务网络互联互通。提出“网络双活、应用双活、数据双活”双活数据中心建设构想，实现电子政务机房“两地三中心”灾备模式，为全县电子政务提供统一专业化灾备服务。规范项目论证行为，全年组织“阳光发改”等方案设计与论证项目13个。

**【电子政务安全防护】** 县信息中心组织有资质专业安全测评机构对电子政务系统进行信息安全等级保护测评，做好县电子政务系统安全管理工作。优化电子政务外网结构，实现链路应用隔离，实施机房双路供电等安全措施，保障电子政务重点系统安全稳定运行。全年组织各类培训52期，参培100余人。

**【网站建设】** 2015年，全县有32家政府部门网站参加首次全国政府网站普查工作。县信息中心提出“整合全县信息资源，增强聚合作用，增加特色频道建设，打造统一、高效政府网站群，全面推进网站集约化建设和管理”思路，提升政府网站发布信息、解读政策、回应关切、引导舆论的能力和水平。全年受理“县长信箱”信件1092封，接受并处理网上申请公开来信22封，发起“调查征集”13期，由县纪委、县传媒中心、县政府信息中心等单位共同举办“政风行风热线”节目34期，受理解决网民观众提问300多个。由县政府办、县委宣传部等单位共同举办新闻发布会16期，网上同时进行音视频转播。

**【信息公开】** 县信息中心以网站为主体，主动公开政府信息约2.40万条，其中县政府、县政府办文件80条，涉及民生公益类信息1308条，部门政务信息8136条，各类专题24个。对县政府出台的重大政策，通过数字化、图表图解、音频、视频等方式进行解读，利用新技术传播政府网站内容，“如东政府网”微信公众平台全年发布信息1600余条。

（陈晓云）

## 人事人才管理

**【人才工作】** 围绕产业转型需求，实施人才强县战略。县人社局组织县内150多家次重点企业赴镇江、南京、兰州、上海、北京等地高校参加招聘会，招聘毕业生1000多人。开展“2015年大学生就业有‘位’来”活动，发布信息42期，提供就业岗位750多个。举办“海外人才如东行”活动，承办“如东县首届海外高层次人才创业大赛”，26位海外高层次人才参赛，达成合作意向并签约项目4个。成功举办春夏两季“高校学子看家乡”活动，500多名高校毕业生参加活动。组织7家企业申报“省双创计划”，组织申报2015年度留学人员科技活动择优资助项目5个。实施高技能人才7年倍增计划，506人获高级工职业资格证书，专业技术人员职称申报1600人。年末，全县有公务员3000多人，其中当年新录用105人（含民警16人），事业单位人员12564人，其中当年新录用461人。全县专业技术人员91629人，具备高、中、初级职称分别为4084人、26503人、61042人，其中当年新评高、中、初级职称分别为163人、909人、491人。

**【人事工作】** 2015年，如东县招录公务员（参照公务员法管理人员）89人，招录民警16人。上报事业单位参公申报材料24家，16家单位获批。举办新一轮“5+X”公务员能力培训班。完成全县教育、卫生系统公开招聘工作，招聘事业单位人员369人。完成部分事业单位公开招聘工作，招聘92人。在全县机关事业单位中开展“吃空饷”“在编不在岗”等问题整治，做好机关事业单位基本工资调整工作。按季度集中组织政府购买服务人员招聘考试，进一步提升招聘考试组织水平。按照考试考核、积分选岗办法，安置军转干部37人，同时安置随调家属2人。全县公务员职务与职级并行完成申报进

图85　7月25日，县人社局举办高校学子看家乡活动

入审批阶段。完成1.64万名机关事业单位工作人员基本工资标准调整和实施养老保险制度改革。全年办理干部退休193人,至年末,退休干部总数11835人;办理职工退休215人,退休职工总数5159人。

## 2015年如东县获得高级职称人员名单

具备会计专业高级专业技术资格人员

江苏九九久科技股份有限公司:蒋筱刚
江苏中天科技股份有限公司:徐继平
江苏苏中电池科技发展有限公司:王晓军
如东县劳动保障监察大队:张旭东
如东县卫生局:吴淑云
如东县人民医院:李亚琴
江苏省如东中等专业学校:李瑞珠
如东县财政局:施益华

具备机械工程高级专业技术资格人员

南通科赛尔机械有限公司:宋红军
江苏黄海汽配股份有限公司:陆建军
江东金具设备有限公司:孔德春

具备电子信息工程高级专业技术资格人员

江苏中天科技股份有限公司:栗　鸣

具备中等职业学校教师高级专业技术资格人员

如东县卫生进修学校:施　蓓
江苏省如东中等专业学校:
肖海俊　朱燕子　单　蕾　杨　燕
奚小敏　瞿　彬　周卫东　王　玉
喻献云　顾井莲　陆生林　王海波
崔海燕　缪小兵　万爱琴　徐玮玮

具备水利工程高级专业技术资格人员

如东县水利电力建筑工程有限责任公司:朱峻峰　王建文　王海燕　邓亚光

具备石油化学工程高级专业技术资格人员

江苏如石机械有限公司:刘志刚
江苏苏中电池科技发展有限公司:闫智刚
南通科赛尔机械有限公司:杨海燕

具备畜牧兽医专业高级专业技术资格人员

如东县岔河畜牧兽医站:韩磊明
南通市如东县双甸畜牧兽医站:佘秀云　周洪飞

具备建设工程高级专业技术资格人员

南通五建建设工程有限公司:陈丽娟
如东县规划管理处:卞小美
南通大通建设工程有限公司:张进华
江苏新源建筑工程有限公司:周阳春
江苏顺通建设集团有限公司:刘建飞　陈建华
江苏绿业园林建设工程有限公司:花单林
如东县政府投资项目工程建设中心:葛爱华
如东县大港规划设计有限公司:王蓓蓓
南通五建跃进建筑安装工程有限公司:刘建华
如东县自来水公司:丛杨梅

具备档案专业高级专业技术资格人员

如东县档案局:曹晓丽

具备经济专业高级专业技术资格认定人员

江苏海力风电设备科技有限公司:周建国
南通科赛尔机械有限公司:邓　峰　阎宏亮
南通五建建设工程有限公司:缪小兵　樊　坤
南通博爱面粉有限公司:缪健全
南通东野时装有限公司:陈霞光
江苏苏中电池科技发展有限公司:沈维新　杨爱萍
江苏省电力公司如东县供电公司:周建勇
江苏戴园建材集团有限公司:黄丽华　符振宇

具备经济专业高级专业技术资格人员

如东县医疗保险管理中心:刘　锋
如东县社会保险基金结算中心:郭绪莲
如东县社会养老保险管理中心:张伟秋
如东县掘港人力资源和社会保障所:丛由红
如东县运输管理处:花国林

具备卫生技术高级专业技术资格人员

如东县中医院:
陆红健　周亚梅　江建国　葛翠华
如东县马塘医院:姚秀梅
如东县人民医院:
仇惠斌　缪国平　张建忠　张佩殷
黄爱梅　顾　俊　缪亚琴
如东县疾病预防控制中心:缪　平
如东县掘港卫生所:汤新梅　陈志云
如东县新区医院:吕建莉

具备艺术专业高级专业技术资格人员

如东县少年杂技团(南通市少年杂技团):沙雪芬

具备中小学教师高级专业技术资格人员

如东县逸夫特殊教育学校:
姜爱平　陆修平　严海峰
如东县茗海中学:曹亚红　林红亮
如东县大豫镇兵房小学:
包永艳　严春红
如东县丰利中学:
葛正兵　陈善梅　于　霞　王新荣
桑乃平　姜亚梅　曹亚美　张冬梅
潘红玲　陈金凤　缪小云　周红梅
如东县曹埠镇初级中学:
祁　锋　黄志军
如东县洋口镇古坳初级中学:
于秋剑　蔡友平　李庆九
如东县洋口镇洋口小学:缪伯权
如东县洋口镇新林小学:李爱华
江苏省栟茶高级中学:
孙蒋山　殷　丽　戴桂林　张海林
焦小飞　缪红燕　徐小燕　邱亚云

张　飞　张雪群　陆春建
如东县掘港高级中学：
姚红飞　顾小燕　陆小芳　张春霞
如东县岔河中学：
阚海涛　周晓剑　张志祥　郭娅梅
李小慧　王君红　陈　姚　杨小晶
桑小波　黄　骋　叶亚平　曹银山
周建忠　缪晓红　於亚东
如东县掘港镇童店初级中学：
顾红兵　李菊香　高郡花
如东县马塘镇邱陞中学：
范汉东　钱国山
如东县马塘中学：
吴俊华　俞海燕　林　婕　杨红兵
顾友林　陆小虹　许卫俊　戴　峰
吴海燕
如东县新店镇初级中学：阚阿丽
如东县长沙镇初级中学：王美琴
如东县丰利镇丰利小学：吴红兵
如东县双甸高级中学：王　芳
如东县岔河镇岔河小学：朱　建
如东县新店镇利群小学：朱林懂
如东县掘港镇环北小学：陈士明
如东县河口镇景安小学：叶亚均
如东县双甸镇双甸小学：
万云云　佘　娟

具备幼儿园教师高级专业技术资格人员
如东县掘港镇环镇幼儿园：于金莲
如东县栟茶镇栟茶幼儿园：沈海琴

（吴庆飞）

## 机构编制管理

**【概况】** 2015年，县编办实施刚性进人控编、编制使用年度预算制度。在年度事业编制计划使用审批中，采用“双重控制”审批模式，即事业单位使用编制计划需同时满足主管部门下属事业单位编制总量有空缺和申报事业单位编制有空缺两个条件，同时综合考虑单位履职情况、人员结构、财政供养人员增减等因素。严格落实控编减编措施，确保行政编制不突破上级下达数，事业单位编制不突破2012年基数。坚持落实领导职数和中层职数预审制度。全面梳理县科级机构和领导职数情况，摸清领导职数底数，建立领导职数目录清单，配合参与“消化清理超职数配备领导干部”工作。依照《关于进一步加强全县机关事业单位工作人员管理的通知》，进一步巩固、加大职数管理向股级干部延伸的工作成果和力度，全年共审批27个部门、单位，163个中层职数使用申请。在核定编制、职数范围内选人用人成为机关事业单位自觉行为。坚持以“三责联审”为抓手，强化机构编制使用效益审核，将事后审核向事前、事中审核延伸，全面推行“三责联审”民主测评网络化，对13个部门主要领导进行机构编制责任审核。及时维护机构编制核查信息库和实名制管理系统，始终做到机构清、编制清、职数清、人员清，定期统计数据，增强机构编制部门对各单位机构编制执行情况的宏观掌控能力。年末，全县有行政在职3091人，事业在职12877人。

**【体制机制改革】** 县编办以列入南通市开展相对集中行政审批权制度改革试点为契机，推进相对集中行政许可权改革试点工作。在县政务中心基础上整合组建县行政审批局，为县政府工作部门。首批将市场准入和投资建设两大领域涉及到的县发改委、县国土局等9个部门的45项行政许可等事项划转至县行政审批局，研究提出县行政审批局主要职责、内设机构，完成人员编制调整。按照精简统一效能原则，结合如东实际，整合部门职责，规范机构设置。在组建县卫生和计划生育委员会、县市场监督管理局，单独设置县民族宗教事务局等基础上，规范县政府办、县发改委等7个涉改部门机构设置，理顺职责关系，完善体制机制，核销17个政府工作部门挂牌机构领导职数和编制数。制定出台10个涉改部门“三定”规定，并督促、指导相关部门完成职责调整、机构整合、人员划转、定员定岗等工作。调优事业单位布局结构，对职能交叉重叠、工作任务不足、设置重复分散的事业单位，加大清理整合力度，撤销县建工局6个驻外办事机构，整合发改、文广、教育所属6个事业单位，收回事业编制22个。加强镇（区）安监、环保机构设置，按规定要求调剂充实基层安监、环保领域编制人员力量，实现镇（区）全覆盖。整合县商品质量监督检验所、县计量检定测试所、县药品检验所、县农产品质量检测中心、县粮油质量检测中心5个事业单位及水产品质量检测职责，组建如东县综合检验检测中心，为县市场监督管理局所属事业单位，承担所辖行政区域检验检测职责，为机关行使行政职能提供必需技术支撑。达到职能整合到位、体制调整到位、机构组建到位、人员划转到位、场所落实到位、机制建立到位要求。在总结栟茶镇行政管理体制改革经验基础上，协调推进岔河镇、河口镇行政管理体制改革工作，进一步深化市级中心镇行政管理体制改革。继续推进学前教育改革，按照县政府规划要求，完成31所公办幼儿园设立和编制测算、核定工作，促进全县学前教育事业科学发展。根据省纪委《关于县级纪检监察机关内设机构调整的指导意见》要求，调整县纪委监察局机关部分内设机构，进一步优化机构设置、规范机构职责，增强监督执纪人员力量，有效保障基层党风廉政建设和反腐败工作。整合土地登记、林地登记、房屋登记、海域登记等职责，组建如东县不动产登记中心，完成不动产登记职责整合工作。

**【行政审批制度改革】** 根据《如东县人民政府职能转变和机构改革方案》要求，县编办加大行政审批制度改革重点工作推进落实力度。着力推进以“5张清单、5个平台、5项配套改革、5大监管体系”为主要内容的简政放权、转变职能工作。牵头完成行政审批事项目录清单187项、政府行政权力清单5599项、行政事业性收费目录清单81项、政府部门专项资金管理清单15项等清单编制和政府网站公开工作，下发《如东县开展政府部门责任清单编制工作的通知》,梳理26个政府部门职责,研究编制政府部门责任清单,明确部门职责333条、职责边界事项218条、公共服务事项173条、加强事中事后监管制度措施236条。努力构建权界清晰、分工合理、权责一致、运转高效、法制保障的部门职责体系,解决行政主体“不作为”问题。围绕“管住管好”目标,根据县承接省、市权力、下放镇(区)权力实际,牵头县政府法制办、县政务中心,对政府各部门、6大园区行政权力事项进行逐项梳理。围绕县重点领域和重点行业,加快推进市场监管、食品安全、环境保护、安全生产等方面事中事后监管和风险防控管理机制,着力构建审批、监管的政府管理新框架。立足审批服务便民化、办理程序简约化要求,牵头组织县政务中心梳理行政审批涉及的中介服务事项、收费和时限,针对行政审批中介服务周期长、盖章多、收费多、报送材料多等突出问题,研究拟订《关于加强行政审批中介服务机构监督管理工作的意见》和监管措施,确保放管结合,放而不乱。 (曹荣臻)

## 事业单位登记管理

【概况】 2015年,县事业单位登记管理局制定下发《关于做好事业单位法人年度报告公示工作的通知》,明确法人年度报告公示工作要求,破解法人证书有效期内年度报告报送问题,全年共接收事业单位年度报告495家,报送率100%。加强登记工作规范化建设,注重登记质量,设立登记12家、变更登记83家、注销登记12家、证书补领1家,办结率100%。做好中文域名和网站挂标工作,采用分批辅导、现场操作方式,完成全县543家机关、事业单位的中文域名注册工作,覆盖率100%;网上挂标119家。作为全省试点,在全县优选50家事业单位,开展事业单位信用等级试评价工作。强化对事业单位监管,建立与财政、审计、纪检等职能部门定期互通信息的协调机制,不定期对全县事业单位运行情况进行实地了解,做到底数清、情况明。

【法人治理结构建设试点】 县编办按照全市事业单位法人治理结构建设试点要求,以县中医院、县青少年宫、县学生实践基地为试点单位,开展事业单位法人治理结构建设试点工作。县中医院完成章程修订及理事会、监事会改选、监管制度建立等工作;县青少年宫和县学生实践基地,完成法人治理结构组建、章程制订等工作,并从法人自主权落实、理事会建设等方面探索创新,逐步形成如东试点工作特色。联合县委组织部、县人社局、县财政局等部门转发市《关于支持事业单位法人治理结构建设试点工作的若干意见(试行)》,对县中医院开展绩效评估,县中医院2015年度编制使用计划由审批制转变为备案制。适当提高3家试点单位奖励性绩效工资总量,加大对试点单位支持力度。 (曹荣臻)

## 档案管理利用

【概况】 2015年,县档案局(馆)不断整合民生档案资源,以推进数字档案馆建设为重点,进一步提升档案工作服务社会大众能力与水平。对全县80多家单位2014年文书档案归档,进行1个月集中会审、指导培训。做好政务公开信息利用工作,全年接收52家单位主动公开信息1800多条。年末,县档案馆有馆藏档案232个全宗,案卷148496卷、2196件,其中照片档案8337张,实物档案333件。馆藏资料11650册。获全省档案宣传工作先进集体、国家档案局“档案——与你相伴”征文活动组织奖。

【档案资源建设】 县档案馆加强名人档案和地方特色档案征集。赴北京征集到中国科学院院士管惟炎档案(含手稿)10余件,中国工程院院士蔡美峰档案资料10多件。到中国第一历史档案馆征集到栟茶一柱楼诗案清宫秘档20件、征集到袁庄镇张氏家谱、袁氏家谱、孙氏家谱等电子文本。编写《江苏沿海十四县市开发建设信息》9期,为领导工作提供信息服务。编撰出版《铁军东进》《大事如东(2011—2014)》。

【数字档案馆建设】 县档案馆制定《如东县数字档案馆3年建设规划》,经项目申报、资金预算论证,10月,该项目获县政府批准立项,总投资450万元。按照该馆3年建设规划步骤和要求,完成馆藏民生档案全文数字化扫描加工,提高档案利用效率。严密监控档案数字化过程,加强电子档案规范管理,做好档案管理软件和如东档案信息网维护工作。着手项目招投标相关工作。至年末,馆藏纸质档案扫描完成416.60万页,完成率36.1%,初步具备建设规模县级数字档案馆基本条件。

【档案进馆】 县档案馆对达到进馆条件的单位档案资料认真检查清点,办好交接手续,做好消毒进库上架排序等后续工作。全年共接收档案436卷,接收寄存档案2152卷。其中,丰利镇文书档案184卷,住建局252卷,水利局852卷,物价局检查分局案件档案147卷,物价局价格认证中心1153卷。

【档案业务指导】 县档案馆做好土地承包经营权确权登记档案业务指导工作。如东县现有土地面积约9万公顷,涉及村229个,涉农户近31万户。县档案局及时与县农办联系就确权登记档案收集、整理、归档、移交等进行交流、协商,并在新店镇三角渡村试点。8月8日,全县农村土地承包经营权确权登记颁证工作会议召开,会上,县档案馆就农村土地承包经营权确权登记颁证档案管理工作的重要性,以及承包地确权档案文件材料的收集、分类、整理、归档等进行讲解,确保全县农村土地承包经营权确权登记档案资料规范、完整、科学归档。做好宗教档案归档指导,到上真观、兵房基督教堂、掘港神东教堂查看档案库房情况，并对相关门类档案的收集、整理进行讲解。2015年，上真观、兵房基督教堂档案工作通过省二星级先进单位测评。结合洋口港口岸开放工作，加大对液体化工码头工程档案指导，定期上门与洋口港开发区沟通，了解工程建设情况，现场查看建设单位、施工单位、监理单位的档案收集、整理情况，发现问题提出限期整改。做好民营化工企业档案指导。深入相关企业调研，加强宣传、引导，逐步提升企业家们档案意识。先后对多家企业进行档案业务指导。从档案库房建设、档案实体、档案信息化等方面给企业档案规范化提出意见或建议。对江苏九九久科技股份有限公司的六氟磷酸锂扩产项目以及三氯吡啶醇钠扩产项目档案进行专项验收。

**【档案宣传教育】** 县档案局做好“国际档案日”宣传活动。组织开展“档案——与你相伴”征文活动和知识竞赛活动，共收到征文50篇，答题卡300份。在“如东档案信息网”上开辟专栏，宣传“国际档案日”有关活动。在县城城管电子大屏幕上滚动播放档案馆简介、档案宣传标语，营造浓厚档案宣传氛围。做好档案信息报送工作，全年撰写信息12条、文章2篇。

**【档案利用】** 2015年，县档案馆共接待查档2886人次，调阅5499卷、852件，复印10436页。其中，文书查档1902人次，调阅2757卷、852件，复印7926页；婚姻查档874人次，调阅657卷，复印1215页；会计档案查档103人次，调阅2078卷，复印1268页；死亡档案查档7人次，调阅7卷，复印27页。 （徐 洁）

## 机关事务管理

**【概况】** 2015年，县机关事务管理局实行24小时电话值班制度，保障行政中心各部门正常运转。按照预约登记工作流程，专门接收行政中心各部门会务联系、设备报修、LED屏使用预约工作，确保服务不缺位。做好会务保障，全年完成各类会议服务2700余次。加强绿化养护管理，保持行政中心绿化区卫生整洁和办公环境洁净优美。加强餐饮服务，严把饮食卫生安全关，对食品安全操作流程和卫生细节全程监督，提高餐饮服务质量。全年保障行政中心就餐近20万人次。加强安全管理。全年处置上访事件536次，约2416人次，均未产生过激矛盾。全年消除各类消防安全隐患3次，确保中心各部门安全。完成行政中心消防系统年度检测及气体灭火系统充装、会议厅音响系统改造及新增音、视频会议系统改造、行政中心外墙清洗和食堂油烟管道清洗工作。配合县代建办完成行政中心护城河护坡压顶加高、配合江苏东电公司做好行政中心分布式光伏发电系统工程的摸排、准备工作。全年接受中心各部门各类报修1200余次。以申报“省节能示范单位”为抓手，进一步加大全县公共机构节能改造力度，提高全县公共机构节能空间。12月初，县卫计委成功申报为“省节能示范单位”。与县财政局、县人社局、县编办等部门共同做好公车改革实施准备工作。加强办公用房长效管理，针对有关部门机构调整，制订《2015年县行政中心主楼办公用房调整方案》及《2015年县行政中心主楼部分办公用房调整实施方案》。（于碧磊）

# 政协如东县委员会

## 综 述

**【概况】** 2015年，如东县十四届政协围绕全县中心工作和发展大局，聚焦改革发展以智资政，推进协商民主以智惠民，强化履职能力以智襄和，把握民主和团结两大主题，完成全年各项目标任务。全县政协委员304人，其中政协常委60人，驻如东市政协委员22人、省政协委员1人。全年召开全委会1次、常委会6次、主席会11次，向县委、县政府提出建议案11个，组织委员撰写提案274件，编发《如东政协·社情民意专版》32期。县政协办公室、县政协教卫文体委员会被市政协评为先进集体。

## 重 要 会 议

**【县政协十四届四次会议】** 1月23—26日，县政协第十四届如东县委员会第四次会议在县行政中心召开。县委、县人大、县政府全体领导，县法院院长、县检察院检察长；县四套班子离退休老领导；县级机关部门非政协委员主要负责人及有关部门主要负责人；各镇党委书记、各开发区党工委书记等共511人参加会议。县委书记詹立风到会讲话，县政协主席陈建华向大会报告工作，县政协副主席吴鼎皋向大会报告县十四届政协三次会议后提案工作。委员们列席县第十六届人民代表大会第四次会议，听取并协商讨论《如东县人民政府工作报告》及其他报告。会议协商增补宫向阳、陈长华、徐鹤松、黄兵4人为县十四届政协常委。县政协主席陈建华作闭幕讲话。

**【县政协十四届主席会议】** 1月5日，县政协十四届二十八次主席会议召开。会议协商讨论主席会议成员工作分工，全面部署《如东县政协志》编纂工作。

1月12日，县政协十四届二十九次主席会议召开。会议通报1月6日县委常委会讨论2014年度政协工作和2015年度协商计划情况；协商《2015年度协商计划》工作任务分解；协商讨论2014年度政协工作先进集体。

2月6日，县政协十四届三十次主席会议召开。会议听取县政协办公室关于十四届四次会议工作小结的汇报；协商“一号建议案”协调助推工作预案；听取提案委关于县政协十四届四次会议提案审查初步情况的汇报。

3月2日，县政协十四届三十一

次主席会议召开。会议听取县政协办公室对 2015 年度重点工作准备情况的汇报,部署下一阶段重点工作。

3 月 30 日，县政协十四届三十二次主席会议召开。会议协商确定县政协十四届四次会议后《关于加强我县城镇污水处理厂及其配套管网建设和运行管理的建议》《关于加速我县技能人才培养的建议》等 8 个重点提案。

4 月 20 日，县政协十四届三十三次主席会议召开。会议听取各分管主席关于 2015 年度重点课题进展情况的汇报。

5 月 25 日，县政协十四届三十四次主席会议召开。会议听取民主评议环保工作 6 个调研组分别在各镇(区)、各相关部门调研情况的汇报，对下一阶段民主评议工作进行部署。

7 月 22 日，县政协十四届三十五次主席会议召开。会议通报 7 月 17 日在北京召开 “中共海上抗日武装斗争”研讨会情况。

8 月 19 日，县政协十四届三十六次主席会议召开。会议交流 2015 年度重点工作进展情况，邀请南京大学社会学院陈友华教授通报 “如东人口与经济社会发展” 课题初步研究成果。

11 月 16 日,县政协十四届三十七次主席会议召开，会议协商讨论 2016 年政协重点课题及协商内容。

12 月 18 日,县政协十四届三十八次主席会议召开。会议听取县政协办公室及提案委关于县政协十四届常务委员会工作报告(讨论稿)及提案工作报告(讨论稿)起草情况;协商部分县政协委员调整事宜;协商《关于召开政协如东县第十四届委员会第五次会议的决定》;协商县政协十四届五次全会报告人、秘书长、副秘书长建议名单。

**【县政协十四届常委会议】** 1 月 24 日，县政协十四届十七次常委会召开。会议听取政协各委组对县委书记詹立风开幕讲话、政协常委会工作报告、政协提案工作报告讨论情况汇报;协商大会决议(草案)、“一号建议案”(草案),提交政协各委组讨论;协商选举办法,酝酿提名补选秘书长、增补常委候选人,提交政协各委组讨论。

1 月 25 日，县政协十四届十八次常委会召开。会议听取各组对政府序列 3 个报告、“两院” 报告、“一号建议案”(草案) 和大会决议 (草案) 讨论情况汇报；听取各委组提案、社情民意汇总情况汇报;听取各组酝酿候选人意见，确定正式候选人;审议通过“一号建议案”(草案)、大会决议(草案)。

4 月 20 日，县政协十四届十九次常委会暨民主评议县环保工作动员会召开。会议部署县政协民主评议全县环保工作事项；通报县十四届政协四次会议提案征集、审查、立案情况;县政府通报“一号建议案”办理初步安排情况。邀请江苏省生态环境监控中心主任何春银做《用经济社会发展的大数据感知生态文明的责任》专题讲座。

7 月 23 日，县政协十四届二十次常委会召开。会议部署开展“一号建议案”办理情况跟踪调研工作;通报“中共海上抗日武装斗争研讨会”在北京召开情况；邀请江苏省政协研究室副主任金建明做《学习习近平总书记关于政协工作的重要指示,努力开创政协工作新局面》专题讲座。

9 月 23 日，县政协十四届二十一次常委会暨县政协委员“十三五”规划建言献策会召开。县委常委、常务副县长沈峻峰通报县“十三五”规划编制工作情况。王毅敏等 8 名县政协委员代表所在界别和委组,分别围绕生态文明、现代农业、工业经济、生产性服务业、养老保险、医养融合、职业教育、依法治县 8 个方面汇报调研成果。县政协主席陈建华主持会议，县委副书记周建飞到会讲话。

12 月 22 日,县政协十四届二十二次常委会召开。副县长蒋树建通报县政府关于县政协 2015 年度“一号建议案”办理情况,沈峻峰通报县政府关于县政协十四届四次会议提案办理情况。会议听取县环保局关于民主评议环保工作整改落实情况报告，并观看《如东县环保工作纪实》短片。县政协主席会议成员围绕 2015 年度《关于加强卫生人才队伍建设的建议》《统筹航道规划建设，促进区域经济发展的建议》《关于推动新形势下我县建筑业应对挑战、科学转型的建议》等 10 个建议案调研背景、过程和成果逐一说明,并对政协常委会工作报告和四次全会后提案工作报告作起草情况说明。会议协商通过部分委员调整事宜,审议通过《关于召开政协如东县第十四届委员会第五次会议的决定》,以及五次全会报告人和秘书长、副秘书长建议名单，分组讨论并审议通过《政协如东县第十四届委员会常务委员会工作报告》和《政协如东县第十四届委员会第四次会议以来提案工作报告》。

**【中共海上抗日武装斗争研讨会】** 7 月 17 日,由中国政策科学研究会国家安全政策委员会、参考消息报社、新华网、北京新四军研究会主办,县委、县政府、县政协承办的中共海上抗日武装斗争研讨会在北京武青会议中心举行。第十一届全国政协副主席、中国政策科学研究会国家安全政策委员会名誉会长李金华,中国政策科学研究会国家安全政策委员会会长、武警部队原司令员巴忠倓中将，中国政策科学研究会国家安全政策委员会高级顾问、军事科学院原政委张序三中将，陈毅元帅之子陈小鲁，粟裕大将之子粟戎生中将，南京军区原副司令员徐承云中将，中国政策科学研究会国家安全政策委员会秘书长俞源等 10 多位将军,100 多名党史、军史专家,南通市政协主席王德忠,县委书记、县人大常委会主任詹立风，县政协主席陈建华等县领导参加研讨会。中国政策科学研究会国家安全政策委员会副会长、军事科学院原副院长糜振玉中将,《参考消息》副总编辑陶德言主持研讨会,詹立风致辞,李金华、徐承云、王德忠分别讲话。陈建华介绍县政协研究进展情况，阐述海防部队在如东战斗历程，提出明确其在抗战史、新四军军史、人民海军建军史中的地位和作用；充实和丰富抗战纪念馆、新四军纪念馆、海军博物馆等军事史馆内容，将苏中军区海防团、何家灶等相关史料载入有关军事史志、词典条目；恢复“如东舰”命名；在如东建立永久性革命传统教育基地4个方面建议。会议就以如东沿海为中心的苏中海上抗日根据地的历史贡献与启示进行研讨，肯定县政协研究成果，认为：1941年诞生于江苏如东的苏中军区海防部队是中国共产党领导的第一支海上抗日武装力量，这段史实的发现、发掘和研究，填补人民海军史空白，对抗日战争史乃至党史、军史研究均具有重要意义。

## 重要工作

**【政治协商】** 县政协将不同层次课题在政协全会、常委会、主席会和专委会等平台上分置，把党政交办课题作为重中之重，把其他研究课题作为履职和创新载体，科学调配资源，合理安排进度，集中优势做出精品。全年共组织协商议政活动56次，报送各类建议案、协商建议和调研报告12份。探索界别协商新途径，以界别协商活动代替大会发言，围绕“法治社会建设”“和谐社区建设”“人才队伍建设”等话题建言献策；开展“主席联系常委、常委联系委员、委员联系界别群众”活动，与界别群众座谈300多人次，听取各方面意见。围绕“国内粮食价格持续下跌给‘三农’带来影响”问题，通过走访基层粮站、家庭农场，与镇（区）负责人、种粮大户、粮食经纪人等座谈沟通，形成社情民意专报，县委要求各地、各职能部门按照建议，做好应对工作。

**【民主监督】** 县政协完善民主监督员派驻机制，遴选出104名政协委员组成民主监督团，分别到公安、税务、工商等25个重点部门开展民主监督工作，全年向派驻单位提出意见建议376条，帮助化解各类矛盾32个，年终双向测评中派驻单位对民主监督员工作满意率98%。县政协组织全体政协常委和部分委员，对全县环境保护工作开展民主评议活动。在报刊、电视、网络等媒体上发布评议信息和内容，组织召开32次座谈会，邀请近200人评价生态环保工作，以通报形式将29条建议阶段性反馈给县环保局，通过对标整改，基本整改落实到位。

**【参政议政】** 县政协组织开展以“访民情、听民意、纾民困”为主题的“界别活动周”活动，定期开展“委员活动日”活动，进一步扩大委员参政议政途径。邀请南京大学社会学院专家共同对“县域人口发展问题”进行半年多研究，通过与日本以及省内太仓、如皋、兴化、沛县等地人口发展趋势区间比较，完成《如东县人口发展问题、思考与建议》调研报告，剖析现阶段县域人口结构成因，预测到2050年县域人口趋势，在思想解放、执行政策、建立补偿机制、人力资源战略等方面提出9条建议。专题召开编制“十三五”规划建言献策会。组织专业型政协委员用近3个月时间，围绕生态文明、产业发展等8个方面开展专题性、精准性调研，对县域“十三五”期间发展进行初步研判，形成8份调研报告。相关建言被县委、县政府吸纳到县“十三五”规划中。

图86 5月20日，县政协主席陈建华（左二）带领部分政协常委到栟茶镇、高新区调研，并评议环境保护工作

**【文史编研】** 县政协启动《如东县政协志》编修，开展《如东美食菜谱》征集，完成《如东地名散谈》编撰。在纪念中国人民抗战暨世界反法西斯战争胜利70周年之际，追溯人民海军“启航史”，开展新四军海防部队文史资料抢救、发掘和保护工作，研究成果得到多方面关注和国家层面认同。

**【提案办理】** 2015年，县政协十四届四次会议后，县政协委员、各参加单位和专门委员会共提出提案274件。经审查，立案208件，其中集体提案10件、联名提案54件、委员个人提案144件；不立案66件，其中作来信22件、转社情民意26件、撤案18件。提案涉及县经济社会发展各方面，由县政府交52个部门和单位承办，至年底，全部办复。提案人对办理情况反馈评价174件，其中，提案问题解决、基本解决或取得明显阶段性成效87件，占41.8%；提案问题列入计划逐步解决或建议被部分采纳112件，占53.9%；提案问题受客观条件限制，待研究解决9

件,占4.3%。提案人对一次办理表示满意157件,占90.2%;表示理解16件,占9.2 %;表示不满意1件,经协商及二次办理后表示满意。年终,评选出优秀提案15件、承办提案先进单位11家。

**【政协宣传】** 县政协探索建立与协商民主发展相适应的政协宣传工作机制,全方位打造展示政协形象媒体窗口群。继续在《如东日报》开办每月1期"团结与民主专版";通过政协传媒网、新华网、江苏新闻网等官方门户网站发布基层政协理论探讨和工作集锦27篇,在《人民政协报》《江苏政协》《南通政协》等报刊发表各类研讨文章13篇。组织文史人员撰写"纪念抗日战争胜利70周年"系列纪实文章,在《参考消息》《新华日报》《铁军》《钟山风雨》等报刊上连续报道。

## 政协建议案

**【"孤残病老"特困群体帮扶】** 县政协十四届四次全会期间,政协委员们聚焦推进民生幸福工程中"孤残病老"特困群体,提出《关于统筹民生幸福工程,促进帮扶"孤残病老"特困群体政策举措落实到位的建议》,开创政协全会确立"一号建议案"先例。建议案以"沟通协调、受理救助、信息共享、公益宣传"4大平台以及"慈爱孤儿、残疾人安康、大病关爱、银发无忧"4大工程建设为抓手,分解细化为"关注孤儿成长环境、关注困难残疾人危房改造、完善大病保险制度、提升老年人意外伤害综合保险投保率"等20条具体建议,形成"菜单式"办理清单。"一号建议案"提请县委、县政府主要领导领衔督办,县政府分管领导牵头领办,政协主席会议成员跟踪办理,各承办部门将之列入年度重点工作,县政府常务会议多次讨论与建议案关联议题,出台《如东县社会救助实施办法》《关于做好全县困境儿童分类保障工作的通知》《如东县贫困精神残疾人免费基本用药的实施意见(暂行)》等文件。年终,评选出承办"一号建议案"先进单位5家。

**【红木产业发展】** 为进一步挖掘如东红木产业优势,弘扬如东红木文化,打造如东红木产业品牌,4月,县政协组织部分委员,联合县文广新局等部门,通过走访、座谈,组织到浙江东阳红木市场和如皋林梓、海门麒麟镇红木产业园考察,对如东红木产业的历史、现状、问题与发展进行调研,形成《关于对如东红木产业发展情况的调查与思考》报送县委、县政府。

**【卫生人才队伍建设】** 近年,如东县县级二级以上医院及基层镇卫生院,普遍存在卫技人才"招不到、招不好、招不满"现象,尤其是临床医生更是"一医难求"。县政协围绕"如东县卫生人才队伍建设"课题,组织部分政协常委和委员对卫生人才工作中存在诸多制约因素开展调研,形成《关于加强卫生人才队伍建设的建议案》。

**【建筑业转型】** 建筑业是如东县经济支柱产业、富民产业,贡献份额大、产业关联度高、就业面广,关系着"十二五"期间各项指标达成和"十三五"发展规划的研究制定,关系着如东富民强县进程。县政协城建社会法制委联合县建管局成立专题调研组,开展为期4个多月调研。课题小组先后与政府有关部门交流探讨,走访建筑企业座谈了解,广泛听取各方意见建议。同时赴浙江东阳、常州溧阳学习考察。在把握基本情况基础上,课题组就全县建筑业发展现状、主要问题、行业前景进行分析、思考,提出《关于推动新形势下我县建筑业应对挑战、科学转型的建议》。

**【统筹航道规划建设】** 为使县内河航运网与港口集疏运体系(航线、铁路、高速公路、快速路等)相匹配,实现如东县公、铁、水全覆盖的现代物流体系,县政协联合县交通局等部门组成专门课题组,调研了解县内河航道网规划建设现状,分析如东航道网规划建设与县域经济社会发展、生产力布局相适应程度以及与各种规划的相协调程度,听取社会各方面对航道网规划建设在连接和沟通重要工业园区、经济中心城镇以及港口之间的要求和建议,研究统筹全县航道规划建设必要性与可行性。通过协商,提出如东县内河航道网规划建设目标、计划和步骤的设想,并形成《关于统筹航道规划建设,促进区域经济发展的建议》,供县委、县政府决策参考。

**【为弱势群体救急解难】** 2015年,县委、县政府、县政协将"加强政府引导,发挥商业保险市场作用,切实为弱势群体救急解难"列为专题协商课题,旨在构建保险民生保障网、完善多层次的社会保障体系、提升弱势群体的保障水平。3月初,县政协课题组开展走访调研,了解在弱势群体方面所开展的民生保险工作,并组织到海安、海门、泰州姜堰、苏州张家港考察学习在完善弱势群体保险保障机制方面的先进做法,探讨对策,形成《关于加强政府引导,发挥商业保险市场作用,切实为弱势群体救急解难的建议案》。

**【医养融合发展】** 2015年,县政协重点关注养老服务平台建设。年初,县政协在向县政府"关于统筹民生幸福工程,促进帮扶'孤残病老'"的"一号建议案"中,提出推进银发无忧工程,突出医养融合,构建涵盖养护、医疗、保健等多功能的健康养老服务平台。在推进、跟踪"一号建议案"实施过程中,县政协把医养融合养老模式,作为如东推进养老服务突破口,精心调研,形成《关于推进医养融合发展的调研报告》,供县政府决策参考。

**【专项维修资金使用与管理】** 县政协城建社会法制委于10月20日召开专题协商座谈会,邀请高新区(掘港镇)政协基层工委及相关委组委员、业主委员会及小区住户代表，专题听取县住建局分管负责人对《如东县住宅专项维修资金的交存、使用、增值管理实施细则(试行)》解读分析。重点围绕维修资金使用流程、增值管理等问题深入交流，听取委员及群众代表的意见与建议，形成《关于建成小区专项维修资金使用与管理的建议》，让政策惠及更多居民。

**【县城和谐社区建设】** 县政协委员关注社区建设，通过提案、社情民意等形式献计助推社区工作。在年初政协全会上，缪建周等委员围绕《关于进一步推进县城和谐社区建设》专题做协商建言，得到县委、县政府分管领导肯定，县政协将该议题列入2015年政协重点协商内容。县政协相关委室与县民政、财政、住建以及高新区等单位联合调研，针对社区建设中亟需解决的办公用房、人力资源和工作经费等方面进行协商，形成《关于推进县城和谐社区建设的建议》。

**【粮食价格调查】** 入秋后，国内小麦、玉米、稻谷3大粮食品种价格出现"跳崖式"下跌，是近20年跌幅最大区间。粮食市场波及迅速，种植大户反应敏感。如东作为全市唯一"全国粮食生产先进县"和全省首批"稻麦亩产吨粮县"，做好特殊形势下秋粮收购工作，尤为关键。县政协邀请相关部门到基层粮站和袁庄、双甸、新店、马塘4个镇调研，形成《关于我县当前粮食价格的调查报告》，供县委、县政府决策参考。

**【经济和民生类项目财政性投入绩效】** 根据县委、县政府点题，围绕"优化支出结构，提升投入绩效"目标，县政协对5年中全县经济和民生类项目财政性投入绩效开展专题调研，组织经济和民生基础设施项目的19个主管部门开展政府重点专项资金绩效自评估，筛选出农业规模化、校舍安全、科技发展专项等8个重点项目逐项进行绩效评估，形成《关于"十三五"以来县级经济与民生类项目财政性投入绩效的专题调研报告》，从进一步提高财政资金投入产出的经济性、效益性和效率性出发，提出"合理确定政府专项资金规模、鼓励和引导社会资本参与工程项目建设、提高政府专项资金财务绩效管理水平"等6个方面17条意见和建议，职能部门回应评估情况，对数据真实性、分析客观性、建议可行性都予以认同。

**如东县政协十四届三次会议重点提案一览**

表33

| 序号 | 提 案 人 | 提 案 名 称 |
|---|---|---|
| (一) | 王毅敏 | 关于加强我县城镇污水处理厂及其配套管网建设和运行管理的建议 |
| (二) | 朱亚飞 | 关于加速我县技能人才培养的建议 |
| (三) | 汤 杰、徐 巍、刘 宏 等 | 关于缓解县城中(高、初)小学校门口交通拥堵的建议 |
| (四) | 袁卫东 | 关于加强农村普法工作的建议 |
| (五) | 薛志林、姜学林、顾煜桥 等 | 关于有序推进并不断规范土地流转的建议 |
| (六) | 张亚平、缪杰、李维彬 等 | 关于科学规划，建立紫菜特色产业集中区的建议 |
| (七) | 缪建周 | 关于进一步推进县城和谐社区建设的建议 |
| (八) | 吴银泉 | 关于以科技创新为驱动，不断推进我县传统产业转型升级的建议 |

(宫向阳 曹勇军 王森龙)

# 纪检监察

## 重要会议

**【县十三届纪委五次会议】** 2月15日，中共如东县第十三届纪律检查委员会第五次全体会议在县行政中心召开。县委书记、县人大常委会主任詹立风出席并讲话。县委常委、县纪委书记刘才盛代表中共如东县纪律检查委员会常务委员会作《坚守责任担当，强化执纪监督，推动党风廉政建设和反腐败工作再上新台阶》的工作报告。全会审议通过全会工作报告和全会决议。县四套班子领导、县法院院长、县检察院检察长、十三届县纪委委员出席会议。各镇(区)、县级机关各部门、县各直属单位主要负责人，各纪检监察组织负责人及特邀监察员代表参加会议。

**【县委反腐败协调小组会议】** 6月3日，县委反腐败协调小组会议在县党风廉政建设教育中心召开。县纪委、县法院、县检察院、县公安局、县审计局5家单位通报交流案件查处和反腐败工作情况以及下一步工作打算；与会人员学习《关于在查办党员和国家工作人员涉嫌违纪违法犯罪案件中加强协作配合的意见》，并就新修订的《县委反腐败协调小组工作制度》进行讨论。县纪委副书记、监

图 87　2 月 15 日，中共如东县第十三届纪律检查委员会第五次全体会议召开

察局局长、县委反腐败协调小组办公室主任肖斌部署下半年工作。

【纪检监察工作推进约谈会】　8 月 19 日，县纪委在行政中心召开纪检监察工作推进约谈会，县纪委副书记、监察局局长肖斌通报半年考核情况，并对各项工作进行点评。10 家被约谈单位纪检组织负责人表态发言。

【纪检监察工作会议】　10 月 9 日，全县纪检监察工作会议在县党风廉政建设教育中心召开。县纪委副书记、监察局局长肖斌主持会议，县纪委副书记万继红通报内设机构调整情况，并对相关分工做说明。

【县反腐倡廉建设情况通报会】　12 月 31 日，县纪委在县党风廉政教育中心召开 2015 年度全县反腐倡廉建设情况通报会，县委常委、县纪委书记杨中坚通报全县党风廉政建设和反腐败工作情况。老干部代表、部分人大代表、政协委员代表、特邀监察员、县纪委委员及市、县新闻媒体代表等 100 多人参加会议。与会人员观看如东县反腐倡廉警示教育片。

## 惩防体系建设

【推动“两个责任”落实】　县纪委结合全县党风廉政建设和反腐败斗争重点任务，协助县委制定全县各级党组织落实党风廉政建设主体责任任务分解表和纪委监督责任任务分解表，厘清党委、纪委在党风廉政建设中责任，纳入县党风廉政建设考评系统，进行动态化监管和网络化考评。明确专人负责日常审核、网络报送指导、工作滞后提醒等，定期分析汇报、通报考评情况、发布实时排名，促进“两个责任”各项任务按时完成。把“两个责任”落实情况纳入各部门年终综合考核项目，对责任制考评为“差”的单位和个人实行年终考核奖励、提拔任用一票否决。制定出台《如东县党风廉政建设责任追究办法(试行)》，针对突出问题严格实施“一案双查”，对 2 家单位、2 人实施责任追究。

【党风廉政建设宣传教育】　县纪委坚持惩恶扬善舆论导向，利用信息时代全媒体优势，做优做强“扶海清风”网。围绕作风建设、落实“两个责任”等内容采写新闻，全年被上级刊物录用 115 篇，其中中央级 6 篇、省级 28 篇、市级 21 篇；上级网站用稿 136 篇。信息工作突出报送重点，深化服务内涵，共扎口上报 116 条，其中被省、市纪委录用 35 条，市纪委专刊转发 2 篇。纪检监察信息工作列全市第二名，工作经验在市纪检监察信息工作会议上交流。收集最新党纪条规，汇编《如东县纪律教育读本》，在“扶海清风”网开辟网上学习阵地，上传近千条党纪政纪条规试题，组织全县中层以上党员干部共 3025 人参与学习测试。结合腐败案件查处，开办村农经员廉政培训班，召开全县领导干部警示教育大会。县纪委班子成员先后到沿海经济开发区、河口镇、县法院等 10 多个镇(区)、部门开展廉政教育专题讲座。打造“扶海 e 路清风”廉政文化品牌，规划建设县扶海清风廉洁文化园。全县各地各部门结合行业和地域特点，设置与城乡环境相协调、与自然生态相融合的廉政文化景观。县地税局、县水务局等 6 家单位被评为市级廉政文化示范点，马塘镇革命烈士纪念馆被评为市廉政教育示范基地，如东国税系统获“全市廉政文化建设示范系统”称号。参加“清廉江海”微电影创作大赛，作品《税月的坚守》获市二等奖。

## 惩治腐败

【概况】　按照“有案必查、有腐必惩”要求，探索实践纪律审查工作新思路。县纪委修订《县委反腐败协调小组工作制度》，增加县财政局、县地税局、县国税局、县市场监督管理局为反腐败协调小组成员单位，进一步健全工作机制。定期召开反腐败协调小组工作例会，学习上级有关精神，交流全县反腐败工作情况，会商疑难问题。贯彻各级关于加强和改进巡视工作要求，提请县委制定《如东县党风廉政建设督导巡察工作实施意见(试行)》，建立“综合协调、统分结合、各司其职”联动工作机制，配套制定工作规程，召开督导巡察工作领导小组和相关协作单位工作例会，组建一支业务精干、素质优良的督导巡察员队伍。2015 年，全县各级纪检监察组织共立案查处各类违纪案件 288 件，其中，副科级以上党员干部案件 26 件，实施“两规”措施 6 人，11 人被移送司法机关。

【信访举报监督】　县纪委加强“利

民信访”平台建设，除专线举报电话外，在“扶海清风”网开通“举报投诉邮箱”，开设QQ视频接访平台、微信受理平台等，进一步健全举报网络。发挥信访举报案件线索主渠道作用，2015年，信访总量333件，信访转立案22件58人，信访总量、重复信访和越级信访率继续保持全市最低水平。严格信访监督过程控制，发挥预警纠偏功能，对反映干部小微问题早监督早提醒，对预警事态早介入早控制、快处理快反馈，共实施信访监督39件，其中信访通知书7件，诫勉谈话23件，提醒谈话5件。纪检监察信访举报工作绩效管理全市考评第一。

**【案件质量建设】** 县纪委修订完善《基层查办案件工作百分考核细则》《案件质量考核暂行办法》，继续实施质量内部控制办法、主办人管理办法、质量控制员制度，促结构优化质量提升。2015年上报案件中，经济类案件202件，同比上升56.6%；贪污贿赂类案件61件，同比上升38.6%；失职渎职类案件30件，同比上升50%。在全市案件质量年度考核中，3个案件被评为优秀，12个案件被评为合格，继续保持领先。修订《问题线索集中管理实施办法》，强化在手问题线索清理和集中管理要求，调整问题线索处置方式，完善问题线索集体排查工作制度，进一步明确责任、严肃纪律。认真落实省纪委“三审一评”(联合审理直属单位案件、交叉审理申诉案件、适用简易程序审理党纪案件，案件质量检查考评）要求，在全市独家编撰《基层违纪案件模拟案卷》，得到市纪委肯定并在全市推广。省纪委副书记刘月科到如东专题调研基层案件查办工作，对如东做法给予肯定。

**【腐败问题查处】** 县纪委围绕征地拆迁、农村“三资”(资源、资产、资金）管理、工程项目建设等重点领域，深入排查问题线索，严肃查办违纪案件，先后查办村干部贪污集体公用面积粮食和农资补贴案件、农村改厕工程中贪污贿赂案件、征地拆迁中贪污案件等，有效挽回损失，维护群众利益。落实“一案五报告”(案件调查报告、案件剖析报告、案件警示教育报告、案件监察建议报告、案件查办总结报告）制度，做好案件查处善后工作，促进查防转化。结合查处案件，在县文广传媒中心等单位召开警示教育大会，督促自查自纠。加强案件分析，形成《对村营收入下达统一数值考核指标易引发账务弄虚作假问题》等5篇建议报告，提醒督促相关部门建章立制，规范管理。

图88 5月18日，县纪委在廉政教育中心举办第一期村农经员廉政教育培训班

## 党风政风监督

**【“四风”问题查处】** 县纪委制订《关于查办交办督办群众身边“四风”和腐败问题线索的工作方案》，建立健全问题线索报告、收集、交办、督办机制，形成分管副书记牵头负责、党风政风监督室统筹协调、职能室直接承办的工作网络，整合各方资源，形成查办合力。实施“六查六纠”(单位自查，纠正内部监管不力问题；例行巡查，纠正监督时紧时松问题；联动互查，纠正内部查处不力问题；实地清查，纠正做表面文章问题；专项检查，纠正重点难点问题；快办直查，纠正监督效果滞后问题）督查机制，强化专项督查和明察暗访，组织6个督查组和3个暗访组，抓住五一、国庆、中秋等重要节点，针对公款吃喝、公车私用、公款娱乐消费等“四风”突出问题，开展常态化督查。全县各级纪检监察组织共开展督查328批次，督查中下发问题交办单35件。对全县公务用车使用、停放、报备、费用报支及交通补贴发放等不定期开展抽查，发现问题及时督促查纠整改。严格“三公”经费使用管理，会同财政、审计等部门调阅41家事业单位、学会、协会、经营性实体的财务账册，发现问题线索75条，全部分类梳理延伸调查。2015年，全县共查处违反中央“八项规定”问题15个，给予党纪政纪处分17人，诫勉谈话3人。工作经验《如东县学查纠建并举，建立作风建设常态化新机制》被市纪委专刊转发。

**【政风行风热线】** 在坚持部门“一把手”上线基础上，调整档期，增加专题，县长潘建华和副县长沈峻峰、姜晓静、蒋树建分别上线，对涉及部门多、职责难划分，悬而未决、久拖不决复杂问题，把脉会诊共商对策。巩固声、屏、网、报“四位一体”联动运行模式，整合“12345”政府服务热线平台、“中国如东”门户网站，引入“微信平台”受理渠道，全方位接收群众咨询投诉。做实日常回访和集中回访,定期排查办件情况,精挑满意度不高问题“深回访”。做精“热点追踪”栏目,先后追踪城市河道整治工程、城市公交、农民建房、噪声污染、民政补助发放等热点,推动问题有效解决。全年政风行风热线开播34期,共受理咨询投诉件629件,当场办结284件,交办办结355件,追踪回访51个话题,从中挖掘案源线索1条,立案查处1人,办结回复率100%,群众满意率96%。

## 行政监察

【重点工作监督检查】 县纪委先后对征地拆迁、市政工程建设、海启高速征拆、违法用地整改等全局性工作实施监督检查86次,发挥违纪预防和进度督办双重功效。参与安全生产检查,依纪依法调查10起亡人安全生产事故原因及监管责任,提请对8名存在失职行为党员干部实施问责,其中7人被诫勉谈话(批评教育),1人被取消年度评先评优资格。对2014年发生的1起安全生产险情导致3人重伤和1起恶劣天气下出海捕捞作业导致2人失踪事件进行问责,给予1人党内严重警告处分、2人行政警告处分。调查新增违法用地监管责任,对13名镇(区)主要领导和分管领导失职行为立案调查,其中正科级以上9人,同时追究3名国土所所长制止、查处违法用地行为不力的纪律责任。

【执法监察】 县纪委以执法监察项目化为抓手,针对政府重要工程、重大资金使用、惠民资金发放等项目开展专项执法监察。推进52个项目立项,对监察中发现问题严格执纪、严肃问责,成功查办村居干部挪用侵占绿化资金、拆迁补偿资金等14件案件,移送司法机关2人。妥善做好2014年立项执法监察发现问题“销号”工作,督促相关部门完善制度机制,对县人社局个别工作人员违规收受礼金问题延伸调查,立案查处2人。

【电子监察】 如东深化行政体制改革,督促相关部门完善项目审批机制,简化运行环节,降低受理条件,压缩办理时间。通过三级电子监察体系,督促各部门及时查纠整改、调整流程图、完善过程信息、上传附件材料等,及时纠正网上运行行政权力事项存在的信息不完整、要件不完备、事项超期、事后补录、收费不合规等情况,共对11个部门发出督办36件次,系统报警同比大幅度下降,促进行政服务效率提升。

## 纪检监察队伍建设

【纪检监察机构改革】 2015年7月,县纪委、监察局内设机构变更为11个(办公室、纪检监察干部管理监督室、宣传教育室、党风政风监督室、信访室、案件监督管理室、第一至第四纪检监察室、案件审理室)。撤销党风政风监督室、执法和效能监督室,设立党风政风监督室(挂“县政府纠正行业不正之风办公室”牌子);增设3个纪检监察室,共设4个纪检监察室(其中第四纪检监察室承担督导巡查职能),纪检监察室名称规范为“第X纪检监察室”;干部管理室更名为纪检监察干部管理监督室,相应调整纪检监察干部管理监督室职能;教育调研室更名为宣传教育室,相应调整宣传教育室职能;办公室同时承担纪检监察法规研究职能。

【纪检干部教育培训】 县纪委以“品味经典、知责思为”主题教育活动为主线,在全系统开展“书籍互选、好书荐读、业务轮训、征选寄语、技能竞赛、应用实践”“六个一”学习阅读活动,抓实日常学习。邀请专家做“阅读:修炼修行与修心”“摄影知识”专题讲座,组织学习信访业务知识、新廉洁自律准则、纪律处分条例解读等,提高纪检监察干部知识素养和履职技能。强化宗旨教育,组织开展“缅怀先烈、模范履职”清明祭扫活动,选派3名青年党员参加县级机关党员风采大赛,分获3个单项奖和1个综合奖。全年通过集中培训、干部轮训、挂职培训、高层次学习交流等形式培训1200人次。

【纪检干部队伍管理】 县纪委规范选人用人机制,严格按照组织程序,公平公正、竞争择优选拔干部,公开选调2名公务员和1名事业人员,3人竞选为机关科室副主任。深化干部监督工作,组织纪检干部填报个人有关事项报告表及履职情况报告表,按比例抽查核实报告情况,首轮抽查18份报告,3份因误记漏报被退回修改并备案。加大交流培养力度,提拔正科职干部1人、副科职干部4人,系统内外交流12人。

(张　进)

# 群众团体

# Qunzhong tuanti

## 如东县总工会

**【概况】** 2015年,如东县各级工会以普惠职工为目标,努力构建和谐劳动关系,提升服务职工水平,提高维权能力,加强自身建设。全年新建工会组织284家,发展会员1.36万人;全县共有独立基层工会1391家,联合基层工会267家,会员235235人。指导成立沿海经济开发区总工会、洋口港经济开发区总工会和金融、卫生、交通行业工会。开展工资集体协商春秋两季"要约月行动",参与企业452家,签订工资集体专项合同265份。联合开展农民工工资支付情况执法检查,通过工会排查和联合专项检查,累计排查用人单位250家,涉及职工1.3万多人。开展春节期间送温暖、特困职工生活补助、临时救助、"金秋助学"等活动,共发放帮扶资金105.84万元。做好劳模选树工作,南通大东有限公司周扬当选为全国劳模,并赴北京参加全国劳模表彰大会。全县有各级劳模434人,其中国家级9人、省级139人、市级286人。评选出省级五一劳动奖章2个、省级工人先锋号2个、市五一劳动奖章8个、市五一劳动奖状2个、市工人先锋号7个。

**【万人劳动竞赛】** 围绕破解新常态下经济社会发展难题,进一步深化工会工作思路,县总工会在转型升级、创新驱动、生态建设、城市建设等方面,组织开展劳动竞赛。紧跟全县重大基础设施和重大项目建设步伐,开展"七比一创"(比工程质量、比安全生产、比工期进度、比科技创新、比文明施工、比节能减排、比科学管理、创建工人先锋号)为主要内容的立功竞赛,推进LNG二期工程、10万吨级石化码头和液化品码头、335省道等重点工程建设,加强对重点工程劳动竞赛指导、检查和评估。与县人社局、县农委、县卫计委、县城管局、县邮政局等单位和部门联合,分别举办农药残留检测技能大赛、邮政技能大赛、卫计委系统、环卫工人技能大赛。组队参加南通化学分析工技能大赛,1人获个人第一名。

**【服务职工】** 县总工会筹措资金600万元,为3万名职工免费体检;筹措帮扶资金120.54万元,帮扶困难职工家庭242户;分期、分批对劳模和一线职工实行疗休养活动。开展职工法律援助服务,对符合法律援助条件的265人次职工实行全代式维权服务。成立"城有约"职工交友会,为全县单身男女职工牵线搭桥。夏季慰问在高温下坚守岗位职工1000多人。

**【"普惠职工"四大工程】** 2015年,县总工会启动普惠职工"四大工程"。医疗高速公路工程。在全省首创职工体检中心,每年为3万名职工免费体检,并对患有重大疑难疾病赴上海看病难的在职职工,开通绿色快速通道。特困职工家庭用电大维护工程。对特困职工家庭用电线路安全状况进行全面免费检修、维护,宣传安全用电知识,确保特困职工家庭用电安全。职工疗休养工程。经市总工会批准,成立如东县职工疗休养基地,有序组织全县劳模、一线职工、先进生产者疗休养,激发全县职工爱岗敬业劳动热情和工作激情。工会道德讲堂工程。根据《全国职工素质建设工程五年规划(2015—2019年)》,按照"资源集成、形式多样、贴近职工"要求,以劳动光荣、创造伟大为主旋律,以培育和践行社会主义核心价值观为主线,开设如东工会道德讲堂。

**【工企共建】** 县总工会与南通大东有限公司、县供电公司、江苏九九久科技股份有限公司等10家企业开展工企共建活动。广隆超市为工会干部搭建实践锻炼和帮扶平台,安置接纳有劳动能力下岗职工再就业。江苏银行如东支行为小微企业、成长型企业以及职工创业基地提供信贷支持,促进企业发展。与县交通建设工程公司开展劳动竞赛，推进工程建设。

**【职工文化建设】**　县总工会以发展先进文化为目标，推进企业文化建设。如东县第四届职工文化艺术节5月10日开幕,历时3个月,开展寻找“最美一线职工”评选表彰、职工才艺比赛、职工羽毛球比赛等5项活动。职工才艺比赛吸引2000多名职工群众观看。组团参加市经典诵读和歌曲大赛，分别获特等奖和一等奖。在全县纪念抗日战争胜利70周年文艺展演中，县总工会推荐选送3个节目参加展演,获银奖。开展送文化下基层2场。

图89　7月18日,县总工会举办道德讲堂——国学讲堂“孝立人生”专题讲座

**【素质提升培训】**　县总工会联合县发改委(经信委),对全县规模以上企业450余名班组长进行培训,提升职工素质,开展20余个工种技术提升培训,2261人晋升高级工,1.05万人取得初级工、中级工证书。组织工会干部开展“订单式”培训服务,配合省总工会做好“送教进园区”活动,组织园区及部分镇80余名新任工会干部参加培训;组织县总工会、镇及部分企业工会干部70余人赴浙江大学培训，提升工会干部综合能力。　(李卫亮)

## 共青团如东县委员会

**【概况】**　2015年,如东县有团支部1029个,团总支32个,团员2.85万人,新发展团员3150人。团县委创建市级“青少年之家”4家,发放助学金12.4万余元,帮助留守儿童实现微心愿500余个。弘扬青年志愿精神,推广使用“志愿者打卡器”,全年发布志愿活动77个,志愿服务时间3277小时。围绕关微扶弱、城市建设等,开展共青团“暖冬行动”“弘扬雷锋精神·共度温暖元宵”“情系贵德·爱心图书捐赠”“六城联创”等活动。关注青年精神需求，举办“邂逅老街·缘来是你”“青春你我　一路同行”单身青年联谊、“践行核心价值观　放飞青春先锋梦”青年书画作品展活动。被评为全省团属报刊宣传工作先进单位，获省少年儿童书信文化活动优秀组织奖，市主题动漫动画、微视频创作评选活动优秀组织奖；围绕农民工子女心理健康问题,拍摄微电影《爱,打了个盹儿》获市主题动漫动画、微视频创作评选活动微视频类一等奖,“你的心愿我的心意”微心愿征集领办项目被评为如东县首届志愿服务品牌项目。

**【青少年理想信念教育】**　团县委培树青年爱国主义情怀，以抗日战争暨世界反法西斯战争胜利70周年为契机，宣传党和国家的发展进程和伟大成就，提高团员青年民族自尊心和自豪感。关注传统文化教育,结合“全民阅读”和“八礼四仪”,在全县中小学、幼儿园开展“传递书香共同成长”阅读志愿活动和“诵先贤,读名著,学传统,传文明”活动,引导青少年阅读经典，弘扬民族文

图90　5月17日,在小洋口旅游度假区举办“青春你我,一路同行”单身青年联谊活动

化,提高道德素养。“传递书香 共同成长”阅读志愿活动被选为市青少年文化示范项目。

【生态环保活动】 3月12日,团县委在结对挂钩岔河镇举办“穹顶之下·我们在行动”植树护绿活动,150余名青年志愿者栽种植物250余株。下发《关于开展秸秆禁烧青年志愿者服务行动的通知》,引导团员青年在秸秆禁烧工作中发挥生力军和突击队作用,在全县青年中树立共同抵制焚烧秸秆、保护环境、建设美丽家园的共识。

【“阳光心灵”微信平台开通】 5月4日,“阳光心灵”微信平台开通。团县委招募15名青年组成心理健康志愿者队伍,通过微信平台实时为青年朋友释疑解惑。邀请南通大学沈永江教授为600余名青少年做心理健康讲座。

【高校学子暑期实践服务】 团县委带领上海大学研究生实践团、南通大学本科生实践团参观洋口港、栟茶古镇等如东特色建设项目,并根据实践团成员专业拟定课题,引导高校学子开展调查研究,投身如东建设。上海大学实践团拍摄微电影《洄流》;南通大学实践团在“陪孩子一起读书”活动中为儿童讲述、演绎绘本故事,效果良好。

【青年电商创业产品展】 10月23—25日,如东县首届青年电商创业产品展在县规划馆广场举行,全县50多家电商企业展示电商成果,推广项目品牌,展出品牌有鲜之源水产食品、滋怡化妆品、益然运动用品、拾味栟茶食品等。

【关爱残障、留守儿童】 团县委实施阳光助残和关爱行动,引导青年志愿者结对帮扶残障儿童。组织“希望来吧”开展“铭记历史 兴筑未来”主题夏令营、“美味烘焙家庭乐”活动,丰富儿童课余生活。4月,举办“微爱·益起来”跳蚤市场爱心义卖活动,全县基层团组织、学校少先队约300人参与义卖,募集善款9000余元,全部用于帮扶儿童。开展“希望工程 悦读行动”,为条件薄弱的农村小学捐赠图书角12个,共价值1.44万元。

【青年就业创业】 促进青年电商成长,团县委联合县委组织部、县商务局在如东经济开发区成立“扶海青年电商孵化基地”,发动各镇(区)青年参加电商培训,为青年就业创业提供支持。凝聚金融人才力量,推进全县银行业金融系统健全团组织体系,服务青年;选派农业银行业如东支行10名优秀青年干部担任编制外团委副书记,为农村青年就业提供帮助。

【团干部队伍建设】 团县委开展“团干部如何健康成长”大讨论和“团组织到街道、团干部到社区双报到”活动,引导各级团干部到基层、到一线、到青年中去,增强群众观念,转变工作作风。11月5日,举办基层团组织负责人培训班和青年文明号争创单位负责人培训班,与时俱进设置培训课程,提高团干部做好新形势下群众工作能力。

(张　丰)

## 如东县妇女联合会

【概况】 2015年,如东县有妇联组织355个,其中机关、事业单位68个,新经济组织21个,镇(区、街道)15个,村(居)251个。“三八”节期间,县妇联联合新闻媒体宣传各类妇女和妇女群体典型,宣传男女平等基本国策、妇女权益保障法等。举办庆“三八”送法律进基层讲座,开展法律知识宣传咨询活动。召开“三八”国际劳动妇女节105周年纪念大会,表彰县“最美家庭”“最美慈母”“最美贤妻”“最美孝女”“最美善邻”。3月17—24日,“最美家庭”事迹报告团赴镇村、企业巡回演讲,共巡讲17场,近2000人聆听“最美家庭”和“家庭美德之星”事迹。实施县“最美家庭”四季芬芳项目,常态化寻访如东“最美家庭”,征集家风家训和家庭微故事,开展与“最美家庭”同行——妇联干部心得体会征集活动。开展送温暖活动,全年慰问全国女人大代表2人、生活贫困的全国、省“三八红旗手”26人、贫困退职村妇代会主任29人、优秀女性5人、农村“两癌”患病妇女10人、贫困母亲和儿童59人、低收入家庭8户、贫困优抚对象2人,发放慰问金18.56万元。开展微公益巾帼志愿服务,打造巾帼志愿服务品牌。双甸镇“霜桥晚晴”小老人帮扶老老人群体被评为“最美如东人”群体。县公安局巾帼“关爱老人”志愿服务项目、县国税局“大手牵小手,爱心暖童心”志愿服务项目入选2015年度南通市巾帼志愿服务重点项目。成功创建全国巾帼文明岗2个、省巾帼文明岗6个,评选表彰县巾帼文明岗40个。“扶海飞燕”“我与妇女儿童共发展”项目获批省妇儿委实施“十二五”妇女儿童发展规划重点项目,获得项目资金2万元。培植省级巾帼示范专业合作组织如东虹元肉鸽专业合作社和省级巾帼电子商务示范村新店镇双虹桥村,分别获得省补助资金2万元和4万元。江苏快达农化股份有限公司李梅芳入选“江苏省百名巾帼科技创新典型人物”。评比表彰县“三八”红旗手101人、“三八”红旗集体30个。做好“十二五”妇女儿童发展规划终期评估工作,形成《如东县妇女发展纲要(中期)、“十二五”规划(终期)评估报告》和《如东县儿童发展纲要(中期)、“十二五”规划(终期)评估报告》。县妇联被评为全省巾帼建功先进集体、省《莫愁》杂志宣传工作先进单位、市文明单位、市第27届科普宣传周先进集体、市妇联系统信息工作先进集体。

【县妇联十四届四次执委(扩大)会议】 1月30日,县妇联十四届四次执委(扩大)会议召开。会上,增、替补县妇联十四届执委会委员4人,听取讨论并审议通过执委会工作报告。新店镇妇联、双甸镇妇联、县中医院妇委会、县女心理咨询师协会在会议上作交流发言。

【“好苏嫂”家政服务】 县妇联依托如东“好苏嫂”门店滚动开展家政服务培训活动,全年举办“好苏嫂”家政服务培训班4期,培训城乡妇女200多人。9月11日,开展家政服务培训“送教下乡”马塘专场活动,100多名农村妇女接受育婴师知识、家政服务、家庭保洁、老年人护理等方面培训。11月20日,召开“十佳好苏嫂”表彰暨巾帼家政服务工作总结会议,表彰10名家政服务人员为县“十佳好苏嫂”。

【服务妇女创业、就业】 3月,县妇联召开县女企业家、中国银行如东支行、县政府相关部门对接洽谈会,搭建银企政对接交流平台。3月7日,举办“三八架金桥 春风送岗位”专场招聘会,组织40家用人单位进场招聘,提供适合女性岗位1200多个,近360名女性与用人单位达成就业意向。4月,举办农村妇女电商微商培训班3期,为148名有从事电商微商意愿的妇女开展电子商务基本知识,货品摄影基础及技巧,淘宝、微信网店开通等实务培训。4月14—15日,组织学员代表48人到浙江淘宝村参观学习,考察义乌市网商供货中心和义乌市青岩刘村青岩街电子商务创业梦工场。

【妇女干部培训】 7月31日,举办“扶海女性学堂”金融知识讲座,上海淘基信息科技有限公司副总经理、中国银行总行投资顾问团队指定讲师王伟做《2015年下半年资产配置解析》金融知识讲座。8月14日,举办“扶海女性学堂”妇女干部培训班,各镇(区、街道)妇联主席、村(居)、企业妇代会主任代表、机关、事业单位、学校妇委会主任、女村支书、村主任,女大学生村官和各级“巾帼文明岗”负责人近300人参加培训。邀请南京中城文化、教育、传媒产业集团杨曙明教授做《做具有阳光心态的妇女干部》专题讲座,市妇联副主席、政府妇儿工委办主任钮曦做《社会性别主流化与妇女维权》讲座。

图91 3月11日,中国银行如东支行与县女企业家对接洽谈会

【实施“扶海飞燕”项目】 4月30日,县妇联举行“女大学生村官与妇女儿童共发展”行动启动仪式。启动仪式上,女大学生村干部、妇儿之家代表、村党支部3方结对签约,女大学生村干部代表发言。县委组织部副部长、县级机关党工委书记陈苏华部署工作,市妇联主席钱锁梅出席会议并讲话。加强调研指导,开展“我与妇女儿童共发展”项目业务培训。开展“女大学生村官与妇女儿童共发展”征文演讲比赛。12月22日,召开项目推进会,实地观摩循环经济产业园丁家店村和高新区掘港街道古池社区项目现场,表彰一批“扶海飞燕”优秀项目,下拨项目扶持资金3万元。

【平安家庭创建】 县妇联开展“全民守法 从我做起”主题征文演讲比赛,收集征文39篇。开展优秀婚姻家庭纠纷调解案例评选活动,将优秀案例编印成册。12月22日,举办全县婚姻家庭纠纷调解大赛暨平安家庭创建工作总结会议,通过镇(区)选拔赛、半决赛、决赛,6人分获婚姻家庭纠纷调解一、二、三等奖。县妇联全年接待处理家庭矛盾纠纷62起。

【家庭教育公益讲堂】 县妇联成立县家庭教育讲师团,3月14日,举办县家庭教育公益讲堂启动仪式暨首场报告会,向家长代表赠送家教书籍。县人大常委会副主任唐国均为“如东县家庭教育公益讲堂”揭牌,做《让幸福从家庭开始》首场家教知识讲座。4—9月,县家庭教育讲师团成员走进岔河小学、长沙小学、兵房小学、虫宾山小学、福亮小学、马塘小学、九总小学、掘港小学,共举办家教公益讲座8场,为1600余名家长普及科学家教知识。

【关爱留守孤困儿童】 7月10日,县妇联在马塘邱陞中学举办暑期女生安全知识讲座,发放防性侵害、防火灾安全、防交通事故安全知识宣传单和《家庭节能36计》等宣传资料。开展困境儿童救助活动,为15名困境儿童争取到市救助资金1.5万元。持续开展女企业家“爱心助孤”活动,向16名女企业家募集爱心助孤款2.65万元,对没有获得省慈善会救助的128名贫困孤儿和困境儿童每人发放200元,共发放救助款2.56万元。9月22日,新建“如东农村商业银行岔河小学春蕾班”。

全年发放春蕾助学款4.52万元，资助71名贫困女童。6月1—5日，15个省级以上巾帼文明岗为全县困境儿童圆梦“微心愿”146个，赠送3万余元物品。推动出台《如东县困境未成年人基本生活保障实施办法》，2015年7月1日起，县政府对困境未成年人实施基本生活保障。

（王艳兰）

## 如东县科学技术协会

**【概况】** 2015年，如东有学会23家。县科学技术协会(简称县科协)围绕“五个迈上新台阶”(推动经济发展、推动现代农业建设、推动文化建设、推动民生建设、推动党的建设迈上新台阶)要求，按照“三服务一加强”(服务经济社会发展，服务提高全民科技素质，服务科技工作者，加强自身建设)工作定位，坚持“突出重点，选树亮点，打造品牌”工作思路，推动科协工作实现新发展。河口镇与苏州大学合作项目“生态文明建设对科技创新和产业变革的影响研究”向中国科协申报2015年度中国科协创新战略研究项目，通过开题评审。县狼山鸡协会被省科协和省财政厅评为江苏省科普惠农兴村先进单位，获奖金6万元。作物栽培指导站潘国云被授予江苏省科普惠农兴村带头人，获奖金2万元。马塘王渡村水产养殖基地被评为市级科普惠农兴村先进单位，获奖金2万元。县良种繁育基地建设项目被市科协和市经信委评为优秀厂会协作二等奖。县科协被市科协评为“AAA级优秀责任部门”。

**【科普宣传周活动】** 5月，县科协以“创新创业、科技惠民”为主题开展科普宣传周活动，安排5万元补贴基层开展活动。科普周期间，共举办各类咨询、讲座130场次，参加活动6.1万人次；以农村禁烧秸秆为主题的广播电视讲座2000多场次，受益群众70多万人；举办各类参观活动16场次；组织开展千名科学使者进校园活动，针对学生开展卫生科普讲座52场，受益学生达3万人次；各镇播放科普电视节目16期，发放科普宣传资料8万多份，悬挂宣传条幅1200条。

**【科普宣传下乡】** 县科协专题部署冬季科普活动，结合“科普之冬”开展科普宣传，将价值7万元的7组科普画廊，分别赠送给南通外向型农业综合开发区环东村、近海村、江苏阿润食品公司科协、栟茶镇三星村、双甸镇石甸居委会、丰利镇古丰社区、岔河镇银河村7家单位。在科普咨询活动现场，发放《居民应急避险科普知识读本》等科普宣传资料3000多份，展出科学致富展板10多块。

**【第七届自然科学学术论文评选】** 4月2日，县科协牵头组织第七届自然科学学术论文评选工作，收集论文60多篇，内容涉及医药、农业、港口建设等多方面，其中在国内重点期刊发表20多篇。经专家评审，共评出一等奖5篇、二等奖11篇、三等奖13篇。

**【学会服务】** 县科协组织县农学会、医学会等部分学会秘书长到市里参加培训班。筹建如东土木工程学会及如东美术艺术学会，增强基层学会力量。4月，县蚕桑学会成功举办换届选举大会。县良种繁育基地建设项目被市科协和市经信委评为优秀厂会协作二等奖。（沈玉玲）

## 如东县工商业联合会 如东县总商会

**【概况】** 2015年，县工商联坚持“以民企为本，以助手为荣”理念，开展守法诚信教育，引导和促进全县民营经济稳中求进。针对国际、国内经济下滑压力较大，产能过剩等结构性矛盾突出及全县民营企业的不同特点和需求，县工商联通过搭建服务平台，完善服务体系，组织“走出去”参观学习，累计帮助会员企业化解融资、用工、用地等矛盾和困难70多件。召开非公有制经济人士理想信念教育实践活动推进会，调整完善联席会议机制，新增县司法局为联席会议成员，形成10个部门联席会议机制，指导各镇(区)、各行业商会开展教育实践活动，激发全县非公经济发展活力。全县会员企业带头捐资助学、扶贫帮困、资助社会公益等1000多万元。县工商联加强组织建设，召开十届四次执委会议，成立行业商会联合党委，“如东商会之家”正式揭牌。全年新组建行业商会3家，共建有行业商会20家；新建如东异地商会1家，共有异地商会3家；新发展企业会员175家，个人会员213家，全县会员总数4266家。成功创建省“五好工商联”，被评为市工商联系统先进集体。县化工行业商会被评为省工商联商会组织先进集体，马塘镇商会、岔河镇商会被评为市先进商会组织，县健身器材行业商会“打造健身器材电子商务销售平台”和曹埠镇商会“探索党建‘求实工作法’”被评为市行业商会优秀服务品牌。

**【县纺织业商会二届三次会长会议】** 3月29日，县纺织行业商会在掘港召开二届三次会长会议。纺织业商会会长单位13人参加。会议通过领导班子调整方案，增设常务副会长，调整秘书长、副秘书长。对商会服务平台建设进行讨论，决定“华东纺织网”实行委托经营，进一步拓展服务面，提高服务效果。

**【县工商联十届四次执委（扩大）会议】** 3月30日，县工商联召开十届四次执委(扩大)会议。县工商联全体执委，各镇(区)商会、各行业商会会长、秘书长，各镇(区)统战委员等148人出席会议。会议审议通过《立足新起点 适应新常态 为谱写如东新篇章而努力奋斗》工作报告，替补党组书记于海杰为县工商联（总商会)副主席(副会长)，增补南通雅本化学有限公司执行董事毛海峰等6

图 92　3 月 30 日，县工商联(总商会)十届四次执委会议在县行政中心多功能厅召开

人为十届执行委员会委员。

【县红木行业商会成立】　5 月 18 日，如东县红木行业商会第一次会员大会在掘港召开。红木行业 82 人参加。会议听取红木行业《商会筹备工作报告》，审议通过章程，选举产生第一届理事会。南通彩神紫檀博艺馆董事长陈俊当选为首任会长。

图 93　5 月 18 日，如东县红木行业商会第一次会员大会在雷迪森大酒店召开

【行业商会联合党委成立】　县工商联遵循党建工作与商会工作同步原则，针对行业商会党员跨区跨域、流动性较大，党组织隶属关系界定困难、党建工作内容方式特殊特点，7 月，经县委组织部研究批准，成立行业商会联合党委，隶属县委新经济新社会组织工作委员会、县工商联党组双重管理，日常管理由县工商联党组具体负责。

【"如东商会之家" 成立】　9 月 15 日，"如东商会之家" 在县规划馆正式成立，县委常委、组织部部长任新峰，县委常委、宣传部部长张蓉蓉共同为"如东商会之家"揭牌，全体企业家主席(会长)和有关行业商会负责人参加揭牌仪式。"如东商会之家"为会员企业提供融资、信息、培训、宣传等服务，巩固和放大商会作用。

【县美容美发业商会成立】　9 月 30 日，如东县美容美发行业商会召开第一次会员代表大会。美容美发行业 98 人参加。会议审议通过商会章程，选举产生首届理事会。南通富源美容美发连锁有限公司董事长陈星全当选为会长。

【深圳市如东商会成立】　11 月 1 日，深圳市如东商会召开成立大会，商会全体会员与应邀到会领导、嘉宾 200 多人出席。大会选举产生深圳市如东商会第一届理事会，选举会长 1 名，执行会长 1 名，常务副会长 5 名，副会长 14 名，监事长 1 名，监事 2 名。深圳市环海供应链管理有限公司董事长于健当选会长。

【县食品行业协会成立】　12 月 19 日，如东县食品行业协会成立，苏农鲜食电商平台同时开通。食品行业 48 人参加，选举江苏金太阳油脂有限公司董事长王志荣为协会理事长。由协会副理事长企业南通北渔人和水产有限公司等投资开办苏农鲜食电商平台，一期投入人民币 400 万元，其中软件投入 150 多万元，建成 800 平方米鲜食产品体验中心。

【建言献策】　2015 年，县工商联围绕促进健身器材产业发展壮大、异地商会建设、推动科技创新、二代企业家和新生代企业家经营管理能力提升等非公经济发展过程中的热点、难点、重点问题，撰写团体提案 4 件、调查报告 5 份、行业发展报告 2 份和民营经济发展报告 1 份。县工商联界政协委员围绕人才发展、推动企业转型升级、企业法治建设、社会诚信体系建设、多元化拓展融资渠道、发挥商会作用、加强企业家队伍建设等热点、难点问题，撰写个人提案 40 余件。县工商联团体提案《关于抢抓机遇，推动我县健身器材产业发展壮大的建议》被县政协评为优秀提案；《2014 年度如东县民营经济发展报告》和《如东县健身器材业发展报告》《如东县紫菜业发展报告》2 份行业发展报告入选《南通市

2014—2015年民营经济发展报告》一书。

**【全国上规模民营企业调研】** 3—4月,县工商联组织对全县2014年度营业收入超过(含)5亿元人民币的民营企业基本情况、发展和管理情况、履行社会责任情况进行调研和统计,推荐18家企业参加"中国民营企业500强"评选。中天科技集团有限公司、南通五建建设工程有限公司分别以营业收入200亿元人民币、120.8亿元人民币入围,分列全国第221位、第393位。中天科技集团有限公司还成为南通唯一"全国民营制造业企业500强",名列第139位。

**【企业管理培训】** 7月23日,县工商联举办企业管理培训班,全县100多家民营企业负责人参加。邀请领航国际商学院知名讲师徐斌主讲,着重围绕企业如何突破用人瓶颈,建立有效用人机制,营造良好用人环境,就招到人、用好人、留住人等环节进行演讲。培训会上,讲师团队还对企业家们提出生产经营中出现的问题一一答疑,出实招。

**【组织考察学习】** 5月8日,县工商联组织全体企业家主席(会长)先后参观考察中天科技海缆装备有限公司、中天科技储能科技公司、中天科技光伏材料有限公司、中天科技精密材料有限公司和中天科技光纤有限公司。座谈会上,企业家们与中天科技集团负责人就科技创新、转型升级、新能源产业合作等问题进行交流,学习中天科技集团在科技创新、转型发展方面的经验做法。

5月21—25日,县政协副主席、工商联主席桑健率紫菜业商会及食品加工企业负责人赴河南夏邑等地考察,洽谈合作项目。先后到河南夏邑、鹿邑等地考察,参观相关企业,重点考察学习河南夏邑利用人文优势和长寿之乡品牌效应,加强长寿文化建设和促进长寿产业发展的经验、做法。双方就两地长寿产品深度开发加工、市场拓展方面开展合作,产业转移,实现优势互补进行交流和探讨。

9月6—8日,县工商联组织县红木行业商会会员企业一行10人赴浙江东阳参加"2015中国红木家具大会"。县红木行业商会代表应邀参加"分享当代创新成果——红木家具现代生活与流行趋势""探索新常态下厂家发展之路——大而全与精而专""互联网+的商业机遇""产业升级与商业模式融合"等专题研讨会和"香檀计划——东作云大众创业扶持项目加盟招商分享会"等系列活动。活动期间,县红木行业商会组织参观东阳红木博物馆,考察东阳红木市场建设情况。

9月15日,县工商联组织企业家主席(会长)、部分行业商会负责人到南通大东有限公司、南通纬纶纺织有限公司、南通海尔斯药业有限公司3家企业观摩学习,组织与会人员围绕精细化管理、品牌打造、产业链延伸、新品开发、商业模式创新等进行传统产业转型升级经验做法交流研讨。

12月14—15日,县工商联组织县工商联企业家主席(会长)等一行26人赴泰州考察学习。考察组参观扬子江药业集团研究院、产品检测中心、集团展览馆,并与集团高管交流探讨。参观医药博物馆、疫苗中试中心及研发区、生产区、配套功能区等板块,听取相关负责人介绍中国医药城建设情况。

**【中小微企业运行监测】** 按照省、市工商联统一部署和要求,2015年,县工商联考察确定包含机械、电子、纺织、服装及食品等产业的20家中小微企业为省工商联运行监测点,对监测点企业点对点全面搜集企业对国家、省、市出台经济发展政策的意见和建议,为省、市党委和政府指导民营企业发展提供动态性、经常性、系统性数据材料。全年收集上报中小微企业建议、意见26条。

**【结对帮扶户迁新居】** 2015年2月3日,新店镇月池村虞盛江搬进新居,县工商联主要领导及迈克斯如东化工有限公司总经理马发亮等4位企业家前往祝贺。2012年,县工商联与该户结成帮扶对子后,一直把帮助老人翻建房子挂在心上,2014年县工商联主要领导协调迈克斯如东化工有限公司、东力健身器材有限公司、华亮健身器材有限公司、振新颜料有限公司4家县联常、执委企业出资2.6万元,新建两间新瓦房,包括灶具、卫生间等生活设施都添置齐全。 (葛冰冰)

## 如东县归侨侨眷联合会

**【概况】** 2015年,如东县有海外华侨华人及港澳同胞400多户、2500多人,分布在29个国家和地区,华侨华人集中在美国、加拿大、哥伦比亚、日本和中国香港地区。"四有"(政治上有影响、经济上有实力、学术上有造诣、社会上有地位)人物有200多人。全县各镇均建立侨联小组。成立如东县旅美同乡会、如东县旅加同乡会、香港如东同乡会。县归侨侨眷联合会(简称县侨联)学习贯彻《关于加强和改进新形势下侨联工作的意见》和县委十三届七次、八次全体(扩大)会议精神,服务经济发展,依法维护侨益,拓展海外联谊,积极参政议政,参与社会建设,被省侨联命名为首批"双五有"(有组织、有队伍、有经费、有阵地、有活动;服务侨胞有真情、凝聚侨胞有载体、团结侨胞有骨干、活跃组织有品牌、维护侨益有能力)侨联组织。重视信息工作,加强县侨联网站建设,编辑《如东侨讯》2期,有90多篇稿件分别被"中国侨联网"、《江苏侨讯》、"江苏省侨联网站"采用。被市侨联评为2015年度基层侨联工作先进单位、通讯工作先进单位(二等奖)、信息工作先进单位(三等奖),县侨商会、县侨界艺术团被评为全市优秀侨社团,栟茶镇侨联小组、河口镇侨联小组、袁庄镇侨联小组、循环经济产业园(大豫镇)侨联小组被评为南通市乡镇(街道)侨联组织先进单位。

【服务发展】 县侨联围绕“两个拓展”(拓展海外联络、拓展服务新侨)工作要求，拓展与海外专业人才和重点侨团、侨商、侨领合作交流渠道,构建引资引智平台。先后接待海外侨胞、侨商、台商考察洽谈17批80多人次，邀请海外高层次人才回国交流考察10多人次。协助省、市侨联举办“创业中华—2015侨资侨智对接交流会”如东专场活动,邀请120多位侨商到如东参观重点项目，考察投资环境,听取投资说明。澳大利亚江苏工商联合总会会长、上海澳特雷贸易有限公司董事长陈银新与南通外向型农业综合开发区现场签约投资6亿元人民币畜牧加工仓储冷链一体化项目。组织县侨商会部分会员单位出席“融聚华商·共赢印尼”第13届世界华商大会和以“建设一带一路、推进合作共赢”为主题的世界华商领袖峰会。组织县侨商会副会长单位——国能子金电缆南通有限公司赴北京参展第18届北京国际科技产业博览会，受到中国侨联副主席李卓彬关注。邀请省市侨联、侨商会领导到会员单位参观考察。县侨联定期到会员单位调研座谈,为企业发展出谋划策。发挥旅外同乡会作用,在海外多层次、多渠道宣传如东,宣传洋口港,不断提升如东在海外知名度和美誉度。组织如东旅美同乡会会长、旅加同乡会会长在家乡举行“同牵手、谋合作、促交流、话发展”座谈会。组织如东高新区赴昆山美和机械有限公司洽谈考察，并邀请该公司高层到高新区考察项目预选地址，达成合作意向。

【维侨护侨】 县侨联秉持“真情为侨、用心架桥”服务意识,开展“送温暖、暖侨心”活动,会同县外侨办走访慰问归侨侨眷、吊唁去世侨眷、探望生病侨眷62户。县侨联法律顾问委员会做好信访、维权工作,为侨胞及其眷属解决升学就业、生活保障、建房养老、出境签证等涉侨事宜9件。开展“百名侨台眷属看家乡”活动,组织15个镇(区)及县级机关100多名侨台眷属参观县规划展览馆和县内重点工程，感受全县经济社会发展变化。情系社会弱势群体,帮扶挂钩镇贫困户,颁发“美国璇荣奖学金”和“美国思源扶贫济困助学金”,资助品学兼优贫困学子完成学业;举行“侨商爱心行动”捐助仪式,省侨商总会向栟茶小学捐赠400余册图书和体育器材价值1.5万元。

【参政议政】 县侨联动员全县各级侨界人大代表、政协委员关注社会发展,反映侨界呼声、民众意见和诉求,撰写提案议案、社情民意30多件,部分被列为重点督办提案议案。《关于加强全市电梯安全管理的建议》被市十四届人大四次会议评为优秀建议。《关于加强全县农技推广队伍和体系建设的建议》被县政协评为优秀提案。

【联谊交流】 县侨联建立“北美如东人”“海外如东同乡”“天南海北如东人”“香港如东同乡会”4个微信群载体,将如东籍海外人士联系、组织起来,增强侨联与侨胞、侨胞之间凝聚力。与市侨联、海安县侨联组团出访印尼、新加坡,参观印尼客家博物馆,拜访印尼巴厘岛文桥三语学校、雅加达中华中学校友会和新加坡厦门公会,拜会当地华侨华人,看望如东籍侨胞留学生，结识一批知名华商,拓展海外人脉资源。协助栟茶籍旅美画家丛志远教授在中国国家博物馆、市中心美术馆举办“远行·行远”——如东栟茶籍旅美画家丛志远艺术展，在栟茶中学举行“庆国庆”中国画艺术欣赏示范表演活动。邀请美国威廉帕特森大学艺术和传媒学院院长戴若·约瑟夫·穆尔一行到栟茶中学，就选派学生赴威廉帕特森大学就读艺术、护理专业进行交流。邀请旅美摄影家万晓燕与县摄影家协会会员座谈，并发动县侨商人士赞助其在北京中国华侨历史博物馆举行“美华侧影”——万晓燕摄影展。 (李学军)

## 如东县文学艺术界联合会

【概况】 2015年,如东县文学艺术界联合会(简称县文联)带领各协会抓文艺创作,抓队伍建设,抓文艺惠民,抓文艺发展,全县共创作各类作品500多件，其中，音协组织部分词、曲作者到新店、双南等地采风,创作戏剧小品36件、曲艺作品24件、歌曲12件。县书协、美协在《如东快报》副刊开辟“书画迎春如东报展”专栏,推介书画新人。县作协在“QQ如东作家群”发起“五月的诗会”活动,共收到诗作25首,刊发于《如东作家》报。5月上旬,县作协召开如东县诗歌创作座谈会,10多名诗歌爱好者交流诗歌风格及诗歌创作情况。县黄海剧团在全省健身秧歌腰鼓手拍鼓大赛中,在规定秧歌、自选秧歌比赛中均获一等奖。1件书法作品参加全市临帖书法大赛获最高奖。2件书法作品参加南通、厦门书法联展。18件红木雕刻作品获全省“淘宝城杯”红木雕刻艺术展金奖,15件作品获银、铜奖,如东县是全市获奖数量、获奖比例最高参赛单位。符美法创作快板《火烧竹篱笆》获省曲协最高奖——芦花(创作)奖。

【李建淮摄影展】 5月8日,由省摄影家协会、市文化广电新闻出版局、市文联、县委宣传部主办的“情系南黄海——李建淮摄影展”在市文化馆开幕。李建淮是如东县文化馆专职摄影师,中国摄影家协会会员。在摄影创作生涯中扎根基层，以独特视角和不懈艺术追求,形成“南黄海风情”摄影风格,在各级摄影比赛中屡次获奖。此展览集中展示李建淮优秀摄影作品中60幅精品,展期10天。此展为市文联第十届“五月风”文艺活动如东系列活动之一。

【鲍小华京剧演唱会】 5月10日，由县委宣传部、县文联、县文广新局、县文广传媒中心联合主办的“鲍小华京剧演唱会”在县行政中心举行。此活动为市文联第十届“五月风”文艺活动如东系列活动之一。演唱会分上、下午两场，以传统经典剧目为主，并邀请朱宝光、刘勉宗、戴海豹等京剧名家参演。四川、北京、苏州、无锡、泰州和县内600多票友戏迷观看演出。鲍小华，如东掘港人，1958年出生，江苏省戏剧家协会会员，南通市剧协理事，如东县剧协副主席，县政协委员。对“叶派”艺术情有独钟，演唱《监酒令》《小宴》《贵妃醉酒》等，展现京剧魅力，曾获第二届全国京剧戏迷票友大赛铜奖、江苏省首届京剧票友大奖赛一等奖等。

图94　鲍小华(右)演出剧照

**【优秀戏剧小品展演】**　5月28日，由县委宣传部主办，县文联、县文广新局承办的“中国梦·如东情”——优秀戏剧小品展演在县会议中心举行。如东戏剧小品在南通市前5届戏剧小品大赛中蝉联榜首，成为省内有影响的小品优质高产地。讽刺小品《求求你相信我》获全国小品大赛二等奖，戏剧小品《闹心的专家》获江苏省喜剧小品大赛二等奖。此次展演戏剧小品有12件。

图95　5月28日，如东县“中国梦·如东情”优秀戏剧小品展演

**【“为抗战老兵写照”摄影展】**　7月30日，由县委宣传部、县民政局、县文联主办，县摄影家协会、心爱“家印记”档案馆以及海洲文化发展公司承办的“为抗战老兵写照”摄影展在县规划展览馆开展，参展100幅摄影作品均为县摄影家协会80多名摄影爱好者走访156位抗战老战士而摄。

**【“文艺家之家”成立】**　8月31日，如东县举办文联“文艺家之家”揭牌仪式，同时启动“一镇一月一风采”活动。县“文艺家之家”，是全县文艺工作者创作、研讨、交流场所，涵盖文学、戏剧、美术、书法等11个文艺门类。“一镇一月一风采”系列活动旨在整合文艺资源，形成各专业协会与各镇(区)文联整体联运局面。

**【书画红木雕刻精品展】**　8月31日，由县委宣传部、县文联主办，县书协、县美协、县民文协会、县海洲文化发展公司承办的如东县抗战胜利70周年书画红木雕刻精品展在县规划展览馆开幕。书法、绘画以及红木雕刻是如东展厅文化3支劲旅，阵容大，作品高，拥有良好艺术生态，老中青幼人才梯队健康发展。县书法家协会、县美术家协会、县民间文艺家协会、各镇(区)文联书画民文协会，围绕如东社会经济发展和洋口港开发建设中心，创作一批精品力作，在市、省乃至国家级场馆或刊物亮相和获奖。此展展出书画84幅、红木雕刻作品180件，展期28天。

**【书法篆刻展】**　12月28日，如东县“青蓝工程”第二届书法篆刻展暨颁奖仪式在县文化馆开幕。顾家驹、曹炳南等10人获第二届“青蓝工程”奖。5月发布征稿启事后，共收到参赛作品140多幅，真、草、隶、篆刻作品齐全，且参赛选手年龄有所下降，此展展出作品73幅，展期7天。“南通书画网”“南通书法网”、《书法探索》等媒体报道并展示作品。

【戴建成《黑白南极》摄影展和研讨会】　11月22日，戴建成《黑白南极》摄影展和研讨会在中国美术馆举行。中国摄影家协会副主席张桐胜、中央美术学院院长范迪安、江苏省摄影家协会副主席兼秘书长吉龙生、著名摄影家李少白、于云天，八一电影制片厂纪实部主任倪学健大校、著名纪实摄影家王福春、《中国摄影》艺术总监梁文川、《中国摄影报》总编柴选、《大众摄影》编辑部主任郭铁、县人大常委会副主任沈更生等180多人出席开幕式和研讨会。戴建成原为济南军区某部政治委员，转业后在南通五建建设工程有限公司任董事长。40多年里，戴建成一直保持摄影艺术爱好，追求影像、光影、构图美感和生活真谛。退休后，足迹遍及南极、撒哈拉、北非和西藏，拍摄作品数十万幅。其作品关注自然、关注社会、关注人生，用镜头捕捉生活瞬间。《黑白南极》摄影作品展是戴建成南极之旅的精华集锦。

【会员档次升格】　2015年，2人成为国家级会员，19人成为省级会员，47人成为市级会员。其中，桑芝瑞成为中国音乐家协会会员，戴建成成为中国摄影家协会会员，王玉伟、陆晨红成为省作协会员，沙红波成为省美术家协会会员，王波、卢泽军、刘晓红、孙慧蓉、何永华、宋明明、张普如、胡其平、洪军、徐晓波、唐明淑、崔立新、缪根山、周建斌、赵卫东、施海兵成为省摄影家协会会员。　（石剑波　曹鹤松）

## 如东县哲学社会科学界联合会

【概况】　2015年，如东县哲学社会科学界联合会（简称县社科联）有团体会员23个，涵盖经济、文化、教育、财经、金融、法律等主要学科。以建设新型智库为总抓手，组织推进课题研究、社科普及、阵地拓展、学会建设，获全省社科联系统“工作创新奖”和全市社科联系统“先进社科联奖”。围绕党政部门重大决策部署和中心工作，把解决经济社会发展现实问题作为社科研究出发点和落脚点，组织开展系列课题研究，形成一批研究成果。全年推出立项课题37项，其中重点课题19项。至11月30日，共收到参评研究成果77项。经专家评审，评出获奖成果29项，其中特别奖3项、一等奖3项、二等奖4项、三等奖10项、优秀奖9项。编辑出版《如东县经济与社会发展蓝皮书（2015）》，为县委、县政府和相关部门提供决策参考，为社会大众提供资讯参考。组织县社科理论专家巡回全县宣讲中共十八届五中全会精神、“四个全面”战略布局、《中国共产党廉洁自律准则》和《中国共产党纪律处分条例》、“十二五”时期成果和“十三五”规划等100多场。加大社科品牌建设，形成扶海大学堂、扶海微学堂、如东大众哲语等社科普及品牌，“‘大沈阳说如东’如东传统民俗文化传承和推广”和“‘牵手大海，礼仪伴我成长’系列活动之‘向大海报到’”两个社科普及创新项目获省社科普及专项经费。

【县社科联一届五次理事会议】　2月15日，县社科联召开一届五次理事会议，调整主席、部分兼职副主席、秘书长，于海霞当选主席。表彰2013—2014年度先进学会和先进社科工作者。县委常委、宣传部部长杨中坚要求县社科联和广大社科工作者贯彻落实县委十三届七次全会精神，紧扣“抓特色、创品牌、扩影响”要求，不断加强应用课题研究、社科宣传普及和社科队伍建设，提升社科工作科学化水平和服务发展能力。

【社科研究成果】　县社科联针对人口老龄化趋势问题，牵头组织开展人口老龄化课题调研，《如东县人口老龄化现状、影响及对策研究》成果以《如东社科专报》编发。有3项成果在省市获奖，《立足自身实际　找准战略定位　精准对接长江经济带建设研究》获省第九届学术大会优秀论文三等奖，《新常态下南通开放型经济发展的主要制约因素及对策研究》获市经济与社会发展热点问题研究成果三等奖，《国家战略叠加下的洋口港产业集群发展研究》获市社科界第四届学术大会优秀论文三等奖。

【社科普及宣传周】　10月上中旬，县社科联牵头组织开展以“传播社会科学正能量，建设‘强富美高’新如东”为主题的县第五届社科普及宣传周活动。10月9日，在县五一广场举行启动仪式暨社科专家基层行现场服务群众系列活动，100名社科专家为现场500多名市民提供心理咨询、法律咨询、社会保障咨询等服务，县文化馆、县创新艺术团为现场观众送专场文艺演出。市、县相关领导出席启动仪式，县委副书记周建飞宣布活动启动，市社科联党组书记徐爱民和县委常委、宣传部部长张蓉蓉分别讲话。科普周期间，县社科联组织开展“十百千万”社科普及活动，组建10支社科普及服务小分队，开展100名社科专家基层行活动，组织1000名社科志愿者，开展心理咨询、法律咨询、社会保障咨询等志愿服务，惠及1万名群众。

【社科普及示范基地建设】　县社科联加强省、市、县三级社科普及示范基地建设。创建社科普及基地省级1家、市级1家、县级3家，形成层次分明、功能互补、各具特色社科普及基地网络。南通未成年人社会实践基地被评为省级社科普及示范基地，县规划展览馆被评为市级社科普及示范基地。

【如东大众哲语】　县社科联整合民间社科研究力量，联合县创新研究会、县诗词学会、县老年大学等，组织开展“如东大众哲语”研究创作和宣传普及活动，收集、整理和创作反映如东经济社会发展和人民群众生产生活的各类哲学警语、哲理故事，媒体发表哲语44期、258条，发表评论赏析文章 15 篇,通过举办哲语培训班、哲学知识讲座、哲学小故事进校园等活动,普及哲学知识,建设智慧如东。3 月 3 日,联合县创新研究会组织召开大众哲语研讨会,全县哲学、社科领域专家学者及教师代表等,围绕哲学研究和大众哲语创作、宣传、普及和运用等开展研讨。4 月 9 日—10 月 20 日,面向全县公开征集如东大众哲语,征集到大众哲语 2123 条,经专家评审,分别评出一等奖 1 个、二等奖 2 个、三等奖 3 个。中国社科网、江苏社科网、《江苏社联通讯》及《南通日报》等多家省、市级媒体和内刊宣传推介如东开展大众哲语研究宣传普及的经验做法。 (王 军 于振勇)

## 如东县残疾人联合会

**【概况】** 2015 年,如东县新增持证残疾人 2048 人,补证 144 人,共有持证残疾人 27562 人,回访 318 人。县残联举办第二届聋人乒乓球友谊赛,开展残疾人文体周活动。推进特困残疾人家庭危房改造工程,经逐一入户审核,确认改造户 114 户,有 53 户家庭完成改造。春节和助残日期间,走访慰问贫困残疾人和残疾人集中单位 200 多人,赠送慰问金和物品总价值 20 多万元。组织社会助残志愿者扶贫帮困,向贫困残疾人捐赠物资 30 多万元。县残联被县委、县政府评为“2015 年度人民满意机关”。

**【残疾人托养中心和庇护工厂建设】** 4 月,县残疾人托养中心正式运行。按照保障服务到位、生产培训到位、文化建设到位要求,首批托养残疾人 40 多人次。发挥以工养疗作用,注册成立如东金梦圆包装服务有限公司,让残疾人在托养同时实现庇护劳动。至年末,完成包装加工产值 500 余万元,残疾人劳动收入 10 万多元。

图 96 残疾人在庇护工厂劳动

**【残疾人就业】** 县残联与县人社局业服务中心合作,推荐 20 多名残疾人就业。全年残疾人保障金入库 1320 万元,单位规范安置 2425名残疾人就业,安置残疾人数量继续领先全市。创建残疾人扶贫基地18个,安置 700 多名残疾人就地工作,辐射和带动 1200 多户残疾人家庭,495 户残疾人家庭脱贫。与人社部门联手,将华艺职校作为残疾人职业技能培训基地,全年免费培训残疾人近 40 人,选送 20 多人次参加市技能培训。各镇残联与农技部门和成人学校联手,培训残疾人 700多人次。在第五届全国残疾人职业技能竞赛中,1 人获男服制作全国第二名,1 人获全国优秀技能选手奖。

**【残疾儿童康复】** 县残联对残疾儿童康复机构实施一体化规范管理,集中到中心的 3 家儿童康复机构均通过省一级康复机构认定。及时完成 0～6 岁残疾儿童筛查确诊工作,全县进入省残联系统残疾儿童 0～6 岁 323 人、7～14 岁 4 人。对 0～6 岁残疾儿童康复实施再救助,在残疾儿童康复机构训练儿童 203 人,创新高。

图 97 听障儿童在欣盛儿童服务中心进行语言培训

**【残疾人救助】** 县残联组织做好贫困白内障患者复明、假肢和矫形器装配工作。实施贫困成年听力残疾人(助听器)康复项目、肢体残疾人辅助器具适配项目。全年为2500多名肢体残疾人发放辅助器具2700余件。落实各项残疾人保障政策,全年发放残疾人补贴2000多万元。困难精神病人用药标准由年均600元提高至3000元。县镇财政全年为104人次精神残疾人补贴住院费用67.24万元。（缪　平）

## 如东县红十字会

**【概况】** 2015年,县红十字会开展无偿献血宣传发动、人道万人捐、纪念“5·8”世界红十字日系列活动,进行红十字助困、助学、助医等。全县人道万人捐共募集善款169.02万元。开展红十字青少年群众性现场救护培训班14期,培训1083人次。全县25所中小学校被市教育局、市红十字会授予“南通市红十字工作规范化管理学校”铜牌。洋口未成年人实践教育基地被打造为南通市红十字精神传播基地。向市红十字会、县政府网站等报送信息21条,被市红十字会网站录用10条。

图98　1月16日,南通市红十字会常务副会长倪瑾(右)和如东县政府副县长、县红十字会会长姜晓静(左)为“南通市红十字运动传播基地”揭牌

**【红十字救助】** 1月,县红十字会在岔河镇工业园区举行博爱送万家救助款物发放仪式,共发放助困款物67.73万元,用于救助各镇、村孤寡老残困难群众、县麻风病医院、县逸夫特校等特殊群体,2650多户特困家庭受益。实施红十字大病救助,共受理材料148份,救助金额30.39万元。8月底,举行博爱助学款发放仪式。共救助70名大、中、小学生,发放救助金10.30万元。

**【红十字志愿服务】** 县红十字会利用“红十字博爱月”活动契机,组织卫生系统红十字志愿者,为市民进行义诊及健康咨询等志愿服务,共提供咨询义诊服务1200多人次,发放宣传捐献造血干细胞资料800余份和募捐倡议书2000余份,学校青少年志愿者分期分批为敬老院孤寡老人定期服务。组织志愿者进社区、进学校,为社区群众和学生宣传应急救护知识,帮助他们掌握基本应急救护知识。全年共组织志愿者进社区、学校6场次,参与服务志愿者120多人次,参与人员近1万人,发放各种宣传资料1万余份。

**【红十字关爱生命工程】** 县红十字会开展无偿献血和造血干细胞采样宣传活动,发放宣传材料2000份,宣传品种类8种,放置展板15张,播放宣传碟片10场次。联合县卫生局、县血站在文峰大世界广场举办两次无偿献血和造血干细胞采样活动,无偿献血8021人次,献血219.64万毫升,采集造血干细胞血样174份,1名志愿者成功捐献造血干细胞,2名志愿者进入高分辨阶段,10名志愿者进入再动员阶段。配合有关部门开展无偿捐献遗体和器官宣传,全年收到“人体器官捐献志愿者申请登记表”15份。

**【公益性救护培训】** 县委、县政府要求在机关、社区、企业、学校、乡村持续开展公益性救护培训,确保每年接受公益性救护培训人数不少于1万人,到2020年,全县接受培训人员占总人口比例25%以上(包括驾驶员救护培训)。县政府办下发《关于印发如东县2015年公益性应急救护培训项目实施方案的通知》,重点为4大园区和重点行业人员,全年培训10679人,其中初级救护员1339人,普及性救护人员9340人。

**【红十字组织建设】** 县委办公室、县政府办公室印发《如东县红十字会基层组织标准化建设实施方案》,明确全县镇(区)红十字组织工作任务。至年末全县镇(区)全部建立红十字会基层组织,实现基层红十字会组织建设“六有”目标,即有红十字组织机构和完备班子;有稳定会员和志愿者队伍;有规范管理制度;有独立办公活动场所、固定服务平台;有红十字特色活动和宣传阵地;有在县红十字人道救助基金账户设立的镇(区)红十字人道救助基金分支和稳定工作经费保障。（季方亮）

## 如东县关心下一代工作委员会

**【概况】** 2015年,如东县建有镇关工委14个,村(社区)关工委261个,中小学关工委92个,机关关工委3个,规模企业关工委280多个。全县建有校外辅导站356个,参加关心下一代活动“五老”(老干部、老战士、老专家、老教师、老模范)1.88万人。建立“少年法学苑”工作组织协调领导小组，由县委政法委副书记任组长，县关工委、县教育局、县司法局、团县委、县妇联有关负责人为副组长。各镇建立少年法学苑领导组。10月起，“少年法学苑”按“四统一”(统一教材、统一课时、统一教学时间、统一师资)要求开展教育教学工作。各地关工委配合工商行政、文化等部门，组织防范和禁止未成年人进入网吧专项行动。10人和2个单位获市文广新局和市关工委表彰。

**【主题教育活动】** 2015年，县关工委在青少年中开展“学法守法 崇德立德”主题教育活动。以马塘小学为试点单位。通过各种中队活动，讲故事、经典诵读、实践操作、能力比赛、歌舞、小品、课本剧等形式，活动主题鲜明、内容新颖、气氛活跃。5月28日，县关工委、县教育局在马塘小学联合召开“学法崇德”主题教育活动现场展示推进会，与会人员观看主题教育展板，观摩“争做学法守法好少年”中队会和主题教育电脑课件制作课。掘港镇关工委组织“五老”进校园，邀请社区民警、法制副校长到学校做交通安全、消防知识、禁毒教育等专题法制讲座，宣讲法律知识，增强学生学法守法意识和社会责任感。河口镇龙坝社区、关口社区校外辅导站和于港中学、于港小学联合组织召开老少共话“学法崇德”主题教育心得交流会。县教育关工委组织中小学生开展“法在我身边”专题读书活动，各地中小学共写征文3000多篇，获省征文一、二、三等奖各1篇；市一等奖4篇、二等奖7篇、三等奖14篇。组织中小学生开展演讲比赛，4名学生参加全市主题教育活动演讲大赛均获二等奖。组织全县中小学生参加省思想道德教育“成语新说”大赛，获一等奖1人、二等奖3人、三等奖4人。

**【走访抗日老英雄】** 贯彻落实省关工委《关于开展全省关工委“老少携手千站万人走访抗日老英雄”专项教育活动》，各基层关工委利用校外辅导站组织中小学生开展活动。全县共组织发动中小学生1.2万多人，走访抗日老战士102人次。组织中小学生参加各种纪念活动5万多人次。各地建立“五老”宣讲队118个、816人，宣讲329场次。马塘中学关工委与马北村辅导站联合开展“十个一”活动(参观一处革命烈士纪念馆、拜祭一座纪念碑、走访一位抗日老战士、讲述一个抗日英雄故事、聆听一堂“纪念抗日战争胜利70周年”宣讲、观看一部抗战电影、阅读一本抗战书籍、学唱一首抗战歌曲、寻访一方“抗战遗迹”、撰写一篇“抗战足迹”寻访记并组织交流)，并拍摄视频《为了不能忘却的记忆》——马塘镇“红领巾寻访抗战足迹”活动巡礼，在南通、如东电视台播出。苴镇蔡桥村校外辅导站组织100名学生，自行车骑行60多里开展“红色之旅”活动，走访94岁抗日老英雄李维岩。曹埠镇关工委组织编写2本乡土抗战史料，向学生宣讲白桐本、何应泉、俞惕安等抗日英雄故事；丰利镇组织“五老”给少年儿童讲抗日故事《双灰山激战》；掘港镇各基层关工委分别组织演讲会、故事会，宣讲苏中四分区反“清乡”斗争中老区人民英雄事迹。在省关工委“老少携手千站万人走访抗日老英雄”评选活动中，县关工委获优秀组织奖，马塘镇马北村辅导站、长沙镇长堤村辅导站、双甸镇伯元村辅导站获省先进集体奖；28名学生、3名校外辅导员获先进个人奖。在参加江苏阳光少年网举办的“我心目中的抗日老英雄”有奖大赛活动中，6人获特等奖，12人获一等奖，44人获二等奖。

**【法治教育】** 各镇关工委加强法治教育。曹埠镇惕安中学举办“筑起心中的堤坝，托起明天的太阳”法制讲座，请检察院未成年人刑事检察科领导主讲。马塘镇教育关工委编写多篇法制教育宣讲材料，组织“五老”成立法制教育宣讲小分队，到潮桥、凌民、马中、马小等中小学宣讲。洋口镇关工委邀请派出所所长利用办案实例对青少年进行学法守法教育，并编印“告别不良行为四字歌”“交通法规常记心”等材料，发给中小学生。

**【校外教育辅导站建设】** 抓电子阅览室建设、管理和使用。县财政安排35万元给校外辅导站购置电脑129台，支持43个村中心辅导站建立电子阅览室，全县建成电子阅览室的村182个，建成率75.8%。创新活动内容和形式，做到全年活动有安排、重点活动有影响、个性活动有特色。大豫镇大同村校外辅导站建立“留守儿童乐园”，开展活动80多次，次次有记载、有活动剪影或视频。河口镇龙坝村校外辅导员缪立新关爱儿童、辅导儿童，被中国关工委评为全国关心下一代工作先进个人。各地建立校站结合领导机制、工作机制和资源共享机制，做到分管领导落实、活动计划落实、辅导老师落实、电脑共用落实。长沙小学与港城社区联办校外辅导站的经验材料《校站结合，优势互补，提高校外辅导站办站质量和水平》，被省文明办、省关工委采用，编入《江苏省2015年校外教育辅导站经验材料汇编》。巩固提高校外教育辅导网络，提倡和鼓励发展“小而安、小而散、小而实”的家庭式辅导站。

**【关爱特殊群体】** 2015年，“野翔扶困助学奖励金”举行第12次颁奖仪式，12年累计奖励198名学生和10名教师，总金额5.19万元。11月，马塘中学关工委夕阳红助学基金会举行“相约金秋 放飞梦想”助学金捐赠仪式，向11名贫困学生发放助学款共1万元。该基金会成立8年，共收到100多名离退休教师和3名校友捐款44万余元，先后举办捐赠仪式43次，有200多名贫困学生800多人次收到助学款25万多元。12月7日，侨居美国的袁庄籍仲建国博士以“思源扶贫济困助学金”名义，向该镇43名家庭困难学生每人发放400元助学金，共发放1.72万元。全年全县共筹集助学、助困资金122万元，资助贫困学生2050人。县关工委做好“冰凌花”奖学金评选报送工作，有15名家庭困难品学兼优学生共获得奖学金9000元。 (张武俊)

# 法 治

# Fazhi

## 人大法律监督

【开展执法检查】 县人大常委会把保护生态环境作为重点监督议题，持续跟踪监督。听取和审议县政府关于贯彻实施《中华人民共和国水污染防治法》情况报告，县、镇(区)联动开展执法检查。针对如东畜禽养殖污染问题和水污染防治工作严峻形势，县人大常委会要求政府及相关部门健全完善机制，加大组织力度，夯实整治基础，提升推进实效。对执法检查中发现问题及相关整改工作建议，及时跟踪督查。对如东贯彻实施《中华人民共和国环境保护法》《畜禽规模养殖污染防治条例》情况进行专题询问，主任会议听取县政府关于实施划定畜禽养殖禁养区、限养区意见情况报告，推动生态保护相关法律的落实，生态环境得到改善。

【普法检查和司法监督】 2015年是“六五”普法最后一年，在组织召开企业、学校、机关等方面代表座谈会及视察部分基层普法单位基础上，县人大常委会听取和审议县政府关于全县“六五”普法实施情况报告，要求继续深入开展法治宣传教育，推进多层次多领域依法治理，谋划好“七五”普法规划，打造具有如东特色法治文化品牌，进一步扩大法治宣传教育覆盖面。主任会议听取县人民法院执行工作情况报告，要求把改进执行工作作为策应司法改革重要契机，继续抓好执行人员队伍建设，创新执行工作方法，提升执行工作质效；听取县人民检察院关于查办和预防职务犯罪工作情况报告，要求进一步加强源头预防，重点查办人民群众反映强烈的影响发展、安全、稳定等方面职务犯罪案件。“两院”采纳主任会议建议意见，改进相关工作，促进司法公正。县人大常委会对人民陪审员工作、公安执法规范化建设、公共法律服务体系建设、《中华人民共和国行政诉讼法》贯彻实施等情况进行视察调研。出台《如东县人大常委会规范性文件备案审查实施办法》。加强人大信访督办工作，全年交办和督办群众来信48件、接待来访60人次。坚持党管干部和人大依法任免有机统一，规范任前考察和民主表决程序，严格执行任前法律知识考试制度，全年依法任免人大机关和“一府两院”工作人员59人次。加强对县人大常委会任命“一府两院”工作人员任后监督，出台“一府两院”工作人员报告履职工作暂行办法，首次听取11人履职报告并评议，提出整改建议。根据市人大常委会要求，13名市人大代表报告履职情况。

(高　山)

## 社会治安综合治理

【概况】 2015年，如东县以人民群众满意为目标，以维护社会大局稳定为基本任务，增强立体化现代化社会治安防控体系实战功能，不断提升社会管理服务三级平台规范化运行绩效。完成全国“两会”“9·3”阅兵、中共十八届五中全会期间及重要敏感时间节点安保维稳任务。全县公众安全感继续保持全省领先，社会治安综合治理和平安建设工作绩效位居全市先进行列，全县经济社会发展良好。县委政法委组织各镇(区、街道)政法委员、综治专干、县综治委成员单位综治联络员参加政法业务主题培训班。牵头开展平安法治建设“万人评议”活动，网上测评点击4.7万人次，全县近16万人次接受调查。组织近6万名中小学生开展“平安法治如东建设作文竞赛”，并形成调查分析报告。

【社会治安防控体系建设】 社会治

安防控体系建设加强。如东投入1600万元,新增1123只视频探头弥补治安盲区,辐射全县镇、区、街道和主要路段;以“两纵三横一点”(两纵:S223、S225;三横:S334、S355、G328;一点:通洋高速出口)平安走廊建设为重点,投入近600万元,新增18组高清抓拍监控系统点位;启动道口智能管控二期工程,投入约600万元,在全县95个红绿灯路口安装103个视频探头,实现对全县125个主要道口视频监控全覆盖。组织推进“技防产品进万家活动”,投入1300余万元推进“智慧交通”“智慧海洋”建设,通过省级技防城验收。正式出台《关于加强镇(区)专职巡防辅警队伍规范化建设的意见》和《如东县专职巡防辅警队伍规范化管理办法(暂行)》,按照“县镇统筹、共同负担,镇(区)组织、公司签约,考核到人、按季奖补”模式,镇(区)级按不低于人均3万元/年,县级按人均1.5万元/年,在部门预算中安排保安联防专项奖补资金账户,分2年完成700人的镇(区)专职巡防辅警队伍建设目标,新增270名专职巡防辅警队员招聘到位。各镇(区、街道)实施“红袖标工程”,健全考核奖励制度,夯实立体化现代化治安防控体系的群众基础。

**【社会管理服务平台】** 县委政法委围绕协调指挥功能,改造升级县级平台,投入20万元,将信息研判室与各镇(区、街道)司法调解系统、省综治信息系统等对接,集视频指挥、信息研判、业务培训等功能为一体,打造综合性信息研判实战平台。全县11个镇(区、街道)政法综治工作中心达到示范级平台标准,村级平台规范化建设率达80%。围绕“一综多专”总体构架,优化组合全县专业调处机构,保留专业调处机构13个。牵头法院、农委、住建、大调解等部门多次深入调研,加快物业管理、土地承包等矛盾纠纷多发领域调解组织建设,全县各级调解组织共排查矛盾纠纷6万多次,成功调处3497件;报备稳评项目170个,评估结束164个。县财政投入90万元,推进省综治信息系统建设,统筹运用“平安联动网”建设基础,加强两大系统对接整合,实现县、镇(区)、村(居)三级全覆盖。强化每日“电子签到”和“零报告”制度落实,全年录入综治机构信息1508条,群防群治组织信息1.53万条,县镇村三级平台建设信息4831条,户籍人口信息79.38万条,流动人口信息1.79万条,服务记录3.87万条。县公安、法院业务大楼完成主体建设;县社区矫正中心规范化建设走在全省前列,如东经济开发区社会管理服务中心等政法服务平台相继完成新建(改造)。

图99　5月7日,省委政法委领导到如东专题调研

**【突出问题综合整治】** 县委政法委在全县重点整治地区组织开展专项整治和案件查处活动。针对群众反映强烈的S225线交通安全隐患问题,整治规范重点路段限高龙门架,新增交通信号灯4个,清理修剪绿化120余处。组织公安、卫计委等部门在全县开展易肇事肇祸严重精神障碍患者、吸毒人员服务管理工作专项督查,推动基层各项救治救助和服务管理措施落实。县“两防”(防范恶意欠薪和弃企逃债)办组织对企业恶意欠薪欠保、弃企逃债等情况开展专项排查,排查出涉稳隐患企业62家,涉及工人1661人,涉及金额4500余万元。针对“e租宝”等融资理财企业敛财跑路多发态势,组织金融办、公安局、市场监管局等成员单位对全县23家重点融资理财企业进行调查摸底,开展排查预警和依法处置工作。依法加强道路、消防、危险物品安全监管,严格落实大型活动、群众自发性节庆聚集活动安全防范措施,坚决做到下海拖拉机“不上路、不载人”,危化品运输车辆“县城不出现、县内不出事”,有效遏制重特大道路交通、火灾事故和危险物品治安事故。开展信访稳定工作,依法打击信访活动中违法犯罪行为。不断完善“日报告、周研判、月通报”工作制度,实现排查主体、内容、范围全覆盖,全年编辑《维稳信息周报》73期、《信息快报》69期。

**【国家安全与人民防线】** 县国家安全办公室树立总体国家安全观,加强与重点涉外、涉密、涉稳单位配合,实现情况互通、信息共享,重点关注涉及拆迁、环保、非营利组织等情况,常态报送各类情报信息115条。加强国家安全宣传教育,在全县政法干部培训中安排国家安全内容,如东高级中学和栟茶高级中学连续举行8期国家安全知识讲座,

12月 26 日,国家安全教育示范基地总结交流会在如东召开。十一届全国政协副主席、中国政策科学研究会国家安全政策委员会名誉会长李金华、中国政策科学研究会国家安全政策委员会会长赵天民等领导出席会议并讲话。 (章冬垒)

## 政府法制工作

**【依法行政】** 2015 年年初,县政府及时调整县全面推进依法行政工作领导小组组成人员。召开全县依法行政工作会议,制定下发《2015 年度全县依法行政工作要点》和考核办法,将依法行政工作纳入政府目标考核体系,建立定期督查、定期汇报制度。依法行政工作经费落实情况良好,各项经费均得到保障。

**【行政许可改革】** 县政府法制办梳理全县行政机关权力清单,共梳理出权力清单事项 5602 项,并发文公布。按照《关于清理国务院部门非行政许可审批事项的通知》,结合如东实际,及时取消、调整行政审批事项,承接上级下放权力,做到权力清单实时动态调整。11 月 13 日,县政府召开相对集中行政许可权改革试点动员大会,县行政审批局正式成立。改革试点首批将市场准入和投资建设两大领域涉及到县发改委等 9 个政府部门 45 项行政许可事项划转至县行政审批局,实行"一枚印章"管审批,促进投资创业快捷化、民生服务便利化、政府治理简约化,加快建设法治政府和服务型政府,推动政府治理体系和治理能力现代化。

**【执法监督管理】** 县政府法制办在实施网上实时监督的同时,通过行政执法案卷评查活动,对执法案卷进行网下监督,并与网上监督相结合、相比对。健全行政执法案卷评查制度,制订《如东县行政执法案卷评查标准》,明确案卷评查程序和方式,细化、量化评查标准。全年组织 22 家重点行政执法机关进行行政执法案卷评查,各部门法制机构负责人参加,按照评分表,检查案卷事实是否清楚、证据是否确凿、办理程序是否合法规范等,加大对违法行政行为纠错力度,进一步规范行政执法行为。完善行政执法与司法联动协调机制,加强行政与司法对接,促进行政执法信息共享、行为理念互动,构建全方位、多层次、立体式行政执法监督网络。2015 年,针对原工商、质检、食品药品监督管理局 3 个部门新组建成立市场监督管理局,人员调整幅度较大、两法衔接有所脱节现状,与相关部门联合下发《关于加强行政执法与刑事司法衔接工作的意见》,规定市场监督管理局案件移送标准、程序,确保衔接工作顺利开展。

**【行政复议和行政应诉】** 县政府法制办贯彻执行《中华人民共和国行政复议法》及其实施条例,始终坚持案件集体会商制度。全年受理行政复议案件 38 件,审结 38 件,做到案结事了,有效化解行政争议。11 月底,印发《县政府办公室关于成立如东县人民政府行政复议委员会的通知》,县人民政府行政复议委员会由主任委员、副主任委员及 27 名委员组成,主要负责审理、议决重大、复杂或社会影响大的行政复议案件,研究行政复议工作中的重大问题,加强行政复议能力建设。县政府涉诉案件 26 件,其中因复议维持承担共同被告 6 件。严格执行行政机关负责人出庭应诉制度,对全县行政机关负责人出庭应诉情况进行通报。

**【行政执法队伍管理】** 县政府法制办严格执行行政执法主体及执法人员资格制度,加强对行政执法证件管理,严格审核新申领行政执法证的人员资格。6 月 5—6 日,组织全县 238 名新申领行政执法证人员集中培训 2 天,所有新领行政执法证人员信息全部通过行政权力网上公开透明运行系统法制监督平台向上申报,把好"入门关"。通过培训讲座、考试考核、知识竞赛等形式,开展全县行政执法人员法律知识学习。年初,在 22 家重点行政执法机关开展行政执法人员法律知识竞赛,调动 2000 多名行政执法人员学法积极性。

(杨舒倩)

## 法治如东建设

**【概况】** 2015 年,县委把法治建设纳入议事日程,制定出台《县有关部门贯彻落实〈县委关于全面推进依法治县的实施意见〉重要举措分工方案》《创建江苏省法治建设示范县 2015 行动计划》等文件,全面实施各项改革举措,完善依法决策机制,严格履行公众参与、专家论证、合法性审查和社会稳定风险评估等相关程序,重大决策项目应评尽评。督查全县行政执法、依法治县工作,不断完善行政执法和司法衔接工作机制,开展各类法治创建活动。如东县获"全国法治县(市、区)创建活动先进单位"称号。

**【依法行政】** 全县依法行政工作会议专程邀请海门市人民法院宣读行政审判白皮书,剖析审理行政诉讼案件中发现的执法行为不当或违法行政等问题及原因。县政府法制办共梳理出各行政执法机关权力清单事项 5602 项。加强行政执法业务培训,在全县 22 家重点行政执法机关中开展行政执法人员法律知识竞赛,并组织行政执法案卷评查。县委政法委牵头金融、税务、人社、公安、法院等部门,对社会不稳定因素进行系统性监控、预警和处置,及时预防和化解重大涉访涉稳事件 20 多件,立案查处涉嫌拒不支付劳动报酬案件 6 件,欠薪总额 1629 万元。进一步加强司法建议工作,全年向行政执法单位发出司法建议 100 余份,评选出

图 100　4 月 17 日，如东县依法治县暨依法行政工作会议召开

“十佳法治提示函”。

**【公正司法】** 县委政法委组织专项督查组和政法部门督查组，对涉法涉诉信访积案、法院发回重审民事案件等 213 个案件进行专项督查和政法部门之间交叉互查。推进审务、检务、警务公开，县法院案件结案率 89.3%，一审服判息诉率 91.27%，案件流程在线即查，全年在线直播庭审 37 次，网上公开裁判文书 3402 篇。对拒不履行、规避执行、妨碍执行的 186 名被执行人实施司法拘留，集中执行常态化。在“中国执行信息公开网”和公共场所电子显示屏上公开曝光“老赖”信息。运用全省首创的企业守法诚信指数评估体系，累计评估企业 590 家，被评为 2015 年南通市十大法治事件。县涉法涉诉联合接访中心全年接待群众来访 1089 人次，其中法律咨询 600 余人次。开展涉法涉诉信访积案“百日攻坚”活动，推动 29 件重点疑难案件依法办结、化解。

**【法治文化建设】** 推进“六五”普法，县司法局开展“法律六进”（进机关、进乡村、进社区、进学校、进企业、进单位）活动，为领导干部发放“普法信息卡”15 万张，法制副校长到校上法制课 200 余次。组织中学生法律知识竞赛、模拟法庭和“知法守法青少年”评选等活动。开展送法进村（居）、进工地、进车间等活动，开设法律早市，组织法律讲座，累计受教育人员 3 万余人，形成具有如东特色“十个一”（一套法治宣传机制、一支法治宣传队伍、一批法治文化阵地、一套学法用法读本、一批法治宣传产品、一套法治文化作品、一批法治文艺节目、一批法治宣传品牌、一批法治宣传典型、一批以案释法载体）成果。县委政法委组织“法润如东”“蟳城之夏”等法治文艺巡演，举办“国家宪法日”大型咨询、宣誓和法治书画展活动，检察机关预防职务犯罪微电影《岁月的坚守》获全国检察系统专题微电影评比特等奖。如东电视台《法治天地》、如东广播电台《生活与法》和《如东日报》“以案说法”等栏目常态开播。投资 100 余万元，建成全市首家中国法制史教育馆，并将法治课列入基地必修课程，省内外 30 多家媒体专题报道。投入近 2000 万元的如东法治文化特色公园完成招投标，法治文化阵地建设全面推进。如东县法学会作为全省第一家成立的县级法学会，个人会员从成立时 105 人增加到 299 人，共完成法学课题研究 40 项，市级法学会委托研究课题“企业守法诚信评估实务研究”结题。在全省法学会工作会议上，如东代表全省县级法学会交流基层法学会建设经验。（章冬垒）

图 101　8 月 31 日，南通首家中国法制史教育馆建成。图为市民在参观

## 审　判

**【概况】** 2015 年，如东法院在编干警 155 人，其中助理审判员以上 92 人。受理各类案件 13464 件，审执结 11229 件，同比分别增长 14.86% 和 10.34%，法官人均结案数、一审判决案件改判发回重审率、一审服

判息诉率等主要审判质效指标均位居全市法院前列,被省高院记集体二等功;县综合考核优秀。顾建国、许海虹、刘俊等20名坚守岗位30年的法院干警被最高法院授予“荣誉天平”奖章。

图102 10月14日,县法院对一起赡养纠纷案件进行巡回审理

**【刑事审判】** 如东法院全年审结各类刑事案件562件,判处罪犯645人。维护社会治安平稳有序。审结故意杀人、抢劫、强奸等严重暴力犯罪案件30件,盗窃、诈骗等多发性侵财犯罪案件88件。严厉打击毒品犯罪,审结涉毒犯罪案件40件50人。审结交通肇事案件155件、危险驾驶犯罪案件177件,依法审理岔河“6·11”特大交通事故案。严惩破坏市场经济秩序犯罪,审结非法吸收公众存款等涉众型经济犯罪案件6件。依法惩处社会危害面广、群众关注度高的食品、药品安全犯罪案件,有4名被告人因毒获、销售野生鸟类被判处刑罚。落实反腐败斗争新要求,依法审理贪污、贿赂等职务犯罪案件10件11人。加强人权司法保护,保障被告人及律师各项诉讼权利。加强法律援助,为10名被告人指定辩护人。严格贯彻宽严相济刑事政策,依法从宽处理,判处缓刑、管制及免予刑事处罚322人。加强未成年人犯罪案件审理,8名未成年人犯罪记录被封存,少年审判庭被授予省级“青少年维权岗”称号。

**【民商事审判】** 如东法院全年受理各类民商事案件8025件,审结6963件。审理婚姻家庭纠纷案件1604件,依法保护妇女、儿童、老年人的合法权益。审理劳动争议案件349件,妥善化解涉及南通通轮模具股份有限公司201名员工的追索劳动报酬纠纷案,构建和谐互赢劳资关系。审理涉农纠纷案件146件,选择典型案件到当地公开开庭,并邀请镇、村干部旁听庭审,规范引导农村土地流转行为。有效化解沿海高等级公路、海启高速、苴东线道路沿线的土地纠纷,服务保障重大项目、重点工程顺利实施。强化商事审判的规范指引和裁判引导功能,审结商事案件1074件,其中判决结案454件。审结金融借款合同纠纷案件281件,引导集资群众依法维权。依法平等保护各类市场主体合法权益,审结买卖、承揽、加工合同纠纷案件654件,审理实现担保物权、执行异议之诉等新类型案件27件。深入江苏九九久科技股份有限公司等12家企业开展知识产权和涉外法律问题专题辅导。针对审理中发现问题,发出司法建议。在2015年度“平安法治如东建设”调查中,企业经营者对法院工作满意率99.71%,排名第一。

**【行政审判】** 如东法院依法受理、公正审理行政案件。全年新收行政案件671件,审结445件,同比分别增长142.24%和89.36%。继续推进行政案件相对集中管辖试点工作,行政审判质效显著提升。严格司法审查标准,判决撤销、变更和确认违法案件79件。规范行政诉讼协调工作,推动矛盾纠纷化解。依法审查非诉行政案件51件,

图103 9月10日,县法院对一起刑事附带民事纠纷案进行强制执行,将被执行人许某饲养的29头生猪交付给申请执行人处置

执行非诉执行案件185件。针对行政机关出庭应诉中存在问题，及时沟通，推动行政机关负责人依法履行出庭应诉义务。进一步加大环保案件非诉执行力度，在“6·5”环保日组织专项执行活动，助推“美丽如东”建设。1篇行政审判裁判文书获最高人民法院“第二届全国行政审判优秀裁判文书”三等奖，1则行政审判案例入选2015年第1期《江苏省高级人民法院公报》。

【执行工作】　如东法院全年受理执行案件3964件，执结3110件。坚持“执行110”24小时值班等制度，累计出警201次。发挥“点对点”查询机制作用，推进淘宝网司法拍卖工作，上传拍品209件次，成交40件，成交金额4600余万元。坚持集中执行常态化，每周四早晨6点开展集中执行行动，累计开展41次，有力打击各类规避执行行为，执结一批疑难复杂案件。加大失信惩戒力度，在最高人民法院失信被执行人名单库登记信息660人次，在如东信用网、主要媒体平台、县城主要交通要道、医院、商场等处电子显示屏上公开失信被执行人名单以及失信信息77人次，9名被曝光人员主动履行义务。对拒不履行、规避执行的286名被执行人实施司法拘留。严厉打击拒不执行法院生效判决、裁定的违法犯罪行为。

【立案信访】　如东法院按照上级法院关于实行立案登记制、规范审判权运行等要求，建立公益律师进驻诉讼服务中心工作制度，为当事人无偿提供诉讼咨询和帮助。进一步规范窗口管理和立案流程，坚持每天提前半小时上班、中午值班制度，实行“一站式”服务，做到有案必立，有诉必理。开展网上诉讼服务和远程视频接访，落实院、庭长信访接待、包案化解工作制度，为当事人提供便捷诉讼服务。持续深化涉诉信访工作，登门倾听诉求，推动远程视频接访，运用法治化方式化解涉诉信访案件。

【审判监督】　如东法院推进司法规范化建设，完善各项管理机制。注重抓法院管理的细点、节点和难点问题，抓好制度落实和执行。加强审判流程节点管理，掌握案件办理进展，强化长期未结案件的督办、催办力度，滚动式清理积案，提升审判质效。在坚持每月按不低于36%比例抽查案件基础上，院领导参与案件评查，评查结果向全院通报。对发改案件，每案必查，坚持错案责任追究制，严肃追责。

【法庭建设】　2015年，3个人民法庭共化解纠纷3158件。进一步完善联动化解机制，依法处理机动车交通事故责任纠纷1786件。审理民间借贷纠纷案件793件，依法维护经济秩序。常态化开展巡回审判和法官联系村居工作，巡回审判车正常走进田间户头。岔河法庭有效化解各类相邻权纠纷；洋口港法庭靠前化解涉及港口建设纠纷，每周三到丰利巡回审判点进行立案、调解和开庭，便民成效凸显；栟茶法庭靠前化解涉及古镇建设纠纷，开展“法律早市”活动16次。洋口渔港巡回审判点投入运行。

【司法公开与民主】　如东法院加强审判流程公开、裁判文书公开、执行信息公开3大平台建设。“12368”诉讼服务热线接受咨询58人次，通过互联网在线直播庭审49次，通过中国裁判文书网公布生效裁判文书5371篇。推进卷宗同步数字化工作，所有诉讼材料实现纸质档和数字档同步归档。推进执行信息公开，配备使用4G执法记录仪，客观记录执行实施全过程。适应新媒体发展形势，通过官方微博、微信及时发布法院工作动态，初步实现“网站＋微博＋微信”“三位一体”全覆盖，提高法院工作透明度。向县人大、县政协专题汇报人民法庭和执行工作情况。开展法院开放日活动，邀请县人大代表、政协委员、媒体记者、普通群众到院旁听庭审、参与执行监督154人次，上门走访征求意见28人次。随案发放廉政监督卡，利用各类信息化平台，全方位接受社会监督。

（刘　宇）

## 检　察

【概况】　2015年，如东县检察院围绕“创优争先、跨越发展”总目标和“勇于担当、勇争一流”要求，抓推进、促落实，各项检察工作继续保持良好发展态势。推进文化育检工程，开展“无悔的选择”主题演讲活动，全年组织开展各类教育培训和专项练兵18期1000余人次，干警素质能力得到有效提升。1人在全省业务竞赛中被评为业务能手；2人在全县首届县级机关党员“1+X”风采大赛中被评为“风采之星”。1人1篇理论研究文章在中国检察官文化论坛中被评为一等奖，1个调研课题被县法学会评为一等奖。县检察院连续8年被评为全国检察宣传先进单位，连续4年被评为全市先进基层检察院，被评为全省先进基层检察院、全省检察文化建设先进单位。

【刑事检察】　坚持打击犯罪、化解矛盾、创新治理多管齐下，努力营造和谐稳定的社会环境。县检察院全年审查逮捕各类犯罪案件113人，提起公诉630人。提前介入、依法办理作案手段残忍、社会影响恶劣的徐小闯故意杀人案，社会舆论高度关注的大豫镇政府食堂凶杀案等案件。围绕影响人民群众生命财产安全的涉黄涉毒涉赌犯罪等突出问题，联合相关部门开展专项整治，效果较好。开展公益律师参与涉法涉诉信访案件化解工作，依法及时解决群众合理诉求，促进社会和谐。办理来信来访163件，立案复查刑事申诉3件。探索建立刑事和解案件办理“五公开”（公开调查、公开审查、公开听证、公开宣告、公开回访)机制,提升刑事和解工作规范性和司法公信力。办理刑事和解案件 173 件 174 人，引导、促成当事人达成和解 145 件 146 人,涉及民事赔偿金额 5020 万元。加强对特殊群体和困难群众司法保护,建立涉案未成年人异地协作帮教机制,开展未成年人犯罪嫌疑人、被告人社会调查 12 人,为未成年被害人提供法律援助 13 人,封存未成年人犯罪记录 6 件 9 人;进一步健全特困刑事被害人救助工作机制,办理赔偿案件 1 件,司法救助 6 人,发放救助金 5 万元。

**【职务犯罪查办和预防】** 县检察院全年立案查办贪污贿赂犯罪案件 14 件 18 人,均为大案,其中 1 件为 100 万元以上特大案件，查处科级干部 7 人,为国家、集体挽回经济损失 1000 余万元；立案查办渎职侵权犯罪案件 5 人,移送审查起诉 3 件 8 人,均为重特大案件,案件质量和数量均明显提升。结合职务犯罪案件办理,开展重大典型案例剖析会、以案释法活动,累计开展预防调查、预防宣传和警示教育 57 场次。1 份预防检察建议被评为全省检察机关优秀预防检察建议。创新开展“预防邮路”10 项“特制套餐”工作,成功举办“预防邮路廉政专邮”暨《包公》特种邮票首发集邮展览。惩治和预防职务犯罪综合报告得到县主要领导批示并被县“两办”全文转发。职务犯罪预防工作连续 12 年在全市考核第一，预防科被省检察院记集体二等功。

图 104　2 月 4 日,县检察院开展规范司法行为专项整治

**【法律监督】** 加强刑事诉讼监督。县检察院探索建立“分案提示”“重要节点提醒”制度,严格办案流程管理,规范办案程序,刑事案件办理质量和监督绩效明显提高,经验和做法被省检察院简报刊发。全年监督立案 1 件 1 人,监督撤案 1 件 1 人，建议行政机关移送案件 1 件 1 人,纠正漏捕 2 人,追诉 1 人,抗诉 3 件。推进民事行政诉讼监督。借助检察建议等方式,开展多元化民事行政诉讼监督,办理民事虚假诉讼监督案件 3 件;发出执行监督检察建议 6 件,采纳 6 件;提起再审检察建议 5 件，被法院采纳 2 件,3 件在处理中;向有关单位发出督促履行职责类检察建议 7 件,均被采纳。结合修改后《中华人民共和国行政诉讼法》的实施,加强行政诉讼监督,工作经验和做法被省检察院简报刊发。开展刑罚执行和监管活动监督。开展入监室检察 93 次,排除或处理事故 15 人次,处理在押人员控告举报申诉 10 件;纠正刑期折抵和刑期计算错误案件 2 件;开展财产刑执行监督 3 人 10.4 万元,开展指定居所监视居住执行监督 19 人 58 次。与公安、法院、司法等部门联合出台《关于进一步加强社区矫正对接联动工作的实施意见》,实施常态监督,监督纠正漏管 3 人。

**【检察为民】** 县检察院开展危害民生刑事犯罪专项立案监督活动,依法办理社会影响恶劣的姜鉴根等人收售有毒鱼鳞燕案等一批危害食品安全类犯罪案件;发挥派驻检察室靠近基层、贴近群众优势,在春节前深入乡镇集贸市场，开展“保卫食品安全,检察在行动”系列活动,维护群众切身利益。结合办案和走访中发现的群众反映强烈的县城部分餐饮娱乐场所公用电梯安全使用、夏收秋收季节农民占用交通干道晒粮等问题,及时向有关单位发出检察建议,推动相关单位开展专项整治，收到较好效果。针对年终岁尾诈骗犯罪高发情况，借助如东广播电台 “三农之声”栏目以案说法,开展“珍惜血汗钱,远离非法集资”主题宣传,强化群众理财风险意识,活动情况被省检察院简报刊发。

**【服务大局】** 县检察院依法办理妨害企业管理秩序、破坏金融管理秩序、金融诈骗、危害税收征管、扰乱市场秩序犯罪案件 38 件 58 人,办理涉及被害 738 人的顾军等人非法吸收公众存款案和社会关注度高、受害人分布多省区的谭丽武等人诈骗案等一批经济犯罪案件,维护大众创业、万众创新的良好法治环境。结合新修订《中华人民共和国环境保护法》的正式实施,开展破坏环境资源犯罪专项立案监督活动，深入园区重点企业以案说法,提高企业安全生产意识,促进绿色经济健康发展。结合民事虚假诉讼案件办理,主动与如东农商银行等金融企业加强联系,推动企业加强法律风险防控，提高办案效果,受到企业好评。结合执法办案，及时从法治视角提出对策建议,促进提升社会治理法治化水平,“加强网吧监管”等 3 份检察建议被县

图 105　7 月 3 日，县检察院赴园区就新环保法、环境污染刑事司法解释进行解读

依治办评为年度“十佳法治提示函”。落实检察官以案释法和警示教育制度，借助如东电视台《检察视窗》栏目、《如东日报》“检察天地”专版，以及如东检察官方微博、如东预防纵横官方微信等新媒体，开展专题法治宣传教育 48 期。

**【规范司法】**　县检察院开展规范司法行为专项整治工作，围绕上级检察院确定的 9 个方面 35 个重点问题，对 2013 年后办理的全部案件进行“拉网式”“地毯式”排查，全面深入查摆、彻底整改司法不规范问题，以整风精神开展批评与自我批评。坚持从源头抓起，制定出台《自侦办案操作规范》《民事诉讼监督案件听证操作规则》等各项规范司法行为制度 12 项，促进执法规范化建设长效化、机制化。通过专项整治，全院干警规范司法意识增强，司法理念作风改进，得到省、市检察院检查组好评。以案件信息公开为重点，推进检务公开，公开程序性信息 701 条、重大案件信息 36 条、法律文书 498 份，司法公信力和群众认可度进一步提升。

（王帅军）

## 公　安

**【概况】**　2015 年，如东县公安局坚持问题导向，围绕“以创新打品牌、以改革破难题、以绩效比实力、以民意论成败”目标，推动如东公安转型升级和全面发展，综合绩效连续 4 年稳固南通市第一方阵。围绕打造职业化、革命化、实战化、正规化警队，从严治警，探索“菜单化选学、积分制管理、总结式教育”教育训练新模式，提升队伍战斗力、执行力，激发队伍活力。全年民警夜校开讲 19 次，累计 6000 余人次自主选课并参加培训；与公安大学法学院联合开办“百人计划”如东班，完成 2 批次 100 人选训；组织开展全警实战练兵考核竞赛，17 人被市公安局评为警种专业岗位标兵。完成全国“两会”、中共十八届五中全会、抗战胜利 70 周年、中东欧领导人会晤等重大会议和活动安保任务。严厉打击刑事犯罪，破获各类刑事案件 1155 件，抓获刑事犯罪成员 967 人，公诉 617 人，挽回经济损失近 1 亿元；万人发案率处于全市最低水平，公众安全感全市领先。强化公安行政管理和服务，全年公安“110”接处警服务 13.05 万起，查处治安及其他行政案件 4571 件，查处交通违法行为 8.21 万起，户籍办理 25 万人次，出入境证件办理 1.92 万人次。深化系列平安创建活动，强化安全监管责任，及时查改各类安全隐患，严防安全责任事故发生。

**【打击犯罪】**　县公安局以快破大案要案、多破民生小案为重点目标，组建公安合成作战中心，推进派出所小型作战单元建设，实行责任区刑警中队和派出所主要打处指标捆绑考核制度，提升整体合成作战和破案攻坚能力。组织开展“春雷”行动、“护夏”行动、打击侵财犯罪质效提升年活动、压降侵财案件百日攻坚战、禁毒会战、打假行动、“打黄赌、铲源头”等专项行动，严厉打击各类犯罪活动，先后破获“2·23”恶性杀人案、“2·15”特大盗窃案、“5·25”跨省市系列盗窃路边店案、“11·15”毒品专案、“8·20”微信开设赌场案等一批大要案件，

图 106　6 月 28 日，首批赴公安大学参训民警合影

摧毁黑恶势力团伙 1 个,八类刑事案件破案率 100%,保持命案 19 年全破;公诉总数同比增长 12.5%,其中涉娼、涉毒、涉赌公诉数全市领先;“春雷”行动、打假行动、禁毒会战等专项行动成效居全市前列。

【治安管理】 县公安局进一步改革和加强社区基础工作,完善城乡社区防控网,推进以“站、室、点”为核心的新型社区警务体系,推进 243 个建制社区警务室规范化、实体化运行,重点打造 345 个警民联系点,使警民联系点真正发挥法制宣传员、治安信息员、户口协管员、纠纷调解员、治安巡逻员、警纪监督员作用,优化社区基础工作质态。开展矛盾纠纷滚动排查,依托公调对接机制及时化解各类矛盾纠纷,先后排查各类矛盾纠纷 1.02 万起,成功调处 8908 起,移送调解中心调解 235 起。开展常住人口清理整顿,共清理户籍资料 10 万余份,发现并纠正错误信息 106 例。强化流动人口登记和服务工作,全县共登记外来人员 1.55 万人,完成居住半年以上人员 IC 卡发放 7249 人,为外来人员在如东工作生活提供方便。开展治安重点地区整治,完成县经济开发区和河口镇 2 个工业园区集中整治。加强行业场所管控,全县共有旅馆、洗浴、网吧、歌厅等行业场所 459 家,行业场所智能管理系统推广使用率 100%。全面落实旅馆住宿和网吧上网人员实名登记制度,强化行业场所集中清查和日常检查,及时发现和查处赌博、卖淫嫖娼、寻衅滋事等违法犯罪行为,整顿行业场所秩序。

【交通管理】 县公安局结合“春运”安全管理、隐患大排查大整治百日攻坚、平安走廊创建活动等专项行动,优化路面勤务机制,完成 45 组交通信号灯绿波改造二期工程,建立完善中型以上车辆禁区通行管理系统、查缉布控系统,提高路面管控能力。组织开展城区机动车违停和非机动车、行人交通违法行为“两项攻坚”及马路市场专项整治等活动,突出抓好酒驾毒驾、下海拖拉机、危化品运输车辆、非标三四轮电动车、接送学生车、农村面包车等交通违法行为查处,全面净化道路交通安全环境。全年查处各类交通违法行为 6.55 万起,其中酒驾 1843 起、毒驾 5 起、客车超员 6 起、下海拖拉机 73 起、危化品运输车辆 32 起、非标三四轮电动车 1154 起、机动车违停 3.62 万起、非机动车与行人 2.62 万起,取缔马路市场 4 处。利用新闻网络媒体、宣传教育阵地、执法服务窗口,广泛开展交通安全宣传教育,联合公路沿线派出所、村委会抓好入户宣传教育,有效提升公路沿线村(居)民的安全意识。全年制作宣传展板 310 余块、横幅标语 170 余条、光盘 30 余张,印发各类宣传资料 10.3 万余份。

【经济文化保卫】 如东县界定经济文化保卫单位 1007 家。实行分层次监督指导,其中市公安局监督指导单位 11 家,县公安局监督指导单位 154 家,派出所监督指导单位 842 家。县公安局贯彻落实《江苏省机关团体企业事业单位治安保卫工作条例》,健全内部保卫组织和制度,组织开展治安保卫重点单位系列平安创建活动,提升单位内部“人防、物防、技防”整体水平,全县治安保卫重点企业全面达标。抓好学校、医院和金融安全保卫,组织开展“护校安园”活动,出动警力 600 余人次,排查治安隐患 82 处,排查整改校园周边治安乱点 35 处,排查化解涉校纠纷 32 起,开设法制教育课 161 堂,指导学校开展紧急疏散等演练 17 次,成功破获涉校刑事案件 4 件。贯彻落实《公安机关维护医疗机构治安秩序六条措施》,举办“如何防范医疗事故及争议”等医疗安全法制教育讲座 15 场次,化解医患纠纷 39 起,处置较大医闹事件 9 件,破获扒窃、盗窃、寻衅滋事等各类“涉医”案件 8 件。加强金融安全保卫,每月组织召开 1 次金融例会,完成全县第四次金融安全评估,县内 16 家银行、159 个金融营业网点均达到风险等级防范要求;强化警银协作,加大防范通信网络诈骗宣传教育,金融网点工作人员先后成功劝阻网络诈骗案件 28 件,避免损失 36 万元。

【出入境管理】 县公安局持续加强出入境窗口服务建设,进一步简化受理审核等办事流程,整合现有资源,引入自助填表设备,提升窗口服务效能。进一步延伸服务触角,在栟茶镇政务中心设立受理点,正常受理各项出入境证件办理业务,方便偏远地区群众办证。推行无休办证服务,实行周一至周六正常受理,周日、节假日预约办理制度。全年受理审核各类出入境申请 1.92 万人次,其中出国申请 1.01 万人次、出境申请 9126 人次,外管证件 73 人次。加强常住境外人员住宿场所安全管理,及时查处非法入境、非法居留、不按规定申报住宿登记等违法犯罪行为,维护正常出入境秩序,营造良好涉外环境。

【安全监管】 县公安局牵头落实全县交通、消防安全管理工作,强化剧毒化学品、易制爆、易制毒、放射源及民爆物品、烟花爆竹批发企业的安全监管。组织开展交通安全百日整治、火灾防控、缉枪治爆、打非治违等专项整治,落实企业主体安全责任,加大对企业职工安全防范宣传教育力度,结合重大节日、重点时段组织开展安全大检查,排查整改交通、消防、涉危涉爆等安全隐患 1526 处。针对新 225 省道贯通后交通流量大、事故多发实际,组织开展专项治理,落实联勤制度,如东段全线实行分类限速,封堵私开道口 34 处,完善标识、标志和道路防护设施 120 处,新增灯控路口 5 处,新增高清监控探头 14 只,事故得到有效压降。全县 84 家涉危涉爆企业,年内整改库房 2000 平方米,更换加固栅栏 105 个,防盗门 38 扇,新增视频探头 52 个,

图 107　9 月 7 日，局领导带队赴双甸开展消防安全检查

更换电子巡更系统 15 套，安全防范整体水平提升。坚持打防结合，以打促防，先后破获交通肇事逃逸事故 18 起，查纠下海拖拉机上道路行驶和非法载人等违法行为 360 起，查处非法经营烟花爆竹案件 2 件，收缴烟花爆竹 700 多件，查缴枪支 46 支、管制刀具 39 把，集中销毁废旧炮弹 18 发、子弹 7000 余发。全年未发生重大恶性安全责任事故。

**【执法规范化】**　县公安局突出法制专业化建设，强化执法源头标准化管理，进一步规范“110”接处警工作，印发《关于进一步规范本级接警处置工作的通知》，完善《现场执法记录仪管理使用规范》以及《执法记录仪管理使用考核办法》。加强案件管理中心和派出所案件管理室建设，加强法制员队伍建设，落实重点派出所法制员由法制大队垂直管理制度，全面推行“办审分离”、执法办案积分制管理等制度。探索“可回溯式”执法管理模式，围绕执法办案全程留痕要求，明确执法源头留痕、办案过程留痕、纠纷调解留痕、外来干扰留痕、个案考评留痕的具体办法，在全市“四项建设”（基础信息化建设、警务实战化建设、执法规范化建设、队伍正规化建设）典型经验和示范点创建活动中，该制度被市公安局确定为示范点之一，并进行培植和推广。县公安局连续 4 年被省公安厅评为执法优秀公安局。

**【所队基础建设】**　县公安局继续实施基层所队基础设施建设 3 年计划，年内基本完成公安大楼和开

图 108　7 月 15 日，全市市（县）公安局长会议在如东召开，图为市公安局局长陈旭（右二）带领与会人员参观洋口派出所

发区、环镇、九总、栟茶、曹埠、城南 6 个派出所业务用房新建和改造。推进所队合一，围绕“硬件整合、机制合成、勤务融合”要求，整合派出所、责任区刑警中队、交警中队资源，完善所队协作机制，推进撤乡并镇后原 12 个老镇区中心警务站建设，实现区域警力资源有效配置和效率最大化，增强基层公安工作合力。

**【创新服务】**　县公安局优化行政服务，推行网上信息公开，新增互联网“执法公开”栏，在所有对外窗口提供信息公开查询。优化再造治安行政审批、备案流程，缩短居民身份证制发周期至 20 个工作日，下放临时身份证制发权限至基层派出所，落实居民身份证异地办理。进一步缩短金融安防建设行政许可办理时限。深化户籍制度改革，开展“流动人口管控会战”，强化流动人员信息采集登记，提高居住证 IC 卡发证率。全面落实并常态抓好执法告知、回访工作，接处警受理、案件受理、立（破）案告知以及办理进展情况告知率均达 100%。做强服务品牌，深化警企抱团、扶贫帮困、流动车管服务，开展“十百千”企业项目分层挂钩联系活动，解决影响企业正常生产、经营和发展的突出问题，促进全县经济社会发展。围绕服务“一带一路”，深化赴外投资工作 10 条措施，延伸服务触角，让“走出去”企业和人员享受到如东公安的跨境、跨省、跨市服务。

## 典型案例

**【破获跨省市盗窃路边店案】** 2015年5月25日,县公安局接报警:掘港镇连续发生4起盗窃路边店案件,采用砸玻璃、撬锁等手段入室,涉案近2万元。县公安局立即成立由刑警大队牵头的工作组开展侦查工作。通过10多天缜密侦查和跨省取证,抓获作案成员4人,现场扣押部分赃物,并一举带破南通、泰州、扬州、常熟、涟水、宿迁、山东、河北、浙江等地盗窃路边店和盗窃汽车案件共20余件,涉案价值100余万元。

**【侦破恶性杀人案】** 2015年2月23日,县公安局接到苏州市公安局相城分局警方电话称:2月23日6时许,苏州市富元家园20幢发现一男子坠楼死亡。经查,该男子妻子为如东大豫镇人,请求协助调查。接警后,县公安局调查发现该男子妻子家中门窗关锁完好,随后发现家中有3具尸体。经法医初步尸检,均系他杀。该案件在如东造成恶劣社会影响。县公安局抽调刑侦、技侦、网侦及相关派出所警力成立专案组迅速开展调查工作,同时抽调精干警力到苏州、湖北荆州开展侦查工作。后查明嫌疑人即为苏州坠楼男子,破获该起恶性杀人案件。

**【侦破伪劣产品案】** 2015年9月6日,如东警方接群众举报:在掘港镇中心菜市场有人售卖假冒牛肉。据此线索,县公安局历时近5个月,先期调查、专案侦查,成功破获该起生产、销售伪劣产品案,现场查获用鸭肉泡制的假牛肉700余斤,红曲粉、小苏打、牛肉精等食品添加剂若干,涉案金额170余万元,抓获犯罪嫌疑人5人,扣押违法犯罪所得近30万元。

**【破获"微信"开设赌场案】** 2015年8月20日,县公安局治安大队在日常工作中获取利用微信进行网上赌博的相关线索。经查发现,2015年6月后,马塘镇桑某伙同他人在微信上开设5个微信群,并雇佣"代包手"以代发红包方式,供群成员以"抢红包"形式进行赌博,桑某等人从中提成,涉案金额近100万元。县公安局抽调网安、治安、派出所、特巡警等人成立专案组,先后赴深圳、北京、福建、四川、上海等地,抓获犯罪嫌疑人15人。

**【侦破毒品专案】** 2015年5月,县公安局禁毒大队通过缉毒查禁工作发现,掘港、丰利等地有人大量贩卖毒品。市、县两级公安机关遂成立专案组合力侦查,以如东为重点突破口,辐射广东、江西、湖北以及省内盐城等地,于11月15日组织跨省、市集中收网行动,成功侦破此案。先后抓获贩毒嫌疑人18人,其中外省、市7人,缴获冰毒等毒品3800余克。

(蔡守山　符宇阳)

## 司法行政

**【概况】** 2015年,如东县司法行政系统有注册律师50人,公证员4人,辅助人员3人。深入推进矛盾纠纷排查调处、公共法律服务、特殊人群服务管理、法治宣传教育"四个全覆盖"工作体系建设,围绕"三争三实"总要求,持续巩固提升,锐意改革突破,全面争先晋位。司法所队伍"三化"建设试点成功,研究制定规范性文件90多个,突破性项目10多个,创新性成果5个,相关建设经验多次被省司法厅领导批示,司法行政队伍"三化"建设工作成为全省"样本"。9月8日,全省司法行政队伍"三化"建设会议在如东县召开。"法润如东春风行动"被省司法厅记集体三等功;专职社工评定、司法所经费保障清单式管理等创新做法被省司法厅主要领导批示;企业守法诚信指数评估、赵家剧院赵亚华被南通市分别评为十大法治事件和十大法治人物。县司法局被推荐申报省司法厅集体二等功,马塘镇司法所被评为南通市唯一全国先进司法所,洋口镇司法所被南通市司法系统记集体三等功。全系统有2人荣立二等功,5人荣立三等功。

**【法律服务】** 如东县司法局开展"法润如东春风行动""德法同行"等公益服务活动,组织律师、基层法律服务工作者开展送法进社区、企业、学校、村居等法律服务活动,全年开展送法活动60次,开展法律咨询80次,解答咨询数5000人次。全年全县法律工作者共担任法律顾问402家,代理诉讼案件2832件,代理非诉讼案件216件,办理法律援助54件,避免并挽回经济损失6532万元,业务收费481万元。扩大法律援助覆盖面。建立低

图109　12月3日,举行"法润如东"活动

保家庭信息库，发放300份低保户家庭调查问卷，改进服务措施。加强法律援助站点建设，新建军人军属法律援助工作站，全年开展法律援助站点业务培训18场次，培训80人。全年受理法援案件752件，接听解答"12348"咨询电话976件，接待解答来访咨询6037件，接线率和解答率均为100%。有14件被省法律援助中心定为资助案件。全年办理各类公证事项3622件，公证质量全省领先。县公证处被评为江苏省公证规范化建设先进单位称号。

**【大调解】** 如东县司法局推进网格化管理。健全基层网络，建成以县调处中心为龙头，15个镇(区)调处中心、14个专业调处机构为骨干，8大对接机制为支撑，581个基层调委会、253个责任网格、330个独立网格和6056个基础网格单元为触角的大调解网络。开展专职调解员职称评定工作，全县有初级调解师180人，中级调解师15人。壮大调解力量。全县有个人调解工作室12家，调解志愿者1844人。成立如东县人民调解员协会，为调解工作出谋划策。落实调解员"两补"政策。全县共落实县、镇、村三级调解员生活补贴43.7万元，个案补贴8.7万元。完善排查预警机制。严格执行村日报、镇周报、县月报的"零报告"制度，健全分析研判、联动联调机制，整合大调解信息平台、纠纷预警"一信通"平台、省人民调解信息平台，发挥好动态预警作用。全年全县各级调解组织共排查出各类矛盾纠纷4412件，调处成功4330件，调处成功率98.1%。专业机构受理纠纷1071件，调解成功993件，调处成功率92.7%。成功调处县中医院新建大楼水电工意外死亡赔偿纠纷；大学生暑期培训费纠纷；岔河镇三联村三峡移民意外死亡补偿纠纷。

**【社矫安帮】** 如东县司法局拓展"队建制、双配置""片区化管理"新模式，出台《社区矫正工作人员管理规范》和《如东县社区矫正专职社工管理办法》，提升队伍"三化"建设水平。推行远程视频系统，实现县、镇(区)两级同步，提升信息化执法水平。在全市率先进行矫务通试运行工作，便捷辅助开展日常工作和执法活动，其工作经验被省司法厅网站报道。完善移动定位监控系统，对330名社区服刑人员实施24小时手机移动定位监管，有效防止脱管现象发生。年末，全县在册社区服刑人员385人，其中缓刑355人，假释26人。全年完成审前评估138件，表扬46人次，警告89人次。推行人性化帮教。在全省率先启用"亲情视吧"，通过远程视频方式，安排罪犯与其直系亲属会见。全年视频会见9人次，衔接刑释人员112人，重点帮教对象接回率100%，一般帮教对象接送率85%以上。

**【法治宣传】** 如东县司法局推进重点对象学法。举办公务员"5+X"暨公务员"六五"普法培训10期，在"如东干部在线学习中心"添加法治课程10门，发放普法信息卡15万张，促进领导干部、公务员学法用法。完成210家企业守法诚信指数评估，并公布590家参评企业名单，助推企业守法诚信。加强法治文化建设。全年组织法治文艺巡演20场，开展"12·4"国家宪法宣传日活动，下发宣传广告5000张，提升法治宣传影响力。全县法治文化公共设施覆盖率93%，形成"一镇区一品牌"，栟茶法治文化广场、双甸镇高前村法治文化广场被命名为第四批市级法治文化建设示范点。在电视、电台、报纸等媒体新增法治宣传专栏，在电视台开播《法治天地》聚焦司法行政栏目5期和民生热点法律在线10多期，提升法治宣传教育覆盖面。打造"三微"(微博、微信、微视频)新品牌，制作H5如东"十个一"(一套法治宣传机制、一支法治宣传队伍、一批法治文化阵地、一套学法用法读本、一批法治宣传产品、一套法治文化作品、一批法治文艺节目、一批法治宣传品牌、一批法治宣传典型、一批以案释法载体)成果展，打造"梦娃普法"公益广告和"人生七彩"微视频成为新媒体普法媒介。完善普法机制。出台"谁执法谁普法"的责任制实施意见，形成部门联动、上下互动的法治宣传教育工作新局面。"六五"普法通过市终期检查验收。

**【基层基础建设】** 加强硬件投入。2015年，县司法局投入50万元，为基层司法所统一标牌标识，配备电脑、调解桌椅、电瓶车、"双包"(执法专用包和调解专用包)等设备，进一步改善司法所办公条件。全县司法所用房面积达200平方米8家，面积达300平方米4家。规范内部管理，研究修订机关内部管理、基层司法所工作规范、工作流程、服务标准以及各项运行规章制度，有效保证系统运行有序高效。推进融合发展。加快构建覆盖城乡的公共法律服务体系建设，全县建成县级公共法律服务中心1个，镇(区)公共法律服务中心15个，村级司法行政服务站253个，基本建成"半小时法律服务圈"。注重信息报送和新闻宣传，信息工作列全省司法行政系统第六名，新闻宣传、理论调研全市领先。　(王聚华)

# 军 事

# Junshi

## 人民武装

**【思想政治建设】** 2015年，县人武部按照“找准问题，提高能力，精细准备，履行使命”思路，聚焦“强军梦”，铸牢“生命线”，理论武装成果显著。在《中国国防报》上稿1篇；《中国民兵》上稿1篇；《东海民兵》上稿1篇；《新华日报》上稿2篇；《人民前线》报上稿5篇，其中头版头条1篇。思想教育持续推进。开展“学习践行强军目标、做新一代革命军人”主题教育活动和“正确面对得与失，凝心聚力抓准备”专题教育，干部职工思想基础进一步巩固。把“三严三实”专题教育整顿向全体人员拓展，引导自查、互查，整风肃纪。对整治中发现的4个方面23个问题，拉单销号，立行立改。用好“扶海大学堂”、未成年人社会实践基地和苏中四分区反“清乡”斗争资料陈列馆等国防教育手段，不断增强全县广大党员干部、青年学生的国防意识。发挥参加实战化课目比武民兵骨干作用，全县民兵崇军精武风气逐步形成。

**【军事斗争准备】** 县人武部认真组织防区勘察和潜力核查，修订完善战备方案及配套保障预案，实现本级方案对上、对下衔接。加强战备设施建设，结合洋口港民兵哨所建设，进一步完善哨所功能；结合县民兵应急连实战化课目比武竞赛，备齐被装、头盔、警棍、盾牌和相关通用器材；结合人武部搬迁，系统规划新军事指挥中心建设，各类现代化指挥手段俱全。抓好战备演练，结合重大节日和“通防-2015”实兵演习等时机，不定期组织民兵应急分队拉动演练。定期在民兵武器装备仓库组织军、警、民联防演练，应对突发情况能力得到提升。按照“党委统揽，主官主抓，形成合力”要求，摆正军事训练中心位置，坚持党委对军事训练统一领导。严格落实党委议训，加强对年度军事训练统筹，保证军事训练有效落实。坚持按纲施训，以参加专武干部与民兵营连长集训、南通市民兵高机连实弹战术考核、民兵应急连实战化课目比武竞赛、“通防-2015”实兵演习等训练为契机，加大对指挥员、教练员训练力度。全市专武干部与民兵营连长集训考核中，双甸镇武装部部长袁宗建夺得实弹射击、战术标图2个课

图110 7月28日，驻如东解放军战士在训练 （蔡珊珊 摄）

目第三名，岔河镇武装部副部长韩飞夺得步枪夜间射击第二名，袁庄镇民兵刘雷夺得基础理论第二名；在军分区“四会”(会讲、会教、会组织、会做思想工作)教练员比武中，岔河镇武装部副部长韩飞的教学课目被评为“优秀课目”；全市民兵应急连实战化课目比武中，如东县夺得团体第三，其中洋口镇周晓东夺得干部组第一名，苴镇邱陈瑞夺得骨干组第二名。重视兵员征集工作，坚持“一季征兵，四季准备”，完成新兵征集任务，大学生比例达50.1%。“四轮驱动”征集大学生做法被《人民前线》报头版头条刊发，袁庄、双甸、长沙、掘港等镇(区)率先运用微信、LED屏、大幅广告牌等手段进行征兵宣传，效果较好。

**【拥政爱民】** 县人武部围绕融合发展抓双拥工作，不断密切军政军民关系。组织民兵分队参加秸秆禁烧宣传、防汛防台、应急救援等工作；参与“六城联创”工作，组织干部职工进社区义务劳动80余人次，并出资3万元协助结对社区完成创建工作；挂钩帮扶掘港街道银杏村、六总村，“军爱民”氛围不断浓厚。利用春节等时机，组织县、镇、村三级走访慰问如东籍营连主官、贫困军人家庭50余户，暖心工程效果显著。协调地方政府在“八一”等节日慰问驻如东部队、军分区机关，“民拥军”意识深入人心。全年接待经费同比下降27%，杂支经费降低32%。

(赵　辉)

## 边防保卫

**【概况】** 如东边防大队始建于1980年，2001年定编为副团级，2003年迁建于掘港镇通洋路6号。2015年，有官兵114人，其中干部68人、战士46人，下属6个边防派出所，海防工作区横跨2个县(如东县、海安县)6个镇5个经济开发区19个行政村，海岸线长106公里，管辖面积925.60平方公里，管辖5个出海港口，船舶1590艘，渔民8671人，常住人口37752人，暂住人口5319人，企事业单位237家，公共场所184家，特种行业场所97家。2015年，如东边防大队夯实基层基础建设，创新警务机制，加强正规化队伍建设，保持沿海辖区社会治安秩序稳定。完成抗战胜利70周年纪念活动，确保节日、重要会议期间等敏感节点社会面稳定。持续开展“打击成品油走私”“缉枪治爆”“百日集中打防竞赛”等专项行动，集中整治突出治安问题，严厉打击各类违法犯罪活动，维护沿海及海上安全稳定。全年破获刑事案件39件，逮捕8人，查处治安案件121件，行政拘留79人，罚款38人，调处各类矛盾纠纷732起。

**【社会维稳防控】** 如东边防大队围绕“两会”安保、“七五”敏感期维稳、“抗战胜利70周年”纪念活动安保等重点工作，统筹协调，各级共出动警力460余人次，车辆230余台次，调处各类矛盾纠纷190余起，成功处置8起群体性事件与2起群众进京赴宁上访事件，安保期间，如东边防辖区未发生重大恶性案件。加大边防辖区巡防力度，强化重点时段、重点部位巡逻盘查和蹲点守候。各级共盘查可疑人员3482人、盘查可疑车辆1563辆，盘查过程中抓获网上逃犯2人，及时发现并救助群众25人，群众见警率、满意度逐步提升。

**【“护航”经济发展】** 如东边防大队主动融入沿海大开发战略，不断改进边防管理方式。深化大走访活动，建立便民警务工程。大队专门召开基层基础工作专题部署会，先后组织各所社区民警到治安大队开展社区警务培训工作2次，每月通报社区民警考核排名情况。推进民生警务工程建设。小洋口边防派出所、刘埠边防派出所、环港边防派出所等多个所先后开通单位微信公众平台，通过平台向辖区群众发送户口事项办理告知、法律法规宣传等内容，同时在线及时解答群众疑难问题。整合资源，深化爱民固边举措。大队提前摸排因征地拆迁、安全生产、劳资纠纷等引发的各类社会矛盾，并主动协调党委政府部门成立矛盾联合调解机构，全年共接报纠纷类警情732起，化解720起，调处率98%。同时围绕沿海现代农业、先进制造业、新能源产业等产业发展方向，牵头驻地政府，进一步完善社会管理，加强公共服务，特别是对公安边防业务，如户籍办理、出海船舶管理、暂住人口管理等方面成效显著。小洋口边防派出所建成集居

图111　7月31日，县长潘建华(左一)等县领导慰问小洋口边防派出所官兵们

(蔡珊珊　摄)

住证办理、身份证异地办理、矛盾纠纷调解、法律咨询服务等多功能于一体的“四海之家”警务室,先后接待外来人员1000余人次,办理居住证200个,提供法律咨询服务800余人次,并妥善处置南通东昇建筑安装有限公司农民工讨薪等群体性事件苗头10余起,协调解决农民工工资120余万元。环港边防派出所在环农村引导组建养虾协会,确保2000余亩南美白对虾养殖收入稳定增长。

**【打击犯罪】** 如东边防大队注重信息研判,综合运用情报图侦合成、车辆轨迹研判、GPS定位追踪等手段,加大对侵财、涉赌、涉毒、殴打他人、海上寻衅滋事和砸车窗盗窃、成品油走私等违法犯罪行为的打击力度。洋口港边防派出所成功破获“6·3”系列入室盗窃案,查破如东县长沙镇、苴镇地区和南通滨海园区等地入室盗窃案件30件;环港边防派出所成功抓获多次作案的犯罪嫌疑人王某,带破系列盗窃电脑案件7件,查获涉案电脑10余台。

**【平安港口建设】** 如东边防大队结合大走访活动,组织官兵深入港口、码头、船舶,通过召开警民座谈会、发放法律宣传资料、微信公众平台推送消息、悬挂横幅标语、广播滚动播放等形式,宣传边防管理法律法规和安全生产知识,提高船民安全生产意识;结合支队集中查港查船行动,对船证不符、套证以及持过期证件出海作业等问题进行专项清理检查,做到出海生产、作业证簿一致。加强与海事、渔政渔监等涉海管理职能部门联系,在警力布置、船舶检查、资源信息等方面加强互动共享,形成海上执法合力,为各项重点工作顺利推进筑牢海上防线。全年共检查登记船舶868条,渔民3825人,发放各类宣传单1800余份,滚动播放广播155次,推送信息2300余条,受教育群众1500余人。“抗战胜利70周年纪念活动”安保期间,老坝港、刘埠、洋口港等多个边防派出所联合驻地党委政府、消防、安监、环保等相关职能部门,围绕港口、码头安全生产开展应急救援演练,提升部队快速反应和处置突发事件能力。　(谈　猛)

## 武装内卫

**【概况】** 2015年,武警如东县中队提高遂行多样化任务能力,推进正规化建设,担负总队经常性工作试点前期采样任务,完成以执勤“处突”为中心的各项任务。完成临时押解任务16起,路程1200公里。全年安全无事故,连续2年被总队评为“基层建设先进中队”。12人被支队评为优秀士兵,1人荣立三等功,1人被总队评为“装备操作能手”。

**【军事训练】** 县武警中队依据《军事训练与考核大纲》,突出战斗力标准,坚持执行军事训练计划、会议、档案、考核等制度,落实每周四夜训时间,做到每个科目有教员、有教案、有场地。遵循由简到繁、由易到难训练规律,落实“3个10分钟”。中队90%官兵徒手5公里成绩为良好以上,75%以上官兵能完成单双杠1～4练习。9月,1人参加总队军事技能岗位练兵装备专业比赛获第三名。加强以训促勤,以湖北执勤会议精神为指导,坚持勤训结合原则,本着“急用先训、管用多训、基础长训”思路,克服训练人员不集中、训练时间难保证、训练内容难落实困难,合理调配训练人员、时间、内容,有效保证训练效果。坚持干部士官带头训练,主动担任科目教练员。定期组织军事会操评比竞赛活动,表彰军事训练先进典型,营造“训练吃香、尚武光荣”训练氛围,完成对训练场地围墙武化,激发官兵训练热情。

**【执勤战备】** 县武警中队坚持中心居中、大事大抓,把做好中心任务放到首要位置,恶劣天气、重大活动、特殊时期支部议勤,科学编组,严密组织。加强执勤教育管控,贯彻学习湖北会议精神,组织官兵观看相关录像片,搞好专题执勤学习讨论,突出安全防范和战斗精神教育,利用点名、查哨、训练间隙等时机,做到问题常讲、警钟常敲,帮助官兵克服和平麻痹思想。严格落实训练要求,确立“训练有功、训练有为”思想,把训练成绩与双争评比、担负重大任务挂钩,调动官兵练兵热情。购置哨位瞌睡提醒仪,督促哨兵履职尽责,勤务质量明显提升。开展新式执勤平台操作使用训练,对新修订执勤方案做到常学、常拉、常考,提高执勤人员在复杂情况下应急处突应变能力。以执勤安全专项整治活动为契机,加强教育引导,抓好隐患整治,完善执勤设施,优化执勤环境。　(郁　龙)

## 消防救援

**【概况】** 如东县公安消防大队(又称中国人民武装警察部队如东县消防大队)隶属于中国人民武装警察部队南通消防支队和如东县公安局领导,下辖1个现役消防中队、3个政府专职消防队。全县建有派出所保安消防队13个。担负全县灭火救援、监督执法、社会救助及消防宣传等任务。2015年,全县共处置各类火灾事故367起,出动车辆1032车次,出动警力4307人次,抢救被困人员46人,疏散被困人员36人,抢救财产价值7265万元。成功处置“12·27”如东县海洲大酒店厨房火灾、“5·2”如东双王手套有限公司火灾等灾害事故,全年无重大灾害事故和人员伤亡事故发生。

**【执勤岗位练兵】** 县消防大队执勤训练以“谋打赢、破难题、求创新”为中心,以“强基础、抓规范、提素质”为主线,以大数据条件下信息化综合应用为抓手,将“善谋打仗”贯穿于整体工作全过程,拓展基地化、模拟化、实战化训练模式,提升部队灭火救援专业化、信息化、科学化水平。全年对辖区内195家单位开展灭火演练80余次,编制修订灭火预案195份,完善灾害事故类型预案14份。

【消防监督执法】 县消防大队把握打造平安如东升级版、建成平安中国示范区总要求,持续开展劳动密集型企业消防安全专项治理、夏季消防安全大检查、冬春火灾防控等系列专项行动,集中整治一批消防违法行为。全年检查单位2973家,发现并督促整改火灾隐患和违法行为3297处,临时查封67处,责令"三停"(停止施工、停止使用、停止营业)44家,罚款197万元。

【消防宣传教育】 全年县消防大队深化消防宣传教育"七进"(进机关、进学校、进社区、进企业、进农村、进家庭、进网站),将消防宣传教育纳入党校、行政学院培训和普法教育及平安社区(村镇)、"五好文明家庭"评比。建立消防安全宣传教育联席会议制度,联合宣传、教育等部门开展暑期消防安全宣传教育行动、消防安全示范学校创建、"119"消防奖评选和社区消防宣传大使行动等活动。

【后勤保障建设】 县应急救援中心开工准备工作完成。沿海经济开发区拨款1200万元,新建化工园区特勤消防站,完成土地平整;洋口港经济开发区拨款2800万元,临港工业园区特勤消防站开工建设。县消防大队争取279.50万元购买大功率远程供水泵车1辆,用于大型火场供水;争取78.90万元添置消防宣传车1辆,用于全县消防宣传工作。

(张雷明)

## 人民防空

【概况】 2015年,如东县人民防空工作贯彻落实中共中央、国务院、中央军委"关于深入推进人民防空改革发展若干问题的决定"精神,围绕"战时防空、平时服务、应急支援"使命,瞄准构建基于信息系统的防护体系目标,创新思路,人防工作成效明显。全年完成人防工程新立项4个,建筑面积2.56万平方米;新开工3个,建筑面积2.48万平方米;竣工2个,建筑面积1.89万平方米,超额完成年度计划。全年征收易地建设费573.44万元,占年计划104.3%。新增固定警报器1台、多媒体警报1台。51所学校(其中幼儿园14所、小学27所、初中8所、中学2所)结合"九一八"防空警报试鸣组织防空疏散演练。中学生人防知识教育普及率100%。

【指挥通信建设】 县人防办强化地下人防指挥所日常维护值班管理与安全防范工作,对老旧设备特别是水电设施及破损墙面进行更新改造,确保指挥所各种设备功能始终处于完好状态,确保每月1次市、县联调测试无故障。完成指挥所"两室两库"布局设计和工作方案谋划。完成县本级"通防-2015市、县两级国防动员指挥演练"通信保障工作。做好防空警报日常维护保养,深入各警报点对警报管理操作人员开展现场培训,全县17台固定警报、2台多媒体警报完好率、鸣响率继续保持100%。与鑫泰人防资产管理公司签订中坤苑多媒体警报管护协议,明确管护责任。在青少年素质教育基地建设多媒体警报1座,在重点中心镇岔河镇政府安装固定警报器1台。

【人防工程建设与管理】 县人防办启动《如东县人民防空工程规划(2014—2030)》编制工作。继续加大结建人防工程力度,人防工程建设总量有新提升,工程总量超过16万平方米。加大对已建人防工程监管力度,先后对两家人防工程管理不到位的使用单位逐一发出《维护保养通知书》,督促其履行人防工程维护管理义务。进一步规范人防"易地建设费"收取和管理,做到应收尽收,对拖欠不缴单位及时发出《人防工程易地建设费催缴通知书》。坚持每月重点排查在建、在用人防工程的安全生产隐患,全年发出《安全生产检查整改通知书》20多份。

【人防专业队建设】 按照市国动委统一部署,4月10日,县人防办与县人武部召开联席会议,动员部署2015年度人防专业队整组训练工作。按照"根据需要建队伍,按照制度抓管理,紧扣任务搞训练,平战结合来使用"原则和人防专业队"人员精干、装备精良、专业对口、训练有素、管理有序"建设要求,进一步优化组织结构,提高人防专业队伍质量。指导人防专业队组建单位利用生产、工作、岗前培训、抢险抢修等途径,开展多种形式训练,提高人防专业队专业技术水平和平时防灾、战时防空的准军事化管理水平。15支人防专业队伍组织健全、结构合理、人员落实、专业对口、训练有素,为遂行应急任务奠定良好基础。

【防空防灾宣传教育】 县人防办完善宣传教育平台,创新人防宣传教育形式。进一步完善民防体验馆内部设施,配置先进防空武器及民防应急用品展示,丰富体验内容,将体验馆打造成集人防宣传、群众体验、国防教育于一体的品牌载体。在《如东日报》开辟人防专版,完善如东人防网站,开通微信、微博,加大人防法律法规及防空防灾知识宣传力度。结合"5·12"防灾减灾日,开展民防知识科普宣传和业务咨询,发放宣传资料200多份。会同县委宣传部、县文广新局,成功举办第11届"蠙城之夏"人防专题文艺晚会。在如东电视台综合新闻频道黄金时段连续4天播放8集《居安思危、备战人防》电影科教片。丰富多媒体警报宣传内容,专题设计PPT宣传图片,开展社区人防知识及防护技能宣传培训工作。 (徐秀林 花国泉)

# 镇情概览

Zhenqing gailan

## 栟茶镇

【概况】 栟茶镇位于如东西北部，地处黄海之滨，东邻沿海经济开发区(洋口镇)，南依河口镇，西连海安县角斜镇，北接海安县滨海新区，并与东台市毗邻。距县城直线距离36公里，海洋铁路、栟茶运河、省沿海高等级公路、221省道横贯东西，225省道纵贯南北，水陆交通方便。2015年，全镇总面积95.70平方公里，耕地面积4673公顷，沿海滩涂4333公顷。辖行政村16个、居委会3个、村民小组351个。其中，茗海社区与三园村合并。年末总户数2.04万户，总人口5.70万人，出生349人，死亡628人，自然增长率-4.9‰。规划区面积20平方公里，建城区面积6.99平方公里，建城区常住人口1.98万人，规划年限2015—2030年。2015年，栟茶镇围绕"打造四张名片，建设五彩栟茶"战略目标，主动应对经济社会发展中各项挑战。全年实现地区生产总值29.64亿元，同比增长10.3%；公共财政预算收入9619.89万元，同比增长24.7%。在全县综合考核中，获"城建杯""生态文明杯"金杯，"工业发展杯""新农杯""服务业发展杯"银杯，一、二、三产等重点考核指标均处于全县上游水平。

**2015年如东县栟茶镇主要经济社会指标**

表34

| 项　目 | 单　位 | 数　量 | 比2014年增减(%) |
|---|---|---|---|
| 总面积 | 平方公里 | 95.7 | — |
| 总人口 | 万人 | 5.7 | — |
| 地区生产总值 | 亿元 | 29.64 | 10.3 |
| 应税销售收入 | 亿元 | 30.96 | 22.48 |
| 第一产业增加值 | 亿元 | 2.95 | -0.5 |
| 第二产业增加值 | 亿元 | 13.94 | 6.4 |
| 第三产业增加值 | 亿元 | 12.75 | 17.9 |
| 财政总收入 | 亿元 | 1.6 | 12.8 |
| 公共财政预算收入 | 万元 | 9619.89 | 24.7 |
| 企业总数 | 家 | 36 | 24.1 |
| 其中规模工业企业 | 家 | 19 | -9.5 |
| 工业总产值 | 亿元 | 42.6 | 16.3 |
| 工业税收总额 | 亿元 | 1.60 | 12.68 |
| 当年实际利用外资 | 万美元 | 491 | -1.8 |
| 全社会固定资产投资 | 亿元 | 17.8 | 29.9 |

续表 34

| 项　目 | 单　位 | 数　量 | 比 2014 年增减(%) |
|---|---|---|---|
| 工业投入 | 亿元 | 9.3 | 29.2 |
| 农业总产值 | 亿元 | 10.6 | 3.9 |
| 粮食总产量 | 万吨 | 4.28 | -2.9 |
| 棉花总产量 | 吨 | 10 | -88.2 |
| 油料总产量 | 吨 | 2546 | -1.85 |
| 水产品产量 | 吨 | 28191 | -9.48 |
| 中、小学校 | 所 | 5 | — |
| 医院、卫生院 | 所 | 3 | — |
| 参加社会养老保险人数 | 人 | 14789 | -3.3 |
| 参加合作医疗人数 | 人 | 39344 | -1.2 |
| 享受尊老金人数 | 人 | 2773 | 7.27 |

**2015年如东县栟茶镇各村(居)基本情况**

表 35

| 村(居)名 | 党支部书记 | 主　任 | 村民小组(个) | 人口(人) | 耕地面积(公顷) | 村营收入(万元) |
|---|---|---|---|---|---|---|
| 陈　湾 | 张　宏 | 丁　群 | 18 | 2399 | 320 | 38.23 |
| 大　窑 | 吴志群 | 徐　标 | 20 | 2717 | 380 | 57.85 |
| 新　庄 | 陈春松 | 陈宏林 | 33 | 4681 | 487 | 65.31 |
| 杨　堡 | 沈桂芬(代) | 沈桂芬 | 20 | 3476 | 347 | 31.44 |
| 竹　园 | 林根银 | 冯小利 | 26 | 2861 | 307 | 47.80 |
| 浒　澪 | 顾用生 | 顾九林 | 21 | 3056 | 260 | 74.02 |
| 兴　镇 | 蔡正海 | 蔡正海 | 29 | 3858 | 300 | 43.88 |
| 双　港 | 薛稳山 | 杨辉华 | 32 | 3287 | 340 | 44.95 |
| 栟　南 | 俞　磊 | 张银军 | 19 | 2796 | 220 | 50.85 |
| 三　园 | 叶桂琴 | 张金芳 | 8 | 1243 | 60 | 77.80 |
| 洋　堡 | 冯　飞 | — | 10 | 1995 | 160 | 40.55 |
| 三　星 | 李　勤 | 缪建明 | 12 | 3478 | 160 | 59.78 |
| 江　安 | 杨　幸 | 沈三明 | 27 | 2736 | 333 | 76.65 |
| 兴　凌 | 顾国才 | 顾建华 | 26 | 2798 | 393 | 85.31 |
| 兴　灶 | 胡　佳 | 徐长银 | 26 | 2148 | 333 | 88.33 |
| 港　头 | 缪　明 | 康亚忠 | 24 | 3372 | 273 | 53.36 |
| 茗海社区 | 叶桂琴 | 张金芳(代) | — | 8888 | — | — |
| 港头居委会 | — | 丁松柏 | — | 477 | — | — |
| 浒澪居委会 | — | 顾用鹊 | — | 733 | — | — |

**【经济发展】** 农业　栟茶镇不断扩大农业综合示范区建设规模。兴灶村建成连片设施种植面积 46.67 公顷,江安、兴凌、兴灶 3 个村设施农业面积 187 公顷。江凌水产养殖园区规模 266.67 公顷以上,在县内种养殖高效设施示范园中名列前茅。加强农村新型服务体系建设,发展家庭农场、粮食全托管服务项目。全年注册登记家庭农场 21 家,累计 45 家;新增全托管服务项目 5 家,累计 14 家,服务面积 539.38 公顷。有序推进土地流转,全镇土地流转 1140 公顷,占总承包面积 31.5%。江安村实现土地全流转,成为全市土地流转示范村。全镇 16 个行政村村营收入总额 936.11 万元,村村超 30 万元,10 个村达 50 万元,其中 5 个村超 70 万元。

工业　2015 年,栟茶镇工业应税销售收入 18.87 亿元,新增 1 亿元以上企业 1 家,新增定报企业 3 家,全部工业总产值 42.6 亿元。招商引资超额完成,全年注册外资 800 万美元,到账外资 491 万美元。实现外贸进出口额 1300 万美元,引进市外民资 3.4 亿元。先后在深圳、重庆等地举办投资恳谈会，德迈智能装备等一批项目达成合作框架协议。全年完成1000万元以上工业项目固定资产投资9.3亿元,2000万元以上新开工项目8个，竣工项目5个,其中1亿元以上项目1个。如石特种设备、如石高端手动工具等转型升级项目试产成功，盟友纺织印染技改项目竣工投产，中水电海上风电一期项目10台机组并网发电，总投资6.5亿元，推进二期项目建设,总投资15亿元。完成技术开发项目备案12项,新增江苏省民营科技企业3家，申报市级以上科技项目9项。江苏如石机械有限公司在县内建立首个“院士工作站”。

商贸服务业　2015年，栟茶镇1000万元以上服务业项目投入8.5亿元,完成率118.1%;生产性服务业投入7.44亿元，增幅64.2%;应税销售收入12.09亿元，完成率142.2%;税收8933.9万元,完成率165.4%。鑫华园农庄成功获批江苏省三星级乡村旅游点、全国休闲农业与乡村旅游三星级示范园区。新增优唱KTV、鑫华园宾馆、台北小站、天一健身休闲中心等项目均投入运行,成为全镇商业新亮点。旅游品牌进一步彰显，成功举办第一届栟茶古镇龙舟赛,吸引游客2万余人。文旅公司与大学生村官创业联盟包装相关旅游产品,于11月成立淘宝网店，上网产品63种，营业额3.5万元。

园区建设　栟茶镇制定园区建设推进方案和新兴产业发展规划，调整充实工业园区管委会组成人员,设立专门机构6个。推动园区道路、供电、管网等基础设施建设，完成园区征地5.33公顷,入园企业18家。随着如石二期、澳灵生物科技和巧科饲料等项目实施，园区承载能力和集聚功能不断增强。

**【镇村建设】**　2015年,栟茶镇邀请东南大学专家教授修编《如东县栟茶镇总体规划》和《历史文化名镇保护规划》,并通过省住建厅论证。广泛征求省、市、县专家、学者和国内多家策划公司对古镇保护开发意见,进一步拓宽发展思路。古镇综合改造项目于9月奠基,政府推动、民

图112　9月21日,栟茶古镇综合改造奠基仪式在栟茶中市街举行

间资本为主的佛教文化园（寿圣寺复建工程)正式动工,当年投入500多万元坚持高起点建设新城区,完成新城3号地块、新栟茶小学东侧地块开发出让，出让数和出让量均居全县镇首位。茗海花苑物业管理水平被市认定为南通市乡镇前列；茗都华庭全面交付使用，销售率达95%;浒澪凯兴苑被重新盘活。茗海花苑、茗都华庭工程获南通“紫琅杯”质量优胜奖。以镇政府为中心新城区建设初具规模。兴教路、太平路、镇海路、滨河路全部竣工验收并实现通车;振兴路、兴教路东延完成拆迁摸底调查工作和施工图设计。随着站前路东延、北延、栟角线东延工程和重要路口红绿灯安装，形成四通八达的交通网格局。国土整理、生态综合整治、拆坝建涵、“小农水”等农村基础设施建设项目总投资超1亿元。全年疏浚河道15条、12.86公里，完成疏浚土方11.52万立方米。新建农村硬质公路78.02公里、桥梁9座（市交通局、市财政局项目),为历年最多。

**【社会事业】**　2015年,栟茶镇在册教师554人，每千人拥有教师9.72人;医院、卫生院3所,拥有医生341人，床位236张，每千人拥有医生5.98人，每千人拥有床位4.14张;人均公共体育设施面积2.05平方米,人均公共文化设施面积0.38平方米。栟茶中学高考、茗海中学中考继续在全县保持领先位置。小学教育教学位列全县前三，学前教育在全县有位置、在全省有影响。栟茶镇通过江苏省卫生镇复评。三星村、浒澪村、杨堡村3个卫生室通过省、市验收。栟南村、双港村和杨堡村通过省卫生村评审。全面落实各项计生惠民政策，开展计生特殊家庭生产生活帮扶和心理疏导工作，建设全县第一家计生关怀中心。阳光福利中心开始社会化运行。茗海社区日间照料中心正式对外服务。落实各项惠民政策,孤、残、病、老等弱势群体的救助保障水平进一步提升。落实退役转业军人安置工作。镇红十字会与镇食品药品安全办公室相继挂牌成立。有线电视、农保等工作扎实推进。合作医疗参保39344人,参加新型农村社会养老保险14789人。全镇通公交村100%。投入5000万元的栟茶小学迁建工程主体封顶,景观绿化、内部道路加快建设。投入近90万元修缮整治靖海幼儿园、浒澪小学、靖海小学。投入近70万元新建江安村、兴凌村、双港村卫生室。

**【生态环境】**　2015年,栟茶镇围绕“三整治、三提升、一保障”(整治生

活垃圾、整治乱堆乱放、整治河道沟塘;提升公共设施配套水平、提升绿化美化水平、提升道路通达水平;保障群众基本生活需要)要求,健全农村环境"五位一体"和"河长制"长效管护机制。突出畜禽粪污治理工作,坚持秸秆禁烧禁抛与综合利用相结合,新建秸秆收购点和秸秆制粒企业各1家。改善人居环境,打造美丽乡村、水美乡村、新农村建设示范村,展现村庄魅力。栟茶镇获批为"全国大学生生态文明教育实践基地"。在江苏省文明城市复评验收工作中,被评为"六城联创"先进单位。推进美丽乡村建设,江安村获批"江苏省美丽乡村示范村"。继续推进新城三号及周边地块建设,抓好五灶港河景观带建设,改善水质、营造水景。提升城镇管理水平,确立规划区内"零违章"目标。进一步加大环境综合整治和违章建筑查处力度,建立健全城镇规划建设长效管理机制。开展"治违、治脏、治乱"活动,抓好环保卫生、交通秩序、市场管理、违章整治,不断提升城镇品位。绿化覆盖率27.29%,污水处理率75%,垃圾无害化处理率100%,环境整治达标村16个。

(胡　佳)

# 丰利镇

**【概况】** 丰利镇位于如东县中部偏北,西与岔河镇、北与洋口镇接壤,南与马塘镇、东与如东经济开发区为邻。2015年,全镇总面积140.37平方公里,辖行政村20个、社区1个、村民小组517个。实有耕地7792公顷,总户数2.93万户,总人口8.04万人,出生400人,死亡802人,人口自然增长率-5‰。实现地区生产总值34.21亿元,完成财政总收入1.31亿元,公共财政预算收入6782万元。

**2015年如东县丰利镇主要经济社会指标**

表36

| 项　　目 | 单　位 | 数　量 | 比2014年增减(%) |
|---|---|---|---|
| 总面积 | 平方公里 | 140.37 | — |
| 总人口 | 万人 | 8.04 | — |
| 地区生产总值 | 亿元 | 34.21 | 6.21 |
| 第一产业增加值 | 亿元 | 4.7 | 12.71 |
| 第二产业增加值 | 亿元 | 24.9 | 8.15 |
| 第三产业增加值 | 亿元 | 16.06 | 0.06 |
| 财政总收入 | 亿元 | 1.31 | 92.65 |
| 公共财政预算收入 | 万元 | 6782 | 32.48 |
| 工业企业 | 家 | 532 | 0.95 |
| 工业总产值 | 亿元 | 71.5 | 1.13 |
| 工业应税销售收入 | 亿元 | 18.9 | 29.72 |
| 当年实际利用外资 | 万美元 | 300 | -25.93 |
| 工业投入 | 亿元 | 13.03 | -17.06 |
| 农业总产值 | 亿元 | 13.06 | -2.46 |
| 粮食总产量 | 吨 | 9.92 | 14.15 |
| 棉花总产量 | 吨 | 1005.89 | -8.47 |
| 油料总产量 | 吨 | 2386 | -21.85 |
| 水产品产量 | 吨 | 24679 | -9.83 |
| 中、小学校 | 所 | 4 | — |
| 医院、卫生院 | 所 | 5 | 25.00 |
| 参加社会养老保险人数 | 人 | 23110 | 0.48 |
| 参加合作医疗人数 | 人 | 60545 | — |
| 享受尊老金人数 | 人 | 4385 | 0.46 |

**2015年如东县丰利镇各村(居)基本情况**

表37

| 村(居)名 | 党支部书记 | 主　任 | 村民小组(个) | 人口(人) | 耕地面积(公顷) | 村营收入(万元) |
|---|---|---|---|---|---|---|
| 古丰社区 | 刘海军 | 姚金发 | 6 | 10033 | 15.47 | 70.05 |

续表 37

| 村(居)名 | 党支部书记 | 主　任 | 村民小组(个) | 人口(人) | 耕地面积(公顷) | 村营收入(万元) |
|---|---|---|---|---|---|---|
| 周　桥 | 陆宝国 | 商美红 | 29 | 4884 | 449.13 | 45.88 |
| 花园桥 | 张　华 | 於永东 | 23 | 2983 | 325.67 | 50.04 |
| 家庙桥 | 张建全 | — | 36 | 3787 | 395 | 36.34 |
| 凹　桥 | 刘　勇 | 马本泉 | 41 | 4098 | 402.4 | 50.58 |
| 陈葛庄 | 李鹤林 | 陈　云 | 32 | 3556 | 379 | 50.37 |
| 华　严 | 孙年华 | 徐同山 | 24 | 3039 | 254.87 | 50.47 |
| 玉　窑 | 吴陈沁 | 阮如林 | 24 | 3105 | 347.47 | 30.50 |
| 双沟门 | 沙建华 | 季长松 | 23 | 2618 | 328.8 | 39.33 |
| 龙　口 | 黄先明 | 王文蛟 | 44 | 4852 | 581.27 | 53.01 |
| 月　河 | 吴从贵 | 杨如华 | 41 | 4481 | 581.73 | 50.77 |
| 九　和 | 唐明明 | 徐海军 | 33 | 3387 | 437.27 | 69.63 |
| 双灰山 | 钱　军 | 王咸泉 | 29 | 2947 | 409.8 | 34.79 |
| 包　场 | 张爱兵 | 何长斌 | 10 | 2874 | 292.4 | 30.69 |
| 南　宁 | 严卫民 | 石兆琪 | 19 | 3325 | 438.07 | 31.09 |
| 兴　南 | 印宗华 | 季宝坤 | 10 | 3760 | 464.67 | 89.35 |
| 光　荣 | 谢福建 | 陆修宏 | 13 | 2633 | 460.33 | 71.13 |
| 环　渔 | 陈昌泉 | 陆永兰 | 13 | 2670 | 170.73 | 75.38 |
| 环　农 | 曹　烨 | 许　建 | 26 | 3169 | 510.33 | 86.15 |
| 环　堤 | 陆於锋 | 陈金华 | 17 | 4485 | 432.07 | 45.90 |
| 张家园 | 葛翠华 | 桑芝山 | 24 | 3736 | 326 | 36.71 |

**【经济发展】** 工业　丰利镇全年新批注册外资1280万美元,到账外资300万美元,引进市外民资2.06亿元,实现工业应税销售收入18.9亿元,同比增长29.72%,规模工业总产值33.44亿元,同比增长18.96%。全年1000万元以上项目投入11.96亿元,设备抵免税额1025.7万元。实施2000万元以上新开工项目10个,新竣工项目7个。南通润友金属制品有限公司实施节能减排技改项目,丰利机械厂推进扩建项目,米力健身器材、高密度板材、先锋织造扩建等项目投产见效。

农业　丰利镇高效农田面积达3633.33公顷,占比40%以上,畜禽规模养殖占比90%以上,新建农民专业合作社24家,农民专业合作社共有62家;注册登记家庭农场38家;全镇农业项目企业50家,其中市级农业龙头企业1家。累计投入4000万元实施农业综合开发、现代农业和小型节水工程项目。

服务业　丰利镇全年生产性服务业投入3.52亿元,实现服务业应税销售收入3.03亿元,社会消费品零售额5.05亿元,新开工服务业项目6个。丰润嘉园项目全面竣工,临海高等级公路海利加油站建成,悟园、醉枫庐等特色文化园对外开放。推进江海文化产业园集聚区建设,其中"大圣寺"复建项目成功获批,并正式开工建设。

**【村镇建设】** 丰利镇加快镇村重点基础设施建设步伐,安装LED显示屏2处,设立公益广告牌2块,在登丰路十字路口安装红绿灯和围栏,消除十字路口多年交通隐患。全镇拆建桥梁27座,新建水泥道路35.9公里,拆建机泵站9座,新建硬质渠15.2公里,新增绿化面积16.33公顷,拆坝建涵61座。

**【社会事业】** 社会事业有序发展。丰利小学、石屏小学、凌河小学迁建、搬迁等20项工程全部完成,6.02万人参保新农合,参保率99%以上。新增职工养老保险参保1179人,新增失业保险参保832人,新增基本医疗保险参保547人,城乡居民保险当年缴费人数1.93万人。《跳马伕》申报国家级文化遗产保护项目成功获批,《渔民号子》被评为南通市非物质文化遗产保护项目。申报古枫"文园"古建筑群为省文物保护单位。丰利镇文联成立,丰利文化站被江苏省文化厅评定为三级文化站。各村体育健身设施基本达到二类标准。

**【"大圣寺"建设】** 丰利"大圣寺"于2014年经市政府批准恢复重建,2015年5月25日奠基,标志着江海文化产业园建设拉开序幕。10月30日,"大圣寺"三面观音像举行开光大典。"大圣寺"建设进入实质阶段。

**【丰利小学珠心算】** 1997年,丰利小学开始进行珠心算教学实验。18年中，每年获省珠心算比赛最高荣誉“伯乐杯”一等奖，共获世界珠算联合会比赛金牌11枚、世界“城市杯”三算能力竞赛金杯2座、中国珠算协会比赛金牌20枚，近50人次先后创造省记录。2015年7月，丰利镇代表团参加南通市珠心算能力竞赛，D组与B组获团体一等奖，E组与C组获团体二等奖。在南通市一至三年级珠心算普及实验能力展示中，丰利小学近60名学生分获特等奖和一、二、三等奖。8月，丰利镇代表团参加江苏省珠心算能力竞赛，C组和B组均获团体一等奖，徐刘洋、陆桑成和桑盈盈3名学生共打破省赛纪录8人次。在江苏卫视“最强大脑”比赛中，徐刘洋成功晋级，征战国际赛。 （唐小兵）

## 马塘镇

**【概况】** 马塘镇位于如东县中部，北与丰利镇接壤，东邻高新技术开发区，西与岔河镇、南与新店镇和曹埠镇相邻。2015年，全镇总面积140.83平方公里，辖行政村17个、社区1个、村民小组474个。耕地总面积8966公顷，总人口7.95万人；出生435人，死亡884人，自然增长率-5.6‰。地区生产总值44.8亿元，三产结构占比9.7∶43.8∶46.5。财政总收入1.55亿元，其中公共财政预算收入8720.46万元，农村居民可支配收入1.85万元。全社会固定资产投资18.86亿元。项目投入18.31亿元。完成规模工业总产值78.57亿元，产品销售收入73.2亿元，镇工业利税总额3.15亿元，合(独)资企业9家。农林牧渔业总产值24.27亿元。生猪出栏42.17万头，年末存栏24.67万头，羊出栏3万只，年末存栏2.86万只；家禽出栏238.41万羽，年末存栏77.38万羽。农村实有从业人员3.36万人，其中农林牧渔业从业3318人，工业劳动力1.67万人，建筑业劳动力5620人。农村运输业总收入2.20亿元，农机总动力10.05万千瓦。水产品产量3441吨，其中海产品产量122吨。村营收入1294.2万元，建筑业总收入4.70亿元。从事第三产业人数5800人。集贸市场成交额3500万元。水果产量3035吨。电话普及率100%，开通数字电视2.13万户。中小学4所，在职教师204人，在校学生1538人。卫生院3所，医生118人，合作医疗参保率99.77%，参加社会保险5.1万人。

**2015年如东县马塘镇主要经济社会指标**

表38

| 项　　目 | 单　位 | 数　量 | 比2014年增减(%) |
|---|---|---|---|
| 总面积 | 平方公里 | 140.83 | — |
| 总人口 | 万人 | 7.95 | -0.82 |
| 地区生产总值 | 亿元 | 44.8 | 3.5 |
| 第一产业增加值 | 亿元 | 4.4 | 5.5 |
| 第二产业增加值 | 亿元 | 19.6 | -15 |
| 第三产业增加值 | 亿元 | 20.8 | 29.6 |
| 财政总收入 | 亿元 | 1.55 | 43.5 |
| 工业企业 | 家 | 352 | 17 |
| 工业总产值 | 亿元 | 149.72 | 11.1 |
| 产品销售收入 | 亿元 | 73.2 | 5.3 |
| 农业总产值 | 亿元 | 24.27 | 12.9 |
| 粮食总产量 | 万吨 | 8.75 | -15.7 |
| 棉花总产量 | 吨 | — | — |
| 油料总产量 | 吨 | 1975 | -1.35 |
| 水产品产量 | 吨 | 3441 | 2.99 |
| 中、小学校 | 所 | 4 | -20 |
| 医院、卫生院 | 所 | 3 | — |
| 参加社会养老保险人数 | 万人 | 5.1 | 2 |
| 参加合作医疗人数 | 人 | 55812 | -2.4 |
| 享受尊老金人数 | 人 | 4319 | 9.7 |

表 39

**2015年如东县马塘镇各村(居)基本情况**

| 村(居)名 | 党支部书记 | 主　任 | 村民小组(个) | 人口(人) | 耕地面积(公顷) | 村营收入(万元) |
|---|---|---|---|---|---|---|
| 徐　庄 | 杨扣群 | 刘学军 | 23 | 4110 | 392 | 56.03 |
| 许　楼 | 袁新华 | 高义金 | 26 | 5523 | 663 | 73.85 |
| 亚　苏 | 陈新建 | 陈新建 | 40 | 3242 | 506 | 34.67 |
| 尊　三 | 葛　勇 | 孙红美 | 32 | 3850 | 439 | 34 |
| 马　丰 | 葛　标 | 葛　标 | 36 | 4299 | 520 | 61.11 |
| 蔡　渡 | 张新明 | 喻修林 | 34 | 4043 | 556 | 91.12 |
| 长　路 | 朱炳华 | 朱炳华 | 39 | 3867 | 487 | 81.01 |
| 潮　北 | 张锦国 | 葛雪松 | 13 | 3991 | 363 | 70.02 |
| 潮　南 | 严海兵 | 陈　光 | 12 | 2687 | 360 | 44.74 |
| 马　北 | 陆亚云 | 沈　华 | 40 | 7829 | 403 | 70.69 |
| 马　东 | 陈如军 | 陈如军 | 21 | 2946 | 300 | 75.16 |
| 马　南 | 陈巧云 | 陈巧云 | 29 | 3608 | 393 | 44.66 |
| 马　西 | 姜一峰 | 姜一峰 | 28 | 4916 | 571 | 75.33 |
| 七里镇 | 高亚军 | 高亚军 | 9 | 2297 | 215 | 47.12 |
| 沙　庄 | 蔡　斌 | 顾建飞 | 40 | 3778 | 460 | 35.93 |
| 市河社区 | 陆金元 | 陆金元 | 8 | 10573 | 21 | 52.51 |
| 桃　园 | 朱　江 | 邵坤明 | 12 | 3266 | 409 | 35.15 |
| 王　渡 | 曹永宗 | 曹永宗 | 32 | 4668 | 699 | 39.90 |

**【项目建设】** 马塘镇打造以装备制造业为龙头主导产业，加快推进产业结构调整，提高镇域经济增长质量和效益，使机械行业向机械制造、化工设备、健身器材等高端产品方向发展。瀚邦食品机械、南通达鑫玻璃、勃实纸业、江苏力腾机械等在建项目进展顺利，鑫斯达精密机械、诺嘉机械铸件、卜蜂饲料等重点项目竣工投产。新开工2000万元以上项目12个，其中1亿元以上项目1个；新竣工2000万元以上项目7个。全年实现应税销售收入27.09亿元，规模工业产值78.57亿元。新增1000万元以上农产品加工项目2个，国庆苗木、虹元鸽业、龙凤祥生物科技、秸秆制粒等一批农业项目开工建设。

**【新农村建设】** 马塘镇发展农业园区1个，以投资3000万元天辰菌业公司香菇项目为龙头，着力打造江苏省最大香菇生产基地。全面开展土地承包经营权确权工作。全年新增土地流转面积686.67公顷，全镇共有家庭农场84个，新办家庭农场31个。全镇共有农民合作社101家，新增农民合作社9家。全镇共有“全托管”经营主体26个，新增“全托管”经营主体14个。新建水泥道路87.50公里、硬质渠道73.91公里。建设农村桥梁12座，改造泵站15座，整治河道9.23万立方米。拆坝建涵101座，改造农村危桥11座。投资722.5万元农业开发建设项目、1500万元中央财政小农水示范县项目以及马北村园艺项目全部通过上级验收，投资4550万元国家土地整理项目在马丰、蔡渡、尊三3个村落户并开工建设。实施绿化连片造林140公顷。在全镇17个村启动畜禽粪便治理工作，运嘉有机肥厂建成并投产，以粪便收集房为重点的畜禽粪污治理设施配套到位，形成户聚集、镇收集、中心干湿分离处理、企业加工转化一条龙治理模式。在农村环境综合治理工作中，争取上级资金和镇级财政支出共800多万元。全镇村营收入1023万元，比上年增加417.55万元，其中7个村超70万元。

**【镇村建设】** 马塘幼儿园新建工程主体竣工，并通过市级文明工地和市优质结构验收，马塘初中新建工程主体封顶。市河大桥桥面铺装完成。新马塘小学南侧一号地块文锦佳苑房地产项目主体竣工，新马塘小学南侧二号地块成功挂牌出让，老镇区粮机厂及老马塘小学地块在洽谈开发。马南新区安置房主体竣工。对老镇区道路塌陷破损部位、后街后巷道路、路灯线路等进行摸底排查，完成中心市场东侧等地段维修改造、道路硬化和线路改造工作。在马塘汽车站至南通大力化工设备

图 113 12 月,在建的马南安置房工程

有限公司路段及凌民段实施路灯亮化工程,创建为县级城市管理示范路。

【文化建设】 马塘镇以建设学习型党组织为目标,以党委中心组学习、扶海大学堂马塘分堂、基层组织生活日、乡土能人讲坛为抓手,强化理论武装。进一步加强各村农家书屋日常管理、设备更新,加强各村公共文化场所设施建设和氛围营造。全年组织群众文化活动 20 余场,送戏下乡 5 场。开展"抗战记忆"系列教育活动,并在县"我们万众一心"合唱比赛中获银奖。开展马塘镇第十届全民运动会。开展最美家庭、最美如东人等道德模范评选,开设道德讲堂,宣传和弘扬群众身边好人典型事迹。开展"美丽乡村""美丽农家"创建,推进农村精神文明建设。加强晓塘志愿服务队建设和管理,开展特色服务。市河社区"小老人"牵手"老老人"、社会事业服务中心"夕阳关怀服务"、马塘革命烈士纪念馆"红色志愿者"宣讲革命史成为镇志愿服务特色项目。 (陈 铖)

# 曹埠镇

【概况】 曹埠镇位于如东县南部,南与通州区十总镇接壤,西接新店镇,东与北边与高新产业开发区相连。2015 年,全镇总面积 92.50 平方公里,辖行政村 6 个、居委会 3 个、村民小组 203 个。户籍总数 1.68 万户,总人口 4.66 万人。全年出生 245 人,死亡 528 人,人口自然增长率 -6.07‰。工业企业 1020 家,其中规模以上企业 35 家,高新技术产业企业 2 家。实现工业总产值 115.96 亿元,工业应税销售收入 21.89 亿元,实缴税金 4.96 亿元。建筑企业 7 家,实现产值 3.42 亿元。生产性服务业投入 3.04 亿元,应税销售收入 4.21 亿元,税收 2945 万元。城镇规划区面积 290 公顷,建成区面积 290 公顷,城镇建成区总户数 1929 户,人口 5951 人,绿化面积 65 公顷。完成财政总收入 1.07 亿元,公共财政预算收入 7490 万元,公共财政支出 1.37 亿元。

## 2015年如东县曹埠镇主要经济社会指标

表 40

| 项　　目 | 单 位 | 数 量 | 比 2014 年增减(%) |
|---|---|---|---|
| 总面积 | 平方公里 | 92.5 | — |
| 总人口 | 万人 | 4.66 | — |
| 地区生产总值 | 亿元 | 23.60 | 10.2 |
| 第一产业增加值 | 亿元 | 2.92 | -6 |
| 第二产业增加值 | 亿元 | 11.61 | 11.6 |
| 第三产业增加值 | 亿元 | 9.25 | 10.5 |
| 财政总收入 | 亿元 | 1.07 | -4.5 |
| 公共财政预算收入 | 万元 | 7490 | 12.29 |
| 农民人均可支配收入 | 万元 | 1.61 | 4.5 |
| 工业企业 | 家 | 1020 | -7.2 |
| 工业总产值 | 亿元 | 115.96 | 11.1 |
| 产品销售收入 | 亿元 | 21.89 | 21.3 |
| 工业利税总额 | 亿元 | 4.96 | 20.2 |
| 当年实际利用外资 | 万美元 | 432 | 4.1 |
| 全社会固定资产投资 | 亿元 | 14.20 | 17 |

续表 40

| 项　　目 | 单　位 | 数　量 | 比 2014 年增减(%) |
|---|---|---|---|
| 工业投入 | 亿元 | 9.10 | 5.6 |
| 农业总产值 | 亿元 | 8.31 | 1.3 |
| 粮食总产量 | 万吨 | 6.10 | 0.3 |
| 棉花总产量 | 吨 | 20.20 | -24 |
| 油料总产量 | 吨 | 2124 | 1 |
| 水产品产量 | 吨 | 7869 | 2 |
| 中、小学校 | 所 | 5 | — |
| 医院、卫生院 | 所 | 3 | — |
| 参加社会养老保险人数 | 人 | 23316 | 0.31 |
| 参加合作医疗人数 | 人 | 38990 | -1.86 |
| 享受尊老金人数 | 人 | 2554 | 0.67 |

### 2015年如东县曹埠镇各村(居)基本情况

表 41

| 村(居)名 | 党支部书记 | 主　任 | 村民小组(个) | 人口(人) | 耕地面积(公顷) | 村营收入(万元) |
|---|---|---|---|---|---|---|
| 上　漫 | 朱广明 | 钱方军 | 31 | 6367 | 424 | 159.3 |
| 堤　南 | 张　昆 | 周金虎 | 30 | 6237 | 569.21 | 79 |
| 孙　窑 | 张益峰 | 郑锦岩 | 26 | 5763 | 591 | 84 |
| 甜　水 | 张金红 | 郁新华 | 25 | 4809 | 800 | 60.2 |
| 应　泉 | 顾　杰 | 范　进 | 9 | 3824 | 385 | 50.9 |
| 冯　桥 | 缪辰蕾 | 韩国成 | 14 | 3774 | 398 | 52 |
| 跨　岸 | 秦爱军 | 顾宏军 | 40 | 7558 | 807 | 148 |
| 下　漫 | 於琳琳 | 徐春荣 | 17 | 3792 | 327 | 70 |
| 直　港 | 潘荣如 | 丁春明 | 11 | 2760 | 312 | 28 |

**【经济发展】** 农业　年末，曹埠镇实有耕地 5312 公顷，有效灌溉面积 4560 公顷，高标准农田面积 890 公顷，设施农业面积 402 公顷，保险面积 153 公顷，农机总动力 6.3 万千瓦。年末，农村实有从业人员 2.4 万人，其中外来从业人员 1189 人，第一产业从业人员 2601 人，第二产业从业人员 17346 人，第三产业从业人员 4069 人。

工业　曹埠镇完善工业集中区基础设施，新建污水处理厂 1 个，编制热网工程规划。培育规模企业，5 家企业销售额进入 1 亿元行列，新增定报企业 5 家，形成了以海派艺术家居和安全防护手套为主体的两大特色板块。加快骨干企业上市进程，江苏伊贝实业股份有限公司于 11月 23 日通过"新三板"挂牌上市，南通永润建筑装饰工程有限公司 12 月 28 日在"四板"挂牌，江苏亚振家具有限公司主板上市成定局。推进项目建设，全年新建投资超 2000 万元工业项目 14 个。服务企业技术改造转型升级，南通富贵源印花有限公司新上中水回收利用项目被列入省经信委淘汰落后产能项目。新增外贸出口企业 5 家，如东富强针织印染有限公司布后整理项目提升产品竞争力，产品出口到孟加拉。全镇规模工业总产值 92 亿元，全部工业应税销售收入 21.89 亿元，分别比上年增长 17.3%和 21.3%。

**【农业园区建设】** 做优培强农业园区，曹埠镇新规划 133.33 公顷甜水现代农业科技示范园，新建智能温室和标准钢架连栋大棚。南通商宇耕植园投资 5000 万元打造渔业养殖基地，直港村新增千头养羊示范基地。培育新型经营主体，新建家庭农场、全托管、专业合作社 27 个，流转土地 637.33 公顷，新建粮食烘焙中心 2 个，新增烘干机 13 台。以"互联网 +"为依托发展电商农业，双羊芦笋合作社、如东福星食品厂、三猫家庭农场产品实现网络销售。

**【生态环境】** 曹埠镇落实"四位一体"长效管理措施，新建三格化粪池 180 个，强制关闭达不到环保要求规模生猪养殖场 1 家、工业企业 7 家。加大农村基础设施建设，浇筑水泥路 47 公里、渠道 59.6 公里，新建农村桥梁 10 座，河道疏浚美化 1.75 公里。

【民生保障】 曹埠镇农民人均可支配收入1.61万元。新型农村社会养老参保1.17万人，参保率92%。农村居民最低生活保障521人。新型农村合作医疗参保3.90万人，参保率99.6%。

【社会事业】 曹埠镇办人民满意教育，全镇共有中小学5所，幼儿园3所，在职教师193人，在校生1590人。中考正取县中38人，总均分位列全县第三，曹埠初中和饮泉小学被评为“县教育质量金奖学校”。完善养老服务体系建设，镇敬老院通过省二星级敬老院验收，各村居都建成居家养老服务站。有医疗卫生机构35个，床位82张，执业医师30人。关注弱势群体，成立全县第一个镇级红十字会。群众文化事业稳步推进，全年组织各类大中型文体活动10次，扶持赵家剧院迁至新镇区，以农家书屋为核心的村居文化活动室实现全覆盖，被省新闻出版局评为农家书屋提升工程创建先进集体。打造红色文化基地，建成如东第一个党支部纪念室——下漫灶党支部纪念室。 （张亚华）

图114 5月28日，曹埠镇红十字会成立大会暨第一次会员代表大会召开

## 岔河镇

【概况】 岔河镇位于如东县中西部，东邻马塘镇，西接双甸镇，南与新店镇、北与河口镇、洋口镇相连。2015年，岔河镇总面积141平方公里，辖行政村22个、居委会3个、村民小组365个，耕地面积8893公顷。年末，总户数2.80万户，总人口8.2万人，其中非农人口1万人，出生431人，死亡904人，人口自然增长率-5.69‰。地区生产总值59.82亿元。实现财政总收入2.6亿元，公共财政预算收入1.34亿元。完成规模企业产值111.9亿元，产品销售收入111.8亿元，应税销售收入50.4亿元，利润6.4亿元。农林牧渔业总产值9.07亿元。生猪出栏24万头，年末存栏14万头；羊出栏1万只，存栏1万只；家禽出栏258万羽，存栏104万羽。年末农村实有从业人员3.7万人，其中农林牧渔从业人员6000人，工业劳动力1.7万人，建筑业劳动力6000人。农机总动力7.46万千瓦。农民人均可支配收入1.93万元。社区教育中心1所，中学1所，小学5所，幼儿园5所，在编教师中学225人、小学246人，编外幼儿教师102人。在校学生高中266人、初中920人、小学2384人、幼儿园1374人。公立医院1家，民营医院3家，社区卫生服务中心1所，村卫生室23个，其中省示范村卫生室4个，医护人员265人，其中乡村医生68人，合作医疗参保率99%。开通数字电视2.15万户，入户率98%。自来水用户2.65万户。参加社会保险4.05万人。在全县综合考核中，获“综合优胜杯”金杯、“综合保障先进单位”铜杯、“兴财杯”金杯、“开放杯”金杯、“项目建设杯”铜杯、“工业发展杯”银杯、“服务业发展杯”金杯、“民生杯”银杯。

**2015年如东县岔河镇主要经济社会指标**

表42

| 项目 | 单位 | 数量 | 比2014年增减(%) |
|---|---|---|---|
| 总面积 | 平方公里 | 141 | — |
| 总人口 | 万人 | 8.2 | — |
| 地区生产总值 | 亿元 | 59.82 | 10 |
| 第一产业增加值 | 亿元 | 3.87 | 0.5 |
| 第二产业增加值 | 亿元 | 32.09 | 8.3 |
| 第三产业增加值 | 亿元 | 23.85 | 14.4 |
| 财政总收入 | 亿元 | 2.6 | 19.8 |
| 公共财政预算收入 | 万元 | 1.34 | 31.37 |
| 企业总数 | 家 | 4011 | 8.1 |
| 其中规模工业企业 | 家 | 62 | 6.9 |

续表 42

| 项　　目 | 单　位 | 数　量 | 比 2014 年增减(%) |
|---|---|---|---|
| 工业总产值 | 亿元 | 208.6 | 12.3 |
| 应税销售收入 | 亿元 | 50.4 | 18.9 |
| 工业利税总额 | 亿元 | 14.2 | 21.0 |
| 当年实际利用外资 | 万美元 | 677 | 11.53 |
| 全社会固定资产投资 | 亿元 | 22.92 | 4 |
| 工业投入 | 亿元 | 15.74 | 9.8 |
| 农业总产值 | 亿元 | 9.07 | 5 |
| 粮食总产量 | 万吨 | 10.6 | 4.1 |
| 棉花总产量 | 吨 | — | — |
| 油料总产量 | 吨 | 1868 | -13 |
| 水产品产量 | 吨 | 1653 | 1 |
| 中、小学校 | 所 | 6 | — |
| 医院、卫生院 | 所 | 4 | — |
| 参加社会养老保险人数 | 人 | 40500 | 1 |
| 参加合作医疗人数 | 人 | 62076 | -2.6 |
| 享受尊老金人数 | 人 | 4445 | 3.25 |

## 2015年如东县岔河镇各村(居)基本情况

表 43

| 村(居)名 | 党支部书记 | 主　任 | 村民小组(个) | 人口(人) | 耕地面积(公顷) | 村营收入(万元) |
|---|---|---|---|---|---|---|
| 振　兴 | 孙海建 | 石高岳 | 14 | 3547 | 390 | 50.2 |
| 汤　桥 | 张建忠 | 于　建 | 10 | 2576 | 250 | 51.4 |
| 南　桥 | 丁建华 | 丁建华 | 16 | 3819 | 271 | 70 |
| 金　河 | 程银山 | 石海剑 | 24 | 4363 | 517 | 30.5 |
| 金　桥 | 曹小春 | 周小林 | 27 | 4102 | 401 | 85.5 |
| 兴　发 | 凌国祥 | 陈建华 | 10 | 3178 | 324 | 35 |
| 金　发 | 石　磊 | 张建军 | 15 | 3605 | 396 | 50 |
| 龙　发 | 赵德富 | 崔秀凤 | 10 | 2688 | 244 | 32.7 |
| 兴　河 | 吴　杨 | 吴　杨 | 11 | 1363 | 98 | 55.3 |
| 银　河 | 吴兴华 | 宋　建 | 14 | 3028 | 250 | 72.3 |
| 新　坝 | 赵旭东 | 赵　进 | 24 | 3843 | 395 | 55.2 |
| 新　桥 | 张海燕 | 缪　权 | 19 | 3775 | 389 | 35.8 |
| 振　河 | 金远梅 | 叶建忠 | 19 | 4467 | 392.5 | 50 |
| 新　港 | 叶德军 | 刘正华 | 15 | 3684 | 324 | 30.8 |
| 兴　北 | 苑冬冬 | 陈金泉 | 14 | 2658 | 300.5 | 51.4 |
| 古　北 | 丛国尤 | 赵学文 | 15 | 3770 | 379 | 41.7 |
| 玉　林 | 钱德田 | 丁爱华 | 12 | 2471 | 226 | 35.3 |
| 陆　港 | 杨小平 | 朱小军 | 15 | 3019 | 290 | 30.1 |
| 启　秀 | 桑林华 | 王明海 | 14 | 3317 | 328 | 32 |
| 坝　东 | 卢　桦 | 刘金泉 | 13 | 2641 | 292 | 30.1 |
| 三　联 | 傅春明 | 钱　华 | 16 | 3047 | 375 | 42.2 |
| 龙　凤 | 桑德晨 | 王根林 | 19 | 2790 | 356 | 30.9 |
| 古　坝 | 盛义明 | 丛　兵 | 15 | 2832 | 134 | 74 |
| 迎春居委会 | 洪剑高 | 朱亚兵 | 4 | 422 | 11.3 | 242.9 |
| 燕川居委会 | 许正忠 | 张　浩 | — | 6713 | 9 | — |

【招商引资与项目建设】 2015年，岔河镇完成注册外资1126万美元，外资到账677万美元，引进市外民资4.02亿元。新开工1000万元以上项目13个，其中1亿元以上项目2个；新竣工1000万元以上项目14个，全部工业投入15.74亿元，同比增长9.8%。盘活低效、闲置土地2.09公顷。

【现代农业发展】 岔河镇坚持以工业化手段抓现代农业发展，促进现代农业提质增效。围绕规模种养业、新兴园艺业以及生态观光农业，在做好新坝农业园区绿化、基础设施配套基础上，金桥千亩高效设施农业项目全面建设，汤桥等6个村小农水项目基本竣工。完成土地流转、适度规模经营533.33公顷，全托管12户，新增流转土地绿化86.67公顷。

【第三产业】 2015年，岔河镇新增服务业限额以上企业4家，共有44家。新注册现代物流企业2家，银河商贸物流、镇中心商务2个服务业集聚区引领效应不断显现。省四星级乡村旅游点南通神农生态农业有限公司"在水一方生态园"成功举办美食节，并被评为"2015年全国休闲农业与乡村旅游四星级示范创建企业"。龙河湾生态文化园被评为省二星级乡村旅游点。

【镇村建设】 2015年，岔河镇新开发项目3个，拆迁175户，征收面积6.21万平方米，竣工面积5.97万平方米，销售商品房1.20万平方米。海启高速公路建设工程征收拆迁面积约5.9万平方米。集中居住区建设进展顺利，安置建筑面积2.65万平方米。拆除违法建筑约1200平方米。《岔河镇总体规划(2013—2030)》在南通市城市规划及村镇规划优秀勘察设计评选中获村镇规划类二等奖。

【民生工程建设】 岔河镇中心敬老院工程，利用岔南初中校舍改造为敬老院宿舍及办公用房，新改建面积近4500平方米，投入超1000万元。在金水湾花园东侧新建公立幼儿园工程启动。历时3年多完成岔河自来水公司回购，全面实现区域供水目标。全年新建各类水泥路28.84公里、农桥16座。全镇用于民生工程投入2150余万元。

(钱海兵)

图115 位于岔河镇银河商贸物流集聚区的南通贝宁物流有限公司仓库一角

## 新店镇

【概况】 新店镇位于如东县西南部，东与曹埠镇、马塘镇为邻，南与通州区石港镇接壤，北与岔河镇、双甸镇相连，西与如皋市白蒲镇相依。2015年，新店镇总面积80.69平方公里，农作物播种面积7180公顷。辖行政村10个、居委会2个、村民小组158个。全镇总户数1.36万户，总人口3.72万人，其中男性1.82万人、女性1.90万人，出生214人，死亡451人，自然增长率-6.37‰。地区生产总值24.39亿元。农村居民人均可支配收入1.70万元。财政总收入1.17亿元，其中，公共财政预算收入8941万元。财政总支出1.08亿元，其中，公共财政支出8947万元。从业人员1.91万人，其中，一产从业人员3216人，二产从业人员1.16万人，三产从业人员4326人，外来从业人员727人。是第一批全国农村优秀学习型乡镇，在县综合考核中，获"综合保障先进单位"铜杯、"开放杯"银杯、"项目建设杯"铜杯、"工业发展杯"铜杯、"创新杯"铜杯。

**2015年如东县新店镇主要经济社会指标**

表44

| 项　目 | 单　位 | 数　量 | 比2014年增减(%) |
|---|---|---|---|
| 总面积 | 平方公里 | 80.69 | — |
| 总人口 | 万人 | 3.72 | — |
| 地区生产总值 | 亿元 | 24.39 | 4.3 |
| 第一产业增加值 | 亿元 | 2.08 | 3.75 |
| 第二产业增加值 | 亿元 | 12.67 | 6.4 |
| 第三产业增加值 | 亿元 | 9.64 | 2.55 |

续表 44

| 项　目 | 单　位 | 数　量 | 比 2014 年增减(%) |
|---|---|---|---|
| 财政总收入 | 亿元 | 1.17 | 2.8 |
| 公共财政预算收入 | 万元 | 8941 | 24.52 |
| 企业总数 | 家 | 536 | 2.67 |
| 其中规模工业企业 | 家 | 39 | 1.4 |
| 工业总产值 | 亿元 | 91.43 | 6.27 |
| 应税销售收入 | 亿元 | 29.50 | 11.9 |
| 当年实际利用外资 | 万美元 | 523 | 23.6 |
| 全社会固定资产投资 | 亿元 | 13.56 | 7.2 |
| 工业投入 | 亿元 | 13 | 2.72 |
| 农业总产值 | 亿元 | 4.30 | 3.7 |
| 粮食总产量 | 万吨 | 5.10 | 1.2 |
| 棉花总产量 | 吨 | 11 | — |
| 油料总产量 | 吨 | 1593.17 | — |
| 蚕茧产量 | 吨 | 70.60 | — |
| 水产品产量 | 吨 | 5597 | 12.43 |
| 中、小学校 | 所 | 3 | — |
| 医院、卫生院 | 所 | 2 | — |
| 参加社会养老保险人数 | 人 | 8900 | 35.7 |
| 参加合作医疗人数 | 人 | 28926 | 28.4 |
| 享受低保人数 | 人 | 354 | 8.2 |

### 2015年如东县新店镇各村(居)基本情况

表 45

| 村(居)名 | 党支部书记 | 主　任 | 村民小组(个) | 人口(人) | 耕地面积(公顷) | 村营收入(万元) |
|---|---|---|---|---|---|---|
| 胡　港 | 邵玲芳 | 张晓元 | 12 | 3041 | 293.33 | 10.9 |
| 祝　套 | 潘亚军 | 季月华 | 20 | 3663 | 365.20 | 27.41 |
| 月　池 | 丁炳泉 | 丁炳泉 | 8 | 2558 | 251.80 | 25.02 |
| 新　联 | 朱陈霞 | 朱陈霞 | 5 | 1780 | 161.53 | 9.83 |
| 深　河 | 吴　晶 | 朱志飞 | 9 | 2932 | 242.53 | 15.02 |
| 孙　桥 | 王益峰 | 钱一兵 | 15 | 2948 | 320.00 | 5.68 |
| 三角渡 | 冯学明 | 钱一梅 | 10 | 2025 | 187.13 | 8.41 |
| 双虹桥 | 吴立新 | 邵　峰 | 14 | 2633 | 249.20 | 43.67 |
| 新店居委会 | 朱建飞 | 吉春荣 | 14 | 2792 | 198.67 | 25.45 |
| 汤园居委会 | 鲍长兵 | 朱福军 | 25 | 5829 | 531.73 | 27.68 |
| 曹　庵 | 吴光华 | 袁国庆 | 12 | 3602 | 302.47 | 16.26 |
| 顾高桥 | 张　铁 | 杨　晶 | 14 | 2128 | 208.33 | 5.06 |

**【农业农村】** 2015 年,新店镇农业总产值 4.30 亿元。种植业食用“三品”基地面积 177.80 公顷。种植大户 9 家,耕地流转 63.40 公顷,粮食总产量 5.06 万吨。蔬菜总产量 7070 吨,瓜果总产量 191.2 吨。牛肉产量 80.1 吨,羊肉产量 232.16 吨,猪肉产量 7960 吨,家禽肉产量 2422.78 吨,禽蛋产量 80.36 吨。投资 480 万元实施顾高桥村“双百整治”工程,投资 650 万元完成胡港村高标准农田建设项目,修造硬质渠 25.73 公里、道路 27.36 公里。整合交通、财政、农经政策,新修桥梁 7 座、农路 17.33 公里,拆坝建涵 26 处。启动新老 S225 连接道路建设,完成道路设计、道路用地征用和房屋拆迁、安置及招投标等工作。南通绿之蓝米业有限公司、如东万禧牧业有限公司升级为市级农业龙头企业,销售收入 1.83 亿元。新增家庭农场 8 家,13.33 公顷以上“全托管”经营主体 6 个。新增绿化造林 92 公顷,实施农村改厕 160 座,完成自来水管网升

级改造工程。汤园社区被评为国家综合减灾示范社区。顾高桥、三角渡、曹庵、孙桥4个村被评为江苏省卫生村。农业机械总动力3.37万千瓦。在胡港、曹庵、月池、孙桥等6个村推广种植无虫害绿色稻米2333.33公顷。

**【工业经济】** 新店镇企业总数536家,其中工业企业163家,列入统计“三上”企业63家,规模以上工业企业39家,高新技术企业5家。全部工业总产值91.43亿元,其中规模以上工业总产值81.74亿元,实现规模以上工业增加值5.83亿元,应税销售收入29.50亿元,从业人员1.58万人。建筑业产值1.30亿元,从业人员2346人。进出口总额3910万元。市外民资投入2.10亿元,注册外资800万美元,到账外资523万美元。新上东德利、天骄锌业、科邦机械3个项目,鑫锐健身、华成运动、隆润机械等12个2000万元以上项目开工,绿之蓝米业、天成消防、达力斯一期等12个2000万元以上项目竣工,松柏纺织1亿元项目竣工。建成健身器材公共展示平台,实现生产性服务业投入3.61亿元,应税销售收入5.05亿元,入库税收2703万元。固定资产投资13.56亿元。南通怡达健身器材有限公司、南通合兴铁链股份有限公司、南通梦香家纺有限公司等20家中小微企业被确定为县中小微企业运行监测点企业。南通合兴铁链股份有限公司在新三板、南通振新颜料有限公司在E板挂牌上市。推进“两转”工作,完成个体户转私营企业66家,私营企业转一般纳税人企业32家。先后邀请南通开放大学电商教授刘海涛和上海电机学院“关田IE工作室”关田铁洪教授为全镇30多家骨干企业进行电子商务和IE技术培训。组织25家企业到昆山参观智能自动化及机器人博览会。

**【社会事业】** 新店镇投资500万元新建新店幼儿园综合楼。发放低保、五保、重残救助、奖特扶等各类资金805万元;投资300万元实施镇敬老院1号、2号居住用房改造工程。新店社区教育中心成为省级标准化社区教育中心,成人学校被评为江苏省社会教育宣传工作先进集体。12个村(居)建成“一站式”公共服务平台及镇视频监控中心。投资10余万元建成集法治文化广场、法治大道、法治校园为一体法治示范园,成功创建南通市法治乡镇。双虹桥村被评为省民主法治示范村、省巾帼电子商务示范村。顾高桥村农家书屋创建为南通市四星级农家书屋。汤园居委会、新店居委会、祝套3个村(居)建成乡村大舞台,祝套村广场舞健身队自编自演秋季秸秆禁烧禁抛文艺节目,并到全镇各村(居)巡回演出。公共文化体育设施面积4940平方米。举行全民终身学习活动周启动仪式暨社科普及大型咨询活动。在“5·10”思廉日举办廉政书画展览。参加新型农村合作医疗保险2.89万人,参加新型农村养老保险8900人,参加职工养老保险6800多人,社会保险覆盖到全镇68家规模企业。农村居民最低生活保障354人,社会福利收养186人。互联网上网用户7288户。人均住房面积73平方米。燃气用户1.29万户。有线数字电视入户率98%,自来水用户1.36万户。

**【污水处理厂投入运行】** 新店镇政府和南通振新颜料有限公司共同投资1400万元建成污水处理厂,2015年投入运行,日处理能力5000万吨,处理后水质达到国家3类标准。污水处理厂24小时正常运行,日收集镇(区)生活污水500多吨、企业废水2000多吨;年运行费用200万元,镇每年补贴企业20万元。

**【党员干部冬训】** 2月4—5日,新店镇67个党支部1903名党员通过电视现场直播方式集中学习培训。冬训期间,200名党员参加无偿献血活动;广电、劳动、医疗卫生、司法、文化、妇联等8个部门送科技、送文化、送温暖至孙桥村和祝套村,接受群众咨询1200多人次,发放各种科普宣传资料900份,书写春联500多副。

**【推进“阳光村务”】** 新店镇实行村级“三资”(资源、资产、资金)委托代理制,由镇农经站集中管理、统一核算。重点把好3个环节:管理环节,村级资金实行备用金制度,各村备用金限额3000元,限额以上部分及时上交镇农经站;审批环节,根据支出金额,300元以下由村经济合作社社长实行一支笔审批;300元以上由村(居)3位主要干部会签审批,1000元以上报镇农经站审查确认后,方可入账支出。监督环节,所有票据须由村监委会、村民主理财小组审核签章后报账,3000元以上支出扫描上传至“三资”管理系统。由村“两委”联席会议商议决定一般性事务。重大事务决策按照民主提案、民主议案、民主表决、公开承诺、民主监督“五步法”,在村委会、支部会、监委会、村民代表会议上提出、审议和通过。同时,建立村民议事会,每季召开1次,听取意见,商议村务。建立“1+X”立体化公开模式,“1”即确定每季10日为村务公开日,在固定公开栏上详细公开村内事务决策和实施情况,接受监督;“X”即各村根据实际情况,采取会议公开、到户公开、广播公开、网络公开等多种方式,进一步扩大村务公开覆盖面,提高群众知晓率。

**【企院对接共建】** 11月7日,南通尤力体育用品有限公司与上海电机学院“关田IE工作室”在该公司举行现场改善项目启动仪式,邀请“关田IE工作室”专家团队指导公司现场管理,提升精细化管理水平。上海电机学院“关田IE工作室”由关田铁洪教授领衔,工业工程、物流管理和产品质量工程专业教师及企业专家组成,从事专业理论教学、技术应用研究和企业现场改善指导。关田教授具有日本IE技术资格,是拥有该技术资格的唯一华人。该资格由日本能率协会认证和颁布,是日本

IE最高资格。上海电机学院副院长黄兴华、商学院院长孙丽江、新店镇镇长沈瑜新等相关领导参加项目签约启动仪式。

**【如东新店(上海)产业与资本对接会】** 6月13日,"如东新店(上海)产业与资本对接会"在上海举行。新店镇党委书记陈五霞致辞。在场嘉宾观看新店镇宣传短片。人民网高级投资经理刘水龙就"资本运作",上海电机学院博士王宇露就"新店镇铸造产业现状、问题、出路",日立(中国)有限公司品质保证中心副总监镇晓静就"中国企业向先进企业学习什么"等话题进行演讲。副县长姜晓静、王智,县政协副主席、工商联主席桑健及上海电机学院商学院、安信证券及"长三角"地区部分知名企事业单位负责人、新店镇骨干企业负责人和在外成功人士代表等出席会议,并参观上海亚澳医用保健有限公司等企业。 (孙天浩)

## 双甸镇

**【概况】** 双甸镇地处如东西南部,西与如皋市丁堰镇、林梓镇接壤,南与新店镇,东与岔河镇,北与河口镇、袁庄镇为邻。334省道贯穿东西。2015年,全镇总面积120.12平方公里,其中陆地面积1.06万公顷,水面面积1424公顷,耕地面积6651公顷。辖行政村13个、居委会3个、村(居)民小组531个。户籍总数2.23万户,户籍人口7.24万人。全年出生538人,死亡794人,人口自然增长率-3.5‰。镇党委、政府围绕建设"工业大镇、农业强镇、三产旺镇、宜居村新镇、美丽村镇"目标,坚持招商引资主线,突出财政增收、城镇开发重点,推进转型升级、民生福祉、党的建设3大工程,强化党要管党、过程控制、作风建设、难题破解4项保障,全镇政治、经济和社会各项事业较快发展。全镇地区生产总值35.10亿元,比上年增长6.1%。全年实现工业应税销售收入36.30亿元,比上年增长15%。新增一般纳税人企业36家,新增南通兴亿达纺织有限公司、如东万顺纺织品有限公司等亿元企业3家,培植超2000万元企业5家,实现公共财政收入8424万元,比上年增长38.6%。双甸镇被授予"南通市质量强镇先进镇"称号,财政收入全县增幅第一,获县"兴财杯"金杯,城镇建设获县"城镇杯"铜杯,党建考核获县第一。

**2015年如东县双甸镇主要经济社会指标**

表46

| 项 目 | 单 位 | 数 量 | 比2014年增减(%) |
|---|---|---|---|
| 总面积 | 平方公里 | 120.12 | — |
| 总人口 | 万人 | 7.24 | — |
| 地区生产总值 | 亿元 | 35.10 | 6.1 |
| 第一产业增加值 | 亿元 | 3.61 | 12.5 |
| 第二产业增加值 | 亿元 | 15.53 | -1.02 |
| 第三产业增加值 | 亿元 | 15.95 | 12.5 |
| 财政总收入 | 亿元 | 2.03 | 46 |
| 公共财政预算收入 | 万元 | 8424 | 35.2 |
| 工业企业总数 | 家 | 485 | 0.6 |
| 其中规模工业企业 | 家 | 63 | — |
| 工业总产值 | 亿元 | 155.51 | 4.4 |
| 应税销售收入 | 亿元 | 36.3 | 15.09 |
| 工业利税总额 | 亿元 | 12 | 9 |
| 当年实际利用外资 | 万美元 | 441 | 25 |
| 全社会固定资产投资 | 亿元 | 16.8 | 0.18 |
| 工业投入 | 亿元 | 13 | 0 |
| 农业总产值 | 亿元 | 7.25 | 3.7 |
| 粮食总产量 | 万吨 | 9.18 | 2 |
| 棉花总产量 | 吨 | — | — |
| 油料总产量 | 吨 | 1856 | 5.6 |
| 水产品产量 | 吨 | 1387 | — |
| 中、小学校 | 所 | 4 | — |
| 医院、卫生院 | 所 | 3 | — |
| 参加社会养老保险人数 | 人 | 37392 | 3.2 |

续表 46

| 项　目 | 单　位 | 数　量 | 比 2014 年增减(%) |
|---|---|---|---|
| 参加合作医疗人数 | 人 | 56499 | -0.86 |
| 享受尊老金人数 | 人 | 4045 | 3.4 |

表 47

**2015年如东县双甸镇各村(居)基本情况**

| 村(居)名 | 党支部书记 | 主　任 | 村民小组(个) | 人口(人) | 耕地面积(公顷) | 村营收入(万元) |
|---|---|---|---|---|---|---|
| 曙　光 | 苏祥林 | 陈向东 | 48 | 5534 | 661.72 | 50.50 |
| 石甸居委会 | 吴曙春 | 张国华 | 39 | 4557 | 601.95 | 50.20 |
| 高　前 | 薛建明 | 苏明宏 | 34 | 4061 | 428.59 | 204.02 |
| 田　季 | 冯素林 | 王巍威 | 30 | 3684 | 466.06 | 35.09 |
| 星光居委会 | 王建明 | 郁建明 | 17 | 1649 | 192.11 | 95.06 |
| 镇　南 | 常建国 | 张爱兵 | 29 | 2975 | 390.44 | 59.19 |
| 鹤　井 | 吴继陈 | 马玉平 | 30 | 3552 | 365.92 | 35.15 |
| 石　南 | 徐正华 | 陈　洁 | 27 | 3417 | 366.61 | 50.46 |
| 中　心 | 金　勇 | — | 37 | 3725 | 482.09 | 61.15 |
| 宗　奎 | 许春荣 | 陈亚军 | 36 | 3328 | 464.63 | 51.88 |
| 伯　元 | 张　军 | 许　兵 | 34 | 3327 | 469.53 | 56.91 |
| 镇　东 | 袁小燕 | 潘燕飞 | 22 | 2641 | 356.37 | 50.49 |
| 丛家坝 | 葛自乾 | 丛刚远 | 35 | 3815 | 472.61 | 30.24 |
| 双南居委会 | 江李兵 | 王振飞 | 49 | 5671 | 641.24 | 72.57 |
| 德　银 | 季长宽 | 从远江 | 33 | 3784 | 478.66 | 30.05 |
| 锡　伍 | 张庭华 | 金　勇 | 29 | 3954 | 422.76 | 30.21 |

**【经济发展】** 农业　双甸镇加强结构调整。新增固定资产超1000万元加工流通项目1个。新培育现代农业示范园区2个，新增村股份合作社1家，新培育市级合作示范社2家。新增家庭农场17家，新增粮食生产"全托管"3家。新培育农业龙头企业3家。新增农产品电商3个。曙光村农业综合开发项目投入运行，双南居委会农业综合开发项目全面推进，争取项目资金1746万元。复耕复绿基本农田1.3公顷，平整复耕土地18.6公顷，新增农村绿地面积133公顷。疏浚农村河道31条，25万立方米，拆除占用农田用地7宗。

工业和建筑业　实现工业应税销售收入36.30亿元，比上年增长15%；实现工业现价总产值155.51亿元；比上年增长4.4%。完成外资注册1180万美元，外资到账441万美元，利用市外民资3亿元，分别占全年任务147.5%、103%和100%。1000万元以上项目投入13亿元，新开工昊志琼艳、光阳针业等10个2000万元以上项目，占全年任务111%；新竣工兴亿达纺织、嘉得利二期等9个2000万元以上项目，占全年任务180%。高新产业产值累计23.6亿元，比上年增长18.08%。新培育省级民营科技企业5家。申报"双创人才"2个，省"双创博士"3个。

园区建设　镇工业园区创办于2001年，位于双甸镇西首高前村，规划面积86.67公顷，全境设A、B、C 3个集中区。入驻企业56家，投资总额20亿元，主产光学镜片、纺织坯布、织针机械、劳保手套、服装、兽药等。实现现价工业总产值40亿元。镇东工业集中区创办于2007年，位于镇东村4、5、6组，规划面积28.85公顷，开发面积14.44公顷，入驻企业30多家，产品以纺织为主。实现现价工业产值20亿元，入库税金1800万元。双南农副产品加工区创办于2008年，位于双南居委会36组，规划面积16.67公顷，江苏晨希米业有限公司入驻，年产精制大米10万吨，实现现价销售收入2亿元。

服务业项目投入3.53亿元，实现应税销售收入9.24亿元，入库税金3696万元，分别占全年任务100.9%、115.4%和132%。

**【镇村建设】** 2009年2月19日，《双甸镇镇村建设规划》由南通市规划设计院有限公司修编，报县人民政府批准，镇区总体布局以向北向南发展为主，控制向东向西发展。用地结构为"一心两轴五片区"。规划范围，南至新334线，西至红石河、红星河，北至星光大道、三环路，东至光明路、经四路和江海河,总面积12.7平方公里。规划年限2008—2030年。2015年,阳光一期工程封顶,二期进入招拍挂阶段。警务大楼破土动工。角林线公路完成拆迁交地,进入实施阶段。江海西路创建县、市示范路,镇区基础设施投入850万元。特高压拆迁曙光居民点新建房屋通过验收。新老334线路域环境整治通过国家验收。双甸、石甸社区消防栓检施结束。新建农路23.42公里,新建农桥10座,拆坝建涵150座,实施农村危房改造81户。

**【社会事业】** 双甸小学全县首批通过“义务教育现代化学校”验收。双南幼儿园回收为公办。双甸高级中学与双甸镇初中合并组建为双甸中学。全镇在册教师386人,每千人教师数5.36人。全镇公立医院1家,民营医院2家,共有医生50人,床位121张。村(居)社区卫生室18个,有社区医生63人,每千人医生数1.6人,每千人床位数1.7张,新增省级卫生村2个,省示范卫生室3个。改厕代表县通过省级验收。建立社会救助数据库,推进“慈爱孤儿工程”“大病关爱工程”,先后解决95名事实孤儿和困难儿童的学习和生活难题,帮助34户残疾人家庭和特困家庭改造房屋。对32名事实困难精神病人给予用药救助。发放低保费及其他临时救济费190万元,发放孤儿生活补贴、重残补助120万元。二星级敬老院创建通过验收。新建示范性居家养老服务站6个。江苏宇迪光学仪器有限公司和高前村被评为省“法治文化”示范单位。

**【民生保障】** 2015年,双甸镇农村人均纯收入19035元,比上年增长6.99%。全镇有楼房住户1.68万户,占总户数80.1%,总建筑面积407.35万平方米,人均住房达65平方米。全镇参加新型农村合作医疗保险5.64万人,参合率99.6%。全镇参加新型农村社会养老保险3.74万人。

**【生态环境】** “四位一体”长效管理工作不断加强。建有170人的专业队伍,常年清扫收集垃圾,整治环境。夏秋两季秸秆焚烧得到有效禁止。 (丁德全)

## 河口镇

**【概况】** 河口镇位于如东县西部,北与栟茶镇接壤,东与洋口镇、西与袁庄镇、南与双甸镇及岔河镇为邻。2015年,全镇总面积116.1平方公里,镇区建成面积6.76平方公里,辖行政村11个、居委会2个,耕地面积5282公顷。年末,总户数2.12万户,总人口6.35万人,非农业人口2.92万人,出生406人,死亡686人,人口自然增长率-4.4‰。全镇地区生产总值44.77亿元,同比增长10.2%;财政总收入4.21亿元,公共财政预算收入2.18亿元。工业经济稳步增长,工业总产值296亿元,其中规模工业总产值266.76亿元,同比增长13.8%;全部工业应税销售收入94.8亿元,同比增长14.7%;新批注册外资1000万美元,外贸进出口5774.7万美元,市外民资项目投入5.15亿元。新增应税销售收入2000万元以上规模工业企业4家,规模企业总数33家。新开工2000万元以上项目12个,其中1亿元以上项目6个,分别是中天科技通信器材注塑、中天电气高低压成套设备、中天宽带4G超宽频电调天线、中天科技特种光纤光缆扩建、中天电力OPGW扩建(特种钢管)、中天科技线缆用环保型高分子材料项目。新竣工项目3个,分别为中天科技耐热导线扩建项目、中天科技通讯器材注塑以及中天科技特种光纤光缆项目。以中天光纤光缆和电力导线、金具为核心的产业集群初步显现。上报新开工项目1个,为中天科技单模拉丝车间扩建项目。在全县综合考核中,获“创新杯”“综合保障先进单位”“工业发展杯”“项目建设杯” 金杯、“综合优胜杯”“开放杯”“生态文明杯”“民生杯”铜杯。

**2015年如东县河口镇主要经济社会指标**

表48

| 项　目 | 单　位 | 数　量 | 比2014年增减(%) |
|---|---|---|---|
| 总面积 | 平方公里 | 116.1 | — |
| 总人口 | 万人 | 6.35 | — |
| 地区生产总值 | 亿元 | 44.77 | 10.2 |
| 第一产业增加值 | 亿元 | 3.63 | -0.5 |
| 第二产业增加值 | 亿元 | 24.1 | 6.4 |
| 第三产业增加值 | 亿元 | 17.04 | 18.7 |
| 财政总收入 | 亿元 | 4.21 | -20.1 |
| 公共财政预算收入 | 亿元 | 2.18 | -12.95 |
| 工业企业 | 家 | 210 | -21.6 |
| 工业总产值 | 亿元 | 296 | 9.6 |
| 产品销售收入 | 亿元 | 281.2 | 7.7 |

续表 48

| 项　目 | 单　位 | 数　量 | 比 2014 年增减(%) |
|---|---|---|---|
| 工业利税总额 | 亿元 | 51.2 | 9.8 |
| 当年实际利用外资 | 万美元 | 607 | -6.62 |
| 全社会固定资产投资 | 亿元 | 23.7 | 15.6 |
| 工业投入 | 亿元 | 18.25 | 6.72 |
| 农业总产值 | 亿元 | 8.6 | 0.1 |
| 粮食总产量 | 万吨 | 6.5 | -2.2 |
| 棉花总产量 | 吨 | — | — |
| 油料总产量 | 吨 | 1679 | -2.6 |
| 水产品产量 | 吨 | 4289 | -7.4 |
| 中、小学校 | 所 | 6 | — |
| 医院、卫生院 | 所 | 4 | — |
| 参加社会养老保险人数 | 人 | 16800 | -10.78 |
| 参加合作医疗人数 | 人 | 48897 | -2.36 |
| 享受尊老金人数 | 人 | 4183 | 23.86 |

## 2015年如东县河口镇各村(居)基本情况

表 49

| 村(居)名 | 党支部书记 | 主　任 | 村民小组(个) | 人口(人) | 耕地面积(公顷) | 村营收入(万元) |
|---|---|---|---|---|---|---|
| 烈士陵 | 戴晓斌 | 张　敏 | 30 | 4043 | 348.40 | 44.89 |
| 太阳庙 | 王拥军 | 孙爱民 | 36 | 4147 | 443.67 | 63.85 |
| 锦　成 | 薛　帆 | 吴　彬 | 51 | 6896 | 670.93 | 70.91 |
| 双　港 | 徐相华 | 徐守平 | 29 | 3799 | 323.80 | 55.33 |
| 立新桥 | 曹　云 | 缪亚云 | 31 | 6838 | 526.67 | 109.73 |
| 荷　园 | 王建海 | 薛国华 | 14 | 2544 | 258.20 | 42.89 |
| 关　口 | 周桂凤 | 赵远驰 | 17 | 7378 | 540 | 90.26 |
| 小　溇 | 周新富 | 石跃军 | 17 | 3299 | 334.40 | 58.15 |
| 溇　河 | 吴小建 | 吴小建 | 7 | 3168 | 348.53 | 62.90 |
| 龙　坝 | 蔡守华 | 蔡守华 | 18 | 3611 | 308.67 | 41.47 |
| 中　天 | 许伟伟 | 纪相明 | 49 | 5986 | 624.67 | 71.40 |
| 十里桥 | 钱永建 | 张红梅 | 20 | 6579 | 588 | 59.37 |
| 花园头 | 徐爱林 | 刘佩友 | 25 | 5220 | 257.13 | 70.30 |

**【镇村建设】** 河口镇强化规划引领作用，委托东南大学编制完成总体规划，邀请市编研中心完成镇区控制性详细规划。以房地产开发和镇区改造为抓手，拉开镇区发展框架，中天、花园安置小区配套建设基本竣工。投入1000万元，对25.5公里农路进行提档升级，海启高速公路(如东段)拆迁工作顺利开展，完成拆迁安置97户。投入35.5万元，新建垃圾房（池)60个，购置垃圾桶600个、河道保洁船1艘。全镇造林面积170.8公顷，其中养殖园区绿化工程16.53公顷、绿化示范村造林8.33公顷、果品经济林6.93公顷。通过增减挂钩、占补平衡途径，增加用地指标12.87公顷。中天工业园区南拓东扩征地拆迁工程启动，投入1703万元，涉及21户、4家企业，调整出土地14.53公顷。投入1.65亿元，建设串联中天工业园区、栟茶火车站货运场、高等级公路的连接线工程，呼应“一带一路”战略。高标准建设园区内网格化道路，建成道路5公里，提高园区内物资调运效率。

**【农业基础巩固】** 河口镇转变新型经营体系。十里桥现代农业园区建成，新增钢架大棚面积26.67万平方米，新增现代家庭农场20个；培植1000万元农渔业加工流通项目2个，新增200万元以上种养示范基地3个。构建现代加工销售物流体系。与徐州安信网络科技有限公司达成初步意向，搭建农村电子商务平台。发展现代高效农业。围绕特色高效农业,土地流转和招商引资“两手抓”,突出“小而精”,加强与省农科院合作,引进专家和技术,种植高品质草莓、丝瓜、葡萄,亩均效益超过1.5万元。完善农业基础设施。全年疏浚河道6条、4.01公里,5.4万立方米,拆坝建涵62座,改造泵站4座。推广普及新机具、新技术,新增大中型拖拉机27台、犁旋一体机3台;新增补贴机具110台套,51户农民享受国家和省级补助资金147.12万元。

**【生态环境】** 河口镇加强环境监察治理。组建专门工作领导小组,制订《河口镇2015年生态文明建设工作方案》。全年投入近800万元,新增成片绿化面积近63.33公顷。推进河道综合治理,进一步带动全民治水,全镇107条河道全部设立“河长公示牌”,总长207.16公里。重视减排项目,重点查处污染源企业,加强一般污染源企业监察,配合县环境监察大队出动执法人员600多人次,检查排污单位200多家次。污水处理率80%,垃圾无害化处理率100%,环境整治达标村11个,占比85%。

**【社会事业】** 河口镇投入1800万元,改善镇区中小学基础设施。于港小学重建,景安中学男生宿舍、于港中学食堂操作间、直夫中学厕所、于港幼儿园教学楼改造工程规范实施,中心幼儿园D级危房拆除等工程有序推进。锦成村和关口村创建江苏省卫生村通过市验收,全镇江苏省卫生村创建率达70%。自主培养并申报成功国家“千人计划”人才1人,全镇共有各类技术人员2360人,其中具有高级专业技术职称125人、中级750人。全镇共有农家书屋13个,其中三星级12个、四星级1个。

图116 5月13日,河口镇第六届校园艺术节暨儿童剧节目展演

**【民生保障】** 2015年,河口镇新增社会养老保险参保1174人,累计参保8200人,参加新农保1.68万人;新型农村合作医疗参保4.89万人,参合率99.53%。开展城乡社区政社互动,有10个村(居)建成社区服务平台,5个社区建成居家养老服务站。（沈晶霞）

## 袁庄镇

**【概况】** 袁庄镇地处如东西部,西与如皋市雪岸镇接壤,南邻双甸镇,东依河口镇,北连海安县李堡镇。海洋铁路穿境而过。2015年,全镇总面积99.19平方公里,辖行政村11个、村民小组153个。年末,总户数1.76万户,总人口5.80万人。出生378人,死亡621人,人口自然增长率-4.16‰。年末,实有耕地6010.44公顷。合作医疗参保率99.9%,参加社会保险1.56万人,有线电视入户率95%。全镇地区生产总值27.59亿元,公共财政预算收入4583.3万元。2月2日,市粮食全产业链联盟建设推进会在袁庄镇召开,25个县部门、15个镇(区)参加。铁果门村公共服务中心被列为全县基层党建工作督查推进会党建示范点,接受观摩。在全县综合考核中,获“新农杯”铜杯。袁庄镇赵港村获省“民主法治示范村”称号。袁庄镇被授予南通市“平安铁路乡镇”称号,被市委、市政府评为2009－2014年度全市关心下一代工作先进集体。

**2015年如东县袁庄镇主要经济社会指标**

表50

| 项　目 | 单　位 | 数　量 | 比2014年增减(%) |
|---|---|---|---|
| 总面积 | 平方公里 | 99.19 | — |
| 总人口 | 万人 | 5.81 | — |
| 地区生产总值 | 亿元 | 27.59 | 0.07 |
| 第一产业增加值 | 亿元 | 3.66 | -0.08 |
| 第二产业增加值 | 亿元 | 11.85 | 0.11 |
| 第三产业增加值 | 亿元 | 12.08 | 0.08 |

续表 50

| 项　　目 | 单　位 | 数　量 | 比 2014 年增减(%) |
|---|---|---|---|
| 财政总收入 | 亿元 | 1.01 | -0.05 |
| 公共财政预算收入 | 万元 | 4583.3 | 0.21 |
| 企业总数 | 家 | 174 | 0.05 |
| 其中规模工业企业 | 家 | 16 | 14.28 |
| 工业总产值 | 亿元 | 25.91 | -0.14 |
| 应税销售收入 | 亿元 | 12.72 | 0.16 |
| 工业利税总额 | 亿元 | 3.30 | -0.01 |
| 当年实际利用外资 | 万美元 | 200 | -0.33 |
| 全社会固定资产投资 | 亿元 | 6.71 | 0.56 |
| 工业投入 | 亿元 | 3.58 | 0.12 |
| 农业总产值 | 亿元 | 9.84 | 1.47 |
| 粮食总产量 | 万吨 | 6.74 | 0.03 |
| 棉花总产量 | 吨 | 0 | -100 |
| 油料总产量 | 吨 | 2142.36 | -0.31 |
| 水产品产量 | 吨 | 3470.83 | 0.79 |
| 中、小学校 | 所 | 4 | — |
| 医院、卫生院 | 所 | 3 | — |
| 参加社会养老保险人数 | 人 | 15642 | 0.005 |
| 参加合作医疗人数 | 人 | 47143 | -0.03 |
| 享受尊老金人数 | 人 | 3164 | 0.04 |

## 2015年如东县袁庄镇各村(居)基本情况

表 51

| 村(居)名 | 党支部书记 | 主　任 | 村民小组(个) | 人口(人) | 耕地面积(公顷) | 村营收入(万元) |
|---|---|---|---|---|---|---|
| 铁果门 | 倪　勇 | 李　勇 | 10 | 4716 | 551.10 | 52.87 |
| 大袁庄 | 黄晓林 | 罗登峰 | 19 | 4221 | 465.69 | 40.68 |
| 时　桥 | 平亚梅 | 张李富 | 9 | 5209 | 610.24 | 49.72 |
| 海河滩 | 缪亚军 | 魏祝建 | 29 | 3950 | 400.53 | 27.48 |
| 小　康 | 张　平 | 徐希朋 | 9 | 5043 | 542.09 | 27.5 |
| 濮　桥 | 王连生 | 王连生 | 10 | 5811 | 676.11 | 47.13 |
| 孙　庄 | 冒亚洲 | 王起东 | 28 | 3493 | 459.43 | 40.11 |
| 戴　南 | 王亚兵 | 姜相存 | 9 | 5314 | 643.31 | 94.26 |
| 竹　园 | 卞书红 | 张兴林 | 14 | 4187 | 430.46 | 58.11 |
| 朱　庄 | 康建中 | 魏　梅 | 6 | 3931 | 466.25 | 45.51 |
| 赵　港 | 康贻林 | 赵桂平 | 10 | 6595 | 765.23 | 60.45 |

**【工业经济】** 2015 年,袁庄镇完成1000 万元以上项目投入 3.50 亿元,实现 2000 万元以上项目开工 4 个、竣工 3 个。江苏振通门业钢质门生产项目首度被确认为亿元开工项目。规模工业总产值 25.91 亿元,工业税统销售收入 12.72 亿元,新增规模企业 2 家,新增销售收入 5000 万元企业 1 家,南通盛泰食品科技有限公司销售收入超 1 亿元,实现袁庄镇应税销售收入亿元企业零突破。江苏亿鼎新型建材有限公司、众悦门窗新材料科技有限公司等 6 家企业实现技改。全年完成外资注册 508 万美元,外资到账 200 万美元,外贸进出口 196 万美元。重点打造戴南生态农业、郑诚物流等服务企业,引导产业集聚,产生规模效应。整合工业、服务业招商资源,围绕重点产业(农产品冷链物流)和重点地段(锦袁大厦和帕沃机械)强化项目招引。

**【特色农业】** 袁庄镇推进现代农业项目建设。新建综合农业园区,扩大出口蔬菜基地规模,新增高效农业面积 72.67 公顷,新增钢架大棚 20

公顷;培育规模以上农业项目,新增固定资产超1000万元加工流通项目1个,新增500万元投资示范基地1个,新增200万元投资示范基地2个,申报市、县龙头企业各1家,完成“三品”(无公害农产品、绿色食品、有机农产品)认证申报。培育家庭农场和全托管项目。新增土地流转面积567.07公顷,完成家庭农场注册15家,合作社3家。完成全托管项目6个,全托管面积209.65公顷。巩固南通市粮食全产业链联盟建设成果,依托“鲜活在线、劲松布鞋”培育农产品网上销售平台,做实基地种植、网上销售、物流配送全产业链。规范村级财务管理,全镇完成村营收入543.82万元。

【基础建设】　袁庄镇投资156万元,新建镇区青年路;投入131万元,实施袁海中心大桥南延道路拓宽改造;投入236万元,新建市政道路惠民中路;投入220万元,新增城镇污水管网;投入230万元,落实城镇新建绿化;投入150万元,新增路灯;投入210万元,新增污水处理厂。全年总投资1333万元。建成铁果门村千亿斤粮食产能项目、大袁庄村农业综合开发项目、一事一议财政奖补项目、后扶资金项目、河道疏浚项目、泵站改造项目和惠民中路建设项目,新修水泥道路45.08公里,新修硬质渠5.60公里,新建泵站7座,疏浚4个村12条河道14.07公里。改造农村桥梁5座、交通桥梁3座。启动角林线和东陈连接线拓宽、海启高速、1000千伏特高压线等项目征拆和部分工程建设。突出“五位一体”长效管理,推进农村环境面貌改善。完成绿化面积131.33公顷。推进畜禽粪污整治,整治达标率达80%,新建田间蓄粪池30个以上。

图117　5月4日,袁庄镇袁海休闲生态园成为江苏省三星级乡村旅游景点

【民生投入】　袁庄镇投入380多万元,完成先民小学综合教学楼加固和袁庄小学附属工程建设,重新规划沿南幼儿园(公立),打造省优质幼儿园,完成图纸设计和编标工作。加快推进镇村环境综合整治,加快农贸市场改造,改造农村厕所810座,为创建“省级卫生镇”打下良好基础。实施困难群众住房改造41户。围绕创建一星级敬老院,新招录护理工作人员3人,投入近200万元,新建敬老院食堂1座,完善功能性配套设施,为敬老院宿舍购置空调74台、电视机60台等设备,敬老院硬件设施进一步改善,成功创建省一星级敬老院。完成11个村公益性公墓建设和9个村居家养老服务站建设。成立袁庄镇红十字会,募集善款近5万元。

【社会治安】　袁庄镇继续深化“平安乡镇”创建活动,健全矛盾纠纷“大调解”工作机制,加强防控体系建设,逐步推进技防、物防、人防建设,推进社会面监控与社会力量监控系统利用整合,全镇专职联防队员19人,新录用专职保安联防队员6人,新增技防监控设备83只,治安防控能力进一步提高。开展安全知识宣教培训,对全镇生产经营单位进行安全监督检查,全面排查安全隐患。加强民主法制建设,建成法治文化广场,继续开展全方位普法学习活动,提高群众法律意识及学法、用法、守法自觉性。领导班子坚持定期学法,实行阳光行政,办事透明化,保证办事程序合法化、规范化,促进干部作风转变和依法行政水平提高。　(胡礼豹)

# 人物

# Renwu

## 新任县领导

### 谭玉贵

汉族，1969年4月出生，青海省贵南县人，大专文化。1988年，任青海省共和县城建局科员；1995年，任青海省海南州建设局科员；1997年，任青海省海南州建设局副主任科员；2000年，任青海省海南州建设局建设科科长；2008年，任青海省海南州建设局副局长；2011年，任青海省海南州住建局副调研员；2014年起任中共青海省共和县县委常委、县人民政府副县长、县委宣传部部长。2015年4月，任中共青海省共和县县委常委、县人民政府副县长、县委宣传部部长，挂任中共如东县委常委。

### 张栩龙

汉族，1976年10月出生，南通市人，研究生文化，1997年4月加入中国共产党。1997年8月，任通州日报社记者；1998年12月，任中共通州市委办公室秘书；2000年6月，任中共通州市委办公室秘书一科副科长、科长；2001年7月，任通州市四安镇党委副书记；2001年12月，任共青团通州市委书记、党组书记（其间：2004年2—5月兼任市“五城同创”指挥部办公室常务副主任）；2004年5月，任通州市兴东镇党委副书记；2004年7月，任通州市兴东镇党委副书记、镇长；2005年5月，任中共通州市委办公室副主任、市委研究室主任；2006年12月，任通州市五接镇党委书记；2007年12月，任通州区（市）五接镇党委书记、人大主席；2011年10月，任通州区滨江新区党工委副书记、管委会主任，开沙岛旅游度假区管委会主任，五接镇党委书记、人大主席；2012年1月，任如东县人民政府副县长、党组成员；2012年3月，当选为如东县人民政府副县长；2013年9月，兼任沿海经济开发区党工委书记、小洋口旅游度假区党工委书记；2015年7月，任中共如东县委常委，沿海经济开发区党工委书记，小洋口旅游度假区党工委书记。

### 许金标

汉族，1976年6月出生，如东县人，大学文化，中共党员。1996年11月，任如东县地税局丰利分局经管员；1997年4月，任如东县地税局栟茶分局稽查员；2004年3月，任如东县地税局税政科科员；2005年6月，任如东县地税局稽查局检查二股股长（其间：2007年9月—2008年9月挂职任洋口港经济开发区管委会主任助理）；2009年1月，任如东县掘港镇副镇长；2010年10月，任如东县掘港镇副镇长，掘港工业园区党工委副书记、管委会副主任；2011年1月，任如东县丰利镇镇长、党委副书记；2012年1月，任如东县河口镇党委书记；2015年7月，任如

东县人民政府党组成员、县政府副县长，河口镇党委书记。2015年8月，任如东县人民政府党组成员、县政府副县长。

## 韩喜江

汉族，1963年12月出生，山东省莱西市人，博士，中共党员。1986年7月，任东北农业大学基础部普通化学教研室教师（见习助教）；1987年7月，任东北农业大学普通化学教研室副主任兼党支部书记（助教）；1991年9月，任东北农业大学普通化学教研室副主任（讲师）；1997年9月，任东北农业大学化学教研室副主任(副教授)；1998年4月，任哈尔滨工业大学应用化学系精细化工教研室副主任、党支部书记(副教授)；1999年10月，任哈尔滨工业大学应用化学系化学实验中心主任（副教授）；2001年6月，任哈尔滨工业大学应用化学系化学实验中心主任兼党支部书记(副教授)；2003年8月，任哈尔滨工业大学应用化学系化学实验中心主任兼党支部书记（教授）；2004年4月，任哈尔滨工业大学应用化学系化学实验中心主任兼党支部书记，化学工程与技术学科博士生导师（教授）；2008年7月，任哈尔滨工业大学化学系党总支书记兼副主任(正处级)，化学工程与技术学科博士生导师(教授)。2015年8月，任哈尔滨工业大学化学系党总支书记兼副主任（正处级)，化学工程与技术学科博士生导师(教授)，如东县人民政府党组成员(挂职)。2015年11月，任如东县人民政府副县长、党组成员(挂职)。

（组织部干部科）

# 新闻人物

## 顾晓松

2015年12月7日，南通大学神经再生重点实验室主任顾晓松教授当选中国工程院院士，是继黄先祥、蔡美峰之后，第三位当选中国工程院院士的如东籍专家。

顾晓松，1953年12月生，江苏省如东县人，医学博士，中共党员。现任南通大学党委书记、教授、博士生导师，江苏省神经再生重点实验室主任。是九届、十届和十一届全国人大代表，首届国家杰出青年科学基金获得者，全国高等学校优秀骨干教师、全国先进教育工作者、国家有突出贡献的中青年科技专家、江苏省优秀学科带头人。曾获全国“五一”劳动奖章，享受政府特殊津贴。任中国解剖学会副理事长、中国解剖学会再生医学分会主任、江苏省解剖学会理事长，《解剖学报》《解剖学杂志》《解剖学研究》副主编，是国家自然科学基金委员会学科评审组成员。

顾晓松长期致力于组织工程神经与神经再生研究，获2012年度国家技术发明二等奖，2014年度何梁何利科学与技术进步奖。提出的“生物可降解组织工程神经构建”，被作为新理念载入剑桥大学新版教科书。顾晓松发明的生物可降解人工神经移植物，在国际上率先将壳聚糖人工神经移植物应用于临床，受试患者操作肢体功能明显恢复。此外，顾晓松等专家对壁虎进行全基因组测序，揭示壁虎可以爬上光滑表面、重生尾巴，以及在夜晚视物等不同寻常能力相关的基因。所获得的多疣壁虎的基因组序列，是首个获得壁虎科物种的全基因组序列。该研究有助于“仿生粘合技术”的开发，模仿壁虎“粘附”在任何物体表面。同时，壁虎断尾再生相关基因的深入探讨，对于断肢再生和再生医学的相关研究也有重要意义。

## 周杨

1999年，周杨中专毕业进入南通大东有限公司工作，现任南通大东有限公司设备科科长。16年中，周杨立足本职，爱岗敬业。大东公司的毛巾织机大部分是进口织机，织机上有些电气件是易损件，更换一个不但价格高，而且到货速度慢。周杨看在眼里急在心上，带领电工团队潜心钻研进口电气设备电路板维修技术，自主排查上百台进口织机的疑难杂症，共为公司节约费用近千万元。周杨被工友和同行业人士称为“电器疑难杂症医治的点穴手”“进口电气设备维修的主治医师”“电工技术人员的好兄长好领班”，获得1项发明专利。2005年5月，周杨被评为南通市劳动模范；2007年被评为“十大优秀员工”“如东县十佳有突出贡献的人才”；2009年被评为全国纺织行业技术能手；2010年5月被评为江苏省劳动模范。2015年4月被评为全国劳动模范，是江苏省纺织系统唯一的全国劳动模范。

## 丁洋

女，1988年1月出生在河北吴桥。1998年，对杂技还不太了解的丁洋走上杂技艺术之旅。2001年，丁洋从学校毕业后到北京一家演艺公司。2005年进入如东少儿杂技团。2006年，在排练节目《排椅》时，由于

高高层叠的椅子从空中坠落，砸中丁洋腰部，使得丁洋告别杂技之路。

喜欢舞台而不甘心做幕后工作的丁洋决定去学魔术。2007年年底，丁洋赴连云港灌南县奇魔魔术学校，拜汪奇魔为师学习舞台类魔术表演。2008年5月，丁洋开始学习魔术《变鸽子》。此后，丁洋对变鸽子情有独钟，并一直钻研。2009年7月16日，丁洋参加江苏省第五届魔术比赛，第一次参赛便获银奖第一名。2010年，丁洋参加江浙沪泛长三角地区首届魔术大会，摘得金奖。从此，有了“白鸽皇后”称号。2011年10月14日，丁洋参加杭州西湖第二届国际魔术节，再获金奖，成为一匹“黑马”享誉两岸三地魔术界。2012年5月，丁洋收到IBM国际兄弟联盟魔术大会的邀请函，这是世界顶级魔术师云集的地方，丁洋在此次大会上获得入围奖。自此，奠定其国际魔术师的地位。

2014年，丁洋在准备第九届中国杂技金菊奖大赛期间怀孕了，也没有停止寻找创作魔术的灵感。丁洋每天都在家里思考，最终在鸽子变色上找到灵感。由于怀孕期间不能碰鸽子，丁洋就用一些纸、布代替来练习。生完小孩1个月后，丁洋就投身到魔术事业中，在节目编排、技术创新上下足苦功。2015年4月30日—5月3日，第九届中国杂技金菊奖第六次全国魔术大赛在深圳欢乐谷举办。丁洋带着刚出生5个月的宝宝赴深圳参赛。决赛时，丁洋表演《变鸽子》，由两只、两只地出变成“双出四收”，9名评委大师一致打了高分。最终，丁洋摘得有魔坛奥斯卡之称的中国杂技金菊奖金奖，是江苏省时隔13年再次获得金菊奖。

## 袁　睿

女，1996年出生于如东县掘港镇一个普通工薪家庭，父母都爱好音乐。受父母影响，袁睿从小就显露出过人的音乐天赋。从那时起，父母就开始将袁睿往音乐方面培养，4岁开始学习钢琴，先后获得钢琴8级、声乐10级、扬琴6级，还擅长葫芦丝吹奏和拉丁舞表演，在2005年华东三省一市国际标准舞锦标赛中获团体组冠军。

从上幼儿园开始，只要有文艺活动，袁睿都会参加，小学和初中都是班级文艺委员，担任学校合唱队领唱，经常组织并参加文艺活动。放学回家后，袁睿做完功课就在家练习钢琴。2011年初中毕业后，袁睿选择直接就读南通师范高等专科学校，学习音乐教育，专攻美声唱法。袁睿每天都会练声七八个小时，自弹自唱，从没间歇过。此外，还坚持跑步、游泳，以增强肺活量和保证充足气息。2015年5月，第三届国际中国唱法音乐节启动后，袁睿在9月26日的江苏赛区比赛中脱颖而出。10月22—25日，2015“西航杯”第三届国际中国唱法音乐节在西航举行，袁睿演唱的歌曲《我的深情为你守候》获青年专业组国际中国唱法中国艺术歌曲风格金奖，并获得该音乐节欧洲总决赛参赛资格。

## 陈亚飞

女，家住如东县苴镇刘埠村二组。2003年，在外打工的父亲突遭车祸去世。妈妈带着家中剩下的一点积蓄悄然离家。从此，6岁的陈亚飞与爷爷奶奶相依为命。二老不仅教

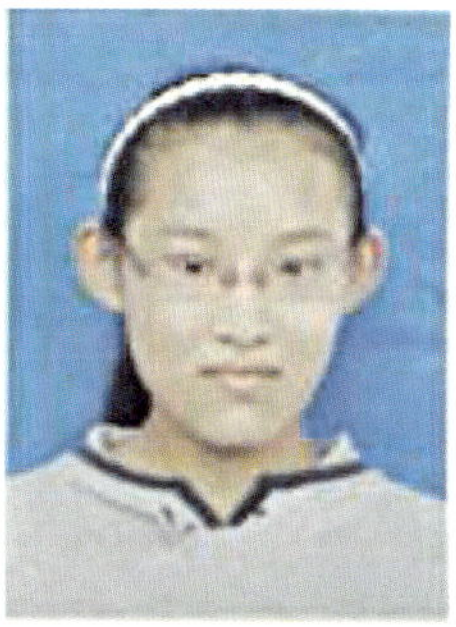

小亚飞生活常识，更教她做人的道理。在爷爷奶奶呵护下，亚飞孝顺懂事、热爱学习，在小学和初中期间，多次被学校评为“进步学生”，后考入如东中等专业学校就读。

奶奶患上腰间盘突出症后，不能干重活，养家重担全部落在爷爷身上。2014年1月4日，为给陈亚飞攒够开学学费，76岁的爷爷在骑电瓶车打零工途中，因眩晕摔在马路上，被路人送到医院。经抢救，爷爷脱离生命危险成了脑瘫，家里唯一的劳力倒下了。面对近10万元的债务，陈亚飞抱住奶奶说：“奶奶，别怕，我已经长大了，家中还有我呢！”17岁的女孩决定撑起这个家。

原本寄宿的陈亚飞开始两点一线生活：每天天不亮就起身，烧火煮粥，给爷爷喂完早饭再去上学；中午，别的学生全奔食堂，她却骑着车直奔家中，烧饭忙菜，喂爷爷午饭，有时还要洗掉全家衣服，再去上学；下午放学回家，服侍爷爷洗漱后才能躺下。为了方便照顾爷爷，一家三口睡在一个房间。在陈亚飞精心照顾下，爷爷的病情逐渐稳定。为不耽误孙女学习，奶奶托熟人做钟点工。恢复寄宿的陈亚飞每月生活费缩减到150元左右，平时都穿校服，衣服、鞋子是亲戚、邻居孩子穿剩的，写字笔都挑最便宜的，用完了买笔芯装在旧笔杆里继续用。在食堂，陈亚飞只吃蔬菜和米饭，很少吃早饭，晚饭也多半是喝粥，从不跟家里多要一分钱，也不在奶奶面前吐露苦和累。“努力学习，尽快找到一份工作，让爷爷奶奶过上好日子。”这是陈亚飞的愿望。2015年10月，陈亚飞荣登“中国好人榜”孝老爱亲好人。（如　鉴）

# 已故人物

## 吴　建

1985年生于如东县洋口镇王鸭村,2002年12月入伍,中共党员。2005年考入解放军国际关系学院,2009年任某特种作战旅排长、连长。2015年7月6日,在部队组织伞降试跳训练过程中发生故障,为救战友脱险光荣牺牲,享年30岁。兰州军区某集团军评定其为革命烈士,并追记二等功。8月13日,县委、县政府在县烈士陵园为烈士吴建举行骨灰安葬仪式。　(如　鉴)

## 洪劲才

1939年7月20日,洪劲才出生于广西钦州市犀牛脚镇,壮族。1985年2月入党。1957年8月广东水产专科学校海洋专业毕业后,被分配到如东水产局担任技术员;1959年9月任如东县水产学校教师;1961年9月—1969年12月,先后任如东县新店中学、袁庄中学、袁庄小学教师;1970年1月下放到如东县石甸乡劳动;1973年4月任如东县海带育苗场技术干部;1975年8月任如东县洋口冷库技术干部;1977年10月—1999年7月,历任如东县水产局助理工程师、工程师、副局长、调研员;1984年3月—1991年6月,任政协如东县第七、八、九届委员会副主席。1999年7月退休。2015年9月27日10时23分逝世,享年77岁。

洪劲才从青少年起就追求进步,17岁加入共青团,长期作为少数民族侨眷和党外知识分子参与统一战线、海外联谊工作。参加工作后,洪劲才钻研业务,勇于创新,在不同工作岗位上均做出重要贡献。在县水产局工作期间,洪劲才参加江苏沿海水产资源调查,培养如东水产学校第一批技术人才;相继参与建设海涂养殖场、海水养殖实验场、渔港码头、冷库、紫菜加工厂、鳗鱼养殖场等一批如东早期开发项目;参与试验和推广外海捕捞和文蛤、紫菜、鳗鱼、对虾养殖以及淡水养殖业,形成如东四大出口创汇拳头产品,1987年如期实现水产百万担,渔业产值超2亿元,为建设海上如东做出贡献。1983年,洪劲才获农牧渔业部颁发“长期从事科技推广工作荣誉证书”;参与开展的“对虾、文蛤混养”科研实验被国家科委列为1991年度国家级“星火计划”项目。

1980年担任县政协委员后,洪劲才自觉贯彻执行党的统战政策,在外事交往或出境探亲等活动中,联谊侨眷、港澳台眷属和少数民族同胞,尽心履职,深入开展调查研究,提出许多建设性意见和建议。担任县政协副主席后,拓展海内外联谊,热心社会工作,为推动如东统一战线和人民政协事业发展,促进改革开放和经济发展做出贡献,在全县党外人士中享有较高威望。担任市、县少数民族联谊会会长期间,做好民族团结进步工作,深入少数民族同胞中访贫问暖,促进县内各民族交流交往交融。1984—1986年受到省、市政协表彰;1985—1990年,5次获省政府、省民族委员会、市政府表彰;1990年获“江苏省归国华侨、侨眷优秀知识分子”称号。

(县政协)

# 附　录

Fulu

## 重要报告

### 在县委十三届九次全体(扩大)会议上的讲话(节选)

(2015年12月24日)

县委书记　詹立风

这次全会的主要任务是，深入贯彻落实中共十八大、十八届三中、四中、五中全会，以及中央经济工作会议、省委十二届十一次全会、市委十一届十次全会精神，回顾总结今年及"十二五"奋斗历程，科学谋划"十三五"发展蓝图，部署"十三五"开局之年的各项工作，审议通过《中共如东县委关于制定如东县国民经济和社会发展第十三个五年规划的建议(草案)》，进一步动员全县各级党组织和广大党员干部群众乘势而上、扎实苦干，为全面建成小康社会、开启基本实现现代化新征程而努力奋斗。

**一、今年以来的工作和"十二五"发展回顾**

今年以来，我们紧紧围绕建设"强富美高"新如东的目标定位，主动适应经济发展新常态，加快推进转型升级、着力破解改革难题、沉着应对各种风险挑战，较好地完成了全年各项目标任务，全面建成小康社会迈出了坚实步伐。预计全年实现地区生产总值664亿元，同比增长9.8%；完成一般公共预算收入58.5亿元，同比增长17%；完成工业应税销售900亿元以上，同比增长超过20%；实际利用外资突破4亿美元，进出口总额达到24亿美元；城镇和农民人均可支配收入分别达到34428元、15871元，同比分别增长9.1%、9.5%。在经济下行压力加大、面临诸多困难挑战的情况下，主要经济指标增幅继续领跑全市，总量迈上新的台阶。回顾一年来的工作，我们重点抓了以下几个方面：

*一是聚焦"一带一路"，开放格局取得重大突破。*抢抓用好"一带一路"等国家战略叠加机遇，以沿海区域为重点，以平台打造为支撑，以优势产业为引领，以改革创新为驱动，推动沿海开发开放深度和广度进一步拓展，形成了更高水平的开发开放格局。洋口港一类口岸正式开放，万吨级液化品码头一期、重件码头正式投入运营，临港工业区一、二期以及港口新城功能配套基本到位。洋口港经济开发区现代物流园被列为省重点物流基地，如东经济开发区成为江苏首批循环化改造示范园区、电子商务产业园获批省级电子商务示范园区，循环经济产业园进口再生资源加工区圈区管理正式获批。以港口为龙头的各类平台载体承载能力显著提升，开发开放活力不断释放，中石油江苏LNG接收站二期、台湾中石化产品基地、振戎能源仓储、小洋口健康产业园等一批重大项目加快推进。预计全年沿海地区完成千万元以上项目投入235亿元，占全县的70%以上。

二是致力“提质提效”,转型升级迈出坚实步伐。坚持以质量和效益为中心,把调结构、抓创新、转方式作为稳增长的根本之策,协同推进转型升级、科技创新,推动产业迈向中高端。一方面,从优化产业结构形态入手,主攻先进装备制造、新能源、新材料、生物医药等新兴产业和现代服务业项目,提升现代农渔业发展水平,不断完善如东现代产业体系。预计全年三次产业结构比将达到9.8∶47.4∶42.8,服务业占比提升1.2个百分点以上。高新技术产业占规模工业的比重提升0.2个百分点。农产品出口总额全省领先,获评全省智能农业示范县。另一方面,从激发产业内生动力入手,深入实施科技创新和人才强县工程,举办首届科技人才节,把创新打造成推动发展的主引擎。预计全年全社会研发投入占比达到2.43%。全年认定高新技术企业24家,省民营科技型企业66家,省高新技术产品44个。自主申报国家“千人计划”1人,填补了南通市“十二五”期间的空白。国家知识产权强县工程试点县建设启动。

三是突出“宜居宜业”,人居环境实现有效提升。围绕适宜人居的目标追求,深入推进城市和交通建设,注重提升管理水平,加快补齐农村基础设施短板,抓好生态建设和污染治理各项工作,生态宜居城市初步展现出现实模样。坚持“建新”与“改旧”同步,预计全年完成重点市政工程投入16亿元、房屋征收120万平方米,房地产开发55万平方米,建成保障性安居房460套,完成棚户区危旧房改造400套。以“六城联创”为契机,着力提升城市品位,全年新增公共绿地22.45万平方米。建成“数字化城管系统”,县城公共自行车服务系统正式启用,全面实现城市管理“网格化”监管和“实时化”处置。在结束交通“三无”历史的基础上,进一步优化交通布局、畅通交通脉络、方便群众出行,355省道岔河袁庄段、港城大道基本建成,海启高速如东段年底前全面开工建设。全年新建改造农路530公里,农桥209座,引江供水管网实现全覆盖,农村基础设施得到极大改善。更大力度实施环境保护和生态修复,国家生态文明示范县创建工作全面启动,县城第二污水处理厂、洋口港污水处理厂试运行,大恒固废1.3万吨回转窑焚烧扩能工程全部完成,工程性减排能力显著增强。化工、电镀、印染等重点行业专项整治不断深入,PM2.5浓度全市最低。林木覆盖率达到24%。深入实施村庄环境整治、畜禽粪污治理、病死猪无害化处理、河道“三网”清理和长效管护四大行动,美丽镇村建设成效明显。

四是注重“共建共享”,民生改善紧贴群众需求。坚持民生优先的鲜明导向,按照“守住底线、突出重点、完善制度、引导舆论”的思路,深入推进民生幸福工程,扎实办好各项民生实事,促进公共服务公平合理普惠群众。在经济下行压力加大的情况下,用于保障改善民生的投入持续增加,全年与民生密切相关的一般公共预算支出65亿元,同比增长18.8%。促进就业综合施策成效明显,城镇登记失业率控制在2.48%以内,转移农村劳动力10250人,扶持农村劳动力自主创业535人。教育体育、卫生计生、文化广电等公共服务能力水平进一步提升,中医院、新区初中、文体中心等一批重点民生工程加快推进,高考成绩连续22年保持全省第一,公立医院改革全面实施,全县文化产业增加值占GDP的比重达4.6%,成功创建“中国风筝之乡”。围绕人口老龄化、扶贫攻坚等重点难点,切实加强针对性,着力提升实效性,社会养老事业不断发展,省星级农村养老院实现全覆盖,一批公建民建示范性养老服务机构建成并投入使用,省建档立卡贫困人口100%实现脱贫。依法治县、平安创建、双拥创建、安全生产等工作扎实推进,信访稳定工作质效保持全市领先。

五是践行“三严三实”,党的建设不断得到加强。认真贯彻落实全面从严治党的新要求、新部署,制定出台《县委关于推动全面从严治党迈上新台阶的意见》,以“三严三实”专题教育为契机,引领各级党组织和党员干部以更加奋发的精神、更加务实的作风、更加清廉的形象,开创经济社会发展新局面。县委常委会及班子成员以身作则、率先垂范,积极用好正反两面镜子开展交流研讨,切实抓好“四专题一强化”的每个环节,作风建设力度持续加大,“五个一”活动延伸到县级机关部门和所有镇村干部。严实要求在党建工作各环节得到坚决贯彻,深入学习贯彻党的十八届四中、五中全会,以及习近平总书记系列重要讲话精神,理论武装入脑入心,再次获评全省党员冬训工作示范县。从严落实干部管理“五个要”的规定,推进超职数配备干部整改消化工作,加强基层服务型党组织建设,“114”惠民服务行动获第三届全国基层党建创新最佳案例。从严落实党风廉政建设“两个责任”,制定完善了《县委反腐败协调小组工作制度》《党风廉政建设督导巡查工作实施意见》等制度,做优“扶海e路清风”廉政文化品牌,坚持把纪律和规矩挺在前面,惩腐肃贪力度不断加大。

今年的工作,是如东“十二五”时期的一个生动缩影。面对错综复杂的宏观经济环境和艰巨繁重的改革发展稳定任务,我们在省市委的坚强领导下,团结带领全县人民顽强拼搏、开拓创新,胜利完成了“十二五”规划确定的主要目标和任务。这五年,是如东发展史上综合实力提升最快、发展动力最足、人民群众得益最多的时期之一。五年来,我们坚持“赶超争先”这一目标不动摇,抓住用好一系列战略机遇,扎实推进各项重点工作,地区生产总值翻了一番,一般公共预算收入是“十一五”期末的三倍,年均增幅全市第一;工业应税销售总量先后超过南通地区三个县市。全市经济综合考核位次不断前移,去年上升到第三,一举甩掉了“小六子”的落后帽子。五年来,我们坚持“打基础、求突破,扩总量、提质量”这一主线不动摇,突出项目中心、猛攻有效投入,累计完成固定资产投资1829亿元,是“十一五”期间的2.1倍。累计利用外资16.6亿美元,设备抵扣额达到24亿元,电力增容超过135万千伏安,均处于南通各县(市)首位,共有17家世界500强企业投资项目投入运行,为“十三五”以及今后更长一段时期的发展积蓄了强大动力。五年来,我们坚持“集聚发展、协调发展、和谐发展”这一理念不动摇,产业向沿海地区加速集聚,转型升级步伐不断加快,全县服务业增加值占GDP比重比“十一五”期末提升了9个百分点,二、三产业共同推动经济增长的格局更加突出。生态环境持续改善,人民生活水平较快提升,居民人均储蓄存款翻了一番多,突破5.5万元。私人汽车保有量是“十一五”期末的3倍多,超过11万辆。社会保障实现全覆盖,全面完成“十二五”扶贫帮困任务,公众安全感持续位居全省前列,社会大局保持稳定。回顾五年的发展变化,其中最直观、最具代表性的就是实现了“三个根本转变”:一是港口实现了从“开发”到“开放”的根本转变。洋口港的开发开放历程是如东人立足自身、攻坚克难奋斗史中璀璨夺目的一章。2011年5月24日,随着第一艘外轮的靠泊,港口迈出了对外开放的关键一步,今年12月16日,正式成为对国际航行船舶开放的国家一类口岸。这标志着如东30多年孜孜以求的“大港梦”不再是自说自话,而是成为了活生生的现实。当前,洋口港正向着江苏东部地区“外引西进”桥头堡和长三角地区通向世界重要门户的目标阔步前行。二是交通实现了从“三无”到“三通”的根本转变。长期以来,落后的交通条件是制约如东发展的重要因素之一。这几年,我们以史无前例的投入和推进力度,相继建成了海洋铁路、临海高等级公路(国道328)、通洋高速公路,结束了“无铁路、无国道、无高速”的历史,实现了如东交通发展格局的根本转变,为全县经济社会快速发展注入了强劲动力。三是县城实现了从“城镇”到“城市”的根本转变。几年来,我们始终按照“建设新区、完善老区、接轨港区”的总体思路,不断完善城市功能、提升城市品质,南北向城市功能主轴、东西向港城互动主轴已经清晰显现,县城“颜值”不断提升,容量和内涵发生了质的飞跃,服务产业、服务居民的能力越来越强,实现了由“掘港街”到“新港城”的华丽转变,彰显出海滨城市的独特韵味。

更为重要的是,通过五年的团结奋斗,我们树立了发展自信,激发了“争位争先争贡献”的进取精神,营造了“求实务实抓落实”的浓厚氛围,锻造了“在岗在行在状态”的干部队伍。这些,都将成为我们今后发展道路上的不竭动力。

五年的成就,为今后发展打下了坚实基础;五年的实践,为继续前进积累了宝贵财富。所有亲身经历这一不平凡历程并贡献了自己力量的人们,所有关心支持如东改革发展的人们,都会为我们所取得的成绩感到自豪。这是省市委正确领导、悉心指导的结果,这是历届县委继往开来、接续奋斗的结果,这是全县上下团结一致、奋力拼搏的结果。我代表县委向为全县发展大局作出贡献的同志们,向给予我们鼎力支持的社会各界人士,表示衷心的感谢和崇高的敬意!

在肯定成绩的同时,我们也必须清醒地看到,如东前进的道路上仍然面临着不少困难和问题,主要是:宏观形势趋紧,经济下行压力加大;部分项目推进还不快,周期较长;转型期的各种矛盾风险增多,社会稳定压力仍然较大;少数党员干部不严不实,缺乏与适应新常态、迈上新台阶相匹配的担当意识和攻坚能力。对此,我们必须坚持问题导向,主动应对挑战,切实加以解决。

**二、以五大理念引领如东“十三五”发展**

中共十八届五中全会全面总结了我国“十二五”时期发展的巨大成就,深刻分析了国内外形势和面临的机遇挑战,为“十三五”时期我国经济社会发展确立了新坐标、指引了新航向。全县各级党组织要把学习宣传贯彻中共十八届五中全会精神,作为当前和今后一个时期重要的政治任务,把握核心要义,领会内涵实质,统一思想行动,凝聚智慧力量。深刻理解把握“十二五”发展取得的重大成就,特别是中共十八大以来,以习近平同志为总书记的党中央形成的一系列治国理政新理念新思想新战略;深刻理解把握“十三五”时期经济社会发展的指导思想、原则、目标要求、重点任务和重大举措,夺取全面建成小康社会决胜阶段的新胜利;深刻理解把握创新、协调、绿色、开放、共享发展的内涵要义和重大意义,充分认识五大发展理念是“十三五”乃至更长时期我国发展思路、发展方向、发展着力点的集中体现;深刻理解把握加强和改进党对经济社会发展领导的新要求,创新在新常态下领导经济社会发展的体制机制和方式方法,不断提高把握方向、谋划全局、提出战略、制定政策、推进改革、抓好落实的能力;深刻理解把握加强干部队伍建设的要求,坚持全面从严治党、依规治党,积极营造风清气正的政治生态,为“十三五”发展提供坚强政治保证。

五中全会强调,坚持创新、协调、绿色、开放、共享的发展理念,是关系我国发展全局的一场深刻变革,集中反映了我们党对经济社会发展规律认识的深化。全县上下要对照县委《建议》的实践要求,把五大发展理念贯彻到如东“十三五”发展的全过程、各方面。

*1.践行创新发展理念,加快实现发展动力转换。*创新是经济社会发展的动力源泉。如东多年来一直把创新摆在经济社会发展的重要位置,经过努力,全社会研发投入占地区生产总值比重稳步提升,在光纤光缆、石油钻探、风电装备制造、生物医药等领域掌握了一批关键技术。但总体而言,创新意识不强、创新能力不足仍是我们的短板,在一定程度上影响和制约着县域经济的健康持续发展。“十三五”时期,必须坚持把创新放到全局的核心位置,把全面创新作为引领发展的第一动力,把人才作为支撑发展的第一资源,加快实现要素驱动向创新驱动的转换,形成以创新为主要引领和支撑的经济体系和发展模式,让发展的质量更好、效益更高、结构更优。

*2.践行协调发展理念,不断增强发展的整体性全面性。*这些年,我们始终注重统筹发展、均衡发展,不断强

化农业的基础地位,促进社会事业发展,加强精神文明建设,发展的协调性不断增强,但不平衡、不可持续的问题仍然存在,城镇化、生态环境、农村基础设施等方面还有短板。"十三五"时期,必须坚持问题导向,着力补短补缺,不断增强发展的整体性和协调性。比如,基础设施建设方面,投入要继续向镇村倾斜,持续改善农村基础设施配套;城乡协调发展方面,要把乡镇发展放到更重要的位置,加快形成一批特色镇和经济强镇,把协调发展打造成如东的重要特色。

3.践行绿色发展理念,着力改善生态环境。这几年,我们切实加大保护生态环境、治理环境污染力度,生态环境有了很大改善。但要清醒地看到,从全国范围来讲,如东属于人口密度高、产业集中度高的地区,经济社会快速发展与资源环境承载力不足的矛盾会逐步显现。现在,人民群众对生活质量的要求越来越高,如果经济发展了,但是生态破坏了,环境恶化了,广大人民群众也是不答应的。"十三五"时期,必须将绿色发展的理念、原则、目标融入经济社会发展各方面,贯彻到各类规划和各项工作之中,坚持从生产和生活两头入手、治理和保护两手齐抓、约束和激励两端发力,加快形成节约资源和保护环境的空间格局、产业结构、生产方式和生活方式,努力在绿色发展中形成新的经济增长点,建设天蓝、地绿、水清的美好家园。

4. 践行开放发展理念,全面提升对内对外开放水平。当前是全球经济深度融合的开放时代,国际经济合作和竞争局面正在发生深刻变化。作为南通乃至江苏沿海开发开放前沿,如东已经较为广泛地参与到国际化市场中去。这几年,我们利用外资在南通地区保持领先,外资外贸的质量也在不断提升,但是也遇到了不少问题和瓶颈,比如外贸进出口产品结构相对单一,各类开发园区的能级和层次还不高,企业、城市和人才"三个国际化"程度还不够。"十三五"时期,我们要立足自身优势条件,以港口为龙头引领,主动融入国家新一轮开发开放战略,加快产业结构调整,提升平台承载力和竞争力,发展更高层次的开放型经济,不断提高开发开放的质量和水平。

5.践行共享发展理念,不断增强人民群众的获得感和满意度。只有让人民群众更多更公平地分享改革发展成果,我们的发展才是有活力的发展、有动力的发展,我们建设的小康才是全面的小康、真正的小康。近年来,我们深入实施民生幸福工程,在保障和改善民生方面,做了一些补短板、打基础、利长远的事,但与人民群众日益增长的物质文化需求相比,仍存在一些差距和不足。"十三五"时期,必须始终坚持发展为了人民、发展依靠人民、发展成果由人民共享,把更多的财力、物力、精力向民生社会事业倾斜,特别是要解决好相对贫困问题,一年接一年地办好民生实事,让群众的收入水平不断提高、生活条件不断改善、精神世界不断丰富、获得感满意度不断提升。

**三、精心组织明年各项工作,确保"十三五"开好局、起好步**

2016年是贯彻落实五中全会精神、迈入"十三五"新征程的开局之年,做好明年工作意义重大,影响深远。刚刚结束的中央经济工作会议,综合分析了世界经济长周期和我国发展阶段性特征,指出我国经济发展基本面是好的,但也面临着很多困难和挑战,特别是结构性产能过剩比较严重,必须加大结构性改革力度,矫正要素配置扭曲,扩大有效供给,提高供给结构适应性和灵活性,提高全要素生产率,主要抓好去产能、去库存、去杠杆、降成本、补短板五大任务。按照新要求、新部署,我们研究确定了明年全县工作的指导思想:深入贯彻落实中共十八届五中全会精神,以习近平总书记系列重要讲话特别是视察江苏重要讲话精神为指引,按照中央经济工作会议和省委十二届十一次、市委十一届十次全会总体部署,全面践行创新、协调、绿色、开放、共享发展理念,以新理念把握新常态、引领全面深化改革,特别是供给侧改革,统筹推进转型升级、城乡一体、环境优化、扩大开放、社会治理、民生改善各项工作,提高党领导经济社会发展能力,加快建设"强富美高"新如东。明年经济社会发展主要预期目标是:地区生产总值增长10%左右;一般公共预算收入增长12%左右;固定资产投资增长12%左右;工业应税销售保持两位数增长,文化产业增加值占比超过4.8%;全社会研发投入占比达到2.45%;社会消费品零售总额增长11%左右;外贸进出口总额保持适度增长;城乡居民收入增长与经济增长同步;城镇登记失业率控制在3%以内。

实现上述目标,必须重点抓好以下五个方面的工作:

(一)扎实推进稳增长、调结构、转方式。"十二五"时期,我们在全市实现了发展速度上的领先和经济总量上的突破,要扩大这一优势,必须坚持创新引领,加快推进转型升级,努力打造以创新驱动为基本发展动力的新经济增长模式,不断增强区域竞争力。

扩大优质增量。从我县实际看,"十二五"前3年,固定资产投资平均增幅在20%以上,2014年为19.1%,预计今年只有14%左右,与以往相比,下降趋势明显,需要引起高度重视,防止持续过度回落。现阶段,投资仍然对拉动增长起关键作用,明年全县初步排出100个总投资达千亿元的重大项目,可见投资空间还是很大。关键是要优化要素供给,完善重大项目协调推进机制,提高供给体系质量和效率,加快项目落地和建设进程。同时,注重项目培育,积极主动寻找好项目,提前储备一批大项目,形成"在建一批、开工一批、储备一批"的滚动发展格局,保证投资的连续性。另外,在深化行政审批制度改革、创新投融资机制改革、创新省市重点建设项目管理办法等方面力争有所突破,有效保障重大项目资金供应,充分释放投资潜力。

提升产业层次。按照"做精一产、做强二产、做大三产”的思路,促进三次产业优化协调发展,加快形成农业为基础、工业为主导、服务业全面发展的产业格局,提高经济发展的质量和效益。围绕建设区域性先进生产制造基地,深入实施“中国制造 2025”如东行动计划,把新兴产业做大、主导产业做强、特色产业做优。整合优势资源,做大做强海上能源装备、智能通讯与电网装备、生命安全防护、健身器材、现代家居等特色产业,打造全产业链联动发展新模式,促进产业集聚集约发展。全面启动以“四减两提高”为主要内容的现代制造技术改造行动,推动医药化工、纺织服装、机械电子等传统优势产业转型发展。把发展现代服务业作为结构调整的主攻方向,重点抓好洋口港现代物流园、小洋口旅游度假区、如东汽车城等服务业集聚区建设,扎实推进小洋口健康产业园、高新区生命健康产业园、栟茶古镇旅游文化产业园、东凌湖云计算中心产业园等一批重点项目,大力发展文化、休闲、健康、养老等新兴业态,促进服务业发展提速、比重提高、结构提升。加快转变农业发展方式,以互联网思维和工业化手段抓好现代农业发展,重点推进现代农渔业园区、农产品加工集中区和休闲农业观光带建设。把土地流转作为农业发展的基本方向,加快土地集中型适度规模流转。创新现代农业经营模式,不断扩大“订单式”全产业链联盟覆盖面。深入实施品牌化发展战略,推动更多农产品占市场、进超市、上餐桌。

强化科技支撑。加快转变经济发展方式,最根本的是依靠科技和人才的力量,必须深入实施创新驱动战略,扎实推进人才强县工程,持续加大科技创新和人才引进工作力度,为经济发展增动力、添活力。我县不少企业竞争力不强,主要是创新能力不强,产品和服务还处在产业链、价值链的中低端。要大力推进科技创新体系建设,推进科技体制改革、创新主体提升、高新产业培育、创新载体建设、知识产权强县、科技创新惠民“六大工程”,营造大众创业、万众创新的浓厚氛围。加大科技型企业培育力度,推动创新要素向企业集聚,引导企业加大科技投入,推动企业技术创新、产品创新、管理创新和商业模式创新。鼓励企业与科研院所、高等院校组建创新战略联盟,建立产学研协同创新机制,实现亿元制造业企业工程技术研究中心建设和规上企业研发机构建设两个全覆盖,建成省创新型县份。加强人才发展战略谋划,完善人才政策支撑体系。借助“科技人才节”,加快集聚创新要素。构建多位一体引才模式,推动招才引智国际化、社会化、信息化。深化“如东籍在外人才看家乡”等系列活动,促进人才回流。

(二)*着力提升城乡一体化发展水平*。加快推进新型城镇化建设,促进城乡协调发展,让城镇与农村“渐行渐近”。

提高城镇化质量和内涵。当前,如东城镇化率不到 53%,有着巨大的提升潜力,在加快推进新型城镇化过程中,要以城镇化质量和内涵为核心,确保经得起历史和人民的检验。要突出县城的示范引领和辐射带动作用,在城市建设框架全面拉开的基础上,以完善服务功能、改善城市环境、加强城市管理、提升城市品位为重点,坚持发展新区与改造老区并重、强化配套与优化环境并举、丰富内涵与塑造特色并行,加快完善一批路网、管网等基础设施项目,建设一批便民、休闲、购物等公共服务设施,实施一批绿化、亮化、美化工程,开发一批高品质商住项目,增强服务功能,扩大对外影响。市级中心镇要围绕集聚度提升,进一步加强基础设施建设,加大产业支撑力度,加快改革创新步伐,力争在全市 19 个中心镇考核中各前移一个位次。沿海重点镇要把沿海开发作为主引擎,以特色园区打造为重点,不断增强综合承载能力,加快成为全县乃至全市经济强镇。一般特色镇要按照“一镇一品”的要求,依托传统历史条件、区位优势和发展基础,大力发展特色经济,加快成为服务农村、带动周边的综合性特色化小城镇。农村是城乡协调发展的薄弱环节,要根据村居人口结构现状和变化趋势,合理规划村庄布点和建设规模,持续开展村庄环境综合整治,建设更多“留得住乡愁”的美丽乡村。

均衡城乡公共资源配置。近年来,随着城乡一体战略的深入实施,全县城乡之间基本公共服务在硬件方面的差距逐步缩小,但软件上仍有较大差距,我们不少乡镇的学校、医院建得很漂亮,环境也不错,但大家上学、看病还是挤着往县城跑,主要原因就是乡镇的教学质量、医疗水平相对较低。下一步,要充分有效地发挥政府调控作用,推动优质公共服务资源向镇村延伸,特别是创造有利于人才向农村流动的环境,积极引导优秀人才到基层服务,促进城乡公共服务资源合理均衡配置,为城乡协调发展奠定更加坚实的基础。比如,在促进教育公平方面,建立和完善全县城乡校长、教师交流轮岗机制,推动优质教育资源共享,缩小城乡之间、乡镇之间、校际之间的教育差距。同时要加快金融、物流、电子商务等现代服务业向农村布局,进一步方便农民群众生产生活。

强化城乡综合交通支撑。随着“三纵三横”公路网的基本建成,以及铁路、国道、高速的“三通”,全县四通八达、快进快出综合交通体系的支撑性“骨架”已经成型。明年在抓好海启高速如东段、334 省道如东东段、洋骑线等重大工程推进的同时,全县交通建设的重心要开始转移,重点围绕“139”体系的完善,将更多资金和精力用于乡镇与干线公路的连接线建设以及农村公路的提档升级,加快疏通交通“脉络”,丰富“毛细血管”,努力打通“最后一公里”,加快推进城乡客运一体化发展,大力实施公共交通“一卡通”工程,真正让全县人民群众,尤其是农村居民都能平等分享交通建设成果。

(三)*全力打造如东生态环境新优势*。保护生态环境,提高生态文明水平,是关系如东长远发展的大计。要坚持“生态立县、环保优先”不动摇,以创建“国家生态文明示范县”为目标,树好生态文明标杆,让环境美成为如东的新标识。

大力推动绿色发展。如东虽然靠海,环境容量相对较大,但随着这几年工业化进程的不断加快,环境保护压力仍然不小。中央和省市提出要加快推进生产方式的绿色化转型,如东是国家生态县,理应走在绿色发展的前列。这几年,我们经过精心培育,以风电、光伏为代表的新能源产业加速崛起,拥有了支撑绿色发展的产业基础。当前最紧迫的是,在新一轮结构调整、优胜劣汰重新洗牌的过程中,要围绕产业层次、产品档次、装备水平和发展战略的提升做文章,促进绿色产业集群的又好又快发展。提高新进项目准入门槛是实现绿色发展的重中之重,要实行更严格的环境准入、污染物排放和产品能耗限额标准,实施能源和水资源消耗、建设用地等总量和强度双控行动,坚决杜绝"三高两低"项目上马,不走先污染后治理、先破坏后修复的道路。推动传统产业绿色改造是实现绿色发展的重要环节,要深化循环经济试点,开发推广"源头减量、过程控制、末端再生"技术在化工、建材等重点领域的应用。以循环经济产业园进口再生资源加工区和城市矿产示范基地项目为重点,加强分类回收和再生资源回收的衔接,推进生产系统和生活系统循环链接,逐步形成以企业循环式生产、产业循环式组合、园区循环式改造、社会循环式消费为主要内容的循环经济发展模式,大幅提高经济绿色化程度。

加大污染防治力度。在人民群众看来,天是蓝的,地是绿的,水是清的,生态文明建设就是成功的。要以此为出发点,坚持防治结合,从工程性减排和监管性减排两端入手,着力提高环境质量。加快推进达标尾水深海排放工程、县城恒发污水处理厂扩容等重点环保基础设施建设进程,把该建的建好、该用的用足,全面提高环境基础设施的配套程度和使用效能。现在经济下行压力很大,但绝不能因为企业生产经营困难而弱化环保约束、降低环保要求,换取一时的经济增长。要严格执行新《环保法》相关规定,紧盯偷排偷放等各类环境违法行为,保持严打高压态势,引导全社会向污染宣战,做到在生态环境问题上不越雷池一步。在现有污染整治的问题上,要"多还旧账、不欠新账",顺应人民群众对清新空气、清澈水质、清洁环境的期盼,深入开展清洁空气、清洁水源、清洁土壤、清洁海洋四大行动,扎实推进大气、水污染防治和城乡环境综合整治,促进环境质量状况持续好转。

完善长效管控机制。生态文明建设任务要真正落到实处,必须以构建和完善生态保护长效机制为保障。研究出台企业环保信用评级制度,强化对企业环保信用综合管理。完善生态文明绩效评价考核制度,将资源消耗、环境损害、生态效益纳入领导干部任期责任制审计,真正体现"发展是政绩、保护也是政绩"的理念。从经济理性角度出发,进一步完善生态补偿和政策激励机制,创新生态补偿的渠道和方式,把生态补偿资金的筹集、管理、分配、使用和考评制度化、规范化、常态化,做到"谁保护谁受益、谁损害谁补偿",推动环境保护从"治标"向"治本"转变。建立健全生态环境保护责任追究制度,积极推进环保综合行政执法体制改革,切实把生态环境保护纳入法治化轨道。

(四)不断扩大对内对外开放。依托沿海,深化推进开发开放,是如东的发展特色和优势。随着"一带一路"、长江经济带、江苏沿海开发等国家战略的深入实施,全面开放的新格局正在逐步形成,如东的开发开放再次迎来重大机遇,发展空间和潜力巨大。

放大港口开放优势。港口是如东未来发展的主引擎,也是不断提升开发开放成效的着力点和聚焦点。目前,洋口港一类口岸已经正式开放,扩大以港口为龙头的开发开放有了更加有利的契机。重点是要在新一轮开发开放大格局中,着眼错位发展、合作共赢,进一步明晰港口功能和产业定位,统筹、整合、完善陆上产业功能区、阳光岛码头岸线、海洋铁路洋口港站场物流园区等各类规划,并做好沟通衔接,谋划好港口的长远可持续发展。抢抓战略机遇释放的红利,加快完善集疏运配套建设,重点推进15万吨级航道工程、临港工业区各类配套设施建设,启动阳光岛至临港工业区综合管廊工程以及黄海二桥建设,加快推进阳光二岛规划建设,积极跟进三洋铁路规划建设,拓展港口功能和经济腹地,着力提升物流能力,为更广范围、更高层次开发开放创造条件。加快推动联检机构进驻和运行,实施港口科技创新和信息化建设,提高码头、堆场装卸的自动化、智能化水平,打造便利化、高效率、低成本的通关平台,确保新开通2条国际航线,全面提升港口对外开放的效率和水平。

优化开放载体平台。沿海园区是开发开放的主阵地、主力军、主窗口,必须高度重视对园区的开发建设,围绕"软硬功能"提升,统筹更多优质资源向沿海园区集聚,不断做大做强开发开放载体平台。围绕发展定位,进一步加快科技创业中心、技术研发中心、电子商务中心、展示交易中心、物流集散中心等生产性服务平台,以及园区内道路、管网、水电汽、污水处理等功能配套设施建设,以完善的基础设施和功能配套全面提升园区承载能力。各园区要立足现有资源、产业等发展基础,全力推动提档升级,广泛寻求合作共建,争创更多"国字头""省字头"特色园区、功能平台以及带动能力较强的共建园区,加快形成规模效应、集聚效应,为产业转型升级和经济可持续发展提供有力支撑。加快完善"区镇合一"管理体制,理顺职责关系,提升管理效能,深化服务机制创新,扩大县级管理权限下放,进一步提升工作效率,优化管理模式,不断增强园区开发开放活力。

提升开放型经济水平。省委强调,要把开放型经济牢牢抓在手上,做到份额不减少、位次不后移、质量有提升。市委提出,"十三五"期间,南通发展的最大潜力在沿海,要真正把沿海前沿区域打造成为新的增长极。这对处在南通沿海前沿、开发开放优势明显的如东来说,更加需要进一步提升开放型经济水平,充分利用国际国内

“两个市场、两种资源”，助推全县经济跨越发展。一方面，高水平引进来。按照7大基地、10大产业链总体布局，以产业链为主脉、以高端化为目标，瞄准世界500强、跨国公司、行业龙头，大力开展“延链、强链、补链”招商，不断提升外资利用规模和层次，加快推动战略性新兴产业、高新技术产业、现代农业和现代服务业等产业发展壮大。另一方面，大规模走出去。引导纺织服装、光缆、化工、安防用品等传统产业加强国际市场开拓，推动跨境电子商务建设，进一步巩固欧美、日本传统市场，不断拓展东盟、中东、南美等新兴市场，充分挖掘新增长点。鼓励本地有条件的优势企业建立境外加工贸易基地，直接承揽国际工程和参与海外项目，提升对外开放品牌效应、带动效应、集聚效应，争取实现更大突破。

（五）*更大力度保障和改善民生*。当前，在民生基本问题得到解决的情况下，我们要顺应群众新期待，满足民生新需求，继续加大民生投入，促进社会和谐稳定，让人民群众感受到更多变化，得到更多实惠。

促进就业创业，持续增加城乡居民收入。就业和收入是民生之本，要把稳定就业作为首要任务，不断优化就业服务，完善扶持就业政策，统筹推进重点群体就业。鼓励创业带动就业，建立激励创业机制，降低创业门槛，推动创业孵化，打好就业创业政策“组合拳”，以政策“利好”吸引劳动者自主创业。贯彻落实好国家富民政策，多渠道增加城乡居民经营性、财产性、转移性收入。大力实施脱贫奔小康工程，以低收入农户和经济薄弱村为重点，按照“标准再提高、重点再聚焦、内涵再拓展、底线再织牢”的基本思路，认真落实“四个切实”“五个一批”“六个精准”工作要求，逐级下达军令状，做到因户施策、因人施策，逐户销号、脱贫到人，确保省定新一轮扶贫开发任务如期完成。

优化公共服务，切实提升群众幸福指数。公共服务水平是民生“温度计”，要围绕增进民生福祉，努力解决好人民群众最关心最直接最现实的利益问题。着力提高社会事业发展水平，进一步优化教育布局，扎实推进教育现代化建设。全面整合卫生计生资源，纵深推进公立医院改革，构建现代医疗卫生体系。贯彻落实二孩生育政策，促进人口优质均衡发展。加快公共文化服务体系建设，深入推进县镇村公共文化设施提档升级，繁荣文艺创作，丰富群众文体生活。加快推进全县社会事业重点工程建设，确保洋口港学校、马塘初中竣工，新区初中、少年宫幼儿园、栟茶小学暑期投入使用。着力完善更加公平可持续的社会保障体系，稳步提高企业退休人员养老金、城乡居民基础养老金标准和医保财政补助标准，促进社会救助制度和其他社会保障制度有效衔接。积极应对人口老龄化现状，大力推进以居家为基础、社区为依托、机构为支撑的社会养老服务体系建设，积极培育发展养老服务产业。

创新社会治理，深入推进全面依法治县。充分发挥法治的引领和保障作用，坚持系统治理、依法治理、综合治理、源头治理，持续推进平安如东、法治如东建设。高度重视基层组织建设，夯实“网格化”管理基础。深化行政执法体制改革，推进综合行政执法。全面加强专职巡防、专业调解队伍等建设，不断提升综治系统信息化水平，着力构建立体化现代化社会治安防控体系。积极推进涉法涉诉信访改革工作。完善人民调解、行政调解、司法调解联动工作体系，建立调处化解矛盾纠纷综合机制。健全利益保护机制，依法严厉打击土地征用、房屋征拆、融资等领域严重损害群众利益的违法犯罪行为。继续开展平安创建，扎实做好安全生产工作，加强应急救援体系建设，进一步提升群众安全感。这里，需要重点强调的是关于风险防范问题。随着经济下行压力不断加大，高速增长下长期被掩盖的问题、矛盾和风险可能进一步显化。比如，经济运行中的风险、公共安全领域的风险、社会治理方面的风险，等等。要强化底线思维，宁可把风险和挑战估计得大一些、重一些，也不能放松警惕、掉以轻心，要把应对的措施和办法考虑得更有针对性、更有操作性，做最坏的打算，尽最大的努力，争取最好的结果。

**四、以严实要求加强和改善党对经济社会发展的领导**

事业发展关键在党，核心在人。能否实现明年目标任务和“十三五”规划描绘的宏伟蓝图，根本上取决于全县各级党组织领导经济社会发展的能力和水平。要适应新的形势和任务需要，全面从严治党，践行“三严三实”，进一步提升我县党建工作规范化和科学化水平，为推动经济社会又好又快发展提供坚强政治保障。

把严的要求贯穿党建全过程。管党治党是一项重大政治责任，也是如东加快发展的现实需要。当前，各级领导干部管党治党意识明显增强，但仍存在标准不够高、力度不够大、措施不够实的问题，以及怕得罪人、当老好人的现象。各级党组织和党员领导干部要始终保持自我约束的清醒与自觉，认真贯彻落实《县委关于推动全面从严治党迈上新台阶的意见》，营造良好的政治气候。

*一是思想建党要更严*。必须始终坚持把思想建党作为首要任务，坚定理想信念，凝聚发展共识，弘扬正能量，提振精气神。中共十八大以来，习近平总书记发表了一系列重要讲话，特别是视察江苏重要讲话和五中全会重要讲话，为我们做好当前工作指明了方向，提供了遵循。要持续深入推进学习宣传活动，用好中心组学习、干部轮训、党员冬训等载体，结合如东“十二五”取得的成绩和“十三五”发展规划，围绕热点难点问题，用好“百姓名嘴”，讲好“如东故事”，使党的理论和中央精神“接地气”。要一以贯之抓好社会主义精神文明建设，推动核心价值观走进群众心灵，丰富道德滋养，大力弘扬志愿服务精神，积极培树身边道德模范。落实党管意识形态工作责任制，不断提升主流媒体的传播影响力，积极引导社会舆情，加强网络文明和文化建设，打造清朗的网络空间。要充分发挥人大、政府、政协作用，加强党对统战、

群团工作的领导,巩固政通人和的良好局面。

*二是干部管理要更严。*五中全会和省、市委全会都对加强领导干部队伍建设提出了明确要求,我们要认真贯彻落实《从严管理干部“五个要”的若干规定》,打造忠诚、为民、守纪、担当的干部队伍。严格执行《干部任用条例》,构建科学选任机制,以县镇两级换届为契机,选优配强各级领导班子,建设高素质干部队伍。研究制定进一步加强县管领导班子建设的意见,强化换届后领导班子思想政治建设和能力建设。加强和改进优秀年轻干部培养选拔工作,充分发挥各个年龄段干部作用。建立科学考核评价机制,强化干部监督管理,完善正向激励机制,加大实践锻炼力度,推进任期性、培养性、结构性交流。加大不适宜、不胜任、不称职干部调整力度。制定基层党建“十三五”行动计划,建立镇党委书记抓基层党建责任清单,开展基层党建工作专项督导,在服务群众过程中不断增强基层党组织教育引领群众的能力和水平。

*三是惩治腐败要更严。*中共十八大以来,全县纪检监察机关共立案 571 件, 查处副科级以上党员干部 59 人,移送司法机关 21 人。在震慑和高压之下,腐败得到有效遏制,但反腐败斗争形势依然严峻复杂。要切实履行好党委主体责任和纪委监督责任, 牢固树立惩前毖后、治病救人理念,坚持把党的纪律和规矩挺在前面,认真执行新修订的《廉洁自律准则》和《纪律处分条例》,综合运用教育提醒、组织处理、纪律处分等多种手段,着力打造监督执纪“四种形态”,做到防范在先,动辄则咎,促进党员干部恪守纪律规矩底线。从严遵守中央八项规定和省市县委关于作风建设的各项规定,紧盯“四风”新形式、新动向,发现一起,严查一起,绝不姑息迁就。要进一步加大惩治腐败力度,增强反腐合力,保持高压态势。进一步健全和完善预防腐败体系,加强廉政典型示范教育和腐败案例警示教育,推行权力公开运行和权力清单制度,压缩腐败现象的生存空间和滋生土壤。

以实的作风推动迈上新台阶。持之以恒、狠抓落实,这是我们近年来推动发展的一条宝贵经验。要清醒地看到,作风建设永远在路上,面对“十三五”改革发展稳定的繁重任务,我们必须始终坚持“三争三实”的工作要求,以更实作风建设新如东,迈上新台阶。

*一是要弘扬求实精神,善谋全局。*我们强调加强和改善党对经济社会发展的领导,并不是面面俱到、事无巨细,而是要着力提高把控方向、谋划全局的能力,善于把上级精神和工作部署与本地本部门实际结合起来,确保目标不游离、方向不偏移;善于把本地形势与全市、全省,乃至国内国际环境分析结合起来,从更大的范围来考量和谋划自身发展;善于把当前需要与长远发展统一起来,抓住一些关键性、根本性问题寻求突破;善于把局部利益放在全局利益中去把握,提高利益关系调节的精准性。本次全会对如东未来五年发展作出了部署,各地各部门要按照“四个善于”的要求,围绕全县发展大局,认真编制“十三五”规划《纲要》及各类专项规划,把《建议》确定的发展理念、主要目标、重点任务落到实处。同时,要完善研究发展战略、分析经济形势、制定方针政策的工作机制,坚持民主集中制,推动党组织领导经济社会发展制度化、规范化、程序化。

*二是要强化落实之功,创新解难。*谋事要实是前提,创业要实是关键。抓落实要往下落一个层次,找到有形的载体和具体的抓手,在“三个转化”上下工夫,把规划转化为方案、把概念转化为项目、把部署转化为行动。要健全抓落实的责任制,科学进行责任分解,把目标任务分解到部门、具体到项目、落实到岗位、量化到个人,形成一级抓一级、层层抓落实的工作局面。要完善督促检查、会办协调机制,强化过程监控,形成工作合力。经济新常态下,增长动力向创新驱动转化,解决“成长中的烦恼”,也离不开改革创新。这就需要我们在抓落实的过程中勇于创新解难,以新的理念、新的思路创造性地开展工作,在创新和探索中求得出路、创造经验。要坚持改革和法治“两个轮子”一起转,自觉用法治思维和法治方式治理经济、解决问题,确保在发展过程中不埋钉子、不留尾巴。要尊重人民群众的首创精神,完善体制机制,搭建更多平台,更好地凝聚人民群众的智慧和力量。

*三是要端正务实态度,担当作为。*实现“十三五”发展目标,困难多挑战大,各级领导干部要自觉践行“三严三实”,以务实的工作态度,主动担当、积极作为,充分发挥模范带头作用。要从激励和约束两个方面入手,深化干部人事制度改革,加快健全有利于科学发展的目标体系、考核办法和奖惩机制,更好地激发党员干部干事创业的积极性和创造性,同时坚决治理我县干部队伍中存在的作风痼疾,纠正怕出问题、不敢担责等为官不为的不良倾向。推动改革发展,是对各级领导干部工作能力的巨大考验。要正视新形势下能力不足的问题,不断加强学习调研和实践历练,切实增强把握发展规律的能力水平,做到既有宏观视野,又有专业素养,努力成为各自工作领域的行家里手。各级党组织要设身处地考虑干部的实际困难,多做稳人心、暖人心的工作,多一些理解信任,多一些关心爱护。

# 政府工作报告(摘要)

## ——2016 年 2 月 18 日在如东县第十六届人民代表大会第五次会议上

县长　潘建华

### 一、"十二五"及 2015 年工作回顾

经济综合实力再上新台阶。"十二五"期间,地区生产总值年均增长 13.8%,2015 年达到 672.69 亿元,人均 GDP 超过 1 万美元;2015 年实现一般公共预算收入 58.54 亿元,为"十一五"期末 3 倍,年均增幅全市领先。产业转型升级迈出新步伐。三次产业结构由"十一五"期末 12.8∶53.4∶33.8 演进为 2015 年 9.7∶46.8∶43.5,服务业增加值占 GDP 比重提高 9.7 个百分点。高新技术产业产值占比达 42.92%,新兴产业产值占比达 24.35%。沿海开发建设取得新成效。洋口港成为国家一类口岸,正式对外开放。沿海园区载体建设、开发质态和贡献份额不断提升,产业集聚度逐步增强。"十二五"期间累计到账外资 17.56 亿美元。三一重工、德国巴斯夫等 17 家世界 500 强企业投资项目相继落户投产。小洋口旅游度假区成为南通首个省级旅游度假区。城乡环境面貌展现新形象。"十二五"期间,海洋铁路、临海高等级公路、通洋高速一期相继建成通车,交通条件实现历史性跨越。市政道路、配套管网、绿化亮化等工程累计投入近百亿元,垃圾收集处置、污水处理等基础设施不断完善,城市绿化率突破 40%。美丽乡村建设等工作有序推进。引江供水实现城乡全覆盖。继续蝉联省级文明城市,成为国家生态县。人民生活水平得到新提升。"十二五"期末城乡居民收入分别达 34338 元和 15827 元,年均递增 10.86%和 11.65%,失业率控制在 2.39%以内,建档立卡贫困人员 100%实现脱贫。教育、卫生、文化、就业、社保、救助等公共服务体系不断健全完善,平安法治建设扎实有效推进。

2015 年,全县上下积极适应新常态,深入贯彻落实省委"八项工程",全面统筹推进各项工作,为"十三五"开好局、起好步创造了良好条件。

(一)经济保持平稳较快增长。把稳增长作为头等大事,全力保运行、抓增量、调存量、促增长。工业经济实现提质扩量。全年实现工业应税销售收入 912.76 亿元,同比增长 20.93%。新兴产业产值 463.88 亿元,同比增长 12.9%。全年新培育应税销售收入超亿元企业 52 家,新增省级"两化融合"企业 10 家,新增新三板挂牌企业 3 家。全年完成工业项目投入 303.25 亿元,同比增长 8.3%。实现建筑业施工产值 379 亿元。现代服务业加快发展。服务业增加值占 GDP 比重同比提高 2.4 个百分点。全年完成服务业投入 183.24 亿元,同比增长 24.3%,新增省级以上服务业创新示范企业 2 家。如东经济开发区成功创建"省级电商示范园"。全年接待旅游过夜 100.23 万人次,完成旅游项目投入 18.75 亿元。我县荣获"2015 最美中国休闲度假旅游目的地城市"称号。现代农业建设水平提升。粮食生产保持稳定,农产品出口全省前列。全县新增土地流转面积 12 万亩,高标准农田 10 万亩,高效设施农渔业面积 8 万亩。新培育家庭农场 340 家、农业"全托管"示范点 127 个。全县主要农作物生产综合机械化水平达到 95%。获评"全省智能农业示范县"。科技创新驱动能力增强。实现高新技术产业产值 818.25 亿元,同比增长 14.46%。全社会研发投入占 GDP 比重达到 2.43%,万人发明专利拥有量 9.75 件,同比增加 2.26 件。高新技术企业数达到 67 家,新增省级以上研发机构 16 家,实施产学研合作项目 50 个。中天科技公司获评"国家技术创新示范企业"。自主申报并成功入选国家"千人计划"1 人。成功举办首届科技人才节,招才引智工作入选全国基层人才工作创新案例。要素保障支撑有力。全力推进土地例行督察整改工作,节约集约用地水平进一步提高。年末金融贷款余额达到 421.30 亿元,比年初增加 76.39 亿元;其中工业贷款 128.34 亿元,比年初增加 15.77 亿元,增量全市第一。全年工业电力增容 9.9 万千伏安,工业用电量 33.88 亿千瓦时,同比增长 7.9%。

(二)沿海开发扎实有效推进。继续把沿海开发作为主战场,全力推进载体功能建设、园区项目建设和产业集聚发展,沿海经济开发区工业应税销售迈上 200 亿台阶,如东经济开发区、如东高新区迈上百亿台阶。洋口港"港产城"开发联动并进。口岸功能建设不断完善,LNG 接收站和重件码头等正常运营,5000 吨级液化品码头投入使用。LNG 接收站二期工程、台湾中石化产品基地等项目扎实推进。港口新城区配套项目有序建设。沿海园区特色产业板块加快崛起。沿海经济开发区在全省率先实行化工园区圈区管理和智能化管理,新上项目层级明显提升;如东经济开发区转型升级步伐加快,三一帕尔菲格、大唐恩智浦等重点项目投产见效,中天科技产业园开工建设;如东高新区生命健康产业园加快建设,一批优质项目落户意愿和条件基本成熟;循环经济产业园进口再生资源加工区圈区管理通过验收,卓云大数据项目正式落户;南通外向型农业综合开发区刘埠国家一级渔港及其经济配套区加快建设。海上风电场建设有序实施。当年新增海上风机 100 台。风电及其配套产业项目当年实现应税销售 110 亿元,年风力发电 21 亿千瓦

时,占全社会用电量50%以上,成为绿色能源发展的主体支撑。

(三)重点领域改革有序展开。把改革作为激发活力与动力、完善体制与机制的重要抓手,全面贯彻落实上级改革部署要求,积极探索推进具有自身特色的改革。围绕转变政府职能,继续加大简政放权力度。组建成立行政审批局,推动相对集中行政许可权改革,形成以"5张清单、5个平台、4项配套改革、5大监管体系"为主要内容的简政放权和职能转变体系。深入推进商事登记改革,在全市率先实行"三证合一、一证一码"登记制度。在栟茶镇改革试点基础上,有序推进岔河镇、河口镇市级中心镇行政管理体制改革。围绕规范政府行为,深入推进政府运行管理机制改革。深化国资国企改革,开展国有资产全面专项清查,建立完善相关管理制度。在全市率先实现建设工程网上招投标全覆盖,政府集中采购网上竞价系统成功运行。农村土地承包经营权确权登记工作全面启动,农村产权交易三级市场建立运行。机关公务用车制度改革推进实施。围绕利民惠民,扎实推进社会事业发展改革。全面取消公立医院"以药补医",积极推进医保结算支付方式改革,扩大异地就医联网结算范围,实现医保监控智能化。完成机关事业单位养老保险制度改革。围绕抢抓政策机遇,积极创新工作机制。重点在政府投融资领域,强化资源整合与项目包装对接,有效争取到一批城镇化建设、棚户区改造、人居环境改善等方面的政策性贷款,获批额度达到56亿元。积极创新外资利用和外贸稳增长扶持政策,当年实现注册外资到账4.25亿美元,外贸出口增长11.8%。

(四)城乡统筹建设深入实施。加快推进城乡重点基础设施建设,着力改善投资发展和生产生活环境。城乡规划体系加快延伸覆盖。县城重点片区控制性规划加快完善,停车场、通信、水系、绿化等专项规划不断深入。城镇村庄布局规划得到拓展,开发建设行为逐步规范。城乡开发建设协调推进。县城人民路、通海路等重点骨干道路改造升级工程全面完成,老旧小区改造及配套管网建设等有序实施。房地产开发持续有力,全年完成房屋征收120万平方米,房地产开发55万平方米,商品房销售39万平方米。市级中心镇建设扎实推进。城乡交通体系加快完善,港城中通道、苴东线如东段等建成通车,海启高速如东段启动建设。新开通城市公交线路3条、镇村公交线路5条,洋口港客运站主体竣工。农村水利、交通等工程建设按计划实施,全年完成拆坝建涵(桥)1380个(座),新建改造农路530公里、农桥209座。城乡环境面貌持续改善。国家生态文明示范县创建工作全面启动,环境基础设施建设加快推进,县城第二污水处理厂、洋口港污水处理厂、水质自动监测站等建成投运,工业固废填埋场、达标尾水排海管道等工程有序实施,工业废气、城市扬尘、秸秆禁烧等大气污染防治工作扎实开展。强化工业、生活和畜禽养殖污染治理,实施调水引流、生态修复,内河水质逐步改善。文明城市创建水平提升。以"六城联创"为抓手,坚持建管结合、软硬齐抓、标本兼治,城市环境综合整治工作扎实推进,城郊结合部、城市河道、农贸市场、户外广告、五小行业等重点领域整治扎实有效,城市交通微循环系统逐步优化,县城公共自行车服务系统正式启用,顺利通过省级文明城市年度测评。

(五)民生社会事业协调发展。以"为民办实事"(附件一)为抓手,着力提升社会保障、民生福利及各项事业发展水平。全年民生类财政支出65亿元,占比达到75.3%,同比增长18.8%。教育现代化水平不断提高。省优质幼儿园占比达到77.8%,义务教育学业监测名列全省前列,高考成绩继续保持全省领先,职业教育、社区教育进一步加强。卫计工作再上新台阶。医改不断深化,三级医疗服务体系逐步完善,全县新农合参合率达到99.97%,政策范围内住院费用补偿比例达到77.03%。当年二孩出生1359人,同比增长27.5%。文体事业协调发展。文化产业增加值占GDP比重达4.6%。一批文艺作品荣获国内外大奖。魔术《变鸽子》荣获第九届中国杂技金菊奖金奖。群众性文体活动广泛开展。圆满承办省风筝精英赛、国际风筝邀请赛、省青少年击剑冠军赛总决赛。社会综合保障能力稳步提升。全年新增城镇就业7500人、转移农村劳动力10122人,扶持农村劳动力自主创业609人。促进社会保险全覆盖,初步实现"扩面、提质、增量"阶段性目标。全面完成社区减负和政社互动目标任务,弱势群体的救助保障水平进一步提升,省星级敬老院实现全覆盖。县残疾人综合服务中心投入运行。认真落实退役转业军人安置政策,双拥优抚工作扎实有效。全年建成保障性安居住房460套,公租房实物配租累计保障2000人。立体化、现代化治安防控体系不断完善,被评为"全国法治县创建活动先进单位"。

2015年,我们以开展"三严三实"教育活动为抓手,切实加强政府自身建设。加快政府职能转变,在扎实推进简政放权改革的同时,切实加强依法行政工作,信息公开和新闻发布机制常态规范,行政权力透明运行得到强化。依法接受人大、政协监督,自觉接受舆论和群众监督,全年共办理人大代表议案、建议215件,政协建议案、委员提案208件。扎实开展政风行风建设,发扬"马上就办"工作作风和"钉钉子"精神,行政效能得到新的提升。强化党风廉政建设"一岗双责"责任,严格落实"八项规定"和"约法三章"要求,"三公经费"支出同比下降20%以上。行政监察和审计监督的有效性进一步增强。

在总结成绩的同时,我们也清醒地认识到发展中还存在不少矛盾和问题,主要是:以新的发展理念推动发展的意识和能力还不够强,重大项目及新兴增长点还不多,新产业新业态培育成长还不够显著;县城核心带动和集聚能力还不强,镇域经济特色化发展还不够,沿海开发开放水平和园区发展的集聚度还有待提升,港口开发的龙头带动作用还有待加快显现;农业现代化还相对滞后，农业的发展理念、经营思路、运行模式和产出效益还有待加快转型提升；生态文明建设任务繁重，环保基础设施建设运营情况还不够理想，面源污染以及水环境综合整治等还需持续大力推进；教育、卫生、文化等公共服务水平还未能完全满足群众需求。同时，政府职能转变还不够到位，科学施政、依法行政、高效履政能力还需不断加强。对此，我们将对标找差，采取有效措施，着力补弱补短，加快构建新的优势。

## 二、“十三五”及 2016 年工作任务

“十三五”时期是我县全面建成小康社会的决胜阶段，也是积极探索开启实现现代化建设新征程、向更高发展平台跃升的重要阶段。综观今后 5 年，如东仍处于大有可为的重要战略机遇期，在经济发展新常态下，我国经济正在向形态更高级、分工更复杂、结构更合理阶段演化，宏观经济发展的回旋空间更大、韧性更足，蕴藏着许多新的机遇，江苏沿海开发和南通陆海统筹发展战略的深入实施，上海自贸区、苏南自主创新示范区建设的带动辐射效应、长三角经济一体化逐步深入，以及地处国家多重战略迭加的有利区位等，都为我县发展创造了良好外部环境。我们特别要看到，随着我县交通条件加快改善、一类口岸正式开放、载体功能不断提升，如东有基础有条件、也有信心有能力在新一轮发展中抢抓机遇，加快转型升级。尽管我们也面临不少的困难和挑战，但只要我们明大势、看大局，进一步保持战略定力，增强发展自信，坚持求新求变求突破，在深化改革中攻坚克难，在创新发展中务实奋进，就一定能够推动我县经济社会各项工作再上新台阶。

根据县委十三届九次全会及关于“十三五”发展规划建议精神，我县“十三五”时期经济社会发展的总体要求是：全面贯彻党的十八大和十八届三中、四中、五中全会精神，以邓小平理论、“三个代表”重要思想、科学发展观为指导，以习近平总书记系列重要讲话特别是视察江苏重要讲话精神为指引，紧紧围绕“四个全面”战略布局，牢固树立创新、协调、绿色、开放、共享的发展理念，按照省市的部署要求，以提高经济发展质量效益为中心，保持战略定力，坚持稳中求进，深入落实“五个迈上新台阶”重点任务，统筹推进经济、政治、文化、社会、生态建设和党的建设，着力建设经济强、百姓富、环境美、社会文明程度高的新如东，全面建成小康社会，积极开启基本实现现代化新征程，谱写好中国梦的如东篇章。

“十三五”时期，全县经济社会发展的主要目标是：

——经济综合实力显著增强。经济保持中高速增长，地区生产总值年均增长 9.5%左右，总量突破 1000 亿元，人均生产总值超过 10 万元。产业迈向中高端水平，基本形成以先进制造业与现代服务业为主导的产业体系，服务业增加值占 GDP 比重 46%以上，高新技术产业产值占规模以上工业产值比重达到 47%，研发经费支出占 GDP 比重达到 2.7%。一般公共预算收入突破 100 亿元，年均增长 12%左右，固定资产投资累计超过 3000 亿元，进出口总额累计达到 140 亿美元。

——民生幸福指数持续提升。城镇、农村居民人均可支配收入与经济发展同步增长，提前实现城乡居民收入比 2010 年翻一番。居民收入结构不断优化，收入差距进一步缩小，完成新一轮脱贫任务。民生投入增长快于经济增长。公共服务体系更加健全，就业、社保、教育、文化、医疗、养老等社会事业快速发展。新型城镇化建设和城乡一体化发展取得突破，中心城市首位度进一步提高，户籍人口城镇化率达到 60%左右，综合交通体系进一步健全。

——生态环境质量明显改善。生态文明制度体系更加健全，全社会环境意识显著增强，生产和生活方式绿色、低碳水平上升，主要污染物排放有效控制，空气、水、土壤污染治理成效明显。绿色循环低碳经济加快发展，能源资源使用效率大幅提高，资源保护成效显著，可持续发展水平明显提升。“六城联创”取得明显成效，生态环境质量居全省沿海县市前列。

——社会文明程度全面提高。中国梦和社会主义核心价值观深入人心，向上向善、诚信互助的社会风尚更加浓厚，思想道德素质、科学文化素质、健康素质明显提高。海洋特色文化建设走在全省前列，传统文化有效保护传承，如东美誉度持续提高，成为有影响力的思想文化建设高地和道德风尚建设高地，文化产业增加值占 GDP 比重达到 6%。

——体制机制建设深入推进。治理体系建设和治理能力提升取得重大进展，重要领域和关键环节改革取得突破，政府职能加快转变，政府公信力和行政效率进一步提升，法治、平安如东建设持续走在全市乃至全省前列，社会保持和谐稳定，公众安全感持续提升。

实现“十三五”发展目标，必须按照习近平总书记对江苏发展的新要求，紧紧围绕建设“强富美高”新如东，以“创新、协调、绿色、开放、共享”五大发展理念为引领，重点把握以下几点：一是坚持以发展为第一要务，更加突出产业厚植、打造特色板块。始终紧扣发展主旋律，增强加快发展自觉，切实强化经济运行服务，扎实有效地保运行、稳增长；更加有方向、有力度、有效率地谋划和推进项目建设，努力促进镇区产业特色化、集聚化发展，着力打造富有如东特色的区域产业群。二是坚持以创新为重要支撑，更加突出激发双创热情、增强发展活力。始终把创新作为转型发展的强大引擎，进一步突出企业的创新主体地位，突出创新创业平台建设，突出人才队伍打造，努力营造鼓励创新、包容失败，尊重人才、尊重创造的良好氛围，加快构筑充满生机活力的创新创业体系。三是坚持以开放为主体战略，更加突出载体建设、提升吸聚功能。始终把做优做靓投资环境作为核心任务，进一步加快沿海开发及园区建设进程，加强综合功能配套，努力打造长三角地区最具竞争力的项目落户平台，不断提升沿海开发的层次和成效。四是坚持以协调为重要目标，更加突出城乡统筹、推动共同繁荣。突出城镇化

发展的带动作用，不断优化城镇结构和城乡空间体系，统筹推进“四化同步”，加快提升城市质量和内涵。坚持以人的城镇化为核心，着力健全完善城镇化体制机制，充分发挥县城辐射带动作用，强化市级中心镇、沿海重点镇和特色镇村建设，加快形成城乡一体协调发展新格局。五是坚持以改革为核心动力，更加突出体制机制创新、释放发展动能。始终把改革作为激发市场活力的关键举措，切实推动改革向纵深迈进。坚持问题导向，紧紧围绕制约发展的瓶颈，着力从体制机制上寻找突破口；坚持市场化理念，一切围绕发展、围绕企业、围绕提升效益，着力构建更加富有效率的行政服务机制；坚持放管结合，着力营造公开透明、公平有序、公正法治的市场运行环境，努力让各类经济主体汇流集聚、竞相发展。六是坚持以民生为根本追求，更加突出办好实事工程、促进社会和谐。始终把改善民生作为发展的落脚点，紧紧围绕民生工程“七个更”的目标，以久久为功、驰而不息的责任感和使命感，持续深入推进民生幸福工程，着力提高百姓收入、健全保障体系、改善生态环境、加强社会治理，使广大人民群众共建文明如东、共享发展成果。

2016年，全县经济社会发展主要预期目标是：地区生产总值增长10%左右；一般公共预算收入增长12%；固定资产投资增长15%；社会消费品零售总额增长11%；实现外资到账3.5亿美元；外贸进出口总额保持增长；城乡居民收入增长与经济增长同步；城镇登记失业率控制在3%以内；全社会研发投入占地区生产总值比重达到2.45%；万元地区生产总值能耗下降和主要污染物减排完成市下达任务。

围绕以上目标，今年将重点抓好以下10个方面工作：

(一)全力推动新型工业化，促进产业层次向中高端迈进。坚持工业经济主体地位，以提高发展质量和效益为中心，实施“中国制造2025”如东行动计划，坚持以调促进，完善供给侧结构，加快建设区域性先进生产制造基地。

壮大新兴产业规模。突出先导性和支柱性，深入实施战略性新兴产业培育3年行动计划，着力打造一批成长性好、带动力强的特色产业。做强新能源产业，加快推进风电装备制造、风力发电、电池及储能系统等产业项目建设，积极引进上下游配套项目。拓展新材料产业，重点发展化工和纺织新型材料、新型氟材料、锂电池材料和石墨烯等，加快构建新材料产业布局。壮大高端装备制造产业，大力推进工程机械、石油机械、车辆零部件等装备制造业发展，打造高端装备产业集群。提升生物医药产业，重点发展生物技术药物、化学新药、现代中药的研发生产。加快发展电子信息产业，增强光纤光缆产业竞争力，促进汽车芯片研发设计加快崛起，引进实施大型数据库及其链接运用项目，推动产业向价值链高端提升，力争新兴产业产值占比达到25%。

加快传统产业升级。大力实施“双百工程”，加快推进技术改造和智能制造，提升全要素生产率，打造产业发展升级版。加大技术改造力度，加快淘汰落后产能，全面启动以“四减两提高”为主要内容的现代制造业技术改造行动，推动化工医药、纺织服装、机械电子等主导支柱产业转型发展。促进两化深度融合，推动新一代信息技术在企业研发设计、生产制造、经营管理、营销服务等环节深入使用，确保新增省级“两化融合”示范(试点)企业5家，加快建设一批智能工厂和智能车间。鼓励企业探索基于互联网的个性化定制、众包设计、协同制造、云计算等新型制造模式，推动产业模式和企业形态向更高级演进。大力推进建筑业转型升级，加快提升建筑业工厂化生产、装备化施工、成品化装修水平。

强化重点企业支撑。引导鼓励行业龙头企业科学串联产业链条，集聚中小配套企业，形成分工协作、融合发展的现代企业群和产品群。注重企业规模培育，加大对成长型、科技型、潜力型中小企业扶持力度，鼓励通过兼并、收购、参股等方式，推动企业扩大规模、提升层次。全年实现工业应税销售收入超1000亿元，力争新增1亿元企业50家、超10亿元企业5家。引导推进企业上市，力争新增上市企业2家，“新三板”挂牌企业4家。加强品牌和质量建设。强化对实体经济运行的指导服务，落实中央、省、市在制度性交易、税费负担、社会保险费、财务、电价、物流等降成本政策，切实优化企业发展环境。

(二)大力发展现代服务业，不断优化产业体系结构。以发展业态新、质态优、贡献大、功能强的现代服务业为主攻方向，坚持生产性服务业和生活性服务业两翼齐飞，传统服务业和新兴服务业齐头并进，促进现代服务业发展提速、结构优化、占比提升，确保服务业增加值占比提高1个百分点。

积极发展生产性服务业。制定实施生产性服务业发展行动计划，以产业转型升级需求为导向，大力引进科技研发、检验检测、质量认证、节能环保、工业设计等服务型企业，鼓励制造业企业分离和外包非核心业务，推动制造业和服务业深度融合，向价值链高端延伸。加快物流业发展，重点依托产业基础，立足园区功能配套，加快推进洋口港现代物流园、江东物流园等一批物流园区建设。加快金融业发展，积极引进培育新机构、新业态，创新融资工具、优化信贷服务、增强金融活力，促进金融业与实体经济深度融合、互动并进发展。

提升发展生活性服务业。科学规划、有效整合全县旅游特色资源，重点推进小洋口健康养生基地、东凌库区旅游产业融合示范区、外向型农业开发区休闲观光农业等项目建设。加快特色商贸集聚化发展，重点推进高新区汽车城、城南专业市场、农副产品交易中心等专业市场建设。充分挖掘如东优质文教资源，加快发展文化产业，推动教育培训产业规范化、系列化发展。积极发展专业、规范的护理服务，加快推进中医院医养一体化项目，大力发展社区健康养老，满足多样化、多层次的生活服务需求。

大力发展服务业新业态。鼓励引导服务业特色企业突出核心业务，创新组织构架，扩大业务规模，提高服务层次，加快培育一批具有自主品牌、高增值服务能力的骨干龙头企业。以智慧城市建设为抓手，完善互联网基础设施，统筹提高城乡宽带普及水平和接入能力，逐步引导云计算、大数据在各个领域的推广应用。以服务业转型升级为目标，着力引导传统服务业线下线上融合发展，推动优势行业和支柱产业电子商务普及应用，加强电子商务在采购、生产、营销、售后等环节的推广与运用，着力培育具有如东特色的电子商务产业体系。积极培育总部经济、平台经济和楼宇经济，扎实抓好服务业集聚区建设。

（三）*放大沿海开发效应，做优做强特色经济板块*。强化港口引领，突出载体支撑和功能配套，促进沿海开发速度再加快、形象再提升，全力打造江苏沿海开发示范区。

加快港口综合开发。坚持以洋口港开发为龙头，进一步优化港城发展规划，完成新一轮区域总体规划及相关专项规划修编。深入推进阳光岛和临港工业区配套设施建设，加快实施15万吨级航道疏浚工程。充分发挥联检部门作用，促进港口功能优化和开发开放。紧紧围绕“3+1”产业发展规划，重点推进台湾中石化产业园、协鑫LNG交易中心等项目启动实施，力争全年重大产业项目开工建设不少于3个，确保威名化工新材料项目一期、正盛新材料、爱森化工等重点项目投产运行。加大与徐矿、华润、协鑫、华谊等战略性投资伙伴的对接力度，推动和促成大集团、大企业、大项目落户。统筹推进港口城市功能建设。

推进园区提档升级。围绕园区发展定位，进一步完善功能配套，提升载体能级，优化产业布局，凸显板块特色。如东经济开发区积极谋求高端制造业和现代服务业“双维”突破，着力推进海洋能源装备产业基地、中天科技产业园、国家应急产业园和现代服务业集聚区建设。沿海经济开发区以化工产业升级推动区域经济转型，重点围绕公共科技服务平台升级和VOC气体监测系统建设，进一步强化和提升园区管理，争创国家新型工业化产业示范基地。重点抓好优嘉化学二期、兴业材料等7个新开工项目和东赢化学材料、佳尔科生物科技等6个新竣工项目。加快启动非化产业园区建设。小洋口旅游度假区进一步统筹旅游集聚区建设和人文景观打造，争创国家级旅游度假区。如东高新技术产业开发区加快省级高新区创建工作进程，积极打造生命健康、智能机电和新材料三大产业体系，重点抓好生命健康产业园等重点项目建设。加快推进携程网、蔚智蓝健康养老网等多个基于“互联网+”的新兴服务业项目，推进主城区服务业集聚发展。如东循环经济产业园着力推进再生资源加工区平台建设，完善园区项目支撑功能。推进高辉工贸和广东华永兴再生铝熔炼项目落户，加快东凌湖云计算产业园和鸿轩生态农业总部基地建设。南通外向型农业综合开发区全面推进刘埠渔港经济区、金海岸现代农渔业产业园区、绿源现代农业园区等项目建设，促进农渔产业集群发展。

（四）*着力推进创新创业，打造经济发展新引擎*。围绕建成创新型县份，继续实施科技创新“六大工程”，构建完善科技创新体系，推动以科技创新为核心的全面创新，增强发展内生动力。

培育创新创业主体。强化企业创新主体地位和主导作用，引导企业加大研发投入，实现“亿元制造业企业工程技术研究中心”和“规上高企研发机构”两个全覆盖，着力形成一批“专精特新”的创新型企业集群。全年实施重点产学研项目30个，新增市级以上工程技术研究中心12家、企业院士工作站和企业研究生工作站5家，新增高新技术企业20家、省民营科技型企业50家，高新技术产业产值占规模工业比重达到44%。

构建创新创业平台。围绕新兴战略产业和特色主导产业，优化整合科技人才资源，加快推进各层级创新创业平台建设，重点推进县级科技创新综合服务机构和园区产业研发及成果转化机构建设，力争每个园区都建成1个科创中心，当年建成省级科技孵化器1家，新增“三创”载体面积10万平方米。

营造创新创业生态。大力实施人才强县战略，深入推进“扶海英才”计划，持续打造科技人才节品牌，搭建创新要素集聚平台。加强知识产权运用和保护，推进国家知识产权强县工程试点县建设，实现高新技术企业有效发明专利全覆盖，万人发明专利拥有量达10件以上。加快建立多元化的创新创业融资模式，为创新提供充足的“资金血液”。完善创新创业服务体系，优化落实创新创业扶持激励政策，降低创新创业成本。培育创新创业文化，营造鼓励创新创业、宽容失败的良好环境。

（五）*狠抓改革举措落地，充分释放市场主体活力*。坚持问题导向，切实增强改革定力、保持改革韧劲，扎扎实实把各项改革举措落到实处。

深化政府自身改革。加快转变政府职能，深化行政审批制度改革，动态调整“五张清单”，强化行政审批局规范运行。坚持“放、管、服”并重，加强事中事后监管和服务。深化行政执法体制改革，积极推进综合行政执法，提高执法效率和监管水平。整合优化行政服务资源，提升电子政务水平。探索政府职能向社会转移，加快建立政府向社会购买服务机制。改革完善政府扶持激励机制，设立产业股权投资引导基金、科技创新引导基金和风险补偿基金，更加突出产业扶持导向，提升资金使用效益。

深化市场体制改革。逐步清理妨碍市场公平竞争的各种规定，探索市场准入负面清单制度，加快建立公开透明、有序规范的市场环境。加快投融资体系建设，积极推广政府与社会资本合作(PPP)模式，加大企业上市、债券融资、创投基金等工作力度，有效推进商事制度改革和价格改革，不断激发市场主体活力。积极推进国资国企改革,加快完善管理体制机制,提升国有企业市场化运行效率。进一步加强公共资源交易平台建设,规范高效配置资源要素。

深化农业农村改革。稳步推进农村土地承包经营权确权,分类推进农村集体资产确权到户和股份合作制改革,探索开展农村土地征收和承包制度、集体经营性建设用地入市制度、宅基地制度改革,有序推动土地经营权规范流转。加强农民专业合作社和土地股份合作社规范化建设,构建农户、合作社、企业之间互利共赢的合作模式,让农民更多分享产业链增值收益。

深化社会事业改革。深入推进医药卫生体制改革,整合县镇两级医疗计生机构,推进新农合与城镇居民医保并轨运行。探索实施公立医院治理结构和薪酬制度改革,积极支持社会资本办医。扎实推进教育领域综合改革,优化教师绩效考核机制,推动教育现代化建设。推进文化体育体制改革,做好足球改革试点工作。深化殡葬改革,推行绿色生态殡葬。

(六)努力扩大对外开放,不断提升外向化发展水平。深入实施"对接上海"战略,充分利用区位资源条件,按照"错位发展、扬长补短、功能互补"的产业发展思路,努力在"一带一路"和长三角对外开放大格局中,形成自身特色和优势。

强化招商选资。进一步更新招商理念,实施"有谋划的主动招商、有方向的标靶招商、有条件的筛选招商"。重点围绕国家产业发展战略规划和我县产业特色,突出战略性新兴产业、现代服务业、现代农渔业以及"互联网+"新业态等领域,紧盯世界500强和大型国企民企等,深入挖掘对接项目信息,切实加大盯粘力度。创新招商方式,坚持"一把手"抓招商,积极拓展协会招商、商会招商、以商引商、以企引企等多种招商途径,打造立体化的招商体系。完善招商机制,着力在重点区域、重点产业和重点客商方面,建立常态化的跟踪落实机制;在项目洽谈过程中,建立科学、专业的遴选甄别机制;在项目落户过程中,建立高效快捷的全程服务机制;在招商队伍建设上,着力打造知政策、懂市场、会沟通、能服务的高端精干团队。优化招商环境,着力完善园区基础设施和商务功能配套;加强如东品牌策划宣传,增强招商吸引力。

加快项目建设。紧紧围绕"早开工、快建设、投达产"目标,全面加快各类项目实施进程。加大项目储备拓展力度,主动对接国家11个重大工程包,力争更多项目挤入上级"十三五"规划笼子。进一步完善项目建设推进机制,落实重点项目"一套班子、一张图表、一抓到底"的工作责任,确保项目建设抓到点位、取得实效。全年力争新开工1亿元以上项目60个、竣工35个。

开拓对外市场。进一步完善落实外贸稳增长促转型政策,支持重点外贸企业设立境外加工贸易基地、营销网络等,努力拓展产销渠道。创新外贸发展方式,积极争取跨境电子商务试点,实现线上线下、有形市场与无形市场融合发展。全年力争实现外贸进出口总额26.4亿美元。

(七)转变农业生产方式,提高现代农业发展水平。深入挖掘农业发展潜力,加快调整产业结构,促进农村一、二、三产业融合发展。

推进农业产业化发展。加强现代农业园区建设,以"明晰定位、优化布局、精准扶持、提高效益"为导向,大力推进现代农渔业精品园区、农渔业产品加工集中区、休闲农业观光带等区域特色农业园区建设。全年力争新增高效设施农渔业面积7万亩、现代种植业综合示范园区15个、休闲农业项目5个、规模化种养示范基地40个。加快农业产业化进程,鼓励引导农业企业发展前延后伸项目,拉长"接二连三"产业链,增强辐射带动力。全年新增投资超1000万元农渔业产业化项目20个、农产品加工集中区2个。加大农业市场开拓力度,深入实施农业品牌化战略,加快发展农村电子商务,推动如东产品向如东品牌转变,促进如东产品"走出如东"、"走向市场"。力争新增地理标志产品1个,农产品出口额增长10%以上。

加快培育新型主体。按照"有文化、懂技术、会经营"要求,进一步培育壮大新型职业农民队伍。以家庭经营为基础,鼓励土地规范化流转和规模化经营,引导和扶持粮食生产全托管、家庭农场、专业大户、联耕联种和专业合作社等多种农业新型主体加快发展。积极鼓励以农民创业为主体的农业电商发展。全年确保培育新型农民3000人,培育家庭农场280家,新增规模经营比例8%,新增粮食生产"全托管"经营主体120个以上。

推动农业科技进步。贯彻落实"藏粮于技"战略,围绕农业发展提质增效,加快构建现代农业科技创新推广体系、农业科技服务体系,积极开展农业产学研合作,引导农业企业和农民合作组织开展科技创新,引进农业科研机构和科技人才落户如东。继续抓好农田水利设施建设,全年新增高标准农田10万亩、滩涂配套项目2.5万亩。全面提升现代种业,确保农作物良种覆盖率达99%。继续提升农业机械化水平,加快农业信息化进程,鼓励"农业+互联网"发展,不断丰富智能农业内涵。加强农业气象服务工作,提升灾害防御能力和水平。

完善支撑服务体系。以农业产业项目为重点,充分发挥财政资金的引导和杠杆作用,吸引各类资本投入农业农村建设,强化农业产业化资金保障。围绕保障农产品安全,建立健全从农田到餐桌的农产品质量安全全过程监管体系。进一步完善主要农产品收储制度,规范农产品流通设施和市场建设。

(八)强化城乡统筹建设,加快新型城镇化步伐。以"六城联创"为抓手,扎实推进城市建设管理和美丽乡村建设,全力提升新型城镇化水平。积极抢抓国家信贷政策机遇,力争全年政府公共投资信贷总量不少于100亿元。

优化城乡布局。进一步突出规划引领,按照"多规合一"目标要求,认真做好城镇及园区开发建设、土地利用、综合交通、海洋功能、生态建设等相关规划的修编对接工作,加快建设以县城为核心,市级中心镇、沿海重点镇、特色镇为支撑,农村社区为基础的现代城乡架构体系。深化完善城市公交、公共服务设施、绿地、水系、管网、停车场等专项规划,不断优化城乡空间布局、建设品位和风貌形象。

推进县城新老城区联动开发。完善提升老城区功能,继续实施老旧小区和棚户区改造,启动三号街区改造征收,有序推进老旧小区综合整治。扎实推进市政工程建设,实施黄海路北延、牡丹江路东延等路网工程建设,加快朝阳路两侧、如泰河两侧等沿路沿河绿化景观建设,着力完善城市水系,加大黑臭河道整治力度。积极应对房地产市场变化,加强房地产业开发调控管理,有序增加成品住房、精品住房比例。加快推进新光居住区、爱民路南侧地块、老政府地块安置房等工程建设。

加强镇区建设。推动市级中心镇特色化发展,实施栟茶历史文化名镇保护性开发,促进岔河镇工业、商贸、物流园区协调发展,统筹河口镇中天工业园与镇区建设。科学推进洋口、长沙、大豫等沿海重点镇建设,促进城镇与园区融合发展。鼓励其他镇因地制宜,建设美丽宜居镇村。

完善城乡基础设施。立足构建更高等级路网体系,进一步完善干线公路及支线网络,加快推进海启高速、228国道绕城段改造、355省道东陈线拓宽、334省道如东东段和角林线等重点项目工程,完善新店、丰利、河口等连接道路规划建设,实施洋骑线(一期)工程。抢抓国家推动人居环境建设机遇,全面加快推进农路农桥建设,全年新建改造农路500公里以上、农桥不少于200座。加快如东客运站建设,力争2017年建成运营。完善城市及镇村公交线路,推进公交“一卡通”。

提升城市管理水平。适应新型城镇化发展要求,进一步理顺管理体制,实施城市执法体制改革,下移管理执法重心,实行联合综合执法。推进东环路整治、通海路示范路创建等重点项目,巩固落实市容环境治理及小区物业管理等长效机制,提升城市管理精细化水平。加快转变街道办事处职能,发挥社区作用,强化网格管理,提升社会管理与公共服务水平。加强城镇相对集中行政处罚权试点工作,切实提高城市综合水平。按照“统筹规划、条块协调、互联互通、资源共享”的城市管理信息化目标,推进智慧城市建设,促进城市运行高效有序,实现城市让生活更美好。

(九)坚持最严标准,扎实推进生态文明建设。牢固树立绿色发展理念,以“国家生态文明示范县”创建为抓手,推动形成绿色生产方式和生活方式,促进人与自然和谐共生。

完善生态建设机制。深入贯彻新环境保护法,加快建立政府、企业、公众共治的环境保护体系。实行最严格的源头保护制度、损害赔偿制度、责任追究制度,引导、规范和约束各类开发、利用、保护自然资源的行为,用制度保护生态环境。探索建立环保督察机制,推动环境监管从“督企”向“督政”与“督企”并重转变。推进环保综合执法体制改革,实行环境监管执法网格管理。出台环保“黑名单”制度,建立失信联合惩戒机制。全面推行排污许可证管理制度,增强污染减排的刚性和动力,实现主要污染物排放强度和总量“双下降”。推进资源节约集约利用,实行最严格的耕地保护和水资源管理制度。

强化生态环境治理。下决心打好水、大气污染防治攻坚战,确保环境质量持续改善。加强大气污染防治,深入开展工业废气、汽车尾气、城市扬尘、餐饮油烟、秸秆禁烧等源头治理工作,加强化工园区废气专项治理,推行建设工程“绿色施工”,全面完成燃煤锅炉整治和黄标车淘汰工作,切实减少灰霾天气。深入开展水生态文明建设,全面启动“江苏省节水型社会示范区”创建工作,继续推进畜禽粪污综合治理和城乡污水集中处置工作,开展等级河道上非法设立的工业和畜禽粪污排污口专项整治,试行如泰运河镇级交界断面水质交接责任制。继续抓好化工、电镀、印染、浸胶手套等行业专项整治和工业园区绿色化、生态化、循环化改造工作。

加快环保工程建设。加快县城恒发污水处理厂扩容、工业固废填埋场、电镀中心污水处理厂等重点环境基础设施建设进程,力争上半年投入运行。加快推进达标尾水深海排放管道、洋口港经济开发区热电联产项目、外向型农业开发区污水处理工程、沿海经济开发区2万吨污水处理厂建设。全面实施乡镇污水处理设施提标改造和污水收集管网改造延伸工程,完成栟茶、双甸、大豫3个镇污水处理设施提标改造和污水收集管网改造延伸工程,确保已建工程正常运行、达标排放。合理选择城镇污水处理厂统一处理、就地建设小型设施相对集中处理等治理方式,建设一批农村生活污水处理设施。继续深入开展绿化造林工程,全年完成绿化造林面积1万亩以上。

强化环保执法监管。继续开展环境保护执法大检查,坚持铁腕执法,重点查处偷排直排污水、非法倾倒和处置危险固废、废气严重超标排放等环境违法行为,加强环境执法司法联动。严格落实环境信访属地管理责任。

(十)扩大公共产品和服务供给,增强百姓民生获得感。以完善民生“六大体系”为重点,持续深入推进民生幸福工程,让改革发展成果更多、更好、更公平地惠及于民。今年,政府将继续认真办好10个方面的民生实事(附件二)。

促进富民增收。把稳定就业作为首要任务,实施促进就业创业政策“组合拳”,统筹推进重点群体就业,鼓励创业带动就业,强化职业技能培训,健全和谐劳动关系长效机制。全年力争新增转移农村劳动力4000人以上、城镇就业8000人以上。认真落实富民政策,努力扩大居民经营性收入,多渠道增加居民财产性收入,稳步提升居民转移性收入。深入开展“凤还巢”活动,引导鼓励如东在外人才回乡创业就业。大力实施脱贫奔小康工程,通过产业扶持、转移就业和政策兜底等方式,实施“点穴式”扶贫。广泛动员全社会力量参与扶贫开发,确保实现精准扶贫、精准脱贫,如期完成省定新一轮扶贫开发任务。

健全保障体系。统筹城镇职工医保、居民医保,不断提高大病保险保障水平。建立完善“一门受理、协同办理”社会救助制度机制,加强城乡低保、农村五保、城镇“三无”、残疾人、孤儿等困难群众帮扶,提高社会救助工作法制化水平。推进养老服务业发展,逐步形成政府主导、社会参与、市场配置的养老服务业发展新格局。充分发挥县社会福利中心示范作用,推进农村五保供养服务机构改造升级。

加强文明建设。大力培育和践行社会主义核心价值观,强化宣传教育,放大“好人效应”,汇聚向上向善的正能量。深入开展未成年人“八礼四仪”等道德养成教育,营造全社会关心未成年人美德养成的良好氛围。加强书香社会建设,深入开展全民阅读活动。加大志愿服务激励扶持力度,推进志愿服务制度化、常态化。扎实推进社会诚信体系建设,让公平正义得到保障、遵纪守法成为习惯、诚信友善蔚然成风。发展健康向上的网络文化,净化网络空间,创制网络宣传精品。

繁荣社会事业。优化教育布局结构,加快实施一批重点教育工程,促进学前教育普惠化、义务教育均衡化、高中教育特色化发展。推进职业教育与产业发展深度融合,不断提升现代化教育发展水平。加强教师队伍建设,提升教师立德育人水平和专业化素养,弘扬如东教育品牌。整合卫生资源,增强医疗卫生机构服务能力。推进县人院和中医院创建三级医院。贯彻落实一对夫妇可生育两个孩子政策,促进人口优质均衡发展。落实推动文化建设迈上新台阶政策措施,加快构建现代公共文化服务体系,引导文化产业健康快速发展,促进文艺创作和群众文化生活更加繁荣。

创新社会治理。加强社区组织建设,完善政社互动机制,实现政府治理和社会自我调节、居民自治良性互动。加强民主法治建设,增强全社会法治观念和法律素养。创新法治惠民举措,加强司法救助,维护社会公平正义。引导群众依法理性维权,畅通信访渠道,规范信访秩序。正确引导社会舆情,及时应对敏感问题和突发事件。狠抓安全生产监管,深入开展重点领域专项整治,加大农村危房改造力度,强化应急管理体系建设,坚决遏制重特大安全生产事故发生。加强市场监督管理,维护食品药品市场秩序。加强社会治安综合治理,依法防范和惩治各类违法犯罪活动。强化全民国防教育,争创“全国双拥模范县”,实现“省双拥模范县”五连冠。加强民族、宗教、档案、保密等工作。

**三、加强政府自身建设**

严明政治纪律和政治规矩,坚持为民服务宗旨,着力改进工作作风,提高工作标准,扎实推进政府治理体系和治理能力现代化建设。

弘扬雷厉风行作风。强化效率意识,对确定的决策部署,作出“第一时间反应”,做到立说立行、一抓到底、紧盯不放、狠抓落实。强化责任担当,建立完善工作责任体系,加强过程管控,严格督查问责,坚决杜绝推诿扯皮现象,多为企业和百姓解难题、办实事。强化创新精神,进一步解放思想、增强自信,以改革精神、进取意识、创新举措破解难题、化解矛盾。强化绩效评估,探索开展重大政策及工作落实第三方评估,显化工作成效,严格行政问责,切实提升行政工作绩效。

提高科学谋政能力。坚持学习新政策、新理论,更新观念、拓宽视野,结合实际、强化运用、勇于尝试,不断增强工作的主动性、针对性和有效性。坚持调查研究,及时掌握第一手资料,研究实情、采取实招、谋求实效。坚持开门问政,集思广益,推进决策过程公开化、民主化;充分发挥群众首创精神,集采众智,拓展科学谋政空间。坚持以人为本,切实加强机关队伍建设,加强政风行风建设,营造积极向上、温馨温暖的机关工作环境,充分调动各方面的积极性,凝聚推进发展的强大合力。

提升依法行政水平。牢固确立法治思维,严格按照法定权限和程序行使权力,履行职能。完善重大行政决策和规范性文件合法性审查机制,实行行政复议委员会和政府法律顾问制,提升行政决策规范性。依法接受人大法律监督和工作监督,接受政协的民主监督,认真办好人大代表议案、建议和政协建议案、提案。

保持清正廉洁本色。深入践行“三严三实”,强化落实“两个责任”,严格执行中央“八项规定”和省市县委“十项规定”,持之以恒纠正“四风”。加强惩治和预防腐败体系建设,从源头上预防腐败现象发生。加强行政监察和审计监督,完善工程建设、拆迁安置、公共资源交易等关键领域廉政风险防范和内控机制。强化政务公开,打造阳光政府,努力塑造为民务实清廉形象。

附件 1:

## 2015 年为民办实事项目完成情况

**一、富民增收方面。**全年培育市级以上农民专业合作示范社 20 家,新建村(社区)股份合作社 3 家,新发展市级以上示范家庭农场 9 个。全年共举办各类招聘会 54 场次,提供就业岗位 59994 个,其中高校毕业生就业岗位 13600 个,新增转移农村劳动力 10122 人,困难家庭大学生就业率 100%, 城镇登记失业率在 2.39%以内。发放小额创业担保贷款 1650 万元,扶持创业 1347 人。

**二、社会保障方面。**全县新增职工基本养老、医疗、工伤、生育、失业保险总参保人数分别达到 19731 人、14564 人、15033 人、9379 人、11947 人,城乡居民养老保险当年缴费人数 23.01 万人,征收保费 2.73 亿元。城镇职工医保和城镇居民医保政策范围内的住院费用报销比例分别达到 82%和 71%左右。全县农村最低生活保障标准提高到 420 元／月。全年为困难对象配发康复生活辅助器具 475 件。

**三、安居住房方面。**全年建成洋口农场公租房 60 套、3600 平方米。实施城市危旧房改造安置房项目 5 个,完成棚户区危旧房改造 400 套。新开工和续建安置房合计 1104 套、17.6 万平方米,其中五总安置房一期 210 套、2.7 万平方米基本建成。新开工爱民路南侧一号地块安置房 517 套、75156 平方米。完成 5 个老旧小区改造提升工程。天然气高压管网输配系统一期工程完成,具备投产运行条件,县城中低压管网建设配套到位,调压站计量装置连接到位。

**四、生态环境方面。**天楹环保三期建成投入使用。达标尾水深海排放工程、工业固废填埋场、恒发污水处理厂扩容、电镀中心污水处理厂等重点环保基础工程加快建设。整治城市河道 3 条、2.7 公里,共疏浚农村河道 958 条段、905 公里,拆坝建涵(桥)1380 个。全年淘汰燃煤小锅炉 289 台。新建环保科普教育基地(站)4 家。全县完成绿化造林面积 3.18 万亩。

**五、教育投入方面。**新区初中全面竣工,栟茶小学、港口学校、马塘初中主体结构完工,县城两所幼儿园前期调研及选址确定,宾山初中改扩建项目完成可行性研究报告论证,进行建议书招标。完成校舍加固项目 6 个、约 0.6 万平方米,单体新建项目 21 个,约 2.1 万平方米。配套 7 片操场均已开工,竣工 1 片。教育系统装备提升二期工程完成录播教室录播系统招标,完成图书招标。

**六、卫生计生方面。**中医院整体迁建工程完成外部装修和配套设备安装,开始内部装修。县人院外科大楼完成土地预审和规划文本审批。四院改扩建工程规划、建设许可证正在办理之中。洋口港港口医院开展桩基和配套工程施工。掘港镇社区卫生服务中心建成投入使用。公立一级医院全面实施基本药物制度。完成妇女"两癌"检查 27461 人次,免费孕检目标人群 2860 对。全县开展普及型培训 9300 人次,培训红十字救护员 1010 人。全县人均基本公共卫生服务经费标准达到 45 元。

**七、养老服务方面。**健全完善促进养老服务业发展政策制度,积极推进县城养老"两中心、四平台"建设,支持社会力量兴办养老机构,整合现有医疗卫生资源,加快"医养融合"发展,启动全县医养一体化中心立项规划,逐步形成以居家为基础、社区为依托、机构为支撑的社会养老服务体系。加紧推进镇区居家养老服务平台、日间照料中心、敬老院升级改造等工程建设,全年新增养老床位 300 张。

**八、公共交通方面。**加快城乡客运一体化发展步伐,洋口港客运站主体完工,如东客运总站方案正在优化设计之中,完成 27 个公交站亭和 4 个回流场建设,开通城市公交 3 条、镇村公交 5 条。完成公共自行车服务系统项目,在县城区设置 40 个服务点,投放 800 辆公共自行车。全年新建改造农路 530 公里、农桥 209 座。

**九、公共文化方面。**加强公共文化设施建设,全县万人拥有公共文化设施面积达 1266 平方米。实施文化惠民"五送一建"工程,送戏 150 场、送电影放映 4400 场、送图书 5 万册、送展览 47 场、送培训 2000 人次,建成 18 家省四星级农家书屋。"虫宾城之夏""港城之春""周周演""欢乐送万家"和第三届民间剧团文艺调演等大型演出全年累计达 97 场。县电视演播室、非编系统、媒资库建设以及电台交通音乐频率直播室均改造完成,广播电视塔塔身钢结构进场施工。

**十、公共安全方面。**完成县应急管理中心与公安指挥共用大厅建设工程,即将投入使用。县灭火应急救援中心完成选址,开工前的各项准备工作就序。全年新增监控探头 500 只,社会面视频监控新增 10%。积极创建江苏省食品安全城市,加强食品安全源头监管,对生产、流通、餐饮领域开展全过程、链条式监管。切实保障药械安全,推进新版 GSP 认证和药品电子监管。全面落实安全生产责任制度,深入开展"三防专项整治"和"三项行动",全县安全生产形势持续保持平稳。

附件 2:

## 2016 年为民办实事项目

**一、富民增收方面**

新增市级以上农民专业合作示范社 20 家,新建村(社区)股份合作社 3 家,新增家庭农场 280 家,粮食"全托管"经营主体 120 个。举办各类招聘会不少于 50 场,累计提供就业岗位不少于 4 万个,其中高校毕业生就业岗位 5000 个,确保困难家庭大学生 100%就业。新成立 1 家众创空间,发放小额担保贷款 1500 万元以上,培育新型职业农民 3000 人,新增创业 1200 人以上。

**二、社会保障方面**

建立健全基本社会保障待遇增长机制和城乡居民社会养老保险待遇增长机制。全年新增城镇基本养老保险参保 1.5 万人。城镇职工医保和城镇居民医保政策范围内的住院费用报销比例稳定在 80%和 70%左右。增加群众转移性收入,为农村低收入农户建档立卡并缴纳居民基本医疗保险和大病保险个人筹资部分。农村最低生活保障标准提高到 460 元／月。为困难对象配发康复生活辅助器具 300 件。为全县 190 名 14 周岁以下残疾儿童提供免费康复训练。

**三、教育投入方面**

开工新建县城爱民路幼儿园、丰利凌河幼儿园、沿南幼儿园等 3 所幼儿园。启动掘港高中、解放路小学新建工程和宾山初中(老一职中)改扩建工程。加快推进如东中专体育馆、曹埠初中、港口学校、马塘初中、马小附属幼儿园、开发区中心幼儿园、高新区掘港幼儿园建设。新区初中、青少年宫附属幼儿园、栟茶小学投入使用。全县省教育现代化学校占比超 80%,市数字化校园率达到 100%。

**四、卫生计生方面**

加快推进中医院整体迁建、县人院外科大楼、港口医院等工程。完善、实施新农合保险制度，提升按级诊疗保险比例，合理引导分级诊疗。建成标准化社区卫生服务站 2 个，继续推进省级示范村卫生室创建，确保每个镇(区)年内至少新增 1 个达到省级标准的示范村卫生室。完成妇女“两癌”检查 25000 人次，完成免费孕检目标人群 2600 对，目标人群覆盖率 100%。

**五、养老服务方面**

加强城乡标准化社区居家养老服务中心建设，城乡标准化建成率分别达到 30% 和 10%；依托县居家养老服务中心，建立覆盖全县老年群体的“虚拟养老院”；积极推进养老机构公建民营、民办民营，社会力量举办或经营床位数占机构总床位比例达 35%；全面推进医养融合，建立养老机构医疗服务“绿色通道”，护理型床位数占总床位数达 55%；加强养老人才队伍建设，为养老护理员提供免费的岗前职业资格培训，建立并实施养老护理员岗位补贴。

**六、安居住房方面**

统筹做好 200 套经济适用住房的销售分配管理。实施安置房项目 3 个，续建 517 套、7.6 万平方米，新开工 620 套、8.5 万平方米，基本建成 372 套、6.9 万平方米。全年完成 6 个危旧房改造项目，实施 3 个老旧小区整治项目。降低居民用天然气价格。

**七、生态环境方面**

确保全年空气质量达到二级标准的天数达到 70% 以上。完成疏浚整治城市河道 2 条、3.2 公里，疏浚整治农村河道 200 条段、140 公里。拆坝建涵(桥)973 个。更新改造小型灌溉泵站 64 座，新建防渗渠道 380 公里。力争恒发污水处理厂扩容、沿海经济开发区污水处理工程和固废填埋场、电镀中心等重点环保基础设施建成投运。力争年节标煤 2 万吨、减排废水 10 万吨以上，完成 8 家重点企业强制性清洁生产审核。淘汰、改造燃煤小锅炉 150 台。新增绿化造林 1 万亩。

**八、公共文化方面**

推进县镇村公共文化设施提档升级，加快文体中心项目建设，创成四星级农家书屋 4 家以上，三星级农家书屋 30 家以上。实施文化精品带动工程，努力培植杂技、小品等舞台艺术精品节目，全年创作各类作品在省以上展演、参赛、获奖、发表 50 件以上。繁荣群众文化生活，全年送文艺演出到基层 100 场、送电影放映 2556 场、送图书 50000 册。

**九、公共交通方面**

实施黄海路北延、江海东路改造，推进嘉陵江路西延、长江路洋口运河桥等路网建设。新建改造农路 500 公里、农桥 200 座。加快如东新客运站、岔河客运站建设进程，新开城市公交线 2 条、城镇客运 1 条、镇村公交线路 3 条，实现 90%村通公交，优化调整 2 条公交线路，新增 40 辆新能源公交车。新建城市公共停车泊位 180 个。推进县内城乡客运使用公交“一卡通”市民服务卡。

**十、公共安全方面**

加强社会治安防控体系建设，完成 4 个老旧小区监控设施建设，新增监控探头 500 个以上，社会面视频监控新增 10%。推进落实网络虚拟社会实名制。健全应急处置机制，推进综合检验检测中心建设。着重落实企业安全主体责任，强化安全生产监管，有效防止较大以上生产安全事故。全年开展公益性应急救护培训 1 万人。

附件 3：

## 有关词语释义

1. 一类口岸：是指由国务院审批，允许中国籍和外国籍人员、货物、物品和交通工具直接出入国(关、边)境的海(河)、陆、空客货口岸。

2. 八项工程：是指转型升级工程、科技创新工程、农业现代化工程、文化建设工程、民生幸福工程、社会管理创新工程、生态文明建设工程、党建工作创新工程这八项工程。

3. 两化融合：是指信息化和工业化的高层次的深度结合，以信息化带动工业化、以工业化促进信息化，走新型工业化道路。

4. 千人计划：是指海外高层次人才引进计划，主要是围绕国家发展战略目标，从 2008 年开始，在国家重点创新项目、学科、实验室以及中央企业和国有商业金融机构、以高新技术产业开发区为主的各类园区等，引进 2000 名左右人才并有重点地支持一批能够突破关键技术、发展高新产业、带动新兴学科的战略科学家和领军人才来华创新创业。

5. 5 张清单、5 个平台、4 项配套改革、5 大监管体系：5 张清单是指行政审批事项目录清单、政府行政权力清单、投资项目目录清单、行政事业性收费目录清单、政府专项资金管理和政府性基金项目目录清单；5 个平台是指政务中心平台、网上审批服务平台、公共资源交易平台、公共服务平台、政务服务信息公开平台；4 项重点改革是指行政审批制度改革、工商注册登记制度改革、社会组织和中介机构管理制度改革、民生领域行政服务改革；5 大监管体系是指监管制度体系、政府责任体系、行政执法体系、社会诚信体系、考核评价体系。

6. 三证合一、一证一码：就是将企业依次申请的工商营业执照、组织机构代码证和税务登记证三证合为一证，通过“一口受理、并联审批、信息共享、结果互认”，实现由一个部门核发加载统一社会信用代码的营业执照。

7. 六城联创：是指全国文明城市、国家卫生城市、国家生态文明示范县、江苏省生态园林城市、江苏省历史文化名城和江苏省优秀管理城市(一星级)的创建。

8. 四化同步：是指坚持走中国特色新型工业化、信息化、城镇化、农业现代化道路，推动信息化和工业化深度融合、工业化和城镇化良性互动、城镇化和农业现代化相互协调，促进工业化、信息化、城镇化、农业现代化同步发展。

9. 民生工程“七个更”：是指习近平总书记在江苏视察时，对民生建设迈上新台阶提出的“七个更”的要求，即更好的教育、更稳定的工作、更满意的收入、更可靠的社会保障、更高水平的医疗卫生服务、更舒适的居住条件、更优美的环境。

10. 双百工程：是指百项重点工业建设项目、百项重点技术改造项目。

11. 四减两提高：是指减员增效、减能增效、减耗增效、减污染排放增效和提高优质产品率、提高全员劳动生产率。

12. VOC 气体监测系统：是指挥发性有机化合物气体监测系统。

13. 互联网+：是创新 2.0 下的互联网发展的新业态，是知识社会创新 2.0 推动下的互联网形态演进及其催生的经济社会发展新形态。

14. 科技创新“六大工程”：是指科技体制改革工程、创新主体提升工程、高新产业培育工程、创新载体建设工程、知识产权强县工程、科技创新惠民工程这六大工程。

15.“扶海英才”计划：是指在如东县以机械装备制造、化工、能源等为主体的主导产业，以及新能源、新材料、新医药等新兴产业领域中，具有现代管理理念和较强创新创业能力，取得良好经营业绩的各类高层次创新创业领军人才(团队)；掌握关键核心技术，从事研发工作或拥有自主知识产权，实施创新成果转化的各类工程技术关键人才；技术精尖、技能娴熟的高技能人才；各类紧缺专业人才。

16. PPP 模式：是指政府与私人组织之间，为了提供某种公共物品和服务，以特许权协议为基础，彼此之间形成一种伙伴式的合作关系，并通过签署合同来明确双方的权利和义务，最终达到合作各方比预期单独行动更为有利的结果。

17. 一带一路：是指“丝绸之路经济带”和“21 世纪海上丝绸之路”的简称。

18. 国家 11 个重大“工程包”：是指粮食水利重大工程包、交通运输重大工程包、生态环保重大工程包、健康养老服务重大工程包、信息电网油气等重大网络工程包、清洁能源重大工程包、油气及矿产资源保障工程包、城市轨道交通工程包、新兴产业重大工程包、增强制造业核心竞争力重大工程包、现代物流工程包。

19. 跨境电子商务：是指分属不同关境的交易主体，通过电子商务平台达成交易、进行支付结算，并通过跨境物流送达商品、完成交易的一种国际商业活动。

20. 地理标志产品：是指产自特定地域，所具有的质量、声誉或其他特性本质上取决于该产地的自然因素和人文因素，经审核批准以地理名称进行命名的产品。

21. 民生“六大体系”：是指终身教育体系、就业服务体系、社会保障体系、基本医药卫生体系、住房保障体系、养老服务体系。

# 年度荣誉

## 2015年如东县获得荣誉

表 52

| 荣誉名称 | 授予单位 |
|---|---|
| 全国法治县创建活动先进单位 | 全国普法办公室 |
| 全国平安渔业示范县 | 农业部　国家安全监管总局 |
| 国家知识产权强县工程试点县 | 国家知识产权局 |
| 中国风筝之乡 | 国家体育总局 |
| 2014—2016 年度中国民间文化艺术之乡 | 文化部 |
| 2015最美中国休闲旅游度假旅游目的地城市 | 第三届旅游业融合与创新论坛 |
| 法治县创建工作先进单位 | 省委　省政府 |
| 江苏省村级“四有一责”建设先进县 | 省委 |
| 江苏省财政收入增收和质量提升表彰单位 | 省政府 |
| 江苏省基层党员冬训工作示范县 | 省委组织部　省委宣传部 |
| 江苏省智能农业示范县 | 省农委 |

续表 52

| 荣誉名称 | 授予单位 |
| --- | --- |
| 江苏省发展现代高效农业成效显著县 | 省农委　省海洋渔业局　省财政厅 |
| 江苏省文明城市 | 省文明办 |
| 江苏省绿化造林成效显著县 | 省绿化委员会　省林业局 |
| 江苏省电子商务示范县 | 省财政厅　省商务厅 |
| 江苏省慢性病综合防控示范县 | 省卫计委 |
| 江苏省 2012—2014 年平安铁路示范县 | 江苏省综治委铁路护路联防工作组 |
| 省级公共体育服务示范区 | 省体育局 |

## 全国先进集体

表 53

| 荣誉名称 | 获得单位 | 授予单位 |
| --- | --- | --- |
| 第三届全国基层党建创新最佳案例 | 县委组织部 | 中国浦东干部学院<br>人民网·中国共产党新闻网<br>中国组织人事报社和组织人事报社 |
| 中国统一战线宣传先进单位 | 县委统战部 | 中央统战部　中国统一战线杂志社 |
| 全国巾帼文明岗 | 县干部档案管理中心 | 全国妇联 |
| 全国巾帼文明岗 | 县地税局第五分局 | 全国妇联 |
| 全国检察宣传先进单位 | 县检察院 | 最高人民检察院　检察日报社 |
| 全国县级义务教育质量监测先进单位 | 县教育局 | 教育部 |
| 全国粮食流通监督检查示范单位 | 县粮食局 | 国家粮食局 |
| 全国农产品成本调查工作优秀集体 | 县物价局 | 国家发改委 |
| 全国实施用户满意工程先进单位 | 县供电公司 | 中国质量协会 |
| 第一批全国农村优秀学习型乡镇 | 新店镇 | 中国成人教育协会<br>农村成人教育专业委员会 |
| 第一批全国农村优秀学习型村居 | 双甸镇高前村 | 中国成人教育协会<br>农村成人教育专业委员会 |
| 中国最美村镇"文明风尚奖" | 洋口镇 | 上海第一财经传媒<br>中央人民广播电台等 68 家媒体<br>中国营销学会<br>中国智慧产业发展研究院<br>春秋国旅　携程网 |
| 全国文明渔港 | 洋口中心国家渔港 | 农业部　安监总局 |
| 全国消协组织先进集体 | 县消费者协会 | 全国消协组织 |
| 全国先进司法所 | 马塘镇司法所 | 司法部 |
| 全国文明村 | 如东高新区港南村 | 中央文明办 |
| 全国综合减灾示范社区 | 曹埠镇上漫社区<br>新店镇汤园社区 | 国家减灾委　民政部 |
| 全国优秀科普教育基地 | 南通市中小学生素质教育实践基地 | 中国科协 |
| "十二五"环保科普工作先进集体 | 南通市中小学生素质教育实践基地 | 中国环境科学学会 |
| 国家环保科普基地 | 南通市中小学生素质教育实践基地 | 环境保护部　科技部 |

续表53

| 荣誉名称 | 获得单位 | 授予单位 |
|---|---|---|
| 全国轻工行业新媒体传播创新奖 | 亚振家具公司 | 人民网舆情监测室与中国轻工业信息中心 |
| 国家技术创新示范企业 | 中天科技股份有限公司 | 国家工业和信息化部　财政部 |
| 中国银行业协会“五星级网点” | 江苏银行如东支行 | 中国银行业协会 |
| 全国农民合作社加工示范单位 | 如东东海蔬菜种植专业合作社 | 农业部 |
| 中国县域最具农业投资价值区 | 南通外向型农业综合开发区 | 中国县域现代农业发展高层会议 |
| 全国首批学校体育工作示范学校 | 古坳初中 | 教育部 |
| 国家义务教育质量监测实施县级优秀组织单位 | 县教育局 | 教育部 |
| 全国优秀陶研学校 | 桂芝小学 | 中国陶行知研究会 |
| 首届全国教育信息化创新应用先锋学校 | 如东高级中学 | 中国教育报刊社　中国教育技术协会 |
| 全国大学生生态文明教育实践基地 | 栟茶镇 | 中国高校生态文明教育工作协作组<br>中国特色镇发展论坛组织委员会办公室 |

## 省级先进集体

表54

| 荣誉名称 | 获得单位 | 授予单位 |
|---|---|---|
| 全省先进基层检察院 | 县检察院 | 省人民检察院 |
| 全省检察文化建设先进集体 | 县检察院 | 省人民检察院 |
| 省沿海开发工作先进集体 | 县沿海办 | 省沿海办 |
| 全省防震减灾工作优秀单位 | 县地震局 | 省地震局 |
| 省巾帼建功先进集体 | 县妇联 | 省妇联 |
| 省农村电子商务示范村 | 如东县新店社区 | 省商务厅 |
| 省级电子商务示范园区 | 如东经济开发区电子商务产业园 | 省商务厅 |
| 省巾帼电子商务示范村 | 新店镇双虹桥村 | 省妇联<br>省“双学双比”领导小组 |
| 省卫生镇 | 如东循环产业园(大豫镇) | 省卫生厅 |
| 省民主法治示范村 | 掘港镇掘西村　丰利镇九和村<br>新店镇双虹桥村<br>洋口镇池塘头村　栟茶镇三星村<br>岔河镇启秀村、振河村<br>袁庄镇赵港村　长沙镇黄海村<br>大豫镇马家店村　马塘镇许楼村 | 省依法治省领导小组 |
| 省水美村庄 | 掘港街道丁字岸村<br>岔河镇南桥村<br>双甸镇星光居委会<br>双甸镇宗奎村　洋口镇刘环村<br>栟茶镇江安村　河口镇十里桥村<br>袁庄镇铁果门村 | 省水利厅 |
| 省级为农服务社样板社 | 河口镇双岗为农服务社<br>袁庄镇铁果门为农服务社 | 省供销合作总社 |
| 省级执法优秀公安局 | 县公安局 | 省公安厅 |

续表 54－1

| 荣 誉 名 称 | 获 得 单 位 | 授 予 单 位 |
| --- | --- | --- |
| 2014－2015 年度先进集体二等功 | 县法院 | 省高级人民法院 |
| 省法院第九届"金法槌"优秀案例三等奖 | 县法院 | 省高级人民法院 |
| 省青少年维权岗 | 县法院少年审判法庭 | 省高级人民法院 |
| 省"五好工商联" | 如东县工商业联合会 | 省工商业联合会 |
| 集体二等功 | 如东县司法局 | 省司法厅 |
| 集体三等功 | 司法局"法润如东春风行动" | 省司法厅 |
| 省级公证规范化建设先进单位 | 县司法局公证处 | 省司法厅 |
| 省级示范家庭渔场 | 长沙镇富盐村葛征家庭渔场 | 省海洋与渔业局 |
| 省三星级康居示范村 | 曹埠镇上漫社区 | 省住房和城乡建设厅 |
| 省农家书屋提升工程试点工作先进镇 | 曹埠镇 | 省新闻出版局 |
| 2015—2017 年度江苏省科普示范镇 | 曹埠镇 | 省科协 |
| 省促进义务教育均衡发展先进集体 | 县教育局 | 省教育厅 |
| 省安全生产宣传工作先进单位 | 县安监局 | 省安全生产监督管理局 |
| 省食品行业优秀品牌企业 | 南通北渔人和水产有限公司 | 省食品工业协会 |
| 省食品行业优秀品牌企业 | 江苏金太阳油脂有限责任公司 | 省食品工业协会 |
| 2010－2015 年度全省财政系统先进集体 | 岔河镇财政所 | 省人社厅　省财政厅 |
| 省服务业创新示范企业 | 南京医药南通健桥有限公司<br>南通江东物流有限公司 | 省发改委 |
| 全省供销合作系统"新网工程建设"优胜单位 | 县供销合作总社 | 省供销合作总社 |
| 全省供销合作系统"创新工作"优胜单位 | 县供销合作总社 | 省供销合作总社 |
| 全省系统电子商务示范县级社 | 县供销合作总社 | 省供销合作总社 |
| 全省挂县强农富民工程绩效考评突出单位 | 县农委 | 省农委 |
| 省工人先锋号 | 县交通工程有限公司 | 省总工会 |
| 省诚信消费示范企业 | 县供水服务公司 | 省消费者协会 |
| 省法治财政标准化建设示范点单位 | 县财政局 | 省财政厅 |
| 全省审计系统先进集体 | 县审计局 | 省人力资源和社会保障厅<br>省审计厅　省公务员局 |
| 省公共文化服务体系示范区(乡镇级) | 岔河镇　双甸镇 | 省文化厅　　省财政厅 |
| 省一级文化站 | 双甸镇文化站　栟茶镇文化站 | 省文化厅 |
| 省健康促进金牌学校 | 马塘中学　岔河中学 | 省教育厅　省卫生厅 |
| 省书法教育特色学校 | 长沙小学 | 省教育厅 |
| 省四星级科技教育先进集体 | 古坳初中 | 省青少年科技教育协会 |
| 省高水平现代化职业学校 | 如东中等专业学校 | 省教育厅　省财政厅 |
| 省社会教育宣传工作先进集体 | 新店镇成人学校 | 省社会教育服务指导中心 |
| 省社会教育宣传报道先进集体 | 县教育局 | 省社会教育服务指导中心 |
| 省风筝放飞基地 | 小洋口旅游度假区 | 中国风筝协会 |
| 省党员冬训工作示范镇 | 岔河镇 | 省委组织部　省委宣传部 |
| 省科普惠农兴村先进单位 | 县狼山鸡协会 | 省科协　省财政厅 |

续表 54—2

| 荣 誉 名 称 | 获 得 单 位 | 授 予 单 位 |
|---|---|---|
| 省工商联组织商会先进集体 | 县化工行业商会 | 省工商联 |
| 省级社科普及示范基地 | 南通未成年人社会实践基地 | 省社科联 |
| 省级特色产业集群 | 如东风电产业集群 | 省经信委 |
| 省卫生村 | 新店镇顾高桥村<br>三角渡村　曹庵村　孙桥村 | 省爱国卫生委员会 |

## 市级先进集体

表 55

| 荣誉名称 | 获得单位 | 授予单位 |
|---|---|---|
| 市文明单位 | 中国人寿保险股份有限公司如东支公司 | 市委　市政府 |
| 市文明单位 | 县交通运输局 | 市委　市政府 |
| 市安全生产工作先进单位 | 县交通运输局 | 市委　市政府 |
| 市安全生产目标管理先进单位 | 县政府 | 市政府 |
| 市安全生产先进乡镇(街道、园区) | 如东沿海经济开发区管委会<br>如东县河口镇人民政府 | 市政府 |
| 南通市第二批新型工业化特色产业示范基地 | 风力发电及风电装备产业基地 | 市政府 |
| 南通市工业企业融合创新示范企业 | 中天宽带技术有限公司 | 市政府 |
| 市 2009—2014 年度全市关心下一代工作先进集体 | 袁庄镇 | 市委　市政府 |

## 全国先进个人(含部门)

表 56

| 姓 名 | 单 位 职 务 | 荣 誉 名 称 | 授 予 单 位 |
|---|---|---|---|
| 周　杨 | 南通大东有限公司设备科科长、技师 | 全国劳动模范 | 国务院 |
| 丛　楠 | 县地方税务局第五税务分局办事员 | 全国税务行业标准化建设工作先进个人 | 国家税务总局 |
| 陆美权 | 县沿海经济开发区农村工作局员工 | 全国无偿献血奉献奖铜奖 | 卫生部<br>中国红十字会 |
| 杨石磊 | 沿海经济开发区安监局科员 | 全国无偿捐献血干细胞奖奉献奖 | 卫生部<br>中国红十字会 |
| 丁　洋 | 南通市少年杂技团魔术团副团长 | 第九届中国杂技金菊奖第六次全国魔术比赛金奖 | 中国文联<br>中国杂技家协会 |
| 朱程程 | 南通市少年杂技团 | 第九届中国杂技金菊奖第六次全国魔术比赛铜奖 | 中国文联<br>中国杂技家协会 |
| 尹秀红 | 县环境卫生管理处新区保洁所副所长 | 争优创新先进基层工作者 | 中国城市环境卫生协会 |
| 潘卫成 | 南通未成年人社会实践基地主任 | “十二五”环保科普工作先进个人 | 中国环境科学学会 |
| 缪立新 | 河口镇龙坝村校外辅导员 | 全国关心下一代工作先进个人 | 中国关工委 |

## 省级先进个人(含省军区和部门)

表 57

| 姓 名 | 单 位 职 务 | 荣 誉 名 称 | 授 予 单 位 |
|---|---|---|---|
| 储开森 | 县国家税务局局长、党组书记 | 省劳动模范和先进工作者 | 省委　省政府 |
| 薛建明 | 双甸镇高前村党委书记、农艺师 | 省劳动模范和先进工作者 | 省委　省政府 |

续表 57

| 姓　名 | 单　位　职　务 | 荣　誉　名　称 | 授　予　单　位 |
|---|---|---|---|
| 薛　驰 | 中天科技光纤有限公司总经理、高级经济师 | 省劳动模范和先进工作者 | 省委　省政府 |
| 姚炳荣 | 县人民医院重症医学科主任 | 省劳动模范和先进工作者 | 省委　省政府 |
| 尹秀红 | 县环境卫生管理处新区保洁所副所长 | 省劳动模范和先进工作者 | 省委　省政府 |
| 韩益飞 | 县蚕桑指导站站长 | 省有突出贡献中青年专家 | 省政府 |
| 潘国云 | 县农委高级农艺师 | 省科普惠农带头人 | 省科学技术协会　省财政厅 |
| 符宏彬 | 县邮政局袁庄邮政支局投递员 | 第二届“百佳孝星” | 省文明办　省老龄办<br>省老龄协会 |
| 沈亚秋 | 高新区(掘港镇)文化站站长 | | |
| 沈亚秋 | 高新区(掘港镇)文化站站长 | 省最美家庭 | 省委宣传部　省文明办<br>省妇联 |
| 李梅芳 | 江苏快达农化股份有限公司工程部副经理 | 全省百名巾帼科技创新典型人物 | 省妇联 |
| 王徐军 | 县公安局交警大队掘港中队民警 | 全省公安系统追记个人二等功 | 省公安厅 |
| 顾　健 | 长沙派出所民警 | 全省公安机关抗战胜利 70 周年纪念活动安保工作成绩突出个人 | 省公安厅 |
| 尹秀红 | 县环境卫生管理处新区保洁所副所长 | 省“五一劳动奖章” | 省总工会 |
| 顾　杰 | 曹埠镇应泉村党支部书记 | 吴仁宝式优秀村书记 | 省委组织部 |
| 许志刚 | 县水务局总工程师 | 2014－2015 年度全省城市环境综合整治先进个人 | 省住房和城乡建设厅 |
| 曹　锐 | 县人民法院洋口港人民法庭副庭长 | 全省法院 2014－2015 年度先进个人 | 省高级人民法院 |
| 邵卫星 | 苴镇粮食储备库主任 | 全省粮食行业安全生产先进个人 | 省粮食局 |
| 王　军 | 县科协秘书长 | 省科协工作先进个人 | 省科学技术协会 |
| 张建斌 | 曹埠镇社区教育中心老师 | 省社会教育宣传报道先进个人 | 省社会教育服务指导中心 |
| 陈　军 | 丰利镇社区教育中心老师 | 省社会教育宣传报道先进个人 | 省社会教育服务指导中心 |
| 朱松彪 | 马塘镇社区教育中心老师 | 省社会教育宣传报道先进个人 | 省社会教育服务指导中心 |
| 杨镜梅 | 新店镇社区教育中心主任 | 省社会教育宣传报道先进个人 | 省社会教育服务指导中心 |
| 康晓莺 | 袁庄镇残联专职委员 | 省残疾人专项调查先进个人 | 省人民政府残疾人工作委员会 |
| 从　华 | 新店镇利群小学校长 | 省优秀青少年科技教育校长 | 省教育厅<br>省科学技术协会<br>省精神文明建设指导委员会<br>省科学技术厅 |
| 杨　臣 | 新店镇利群小学教师 | 省优秀青少年科技辅导员 | 省教育厅<br>省科学技术协会<br>省精神文明建设指导委员会<br>省科学技术厅 |

## 市级先进个人

表 58

| 姓　名 | 单　位　职　务 | 荣　誉　名　称 | 授　予　单　位 |
|---|---|---|---|
| 周建斌 | 县监察局副局长 | 南通市安全生产先进个人 | 市政府 |

续表 58

| 姓　名 | 单　位　职　务 | 荣　誉　名　称 | 授　予　单　位 |
|---|---|---|---|
| 李海燕 | 县政府外事侨务办公室副主任 | 南通市安全生产先进个人 | 市政府 |
| 陈五霞 | 县新店镇党委书记 | | |
| 周　勇 | 县洋口镇党委书记 | | |
| 潘　飞 | 县质监局副局长 | | |
| 顾云龙 | 安监局科员 | | |
| 杨晓波 | 如东县高新区安全生产委员会副主任 | | |

# 组织机构和领导人员名录

## 中共如东县委员会

书　　记　詹立风
副 书 记　潘建华　周建飞
常　　委　詹立风　潘建华　周建飞　沈峻峰
　　　　　任新峰　刘才盛(4月免)　杨中坚
　　　　　杨小军　于立忠　张蓉蓉(女)
　　　　　吴风俊　谭玉贵(挂职,4月任)
　　　　　张栩龙(7月任)

## 如东县人大常委会

主　　任　詹立风
副 主 任　陈昌龙　沈更生　冯力如　唐国均
党组书记　詹立风
党组副书记　陈昌龙

## 如东县人民政府

县　　长　潘建华
副 县 长　沈峻峰　姜晓静(女)　蒋树建
　　　　　王　智　程　军　张栩龙(7月免)
　　　　　阮平章(挂职,8月免)
　　　　　唐智明(挂职,2月免)
　　　　　韩喜江(挂职,11月任)
　　　　　许金标(7月任)
党组书记　潘建华
党组副书记　沈峻峰

## 政协如东县委员会

主　　席　陈建华
副 主 席　桑　健　余　科　桑圣权　吴鼎皋
　　　　　陆　茵(女)
秘 书 长　宫向阳
党组书记　陈建华

## 中共如东县纪律检查委员会

书　　记　刘才盛(兼,4月免)
　　　　　杨中坚(兼,4月任)
副 书 记　肖　斌　万继红(女)

## 县委工作部门及直属机构

**县委办公室[县委研究室(挂牌)、县委保密委员会办公室〈县国家保密工作局〉、县委机要局〈县国家密码管理局〉、县委督查室]**

主　　任　刘旭峰
副 主 任　龚维国(挂职,3月免)
　　　　　陈小勇(兼)　于海霞(女,1月免)
　　　　　蔡向阳　蔡宇红(4月免)
　　　　　王雪亮(1月任)

**县委研究室**

副 主 任　汪爱平(女)

**县委机要局(县国家密码管理局)[县委保密委员会办公室(县国家保密工作局)]**

局　长(主　任)　蔡宇红(4月任)
副局长(副主任)　苏　铁　许君璞(女)

**接待办公室**

主　　任　张小薇(女,3月免)
　　　　　陈小勇(3月任)
副 主 任　张小山

**县委督查室**

主　　任　蔡向阳
副 主 任　金　祾　张玉平(女)

**信访局**

局　　长　朱海忠

副 局 长 陆顺国 冯 军 姜 玲(女)

**组织部[县级机关党工委、“两新”组织党工委、人才工作办公室(合署)]**

部　　长 任新峰(兼)
副 部 长 丁 越(女) 陈苏华 张 炯

**县级机关党工委**

书　　记 陈苏华(兼)
副 书 记 虞新兵 桑爱梅(女)
纪工委书记 陈亚栋

**“两新”组织党工委**

书　　记 陈苏华(兼)
副 书 记 黄永祥 陈建军

**个体私营经济党委**

书　　记 王海峰(兼)

**党代表联络办公室**

副 主 任 韩晓峰

**人才工作办公室**

主　　任 张 炯(兼)
副 主 任 朱爱梅(女) 沈拥建
邱建林(兼,挂职,8月免)
东 明(挂职,8月任)

**党员干部现代远程教育办公室**

主　　任 马施喻

**干部档案管理中心**

主　　任 程慧娟(女)

**老干部局**

局　　长 龚维国(3月免)
张小薇(女,3月任)
副 局 长 田 亚(女)

**机构编制委员会办公室[事业单位登记管理局]**

主　　任 丁 越(女、兼)
副 主 任 张 浩

**事业单位登记管理局**

局　　长 周 霞(女)

**宣传部[精神文明建设指导委员会办公室(挂牌)]**

部　　长 杨中坚(兼,4月免)
张蓉蓉(女,兼,4月任)
副 部 长 余 晶 陈建宗
于海霞(女,1月任)

**精神文明建设指导委员会办公室**

主　　任 余 晶(兼)
副 主 任 戴其军 缪 恒 骆舒洪

**哲学社会科学界联合会**

主　　席 于海霞(女,1月任)
专职副主席 王 军
兼职副主席 顾 锐(2月免) 陶跃东 张海城
薛志林 吴金明 郭 勇 朱剑锋
江令飞(女,2月免) 丁晓林
周建国 王雪亮(2月任)
崔红霞(女,2月任)

**互联网新闻中心**

主　　任 陈建宗(兼)
副 主 任 易向东

**统战部(县委台湾工作办公室)**

部　　长 吴鼎皋(兼)
副 部 长 缪 杰 彭卫东 赵 杰(挂职)
于海杰(8月免)

**县委台湾工作办公室[县政府台湾工作办公室(挂牌)]**

主　　任 缪 杰(兼)
副 主 任 朱 伟

**县委农村工作办公室**

主　　任 魏 云(8月免) 何志刚(8月任)
副 主 任 曹春明 钱引斌 张 剑 季海泉
李海兵

**政法委员会[社会管理综合治理委员会办公室(合署)、依法治县领导小组办公室、县国家安全办公室(合署)]**

书　　记 于立忠(兼,4月免)
杨小军(兼,4月任)
副 书 记 耿卫东(9月免) 杨涟冬
顾朱建(5月免) 陈 军

**社会管理综合治理委员会办公室**

主　　任 杨涟冬(兼)
副 主 任 陈慧荣 邱宗鹏

**依法治县领导小组办公室**

副 主 任 陈艳飞

**国家安全办公室**

主　　任 耿卫东(兼,9月免)
陈 军(兼,10月任)
副 主 任 陈慧荣(10月免) 章冬垒(10月任)

**党 校[行政干部学校(挂牌)]**

校　　长 任新峰(兼)
常务副校长 吴金明
副 校 长 余 飞 汪卫东 王 华 曹 峰

**行政干部学校**

副校长 潘友兵(兼)

**党史工作办公室[地方志编纂委员会办公室(合署)]**

主　　任 於小卫
副 主 任 顾久芬(女) 刘书华

**档案局[档案馆(挂牌)]**

局（馆）长　陈　力

副局(馆)长　徐晓明　丁伟华　曹晓丽(女)

## 人大工作部门

**人大办公室**

主　　任　卜其银

副 主 任　徐　健　潘　亮

**内务司法工作委员会**

主　　任　王震谷

副 主 任　缪晓红

**人事代表工作委员会**

主　　任　樊重念

副 主 任　朱德军

**环境资源、城乡建设工作委员会**

主　　任　张卫东

副 主 任　周丛泉

**教科文卫工作委员会**

主　　任　陶跃东

副 主 任　郑寒冰(女)

**财政经济工作委员会**

主　　任　徐守华

副 主 任　韩亚莉(女)

**人大研究室**

主　　任　卜其银(兼,3月免)

缪爱平(女,3月任)

**人大信访督办室**

主　　任　缪爱平(女,3月免)

龚维国(3月任)

**农业和农村工作委员会**

主　　任　翟以圣

副 主 任　查剑宁(9月任)

## 政府工作部门及直属机构

**县政府办公室[法制办公室(挂牌)、金融工作办公室(挂牌)、外事侨务办公室(挂牌)、人民防空办公室(挂牌)]**

主　　任　张光平

副 主 任　陈宏兵(挂职)　张海城　徐秀林

缪　华(兼)　朱小建　管怀虎

孙建全　杨雪松　吴亚云(女)

邱建林(挂职,8月免)

党组书记　张光平

党组副书记　陈宏兵(挂职)

纪检组长　缪　华(8月免)　丛小泉(8月任)

**法制办公室**

主　　任　张光平(兼)

副 主 任　张海城　蔡正建　王春荣

**金融工作办公室**

主　　任　张光平(兼)

副 主 任　孙建全

**外事侨务办公室**

主　　任　张光平(兼)

副 主 任　管怀虎　李海燕

**人民防空办公室**

主　　任　张光平(兼)

副 主 任　徐秀林　花国泉　周东明

**信息中心**

主　　任　俞雪峰(女)

副 主 任　陈晓云(女)　刘建宇　季苏吉(女)

**公共资源交易管理办公室**

主　　任　陈宏兵

副 主 任　季　兵　刘旭东

纪检组长　季　兵(1月免)

廖旭红(女,1月任)

**公共资源交易中心**

主　　任　季海春

副 主 任　王明华　陈　刚　张国华(1月任)

党组书记　季海春

**机关事务管理局**

局　　长　缪　华

副 局 长　阮根群　徐亚平(女)　陈董烽

缪照明　赵卫菊(女,10月任)

党组书记　缪　华

党组副书记　阮根群

**10月,根据《省政府办公厅印发关于清理规范驻省会城市办事机构工作实施方案的通知》精神,经常委会研究决定,撤销县政府驻南京办事处,其相关人员原任县政府驻南京办事处职务自行免除。**

**南京办事处**

主　　任　陈小勇(10月免)

副 主 任　夏海燕(女,10月免)

杨晓波(10月免)

赵卫菊(女,10月免)

刘　春(1月免)

张秀芳(女,10月免)

党组书记　王正龙(1月免)

陈小勇(1月任,10月免)

党组副书记　陈小勇(10月免)

夏海燕(女,10月免)

**地方志编纂委员会办公室(与党史工作办公室合署)**

主　　任　於小卫

副　主　任　顾久芬(女)　刘书华

**监察局(与中共如东县纪律检查委员会合署)**

局　　长　肖　斌(兼)
副 局 长　周晓兵　李迪胜　周建斌

**文化广电新闻出版局[版权局(挂牌)、旅游局(挂牌)]**

局　　长　张　恺
副 局 长　钱小梅(女)　盛晓艳(女)　温　烽
　　　　　柏秀梅(女)　顾亚军　缪晓斌
　　　　　杨　胜
党组书记　钱小梅(女)
党组副书记　张　恺　缪建军(挂职)
纪检组长　吴林新

**旅游局**

局　　长　张　恺(兼)
副 局 长　缪建军　王维群

**文化行政综合执法大队**

大 队 长　刘　兵

**文化广电传媒中心(集团)[广播电视台(挂牌)、《如东日报》编辑部(挂牌)]**

主　　任　张宏卫
副 主 任　白银东　沙德斌　李　华(8月免)
董 事 长　张宏卫
总 经 理　白银东
副总经理　沙德斌　李　华(8月免)
党组书记　白银东
党组副书记　张宏卫
纪检组长　陈亚华(女)

**广播电视台**

台　　长　白银东(兼)
副 台 长　徐　泉　徐庆华　姚　宇

**《如东日报》编辑部**

主　　任　沙德斌(兼)
副 主 任　张海燕　袁金泉　陈东晓(女)

**教育局[体育局(挂牌)、县政府教育督导室]**

局　　长　李建国
副 局 长　刘崇国　郭　勇　冯小临　于建华
　　　　　丛军革　陈　建　陈登山
党工委书记　李建国
党工委副书记　陈登山
纪工委书记　丛小泉(8月免)　王　艳(女,8月任)

**体育局**

局　　长　李建国(兼)
副 局 长　陈登山　张晓明　崔　鹏

**县政府教育督导室**

主　　任　刘崇国(兼)
副 主 任　王　艳(女,8月免)
　　　　　王东宁(8月任)

**教师发展中心**

主　　任　朱唤民

**卫生和计划生育委员会**

主　　任　张旭初
副 主 任　张督平　季学军(兼)　陈建权
　　　　　顾溯溯(女)　缪文龙　缪卫宏
　　　　　彭小丽(女)　程　宏(挂职,8月任)
党工委书记　张旭初
党工委副书记　张督平　徐德建
纪工委书记　周晓梅(女)

**市场监督管理局[食品药品监督管理局(挂牌)、工商行政管理局(挂牌)、质量技术监督局(挂牌)]**

局　　长　沈卫华
副 局 长　蔡拥军　王海峰(10月免)
　　　　　赵爱平(女)　包志华　鲁志明
　　　　　左建军　蒋洪生　鲍向阳　潘　飞
党组书记　沈卫华
党组副书记　蔡拥军
纪检组长　周　琴(女)

**食品安全委员会办公室**

专职副主任　郁翠梅(女)

**丰利分局**

局　　长　蔡拥军(兼,3月任)

**洋口分局**

局　　长　赵爱平(女,兼,3月任)

**马塘分局**

局　　长　鲁志明(兼,3月任)

**栟茶分局**

局　　长　左建军(兼,3月任)

**河口分局**

局　　长　郁翠梅(女,兼,3月任)

**双甸分局**

局　　长　潘　飞(兼,3月任)

**掘港分局**

局　　长　曹周明(3月任)

**大豫分局**

局　　长　袁　泉(3月任)

**开发区分局**

局　　长　施仲斐(3月任)

**长沙分局**

局　　长　徐伟华(3月任)

**岔河分局**

局　　长　蒋志勇(3月任)

**曹埠分局**

局　　长　陈晓斌(3月任)

**袁庄分局**
局　　长　石国荣(3月任)
**新店分局**
局　　长　朱宏亮(3月任)

**公安局**
局　　长　程　军(兼)
副 局 长　沈　健　徐新华　缪晓建　陈小林
　　　　　张健君　徐希红　唐艳山
　　　　　孙海林(挂职,10月任)
政　　委　沈　健
副 政 委　顾　军(3月免)　王　建(4月任)
党委书记　程　军(兼)
党委副书记　沈　健　徐新华　缪晓建
纪委书记　缪　云
督 察 长　程　军(兼)
**县委610办公室**
主　　任　徐新华(兼)
副 主 任　钱　锋　顾新华
**维稳办**
主　　任　缪晓建(兼)
专职副主任　钱永忠
**办公室**
主　　任　洪　亮(4月免)
**政治处**
主　　任　王　建(4月免)　洪　亮(4月任)
**警务保障室**
主　　任　薛广明
**监察室**
主　　任　秦国培
**指挥中心**
主　　任　刘　军(4月任)
教 导 员　顾建峰
**法制大队**
大 队 长　童本华(3月免)　高卫华(4月任)
教 导 员　缪秀英(女,4月免)
　　　　　徐晓青(女,4月任)
**警务督察大队**
大 队 长　张建国
教 导 员　薛永忠
**科技情报大队**
大 队 长　刘辉军(4月免)　黄海滨(4月任)
教 导 员　李晓猛
**国内安全保卫大队**
大 队 长　戴　辉
教 导 员　缪秀英(女,4月任)
**单位内部安全保卫大队**
大 队 长　卞国云
教 导 员　孙兴龙
**治安管理大队**
大 队 长　康传兵
教 导 员　肖学俊
**刑事侦查大队**
大 队 长　浦锦泉
教 导 员　张海峰
**经济犯罪侦查大队**
大 队 长　周　军
教 导 员　张炜东
**交通警察大队**
大 队 长　朱亚昌
教 导 员　周　楠(4月任)
**巡特警大队**
大 队 长　施正国
教 导 员　周　楠(4月免)　许爱军(4月任)
**水上警察大队**(4月撤销)
大 队 长　许爱军(4月免)
**禁毒大队(4月设立)**
教 导 员　吴国张(4月任)
**网络安全保卫大队**
大 队 长　梁　锋
教 导 员　刘辉军(4月任)
**出入境管理大队**
大 队 长　王　勇
教 导 员　周铁军
**看守所**
所　　长　杨兴民
教 导 员　曹立新
**掘港派出所**
所　　长　范　焰
教 导 员　潘建华
**城南派出所**
所　　长　叶红军(4月任)
教 导 员　杨晓峰(4月免)　陈　强(4月任)
**马塘派出所**
所　　长　徐善军
教 导 员　徐启铭(女)
**曹埠派出所**
所　　长　于　杰
教 导 员　陈志华
**岔河派出所**
所　　长　王书林
教 导 员　江　兵(4月免)　何卫林(4月任)
**新店派出所**
所　　长　桑华晶
教 导 员　江　兵(4月任)
**双甸派出所**
所　　长　高小林
教 导 员　吴　俊

**袁庄派出所**
所　　长　徐功兵
教 导 员　刘　勇
**栟茶派出所**
所　　长　叶红军(4月免)　何　强(4月任)
教 导 员　邱建国
**河口派出所**
所　　长　曹　鹏
教 导 员　丛爱民(4月免)　王　伟(4月任)
**丰利派出所**
所　　长　杨卫海
教 导 员　吴国张(4月免)　花飞飞(4月任)
**洋口派出所**
所　　长　刘　军(4月免)　杨晓峰(4月任)
教 导 员　徐元国(4月免)　缪　建(4月任)
**开发区派出所**
所　　长　吴晓明
教 导 员　徐晓青(女,4月免)
　　　　　徐元国(4月任)
**长沙派出所**
所　　长　王　鑫
教 导 员　高卫华(4月免)　丛爱民(4月任)
**大豫派出所**
所　　长　袁雪峰
教 导 员　张冬冬

## 司法局

局　　长　周志勇
副 局 长　成晓祥　陈晓华　张建华　李　欢
　　　　　陈　影(9月任)
党组书记　周志勇
党组副书记　成晓祥
纪检组长　张　均
**社会矛盾纠纷调处中心**
主　　任　于立忠(兼,4月免)
　　　　　杨小军(兼,4月任)
常务副主任　周志勇(兼)
副 主 任　成晓祥(兼)　张　林

## 民政局

局　　长　沈秀芬(女)
副 局 长　崔红霞(女)　顾拥军　汤杰栋
　　　　　肖长卿
党组书记　沈秀芬(女)
党组副书记　崔红霞(女)
纪检组长　缪　华

## 残疾人联合会

理 事 长　吴晓红(女,10月免)
　　　　　冯爱琴(女,10月任)
副理事长　李智斌　郑志凡(女)
　　　　　姚　军(9月任)
党组书记　吴晓红(女,10月免)
　　　　　冯爱琴(女,10月任)

## 发展和改革委员会[经信委(挂牌)、物价局(挂牌)、中小企业局(挂牌)、现代服务业办(挂牌)、铁路办、能源局]

主　　任　王金泉
副 主 任　刘国峰　许　松　郭小虎　朱剑锋
　　　　　陆　茵(女、兼)　杨镜吾　曹爱明
　　　　　张理钧(兼)
党组书记　王金泉
党组副书记　刘国峰　张　俊(挂职)
　　　　　顾庆强(挂职)
纪检组长　陈建中
**经济和信息化委员会**
主　　任　王金泉(兼)
副 主 任　顾培华　徐建华　李鸿飞　陶建华
　　　　　张　飞(挂职,8月免)
**中小企业局**
局　　长　王金泉(兼)
副 局 长　袁卫华
**物价局**
局　　长　王金泉(兼)
副 局 长　张理钧　曹春荣
**物价检查分局**
局　　长　符晓玲(女,3月免)
**现代服务业办公室**
主　　任　王金泉(兼)
副 主 任　陆　茵(兼)　周海建
**铁路办**
主　　任　刘国峰(兼)
副 主 任　周海兵　范　蓓(女)
**能源局**
局　　长　张　俊
副 局 长　张立新　李长华　周　华
　　　　　李秋菊(女,挂职,8月免)
党组书记　张　俊

## 沿海地区发展办公室

主　　任　顾庆强
副 主 任　杨　勇　王建平
　　　　　徐国民(挂职,8月免)
　　　　　葛文杰(挂职,8月任)
　　　　　童仁平(9月任 )

## 安全生产监督管理局

局　　长　王海斌

副 局 长　金　华(女)　刘继林　尤卫东
纪亚兵　陈发明(挂职,8月任)
党组书记　金　华(女)
党组副书记　王海斌
纪检组长　管小飞
**安全生产执法监察大队**
大 队 长　左　卉(女,1月任)

**10月,根据《市委办公室市政府办公室关于如东县相对集中行政许可权改革试点方案的批复》,组建县行政审批局,为县政府工作部门,建立县行政审批局党组。县政务中心更名为县政务服务中心,相关人员县政务中心职务相应调整为县政务服务中心职务。**

**行政审批局**
局　　长　曹光前(10月任)
副 局 长　王海峰(10月任)　邵文明(10月任)
党组书记　曹光前(10月任)
纪检组长　刘桂林(10月任)

**政务中心(10月更名为政务服务中心)**
主　　任　曹光前
副 主 任　王荣华　顾　瑛(女)　陈　纲
党工委书记　曹光前
党工委副书记　王荣华
纪工委书记　刘桂林

**商务局[口岸办公室(挂牌)、粮食局(挂牌)]**
局　　长　冯　健
副 局 长　李　军　张海荣　黄庄荣　王　军
江令飞(女)
党组书记　冯　健
党组副书记　李　军　奚金岩(挂职)　张海荣
纪检组长　马本田
**口岸办公室**
主　　任　冯　健(兼)
副 主 任　李　军　刘乃群
**招商局**
局　　长　奚金岩
副 局 长　张铁军　徐健钧
**粮食局**
局　　长　冯　健(兼)
副 局 长　吴向阳　张　忠　马福军

**人力资源和社会保障局**
局　　长　潘友兵
副 局 长　徐进张　周　毅　刘志军　陆金标
李荷香(女)　张　忠　杨勇建
赵礼刚(挂职,8月免)
杨廷海(挂职,8月任)
党组书记　潘友兵
党组副书记　徐进张　周　毅
纪检组长　冯晓明
**职工医疗保险基金管理中心**
主　　任　於　进
**工伤保险管理中心**
主　　任　葛建军
**社会保险管理中心**
主　　任　顾炜玮(女)
**劳动保障监察大队**
大 队 长　杨成东
教 导 员　钱晶晶(女)
**劳动人事争议仲裁院**
院　　长　单晓滨
**劳动就业管理中心**
主　　任　秦　雄
**城乡居民社会养老保险管理中心**
主　　任　缪晓华(女)
**人才服务中心**
主　　任　戴　华(女)

**交通运输局[港口管理局 (挂牌)]**
局　　长　江新泉
副 局 长　胡　伟　郁宏伟　陈纳新　陈汝忠
陶　健　顾新泉　娄家建
党组书记　胡　伟
党组副书记　江新泉
纪检组长　庄晓煜
总工程师　赵徐祥
**港口管理局**
局　　长　江新泉(兼)
副 局 长　郁宏伟　吴新明(1月免)　何淑华
**公路管理站**
站　　长　濮中连
党支部书记　徐卫忠
**地方海事处**
处　　长　施德新(1月任)
党支部书记　施德新
**航道管理站**
站　　长　杨　伟
党支部书记　杨　伟
**运输管理处[县交通局运政稽查大队(合署)]**
处　　长　吴宇峰
大 队 长　庄永飞

**科学技术局[地震局(合署)、知识产权局(挂牌)]**
局　　长　胡连华
副 局 长　高智勇　秦　卫　于章宏
梁国斌(挂职,8月免)

马明亮(挂职,8月任)
党组书记 胡连华
纪检组长 季炜东
**地震局**
局长 胡连华
副局长 钱勇

**统计局**
局长 何志刚(8月免) 于海杰(8月任)
副局长 施玉忠 蔡红(女)
党组书记 何志刚(8月免) 于海杰(8月任)
纪检组长 周强
**省统计局如东调查局**
局长 陈屹峰

**农业委员会[林业局(挂牌)、农技推广中心]**
主任 陈兵
副主任 桑圣权(兼) 顾久伟 王淑娟(女) 徐长青 沈寿涛 王小兵(挂职,8月免)
党组书记 陈兵
党组副书记 顾久伟
纪检组长 江军

**水务局**
局长 周载群
副局长 章新建 邵亚洲 丛建国 邵新良 缪新国
党组书记 周载群
党组副书记 章新建
纪检组长 陆铁军
总工程师 许志刚

**农业机械管理局**
局长 张玉华
副局长 周俊 杨剑云(女)
党组书记 张玉华

**海洋与渔业局**
局长 顾锐
副局长 缪贵 曹晖 秦刚 袁小燕(女,挂职,8月任)
党组书记 顾锐
党组副书记 缪贵
纪检组长 陈治林

**农业资源开发局**
局长 郭庆国
副局长 张秀明 刘彦 朱爱华
党组书记 郭庆国

**住房和城乡建设局[建筑工程管理局(挂牌)、规划局(挂牌)]**
局长 徐东俊
副局长 陈斌 冯兵 顾建国 赵福兵
党组书记 徐东俊
党组副书记 陈斌
纪检组长 孙海鹏
总工程师 尤智勇
**建筑工程管理局**
局长 徐东俊(兼)
副局长 丁晓林 陈伟 陈曦
**住房保障服务中心**
主任 钱华
**房屋征收管理办公室**
主任 陈斌(兼)
副主任 石佑舟 顾建海 沈亚夫 周旭东 康爱建(5月免) 桑爱梅(女,挂职) 缪铁军(挂职,1月免) 孙陈建(挂职) 缪恒(挂职) 包志华(挂职) 陈艳飞(挂职) 马福军(挂职) 李长华(挂职) 陆金标(挂职) 纪亚兵(挂职) 季海泉(挂职) 邵亚洲(挂职) 邵文明(挂职) 陈林海(挂职)
**规划局**
局长 徐东俊(兼)
副局长 邵文明(10月免)
总规划师 金海燕(女)

**城市管理局[城市管理行政执法局(挂牌)]**
局长 查剑宁(9月免) 耿卫东(9月任)
副局长 缪建国 陈林海 左建国 缪建梅(女,兼) 姚学宏 孙晓禹
党组书记 查剑宁(9月免) 耿卫东(9月任)
纪检组长 汤爱军
**城市管理执法大队**
大队长 於海兵
教导员 郭年林

**环境保护局**
局长 张必如
副局长 戴威威 季根林 王毅敏 何爱明 赵浩(挂职,8月免) 徐小平(挂职,8月任)
党组书记 张必如
党组副书记 戴威威
纪检组长 丛伯军
总工程师 许志华

**环境监察大队**

大 队 长　穆雨兵
教 导 员　陈劲松

**国土资源局**

局　　长　缪雪明
副 局 长　倪劲松　葛鹏洲
党组书记　缪雪明
纪检组长　顾金龙

**土地资产储备中心**

主　　任　李　刚

**国土资源局掘港分局**

局　　长　应小华

**国土资源局洋口港分局**

局　　长　沈郭军

**国土资源局沿海分局**

局　　长　张友华

**国土资源局开发区分局**

局　　长　吴亚东

**财政局[县政府国有资产监督管理办公室(挂牌)]**

局　　长　罗晓东
副 局 长　吴　昊　周建国　陈云霞(女)　曹建荣　仇　峰　何宁伶(女)　王海城
党组书记　罗晓东
纪检组长　陈　康
总会计师　陈　兵

**县政府国有资产监督管理办公室**

主　　任　罗晓东(兼)
副 主 任　朱亚洲(主持工作)　孙　玲(女)　赵紫元

**会计中心**

主　　任　徐宏美(女)

**投资管理办公室**

主　　任　叶　勇

**非税收入征管办公室**

主　　任　施学辉

**财政监督检查大队**

大 队 长　朱建红(女)
教 导 员　李亚红

**农村财务服务中心**

主　　任　陈　云(女,3月免)

**投资项目工程建设中心**

主　　任　曹建荣
副 主 任　丛　建　蔡建军

**供销合作总社**

主　　任　张　杰
副 主 任　张　杰(3月免)　李建国　刘李华　王孝俣
党组书记　张　杰

**审计局**

局　　长　钱　勇
副 局 长　袁绍兵　肖　娟(女)　陶国军　周明浩
党组书记　钱　勇
纪检组长　孙佩红(女)
总审计师　刘亚林(4月免)

**民族宗教事务局**

局　　长　赵　杰
副 局 长　袁国军
党组书记　赵　杰
纪检组长　曲海利(1月任)

## 政协工作部门

**政协办公室**

主　　任　宫向阳
副 主 任　刘　宏　石小刚

**城乡建设、社会法制委员会**

主　　任　杨跃进
副 主 任　孙陈建

**经济科技委员会**

主　　任　黄　兵
副 主 任　郑建芸(女)

**教卫文体委员会**

主　　任　张泽宾
副 主 任　缪兴波

**提案委员会**

主　　任　唐锦霞(女)
副 主 任　张晓嵘(女)

**学习、文史委员会**

主　　任　薛志林

**海外联络委员会**

主　　任　李维彬
副 主 任　曹勇军

## 纪委工作部门

7月,县纪委、监察局内设机构由“办公室、教育调研室、信访室、案件审理室、干部管理室、纪检监察室、案件管理室、党风政风监督室、执法和效能监督室”9个,调整为“办公室、纪检监察干部管理监督室、宣传教育室、党风政风监督室、信访室、案件监督管理室、第一纪检监察室、第二纪检监察室、第三纪检监察室、第四纪检监察室、案件审理室”11个,相关人员原任县纪委干部管理室、教育调研室、纪检监察室、案件管理室、党风政风监督室、执法和效能监督室职务自行免除。

纪委办公室
主　　任　葛卫东
干部管理室
主　　任　陈　波(9月免)
纪检监察干部管理监督室
主　　任　陈　波(9月任)
信访室
主　　任　邓丽娟(女)
教育调研室
主　　任　张玲霞(女,9月免)
宣传教育室
主　　任　张玲霞(女,9月任)
党风政风监督室
主　　任　马银梅(女,9月免)
　　　　　程剑锋(9月任)
纪检监察室
主　　任　陆春峰(9月免)
第一纪检监察室
主　　任　陆春峰(9月任)
第二纪检监察室
主　　任　康建国(9月任)
第三纪检监察室
主　　任　周晓兵(兼,9月任)
第四纪检监察室
主　　任　马银梅(女,9月任)
案件管理室
主　　任　俞春泉(9月免)
案件监督管理室
主　　任　俞春泉(9月任)
案件审理室
主　　任　袁孝军
执法和效能监督室
主　　任　程剑锋(9月免)
党风廉政建设教育中心
主　　任　廖旭红(女,1月免)
　　　　　徐彬彬(1月任)
纪委监察局第一工作室
主　　任　倪晓丽(女)
副 主 任　高桂明　蒋　霞(女)
纪委监察局第二工作室
主　　任　徐善华
副 主 任　曹瑜庆　高红霞(女)
纪委监察局第三工作室
主　　任　李迪胜(1月任)
副 主 任　缪铁军(1月免)　缪海山
　　　　　葛新勇(1月任)
纪委监察局第四工作室
主　　任　徐小兵
副 主 任　黄　瑾(女)　李　华(1月任)
纪委监察局第五工作室
主　　任　耿　建
副 主 任　宋　革(女)　季建华
纪委监察局第六工作室
主　　任　贾小勇
副 主 任　陆洪达　韦志华(1月免)
　　　　　李　华(1月免)
　　　　　朱映燃(女,1月任)

## 洋口港经济开发区

党工委书记　张蓉蓉(女,兼,4月免)
　　　　　　于立忠(兼,4月任)
党工委副书记　余　科(兼,挂职)　蔡　东
　　　　　　袁新安(挂职,1月免)
　　　　　　刘国峰(挂职)　李　军(挂职)
　　　　　　郁宏伟　徐国民(挂职,8月免)
　　　　　　钱宏彬(挂职,1月任)
　　　　　　陈发明(挂职,8月任)
　　　　　　袁小燕(女,挂职,8月任)
主　　任　蔡　东
副 主 任　郁宏伟　钱宏彬　汤　杰　陈　东
　　　　　许姚军(1月任)
纪工委书记　戴新国(8月免)　缪　华(8月任)
洋口港开发建设前线指挥部办公室
主　　任　顾庆强(兼)

## 经济开发区

党工委书记　徐鸿斌
党工委副书记　翟建华　方永逸　袁卫东
　　　　　　张　飞(挂职,8月免)
　　　　　　东　明(挂职,8月任)
主　　任　翟建华
副 主 任　方永逸　袁欣荣　刘益松　李建国
　　　　　虞文君　倪德智
　　　　　徐小平(挂职,8月任)
　　　　　纪工委书记:徐红霞(女)
办公室
主　　任　王　锋
党群工作局
局　　长　张小芳(女,兼)
副 局 长　徐永旗(兼,4月免)
　　　　　陆亚萍(女,兼,8月免)
　　　　　陈炳慧(女)　乔海波(兼)

**农村工作局**

局　　长　方永逸

副 局 长　冯云志(兼)　袁步兵(兼)　曹　军　陈　勇(兼)

**财政局**

局　　长　高志刚

**招商局**

局　　长　张晓峰

**经济发展局**

局　　长　张　明

**社会事业局(政法综治中心)**

局长(主任)　冯　岗(兼)

**社会保障局**

局　　长　张鸿飞(兼)

**规划建设局**

局　　长:徐海燕(女,1月任)

**安监与环保局(1月,根据通编发〔2014〕129号文件,分设为环境保护局、安全生产监督管理局)**

局　　长　曹晛宇(1月免)

**环境保护局**

局　　长　曹晛宇(1月任)

**安全生产监督管理局**

局　　长　钱　进(1月任)

**工　会**

主　　席　冯亚林

**新区街道办(5月,根据苏政复〔2015〕23号文件批复,撤销新区街道办事处,相关人员原任职务自行免除)**

党委书记　虞文君(兼,5月免)

主　　任　曹　军(兼,5月免)

## 如东高新技术产业开发区

党工委书记　赵尊兵

党工委副书记　沈宝泉　缪建梅(女)　丁晓飞　梁国斌(挂职,8月免)　马明亮(挂职,8月任)　程　宏(挂职,8月任)

主　　任　沈宝泉

副 主 任　赵　旭　徐　勇　陈红芳(女,1月任)

纪工委书记　秦德泉

## 江苏省如东现代农业产业园区

党工委副书记　赵　旭

主　　任　赵　旭

副 主 任　马志坚　陈淑梅(女)　许卫星

## 沿海经济开发区

党工委书记　张栩龙(兼)

党工委副书记　周　勇　张向华(1月,由兼任改挂职)　张必如(挂职)　王海斌(挂职)　张树林　赵　浩(挂职,8月免)　于海东(挂职,1月任)　杨廷海(挂职,8月任)　葛文杰(挂职,8月任)

主　　任　周　勇

副 主 任　张向华(1月,由兼任改挂职)　张国华(1月免)　吴劲松　范于松　倪劲松(1月免)　秦友兵(1月任)　张秀斌(1月任)　朱　伟(1月任)

纪工委书记　蔡晓燕(女)

## 小洋口旅游度假区

党工委书记　张栩龙(兼)

党工委副书记　张向华　陶玲玲(女)

主　　任　张向华

副 主 任　徐　军(1月免)　陶玲玲(女)　杨永辉(12月免)　蒋勇刚(1月任)

纪工委书记　陶玲玲(女,1月免)　曹树佳(1月任)

## 如东循环经济产业园(东凌库区产业园、进口再生资源加工区)

党工委书记　周　梁

党工委副书记　康　徐　胡　俊

主　　任　康　徐

副 主 任　吴亚忠　秦海健　李秋菊(女,挂职,8月免)　石海兵(1月任)

纪工委书记　翁雪峰

## 南通外向型农业综合开发区

党工委书记　陈宝来(兼,12月免)　丛　俊(12月任)

党工委副书记　丛　俊(12月免)　尤　进　吴希从(挂职,10月任)

主　　任　丛　俊(12月免)　高　峰(12月任)

副 主 任　尤　进　卜新华　周　林　姚旭峰

纪工委书记　李　飞

**办公室**

主　　任　于新建

**财审局**

局　　长　杨建霞(女)

**经济发展局**

局　　长　周庆生

**规划建设局**

局　　长　季　洁(女)

**农村工作局**

局　　长　肖卫华

**安全生产监督管理局（1月，根据通编发〔2014〕129号,安全生产监督管理局单独设置）**

局　　长　陈　凯(1月任)

**综合执法局**

局　　长　郑　旭(1月任)

**棉花原种场**

场　　长　卜新华

**南通外向型农业综合开发区国土分局**

局　　长　陈　艳(女)

## 如东县人民法院

院　　长　娄宏春

副 院 长　缪战春　顾建国　江　旭　高耀华　任乃林　许海虹(女)

党组书记　娄宏春

党组副书记　缪战春

纪检组长　陈晓兵

政治处主任　徐天波(女)

## 如东县人民检察院

检 察 长　顾祖林

副检察长　石金山　朱美云(女,8月免)　陆　刚　陈晓莉(女)

党组书记　顾祖林

党组副书记　石金山

纪检组长　冒宏伟(女)

政治处主任　曹建飞

**反贪局**

局　　长　朱本成

**反渎局**

局　　长　冯新华

**检调对接工作局**

局　　长　陈志斌

## 如东县人民武装部

部　　长　吴风俊

政　　委　刘　瑞

副 部 长　陈　洲

党委第一书记　詹立风(兼)

党委书记　刘　瑞

## 人民团体

**县总工会**

主　　席　陶卫忠

副 主 席　邓　华(女)　葛亚华(女)　汤九海　尹德利

党组书记　陶卫忠

**中国共产主义青年团如东县委员会**

书　　记　曹　薇(女)

副 书 记　孙玉来(8月免)　蔡冬祎(女)　袁永金(挂职,2月免)

党组书记　曹　薇(女)

**县妇女联合会**

主　　席　沈秀梅(女)

副 主 席　唐李红(女)　吴晓莉(女)

党组书记　沈秀梅(女)

**县工商业联合会[总商会(挂牌)]**

主　席(会　长)　桑　健(兼)

副主席(副会长)　于海杰(兼,不驻会,8月免)　缪　峰　秦新建　孙　建(9月任)　黄继石(不驻会)　施永平(不驻会)　吴迪富(不驻会)　刘志刚(不驻会)　周新基(不驻会)　刘允华(不驻会)　冯克山(不驻会)　高　军(不驻会)　严金泉(不驻会)

总商会副会长(不驻会)　曹彩红(女)　姜学林　张本田　蔡　杰　符爱清　徐建泉　冒国平　施新建　吴希鹏　马　陈　王亚平　张智慧

党组书记　于海杰(兼,8月免)

**县科学技术协会**

主　　席　陈建忠

副 主 席　徐希龙　戴晓飞　葛宗安　施中华(9月任)

副主席(不驻会)　朱亚飞　顾培华　张旭初

　　　　　　　　滕金奎
　党组书记　陈建忠

**县归侨侨眷联合会**
　主　　席　沈更生(兼)
　副 主 席　陈春建
　副主席(不驻会)　丁小建　黄　锋　陈　曦
　　　　　　　　顾海军　张建华
　党组书记　陈春建

**县文学艺术界联合会**
　主　　席　季铁权
　副主席(不驻会)　沙德斌　丁必忠　沙雪芬(女)
　　　　　　　　王学农
　党组书记　季铁权

**县红十字会**
　会　　长　姜晓静(女、兼)
　专职副会长　冯爱琴(女,10月免)
　　　　　　许志红(女,10月任)
　副 会 长　张秀芳(女,10月任)
　秘 书 长　季方亮
　兼职副会长　丁　越(女)　余　晶　顾　锐
　　　　　　张泽宾　唐国均　李建国　周建国
　　　　　　顾　军　崔红霞(女)　赵　杰
　　　　　　刘允华　曹彩红(女)　高　军
　　　　　　施永平
　党组书记　冯爱琴(女,10月免)
　　　　　　许志红(女,10月任)

**县关心下一代协会**
　名誉主任　周建飞
　主　　任　任新峰
　常务副主任　陶明生　丁慰祖
　副 主 任　姜晓静(女)　顾旦生　缪　楠
　　　　　　杨兴章　陈宝来　陈苏华　余　晶
　　　　　　龚维国　李建国

## 南通市、如东县双重管理单位

**新华书店**
　总 经 理　杨海军
　党支部书记　丛　旭(12月免)
　　　　　　杨海军(12月任)

**江苏省电力公司如东县供电公司**
　总 经 理　周建勇
　副总经理　周燕翀　瞿　成　李秋实　隋志平
　党委书记　周燕翀
　党委副书记　周建勇
　纪委书记　唐　俊(女)
　工会主席　唐　俊(女)

**江苏省电信有限公司如东县分公司(江苏省电信公司如东县电信局)**
　局　　长　沈　刚
　副 局 长　顾小海
　总 经 理　沈　刚
　副总经理　顾小海　陈敏华(女)
　党委书记　沈　刚
　工会主席　顾小海(兼)
　纪委书记　陈敏华(女,兼)

**5月,根据中国邮政集团公司《关于实施法人体制调整有关事项的通知》,如东县邮政局更名为中国邮政集团江苏省如东县分公司**

**中国邮政集团江苏省如东县分公司**
　总 经 理　许秋嵘
　副总经理　刘　华　陈小莉(女,5月任)
　党委书记　许秋嵘
　纪委书记　刘　华(5月免)
　　　　　　陈小莉(女,5月任)

**盐务管理局(南通市江东盐业有限公司)**
　局　长(经　理)　郑小军(9月免)
　　　　　　　　蔡金兵(9月任)
　党支部书记　庄志凤(9月免)
　　　　　　　　蔡金兵(9月任)
　副局长(副经理)　樊　兵

**气象局**
　局　　长　盛海峰
　副 局 长　顾录泉
　党支部书记　盛海峰

**国税局**
　局　　长　储开森
　副 局 长　杨勇军　胡　伟(女)　韩学进
　党组书记　储开森
　纪检组长　顾宝丰

**地税局**
　局　　长　汤滨滨
　副 局 长　李　峰　朱震锋
　党组书记　管玉屏(女)
　党组副书记　汤滨滨
　纪检组长　吴雪彬(1月免)　叶青松(1月任)

**中国人民财产保险股份有限公司如东支公司**

经　　理　王旭光
副 经 理　花　勃(1月免)　季忠华
党支部书记　王旭光

**中国人寿保险股份有限公司如东支公司**

总 经 理　金小莉(女)
副总经理　倪一明　胡海明(4月任)

**中国人民银行如东县支行(国家外汇管理局如东县支局)**

行　长(局　长)　丛　勇
副行长(副局长)　管怀林　朱蔚然(女,8月任)
党组书记　丛　勇
纪检组长　朱蔚然(女,8月免)

**中国银行股份有限公司如东支行**

行　　长　施凯丰
副 行 长　张小舟(7月免)　陆　燕(女)
　　　　　王　浩(7月任)　朱　彤(11月任)
党支部书记　施凯丰

**中国工商银行股份有限公司如东支行**

行　　长　张　林(7月免)　杭　涛(7月任)
副 行 长　沈金梅(女)　夏秀兵
　　　　　江晓明(7月任)
党委书记　张　林(7月免)　杭　涛(7月任)
纪委书记　茅建平(4月免)
　　　　　沈金梅(女,4月任,7月免)
　　　　　江晓明(7月任)

**中国建设银行股份有限公司如东支行**

行　　长　葛　兵
副 行 长　周宝华　马　军
党委书记　葛　兵

**中国农业银行如东县支行**

副 行 长　陆建兵　刘　彬　曹佳玲(女)
　　　　　张海涛
党委副书记　曹佳玲(女,主持工作)
纪委书记　张海涛(兼)

**江苏如东农村商业银行股份有限公司**

董 事 长　曹桂斌
行　　长　顾曙光
副 行 长　顾　华　左　明　张　锋
监 事 长　邓素民
党委书记　曹桂斌
党委副书记　顾曙光
纪委书记　邓素民

**中国农业发展银行如东县支行**

行　　长　沙建华
副 行 长　任　健(11月免)　曹　阳
　　　　　喻中华(11月任)
党支部书记　沙建华

**江苏银行如东支行**

行　　长　黄荣荣(4月免)　黄　斌(4月任)
副 行 长　戴志勤(女)　施宏九
党支部书记　黄荣荣(4月免)　黄　斌(4月任)

**中国邮政储蓄银行如东支行**

行　　长　朱　丽(女,10月免)
　　　　　姚华海(10月任)
副 行 长　杭　奇(1月免)　缪　国(1月任)
党总支书记　朱　丽(女,10月免)
　　　　　姚华海(10月任)

**如东县烟草专卖局(分公司)**

局长(经理)　马春福
党组书记　马春福
副 局 长　韦　卫
副 经 理　王　彬

**南通市住房公积金管理中心如东管理部**

主　　任　顾建萍(女)
党支部书记　顾建萍(女)

## 镇党委、人大、政府、纪委

**栟茶镇**

书　　记　张　锋
副 书 记　王必东　周俊发　丛小泉(挂职)
　　　　　孙玉来(挂职,8月免)
　　　　　张东锋(1月任)
组织委员　张　俊
宣传委员　葛伶俊
统战委员　单国锋
政法委员　王　鹏
人武部长　缪海兵
人大主席　张　锋(兼,1月任)
人大副主席　李小军
镇　　长　王必东
副 镇 长　张东锋(1月免)　唐于磊　周海军
　　　　　刘歆荃　刘　春(1月任)
纪委书记　王志国

**洋口镇**

书　　记　周　勇
副 书 记　于海东　张树林(挂职)
　　张秀斌(1月免)　吴　昊(挂职)
　　缪　华(挂职,8月免)
　　汤　浩(挂职)　顾　群(1月任)
组织委员　曹树佳(1月免)　王伟东(1月任)
宣传委员　徐卫明(1月免)
　　吴　晖(女,1月任)
统战委员　缪晓旭
政法委员　王伟东(1月免)　冯仕云(1月任)
人武部长　戴建军
人大主席　徐晓玲(女)
人大副主席　顾　群(1月免)　冯仕云(1月免)
　　吴　晖(女,1月免)
镇　　长　于海东
副 镇 长　蒋勇刚(1月免)　丛爱杨　缪　涛
　　张建军　陆海山
纪委书记　蔡晓燕(女)
洋口农场场长　张树林

**丰利镇**

书　　记　周旭东
副 书 记　邵亚红(女)　刘　斌　徐　伟
　　王孝俣(挂职)　徐长青(挂职)
组织委员　杨冠华(女)
宣传委员　马贤芳(女)
统战委员　葛志兵
政法委员　汪华伟
人武部长　冯美华
人大主席　徐剑莉(女)
人大副主席　陈建明　顾美凤(女)
　　柳建明(4月免)
镇　　长　邵亚红(女)
副 镇 长　蒋　兵　朱峰涛　蒋　华　於　锋
纪委书记　马建华(女)

**5月,根据苏政复〔2015〕23号文件批复,撤销如东县苴镇,设立如东县苴镇街道办事处,相关人员原任苴镇职务自行免除。撤销新区街道办事处,相关人员原任职务自行免除。**

**苴　镇**

书　　记　翟建华(兼,5月免)
副 书 记　方永逸(5月免)　冯　岗(5月免)
　　陈董烽(挂职,5月免)
　　范　蓓(女,挂职,5月免)
组织委员　张小芳(女,5月免)
宣传委员　乔海波(5月免)
统战委员　陆亚萍(女,5月免)
政法委员　赵雪峰(5月免)
人武部长　钱艳旭(5月免)
人大主席　翟建华(兼,5月免)
人大副主席　徐永旗(4月免)
镇　　长　方永逸(5月免)
副 书 记　冯云志(5月免)　袁步兵(5月免)
　　张鸿飞(5月免)　陈　勇(5月免)
纪委书记　徐红霞(女,5月免)

**苴镇街道**

党工委书记　翟建华(5月任)
党工委副书记　方永逸(5月任)
　　冯　岗(5月任)
　　陈董烽(挂职,5月任)
　　范　蓓(女,挂职,5月任)
组织委员　乔海波(5月任)
宣传委员　陈炳慧(女,5月任)
统战委员　陆亚萍(女,5月任,8月免)
政法委员　赵雪峰(5月任)
人武部长　钱艳旭(5月任)
人大工委主任　张小芳(女,5月任)
主　　任　方永逸(5月任)
副 主 任　冯云志(5月任)　袁步兵(5月任)
　　曹　军(5月任)　陈　勇(5月任)
纪工委书记　徐红霞(女,5月任)

**长沙镇**

书　　记　蔡　东
副 书 记　汤　杰　邵建华　傅小春
　　王　军(挂职)　曹　晖(挂职)
　　凌　晨(挂职,10月任)
组织委员　童晓燕(女)
宣传委员　王海燕(女)
统战委员　徐　巍
政法委员　张　伟
人武部长　范海炜
人大主席　薛　峰
人大副主席　吴征华
镇　　长　汤　杰
副 镇 长　何素红(女)　刘乃群　吴　健
　　肖卫东　韦建明
纪委书记　戴新国(8月免)　缪　华(8月任)

**大豫镇**

书　　记　周　梁
副 书 记　康　徐　胡　俊　秦海健
　　杨镜吾(挂职)　何爱明(挂职)
组织委员　张建华

宣传委员　陈　燕(女)
统战委员　刘　臻
政法委员　唐国华
人武部长　管永庆
人大主席　胡　俊
人大副主席　王爱民
镇　　长　康　徐
副 镇 长　石海兵　范春霞(女)
丁　杰(1月免)　俞叶美(女)
刘　勇　黄　建(科技,挂职)
刘文军(1月任)
纪委书记　翁雪峰

**5月,根据苏政复[2015]23号文件批复,撤销如东县掘港镇,设立如东县掘港街道办事处和城中街道办事处,相关人员原任掘港镇职务自行免除。撤销掘港镇扶海洲街道办事处、范公堤街道办事处、三元池街道办事处,相关人员原任职务自行免除。**

**掘港镇**

书　　记　赵尊兵(5月免)
副 书 记　沈宝泉(5月免)
夏海燕(女,5月免)
缪建梅(女,5月免)
丁晓飞(5月免)
蔡宇红(挂职,5月免)
于章宏(挂职,5月免)
赵福兵(挂职,5月免)
组织委员　陈红芳(女,5月免)
宣传委员　贾海川(5月免)
统战委员　缪建周(5月免)
政法委员　袁新兰(女,5月免)
人武部长　刘薛峰(5月免)
人大主席　翁　祥(5月免)
人大副主席　陈银忠(2月免)　赵晓春(5月免)
吴　丽(女,5月免)
镇　　长　沈宝泉(5月免)
副 镇 长　朱益峰(5月免)
邱玲玲(女,5月免)
周　丹(5月免)
曹金泽(5月免)　张　伟(5月免)
徐嘉键(5月免)
纪委书记　秦德泉(5月免)

**扶海洲街道办事处**

党委书记　徐建华(5月免)
主　　任　陈晓晴(女,5月免)

**范公堤街道办事处**

党委书记　刘建玉(女,5月免)
主　　任　戴　建(5月免)

**三元池街道办事处**

党委书记　顾　炜(5月免)
主　　任　田　慧(女,5月免)

**城中街道**

党工委书记　赵尊兵(5月任)
党工委副书记　沈宝泉(5月任)
夏海燕(女,5月任)
缪建梅(女,5月任)
于章宏(挂职,5月任)
组织委员　陈红芳(女,5月任)
宣传委员　徐建华(5月任)
统战委员　吴　丽(女,5月任)
政法委员　袁新兰(女,5月任)
人武部长　刘薛峰(5月任)
人大工委主任　翁　祥(5月任)
主　　任　沈宝泉(5月任)
副 主 任　赵晓春(5月任)　曹金泽(5月任)
邱玲玲(女,5月任)
缪建周(5月任)　顾　炜(5月任)
纪工委书记　秦德泉(5月任)

**掘港街道**

党工委书记　赵尊兵(5月任)
党工委副书记　沈宝泉(5月任)
丁晓飞(5月任)
赵福兵(挂职,5月任)
组织委员　周　丹(5月任)
宣传委员　陈晓晴(女,5月任)
统战委员　田　慧(女,5月任)
政法委员　刘建玉(女,5月任)
人武部长　戴　建(5月任)
人大工委主任　翁　祥(5月任)
主　　任　沈宝泉(5月任)
副 主 任　徐　勇(5月任)　朱益峰(5月任)
张　伟(5月任)　贾海川(5月任)
徐嘉键(5月任)　杨晓波(10月任)
纪工委书记　阚　美(女,5月任)

**马塘镇**

书　　记　施正泉
副 书 记　顾　锐　夏一飞　季晓勤(女,兼)
葛宗安(挂职)
组织委员　翁亚芳(女)
宣传委员　张　磊(女)
统战委员　吴祯姝(女,1月免)
周金峰(1月任)
政法委员　陈永强
人武部长　吴光明

人 大 主 席　杨　一
人大副主席　莫德军　徐新亚(2月免)　沈建军
镇　　　长　顾　锐
副 镇 长　周金峰(1月免)　张正银　陈晓祥
俞力彦　缪卫宏(挂职)
周旭东(挂职)　陈永强(1月任)
纪 委 书 记　季晓勤(女)

**曹埠镇**

书　　　记　王亚军
副 书 记　缪　锐　管　建　汤九海(挂职)
彭小丽(女,挂职)　顾烁群(挂职)
组 织 委 员　李奕涵(女)
宣 传 委 员　曹　凯
统 战 委 员　王　萍(女)
政 法 委 员　於亚平(女)
人 武 部 长　张　峰
人 大 主 席　何永华
人大副主席　管　军
镇　　　长　缪　锐
副 镇 长　陶红兵　张德华　黄　陈
王　萍(女)　刘小军
纪 委 书 记　朱映燃(女,1月免)
缪铁军(1月任)

**岔河镇**

书　　　记　高　峰
副 书 记　徐　敏　邬　建　周丛泉(挂职)
王小兵(挂职,8月免)
组 织 委 员　王小锋
宣 传 委 员　卢科宁
统 战 委 员　梅爱建
政 法 委 员　许　兵
人 武 部 长　沈　伟
人 大 主 席　管玉华
人大副主席　缪　华
镇　　　长　徐　敏
副 镇 长　周忠华　朱亚平　丛海峰
严　频(女)　杨　婧(女)
吴一旻(女)　李　欢(挂职)
纪 委 书 记　韦志华(1月任)

**新店镇**

书　　　记　陈五霞(女)
副 书 记　沈瑜新　朱卫东　缪　峰(挂职)
汤杰栋(挂职)
组 织 委 员　邱晓晖(女)
宣 传 委 员　陈　昊
统 战 委 员　陆晓东
政 法 委 员　马书超
人 武 部 长　夏金荣
人 大 主 席　陈　勇
人大副主席　丁泉铭
镇　　　长　沈瑜新
副 镇 长　季　伟　吴小娟(女)　吴建峰
徐管均　赵礼刚(挂职,8月免)
纪 委 书 记　缪四海

**双甸镇**

书　　　记　李　健
副 书 记　杨海军　吴银泉　唐艳山(挂职)
吴晓莉(女,挂职)
组 织 委 员　纪光熙
宣 传 委 员　於　鑫
统 战 委 员　董　建
政 法 委 员　张爱明
人 武 部 长　袁宗建
人 大 主 席　钱　设
人大副主席　张　生　张俊青　刘建圣
镇　　　长　杨海军
副 镇 长　杨晓娟(女,1月免)　袁小建
管周宁　袁文钊　张爱明(1月任)
纪 委 书 记　杨晓娟(女,1月任)

**河口镇**

书　　　记　许金标(8月免)　丛尤兵(8月任)
副 书 记　丛尤兵(8月免)　徐鹏飞
曹晓丽(女,挂职)
邵　克(挂职)
孙玉来(8月任)
组 织 委 员　徐明光
宣 传 委 员　王小波
统 战 委 员　严建明
政 法 委 员　王小波(1月任)
人 武 部 长　黄正华
人 大 主 席　康　勤
人大副主席　徐功彬
镇　　　长　丛尤兵(8月免)　徐鹏飞(8月任)
副 镇 长　肖纪平　周　彦　汤亚东　彭　威
纪 委 书 记　王国庆

**袁庄镇**

书　　　记　许亚军
副 书 记　陈威涛　殷海燕(女)
缪晓斌(挂职)　姚　宇(挂职)
组 织 委 员　吴　彭
宣 传 委 员　冒　军
统 战 委 员　吴　锋

政法委员　黄小兵
人武部长　冯亚洲
人大主席　李宗泽
人大副主席　缪向阳　关卫东(1月免)
　　　　　　高爱军(1月任)
镇　　长　陈威涛
副 镇 长　高爱军(1月免)　钱维斌　钱爱平
　　　　　邵守懿　关卫东(1月任)
纪委书记　马发俊

## 部分事业单位

**如东高级中学**
校　　长　王继兵
副 校 长　张必忠　马　蔚　顾小京　韩　明
党委书记　张必忠
党委副书记　王继兵　马　蔚
纪委书记　马　蔚(7月任)

**江苏广播电视大学如东学院(一职中)**
校　　长　余　飞
副 校 长　吴金明　汪卫东　王　华　曹　峰
党委书记　吴金明
党委副书记　余　飞

**栟茶高级中学**
校　　长　王东宁(8月免)　姜宁兵(8月任)
党委书记　徐旭东

**马塘中学(1月,党总支升格为党委)**
校　　长　姜宁兵(8月免)　康红兵(8月任)
党总支书记　姜宁兵(1月免)
党委书记　姜宁兵(1月任,8月免)
　　　　　康红兵(8月任)

**丰利中学**
校　　长　严　玉
党总支书记　严　玉

**双甸高级中学**
校　　长　王　兵
党总支书记　王　兵

**岔河中学**
校　　长　康红兵(8月免)
党总支书记　康红兵(8月免)

**掘港高级中学**
校　　长　张亚斌
党总支书记　张远林

**实验中学**
校　　长　韩　明
党委书记　吴丛铎(女)

**如东县人民医院**
院　　长　季学军
副 院 长　王鹤兵　陈立新　张建新
党委书记　王鹤兵
党委副书记　季学军
纪委书记　刘乔明

**如东县中医院**
院　　长　顾海军
副 院 长　万宏坤　周建华
党委书记　顾海军
党委副书记　沈　巍
纪委书记　徐平平(女)

**县疾病预防控制中心**
主　　任　缪卫宏(1月任)
党支部书记　吉玲玲(女)

**县卫生监督所**
所　　长　许庆忠
党支部书记　张建军

(虞新兵　周小普)

# 文件选编

## 如东县社会救助实施办法

### 第一章　总　则

第一条　为进一步加强社会救助，保障公民的基本生活，促进社会公平正义，维护社会和谐稳定，现根据《社会救助暂行办法》(国务院令第649号)、《江苏省社会救助办法》(省政府令第99号)、《关于加强社会救助工作的意见》(通政发〔2015〕4号)以及民政部、省、市相关文件精神，结合我县实际，制定本办法。

第二条　全县社会救助工作坚持公开、公平、公正、及时的原则，确保困难群众“求助有门、门里有人、人人全能、能解急难”，为困难群众织好、编牢托底线、救急难、可持续的民生安全网。

民政、卫计、教育、住房建设、人力资源社会保障等部门，按照各自职责负责我县相应的社会救助管理工作。

### 第二章　社会救助主要内容

第三条　加快社会救助体系建设，构建涵盖基本生活、医疗、住房、教育、灾害、就业等多种类别的综合性社会救助体系，全面惠及城乡低保、城镇“三无”、农村五保、困境儿童、特困残疾、因病致贫、受灾、流浪乞讨等遭遇急难的家庭和人员，做到应救尽救。

第四条　最低生活保障。对共同生活的家庭成员人均月收入低于本县最低生活保障标准，且符合本县最低生活保障政策中对家庭财产状况规定的家庭，按照相关的程序申请、审核、审批，可给予最低生活保障。

第五条　特困人员供养。对无劳动能力、无生活来源且无法定赡养、抚养、扶养义务人，或者其法定赡养、抚养、扶养义务人无赡养、抚养、扶养能力的老年人、残疾人以及未满16周岁的未成年人，按相关的程序给予特困人员供养。

第六条　灾害救助。对基本生活受到自然灾害影响的人员，提供生活救助，确保受灾群众有饭吃、有衣穿、有住处、有干净水喝、有病能得到及时医治。

第七条　医疗救助。对医疗救助对象参加城乡居民基本医保的个人缴费部分，给予全额资助；医疗救助对象在按规定享受城乡居民基本医保补偿后，对个人自负的医疗费用(不包括不可报销费用、未纳入即时结算系统发生的费用)给予一定比例的即时救助。

第八条　教育救助。对在学前教育、义务教育、高中教育(含中等职业教育)、普通高等教育阶段就学的最低生活保障人员、特困供养人员，以及不能入学接受义务教育的残疾儿童，根据不同教育阶段的需求，通过减免相关费用、发放助学金、给予生活补助、提供助学贷款、安排勤工俭学等方式，给予教育救助。

第九条　住房救助。对符合规定标准的住房困难的最低生活保障家庭、分散供养的特困人员，通过配租公共租赁住房、发放住房租赁补贴、农村危房改造等方式，给予住房救助。

第十条　就业救助。对最低生活保障家庭中有劳动能力并处于失业状态的成员，通过贷款贴息、社会保险补贴、岗位补贴、培训补贴、职业技能鉴定补贴、费用减免、公益性岗位安置等办法，给予就业救助。

第十一条　临时救助。对遭遇突发事件、意外伤害、重大疾病或其他特殊原因导致生活陷入困境，其他社会救助制度暂时无法覆盖或救助之后基本生活仍有严重困难的家庭或个人，给予应急、过渡性救助；对生活无着的流浪、乞讨人员提供临时食宿、急病救治、协助返回等救助。

第十二条　疾病应急救助。对发生急重危伤病、需要急救但身份不明确或无力支付相应费用的患者，以及对公众健康造成重大伤害的突发公共事件中需要急救的患者，实施疾病应急救治。

第十三条　特殊对象帮扶救助。对残疾人、困难老党员、特困职工、困难统战成员等特定困难对象，根据相应的救助政策，给予基本生活救助；对纳入农村贫困人口建档立卡的对象，给予适应性扶持项目支持和帮扶。

第十四条　司法救助。对有法律服务需求的困难对象，给予法律援助；对遭受犯罪侵害或民事侵权，无法通过诉讼获得有效赔偿的当事人，实施司法救助；对涉法涉诉信访人，其诉求具有一定合理性，但通过法律途径难以解决，且家庭困难，愿意接受司法救助后息访息诉的，也可实施司法救助。

第十五条　各相关职能部门应根据法律、法规以及相关政策文件，结合我县实际，制定相关社会救助具体的实施办法，报县社会救助联席会议讨论通过方可实施。

## 第三章 机构设置及职责分工

第十六条 建立全县社会救助联席联动工作组，为全县社会救助工作的指导决策机构。县政府分管副县长为组长，县政府办分管副主任、县民政局局长为副组长，各职能部门、单位的分管负责同志为成员。工作组根据工作需要召开联席会议、组织联合行动，可通知全体或部分成员单位参加，可邀请其他相关部门、镇人民政府(区管委会)参加。工作组办公室设在县民政局，承担工作组日常工作。工作组设联络员，由各成员单位有关科室的负责同志担任。

主要工作职能：在县政府统一领导下，研究拟订完善社会救助体系的重大政策、体制和机制，向县政府提出建议；综合构建和完善包括最低生活保障、特困人员供养、灾害救助、医疗救助、教育救助、住房救助、就业救助、临时救助、疾病应急救助、特殊对象帮扶救助、司法救助，以及社会成员参与的社会救助体系；建立健全社会救助管理服务信息系统，实现社会救助信息互联互通、资源共享；统筹建立部门、镇(区)开展社会救助“一门受理、协同办理”机制；统筹完善“救急难”工作的联动机制；督导推进全县社会救助工作的落实；完成县政府交办的其他事项。

第十七条 全县社会救助联席联动工作组各成员单位在县委、县政府和工作组领导下，按照各自的职责分工，各司其职，密切配合，共同做好社会救助工作。各成员单位具体工作职责如下：

县委组织部：负责协调落实全县困难老党员的帮扶救助工作；负责困难老党员救助情况信息核对、提供、反馈工作。

县委宣传部：积极引导社会各界关心扶助困难群众，广泛参与慈善公益活动，努力营造扶贫帮困的良好氛围并做好典型宣传；指导协调相关部门，提高社会救助信息公开的针对性、时效性和完整性，引导公众关注、参与、支持、监督社会救助工作。

县政法委：负责牵头公安、检察院、法院、司法、信访等部门落实国家司法救助政策；负责司法救助对象救助情况信息核对、提供、反馈工作。

县委统战部：负责协调落实少数民族、归侨、侨眷、台胞、台属、民主党派、原国民党起义投诚人员、原国民党宽大释放人员等困难统战成员的救助工作；负责困难统战成员救助情况信息核对、提供、反馈工作。

县级机关党工委：积极动员县级机关各级党组织和广大党员开展爱心捐赠、帮扶助困等活动。

县农办(县扶贫办)：会同有关部门组织开展农村贫困人口及家庭经济状况调查；协调推进农村低收入人口脱贫奔小康工作；牵头负责全县结对帮扶工作，做好帮扶情况核对、提供、反馈工作。

县发改委：指导协调有关部门落实社会救助标准与物价上涨挂钩的联动机制；承担特困人员供养、灾害救助等社会救助工作中相应的职能。

县公安局：牵头建立道路交通事故社会救助机制，解决交通事故中的急难救助问题；负责做好申请救助家庭户籍人口、机动车辆拥有、出入境等信息的核对、提供、反馈工作；承担生活无着的流浪、乞讨人员、特困人员供养、灾害救助等社会救助工作中相应的职能。

县民政局：牵头做好最低生活保障、特困人员供养、受灾人员救助、医疗救助、临时救助等社会救助工作；牵头做好社会救助管理信息系统的建设和管理；负责做好申请救助家庭婚姻、死亡等信息的核对工作；负责社会救助联席联动工作组办公室日常工作。

县司法局：负责困难群众法律援助工作，为困难群众提供及时、有效的法律援助，切实维护困难群众合法权益；负责社会救助工作中矛盾纠纷调解；负责刑满释放、社区服刑等人员基本信息的核对、提供、反馈工作；协助做好服刑、强制戒毒人员的未成年子女帮扶工作。

县财政局：负责落实县本级社会救助资金和社会救助工作经费的安排；会同相关部门制定各项社会救助资金管理办法；负责各项社会救助资金的使用、监督，确保专款专用；负责申请救助家庭享受政府补贴资金的核对、提供、反馈工作。

县人社局：牵头落实就业救助的各项政策；配合做好困难群众医疗救助工作；负责申请救助家庭就业、失业登记以及缴纳社会保险费、享受社会保险待遇等信息的核对、提供、反馈工作。

县住建局：牵头落实住房救助的各项政策；负责申请救助家庭房产拥有、房产交易、房屋租赁、享受保障房等信息的核对、提供、反馈工作；承担受灾人员救助等社会救助工作中相应的职能。

县教育局：牵头落实教育救助的各项政策；负责申请救助学生及其家庭相关信息的核对与反馈工作；配合做好儿童重大疾病慈善医疗救助工作；承担受灾人员救助、低保、困境儿童救助等社会救助工作中相应的职能。

县卫计委：牵头落实疾病应急救助制度；承担特困供养人员、受灾人员救助等社会救助工作中的相应职能；牵头落实失独伤残家庭救助政策；负责失独伤残、独生子女家庭的认定及享受扶助金的核对与反馈工作。

县交运局：负责申请救助家庭从事客运、出租营运及收入等信息的核对和反馈工作；承担受灾人员救助等社会救助工作中的相应职能。

县城管局：负责申请救助家庭从事人力三轮车营运及收入等信息的核对和反馈工作；负责“12345”信息中心社会救助事项的转接工作；承担生活无着的流浪、乞讨人员救助等社会救助工作中的相应职能。

县海洋与渔业局：负责申请救助家庭渔业捕捞船只拥有信息及从事海洋作业收入等信息的核对和反馈工作；承担受灾人员救助等社会救助工作中的相应职能。

县农机局：负责申请救助家庭大型农机车辆、大型农机具等信息的核对和反馈工作。

县市场监督局:负责申请救助家庭企业和个体工商户的注册登记、生产经营等信息的核对与反馈工作。

县国税局:负责个体工商户以及企业纳税等信息的核对和反馈工作。

县地税局:负责申请救助家庭个人、个体工商户以及企业纳税等信息的核对和反馈工作。

县统计局:配合有关部门做好全县困难群众救助有关情况的统计调查, 并按要求做好相应的监测工作;负责提供与申请救助家庭经济状况核对工作相关的统计数据。

县残联: 牵头落实特殊困难残疾人生活救助政策;负责申请救助家庭残疾等级鉴定和享受救助等信息的核对与反馈工作。

县总工会: 牵头落实特困职工救助的各项政策;负责申请救助特困职工家庭认定和享受救助等信息的核对和反馈工作。

团县委:联动相关职能部门开展以志愿服务为主体的社会互助活动;组织实施“希望工程”,帮助社会弱势青少年群体。

县妇联:维护困难家庭妇女、儿童合法权益,做好困难家庭妇女儿童的帮扶救助工作; 组织实施 “春蕾计划”, 广泛汇集社会各界力量帮助困难家庭女童完成学业。

县信息中心:负责协助社会救助管理信息系统的建设与维护;协调、指导承担社会救助工作的部门和单位进行信息交换、共享。

县金融办:负责协调全县银行业金融机构做好申请救助家庭银行存款信息的核对和反馈工作;负责协调全县证券业金融机构做好申请救助家庭从事证券交易和获利等信息的核对与反馈工作;负责协调全县保险业金融机构做好申请救助家庭缴纳和领取保险金等信息的核对与反馈工作。

县人行:配合县金融办指导全县银行业金融机构做好申请救助家庭银行存款信息的核对和反馈工作。

县公积金中心:负责做好申请救助家庭住房公积金缴纳和使用等信息的核对与反馈工作。

县监察局:负责社会救助工作的执法监督,查处违规违纪案件,为社会救助工作提供纪律保障。

县审计局:负责社会救助经费的审计监督,保障救助经费的运行安全。

县水电气供给、通讯等单位:负责做好申请救助家庭水电、燃气、通讯等支出情况信息的核对与反馈工作。

其他相关部门和单位依据各自职能做好社会救助工作,并为全县社会救助工作开展提供支持。

第十八条　建立县级社会救助服务中心(挂牌),隶属县民政部门管理, 负责全县社会救助管理与服务工作,可通过政府购买服务的方式,配强配足工作人员。

第十九条　建立全县统一的社会救助管理信息服务平台,开展申请救助家庭经济信息即时核对,统筹管理各类社会救助信息,各部门、各镇人民政府(区管委会)救助信息互联、互通、共享,提升救助工作公开、公平、公正效率。借助县“12345”信息平台,建立全县社会救助公益服务热线,保证群众咨询社会救助政策、申请救助和有关人员报告急难情况的渠道畅通。

第二十条　各镇人民政府、各区管委会应在镇(区)公共服务中心设立“社会救助服务窗口”,配备 2 名以上熟悉救助政策的专职工作人员,具体承办有关社会救助的申请受理、调查审核等事项。“社会救助”服务标识应设置规范、醒目,必须做到救助政策、办理流程、工作职责、监督投诉电话“四上墙”,各类救助项目服务指南、申请表单等服务资料摆放有序、便民。

第二十一条　各社会救助管理部门、各镇人民政府(区管委会)充分发挥社会组织、社会工作者和志愿者队伍等社会力量参与社会救助工作;要积极探索建立向社会力量购买承办社会救助服务的新途径,为社会力量参与社会救助创造条件、提供便利。

## 第四章　办理规程

第二十二条　县社会救助联席联动工作组各成员单位及各镇人民政府(区管委会)应建立“一表登记”“一门受理”“一体推行”“一口上下”的社会救助管理服务工作模式,通过全县社会救助管理信息服务平台,统筹救助政策、救助资源、救助服务。

第二十三条　各镇人民政府(区管委会)应建立健全社区网格化管理制度,主动发现并帮助符合条件的困难家庭提出救助申请,形成早发现、早介入、早救助机制。

第二十四条　申请。凡具有本县户籍的常住居民根据相关救助政策(本规程第二章所列救助事项)可向户籍所在镇人民政府(区管委会)公共服务中心社会救助服务窗口提出相应的救助申请。

对持有本县居住证的非本县户籍人员,根据相关救助政策可向发放居住证的所在镇人民政府 (区管委会)公共服务中心社会救助服务窗口提出临时救助申请。

提出申请有困难的,可以委托村(居)民委员会代为提出申请。

申请人需填写《如东县居民社会救助申请表》,书面申报家庭基本信息、家庭经济状况,申请救助事项,并提交同意对其开展家庭经济状况调查核对的授权声明及相关证明材料。

第二十五条　受理。镇(区)社会救助服务窗口对申请人提交的申请材料进行审核。

申请人提供的申请材料齐全、符合相关救助政策申报要求的,应当受理申请。窗口经办人员登录“如东县社会救助信息服务与管理系统”(以下简称 “救助系统”),录入申请人基本信息,存储(复印)申请人提供的证明材料,录入情况需由申请人当场签字确认。同时,向申请人出具书面受理通知书。

申请人提供的申请材料不齐全或者不符合要求的,应当当场一次性告知申请人需要补正的全部内容;申请人明显不符合社会救助条件的,应当当场告知申请人不予受理,并且说明理由。

第二十六条　审理。镇(区)社会救助窗口应会同上级主管部门对申请救助家庭经济信息进行比对、核查(具体核对办法见本文第四章),审核认定申请救助对象家庭经济状况是否符合相应救助事项的受助条件以及享受其他社会救助情况。

对信息核对出明显隐瞒家庭收入、财产状况的申请对象即停止审核,及时告知申请对象并说明理由,除临时救助外一年内不再受理其家庭其他社会救助申请。

第二十七条　转办。镇(区)社会救助窗口根据申请对象的救助需求,从"救助系统"平台上将申请表及相关证明材料转给相应的社会救助职能部门办理,镇(区)设立派驻机构的,即直接转给相应的派驻机构办理;未设立派驻机构的,即直接转给县级社会救助职能部门办理。各社会救助职能部门需明确专门人员受理转办事项。

第二十八条　办理。各社会救助职能部门收到转办通知后,应根据相应的救助政策按程序及时办理、审核、审批救助申请。如需补充其他材料,应及时联系申请人,不得无故拖延,如有特殊情况需要延时,应得到申请人书面同意。

第二十九条　反馈。各社会救助职能部门应按时将救助审批结果上传至"救助系统",由各镇(区)社会救助窗口统一告知救助申请人审批结果。

第三十条　救助。各社会救助职能部门以及各镇人民政府(区管委会)应根据相应的救助政策,及时落实各项救助待遇,凡以货币形式发放的,原则上统一由县镇财政部门通过金融机构打卡发放到户(人)。

第三十一条　申请人直接向社会救助职能部门提出申请的,各部门、各单位可按各自现行的救助政策、程序进行救助。

第三十二条　各社会救助职能部门、各镇(区)救助到位后,应及时将货币发放记录、实物发放记录等救助情况及时上传至"救助系统",方便全县社会救助工作的统计、核查、监督。

## 第五章　申请救助家庭经济信息核对

第三十三条　凡本县户籍居民向政府相关部门申请享受最低生活保障、医疗救助、教育救助、住房救助等社会救助的,按规定需要对其家庭经济状况进行信息核对。

第三十四条　核对对象。指向政府相关部门申请救助并授权有关部门开展家庭经济状况核对的居民及其家庭成员、法定赡(抚、扶)养关系人。

第三十五条　核对部门。本《规程》第十七条所涉及的社会救助工作部门以及各镇人民政府(区管委会)为我县申请救助家庭经济状况核对部门,县民政部门是申请救助家庭经济状况核对工作的主管部门。

第三十六条　核对机制。通过县"救助系统"平台开展全县申请救助家庭经济状况核对,各核对部门应当通过提供数据接口与"救助系统"平台建立核对对象数据信息连接和交换通道,实现在线比对。尚不具备在线比对条件的部门,可以通过人工加密U盘或制作电子表格等形式进行比对,具体数据交换方式可根据实际情况协商确定。

第三十七条　核对内容。包括申请救助家庭及法定赡(抚、扶)养关系人家庭所有收入和家庭所有财产。

(一)家庭收入是指家庭成员拥有的全部可支配收入,包括扣除缴纳的个人所得税及个人缴纳的社会保障支出后的工资性收入、经营性净收入、财产性收入和转移性收入等。

1. 工资性收入:包括工资、津贴、补贴、奖金以及兼职、兼业收入和从事各项劳动服务所得的报酬。

2. 经营性净收入:指家庭成员从事生产经营活动所获得的净收入,是全部生产经营收入中扣除生产成本和税金后所得的收入。

3. 财产性收入:包括出让财产使用权所获得的利息、租金;著作权、专利权、专有技术有偿提供、转让所得收入;财产营运所获得的红利收入、财产增值收益等。

4. 转移性收入:包括按月领取的各类社会养老保障金;失业保险金、辞退金、赔偿收入、因劳动合同终止(解除)所获得的经济补偿金;提取的住房公积金;获得的赡养费、抚养费、扶养费和接受馈赠收入、继承收入等。

按月领取的社会养老保障金主要包括:机关企事业单位离退休人员养老金、居民养老金、机关企事业单位职工及离退休人员供养遗属生活困难补助费、伤残津贴、定期伤残抚恤金,20世纪60年代精减退职人员定期补助费,被征地农民失业补助费、生活补助费,无经济收入离休干部配偶生活补助费,已故原工商业者无工作配偶生活费等。

5. 经认定应计入家庭收入的其他收入。

(二)家庭财产是指家庭成员拥有的全部实物财产、存款、有价证券等财产;建设征地农转非等原因领取的一次性经济补偿金、安置补助费、拆迁安置房屋补偿收入等;借出款、储蓄性保险本金、投资本金及其他借贷资产等。

(三)除上述的核对内容外,核对对象的支出与其提供的收入状况明显不符的,或者对其经济状况有明显影响的,核对部门可以对核对对象的家庭支出情况进行调查。

家庭支出是指家庭及其成员用于日常生活、文化、娱乐、教育、旅游等方面的消费支出。

第三十八条　核对办法。核对部门在信息平台进行经济信息核对外，根据实际需求可采取书面审核、入户调查、邻里访问、信函索证和调取政府相关部门信息等方式进行申请救助家庭经济状况核对工作，对申请救助家庭申请日之前一段时间内的收入、财产以及支出情况进行调查核对。按照下列途径开展核对工作：

（一）工资性收入可以通过调查就业和劳动报酬、各种福利收入，以及社会保险费、住房公积金、个人所得税的缴纳情况等得出。

（二）经营性净收入可以通过调查工商登记、企业或者个体工商户的生产经营情况以及企业所得税的缴纳情况等得出。

（三）财产性收入可以通过调查利息、股息与红利、保险收益、出租房屋收入以及知识产权的收益情况等得出。

财产租赁所得、财产转让所得，按租赁、转让协议（合同）计算。个人不能提供租赁、转让协议（合同）或租赁、转让协议（合同）价明显偏低的，通过调查评估确定。

（四）转移性收入可以通过调查养老金、失业保险金、社会救济金、住房公积金的领取情况，以及获得赡养（抚养、扶养）费、赠与、补偿、赔偿的情况等得出。

（五）实物财产可以通过调查房产、车辆，以及其他有较大价值实物的拥有情况等得出。

（六）货币财产可以通过调查存款、有价证券持有情况、债权债务情况等得出。

（七）家庭支出情况可以通过调查文化、娱乐、教育、旅游、水电、燃气、通讯等支出情况得出。

第三十九条　对已纳入某项社会救助政策范围的救助对象，因该项社会救助政策动态管理的需要，根据该项社会救助政策主管部门的委托，可以对被救助对象及其家庭的经济状况开展复查，并出具相应报告。

## 第六章　监督与罚则

第四十条　县各社会救助管理部门及各镇（区）人民政府（管委会）应通过报刊、广播、电视、互联网、公共试听载体等媒体，宣传社会救助法律、法规和政策，通过信息公告栏、资料索取点、政府门户网站等便于公众知晓的途径，及时公开社会救助政策、救助资金和物资的管理使用等情况，接受社会监督。

第四十一条　县各社会救助管理部门及各镇（区）人民政府（管委会）在履行社会救助职责过程中，可以查阅、记录、复制与社会救助事项有关的资料，询问与社会救助事项有关的单位、个人，要求其对相关情况作出说明，提供相关证明材料。有关单位、个人应当如实提供。

第四十二条　履行社会救助政策的工作人员对社会救助工作中知悉的公民个人信息，除按照规定应当公示的信息外，应当予以保密。

第四十三条　县各社会救助管理部门及各镇（区）人民政府（管委会）应设立举报电话，及时受理群众对履行社会救助职责的工作人员、受助对象的违规、违法行为投诉、举报。受理投诉、举报的机关应及时核实、处理。

第四十四条　违反本规程规定，有下列情形之一的，由上一级行政机关或监察机关责令整改；对直接负责的主管人员和其他直接责任人依法给予处分：

（一）对符合申请条件的救助申请不予受理的；

（二）对符合救助条件的救助申请不予批准的；

（三）对不符合救助条件的救助申请予以批准的；

（四）不按照规定程序对救助申请进行审核、审批、公示的；

（五）对不再符合救助条件的救助对象未予停止救助的；

（六）泄露在工作中知悉的公民个人信息，造成后果的；

（七）丢失、篡改接受社会救助款物、服务记录等数据的；

（八）不按规定发放社会救助资金、物资或提供相关服务的；

（九）不按规定及时核实处理有关社会救助投诉、举报的；

（十）在履行社会救助职责过程中有其他滥用职权、玩忽职守、徇私舞弊行为的。

第四十五条　违反本规程规定，截留、挤占、挪用、私分社会救助资金、物资的，由相关部门责令追回；有违法所得的，没收违法所得；对直接负责的主管人员和其他直接责任人依法给予处分。

第四十六条　采取虚报、隐瞒、伪造等手段，骗取社会救助资金、物资或者服务的，由有关部门决定停止社会救助，责令退回非法获取的救助资金、物资，可以处非法获取的救助款额或者物资价值1倍以上3倍以下的罚款；有关机构将其相关信息记入个人信用记录。

第四十七条　威胁、侮辱、打骂社会救助工作人员，扰乱社会救助工作秩序，构成违反治安管理行为的，依法给予治安管理处罚。

## 第七章　附　则

第四十八条　本实施办法由县民政局负责解释。

第四十九条　本实施办法自2015年7月1日起实施。

（东政发〔2015〕8号　2015年4月28日）

# 县政府关于进一步加强食品安全工作的意见

食品安全是重大的民生问题,关系人民群众身体健康和生命安全,关系经济发展和社会稳定。为全面贯彻落实国务院、省、市政府的工作要求,充分发挥食品安全监管新体制的积极作用, 进一步加强食品安全工作,现提出如下意见。

**一、总体要求**

(一)指导思想。以中共十八届三中、四中全会精神为指导,从维护人民群众根本利益出发,坚持以最严谨的标准、最严格的监管、最严厉的处罚、最严肃的问责为工作方针, 进一步加强对食品安全工作的组织领导,完善食品安全监管体制机制,健全政策体系,强化监管手段,提高执法能力,落实企业主体责任,提升诚信守法水平,推动形成社会共治工作局面,促进全县食品安全形势持续稳定好转。

(二)基本原则。坚持统一协调与分工负责相结合,严格落实监管责任,形成全程监管合力;坚持集中治理与长效管理相结合,规范生产经营秩序,严厉惩处违法犯罪行为;坚持政府监管与企业自律相结合,强化激励约束,培育诚信守法环境;坚持执法监督与社会监督相结合,构筑社会共治格局,营造良好社会氛围。

(三)工作目标。按照江苏省食品安全城市创建要求,用3年左右的时间,实现如下食品安全工作目标:监管体制科学完善,监管方式创新高效,人才队伍配备合理,政策措施健全配套,技术支撑体系完备,财力物力保障有力,诚信意识普遍增强,违法犯罪有效遏制,产业发展态势良好,社会共治基本形成,确保全县不发生源头性、区域性、系统性食品安全事故。

——食品安全监管能力标准化建设评估通过率达100%;

——种植业"三品一标"(无公害农产品、绿色食品、有机农产品、农产品地理标志登记产品)产量占比达40%以上;

——农产品规模生产基地产地准出率达100%,农产品批发市场、大中型超市、农贸市场的市场准入率达90%,生猪定点屠宰率达100%;

——食品(食用农产品)生产经营企业诚信档案建档率达100%,食品生产小作坊、小摊贩、小餐饮监管率达100%,50人以上农村集体聚餐报告指导率达85%以上,无证无照食品生产经营整治率达90%以上;

——食品年抽检率达4批次/千人(不包括快检),食用农产品、食品动态监测合格率达95%以上,餐饮具抽检合格率达90%以上;

——各环节生产经营单位进货记录齐全,可追溯率达100%,问题食品召回率达100%,食品安全事故、食品安全舆情及时处置率达100%;

——公众、中小学生食品安全基本知识知晓率分别达80%和85%以上,食品安全社会满意率达70%以上。

**二、重点任务**

(一)着力强化三位一体的安全责任体系

1. 落实政府统筹责任。县、镇(区)政府(管委会)负责统一领导、组织、协调本辖区的食品安全监督管理工作,将食品安全纳入经济社会发展规划,加强集中统一的食品监管体制改革,充实基层专业监管力量,层层落实责任制。调整完善县食品安全委员会及其办公室,建立健全日常协调议事机制。镇(区)要设立食品安全办公室,在相关内设机构挂牌设置,明确分管领导直接负责食品安全工作,落实专职工作人员;原则上常住人口5万人以下的确保1人,5万以上的确保2人以上,村(居)根据工作需要,至少配备1名专职食品安全协管员。

2. 落实部门监管责任。各食品安全监管部门要充分发挥食品监管职能整合和基层"三合一"市场监管体制的优势,建立全覆盖的食品安全监督网络。加大食品监管专业人才的引进、选调和补充,加强县、镇(区)两级食品安全监管力量, 形成与专业监管力量相互补充、相互融合的监管责任格局。加大农业源头生产的监督执法队伍建设,健全镇(区)农产品质量安全监管机构,设立覆盖至村的农业指导和质量监督员。县级公安机关要建立专门打击食品安全违法犯罪的食品警察机构和队伍,健全监管部门与公安机关的联动联防机制。

3. 落实企业主体责任。强化食品生产经营者安全自律意识,督促企业自觉履行安全承诺。落实食品质量安全管理人员、从业人员岗位责任,实施企业质量安全责任追究和民事连带责任先行赔偿制度。通过加强教育培训、严惩违法行为,倒逼食品生产经营者强化质量管理。强化企业信用监督,完善企业信用档案、信用记录,公开信用信息,实施食品安全"红黑榜"管理制度,探索建立企业不良信用限制机制。加强企业培训,食品生产经营单位食品安全负责人和从业人员年培训时间不少于40小时。探索开展食品安全责任保险试点工作,增强企业质量安全意识和抗风险能力, 保护消费者合法权益。

(二)加快形成无缝对接的监管执法体系

1. 加强种植养殖环节管理。依法完善并落实农业产地环境管理、农业投入品管理、种植养殖过程控制、包装标识、食用动物及其产品检验检疫等制度规范,加大生猪定点屠宰监管,推进牛、羊肉等畜禽定点屠宰工作,落实病死畜禽无害化处理和补偿制度。

2. 推行食用农产品产地准出和市场准入管理。建立以食用农产品产地检测为手段，以检验检疫合格证明、质量合格证明、“三品一标”质量标志为基础的产地准出和市场准入查验的衔接机制。对不具备检测条件和不能出具合格证明的生产基地、专业合作社、个体经营者，采取委托抽检、镇(区)农产品质量安全监管部门出具证明、准入市场实施快检等办法，确保食用农产品质量安全。

3. 加强食品生产加工环节监管。督促企业健全质量安全管理制度，推行良好生产规范，规模以上食品生产加工企业80%以上达到HACCP(危害分析与关键控制点体系)，或ISO 22000:2005(食品安全管理体系食品链中各类组织要求)的相关标准。推动食品企业完善食品生产经营全过程质量安全记录制度，加快形成食品质量安全信息全过程追溯机制。建立食品生产企业风险隐患排查机制。加强乳制品、肉制品、食用植物油、桶装饮用水、豆制品、酒类、食品添加剂等重点品种的监管。加强食用盐监管，严禁工业盐和非食用化工原料流入食品生产领域。

4. 加强食品加工小作坊的清理整顿。进一步摸清食品加工小作坊底数，掌握食品加工小作坊食品安全状况。将非发酵豆制品、面筋、粉皮、米白酒、散装卤菜、油炸肉丸、风干肉制品、油炸肉皮、干制蹄筋、干制水产品、散装糕点等食品小作坊纳入重点监管。着力实施“放心海产品”“放心豆制品”工程，解决豆制品小作坊监管难题，打造如东海鲜品牌。完善食品加工小作坊产品目录和监管机制，引导帮扶一批具备条件的食品小作坊规范领证，集中查处取缔一批生产条件恶劣、制售假冒劣质食品的黑作坊、黑窝点，规范食品小作坊业主的生产经营行为，提升食品小作坊食品的质量安全水平。

5. 进一步规范食品经营秩序。严格落实食品交易场所开办者、食品展销会等集中交易活动举办者的食品安全管理责任。督促食品经营者建立并执行进货查验记录、食品召回、临近保质期食品消费提示制度，严格执行现场制售、散装食品经营管理规范，杜绝更换(改)包装和生产日期、保质期再行销售行为的发生。推进农贸市场标准化建设，清理市场周边食品摊贩，引导食品摊贩进入集中交易市场、店铺等固定场所经营。加大农产品直营店建设，强化直营店监督管理。加强进口食品标签监管。

6. 强化餐饮业监管。对餐饮服务单位实行量化分级管理，量化分级管理率达95%以上。推行餐饮服务食品安全操作规范，强化加工制作的过程控制。推进餐饮服务单位食品原料定点采购配送，严格原料采购索证索票管理。推进农村集体聚餐管理，加强民间厨师上岗培训，实施农村50人以上集体聚餐报告指导制度，防控农村地区集体性食物中毒事件发生。加强对学校食堂、旅游景区、社会福利机构等就餐人员密集场所的食品安全和餐饮具消毒的监管，加大餐具消毒企业监管力度，餐饮具抽检合格率90%以上。继续“明厨亮灶”工程，引导企业增强自律意识。

7. 推进餐厨废弃物规范化管理。加快建立餐厨废弃物分类投放、专业收集、运输和处置机制，实行餐厨废弃物收运处置特许经营。推行餐厨废弃物收集、运输和处置一体化运营，建立餐厨废弃物产生单位、收运处置企业监管档案。加强餐厨废弃物处置设施的建设和运行经费的保障。鼓励和支持规范化企业开展餐厨废弃物资源化利用和无害化处理。全面排查和打击非法收运、加工、处置餐厨废弃食物油脂和食物残余的行为，严厉打击废弃油脂食用化加工行为。

8. 加强保健食品生产经营监管。规范保健食品广告宣传，加强保健食品登记备案、广告审查的监督监测工作，加大保健食品虚假宣传、网络销售、会议传销的监管力度。强化保健食品生产加工过程和原料的监管，大力推进保健食品GMP(良好生产质量管理规范)管理。严厉打击保健食品非法添加西药行为。

9. 深入开展食品安全专项整治工作。严格规范食品生产、经营和餐饮服务许可管理，对食品生产经营新业态要依法及时纳入许可管理。对不能持续达到食品安全条件、整改后仍不符合要求的生产经营单位，依法撤销其相关许可。大力整治食品集中交易市场、城乡结合部、中小学校园及周边等重点区域和场所。对存在严重安全隐患的生产经营企业要及时整改，依法查处。对隐瞒食品安全隐患、故意逃避监管等行为，要从重处罚。对不合格食品处置做好退市、召回、销毁监督。

10. 切实加强食品生产无证无照经营行为监管。按照“坚决遏制增量、有效解决存量”的要求，治理小餐饮、小食品店、小摊贩，查处食品生产无证无照经营行为。要建立无证无照食品生产经营线索发现、沟通协调、信息交流和联合执法机制。对不符合办证办照条件、环境差、周边居民反映强烈的无证无照食品生产经营户，要加大整治力度；对一些不涉及扰民、不影响环境保护和公共安全的，积极探索建立有效的疏导机制，逐步纳入规范化管理，化解遗留问题和社会矛盾。

11. 严厉打击食品安全违法犯罪行为。进一步改进执法手段、提高执法效率，对发现的制售有毒有害食品的生产经营单位和个人坚决依法查处。对涉嫌犯罪的案件，要及时移送司法机关处置，严禁罚过放行、以罚代刑，确保对犯罪分子的刑事责任追究到位。公安机关在案件查处中需要技术鉴定的，监管部门要给予支持。

(三)大力构建适应需要的技术支撑体系

1. 加强食品地方检测资源统筹管理。建立食品检测机构联席工作机制，积极探索区域内现有食品检测资源整合，加快建立县级食品监督检验中心，确保检测机构能够尽快承担辖区内的食品安全技术指导和食品监督、执法、应急监测任务。着力提升食品安全速测快检能力，县级建有与监管工作相适应的食品快检中心；镇(区)监管机构快检箱配备率达100%。基层食品安全监管人员在开展农产品和餐饮监管中，要配备与工作需求相适应的快检装备,通过快检筛查、发现食品风险,提高食品安全源头防控能力。不断完善食品检测购买服务机制,加强对第三方检测机构的统筹与管理。加强食品执法监督抽检和风险评估与预警工作机制,扩大食品污染物和有害因素监测点及监测样本量,加强食源性疾病监测网络哨点医院建设,建立和完善预警信息系统和科学有效的评估方法,提高食品安全危害识别和预警能力。

2. 强化企业自检工作。建立与大、中、小型企业相配套的农产品质量自检机制,及时发现质量问题,防止不合格食品进入流通环节。规模化农业生产基地、农产品批发市场、农贸市场、规模较大的食品超市设立食品检测室,配置检测设备、专职检测人员,对农产品食品实施售前检测;中型企业通过购买服务由检测机构实施售前检测,农产品交易市场快检设备配备不低于90%,农产品批发市场快检实验室建成使用率达100%;小型企业或自产自销个人通过集中交易区提供的检测,防止不合格农产品流入市场。县、镇两级政府要对食品生产经营企业开展食品检测予以扶持,要对食品生产企业的检验能力进行监督和管理,规范企业产品检测要求,增强企业产品出厂自检把关意识。

3. 加快建立食用农产品和食品质量安全追溯体系。按照南通市肉菜流通追溯体系信息化建设要求,在农业产业化基地(产销对接种植基地)、生猪定点屠宰企业、农副产品批发市场、农副产品配送中心、标准化菜市场(农贸市场)、农副产品直营店、大型商场超市、大型餐饮集伙单位等推进追溯试点工作,推动食用农产品从生产到进入批发、零售市场和消费终端环节的信息化追溯。食品流通批发经营企业电子信息化追溯管理覆盖率不低于80%。全面推行乳制品、白酒、食品添加剂生产企业电子追溯系统建设,并逐步向儿童食品等其他品种推广,形成全链条、全品种、全流程的监管。

4. 加强食品安全信息智能化建设。以"智慧食安"为载体,建立统一的食品安全监管基础数据信息交换、共享平台,通过积累食品安全与监管大数据,研判风险趋势,指导监管方向。搭建智能、高效、便捷的移动监管、实时查询、在线监测系统,实现监管与执法的深度融合,预警与决策的相互衔接。

(四)不断完善快速高效的应急处置体系

1. 加强食品安全应急处置体系建设。构建统一指挥、反应灵敏、协调有序、运转高效的食品安全应急指挥平台,调整完善县、镇(区)食品安全事故应急预案,开展预案演练,规范应对食品安全事故的快速反应机制和处置程序,提高应急指挥决策能力。

2. 建立食品安全事故报告和重大信息发布制度。食品生产经营企业要建立事故防范、处置、报告机制。要坚持及时准确、主动引导的原则完善信息发布程序,设立食品安全新闻发言人,加强食品安全信息沟通和统一管理。要强化舆情监测监控和应对处置,树立正确舆论导向,及时回应社会关切的热点问题。

3. 强化食品安全应急处置保障。坚持政府主导、部门协调、全社会共同参与,不断加强各级食物中毒流行病学调查能力建设,强化应急装备和应急物资储备,提高应急风险评估、应急检验检测等技术支撑能力,提升事故响应、现场处置、医疗救治等食品安全事故综合应急处置水平。加强专业应急队伍建设,增加专业救援和处置力量,设立食品安全专家库,指导应急处置。

(五)有序推进合理配置的产业发展体系

1. 优化食品企业发展环境。通过简政放权,转变政府职能,激发食品生产经营市场主体做大做强、提质创优的活力和创造力。出台政策扶持措施,推动创新政策、创新资源、创新人才向食品产业集聚,提升核心竞争力。要运用监管杠杆推进优胜劣汰,推动食品产业集约发展、科学发展。

2. 加大安全农产品品牌培育力度。大力扶持无公害农产品、绿色食品、有机食品和地理标志农产品。积极推广"政府+企业+农户+基地"的政贸工农一体化、产加销一条龙生产模式,延伸产业链,提高资源利用率和产品附加值。鼓励和支持大型超市、餐饮、食品加工企业等建立农产品生产基地直供机制。加大上规模、质量安全监管制度健全的农产品批发和物流中心建设,推广便民农产品直营店的运营模式。

3. 合理规划食品工业发展布局。鼓励龙头企业采取多种形式外引内联,兼并重组,逐步形成大型食品企业为龙头,健康、可持续发展的绿色食品产业为支柱,规范型小企业为补充的食品产业结构。发展地方特色海产品产业集群,支持粮油加工骨干企业做大做强。培育发展食品添加剂、食品相关产品等高科技高附加值产业。鼓励和支持食品加工企业与高校科研院所合作,采用新技术、新工艺、新设备,提高企业技术装备水平和核心竞争力。

4. 大力发展安全餐饮业。充分挖掘和推广本地"中国海鲜之乡"的特色餐饮,积极引进国内外知名餐饮服务品牌。充分发挥品牌企业的引领作用,促进标准化、规范化、规模化、连锁化经营,提高行业安全水平。

(六)全力打造群防群控的社会共治体系

1. 建立健全食品安全联动机制。加大信息通报、联合执法、隐患排查、事故处置协调等环节的密切协作。完善食品安全举报投诉机制,建设统一的食品安全举报平台,公布统一的食品安全举报电话,落实举报投诉接待、部门首问负责和有奖举报制度。

2. 发挥行业协会和社会监督员的积极作用。引导各类食品行业协会积极服务企业,搭建企业与政府和监管部门的沟通桥梁,主动担当行业规范、行业创建、行业培训的组织指导重任。建立食品安全社会监督员队伍,参与食品的生产加工、流通和消费领域的监督,通过明查暗访为监管部门提供监管信息。

3. 加强食品安全法治教育。行业主管部门要加强对管理对象的食品安全意识宣传,督促管辖范围内的食品生产经营单位和个人自觉履行法律义务，承担法律责任，配合食品监管部门加强监督与执法。消费维权部门要加大对食品安全消费纠纷和维权的调解力度，切实维护消费者的合法权益。

4. 加强食品安全科普教育。将食品安全纳入公益性宣传范围，列入国民素质教育内容和中小学相关课程，中小学生食品安全知识课程培训每年不少于10小时。食品安全科普宣传活动社区覆盖率60%以上；地方电视台播放食品安全公益广告平均每月不少于1次。深入开展“食品安全宣传周”活动，加大对食品安全诚信典型的宣传和违法犯罪行为的曝光，普及食品安全法律法规及科学知识，提高公众食品安全意识和科学素养，引导公众科学饮食、安全饮食。

**三、保障措施**

（一）认真落实食品安全属地管理责任。将食品安全工作列入政府重要议事日程，加强对食品安全工作的组织领导，实行食品安全工作行政首长负责制。将食品安全监管经费纳入县、镇两级财政预算，建立食品安全财政投入稳定增长机制。按常住人口计算，全县日常监管专项经费投入（不含人员经费和公用经费）不低于2元/人·年。各相关监管部门要积极履职，主动担当，将食品安全监管当作头等大事认真研究，狠抓落实。要充分发挥食品安全委员会的综合协调作用，厘清食品安全监管部门之间职责分工，强化部门联动协调，形成监管合力。

（二）建立健全严格的考核评价和责任追究制度。不断完善以管理指标、公众满意度等为主要内容的食品安全考核评价体系，加大食品安全在地方年度综合目标考核以及对党政领导班子、领导干部综合考核评价中的权重，权重占比不低于3%。重大食品安全事故实行“一票否决”制。加大对镇（区）和各有关部门食品安全监管工作的问责，对因食品安全监管行政不作为、乱作为和失职、渎职行为造成后果的，根据情节轻重，给予相应的纪律处分；涉嫌犯罪的，依法追究刑事责任。

（三）切实加强食品安全监管机构和队伍建设。要结合实际整合资源、统筹安排，建立健全各级食品安全监管机构，配齐配强食品安全监管力量，确保基层一线70%的监管人员具有与食品监管工作相适应的专业知识和执法监督能力。监管人员每人每年参加食品安全培训不少于40课时。落实基层食品监管执法规范化建设和装备标准化建设的要求，统一执法文书、执法服装和执法标识。

（四）扎实开展食品安全示范创建活动。以创建江苏省食品安全城市、农产品质量安全示范县、出口食品农产品质量安全示范区活动为重要抓手，充分发挥创建示范引领作用，整合多方面的资源和力量，营造全社会共同关心、共同参与的良好氛围，不断提升食品安全工作整体水平。

（东政发〔2015〕24号　2015年9月19日）

# 如东县新型农村合作医疗管理暂行办法

## 第一章　总　则

第一条　为更加有效地缓解农民“因病致贫、因病返贫”的问题，帮助农民抵御大病风险，减轻农民大病医疗负担，提高农民健康水平，加快我县新农村建设步伐，促进我县经济社会和谐发展，根据国家卫生部、财政部《关于进一步加强新型农村合作医疗基金管理的意见》（卫农卫发〔2011〕52号）、《江苏省新型农村合作医疗条例》和省财政厅、卫生厅《关于进一步加强新型农村合作医疗基金管理的意见》（苏卫农卫〔2011〕12号）文件精神，结合如东实际，特制定本办法。

第二条　本办法所称新型农村合作医疗，是指由政府组织引导，农村居民自愿参加，按照个人缴费、集体扶持、政府补助的方式筹集资金，实行门诊统筹与住院统筹相结合的农村居民基本医疗保障制度。

第三条　新型农村合作医疗工作坚持“政府组织、部门配合、自愿参与、互助共济、科学管理、民主监督”的原则。农村居民参加新型农村合作医疗，为抵御疾病风险而履行缴费义务。

## 第二章　组织与领导

第四条　县、镇（区、街道办）两级分别建立新型农村合作医疗管理委员会（以下简称县、镇合管会），下设办公室（县设在县卫生和计划生育委员会，镇挂靠驻镇卫生所），各级经办机构负责新型农村合作医疗制度的组织实施和管理。

第五条　县、镇（区、街道办）建立由相关部门和参合农民代表组成的监督委员会，检查、监督基金使用和管理情况，保证参合农民的参与权和监督权。

第六条　镇（区、街道办）新型农村合作医疗工作经费按服务人口不低于人均1元的标准列入年度镇级财政预算。

## 第三章　参合对象与手续

第七条　农村居民（含农村中小学生）以户为单位参加户籍所在地的新型农村合作医疗。

长期居住县外的居民建议参加居住地的基本医疗

保险,如仍自愿参加我县新型农村合作医疗的,须自觉遵守转诊转院规定。

农村居民因就学等原因户口迁出本地,现又回到原籍居住,未参加或者停止参加其他基本医疗保险的,可以参加原户籍所在统筹地区的新型农村合作医疗。

居住城镇的居民和其他人员,未参加其他基本医疗保险的,可以参加新型农村合作医疗。

按照规定已经参加其他基本医疗保险的人员,不得参加新型农村合作医疗,其家庭其他成员仍可以按照规定参加新型农村合作医疗;已经参加新型农村合作医疗的人员,需要参加其他基本医疗保险的,其本人应当于下一年度退出新型农村合作医疗;按照自愿参加原则,鼓励和引导参合人员以户为单位参加新农合补充商业保险。

第八条　参合者必须以户为单位于上一年 12 月 31日前到户口所在村(居)委会或交费点缴纳个人参合资金,办理参(续)合手续;因外出打工未能在上一年 12 月 31 日前缴纳个人参合资金的,当年度 2 月底前可以凭村(居)委会出具的外出打工证明到所在镇合管办交纳个人参合资金,凭镇合管办出具的参合发票到县合管办办理参合手续,自缴费之日起 2 个月后享受新型农村合作医疗待遇;以户为单位每少参加 1 人(已参加城镇职工基本医疗保险和城镇居民基本医疗保险的人员除外),该户参合人员医药费结报比例降低 5 个百分点。

第九条　在新型农村合作医疗上一个缴费期至下一个缴费期之间出生的婴儿、退役的士兵,可以参加当年度的新型农村合作医疗。

婴儿出生之日起 15 个工作日内,父母为其申请参加新型农村合作医疗的,其自出生之日起产生的医药费用纳入新型农村合作医疗基金补偿范围。

婴儿出生之日起超过 15 个工作日,父母为其申请参加新型农村合作医疗的,自缴费之日起享受新型农村合作医疗待遇。

农村居民停止参加其他基本医疗保险并不再享受其他基本医疗保险待遇的,凭相应的医疗保险经办机构出具的证明,可以参加当年度的新型农村合作医疗,自缴费之日起 3 个月后享受新型农村合作医疗待遇。

## 第四章　基金筹集与分配

第十条　新型农村合作医疗基金筹集实行个人主动缴费,省、市、县、镇政府补助的办法,鼓励和倡导社会各界予以资金支持。

第十一条　按国家、省、市要求,2016 年基金筹资标准为人均 600 元,以户为单位每人自缴 150 元,各级财政补助人均 450 元。县、镇财政补助资金按比例分担列入同级财政预算,及时划拨至县社保基金财政专户。镇级财政补助资金由县财政统一划拨至县社保基金财政专户,年终由县财政与镇财政进行财力结算。

第十二条　建国前入党无固定收入的农村老党员、重点优抚对象、享受民政部门定期定量生活补助的 60 年代精减退职职工、三峡移民的个人应缴资金(人均 150 元)由县新型农村合作医疗管理委员会办公室负责办理;农村五保人员(分散供养和集中供养)、农村低保人员和孤儿个人缴纳部分(人均 150 元)由各镇财政承担;以上人员的名单在新农合筹资前由相关部门核定,遗漏人员的补偿待遇由各相关部门负责。

第十三条　个人参合资金由各镇政府按标准组织收取,采取村组干部上门收取或设点收取的办法。所筹经费及时足额上交县社保基金财政专户。县镇安排一定的工作经费用于个人参合资金收取工作的奖励和补助。

第十四条　新型农村合作医疗基金分为门诊补偿基金、住院补偿基金、大病保险基金、意外伤害补偿基金和风险储备基金五个部分,所有资金由县统一管理。

门诊补偿基金(按人均 70 元计提):主要用于参合者一般门诊、慢性病门诊医药费的结报补偿等支出。其中人均 25 元用于村级门诊,人均 27 元用于镇辖区范围定点医院门诊,人均 5 元用于慢性病门诊结报,人均 13 元由县级及县外医疗机构门诊统筹使用。

住院补偿基金(按人均 430 元计提):主要用于参合者住院医药费用按次分段补偿、脏器移植(肝、肾、骨髓)和特种病门诊医药费的结报补偿支出。

大病保险基金(按人均 50 元计提):主要用于参合人员在享受基本医疗保险后,一个年度内个人负担超过大病保险起付标准(上年居民人均纯收入)的合规医疗费用的补偿。

意外伤害补偿基金(按人均 25 元计提):主要用于因疾病因素或非他人因素造成的外伤、生产性农药中毒、动物咬伤等意外伤害的住院医药费的补偿。

风险储备基金(按人均 25 元计提):主要用于新型农村合作医疗补偿基金的财务透支、其他政策性支出和超常风险(如传染性疾病的大流行)的应急等,由县合管会根据风险情况掌握使用。

## 第五章　参合者就诊与转诊

第十五条　加强新型农村合作医疗县外转诊转院管理,合理引导和分流病人,方便参合人员就医和报销,切实减轻参合人员医疗费用负担,有效控制新农合基金不合理支出。

第十六条　参合者因病在县内定点医疗机构就诊,凭参合卡自主选择定点医疗机构(含城市社区卫生服务站和村卫生室)就诊。确需转县外医院就诊,须经二级以上医院办理转诊手续,未经转诊外出就医的按住院发票金额的 15%补偿。相关转诊转院规定细则由县合管办另行制定。

## 第六章　管理与使用

第十七条　从当年1月1日至12月31日为一个参合年度。

第十八条　新型农村合作医疗基金实行县级统筹,严格按照有关财务法规和专项资金管理办法的规定和要求,建立专项基金财政专户,做到收支分离、管用分开、专款专用、封闭运行,确保合作医疗基金全部用于参合农民的医药费用补助，任何单位和个人不得侵占、挪用。

第十九条　新型农村合作医疗基金的筹集与使用坚持以收定支、收支平衡、保障适度和公开、公平、公正的原则。

第二十条　新型农村合作医疗基金缴款收据由县财政局统一印制,各镇财政所到县财政局领购,镇合管办到镇财政所领票,各村到镇合管办领取。各镇合管办要配合镇财政所做好基金缴款收据的领取和核销工作。

第二十一条　门诊医药费用的补偿方式及比例

(一)一般门诊医药费补偿

1.县内门诊:凭参合卡在定点医疗机构通过网络即看即报，定点医院每月与县合管办结算垫付的补偿金,村卫生室每月与镇合管办结算垫付的补偿金。

2.县外门诊:由参合人员将县外医院门诊电脑收据(发票)、门诊病历、参合卡、本人银行卡、身份证或户口簿送所在镇合管办结报,每半年结报一次。按符合补偿范围医药费用的15%补偿。

3.门诊医药费补偿(每人每年封顶500元)

(1)普通门诊医药费补偿:村卫生室按符合补偿范围药费的55%补偿,日封顶16元;镇辖区医院按符合补偿范围医药费用的50%补偿,日封顶21元;县级医院按符合补偿范围医药费用的20%补偿，日封顶15元,每人每年封顶补偿100元。

(2)大额门诊医药费补偿:年累计门诊符合补偿范围医药费达400元以上且个人门诊累计补偿达100元后按45%的补偿比例结报，村卫生室日封顶20元;镇辖区医院日封顶25元;县级医院日封顶15元,每人每年封顶补偿400元。

4. 建国前入党无固定收入的农村老党员门诊医药费补偿比例分级上浮10%，计生并发症人员门诊医药费补偿比例分级上浮8%。

(二)慢性病门诊医药费补偿

胰岛素依赖型糖尿病、Ⅲ期高血压病、系统性红斑狼疮、再生障碍性贫血、脑卒中后遗症、帕金森氏病、重性精神病、慢性乙型活动性肝炎、肝硬化失代偿期、甲亢、甲减、风湿(类风湿)性关节炎、强直性脊柱炎、慢性阻塞性肺气肿、慢性肾炎、肺源性心脏病、肾病综合症、骨髓增生异常综合症等18种慢病门诊费用纳入门诊慢性病补偿。在普通疾病门诊医药费补偿的基础上超出的符合补偿范围的门诊医药费部分按50%的补偿比例结报,每人每年封顶补偿1200元、有两种以上慢性病的每人每年封顶1800元。由参合人员凭定点(特约)二级以上医院诊断证明书(含医院出具的病情证明及相关检查报告)、门诊病历、门诊电脑收据、参合卡、本人银行卡、身份证或户口簿送所在镇合管办结报,每半年结报一次。

(三)特殊疾病门诊医药费补偿

恶性肿瘤、终末期肾病、器官移植术后抗排异治疗的参合人员在一级及以上定点医院门诊医药费先按一般疾病门诊结报,再凭相关证明材料(二级以上医院的出院小结、病理诊断书、CT、磁共振、B超、化验报告单等能证明患有特殊疾病的有效材料)、参合卡、身份证或户口簿到镇合管办通过网络按符合补偿范围费用的70%结算特殊疾病门诊补偿差额部分,每半年结报一次。

第二十二条　住院医药费用的补偿方式及比例:

(一)补偿方式

1.县内:参合者住院需凭参合卡、本人身份证或户口簿到定点医院办理住院手续,出院缴费结账时由定点医院对其住院补偿通过网络结算并当场兑现。定点医院每月与县合管办结算垫付的补偿金。

2.县外:参合者出院后凭相关材料(身份证、参合卡、住院发票、住院医药费用清单、出院记录、转院申请表、本人银行卡;外出务工人员因病到所在地一级以上医院就诊者,还需附务工单位证明;外出探亲〈特指配偶、父母、子女〉还需附探亲证明)送镇合管办审核结报。相关证明材料的规范要求由县合管办负责制定。

(二)补偿比例

1.住院基本补偿

符合新型农村合作医疗补偿范围的住院医药费用,按相应医院级别按次分段计算补偿,具体结报比例如下:

一级医院(民营医院、中心级医院)0～500元按符合补偿范围费用10%补偿;500元以上至5000元按符合补偿范围费用86%补偿;5000元以上按符合补偿范围费用83%补偿;

二级乙等医院(二院、三院、丰利医院、四院)0～600元按符合补偿范围费用10%补偿;600元以上至5000元按符合补偿范围费用77%补偿;5000元以上按符合补偿范围费用76%补偿;

二级甲等医院(县人民医院、县中医院)0～700元按符合补偿范围费用10%补偿;700元以上至5000元按符合补偿范围费用72%补偿;5000元以上按符合补偿范围费用71%补偿;

三级医院(县外特约、非特约医院)0～800元按符合补偿范围费用10%补偿;800元以上至5000元符合补偿范围费用特约医院按62%补偿，非特约医院按52%补偿;5000元以上符合补偿范围费用特约医院按60%补偿,非特约医院按50%补偿。

建国前入党无固定收入的农村老党员住院医药费补偿比例上浮 10%，计生并发症人员住院医药费补偿比例上浮 8%。

参合者在定点医疗机构住院自然分娩和剖宫产分娩的医药费用，按 400 元 / 人的标准予以定额补偿，病理性引流产可参照执行。

2. 参合者年内住院医药费符合补偿范围费用的补偿最高限额为 12 万元 / 每人 / 每年。

第二十三条　纳入一体化管理的村卫生室“一般诊疗费”标准为 5 元 / 人次，其中参合人员支付 1 元 / 人次，其余部分由新农合基金补偿，新农合基金支付部分实行总额预算管理，由各村卫生室包干使用。一级以上医疗机构实施“一般诊疗费”标准为 10 元 / 人次，“一般诊疗费”的 80%计入补偿部分。对已合并到一般诊疗费里的收费项目村卫生室和一级以上医疗机构不得向参合人员再另外收费或变相收费。

第二十四条　参合者的血液透析费全额列入可补偿范围结报；脏器移植(肝、肾、骨髓)的参合者除享受相应的正常补偿外，另给予每例定额补助 1 万元。

第二十五条　大病保险基金和意外伤害补偿基金由政府通过招标形式由中标的商业保险机构经办，采用“政府主导、商业保险机构承办”的方式，由政府负责制定基本政策和筹资管理，中标的商业保险机构负责承办，县合管办负责监管。

大病保险补偿标准：1.5 万元以上至 4 万元(含)以内补偿 30%；4 万元以上至 7 万元(含)以内补偿 50%；7 万元以上至 10 万元(含)以内补偿 55%；10 万元以上至 15 万元(含)以内补偿 60%；15 万元以上至 20 万元(含)以内补偿 65%；20 万元以上至 35 万元(含)以内补偿 70%；35 万元以上补偿 90%；未经转诊至县外就医的，大病保险按补偿标准的 50%结算；经转诊至县外就医的，大病保险按补偿标准的 80%结算。

意外伤害住院期间有其他疾病的医药费用一律按意外伤害的补偿标准结报；因意外伤害的后遗症或并发症再次入院的费用仍按意外伤害补偿标准结报；参合人员上下班途中发生单方事故，认定不到工伤的住院费用纳入意外伤害补偿。

第二十六条　参合者外出务工、探亲(特指配偶、父母、子女)期间患病需住院治疗的，应一周内通过电话等方式向所在镇合管办申报备案，镇合管办登记备案后，参合人员选择居住地医疗机构就医的参照县外非特约医院补偿，未登记备案的一律按住院发票金额的 15%补偿。

第二十七条　参合人员外出务工或求学，按照国家规定参加当地基本医疗保险后，在同一结算年度内，自转保之日起，按照就高原则享受基本医疗保险相关待遇，避免重复补偿，并按《江苏省新型农村合作医疗条例》规定，其本人下一年度退出新型农村合作医疗。

第二十八条　以年度为单位，参合者住院医药费符合补偿金额按相应级别医院按次分段计算补偿金。参合者跨年度所发生的医药费用可转下年度结算；参合者本年度所发生的县外住院医药费未及时报送结报材料的，次年 3 月底前必须报送结报材料，次年 4 月及以后报送材料的不予结报。

第二十九条　医疗救助对象门诊和住院医药费结报可按相关规定享受医疗救助。

第三十条　既参加新农合又参加我县少儿医疗保险的对象，两方面的补偿费用相加不得超过住院总医药费用。

第三十一条　一般县外门诊费用结报材料由各镇合管办按会计档案要求整理归档。县内住院费用结报材料由各定点医疗机构整理装订并送县合管办归档。县外住院费用、特殊门诊费用结报材料由镇合管办整理装订送县合管办审核后由镇合管办归档。

第三十二条　中医推拿、针灸、拔火罐等治疗列入结报范围；中药饮片参照“城镇职工医保可报销中药饮片目录”予以结报；国家基本药物目录(基层部分)、省增补药物目录、经批准的医院自制中医药制剂纳入报销范围。

第三十三条　有下列情形之一的，医药费用不纳入可补偿范围：

(一)自购及代购的药品费、材料费及试剂费等费用；

(二)输血费；

(三)超出《江苏省新型农村合作医疗基本药物目录(2009 修订版)》的药品费；

(四)挂号费、门诊病历工本费、出诊费、中药煎药费、救护车费、陪护费、包床费、会诊费、空调(含取暖)费、电视费、电话费、个人生活料理费、护工费等；

(五)特需门诊、专家门诊、特需诊疗、特需床位等特需医疗服务的费用；

(六)打架斗殴、酗酒、吸毒、自杀、性病、非生产性农药中毒、职业中毒、医疗事故、计划生育及因违反法律法规的行为所发生的医药费用；

(七)保胎、流产或引产发生的费用；

(八)住院床位费每日超 40 元以上部分的费用；

(九)一次单项检查超过 300 元以上部分的费用；

(十)治疗费 25%的部分；

(十一)材料费(包括特殊材料)3000 元(含 3000 元)以下 25%的部分，3000 元以上 60%的部分，单项封顶 1 万元以上的部分；

(十二)未经物价和卫生部门批准的医疗服务、检查、治疗项目，以及擅自抬高收费标准所发生的一切费用；

(十三)按照有关规定不属补偿范围的其他医药费用。

第三十四条　有下列情形之一的，医药费用不纳入新型农村合作医疗基金补偿范围：

(一)按照规定应当由工伤或者生育保险基金支付

医药费用的；

(二)应当由第三人(方)负担医药费用的；

(三)应当由公共卫生负担的；

(四)境外就医的；

(五)因故意犯罪造成自身伤害发生医药费用的；

(六)因美容、整形、减肥、纠正生理缺陷等非基本医疗需要发生医药费用的；

(七)国家和省规定不予补偿的其他情形；

(八)违反政府明令禁止行为造成自身损害的医药费用。

## 第七章　定点医疗机构管理

第三十五条　新型农村合作医疗实行医疗机构定点管理。凡取得医疗机构执业许可证的医疗机构，具备《江苏省新型农村合作医疗定点医疗机构基本条件》以及县合管会有关规定要求，由医疗机构出具申请，经县合管办审核验收符合条件并与其签订服务合同后，方可确定为新型农村合作医疗定点医疗机构(以下简称定点医疗机构)。

第三十六条　卫生行政部门应综合运用行政和经济手段，加强对定点医疗机构服务行为的监管，采取有效措施遏制医药费用不合理增长，减轻农民医药费用负担。建立准入和退出机制，完善管理和考核办法。

第三十七条　定点医疗机构应努力改善服务态度，提高医疗质量，为参合者提供方便、及时、周到的医疗、预防、保健服务，满足参合者需求。

第三十八条　定点医疗机构应设立新型农村合作医疗结报专用窗口，配备专职结算员。

第三十九条　定点医疗机构应坚持诊疗原则，合理诊断、合理检查、合理用药、合理治疗、合理收费。

第四十条　定点医疗机构应严格执行物价部门审批的收费标准，出具的收费票据应准确有效。

第四十一条　定点医疗机构应设立新型农村合作医疗宣传栏，宣传新型农村合作医疗相关政策规定，并每月公示补偿情况。

第四十二条　定点医疗机构应公示新型农村合作医疗基本药物目录，使用基本药物目录内药品必须达到90%以上，对使用目录以外的药品实行告知制度。实施基本药物制度的定点医疗机构要严格执行基本药物制度的相关规定。

第四十三条　县、镇两级新型农村合作医疗管理组织要与定点医疗机构签订协议，明确双方的权利和义务，以及新型农村合作医疗的服务范围、服务质量、用药目录等。

第四十四条　在县内定点医疗机构开展混合支付方式改革，有效控制医疗费用的不合理增长。

第四十五条　实行定点医疗机构年检和信用等级评定制度，信用等级与床日支付标准和住院补偿总额相挂钩。凡年检不合格的暂停一年定点医疗机构资格，暂停期满且整改合格后方可重新申请定点医疗机构资格。

第四十六条　新型农村合作医疗定点(特约)医疗机构的资格和定点医疗机构信用等级评定由县卫计委牵头组织评审。

## 第八章　监督与奖惩

第四十七条　新型农村合作医疗基金应确保取之于民、用之于民，坚持财务公开和民主管理。基金的使用管理要实行县、镇、村分级公示制度，保证参合者的知情权和监督权。

第四十八条　县、镇新型农村合作医疗管理机构要加强对定点医疗机构的监管，及时掌握定点医疗机构执行新型农村合作医疗政策规定的情况，对违反新型农村合作医疗政策规定的应按有关规定和合同约定严肃处理。

第四十九条　县级新型农村合作医疗管理机构每半年对各镇新型农村合作医疗工作情况组织一次检查；各镇新型农村合作医疗管理机构每季度对辖区内定点医疗机构结报补偿工作情况组织一次检查，必要时随时组织检查。

第五十条　审计和财政部门每年要对新型农村合作医疗基金收支情况组织1～2次审计、督查。

第五十一条　对积极支持新型农村合作医疗且贡献突出、成效显著的行政村(居委会)、镇政府、县(镇)各相关部门以及参合者、定点医疗机构、新型农村合作医疗管理机构等单位和个人由县或镇人民政府给予表彰奖励。

第五十二条　新型农村合作医疗管理机构及其工作人员有下列行为之一的，按管理权限和有关法律法规予以查处，并视情节轻重，给予通报批评、经济处罚、行政处分；涉嫌犯罪的，移送司法机关依法追究刑事责任。

(一)在征缴参合资金及审核医疗费用中徇私舞弊，违反新型农村合作医疗规定的；

(二)利用职权和工作之便索贿受贿，谋取私利的；

(三)工作失职或违反财经纪律造成新型农村合作医疗基金重大损失的；

(四)其他违反《江苏省新型农村合作医疗条例》规定的。

第五十三条　定点医疗机构有下列行为之一的，由县合管会给予警告、通报批评、暂停网络结报或责令其限期改正，直至取消定点资格，并按国家有关法律、法规进行处罚，违反合同约定的按合同约定处理。

(一)挂号、诊治不验证，让患者冒名就诊以及重复挂号、分解处方、假住院，或者推诿病人、在诊疗和开具复式处方或开具医疗费用结算清单等方面弄虚作假的；

(二)办理冒名住院，为明显不符合住院条件的病人办理住院手续，采用病人挂名住院实际未住院的，将病人住进超标准病房或将超标准费用记入治疗费、材料费等其他费用的；

(三)不严格按规定记载门诊、住院病历，开具处方，包括乱开药名、剂量或以物代药的；

(四)擅自提高收费标准，任意增加、分解、混淆收费项目，扩大收费范围和不执行国家药品价格政策计价或将自费药品与可报销药品混淆记价的；

(五)以医或以药谋私损害参合农民权益的；

(六)采取其他不正当手段，套取新型农村合作医疗基金的；

(七)其他违反《江苏省新型农村合作医疗条例》规定的。

第五十四条　定点医疗机构有提醒参合者凭参合卡就诊的义务，参合者未凭卡或坚持不刷卡结算的，由经治定点医疗机构做好相关解释并要求参合者签字认可。如因定点医疗机构的原因造成参合者未得到应享受补偿的部分由医疗机构承担。

第五十五条　参合者有下列行为之一的，新型农村合作医疗管理机构依法追回所发生的医药费补偿金；情节严重的，暂停享受新型农村合作医疗待遇；涉嫌犯罪的，移送司法机关依法追究刑事责任。

(一)将本人参合卡转借他人就诊的；

(二)用他人参合卡冒名就诊的；

(三)涂改处方及费用单据，虚报冒领新型农村合作医疗基金的；

(四)使用虚假发票及费用单据，套取新型农村合作医疗基金的；

(五)违反《江苏省新型农村合作医疗条例》规定的。

### 第九章　附　则

第五十六条　本办法由县新型农村合作医疗管理委员会负责解释，未尽事宜由县新型农村合作医疗管理委员会会同有关部门补充规定，报县政府批准后组织实施。

第五十七条　本办法自2016年1月1日起实施，原《如东县新型农村合作医疗管理暂行办法(修订)》(东政发〔2014〕59号)同时废止。

(东政发〔2015〕29号　2015年11月28日)

## 县政府关于加快推进“互联网+”行动计划的实施意见

为贯彻落实国务院、省、市推进“互联网+”行动指导实施意见，加快推动互联网与各领域深入融合和创新发展，积极培育新兴业态和创新公共服务模式，充分发挥“互联网+”对稳增长、促改革、调结构、惠民生、防风险的重要作用，努力形成经济发展新动能，促进如东经济社会转型升级、提质增效，现结合我县实际，就积极推进“互联网+”行动提出以下意见。

**一、指导思想和发展目标**

(一)指导思想

深入贯彻落中共十八大、十八届四中五中全会和习近平总书记视察江苏重要讲话精神，主动把握和积极适应经济发展新常态，积极抢抓国家实施“互联网+”行动计划的重大机遇，充分发挥互联网在生产要素中的优化和集成作用，坚持理念更新与政策激励、开放共享与融合创新、统筹协调与示范引领相结合，促进互联网技术、互联网思维、互联网模式与基础设施建设、城市发展、产业升级、服务民生等全面融合，提升实体经济的创新力和生产力，不断增强新常态下发展的新优势、新动力，实现“新型工业化、信息化、城镇化、农业现代化”同步发展。

(二)发展目标

到2020年，通过推进“三大行动计划”，努力实现“四大发展目标”。

1.基础设施不断升级。重点加快城域网、接入网、互联网数据中心等基础设施的下一代互联网升级改造，建成以4G网络为主、WLAN为补充的无线高速宽带网，实现“光纤化、宽带化、广覆盖、深覆盖”；重点推进工业宽带建设，将信息基础设施建设规划与园区智能制造产业发展有机衔接，探索开通互联网国际通信专用通道，满足企业发展需求；推进工业信息基础设施“企企通”工程，推动有条件的工业及生产性服务企业开通高带宽专线服务，鼓励企业设备、产品及供应链上网，实现智能设备、机器、流程、数据和人的互联互通，促进工业互联网发展。

2.互联网产业集聚发展。建成互联网产业园1个，云计算和大数据产业园1个，互联网服务收入超过50亿元；创建省级电子商务示范基地1个，培育省级电子商务示范企业1家；培育发展重点电子商务平台1个，实现电子商务交易额超2亿元；规模工业企业电子商务销售和采购额超过50亿元；全县网络零售额达到40亿元，占社会消费品零售总额的12%；应用电子商务完成进出口贸易额力争达到当年进出口贸易总额的12%。

3.工业互联网创新发展。实施工业企业融合创新示范培育工程，培育融合示范企业10家，制造业服务化骨干企业1家；推动一批规模以上工业企业探索发展智能生产新模式、新业态，创建1家智慧工厂、10个智能车间，全县新增工业机器人200台，重点行业机器人密度达到省内先进水平。

4.应用示范取得成效。建成城市公共基础数据库、公共信息平台及智慧城市公共服务平台，实现政府信息资源互联互通、协同共享,智慧政务体系基本形成。实施网络惠民工程,推进市民卡、智慧交通、智慧环保、智慧教育、智慧卫生等一批重点智慧项目取得阶段性建设成果。构建事前预防性控制、事中操作性防御、事后恢复性补救三层防御信息安全保障体系。

到 2025 年,网络化、智能化、服务化、协同化的“互联网 +”产业生态体系基本完善,“互联网 +”新经济形态初步形成,“互联网 +”成为经济社会创新发展的重要驱动力量。

**二、重点行动**

(一)“互联网+”创业创新

以打造创新创业新引擎为目标,充分发挥互联网在要素整合、资源共享、模式创新等方面的积极作用,加快构建众创空间,大力推进开放式创新,建设创业云服务平台,全力培育创新型产业和新兴业态,为经济健康持续发展增添新动能。

1. 加快构建众创空间。积极学习借鉴苏南自主创新示范区建设经验,以如东高新区创建省级高新区以及沿海重点园区提档升级为抓手,充分利用我县在科技孵化器、创新创业载体建设等方面业已形成的良好基础,发挥行业领军企业、创业投资机构、社会组织等社会力量主力军作用,通过市场化方式构建一批创新与创业相结合、线上与线下相结合、孵化与投资相结合的众创空间,为创业者提供低成本、便利化、全要素的工作空间、网络空间、社交空间和资源共享空间,实现省级以上开发区全覆盖。(科技局,列第一位为牵头部门,下同)

2. 大力推进开放式创新。鼓励各类创新主体充分运用互联网和开源技术,按照市场需求导向,依托“众包”创新平台,加强创新资源共享与合作,推动跨区域、跨领域的技术成果转移和协同创新,构建开放式创新体系。积极推动创业创新扶持政策与互联网开放平台联动协作,加大政企共建、校企合作力度,大力推进产学研协同创新,促进科技资源开放互联、共建共享。(科技局、人社局)

3. 全力培育创新型产业和新兴业态。围绕国家、省、市“互联网 +”行动计划,依托我县产业基础,大力提升创业企业在产业互联网应用解决方案等方面的创新能力。以互联网跨界融合促进产业创新,着力催生一批先进制造业与现代服务业融合新业态。鼓励支持各类创业主体利用互联网以及 APP、微博、微信、社交网络等平台,在互联网金融、智慧商贸、电子商务等新兴产业领域进行创新创业。(发改委、商务局)

4. 建设创业云服务平台。积极运用现代信息技术建设县域内外互联互通的互联网融合创新服务平台,为创业者和初创企业提供技术、资金、人才、孵化等服务;加快公共技术服务平台和中小企业信息化服务平台建设,为企业特别是中小企业提供研发工具、经营管理和市场营销等方面的在线支持和服务;积极引导有条件的创新企业建设产品众筹平台,推进企业营销模式和企业品牌创新。(人社局、科技局、发改委)

(二)“互联网+”产业

重点推进“互联网 + 工业、互联网 + 农业、互联网 + 商贸、互联网 + 金融”等,促进融合发展,创造新型业态。

1. “互联网 +”工业

以推进两化深度融合为主线,引导工业企业实现生产全流程的互联网转型,推进实施一批智能制造工厂、车间,引导企业制造业服务化,推动企业融合创新发展。(发改委、科技局、环保局、能源局、各镇区)

(1)“互联网 +”融合创新。园区重点推进智慧园区建设,搭建信息化公共服务平台,提升园区信息化服务能力;重点行业要搭建产业链协同平台,实现信息资源协同共享;企业要将两化深度融合的重点从推进信息技术在工业产品设计、生产过程、经营管理与市场服务等环节的广泛应用转向以推进物联网、云计算、大数据、移动互联网等新一代信息技术在企业集成应用和融合创新。力争 2020 年,培育省级两化融合示范企业 2 家,省级试点企业 30 家,市级示范企业 20 家,创建省级两化融合示范区 1 个、试验区 2 个。

(2)“互联网 +”智能制造。以智能工厂为发展方向,开展智能制造示范试点,加快推动云计算、物联网、智能工业机器人、增材制造等技术在生产过程中的应用,推进重点行业生产装备智能化升级、工艺流程改造和基础数据共享,着力培育智能制造示范企业。加快推进三一帕尔菲格、如通石油、锦辰制动等装备制造行业企业,实施以数控加工中心为主的装备升级;全力促进快达农化、雅本化学、新农化工等医药化工行业企业,实施 DCS 改造及企业内部系统集成应用,力争 DCS 普及率达 80%以上;着力推动恒辉手套、霍尼韦尔、强生手套等生命防护行业企业,提升生产过程自动化程度,切实减少劳动用工;鼓励亚振家具、牧绒王羊绒制品等家具、纺织服装等传统行业企业,提升重点装备智能水平,加快适应小批量、多品种、个性化定制的行业需求。到 2020 年,实现全县百强企业管理信息系统集成应用达 60%,新增智能制造示范企业 2 家,智能化生产线 10 条以上。

(3)“互联网 +”制造业服务化。鼓励制造企业利用物联网、云计算、大数据等技术,整合产品全生命周期数据,形成面向生产组织全过程的决策服务信息,为产品优化升级提供数据支撑。鼓励企业基于互联网开展故障预警、远程维护、质量诊断、远程过程优化等在线增值服务,拓展产品价值空间,实现从制造向“制造 + 服务”的转型升级。支持企业利用互联网采集并对接用户个性化需求,推进设计研发、生产制造和供应链管理等关键环节的柔性化改造,开展基于个性化产品的服务模式和商业模式创新。鼓励互联网企业整合市场信息,挖掘细分市场需求与发展趋势,为制造企业开展个性化定制提供决策支撑。

(4)“互联网 +”绿色制造。依据国家行业准入及工业产品能耗、水耗限额标准,加快对纺织、化工、机械制造、能源装备、食品加工等产业主要耗能、耗材设备和工艺流程的智能化改造。在重点行业、重点企业推广分布式能源管理,建成企业用能监测和主要污染物排放远程监测信息系统,促进节能增效和安全、清洁生产。

2. "互联网 +"农业

深入实施农业信息服务全覆盖工程,大力推进农业物联网建设,积极发展智能农业、感知农业、精准农业,构建智慧型现代农业生产经营体系,促进农业发展方式转变。(农委、科技局、商务局、市管局、人社局、供销社、各镇区)

(1)加强农业信息化基础设施建设。深入推进信息进村入户试点,鼓励通过互联网为农民提供政策、市场、科技、保险等生产生活信息服务。加快建设农村综合信息服务平台,支持互联网企业与农业生产经营主体合作,综合运用大数据、与计算等技术,建立农业信息监测体系,为灾害预警、耕地质量监测、重大动植物疫情防控、市场波动预测、经营科学决策等提供服务。到2018年,建成覆盖县、镇(区)、村一级的农村信息服务网络体系,确保农业信息化覆盖率达73%以上,力争把我县建成南通地区农村信息化建设引领区、苏中地区农村信息化建设的先进区。

(2)发展精准化生产方式。大力推广农业物联网等信息技术,促进"智慧农业"发展。通过农业生产过程的精准智能管理,提高劳动生产率和资源利用率;通过农产品质量安全管控全程信息化,提高农产品监管水平,推动农业生产标准化;通过建立全县农业用水节水数据平台、农资产销及施用跟踪监测平台,实现化肥、农药用量的智能化控制,建立全县农业环境承载量评估系统、农业废弃物监测系统,促进农业可持续发展。重点在有机粮食生产、设施园艺生产、设施养殖生产等领域广泛推广物联网技术。

(3)构建新型农业生产经营体系。鼓励互联网企业建立农业服务平台,支持专业大户、家庭农场、专业合作社、农业龙头企业等新型农业经营主体,加强产销衔接,促进农业由生产导向向消费导向转变。积极探索农超对接、农产品展示展销、农资连锁配送、电商等平台,集中打造基于互联网的农业产业链,推动农产品生产、流通、加工、储运、销售、服务等环节的互联网化,加快构建农产品现代经营服务网络。重点建设如东特色海产品、特色农副产品等电子商务平台,打造具有区域影响力的如东地理信息标志的特色优质农产品品牌。

(4)积极培育新型农民。开发建设新型职业农民培训教育平台,推广普及互联网+农业知识。研发基于智能终端的在线课堂、互动课堂、认证考试的新型职业农民培训教育平台,实现新型职业农民培育的移动化、智能化。完善农村综合信息服务云平台,让农民在网上就能获得教育、就业、社会保障等信息,破解城乡数字鸿沟难题。推动县级农业科技服务云平台建设,加速农业科技成果转化,激发农村经济活力,推动大众创业、万众创新。

3. "互联网 +"商贸

抢抓电子商务发展机遇,以载体建设为抓手,积极拓展电子商务应用空间,大力发展平台经济,促进电子商务与其他产业融合不断深化。(商务局、发改委、科技局、各镇区)

(1)着力推进集聚区建设。在县城周边交通节点规划建设电子商务集聚区,鼓励规模物流企业和电商入住;以项目为龙头,重点引进和培育电商集聚区建设运营管理企业,加快建立健全物流服务、公共服务、金融服务等配套功能,促进电子商务集聚集群集约发展。积极组织如东县经济开发区电子商务产业园申报国家级电子商务示范园区。

(2)积极开展电子商务应用推广。推动电子商务进企业。与第三方知名平台企业合作,鼓励企业利用电子商务平台优化采购、分销体系,提升企业经营效率,力争到2017年,大中型企业电子商务应用率达50%以上。鼓励外贸进出口企业利用跨境电子商务平台开展业务,力争到2017年,利用跨境电子商务平台开展业务的外贸企业占全部外贸企业的比例不低于20%。推动电子商务进商超,支持大型实体商场、超市等利用电子商务平台开展网订店取、预约服务、社区配送等业务,激发线上线下消费潜力。推动电子商务进社区、进农村,鼓励电子商务企业整合社区现有便民服务设施,设立电子商务综合服务点,开展物流分拨、快件自取、电子缴费等便民服务。

(3)大力推进平台建设工程。依托洋口港国家一类口岸,加快完善电子口岸等配套功能,积极推进LNG、再生资源等交易平台建设,同时结合综合保税区申报建设进程,积极谋划保税跨境电商交易平台建设。进一步放大"海鲜之乡""健身器材之乡""坯布之乡"品牌效应,加快在特色产品和产业集群中打造集产品展示、创意设计、品牌发布、在线交易、物流配送与一体的综合性电商平台,力争到2017年,建成1个特色平台。

4. "互联网 +"金融

按照"鼓励创新、防范风险、趋利避害、健康发展"的总体要求,鼓励金融机构和互联网企业融合创新,积极提供丰富、安全、便捷的金融产品和服务,切实强化互联网金融监管,努力促进"互联网 +"金融稳步有序发展。(金融办、人行、发改委)

(1)支持金融机构互联网化。鼓励银行、证券、保险、基金、信托和消费金融等金融机构利用移动互联网等信息技术,积极提供多样化、个性化、精准化的金融产品,不断提升金融服务的深度和广度。依托大数据技术加快网络征信和信用评价体系建设,建立互联网金融数据共享交换平台,改进和完善互联网金融监管,提高金融服务安全性。

(2)支持互联网企业开拓互联网金融业务。大力引进国内外知名互联网企业来如设立分支机构,支持企业申请互联网金融牌照,依法合规设立互联网支付机构、网络借贷平台、股权众筹融资平台、网络金融产品销售平台等。鼓励引导本地有条件的企业探索发展互联网金融业务，重点扶持瑞银金融等持牌企业发展综合性金融服务，促进企业做优做强。

(3)支持金融机构与互联网企业开展合作。鼓励银行业金融机构为第三方支付机构等提供资金存管、支付清算等配套服务。支持证券、保险等非银行业金融机构依托互联网企业拓展金融产品销售渠道，创新财富管理模式。支持小额贷款公司、融资性担保(再担保)公司等小微金融服务机构等加强与互联网金融企业合作，改革创新中小微企业融资服务。

(三)“互联网+”城市

以智慧城市建设规划为引领，重点围绕基础数据库建设、平台建设、基础设施建设，建成惠及政府、企业、民众的智慧城市体系。(发改委、政务中心、民政局、国土局、环保局、住建局、城管局、卫计委、市管局、安监局、教育局、司法局、人社局、交通局、商务局、文广新局、如东经济开发区、如东高新技术产业开发区、各运营商)

1.加快智慧城市建设步伐

(1)智慧政务。加快智慧如东建设，实现城市基础设施和公共服务智能化。深化人口、法人、空间地理、信用等基础信息资源开发利用，加快推进政府系统信息共享和数据开放，建立政务信息共享交换平台和公共数据服务平台，促进政务在线协同和数据创新应用。加强和支持政府决策支持、社会信用服务、市场综合监管、食品药品安全监管、生态环境污染与资源监控、城乡规划和建设管理、公共安全、应急协同、安全生产等信息系统建设应用，提高科学管理水平。到2017年，基本形成纵横贯通全县的政务网络及政务服务体系。

(2)智慧民生。围绕民生热点，构建公共服务信息平台，推动基本公共服务向社区、农村延伸，鼓励各类市场主体共同参与增值性、公益性开发和创新应用。“智慧教育”，根据我县教育信息化3年行动计划，完善“三通两平台”“数字化校园”建设，到2016年年底全县中小学都建成数字化校园，并按照“智慧校园”要求建成一批数字化校园示范校；充分发掘“如东学习网”的功能，建成省内一流的社区教育体系和县级社区数字化学习中心；构建教育教学资源共建、共享、维护、更新的有效机制，推动优质资源的建设、应用和普及；开展智能化信息生态环境下的新型教学模式的试点工作，促进信息技术与教育教学的深度融合。“智慧健康”，健全网络化城乡基层医疗卫生服务运行机制，积极打造“智慧医疗”。实施人口健康信息化3年行动计划，加强以电子病历和医院管理为重点的医院信息系统建设，逐步实现与卫生信息平台、医疗保障系统、基层医疗卫生机构信息系统衔接和互联互通。“智慧旅游”，利用如东旅游网、如东旅游官方微博、如东旅游微信公众号平台，构建起智慧宣传、智慧服务、智慧管理三大网络体系，整合各类旅游企业信息资源，推出智能预订、导览、结算、互动服务，积极推介如东旅游资源，更好的服务游客。“智慧文化”，健全数字公共文化服务网，运用信息化手段扩大公共文化传播，借助互联网平台促进文化与科技的跨界融合，加强文化市场技术监管与服务平台建设，与全国文化市场平台接轨联网。“智慧养老”，建设信息化养老智能平台，通过一次性建设补助、运行补助、为特殊老人购买基本服务，提供线上呼叫和线下上门服务。“智慧交通”，整合交通管理资源，建成智能交通综合信息平台，推进公共交通“一卡通”，2017年在城市公交中建成公交刷卡系统，并在城镇客运和镇村公交中进行推广。“智慧法务”，到2017年形成县、镇、村3级公共法律服务平台、12348网络平台、移动互联客户端协调联动、融合发展的公共法律服务新格局，实现城乡半小时公共法律服务圈。

2.加大信息基础设施建设力度

继续加快我县信息基础设施建设，全力推进实施“宽带如东”“光网如东”“无线如东”“三网融合”为核心的四大重点工程。推进运营商宽带光纤化改造工程，提高带宽。到2017年县城百兆网络覆盖率达到98%，农村20兆覆盖率达到50%。重点推进工业宽带建设，将信息基础设施建设规划与重点园区智能制造产业发展有机衔接，进一步解决重点园区信息基础设施配套问题，重点骨干企业宽带带宽达1G，一般企业达100M。大力支持重点园区探索开通互联网国际通信专用通道，满足园区内企业服务外包、跨境电商、信息服务、设备制造等产业发展的带宽需求，带动信息产业新业态发展。大力实施工业信息基础设施“企企通”工程，推动有条件的工业及生产性服务企业开通高带宽专线服务，鼓励企业设备、产品及供应链上网，实现智能设备、机器、流程、数据和人的互联互通，促进工业互联网发展。大力推进4G通信网络建设，实现以3G/4G为主、WLAN为补充无线宽带网，力争4G网络实现主城区和重点乡镇全覆盖，基本实现城区公共场所免费wifi覆盖，促进网络资源共享；完善信息平台公共服务功能，加强信息资源互通共享，提升信息安全保障水平。(发改委、各镇区、各运营商)

**三、保障支撑**

(一)加强组织领导和统筹推进

1.加强组织领导。建立“互联网+”行动实施联席会议制度，统筹协调解决重大问题，切实推动行动的贯彻落实。联席会议设办公室，负责具体工作的组织推进。建立跨领域、跨行业的“互联网+”行动专家咨询委员会，为政府决策提供重要支撑。(发改委)

2.开展试点示范。鼓励开展“互联网+”试点示范，推进“互联网+”区域化、链条化发展。积极争取创新改革试验区、自主创新示范区、现代农业示范区，开展“互联网+”创新政策试点，破除新兴产业行业准入、数据开放、市场监管等方面政策障碍，研究适应新兴业态特点的税收、保险政策，打造“互联网+”生态体系。(各相关部门、各镇区)

3.有序推进实施。各镇区、各部门要主动作为，完善服务,加强引导,以动态发展的眼光看待“互联网 +”,在实践中大胆探索拓展,相互借鉴“互联网 +”融合应用成功经验,促进“互联网 +”新业态、新经济发展。有关部门要加强统筹规划,提高服务和管理能力。各镇区要结合产业规划定位,研究制定适合本地的“互联网 +”行动落实方案,因地制宜,合理定位,科学组织实施,务实有序推进“互联网 +”行动。(各相关部门、各镇区)

(二)建立公共财政稳定投入机制

从 2016 年起,县级财政每年统筹安排一定资金,灵活采用无偿支持、风险投资、贷款贴息、科技金融相结合的方式,专项用于支持“互联网 +”行动计划。实施“互联网 +”示范企业培育工程,每年组织认定一批“互联网 +”示范企业,并根据其示范推广效果和经济社会贡献情况,给予一定的产业项目经费支持。加大总部经济扶持力度,对在我县设立总部的互联网企业、将注册地和纳税地迁入我县的国内外知名互联网企业区域总部、将总部从外地迁入我县的互联网上市公司,结合其经济社会贡献情况,按照现代服务业有关政策给予扶持。支持企业扩大互联网化投资,对物联网服务、云计算服务、供应链管理等企业,按照现代服务业有关政策予以补助。鼓励发展“众创空间”,为创业者提供低成本、便利化、高效率的服务。达到一定规模、服务创新创业取得一定成效的“众创空间”,对其发生的房租、宽带接入费用、公共软件等费用给予适当补贴。(财政局、发改委)

(三)完善多元化投融资机制

积极探索互联网经济发展市场化运营机制,采用政府购买服务、政府和社会资本合作(PPP)等市场化方式,引导各类市场主体共同参与“互联网 +”行动计划,形成多元化投融资机制。充分发挥产业发展引导基金、新兴产业创业投资引导基金的杠杆作用,按照“政府引导、市场运作、科学决策、严格管理”的原则,采用阶段参股(设立子基金)、跟进投资、直接投资、投资保障等方式,有效引导社会资金进入互联网创新发展领域,培育壮大如东信息产业新兴业态发展。加快建立包括财政出资和社会资金投入在内的多层次担保体系,加大对“互联网 +”行动计划实施企业的融资担保支持力度。推动金融机构对技术先进、带动支撑作用强的重大“互联网 +”项目给予信贷支持。(发改委、金融办、财政局、科技局)

(四)加大实用人才培养与引进力度

1. 加强应用能力培训。鼓励各级政府采用购买服务的方式,向社会提供互联网知识技能培训,支持相关研究机构和专家开展“互联网 +”基础知识和应用培训。鼓励传统企业与互联网企业建立信息咨询、人才交流等合作机制,促进双方深入交流合作。加强制造业、农业等领域人才特别是企业高层管理人员的互联网技能培训,鼓励互联网人才与传统行业人才双向流动。(科技局、人社局)

2. 加快复合型人才培养。面向“互联网 +”融合发展需求,鼓励县职业中专根据我县产业发展需求和学校办学能力设置相关专业,加强“互联网 +”领域实验教学,为我县提供各类产业所需求的复合型人才。(教育局、发改委、科技局、人社局)

3. 鼓励联合培养培训。实施产学合作专业综合改革项目,鼓励企业积极与与各类大专院校合作办学,推进“互联网 +”专业技术人才培训。深化互联网领域产教融合,依托高校、科研机构、企业的智力资源和研究平台,建立一批联合实训基地。建立企业技术中心和院校对接机制,鼓励企业在院校建立“互联网 +”研发机构和实验中心。(教育局、发改委、科技局、人社局)

(五)营造万众创新的良好氛围

1.降低创业创新门槛。放宽互联网企业和融合性产品及服务的市场准入限制,互联网企业登记注册实行“先照后证”;支持以知识产权等非货币资产出资形式设立互联网企业;进一步放宽和简化互联网企业经营场所登记手续,允许使用自有、租用的住宅或集中办公区域作为经营场所办理工商登记。鼓励大众创业,建设互联网融合创新服务平台,为企业提供投资、技术、人才、孵化等服务。支持发展“创新工场”“创业咖啡”等各种形式的众创空间,重点园区要构建一批低成本、便利化、全要素、开放式的众创空间,为互联网创新创业者提供良好的创业平台。(发改委、科技局、政务中心、各园区)

2. 优化发展环境。鼓励举办互联网创新创业大赛、项目资本对接会等产业活动。积极组织举办互联网发展论坛、青年电商创业论坛、互联网思维启迪沙龙等活动,培育具有如东地域特色的互联网发展系列活动品牌。形成对优势潜力项目和优秀创业团队的发现和扶持机制。加大宣传力度,努力营造互联网文化氛围。(人社局、发改委、科技局)

3. 保障信息安全基础。加强信息网络基础设施安全防护和用户个人信息保护。按照信息安全等级保护等制度和网络安全国家标准的要求,加强“互联网 +”关键领域重要信息系统的安全保障。建设完善网络安全监测评估、监督管理、标准认证和创新能力体系。重视融合带来的安全风险,完善网络数据共享、利用等的安全管理和技术措施,探索建立以行政评议和第三方评估为基础的数据安全流动认证体系,完善数据跨境流动管理制度,确保数据安全。(发改委、政府信息中心、公安局、科技局、市管局)

4. 完善信用支撑体系。加快社会征信体系建设,推进各类信用信息平台无缝对接,打破信息孤岛。加强信用记录、风险预警、违法失信行为等信息资源在线披露和共享,为经营者提供信用信息查询、企业网上身份认证等服务。充分利用互联网积累的信用数据,对现有征信体系和评测体系进行补充和完善,为经济调节、市场监管、社会管理和公共服务提供有力支撑。(发改委、人行、市管局)

附件:如东县实施“互联网 +”行动计划重点任务分解表

(东政发〔2015〕33 号　2015 年 11 月 28 日)

附件

## 如东县实施“互联网+”行动计划重点任务分解表

表59

| 序号 | 工作任务 | 责任单位 | 时间进度 |
|---|---|---|---|
| 1 | 构建众创空间,通过市场化方式构建一批创新与创业相结合、线上与线下相结合、孵化与投资相结合的众创空间,研究出台扶持激励政策。 | 科技局<br>如东经济开发区<br>如东高新技术产业开发区<br>沿海经济开发区<br>洋口港经济开发区<br>循环经济产业园 | 2016—2020年 |
| 2 | 推进开放式创新，加强创新资源共享与合作,推动跨区域、跨领域的技术成果转移和协同创新,构建开放式创新体系。积极推动创业创新扶持政策与互联网开放平台联动协作，加大政企共建、校企合作力度,大力推进产学研协同创新,促进科技资源开放互联、共建共享。 | 科技局<br>人社局 | 2016—2020年 |
| 3 | 培育创新型产业和新兴业态,催生一批先进制造业与现代服务业融合新业态,支持各类创业主体利用互联网以及APP、微博、微信、社交网络等平台,在互联网金融、智慧商贸、电子商务等新兴产业领域进行创新创业。 | 发改委<br>商务局 | 2016—2020年 |
| 4 | 积极运用现代信息技术建设县域内外互联互通的互联网融合创新服务平台,为创业者和初创企业提供技术、资金、人才、孵化等服务。 | 人社局<br>科技局 | 2016—2020年 |
| 5 | 加快公共技术服务平台和中小企业信息化服务平台建设，为企业特别是中小企业提供研发工具、经营管理和市场营销等方面的在线支持和服务。引导县内细分行业的龙头企业建设产品众筹平台,推进企业营销模式和企业品牌创新。 | 发改委<br>如东经济开发区<br>如东高新技术产业开发区<br>沿海经济开发区<br>洋口港经济开发区<br>循环经济产业园 | 2016—2020年 |
| 6 | 以两化深度融合为主线,引导工业企业实现生产全流程的互联网转型,实现企业信息化从单项业务覆盖向集成创新转型,实现全县百强企业管理信息系统集成应用达60%。培育省级两化融合示范企业2家,省级试点企业30家,市级示范企业20家，沿海经济开发区创建省级两化融合示范区;如东经济开发区和高新区创建省级两化融合试验区。 | 发改委<br>如东经济开发区<br>如东高新技术产业开发区<br>沿海经济开发区<br>洋口港经济开发区<br>循环经济产业园<br>各镇人民政府 | 2016—2020年 |
| 7 | 开展智慧园区建设,打造公共信息管理及服务平台,开展融合创新,培育智能制造示范试点,加快推进电子商务应用，培育互联网+新型产业,全面提升园区信息化水平。 | 发改委<br>各园区 | 2016—2020年 |
| 8 | 开展智能制造示范试点,加快推动云计算、物联网、智能工业机器人、增材制造等技术在生产过程中的应用，推进重点行业生产装备智能化升级、工艺流程改造和基础数据共享,着力培育智能制造示范企业。新增智能制造示范企业2家,智能化生产线10条以上。 | 发改委<br>科技局<br>各镇区 | 2016—2020年 |

续表 59－1

| 序号 | 工作任务 | 责任单位 | 时间进度 |
| --- | --- | --- | --- |
| 9 | 推进制造业服务化，开展故障预警、远程维护、质量诊断、远程过程优化等在线增值服务，推进设计研发、生产制造和供应链管理等关键环节的柔性化改造，开展基于个性化产品的服务模式和商业模式创新。 | 发改委<br>各镇区 | 2016－2020 年 |
| 10 | 推进绿色制造，对传统产业主要耗能能、耗材设备和工艺流程的智能化改造。在重点行业、重点企业推广分布式能源管理，建成企业用能监测和主要污染物排放远程监测信息系统，促进节能增效和安全、清洁生产。 | 发改委<br>能源局<br>环保局<br>各镇区 | 2016－2020 年 |
| 11 | 深入实施农业信息服务全覆盖工程，大力推进农业物联网建设，积极发展智能农业、感知农业、精准农业，构建智慧型现代农业生产经营体系，促进农业发展方式转变。到 2017 年，建成覆盖县、镇(区)、村一级的农村信息服务网络体系，确保农业信息化覆盖率达 73%以上，规模设施农业物联网技术推广应用面积达 25%以上。构建新型农业生产经营体系，建立农业服务平台。 | 农委<br>科技局<br>商务局<br>市管局<br>人社局 | 2016－2018 年 |
| 12 | 建立电子商务集聚区，培育国家级电子商务示范园区。大力推进电子商务平台建设，打造特色集产品展示、创意设计、品牌发布、在线交易、物流配送与一体的综合性电商平台，建成 1 个特色平台。 | 商务局<br>如东经济开发区<br>如东高新技术产业开发区<br>农委 | 2016—2020 年 |
| 13 | 引导县内骨干企业围绕原料采购、产品设计、销售，自建行业电子商务平台，创新商业模式。大力推进大中型企业电子商务应用，电子商务普及率达 50%以上。 | 发改委<br>各镇区 | 2016－2020 年 |
| 14 | 引导县内出口企业开展跨境电子商务，跨境电子商务平台开展业务的外贸企业占全部外贸企业的比例不低于 20%，拓展电子商务应用空间，推进电子商务进商超、进社区、进农村，设立电子商务综合服务点，线上线下联动。 | 商务局<br>发改委<br>农委 | 2016－2020 年 |
| 15 | 培育壮大互联网金融企业，开展在线支付及各类金额服务，做大做强瑞银金融。 | 金融办<br>人民银行<br>如东经济开发区 | 2016－2020 年 |
| 16 | 鼓励金融机构和互联网企业融合创新，积极提供丰富、安全、便捷的金融产品和服务，鼓励银行业金融机构为第三方支付机构等提供资金存管、支付清算等配套服务，支持小额贷款公司、融资性担保(再担保)公司等小微金融服务机构等加强与互联网金融企业合作，改革创新中小微企业融资服务。 | 金融办<br>人民银行<br>发改委 | 2016－2020 年 |

续表 59—2

| 序号 | 工作任务 | 责任单位 | 时间进度 |
| --- | --- | --- | --- |
| 17 | 建立城市人口、法人、空间地理、信用等公共基础数据库及公共信息平台，打通部门数据交换通道，实现各委、办、局城市基础数据的集中收集、分类分级存储、统一维护更新、本地备份和异地灾备存储。 | 发改委<br>县信息中心<br>政务中心<br>公安局<br>市管局<br>国土局<br>住建局 | 2016—2020 年 |
| 18 | 建立支持政府决策支持、社会信用服务、市场综合监管、食品药品安全监管、生态环境污染与资源监管、城乡规划和建设管理、公共安全、应急协同、安全生产等信息系统。 | 发改委<br>市管局<br>环保局<br>住建局<br>安监局<br>应急办 | 2016—2020 年 |
| 19 | 根据我县教育信息化 3 年行动计划，完善“三通两平台”“数字化校园”建设，到 2016 年年底全县中小学都建成数字化校园，并按照“智慧校园”要求建成一批数字化校园示范校；发掘“如东学习网”的功能，建成省内一流的社区教育体系和县级社区数字化学习中心；，推动优质资源的建设、应用和普及；开展智能化信息生态环境下的新型教学模式的试点工作，促进信息技术与教育教学的深度融合。 | 教育局 | 2016—2020 年 |
| 20 | 开展智慧健康建设，建立如东县人口健康信息平台；建立标准统一的居民电子健康档案、电子病历数据库；建立公共卫生、医疗服务、新农合、基本药物管理、计生管理、综合监管 6 大应用系统；建立远程会诊、影像、临床检验、心电、病理、消毒供应、应急指挥 7 个中心。通过平台、健康卡建设实现分级诊疗及医疗卫生机构、医疗保障机构等其他跨部门、跨区域信息系统衔接和互联互通；通过物联网、移动终端、互联网＋等转变传统医疗服务模式，进一步方便居民就医。 | 卫计委 | 2016—2020 年 |
| 21 | 建立旅游综合信息平台，构建智慧宣传、智慧服务、智慧管理 3 大网络体系，整合各类旅游企业信息资源，推出智能预订、导览、结算、互动服务，积极推介如东旅游资源。 | 旅游局 | 2016—2020 年 |
| 22 | 推进数字图书馆建设，利用互联网促进文化与科技的跨界融合，加强文化市场技术监管与服务平台建设。 | 文广新局 | 2016—2020 年 |
| 23 | 加快推进智慧社区、智慧养老建设，建成 3～5 个智慧社区。 | 民政局<br>如东经济开发区<br>如东高新技术产业开发区 | 2016—2020 年 |
| 24 | 推进智慧交通建设，建立公共交通信息平台，推进交通一卡通。 | 交通局 | 2016—2020 年 |
| 25 | 推进智慧城管建设，完善城市管理信息平台，提升 12345 平台服务能力。 | 城管局 | 2016—2020 年 |

续表 59－3

| 序号 | 工作任务 | 责任单位 | 时间进度 |
| --- | --- | --- | --- |
| 26 | 推进智慧应急，形成全县统一的公共应急平台。推进智慧司法、智慧法务，形成县、镇、村 3 级公共法律服务平台、12348 网络平台、移动互联客户端协调联动、融合发展的公共法律服务新格局。 | 应急办<br>司法局<br>公安局<br>法院 | 2016－2020 年 |
| 27 | 推进智慧海洋建设，建成智慧海洋管理和监控平台。 | 海渔局 | 2016－2020 年 |
| 28 | 继续加快我县信息基础设施建设，全力推进实施“宽带如东”“光网如东”“无线如东”“三网融合”为核心的 4 大重点工程。实现 4G 网络全覆盖，“铜改光”全面完成，到 2017 年县城百兆网络覆盖率达到 98%，农村 20 兆覆盖率达到 50%，到 2020 年全县城域宽带出口达 1200G，继续推进提速降费。公共区域建成无线 wifi。 | 发改委<br>各运营商 | 2016－2020 年 |
| 29 | 推进工业宽带建设，将信息基础设施建设规划与重点园区智能制造产业发展有机衔接。在如东经济开发区、沿海经济开发区、洋口港经济开发区开通互联网国际通信专用通道；实施工业企业“企企通”工程，实现企业宽带网络全覆盖。 | 发改委<br>各运营商<br>各园区 | 2016－2020 年 |
| 30 | 建成南通卓云数据中心，开展云计算服务及大数据应用。 | 发改委<br>循环经济产业园<br>各运营商 | 2016－2020 年 |
| 31 | 建立“互联网 +”行动实施联席会议制度，统筹协调解决重大问题，切实推动行动的贯彻落实。 | 发改委 | 2016年 |
| 32 | 制定出台推进“互联网 +”、云计算、物联网等一系列操作性强、含金量高的政策。 | 发改委<br>财政局 | 2016－2017 年 |
| 33 | 建立公共财政稳定投入机制，县级财政每年统筹安排一定资金，灵活采用无偿支持、风险投资、贷款贴息、科技金融相结合的方式，专项用于支持“互联网 +”行动计划。 | 财政局<br>发改委 | 2016－2020 年 |
| 34 | 完善多元化投融资机制，积极探索互联网经济发展市场化运营机制，采用政府购买服务、公私合作关系(PPP)等市场化方式，引导各类市场主体共同参与“互联网 +”行动计划，形成多元化投融资机制。 | 发改委<br>金融办<br>财政局<br>科技局 | 2016－2020 年 |
| 35 | 加大实用人才培养与引进力度，采用购买服务的方式，向社会提供互联网知识技能培训，支持相关研究机构和专家开展“互联网 +”基础知识和应用培训，县职业中专根据我县产业发展需求和学校办学能力设置相关专业，加强“互联网 +”领域实验教学，为我县提供各类产业所需求的复合型人才。将如东经济开发区的扶海青年电商创业基地打造成全县电子商务人才的培训基地。 | 人社局<br>科技局<br>教育局<br>发改委<br>如东经济开发区 | 2016－2020 年 |

续表 59—4

| 序号 | 工作任务 | 责任单位 | 时间进度 |
| --- | --- | --- | --- |
| 36 | 降低创业创新门槛，优化发展环境，构建一批低成本、便利化、全要素、开放式的众创空间，为互联网创新创业者提供良好的创业平台。 | 人社局<br>发改委<br>科技局<br>政务中心<br>各园区 | 2016—2020 年 |
| 37 | 保障信息安全，按照信息安全等级保护等制度和网络安全国家标准的要求，加强“互联网 +”关键领域重要信息系统的安全保障。建设完善网络安全监测评估、监督管理、标准认证和创新能力体系。 | 发改委<br>政府信息中心<br>公安局<br>科技局<br>市管局 | 2016年 |
| 38 | 加快社会征信体系建设，建成县公共信用信息系统平台，归集和整合各部门信用信息，与上级互联互通，实现信息共享。 | 发改委<br>人民银行<br>市管局<br>及相关部门 | 2016年 |
| 39 | 通过多种媒介，大力宣传本县“互联网 +”领军示范企业及互联网产业发展成果，营造“互联网 +”的良好氛围。 | 文广传媒中心 | 2016—2020 年 |

## 关于加快推进建筑产业现代化促进建筑业转型升级的实施意见

为认真贯彻落实省、市政府关于加快推进建筑产业现代化促进建筑产业转型升级的意见，积极适应新常态下建筑业发展要求，从根本上解决我县存在的建筑产业现代化水平不高、建设周期长、资源能源消耗高及生产效率、科技含量、标准化程度偏低等问题，经研究，现就我县推进建设产业现代化促进建筑业转型升级提出如下实施意见：

**一、发展目标**

认真贯彻中共十八大和十八届三中、四中全会以及中央城镇化工作会议精神，紧紧围绕建设资源节约型、环境友好型社会的总体要求，以发展绿色建筑为导向，以住宅产业现代化为重点，以提高建筑经济增长质量和效益为中心，以新型建筑工业化生产、信息化管理为手段，依靠科技创新，坚持政府引导、市场主导、因地制宜、系统构建、联动推进、示范先行、重点突破的原则，促进建筑产业集聚集约，通过政策扶持、项目引领，加快推进我县建筑产业现代化，推进建筑业转型升级，力争 2023 年底前实现以“标准化设计、工厂化生产、装配化施工、成品化装修、信息化管理”为主要特征的建筑产业现代化发展目标。

（一）试点示范期（2015—2017 年）。2015 年底前编制完成《如东县建筑产业现代化发展专项规划》。建成 2 个省级建筑产业现代化示范项目。全县建筑产业现代化方式施工的建筑面积占同期新开工建筑面积的比例每年提高 4～5 个百分点，建筑单体预制装配率（墙体、梁柱、楼板、楼梯、阳台等预制构件所占比重）达到 10%以上。在预制装配式钢筋混凝土结构体系中重点推广应用混凝土迭合板（预应力混凝土迭合板、预制带肋混凝土迭合楼板、桁架钢筋混凝土迭合板）、预制钢筋混凝土板式楼梯、预制钢筋混凝土阳台板（空调板）为标志的预制混凝土部品件。新建成品住房全装修率达到 15%以上。培育 2 家建筑产业现代化集团。全县建筑产业现代化示范项目应采用建筑信息模型（BIM）等信息化技术进行设计建造，初步建立建筑产业现代化质量技术管理体系。

（二）推广发展期（2018—2020 年）。全县建筑产业现代化的市场环境较为成熟，形成一批以优势企业为核心，贯通上下游产业链的产业联盟。基本形成适应市场要求、质量可靠的装配式建筑技术体系。到 2020 年底，全县建筑产业现代化方式施工的建筑面积占同期新开工建筑面积的比例达到 30%以上，建筑单体预制装配化率达 25%以上，新建成品住房全装修率达到 35%以上。全县大中型以上项目应采用 BIM 技术进行设计建造。

（三）普及应用期（2021—2023 年）。建筑产业现代化方式施工的建筑面积占同期新开工建筑面积的比例、新建建筑预制装配化率均达到 50%以上，新建成品住房全装修率达到 50%以上。与 2015 年全县平均水平相比，工程建设总体施工周期缩短 1/3 以上，施工机械装备率、建筑业劳动生产率分别提高 1 倍以上。到 2023 年底，全县建筑产业现代化建造方式成为主要建造方式，工程建设中普遍采用建筑信息模型(BIM)等信息化技术。

**二、重点任务**

(一)制定产业发展规划。结合我县经济社会发展实际，编制《如东县建筑产业现代化发展专项规划》和《如东县建筑业发展“十三五”规划》，明确我县建筑产业现代化发展的近期和中长期发展目标、主要任务、技术要求、保障措施，将建筑产业现代化纳入我县国民经济和社会发展规划、“十三五”建筑业发展规划，确保全县稳步推进建筑产业现代化发展。

(二)培育引导产业市场。发挥房地产开发企业集成作用，发展一批利用建筑产业现代化方式开发建设的骨干企业，整合建筑产业链资源，完善产业服务链，提升开发建设水平。政府投资的保障性住房(含拆迁安置房)、公共建筑应率先采用装配式建筑技术进行建设和全装修成品房建设。到2017年，新开工的公共建筑项目采用装配式建筑技术和全装修成品房的比例应达到30%，到2020年提升至50%。

(三)促进产业转型升级。充分发挥市场主体作用，引导设计、工程总承包、部品构件生产、物流配送、装配施工、装饰装修等企业适应现代化建筑工业生产方式要求，加快转型升级。全县施工总承包一级以上企业要率先掌握预制装配施工核心技术，积极使用先进高效工程技术装备，成为全县利用现代建筑产业技术的骨干。要加快推进建筑产业部品、构件和设备的工厂化生产，鼓励预拌混凝土生产企业、传统建材企业向建筑产业化生产企业转型。发挥企业集成作用，引导开发、设计、工程总承包、机械装备、部品生产、物流配送、装配施工、装饰装修、技术服务等单位组成联合体或建筑产业化联盟，促进建筑产业现代化全面融合协调发展。

(四)提升科技创新能力。发挥设计企业技术引领作用，重点培育1～2家熟练掌握建筑产业现代化核心技术的设计企业，提升建筑产业化设计水平。总承包特级施工企业的研发中心要加大对装配式混凝土结构、钢混结构等体系的研发力度，尽快形成装配施工、部品生产制造、成品住房集成等一批拥有自主知识产权的核心技术。鼓励企业积极采用新技术、新工艺、新材料、新装备，积极推行技术成熟、低碳绿色的建筑产品广泛应用于工程建设项目。推广应用太阳能与建筑一体化、结构保温装修一体化、门窗保温隔热遮阳一体化、成品房装修与整体厨卫一体化。推行采用BIM等智能信息技术，强化技术集成创新和应用效果，为推动建筑产业现代化发展提供技术支撑。

(五)建立健全监管体系。完善建筑产业现代化建筑工程项目全过程监管机制。改革建筑产业现代化引导项目招投标制度，在政府性项目发包中，给予具备建筑产业现代化建造能力的企业优先中标权。完善工程造价管理制度，定期公布贴近市场实际的工程造价指标。强化装配式施工现场安全管理，推广使用“建设工程施工现场安全监督管理平台”。到2017年底，建立对装配式、全装修等建筑产业现代化项目从立项、规划许可、施工图审查、招投标、施工许可、质量安全监督到竣工验收备案的全过程监管模式。建立部品部件备案和目录管理制度，对安全质量影响较大的构件、部品及整体建筑实行性能评价管理。推行工程质量、成品住房质量担保和保险制度，完善工程质量追偿机制，提高质量监管效能。

(六)提高信息化应用水平。深入推进建筑产业和行业企业信息化应用示范工程，充分应用现代信息技术提升研发设计、开发经营、生产施工和管理维护水平。加快推广信息技术领域最新成果，鼓励企业加大建筑信息模型(BIM)技术、智能化技术、虚拟仿真技术、信息系统等信息技术的研发、应用和推广力度，实现设计数字化、生产自动化、管理网络化、运营智能化、商务电子化、服务定制化及全流程集成创新，全面提高建筑企业运营效率和管理能力。到2017年，年产值超100亿企业均应建立信息化管理平台；到2023年，所有总承包特级资质企业和50%以上一级企业，全面应用全过程信息化管理。

(七)加强人才引进培养。加大建筑产业人才引进力度，把建筑产业人才引进、培养列入全县人才工作总体规划，积极吸纳高层次、高技能人才向建筑产业集聚，增强建筑产业发展潜力，形成科学的建筑产业人才发展梯队，为建筑产业现代化发展提供一流的人才支撑。推进各种层次的建筑产业人才队伍建设，制定优惠政策大力引进培养建筑产业专业技术人才和经营管理人才，同时，积极依托现有职业技术学校、产业化基地，建立用工与技术培训长效机制，培育一批建筑产业高技能人才。

**三、政策措施**

(一)按照建筑产业现代化发展目标要求，自发文之日起，我县建设用地出让时将建筑产业现代化方式施工的建筑面积、建筑预制装配化(PC)率、全装修成品住房等比例要求纳入地块规划建设条件，并在土地出让合同中予以明确。对采用装配式和成品房建设的棚户区改造、动迁安置房等保障性安居工程及公共建筑项目，所增加的成本计入项目建设成本。

(二)利用县政府现行的各类专项资金扶持政策，优先扶持推进建筑产业现代化企业和示范项目建设。鼓励获得绿色建筑标识的建筑产业现代化项目积极争取省节能减排(建筑产业现代化)专项引导资金补助。

(三)在全县范围内，对利用预制装配式现代化施工的建设项目，给予建设单位不超过40元/平方米的专项资金补贴，具体补贴办法另行规定。

(四)鼓励采用菜单式或集体委托方式进行装修，对消费者购买全装修商品住房，按照差别化住房信贷政策给予支持，并给予购房者房款总价0.5%的补贴，房地产开发企业开发成品住宅发生的实际装修成本按规定在税前扣除。

(五)采用预制装配式施工的开发建设项目，对征收的墙改基金、散装水泥基金实行即征即退，扬尘排污费按规定核定相应的达标削减系数执行。住宅质量保证金以施工成本扣除预制构件成本作为基数计取，并优先安排城市基础设施和公用设施配套工程建设。

（六）鼓励建筑产业现代化生产企业在我县投资新建、扩建工厂，政府提供一站式绿色通道审批服务支持。积极拓宽融资渠道，加大建筑产业现代化企业信贷支持力度，通过组织银企对接活动争取金融机构支持，对符合建筑产业现代化政策要求的企业及项目优先放贷。对明确为建筑产业现代化建设的生产项目，并列入县年度重大项目投资建设计划的，优先安排用地指标。

（七）采用装配式技术开发建设项目，在符合国家相关政策规定范围内可分期交纳土地出让金。

（八）采用装配式建筑技术建设的房地产开发建设项目（建筑单体装配率达20%以上），在办理规划审批时，其外墙预制部分建筑面积（不超过装配式建筑各单体地上规划建筑面积之和的3%）可不计入成交地块的容积率计算。对采用建筑产业现代化方式建造的开发建设项目，在办理"商品房预售许可证"时，允许装配式预制构件投资计入工程建设总投资额，纳入进度衡量。

（九）加强行业引导，将建筑产业现代化推进情况和成效作为评优的重要考核内容，优先评选优质工程、优秀工程设计和文明工地，优先考虑采用建筑产业现代化方式施工的项目。

**四、组织保障**

（一）建立协作机制，强化组织领导。县政府建立如东县推进建筑产业现代化工作联席会议制度，统筹推进全县建筑产业现代化各项工作。联席会议办公室设在县住建局，具体负责协调和指导全县建筑产业现代化推进工作，按照我县建筑产业现代化发展目标，结合年度建设用地供应计划，编制年度建设计划和相应建筑预制装配率、成品住房比例等任务，报经县政府同意后组织实施推进。参加联席会议的各有关单位和部门，要按照职责分工，创新工作手段，认真组织落实，密切协调配合，形成推动建筑产业现代化发展的合力。

（二）开展监测评价，强化技术指导。成立县建筑产业现代化专家委员会，在示范引领阶段，负责对建筑产业现代化项目建设方案和应用技术进行论证、评审，并做好产业技术服务指导。联席会议办公室会同县建筑产业现代化专家委员会，根据《江苏省建筑产业现代化发展水平监测评价办法》，结合如东建筑产业现代化推进目标要求，对装配化率及成品房建设等项目的核心指标作出明确界定，对建筑产业现代化项目建设方案和新技术、新产品、新标准应用的组织论证、审核及验收，论证意见作为企业享受各项优惠激励政策的依据。

（三）加强宣传工作，强化社会推广。采用多种形式，加大宣传力度。在报纸、电视、电台与网络等设置专栏或专题，并组织宣讲交流、专业论坛等，对广大市民开展广泛宣传，让公众更全面了解建筑产业现代化对于提升建筑品质、实现更舒适的居住环境的作用，提高建筑产业现代化在社会中的认知度、认同度。强化舆论引导，为建筑产业现代化发展营造良好的社会氛围。

（东政发〔2015〕36号　2015年12月9日）

图118　浅水湾一景　　（李燕生　摄）

# 统计资料

## 如东县基本概况

表 60

| 指　　标 | 单　　位 | 2014年 | 2015年 |
|---|---|---|---|
| 一、总面积 | 平方公里 | 1872.7 | 1872.7 |
| 二、海岸线长 | 公里 | 102.59 | 102.59 |
| 三、耕地面积 | 公顷 | 108511 | 108511 |
| 四、城区面积 | 平方公里 | 83.41 | 83.41 |
| 五、乡镇个数 | 个 | 14 | 12 |
| 六、街道个数 | 个 | - | 3 |
| 七、村(居)民委员会 | 个 | 262 | 262 |
| 其中:村民委员会 | 个 | 213 | 213 |
| 居民委员会 | 个 | 49 | 49 |
| 八、村民小组 | 个 | 5627 | 5626 |

表 61

## 如东县国民经济和社会发展总量指标

| 指　　标 | 单　位 | 2014年 | 2015年 | 比 2014 年增减(%) |
|---|---|---|---|---|
| 一、人口、就业、城市 | | | | |
| 1. 人口、城市化率 | | | | |
| 年末户籍人口 | 人 | 1043668 | 1039603 | -0.39 |
| 其中:男 | 人 | 513757 | 511850 | -0.37 |
| 女 | 人 | 529911 | 527753 | -0.41 |
| 年平均户籍人口 | 万人 | 104.37 | 104.16 | -0.20 |
| 年末常住人口 | 万人 | 98.19 | 98.20 | 0.01 |
| 年平均常住人口 | 万人 | 98.28 | 98.20 | -0.08 |
| 城市化率 | % | 52.62 | 54.30 | 1.68 |
| 2. 就业 | | | | |
| 从业人数 | 万人 | 62.30 | 62.20 | -0.16 |
| 其中:单位从业人 | 万人 | 19.28 | 16.84 | -12.66 |
| 城镇失业人 | 人 | 3926 | 3514 | -10.49 |
| 二、宏观经济 | | | | |
| 1. 国民经济核算 | | | | |
| 地区生产总值 | 亿元 | 615.51 | 672.69 | 10.0 |
| 第一产业 | 亿元 | 62.17 | 64.97 | 3.4 |
| 第二产业 | 亿元 | 297.11 | 314.83 | 10.3 |
| 第三产业 | 亿元 | 256.23 | 292.90 | 11.3 |

续表 61—1

| 指　标 | 单　位 | 2014年 | 2015年 | 比 2014 年增减(%) |
|---|---|---|---|---|
| 2.固定资产投资 | 亿元 | | | |
| 全社会固定资产投资总额 | 亿元 | 427.93 | 486.98 | 13.8 |
| 其中规模上:农村投资 | 亿元 | 102.19 | 132.99 | 30.1 |
| 城镇投资 | 亿元 | 294.27 | 328.40 | 11.6 |
| 3.财政 | | | | |
| 财政总收入 | 亿元 | 128.35 | 139.55 | 8.7 |
| 其中公共财政预算收入 | 亿元 | 50.01 | 58.54 | 17.1 |
| 财政总支出 | 亿元 | 121.02 | 137.31 | 13.5 |
| 其中公共财政预算支出 | 亿元 | 79.20 | 93.79 | 18.4 |
| 4.利用外资 | | | | |
| 签订利用外资协议额 | 万美元 | 81809 | 71296 | -12.9 |
| 实际到账注册外资额 | 万美元 | 34338 | 29397 | -14.4 |
| 三、产业 | | | | |
| 1.农业 | | | | |
| 农林牧渔业劳动力 | 万人 | 8.62 | 8.36 | -3.02 |
| 其中种植业 | 万人 | 6.90 | 6.76 | -2.03 |
| 农林牧渔业总产值(现价) | 亿元 | 126.86 | 133.35 | 5.12 |
| 主要农产品产量 | | | | |
| 粮食 | 万吨 | 92.74 | 93.47 | 0.8 |
| 棉花 | 万吨 | 1.18 | 0.80 | -31.8 |
| 油料 | 万吨 | 4.64 | 4.53 | -2.4 |
| 蚕茧 | 吨 | 1625 | 1625 | 0.0 |
| 肉类 | 万吨 | 10.72 | 10.24 | -4.5 |
| 水产品 | 万吨 | 30.79 | 30.99 | 0.6 |
| 2.工业 | | | | |
| 其中定报企业 | 亿元 | 1705.04 | 1902.55 | 11.6 |
| 3.建筑业 | | | | |
| 建筑业企业人数 | 人 | 143112 | 118265 | -17.36 |
| 建筑业总产值 | 亿元 | 463.51 | 378.98 | -18.24 |
| 施工房屋面积 | 万平方米 | 4973.27 | 4489.73 | -9.72 |
| 竣工房屋面积 | 万平方米 | 1925.7 | 939.5 | -51.21 |
| 4.交通运输 | | | | |
| 货运量 | 万吨 | 1121 | 1154 | 2.94 |
| 货运周转量 | 万吨公里 | 166573 | 1730903 | 4.40 |
| 客运量 | 万人 | 418 | 543 | 29.90 |
| 旅客周转量 | 万人公里 | 30013 | 36619 | 22.01 |

续表 61—2

| 指　标 | 单　位 | 2014年 | 2015年 | 比 2014 年增减(%) |
|---|---|---|---|---|
| 5. 邮电通信业 | | | | |
| 邮电业务收入 | 亿元 | 7.69 | 7.34 | 4.55 |
| 固定电话用户 | 万户 | 28.25 | 21.98 | -22.19 |
| 城　市 | 万户 | 11.54 | 7.93 | -31.28 |
| 农　村 | 万户 | 16.71 | 14.05 | -15.92 |
| 6. 国内商业 | | | | |
| 社会消费品零售总额 | 亿元 | 257.89 | 287.43 | 11.45 |
| 7. 对外贸易 | | | | |
| 进出口总额 | 万美元 | 331116 | 244601 | -26.13 |
| 进　口 | 万美元 | 202198 | 100523 | -50.28 |
| 出　口 | 万美元 | 128918 | 144078 | 11.76 |
| 8. 金融、保险 | | | | |
| 金融机构存款(本外币) | 亿元 | 732.13 | 859.25 | 17.4 |
| #储蓄存款(本外币) | 亿元 | 479.89 | 540.20 | 12.6 |
| 金融机构贷款(本外币) | 亿元 | 344.91 | 421.30 | 22.2 |
| 保费总收入 | 亿元 | 13.45 | 15.05 | 11.9 |
| 四、教育 | | | | |
| 各级各类学校数 | 个 | 117 | 119 | 1.71 |
| 其中:普通中学 | 个 | 26 | 27 | 3.85 |
| 小学 | 个 | 45 | 45 | — |
| 中小学在校学生 | 人 | 64176 | 61637 | -3.96 |
| 其中:普通中学 | 人 | 28531 | 26315 | -7.73 |
| 小学 | 人 | 30089 | 30017 | -0.24 |
| 五、家庭、生活、环境 | | | | |
| 1. 家庭 | | | | |
| 家庭总户数 | 户 | 370623 | 368781 | -0.50 |
| 平均每户家庭人口 | 人 | 2.82 | 2.82 | 0.00 |
| 2. 居住 | | | | |
| 农村居民人均住房建筑面 | 平方米 | 53.5 | 60.2 | 12.52 |
| 城镇居民人均住房建筑面 | 平方米 | 50.3 | 53.9 | 7.16 |
| 3. 生活 | | | | |
| 居民人均可支配收入 | 元 | 22454 | 24463 | 8.9 |
| 城镇常住居民人均可支配 | 元 | 31557 | 34338 | 8.8 |
| 农村常住居民人均可支配 | 元 | 14494 | 15827 | 9.2 |
| 城镇非私营从业人员平均 | 元 | 55105 | 60952 | 10.6 |
| 4. 卫生 | | | | |
| 卫生机构数 | 个 | 461 | 453 | -1.7 |
| 其中医院 | 个 | 45 | 46 | 2.2 |
| 床位数 | 张 | 3286 | 3509 | 6.8 |

续表 61—3

| 指 标 | 单 位 | 2014 年 | 2015年 | 比 2014 年增减(%) |
|---|---|---|---|---|
| 其中医院 | 张 | 2612 | 2835 | 8.5 |
| 卫生技术人员数 | 人 | 3780 | 3906 | 3.3 |
| 其中医生 | 人 | 1608 | 1685 | 4.8 |
| 5.市政建设 | | | | |
| 自来水供应量 | 万吨 | 2564 | 2558 | -0.2 |
| 排水管道长度 | 公里 | 557.11 | 586.36 | 5.3 |
| 年末实有道路长度 | 公里 | 250.82 | 253.74 | 1.2 |
| 6.环境 | | | | |
| 工业废水排放量 | 万吨 | 1880 | 1915 | 1.9 |
| 工业废气排放量 | 亿标立方米 | 141 | 162 | 14.9 |
| 工业固体废物产生量 | 万吨 | 26.94 | 26.94 | 0 |

## 2015年如东县国民经济主要指标占全省比重

表 62

| 指 标 | 单 位 | 江 苏 | 如 东 | 如东占全省的比重(%) |
|---|---|---|---|---|
| 一、年末常住人口 | 万人 | 7976.30 | 98.20 | 1.23 |
| 二、地区生产总值 | 亿元 | 70116.38 | 672.69 | 0.96 |
| 第一产业 | 亿元 | 3987.94 | 64.97 | 1.63 |
| 第二产业 | 亿元 | 32043.63 | 314.83 | 0.98 |
| 第三产业 | 亿元 | 34084.81 | 292.90 | 0.86 |
| 三、全社会固定资产投资 | 亿元 | 46246.87 | 486.98 | 1.05 |
| 四、公共财政预算收入 | 亿元 | 8028.59 | 58.54 | 0.73 |
| 公共财政预算支出 | 亿元 | 9681.47 | 93.79 | 0.97 |
| 五、社会消费品零售总额 | 亿元 | 25876.77 | 287.43 | 1.11 |
| 六、进出口总额 | 亿美元 | 5456.14 | 24.46 | 0.45 |
| #出口 | 亿美元 | 3386.68 | 14.41 | 0.43 |
| 实际利用外资 | 亿美元 | 242.75 | 2.94 | 1.75 |
| 七、年末固定电话用户 | 万户 | 1973.00 | 21.98 | 1.11 |
| 移动电话用户 | 万户 | 8227.30 | 86.16 | 1.05 |
| 八、城镇非私营从业人员平均工资 | 元 | 66196 | 60952 | 92.08 |
| 居民人均可支配收入 | 元 | 29539 | 24463 | 82.82 |
| 城镇居民人均可支配收入 | 元 | 37173 | 34338 | 92.37 |
| 农村居民人均可支配收入 | 元 | 16257 | 15827 | 97.35 |
| 九、城乡居民储蓄存款余额(本外币) | 亿元 | 39821.83 | 540.20 | 1.36 |
| 十、农业主要产品产量 | | | | |
| 粮 食 | 万吨 | 3561.34 | 93.47 | 2.62 |
| 棉 花 | 万吨 | 11.69 | 0.80 | 6.84 |
| 油 料 | 万吨 | 143.11 | 4.53 | 3.17 |

## 2015年如东县定报工业企业50强排名一览

表 63　　　　单位:万元

| 企业名称 | 应税销售 | 入库税金 | 综合名次 |
|---|---|---|---|
| 中天科技集团有限公司 | 742138.72 | 22517.01 | 1 |
| 江苏海力风电设备科技有限公司 | 111238.16 | 7003.45 | 2 |
| 中石油江苏液化天然气有限公司 | 65734.55 | 13399.83 | 3 |
| 江苏九九久科技股份有限公司 | 84464.2 | 3822.43 | 4 |
| 江苏优嘉植物保护有限公司 | 65928.86 | 5622.08 | 5 |
| 南通强生轻工集团有限公司 | 106078.59 | 3256.45 | 6 |
| 江苏苏中电池科技发展有限公司 | 86470.91 | 2233.59 | 7 |
| 金太阳粮油股份有限公司 | 136204.52 | 966.06 | 8 |
| 南通恒盛精细化工有限公司 | 39762.99 | 6333.64 | 9 |
| 如东洋口环保热电有限公司 | 38625.16 | 6979.91 | 10 |
| 巴斯夫植物保护(江苏)有限公司 | 60859.76 | 1791.67 | 11 |
| 南通大东有限公司 | 43254.6 | 3508.97 | 12 |
| 江苏长青农化南通有限公司 | 47143.94 | 2767.12 | 13 |
| 江苏龙源风力发电有限公司 | 35436.23 | 4084.73 | 14 |
| 南通泰禾化工有限公司 | 57217.63 | 1225.24 | 15 |
| 南通辉煌彩色钢板有限公司 | 169685.13 | 753.17 | 16 |
| 如东县铁链厂有限公司 | 32423.35 | 4808.93 | 17 |
| 江苏三美化工有限公司 | 46285.76 | 1896.28 | 18 |
| 江苏如通石油机械股份有限公司 | 30493.82 | 5176.49 | 19 |
| 三一帕尔菲格特种车辆装备有限公司 | 30488.95 | 3308.21 | 20 |
| 亚振家具股份有限公司 | 28083.7 | 5127.99 | 21 |
| 汇鸿(南通)安全用品有限公司 | 28572.87 | 3444.93 | 22 |
| 南通康福特纺织有限公司 | 43747.83 | 1088.50 | 23 |
| 江苏快达农化股份有限公司 | 79016.27 | 636.48 | 24 |
| 南通世纪天虹纺织有限公司 | 28629.16 | 2978.08 | 25 |
| 南通正大有限公司 | 54773.29 | 818.08 | 26 |
| 江苏宇迪光学股份有限公司 | 29532.57 | 2023.06 | 27 |
| 恒辉(南通)安全防护用品有限公司 | 25576.23 | 3482.75 | 28 |
| 江苏利田科技股份有限公司 | 30235.26 | 1886.56 | 29 |
| 江苏琦衡农化科技有限公司 | 44581.85 | 812.97 | 30 |
| 如东南天农科化工有限公司 | 43803.85 | 721.21 | 31 |
| 南通高盟新材料有限公司 | 23456.85 | 2097.59 | 32 |
| 南通立洋化学有限公司 | 25877.92 | 1246.16 | 33 |
| 如东协鑫环保热电有限公司 | 20463.72 | 3075.81 | 34 |
| 迈克斯(如东)化工有限公司 | 20733.02 | 1934.37 | 35 |

续表 63　　单位：万元

| 企业名称 | 应税销售 | 入库税金 | 综合名次 |
|---|---|---|---|
| 江苏世纪燎原针织有限公司 | 21116.83 | 1652.24 | 36 |
| 爱德士鞋业(江苏)有限公司 | 19354.48 | 2175.61 | 37 |
| 精华制药集团南通有限公司 | 17438.64 | 1261.36 | 38 |
| 如东众意化工有限公司 | 19217.32 | 854.39 | 39 |
| 东力(南通)化工有限公司 | 13885.51 | 2826.30 | 40 |
| 江苏黄海汽配股份有限公司 | 15485.33 | 1185.02 | 41 |
| 江苏瑞邦农药厂有限公司 | 38776.23 | 354.39 | 42 |
| 江苏如石机械有限公司 | 12966.48 | 1598.81 | 43 |
| 南通昌邦手套有限公司 | 14745.68 | 1061.60 | 44 |
| 南通巴大饲料有限公司 | 29501.28 | 363.76 | 45 |
| 南通楠桥纹织有限公司 | 12711.74 | 942.72 | 46 |
| 江苏盾王劳保用品有限公司 | 15373.19 | 634.42 | 47 |
| 南通纬纶纺织有限公司 | 14669.57 | 685.21 | 48 |
| 南通沃兰化工有限公司 | 12658.32 | 888.01 | 49 |
| 南通市纳百园化工有限公司 | 18197.15 | 503.94 | 50 |

## 如东县全社会固定资产投资

表 64　　单位：万元、万平方米

| 指　　标 | 2014年 | 2015年 | 比 2014 年增减(%) |
|---|---|---|---|
| 固定资产投资 | 4279317 | 4869835 | 13.80 |
| 按总类分 | | | |
| 农村投资 | 1021930 | 1329889 | 30.14 |
| 城镇投资 | 2942721 | 3283968 | 11.60 |
| 房地产开发 | 314666 | 255978 | -18.65 |
| 其他投资 | | | |
| 按类型分 | | | |
| 国有经济 | 314299 | 568294 | 80.81 |
| 集体经济 | 26826 | 21981 | -18.06 |
| 其他经济 | 3938192 | 4279560 | 8.67 |
| 按构成分 | | | |
| 建筑安装 | 1404812 | 1864019 | 32.69 |
| 设备购置 | 2496310 | 2864285 | 14.74 |
| 其他费用 | 63529 | 131531 | 107.04 |
| 房屋建筑面积 | | | |
| 施工面积 | 330.84 | 416.3 | 25.83 |
| 其中：住宅 | | 143.8 | |
| 竣工面积 | 250.15 | 192.7 | -22.97 |
| 其中：住宅 | | 16.7 | |

## 如东县社会消费品零售总额

表 65　　　　　　　　　　　　　　　　　　　　　　　　　　单位:万元

| 项　　　目 | 2014年 | 2015年 | 比 2014 年增减(%) |
|---|---|---|---|
| 社会消费品零售总额(全社会) | 2578890 | 2874290 | 11.5 |
| 一、按销售单位所在地分组: | | | |
| (一)城镇 | 1642082 | 1832397 | 11.6 |
| (二)乡村 | 936808 | 1041893 | 11.2 |
| 二、按行业分组: | | | |
| (一)批发业 | 629180 | 708128 | 12.5 |
| 1. 限额以上企业(单位) | 249213 | 306326 | 22.9 |
| 2. 限额以下和个体 | 379966 | 401801 | 5.7 |
| (1)限额以下企业 | | 158374 | |
| (2)个体 | 379966 | 243427 | -35.9 |
| (二)零售业 | 1804488 | 2011773 | 11.5 |
| 1. 限额以上企业(单位) | 616340 | 716671 | 16.3 |
| 2. 限额以下和个体 | 1188147 | 1295102 | 9 |
| (1)限额以下企业 | | 201720 | |
| (2)个体 | 1188147 | 1093382 | -8 |
| (三)住宿业 | 13512 | 15496 | 14.7 |
| 1. 限额以上企业(单位) | 6271 | 6586 | 5 |
| 2. 限额以下和个体 | 7241 | 8909 | 23 |
| (1)限额以下企业 | | 2485 | |
| (2)个体 | 7241 | 6424 | -11.3 |
| (四)餐饮业 | 131711 | 138894 | 5.5 |
| 1. 限额以上企业(单位) | 76096 | 97794 | 28.5 |
| 2. 限额以下和个体 | 55616 | 41101 | -26.1 |
| (1)限额以下企业 | | 11443 | |
| (2)个体 | 55616 | 29657 | -46.7 |
| (五)其他 | | | |

说明:社会消费品零售总额不含其他行业直接零售额以及其他行业法人所属限额以下批零住餐产活单位。

## 2015年如东县对外贸易主要指标

表 66

| 指标名称 | 单位 | 实　绩 | 比 2014 年增减(%) |
|---|---|---|---|
| 自营进出口总额 | 万美元 | 244601 | -26.1 |
| 其中:自营出口 | 万美元 | 144078 | 11.8 |
| 新批外资协议项目 | 个 | 52 | 8.3 |
| 新批注册外资 | 万美元 | 65500 | -19.9 |
| 注册外资到账 | 万美元 | 42500 | 23.9 |
| 对外承包工程完成营业额 | 万美元 | 5140 | -29.2 |
| 期末实有三资企业 | 个 | 476 | 12.3 |

## 2015年如东县各镇(区)注册外资到账完成情况

表 67　　单位:万美元

| 镇(区) | 年度指标 | 实绩 | 占计划（%） |
|---|---|---|---|
| 马　塘　镇 | 400 | 415 | 103.8 |
| 岔　河　镇 | 500 | 677 | 135.4 |
| 双　甸　镇 | 400 | 441 | 110.3 |
| 河　口　镇 | 500 | 607 | 121.4 |
| 曹　埠　镇 | 400 | 403 | 100.8 |
| 丰　利　镇 | 300 | 300 | 100.0 |
| 新　店　镇 | 400 | 523 | 130.8 |
| 栟　茶　镇 | 400 | 491 | 122.8 |
| 袁　庄　镇 | 200 | 200 | 100.0 |
| 高新区(掘港镇) | 4500 | 4529 | 100.6 |
| 经济开发区(苴镇) | 6000 | 7032 | 117.2 |
| 洋口港开发区(长沙镇) | 10000 | 1736 | 17.4 |
| 沿海经济开发区(洋口镇) | 10000 | 10031 | 100.3 |
| 循环经济产业园(大豫镇) | 3000 | 3009 | 100.3 |
| 外向型农业综合开发区 | 600 | 600 | 100.0 |

# 便民指南

## 如东往返徐州火车时刻表

表 68

| 火车列次 | 站点 | 出发及到站时间 | 备注 |
|---|---|---|---|
| K8597<br>徐州—如东 | 徐州 | 6:54 | 2016年5月17日起，南京往返如东列车变更为由徐州往返如东。<br>6月15日,K8597次列车栟茶站、如东站运行时刻调整，栟茶站13:46到、13:48开,终到如东站时间为14:10分。K8598次列车如东站、栟茶站、海安县站运行时刻调整为如东站14:50分发出，栟茶站15:12到、15:14开，海安县站15:42到、15:48开。<br>如东—南京：旅客在如东乘坐K8598次到达海安县站后，站内换乘D5528次可到达泰州、扬州、南京,D5528次为16节长编组动车。海安县开点为15:59(如东至海安15:42到,中间有17分钟换乘时间),泰州16:23到，扬州16:57到，南京17:49到。如东至南京只需3小时。<br>如东至海安县票价12.5元。如东至泰州(一等座／二等座):44.5元/32.5元;如东至扬州82.5元/56.5元；如东至南京140.5元/94元。 |
| | 新沂 | 8:07/8:11 | |
| | 淮安 | 9:24/9:27 | |
| | 盐城 | 11:25/11:44 | |
| | 东台 | 12:25/12:28 | |
| | 海安 | 13:12/13:18 | |
| | 栟茶 | 13:46/13:49 | |
| | 如东 | 14:11 | |
| K8598<br>如东—徐州 | 如东 | 15:03 | |
| | 栟茶 | 15:25/15:28 | |
| | 海安 | 15:56/16:02 | |
| | 盐城 | 17:37/17:40 | |
| | 阜宁 | 18:23/18:26 | |
| | 淮安 | 19:09/19:12 | |
| | 沭阳 | 20:12/20:15 | |
| | 新沂 | 20:53/20:57 | |
| | 邳州 | 21:21/21:24 | |
| | 徐州 | 23:15 | |

## 如东客运站长途汽车时刻表

表 69

| 起始站 | 终点站 | 时间班次 | 车型 | 途经停靠站 |
|---|---|---|---|---|
| 掘港 | 南京 | 6：05 | 大型中级 | 中央门客运站 |
| | | 6：30 | 大型高级 | 汉中门客运站 |
| | | 7：00 | 大型高级 | 中央门客运站 |
| | | 7：30 | 大型中级 | 中央门客运站 |
| | | 8：10 | 大型高级 | 中央门客运站 |
| | | 11：20 | | 运休 |
| | | 12：00 | 大型高级 | 中央门客运站 |
| | | 13：20 | 大型高级 | 中央门客运站 |
| | | 15：00 | 大型高级 | 中央门客运站 |
| | 上海 | 6：10 | 大型中级 | 客运中心,中兴路火车站1662号,中山西路,吴中路550号 |
| | | 7：00 | 大型高级 | 客运中心,中兴路火车站1662号,上海火车南站 |
| | | 7：30 | 大型高级 | 客运中心,中兴路火车站1662号 |

续表 69

| 起始站 | 终点站 | 时间班次 | 车 型 | 途经停靠站 |
|---|---|---|---|---|
| 掘 港 | 上 海 | 9：50 | 大型中级 | 客运中心，中兴路火车站 1662 号 |
| | | 11：50 | 大型高级 | 客运中心，火车南站，中山西路，吴中路 550 号 |
| | | 12：20 | 大型高级 | 客运中心，中兴路火车站 1662 号 |
| | | 12：50 | 大型高级 | 客运中心，五角场车站，国伟路 456 号 |
| | | 13：10 | 大型中级 | 客运中心，沪太路 |
| | | 15：00 | 大型高级 | 客运中心 |
| | 赣 榆 | 6：10 | 大型中级 | 赣榆南站，华南路 63 号 |
| | 绍 兴 | 6：10 | 大型中级 | 绍兴客运中心，解放路 220 号 |
| | 扬 州 | 6：20 | 大型高级 | 扬州长途车站 |
| | | 13：25 | 大型高级 | 扬州长途车站 |
| | 常 州 | 7：00 | 大型高级(公营) | 常州长途车站 |
| | | 12：30 | 大型高级(公营) | 常州长途车站 |
| | 无 锡 | 7：10 | 大型高级(公营) | 无锡西站，梁溪路，火车站 |
| | | 12：20 | 大型高级(公营) | 无锡西站 |
| | 苏 州 | 6：50 | 大型中级(公营) | 苏州北站 |
| | | 10：20 | 大型高级(公营) | 苏州北站 |
| | | 13：10 | 大型中级(公营) | 苏州北站 |
| | | 15：50 | 大型高级(公营) | 苏州北站 |
| | 镇 江 | 7：00 | 中型中级 | 镇江客运中心，镇句路 |
| | | 12：10 | 中型中级 | 镇江客运中心，镇句路 |
| | 盐 城 | 7：00 | 大型中级 | 盐城新客站，开放大道 101 |
| | | 13：20 | 中型中级 | 盐城新客站，开放大道 101 |
| | 昆 山 | 7：30 | 中型高级(公营) | 昆山汽车站，析庐南路，新 312 国道交口处 |
| | | 12：40 | 中型高级(公营) | 昆山汽车站，析庐南路，新 312 国道交口处 |
| | 杭 州 | 7：10 | 大型高级 | 杭州北路 |
| | 徐 州 | 7：30 | 大型高级 | 徐州南站 |
| | 宁 波 | 7：20 | 大型高级 | 客运中心，启运路 |
| | 青 岛 | 8：30 | 空调卧铺 | 青岛四方长途车站 |
| | 启 东 | 6：30 | 中型中级 | |
| | | 7：30 | 大型中级 | |
| | | 13：00 | 中型中级 | |
| | 北 京 | 15：00 | 高级卧铺(运休) | |
| | 吴 江 | 13：30 | | |

## 如东专线班车

表 70

| | |
|---|---|
| 掘港站始发 | |
| 南通 6:00～17:50,每 10 分钟一班　公营直达 6:00～17:40,每 20 分钟一班 | 大型高级 |
| 如皋 6:15～18:15 约 15 分钟一班 | 大型中级 |
| 兵房站始发 | |
| 上海 6:30 | 大型高级 |
| 南通 5:40　6:20　7:00　7:40　9:00　9:50　10:30　12:15　12:50　13:30　14:30　15:30　16:30 | 中型普通 |
| 丰利站始发 | |
| 上海 6:50　12:30 | 大型高级 |
| 南京 6:40 | 大型中级 |
| 苏州 6:20　13:30 | 大型中级 |
| 南通 7:10　10:00　13:20　15:40 | 中型普通 |
| 栟茶站始发 | |
| 上海 6:50　13:00 | 大型高级 |
| 南京 6:40　8:00 | 大型中级 |
| 无锡 6:50 | 大型中级 |
| 海安 6:30　8:40　13:00　15:30 | 大型中级 |
| 吕四 6:30　12:00 | 大型普通 |
| 南通 5:40　6:20　7:30　7:50　9:20　10:40　12:10　13:20　14:20　15:30 | 中型普通 |
| 马塘站至南通 6:00　6:30　8:30　10:50　12:30　13:30　15:50 | 中型普通 |
| 双甸站至南通 6:00　13:20 | 中型普通 |
| 曹埠站至南通 5:40　6:10　6:35　7:00　7:30　8:00　8:30　9:10　9:40　10:20　11:00　11:30　12:00　12:30　13:00　13:30　14:00　14:30　15:00　15:30　16:00　16:30　17:00 | 中型普通 |
| 长沙站始发 | |
| 上海 6:40　12:20 | 大型中级 |
| 北渔至南通 5:40　12:20 | 大型高级 |
| 苴镇至南通 5:30　12:00 | 大型高通 |
| 环渔至南通 5:50　12:30 | 大型高级 |
| 棉场至南通 5:30　7:10　12:00　16:00 | 中型普通 |
| 东凌至南通 5:20　9:30　15:20 | 中型普通 |
| 北坎至南通 6:10　7:00　8:30　11:40　15:50 | 中型普通 |
| 洋口至南通 6:10　12:30 | 大型中级 |
| 河口站至南通 5:40　12:50 | 中型普通 |
| 浒零站始发 | |
| 苏州 5:50 | 大型中级 |
| 南通 6:00　12:00 | 中型普通 |
| 沿南站始发 | |
| 上海 6:20　13:00 | 大型中级 |
| 南通 4:50　5:50　6:50　7:50　10:20　11:50　12:50　14:00 | 中型普通 |

说明：

1. 查询班次时间,可通过互联网上查询。
2. 开车时间以及班次如有变化,请注意车站公告。
3. 服务台电话:0513-84191104,旅游包车业务联系电话:0513-8419390。

## 如东县公共自行车服务站点一览

表 71

| 序号 | 服务站点 | 服务电话 |
|---|---|---|
| 1 | 如东公共自行车服务中心(规划展览馆斜对面,金顺凤凰城内) | 400-855-0228<br>0513-84530008 |
| 2 | 南京银行营业大厅(海洲大酒店楼下) | |

## 如东县公共自行车运营站点一览

表 72

| 序号 | 借车站点 | 序号 | 借车站点 |
|---|---|---|---|
| 1 | 如东中等专业学校 | 21 | 三元西入口 |
| 2 | 万华小区 | 22 | 盛世华城广场 |
| 3 | 公共资源交易中心 | 23 | 三元南入口 |
| 4 | 政务服务中心 | 24 | 广隆商场 |
| 5 | 中坤苑小区北门 | 25 | 宾东路口 |
| 6 | 行政中心 | 26 | 老影剧院 |
| 7 | 锦绣福邸小区 | 27 | 电大路 |
| 8 | 中坤苑小区西门 | 28 | 文慈医院 |
| 9 | 雷迪森大酒店 | 29 | 自来水公司 |
| 10 | 浅水湾公园 | 30 | 同业苑小区 |
| 11 | 掘港小学 | 31 | 昆仑菜市场 |
| 12 | 五一广场 | 32 | 国际大酒店 |
| 13 | 少年宫 | 33 | 青园新村南入口 |
| 14 | 欧尚广场 | 34 | 青园新村西入口 |
| 15 | 新中心市场 | 35 | 人民公园 |
| 16 | 人民医院 | 36 | 长途汽车站 |
| 17 | 华荣上海城 | 37 | 邮政大厦 |
| 18 | 中央广场 B 区 | 38 | 第四人民医院路口 |
| 19 | 中央广场 C 区 | 39 | 如东县高级中学 |
| 20 | 实验中学 | 40 | 嘉汇小区 |

## 如东县政务服务中心服务窗口联系电话一览

表 73

| 所属部门 | 窗　口 | 办公电话 |
|---|---|---|
| 安监局 | 分管领导 | 84199416 |
| | 窗口首席代表 | 84199416 |
| | 安全许可窗口 | 68505052 |
| | | 84199416 |
| 城管局 | 带班领导 | 84199472 |
| | 窗口首席代表 | |
| | 市容环境卫生行政许可窗口 | |

续表 73—1

| 所属部门 | 窗　口 | 办公电话 |
|---|---|---|
| 文广传媒中心 | 带班领导 | 84197098 |
| | 有线电视配套服务窗口 | 84197098 |
| 地税局 | 分管领导 | 84198912 |
| | 窗口首席代表 | 84198900 |
| | 地税综合管理窗口 | 84198901 |
| | | 84151608 |
| | | 84198918 |
| | | 84198912 |
| | | 84198903 |
| | | 89198920 |
| | | 84198918 |
| | 地税咨询辅导窗口 | 84510883 |
| | 地税涉税审批窗口 | 84135661 |
| | | 84198916 |
| | 地税综合服务窗口 | 84198906 |
| | | 84155882 |
| | | 84130663 |
| | | 84135665 |
| | | 84199495 |
| | | 84153880 |
| | 三证合一 | 68505053 |
| 发改委 | 带班领导 | 84199426 |
| | 基本建设项目许可窗口 | 84199426 |
| | | 68505064 |
| | | 84119360 |
| | 工业及外商投资项目许可窗口 | 84199810 |
| 市场监督管理局 | 带班领导 | 68505047 |
| | 窗口首席代表 | 68505042 |
| | 企业登记许可窗口 | 68505055 |
| | 外资登记许可窗口 | 84199438 |
| | | 68505038 |
| | 证照打印窗口 | 84199420 |
| | | 68505045 |
| | 餐饮、保健食品经营许可窗口 | 68505041 |
| | 药品医疗器械经营许可窗口 | 68505040 |
| | 特种设备登记许可窗口 | 68505039 |
| | 名称登记许可窗口 | 84199490 |

续表 73—2

| 所属部门 | 窗　口 | 办公电话 |
|---|---|---|
| 市场监督管理局 | 组织机构代码登记窗口 | 68505048 |
| | 内资企业登记许可窗口 | 68505055 |
| | 三证合一 | 68505054 |
| 公安局 | 带班领导 | 84199486 |
| | 窗口首席代表 | 84199486 |
| | 治安许可窗口 | 84155393 |
| | | 84155392 |
| | | 84199486 |
| | 内保许可窗口 | 84155394 |
| | | 84169110 |
| | 消防许可窗口 | 68505077 |
| | 出入境窗口 | 84155389 |
| | | 84155381 |
| | | 84155383 |
| | | 84155386 |
| | | 84155388 |
| 国税局 | 带班领导 | 84151800 |
| | 窗口首席代表 | 84195820 |
| | 国税综合管理窗口 | 84150886 |
| | | 84151805 |
| | | 84151808 |
| | | 84151661 |
| | | 84195820 |
| | | 84151586 |
| | 国税咨询股 | 84195806 |
| | | 84151828 |
| | 国税综合服务窗口 | 84195891 |
| | | 84195089 |
| | | 84195825 |
| | | 84195819 |
| | | 84195810 |
| | | 84199446 |
| | | 84116382 |
| | | 84195819 |

# 索 引

# Suoyin

## 说 明

1. 本索引分主题索引和图片索引。

2. 主题索引采取主题分析检索法，按汉语拼音字母顺序排列，同字同音按声调排列，音调相同按下一字的音序排列。图片索引只标注随文图片中心词。

2. 特载、大事记、附录3个栏目未编入索引。

3. 索引标引词一般采用中心词或简称，县级党政机关、事业单位和群众团体名称前未冠以“如东县”或“如东”字样。

4. 标引词后面的数字表示内容所在的页码，数字后的字母a、b、c分别表示左栏、中栏、右栏。

5. 栏目、分目、副分目标题用黑体字表示。表格在其标引词后面注明“表”。

## A



## B

## C



## D

## E



## F



## G

# 图片索引

## K



## L



## M



## N



## P



## Q



## R



## S



## T



## W



## X



## Y



## Z

**图书在版编目(CIP)数据**

如东年鉴. 2016 / 如东县年鉴编纂委员会编. —北京:方志出版社,2016.9
ISBN 978-7-5144-2078-4

Ⅰ.①如… Ⅱ.①如… Ⅲ.①如东县－2016－年鉴 Ⅳ.①Z525.34

中国版本图书馆CIP数据核字(2016)第222296号

**如东年鉴(2016)**

**编　　者**:如东县年鉴编纂委员会
**责任编辑**:王笃银
**出 版 人**:冀祥德
**出 版 者**:方志出版社
地址　北京市朝阳区潘家园东里9号(国家方志馆4层)
邮编　100021
网址　http:// www.fzph.org
**发　　行**:方志出版社发行部
电话　(010)67110500
**经　　销**:各地新华书店
**印　　刷**:扬州市机关彩印中心
**开　　本**:889×1194　1/16
**印　　张**:23.25
**字　　数**:828千字
**版　　次**:2016年9月第1版　2016年9月第1次印刷
**印　　数**:001～900册
**ISBN** 978-7-5144-2078-4　定价:200.00元